CB130139

EDITORA DO CONHECIMENTO

Auxiliando a humanidade a encontrar a Verdade

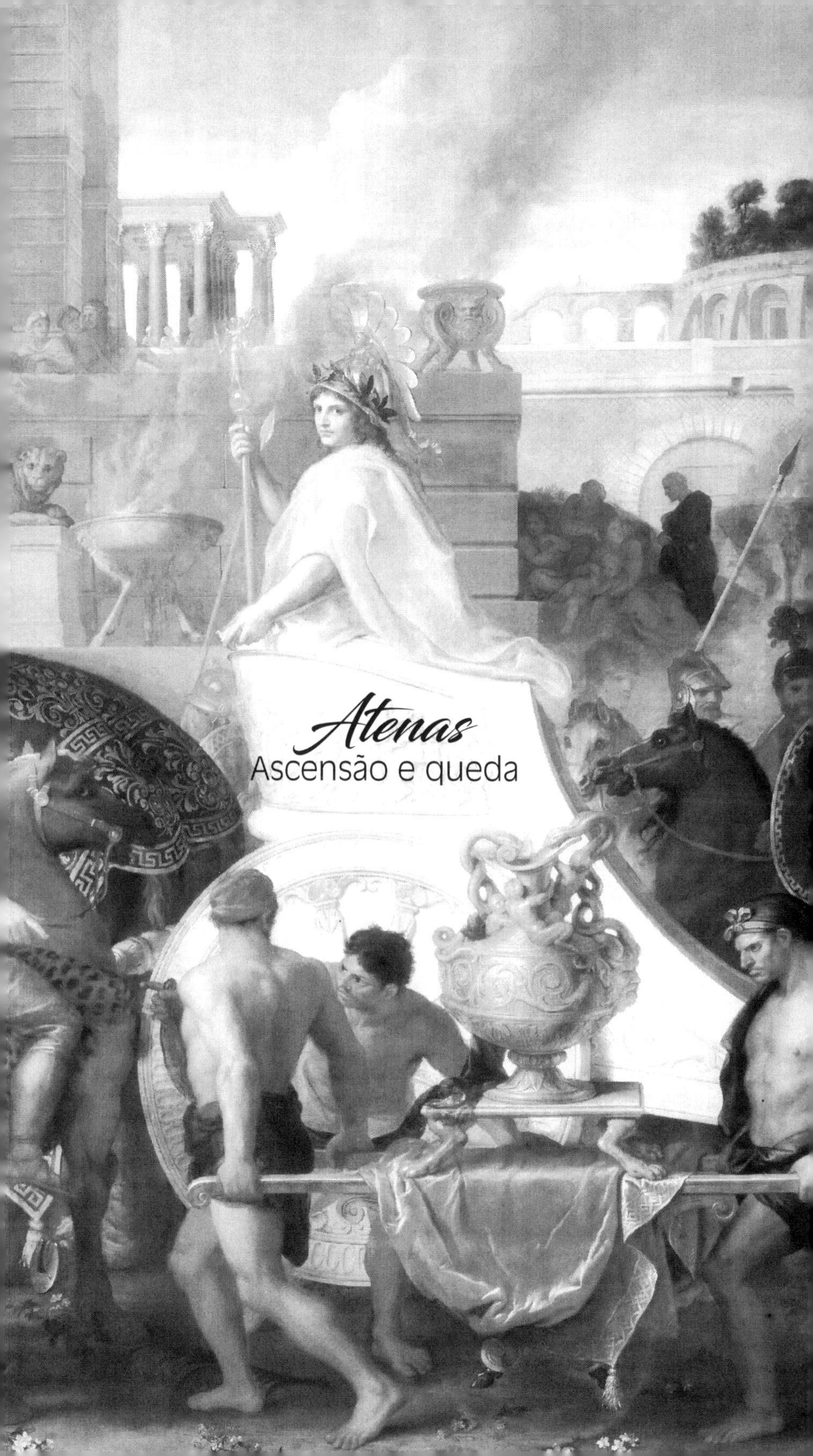

Atenas

Ascensão e queda

Atenas

Ascensão e queda

Edward Bulwer-Lytton

Athens - Its Rise and Fall

CONHECIMENTO EDITORIAL LTDA.
Fone: 19 34515440
www.edconhecimento.com.br
vendas@edconhecimento.com.br

Tradução: Giovanna Louise Libralon
Projeto Gráfico: Sérgio Carvalho
Ilustração da capa: Charles Le Brun
Entrada da Alexandre na Babilônia

ISBN 978-65-5727-121-6
1ª edição – 2021

• Impresso no Brasil • *Presita en Brazilo*
Produzido no departamento gráfico da
CONHECIMENTO EDITORIAL LTDA
grafica@edconhecimento.com.br

Impresso na
Primeira Leitura
a gráfica digital da **EDITORA DO CONHECIMENTO**

Dados Internacionais de Catalogação na Publicação (CIP)
(Angélica Ilacqua CRB-8/7057)

Lytton, Edward Bulwer-Lytton, Baron, 1803-1873
Atenas: ascensão e queda / Edward Bulwer--Lytton ; tradução de Giovanna Louise Libralon — 1ª ed. — Limeira, SP : Editora do Conhecimento, 2021.
614 p.

ISBN 978-65-5727-121-6
Título original: *Athens - Its Rise and Fall*

1. Atenas (Grécia) – História 2. História antiga I. Título II. Libralon, Giovanna Louise

21-5196 CDD — 938.5

Índice para catálogo sistemático:
1. Atenas (Grécia) – História

Edward Bulwer-Lytton

Atenas

Ascensão e queda

Tradução
Giovanna Louise Libralon

1ª edição
2021

EDITORA DO CONHECIMENTO

Obras de Edward Bulwer-Lytton editados pela
EDITORA DO CONHECIMENTO

- Os Últimos Dias de Pompéia
- Rienzi
- Godolphin
- Vril
- Zanoni
- Atenas: Ascensão e queda

Apolo e as cinco ninfas – Francois Girardon

Sumário

Livro V

Capítulo

Dedicatória

Para Henry Fynes Clinton, Ilmo., etc.,
etc. Autor de *Fasti Hellenici*.

Meu mui dileto senhor,

A consciência que tenho da distinção a mim conferida ao me permitires dedicar-te esta história, inscrevendo nela teu nome, não é maior que minha alegria diante da oportunidade de expressar minha gratidão pelo auxílio que tive, ao longo de todo o desenvolvimento de minha empreitada, daquela obra memorável em que elevaste a celebridade da erudição inglesa e ofereceste contribuição imperecível a nosso conhecimento do Mundo Antigo. Para todos os que buscam na história a verdadeira correlação entre causas e efeitos, a cronologia não constitui compilação árida e mecânica de datas estéreis, mas a explanação de acontecimentos e a filosofia dos fatos. E a publicação de *Fasti Hellenici* lançou sobre aquele período – naquilo em que um sistema cronológico preciso é capaz de sanar o que se mostra deficiente, e elucidar o que está obscuro nas pouquíssimas autoridades que nos foram legadas – toda a luz de um intelecto disciplinado e profundo, aplicando a mais vívida compreensão à máxima erudição e tirando suas conclusões de acordo com o verdadeiro espírito de raciocínio indutivo, promovendo assim o equilíbrio entre a integralidade da descoberta final e a cautela do processo intermediário. Minha dívida para com o conhecimento e as dádivas que expusestes ao mundo é partilhada por todos aqueles que, na Inglaterra ou na Europa, estudam a história ou cultivam a literatura da Grécia. No entanto, com relação à paciente gentileza com que me permitiste consultar-te durante a tediosa passagem destes volumes pelo prelo, com relação aos meticulosos conselhos e ao generoso incentivo que tantas vezes aplainou o caminho e animou o progresso, tenho dívidas exclusivamente minhas e, nelas, há tão grande honra para mim que, se me delongasse ainda mais a esse respeito, o mundo talvez tomasse um agradecimento por bravata.

Com a mais elevada consideração e estima,

Crê-me, dileto senhor.

Com grande sinceridade e gratidão.

EDWARD LYTTON BULWER

Londres, março de 1837.

Ao público

A obra da qual apenas parte é ora apresentada ao leitor demandou muitos anos de trabalho – conquanto geralmente interrompido em seu curso, quer por maior acúmulo de atividades, quer por empresas literárias de caráter mais sedutor. Os presentes volumes foram não apenas escritos, mas, de fato, enviados ao editor antes da publicação e até mesmo, creio eu, da divulgação do primeiro volume da História da Grécia do Sr. Thirlwall. Do contrário, eu me teria recusado a repisar qualquer porção do terreno cultivado por tão eminente estudioso.[1] Contudo, tal como se apresenta, o plano que segui difere substancialmente do plano do Sr. Thirlwall, e acredito que o solo seja fértil o bastante para render bons frutos a ambos os operários.

Como foram as letras, mais que as armas ou as instituições, que tornaram Atenas ilustre, meu propósito é combinar uma visão detalhada de sua literatura com um relato completo e imparcial de seus debates políticos. Os dois volumes ora publicados trazem ao leitor, em uma das divisões de meu tópico, a suprema administração de Péricles e, na outra, uma análise crítica das tragédias de Sófocles. Creio que dois volumes adicionais sejam suficientes para alcançar meu objetivo e encerrar os registros de Atenas naquele período em que, com a ascensão de Augusto, os anais do mundo se fundem às crônicas do Império Romano. Nesses últimos volumes, meu intento é concluir a história do drama ateniense, incluir uma visão geral da filosofia ateniense, descrever os costumes, os hábitos e a vida social do povo e finalizar o todo com uma retrospectiva dos fatos e acontecimentos narrados que possa, talvez, revelar-se uma explanação imparcial e inteligível das causas da ascensão e da queda de Atenas.

[1] Enquanto estavam no prelo, porém, tive muitas oportunidades de consultar e mencionar a excelente e minuciosa obra do Sr. Thirlwall.

Como a história das repúblicas gregas tem sido muitíssimas vezes corrompida de modo a servir aos interesses de inflamados sectários políticos, espero ser perdoado pela precaução de observar que, qualquer que seja meu próprio código político, no que diz respeito à Inglaterra, em momento algum tentei deturpar deliberadamente as lições de um passado ou período análogo para atender a interesses efêmeros e propósitos partidários. Se, por vezes, fui levado a censurar ou, o que é mais frequente, defender e justificar o povo ateniense, não tenho consciência de nenhum desejo senão o da mais estrita, fiel e imparcial justiça. Buscar com persistência, em meio às instituições antigas, exemplos (raramente adequados) das modernas é, em verdade, abandonar a qualidade de juiz para adotar a de advogado e desempenhar a tarefa de historiador com a ambição do panfletário. Embora esta obra não tenha sido escrita para faculdades e mosteiros, mas para o público geral e diversificado, é impossível deixar de abordar algumas questões que, conquanto possam parecer insignificantes em si, alcançaram dignidade e até mesmo interesse graças a especulações brilhantes ou célebres discussões. Na história da Grécia (e a história ateniense abrange necessariamente quase tudo que há de valioso nos anais da raça helênica como um todo), o leitor deve sujeitar-se a passar por muitas minúcias e detalhes tediosos se deseja chegar enfim a um conhecimento definitivo e visões abrangentes. Todavia, a fim de interromper o mínimo possível a narrativa dos acontecimentos, tentei restringir os detalhes de natureza antiquária ou especulativa à parte inicial da obra, pois, embora possam oferecer ao leitor geral não uma análise minudente, mas talvez uma noção satisfatória das investigações acadêmicas que receberam a atenção de algumas das mentes mais perspicazes da Alemanha e da Inglaterra, também têm o condão de prepará-lo para melhor compreender o caráter peculiar e as circunstâncias do povo cuja história lhe é apresentada. E pode ser conveniente alertar os mais impacientes de que é apenas no segundo livro que a dissertação cede lugar à narrativa. Restam ainda vários pontos em que comentários especiais seriam incompatíveis com a história popular correlata, mas sobre os quais proponho delongar-me em uma série de notas suplementares, que serão acrescidas ao volume final. Tais notas também conterão críticas e exemplos de autores gregos cuja ligação com o progresso da literatura ateniense não seja tão forte ao ponto de exigir maior atenção e detalhamento no corpo da obra. Assim, meu desejo é que este livro, uma vez finalizado, seja a combinação de uma história completa, política e moral, de Atenas com uma visão mais ampla e abrangente dos tesouros da literatura grega do que já se ofereceu ao público inglês. Decidi escrever estes comentários porque julguei apropriado explicar ao leitor, e também a mim mesmo, o plano e o esboço de um projeto no momento apenas parcialmente desenvolvido.

Londres, março de 1837.

Atenas: Ascensão e Queda

Livro I

Capítulo I

Localização e solo da Ática. Seus primeiros habitantes: os pelasgos. Sua raça e língua, semelhantes às gregas. A variedade dos vestígios de sua civilização e arquitetura. Cécrope. Os primeiros civilizadores da Grécia eram gregos ou estrangeiros? A fundação de Atenas. Os avanços atribuídos a Cécrope. A religião dos gregos não pode ser reduzida a um sistema simples. Sua influência sobre o caráter e a moral, as artes e a poesia dos gregos. A origem da escravidão e da aristocracia.

I. Fazer justiça à memória do povo ateniense, sem encobrir os erros das instituições atenienses; e, ao narrar tanto os triunfos como os reveses – a grandiosidade e a degradação – do mais eminente dentre os estados da antiguidade, registrar as causas de sua influência indelével sobre a humanidade, não apenas nas transformações políticas ou nos imprevisíveis acasos das guerras, mas nas artes, nas letras e nos hábitos sociais, que são elementos de igual importância na história de um povo: tal é o objetivo que estabeleço para minha obra, em nada incompatível com o trabalho de anos se servir para desfazer alguns erros [de caráter] partidário e disseminar, em um círculo mais amplo, o conhecimento (tal como nos foi legado) de uma época e uma terra férteis em exemplos augustos e sérias advertências, consagradas por nomes imortais e feitos memoráveis.

II Naquela região da terra que os gregos denominam Hélade, e os romanos, *Graecia*,[2] estende-se um pequeno

[2] A passagem em Aristóteles (*Meteorologia*, 1. I, c. 14), na qual, falando da antiga Hélade (o país nas proximidades de Dodona e do rio Aqueloo), o autor diz que era habitada por um povo (juntamente com os *helli*, ou *selli*) então chamado *graeci*, agora helenos (*tote men Graikoi, nun de Hellaenes*), é bem conhecida. A crônica grega sobre os mármores de Arundel afirma que

território conhecido pelo nome de Ática, adentrando no Mar Egeu: a península sudeste da Grécia. Em sua máxima extensão, tem cerca de sessenta milhas geográficas; em sua máxima largura, cerca de vinte e quatro milhas geográficas. No formato, é um triângulo tosco e irregular: dois lados são banhados pelo mar; no terceiro, as cordilheiras formadas pelos Montes Parnes e Citerão separam a Ática do território beócio. A península é toda entrecortada por colinas baixas e, em comparação com o restante da Grécia, seu solo, conquanto propício ao cultivo da oliveira, não é fértil nem rico. Apesar da árdua e elaborada lavoura, cujos traços são ainda visíveis, o solo nunca produziu quantidade suficiente de grãos para alimentar a população, e essa relativa esterilidade da terra pode ser contada entre as causas que levaram à grandiosidade do povo. As principais montanhas da Ática são o Cabo Sunião, o Monte Himeto, célebre por seu mel, e o Monte Pentélico, famoso por seu mármore. Os principais cursos d'água que banham os vales são os imprevisíveis e inconstantes ribeiros de Cefiso e Ilissos,[3] ribeiros que se ramificam em regatos menores, de águas deliciosamente puras e cristalinas. O ar é sereno; o clima, salutar; as estações, amenas. Junto às colinas ainda vicejam o tomilho silvestre e as plantas odoríferas que, pródigas em toda a Grécia, são mais particularmente aromáticas sob aquele céu límpido. E a atmosfera ainda matiza, com cores singulares e variegadas, o mármore dos templos remanescentes e a face das paisagens montanhosas.

III. Abstenho-me logo de qualquer tentativa de, com um objetivo inútil, penetrar um enigma insondável. Não farei nenhuma pausa para indagar se, após a destruição de Babel, Javã foi o primeiro colonizador a estabelecer-se na Ática. Tampouco cabe a minha obra solucionar a grande controvérsia da contemporaneidade de Ogiges com Jacó ou com Moisés. Também não me permitirei a sedução de

---

os gregos eram chamados *graeci* antes de serem chamados helenos. De fato, *graeci* foi provavelmente uma denominação dada aos pelasgos, ou para uma tribo poderosa, talvez predominante, dos pelasgos, que viviam espalhados pela costa ocidental. Eles levaram o nome à Itália e (ali usado indiscriminadamente junto com o nome de pelasgos) dele derivou o epíteto latino dado ao povo helênico ou grego.

[3] Os viajantes modernos, em suas eloquentes queixas sobre as águas ora minguadas desses rios imortais, parecem esquecer que Estrabão nos informa explicitamente de que o Cefiso corria ao modo de uma torrente, e desaparecia por completo no verão. E acrescenta: "Muito semelhante era o Ilissos". A insuficiência de água sempre foi uma das maiores dificuldades na Ática, como veremos a partir das leis de Sólon no tocante aos poços.

fazer qualquer análise demorada daquelas discussões, tão curiosas e inconclusivas, quanto à origem dos pelasgos (de acordo com Heródoto, os primeiros habitantes da Ática), discussões que agitam em vão os versados e eruditos. O antiquário talvez se entretenha ao ponderar seriamente as muitas dúvidas no tocante à derivação do nome (de *Pelasgus* ou *Peleg*), ao correlacionar os esparsos fragmentos da tradição, e ao interpretar como história ou mitologia a linguagem de genealogias fabulosas. No entanto, nossas mais argutas hipóteses podem tão somente erguer um véu de dúvida que, conquanto seja tentador abordar, é inútil defender. Tudo que se me afigura necessário dizer a respeito dos pelasgos é o seguinte: eles parecem ter sido a primeira raça a exercer poder de domínio na Grécia. A tradição pode remontar seus reis a um período muito anterior às genealogias de qualquer outra tribo de que se tenha registro, e Ínaco, pai do pelasgo Foroneu, não passa de outra denominação para a era mais remota a que a cronologia grega pode remontar.[4] Se os pelasgos eram primitivamente uma tribo estrangeira ou grega[5] tem sido tema de constantes e célebres discussões. Heródoto, ao falar de alguns povoados ainda existentes em sua época e considerados pelásgicos, descrevia sua língua como "bárbara". Mueller, porém, e com argumentação convincente, julga que a observação do historiador se aplicaria tão somente a um dialeto específico, hipótese sustentada por outra passagem de Heródoto em que ele aplica a certos dialetos jônicos o mesmo termo com que estigmatizou a língua dos povoados pelásgicos. Corroborando a opinião de Mueller, também podemos observar que Homero atribui aos cários o epíteto "os de língua bárbara", que é corretamente compreendido pelos críticos da Antiguidade como uma expressão que denota um dialeto misto e imperfeito, mas, sem dúvida, não estrangeiro. Do mesmo modo, quando o Agamêmnon de Sófocles repreende Teucro por "sua língua bárbara"[6], nenhum estudioso haveria de supor que Teucro é repreendido por não falar grego: ele é repreendido por falar um grego ininteligível e imperfeito. É evidente que quem con-

[4] Platão, *Timeu*. Clinton, *Fasti Hellenici*, vol. I, p. 5.

[5] De acordo com uns, eram da Índia; para outros, eram do Egito; para outros ainda, eram da Fenícia. Já foram classificados como bactrianos, citas e filisteus, como godos e celtas; e estudos engenhosos, porém inúteis, seguiram seus rastros até seus povoados no Peloponeso, para além das margens do Danúbio. No entanto, nenhum estudo ou especulação é capaz de provar sua existência, em qualquer parte do mundo, antes de seu aparecimento na Grécia.

[6] Sófocles, *Ajax*, 1251.

tinuasse a falar uma língua em sua forma mais primitiva e com o mínimo de adulteração pareceria enunciar um jargão estranho e pouco familiar a ouvidos acostumados com sua construção mais moderna. E, sem dúvida, se pudéssemos encontrar uma tribo que conservasse o inglês do século XIII, a língua de nossos ancestrais seria inteligível para a maioria de nós, e pareceria estrangeira para muitos. Todavia, qualquer que seja a interpretação da frase de Heródoto, ainda restaria enorme dúvida quanto a se os povoados a que ele se refere eram, de fato, de origem pelásgica, e maior dúvida ainda quanto a se, sendo pelásgicos, conservaram sua língua ancestral pura e incorrupta. Portanto, não dou importância alguma à expressão de Heródoto. Ao contrário, estou inclinado a acreditar, com os mais eminentes dentre os estudiosos ingleses, que a língua dos pelasgos continha ao menos os elementos daquilo que reconhecemos como grego e, de muitos argumentos, seleciono os seguintes:

Em primeiro lugar, porque, nos Estados que sabemos que eram habitados pelos pelasgos (como a Arcádia e a Ática) e dos quais a população não foi expulsa por novas tribos, a língua não parece menos grega do que a língua dos Estados dos quais os pelasgos foram logo obrigados a abandonar. Falassem eles uma língua totalmente diferente dos ocupantes posteriores, penso que alguns vestígios inequívocos da diferença teriam ficado evidentes até mesmo às épocas históricas.

Em segundo lugar, porque os helenos são descritos como poucos inicialmente; seu progresso é lento; eles subjugam, mas, em tais conquistas, não eliminam; os subjugados da minoria estabeleciam-se entre a maioria; a língua da maioria permanece até o fim, enquanto a da minoria a influenciava, enriquecia ou corrompia, mas sem nunca a destruir.

Em terceiro lugar, porque, quaisquer que sejam os aspectos da língua grega que permeiam o latim,[7] podemos atribuí-los apenas aos colonizadores pelásgicos da Itália. Nisso concordam todos os escritores antigos, gregos e latinos. As poucas palavras que nos foram transmitidas como pelásgicas traem as características do grego, e a *Lamina*

[7] Todas aquelas palavras (do latim) que constituem a base de uma língua, que expressam as necessidades ou as relações simples da vida, são quase que literalmente gregas, como *pater*, *frater*, *aratrum*, *bos*, *ager*, etc. Sobre a derivação do latim do dialeto eólico da Grécia, veja "Scheid's Prolegomena to Lennep's Etymologicon Linguae Grecae".

Borgiana (descoberta em 1783 e hoje na coleção de Borgia em Nápoles) tem uma inscrição referente aos sículos ou sicanos, um povo expulso de seus vilarejos italianos antes de qualquer data aceita da guerra troiana, e seu caráter é pelásgico: a língua grega.

IV. No tocante à moralidade dos pelasgos, os relatos de que dispomos são imperfeitos e contraditórios. Eles não eram uma pequena tribo nômade, mas uma raça numerosa indubitavelmente divida, como todos os povos migratórios, em muitas tribos que diferiam em posição hierárquica, civilização[8] e inúmeras peculiaridades de caráter. Em um país, os pelasgos poder-se-iam apresentar como pastores ou selvagens; em outro, na mesma época, estariam reunidos em cidades e cultivando as artes. A história do Oriente mostra com que rapidez impressionante uma tribo nômade, uma vez que fixada, crescia em fama e poder: o acampamento de hoje, a cidade de amanhã, e os "habitantes da terra virgem construindo as torres e os palácios dali".[9] Assim, embora, na Grécia, esse povo misterioso seja geralmente representado como a raça aborígine, recebendo de colonizadores fenícios e egípcios as primeiras bênçãos da vida social, na Itália, nós os vemos como aqueles que aperfeiçoam a agricultura[10] e os primeiros a ensinar as letras.[11]

À remota época do tradicional aparecimento de Cécro-

[8] Os léleges, os dríopes e a maior parte das demais tribos predominantes na Grécia, juntamente com os pelasgos, considero-os, como o Sr. Clinton, tribos pertencentes à grande família pelásgica. Obviamente, uma das tribos haveria de tornar-se mais civilizada que as demais, na medida da condição social das terras pelas quais migrasse, em seu acolhimento de estrangeiros do Oriente (que era mais adiantado), ou conforme as condições do solo em que fixasse sua habitação estimulassem a indústria ou obrigassem à invenção. A tradição a respeito de Pelasgo, que afirma ter sido ele o primeiro a habitar a Arcádia e, ao mesmo tempo, declara que ele foi o primeiro a ensinar os homens a construir cabanas, usar vestimentas de peles e trocar a alimentação ainda menos nutritiva de ervas e raízes pelas doces e palatáveis bolotas da "faia", deixou Pausânias intrigado, e com razão. Tais tradições, se é que provam algo, coisa que duvido muito, geralmente provam que a tribo personificada pela palavra "Pelasgo" migrou para aquela mesma Arcádia que teria sido seu lar aborígine e ensinou suas próprias artes rudimentares à população ainda menos desenvolvida que encontrou ali.

[9] Veja Isaías, XXIII.

[10] O relato aceito da habilidade agrícola dos pelasgos é razoavelmente bem fundamentado. Dionísio conta que, tendo os aborígines atribuído àqueles pelasgos (que o oráculo enviou de Dodona para a Itália) a terra pantanosa e improdutiva chamada Vélia [Eleia], eles logo drenaram o charco: seu amor pela agricultura e pela criação de animais contribuiu, sem dúvida, para a formação do caráter peculiar de sua civilização e religião.

[11] Solino e Plínio afirmam que os pelasgos foram os primeiros a levar as letras para a Itália. Tendo sido, por muito tempo, a raça proeminente na região, seu poder declinou, de acordo com Dionísio, duas gerações antes da guerra de Troia.

pe em meio aos selvagens da Ática, os pelasgos da Arcádia provavelmente já haviam progredido da vida pastoril para a vida civil, e essa é, de fato, a data que Pausânias atribui à fundação da cidade ancestral de Licosura, em cujas ruínas toscas (junto à nascente d'água e aos carvalhos que ondulam ao vento no moderno Dioforte [Monte Liceo]) o antiquário ainda encontra vestígios das fortificações da "primeira cidade que o sol contemplou".[12] Em suas construções, os pelasgos deixaram o registro mais inequívoco de seu nome. Sua escrita a mão ainda pode ser vista nos muros! Povo inquieto e diversificado – disperso por toda a Grécia; encontrado, ao norte, na Dácia, na Ilíria e no país dos getas; colonizador das costas da Jônia e, por muito tempo, a raça superior das mais belas terras da Itália – desapareceu em meio às revoluções da terra antiga, com ancestrais e descendentes igualmente desconhecidos. Estes últimos, porém, não de fato, se minhas conclusões estiverem corretas: se a primitiva população da Grécia – ela mesma grega – criando a língua e sendo do mesmo sangue dos posteriores e mais ilustres helenos, constituindo ainda a maior parcela da população das diversas cidades-estados e durante seu período mais espetacular (escravizada na Lacônia, mas livre em Atenas), foi sua posteridade que lutou contra os medos em Maratona e Plateias; foi essa posteridade que Milcíades liderou; foi para ela que Sólon legislou; foi por ela que Platão pensou; foi para ela que Demóstenes dirigiu seus discursos inflamados. Não menos na Itália que na Grécia, pais de uma língua imortal e, em parte, progenitores de uma gloriosa raça, ainda nos é possível encontrar o tênue resquício de sua existência onde quer que a civi-

[12] Pausânias, *Arcad.*, cap. XXXVIII. Em um capítulo anterior (II), aquele versado antiquário observa que lhe parecia que Cécrope e Licaão ou Licaonte (filho de Pelasgo e fundador de Licosura) eram contemporâneos. Pela forte e exagerada expressão de Pausânias citada no texto, não devemos supor que ele considerasse a Licosura a primeira cidade do mundo, mas a primeira cidade murada e fortificada. Os filhos de Licaão foram grandes construtores de cidades e, em sua época, de acordo com a tradição, parece que se fizeram rápidos avanços de civilização no Peloponeso. A arquitetura pelásgica é geralmente confundida com a ciclópica. A alvenaria pelásgica é poligonal, de modo que cada pena se encaixa na outra sem o uso de argamassa; a chamada ciclópica, e descrita por Pausânias, é completamente diferente, sendo constituída de imensos blocos de pedra, com a inserção de pequenos pedregulhos nos interstícios. (Veja *Topography of Rome and its Vicinity*, de Gell.) Alguns antiquários (que não cometeram o equívoco de confundir estas distintas classes de arquitetura) consideram a ciclópica mais antiga que a pelásgica, mas isso também é um equívoco. Os muros de Licosura foram construídos pelos pelasgos entre quatro e cinco séculos antes da inauguração da alvenaria ciclópica, na construção da cidade de Tirinto. O Sr. William Gell afirma que é possível acompanhar os vestígios dos muros de Licosura próximo do lugar hoje chamado Surias-To-Kastro [ou castelo de Surias].

lização clássica tenha florescido, onde o gênio clássico se manifestou. Se no latim, se na língua grega ainda existem os traços indeléveis da língua dos pelasgos, a literatura do mundo antigo e, em sua maior parte, a do mundo moderno, é sua lídima descendente!

V. Apesar de uma vaga crença (mencionada por Platão) em uma remota e finda era de civilização, a tradição predominante afirma que os habitantes pelásgicos da Ática viviam mergulhados na mais profunda ignorância dos elementos da vida social quando, de Sais, uma cidade egípcia, como geralmente se supõe, ou uma província do Alto Egito, um egípcio identificado pela posteridade com o nome de Cécrope chegou à Ática com um grupo de intrépidos emigrantes.

A tradição dessa imigração egípcia para a Ática foi aceita por muito tempo. Recentemente, porém, o ousado ceticismo de estudiosos alemães (sempre eruditos, ainda que, por vezes, precipitados) foi suficiente para convencer-nos do perigo que corremos ao tirar conclusões históricas sobre períodos aos quais nenhuma pesquisa histórica consegue voltar. As provas em que se baseiam a suposta chegada de colonizadores egípcios, liderados por Cécrope, à Ática mostram-se frágeis, as autoridades que sustentam tal asserção são relativamente modernas, e os argumentos contrários à probabilidade de tal imigração naquela época revelam-se, no mínimo, plausíveis e importantes. Contudo, como se não bastasse reduzir à incerteza de conjectura o que, de forma incauta, foi reconhecido como fato, os críticos da origem egípcia de Cécrope confiam demasiado em sua vitória ao exigir que aceitemos como contrafato o que pode ser, afinal, somente uma contraconjectura. Para mim, sopesando com imparcialidade os argumentos e as asserções de cada lado, a tradição popular sobre Cécrope e sua colônia parece algo que não pode ser tacitamente aceito como história nem desdenhosamente rejeitado como invenção. No entanto, essa seria uma discussão inútil (se Cécrope era egípcio ou ático), visto que nenhum conhecimento acadêmico pode afirmar que Cécrope de fato existiu caso não esteja associado a alguma controvérsia de importância filosófica, como, por exemplo, se os primeiros civilizadores da Grécia eram estrangeiros ou gregos, e se os egípcios, mais especificamente, ajudaram a instruir os ancestrais de uma raça que se tornou a instrutora e o modelo do mundo no tocante aos princípios básicos de religião, política e artes.

Sem adentrar em cogitações insignificantes e fúteis a partir das passagens esparsas de alguns escritores antigos, do silêncio ambíguo de outros e, sobretudo, dos devaneios da analogia etimológica ou da fábula mitológica, creio que os primeiros civilizadores da Grécia eram colonos estrangeiros, e deduzo minha conclusão antes das observações do bom senso que de pesquisas obscuras e insatisfatórias. Creio-o:

Primeiro, que pode ser mais provável do que, em períodos muito remotos, as nações mais avançadas do Oriente se terem comunicado com o continente e as ilhas gregas? Que pode ser mais provável do que os fenícios, com suas características navegações marítimas, terem entrado nos mares da Grécia e se terem sentido tentados pelas planícies, que prometiam abundância, e pelas montanhas, que propiciavam uma fortaleza? Oriundos de uma civilização superior àquela das tribos que encontraram, eles seriam recebidos antes com veneração que com resistência e, assim, conseguiriam um assentamento para um grupo pequeno, mais por inteligência que por conquista.

Mas, conquanto se possa admitir isso com relação aos fenícios, afirma-se que os egípcios, pelo menos, não eram um povo marítimo nem colonizador. E estamos muito certos de que, naquela época recuada, nenhuma embarcação egípcia havia adentrado nos mares gregos. Todavia, pouco se sabe sobre as eras mais remotas da civilização egípcia. Em seus mais antigos monumentos (hoje, seus livros!), encontramos retratadas batalhas navais e militares, nas quais as embarcações são claramente aquelas utilizadas no mar. De acordo com suas próprias tradições, os egípcios fizeram colônias em um período remoto. Eles mesmos se arrogam Dânao [Argos], e é provável que o mito da expedição de Osíris possa ser explicado como uma representação simbólica da disseminação da civilização egípcia por meio de colônias. Além disso, o Egito vivenciou mais de uma revolução, o que fez com que uma grande parcela de sua população fosse afugentada da área e se dispersasse pelas regiões adjacentes.[13] E, mesmo que se admita que os egípcios não realizavam expedições marítimas, eles bem poderiam introduzir-se em embarcações fenícias ou balsas gregas e passar da Ásia à Grécia. Também não podemos

[13] A expulsão dos hicsos, que não se deu em um único evento, mas em várias revoluções, deu causa a muitas migrações, dentre elas, de acordo com os egípcios, a de Dânao.

esquecer que, por um período, o Egito[14] foi morada, e Tebas, domínio, dos fenícios, e que, portanto, essa talvez seja a origem da controvérsia acerca da possibilidade de alguns dos primeiros civilizadores estrangeiros da Grécia terem sido fenícios ou egípcios. Pode ser que os colonos viessem do Egito, mas fossem de linhagem fenícia; ou que emigrantes egípcios tenham acompanhado os fenícios.[15]

Segundo, pelos indícios encontrados na história como um todo, tribos selvagens geralmente recebem suas primeiras "luzes" de estrangeiros: para que se tornem civilizadas, elas conquistam ou são conquistadas, visitam ou são visitadas. E um fato que encerra em si tamanho mistério, não me arrisco a relatar. Na história de todas as demais partes do mundo, constato que é pelo colonizador ou conquistador que uma tribo, sem colonizar nem conquistar, é libertada de um estado de selvageria, de modo que não rejeito tão provável hipótese para a Grécia.

Terceiro, ao olhar para os vários argumentos de caráter local ou especial que podem corroborar tais probabilidades genéricas, julgo-os excepcionalmente robustos. Deito os olhos sobre o mapa da Grécia e vejo que é quase sempre no lado oriental que se diz que tais colônias orientais foram fundadas. Recorro à cronologia e descubro que, no tocante às datas que lhes são atribuídas, as revoluções do Oriente coincidem com as tradicionais imigrações para a Grécia. Examino a história da Grécia e percebo que os próprios gregos (um povo acima de tudo orgulhoso de sua ascendência aborígine e desdenhoso de raças estrangeiras) concordavam em reconhecer uma crença geral nos relatos de suas dívidas para com colonos estrangeiros. Portanto (sem o acréscimo de argumentos duvidosos derivados de quaisquer vestígios imaginários de ritos e fábulas orien-

[14] Em um período posterior, os monarcas egípcios lançaram mão dos fenícios em longos e arriscados empreendimentos marítimos. Em data relativamente recente, Neco, faraó do Egito, enviou certos fenícios em uma empreitada que consistia em nada menos que a circum-navegação da África (Heródoto, IV, 12. Renell., *Geog. of Herod.*). De fato, esse monarca era talhado para grandes intentos. O Mar Mediterrâneo e o Mar Vermelho já recebiam suas frotas, e ele havia tentado uni-los mediante um canal que teria transformado a África em uma ilha (Heródoto, II, 158, 159. Heeren, *Fenícios*, cap. III. Veja também: Diodoro).

[15] Os costumes gerais de um povo não podem, em nenhuma época, excluir exceções em indivíduos. Os rajás indianos não costumam viajar, mas tivemos, por alguns anos, um rajá indiano em Regent's Park. Os chineses não têm o hábito de visitar a Inglaterra, mas, há pouco tempo, alguns chineses estiveram em Londres. Suponhamos que os fenícios mantivessem relações com o Egito e a Grécia (e não é improvável que alguma embarcação fenícia pudesse abrigar em si aventureiros egípcios). Por certo, seriam homens de classe inferior e em situação de desespero (talvez fugitivos da lei), mas nem por isso não teriam parecido príncipes e sábios a uma tribo de selvagens pelásgicos.

tais, de origem egípcia e fenícia, na religião ou nas lendas da Grécia em seu período mais recuado), vejo fundamentos suficientes para inclinar-me à crença menos moderna, porém mais popular, que atribui uma linhagem estrangeira aos primeiros civilizadores da Grécia. Além disso, não me convencem as argumentações daqueles que excluem os egípcios da lista desses primitivos benfeitores.

Admitindo que nenhuma hipótese é mais provável que a de terem sido estrangeiros os primeiros civilizadores da Grécia, e talvez egípcios, não reconheço autoridade suficiente para rejeitar as tradições áticas que apontam civilizadores egípcios para o solo da Ática em argumentos alicerçados no fato de que tais tradições, não mencionadas pelos mais antigos, foram reunidas pelos mais modernos dentre os escritores gregos, ou baseados em suposições plausíveis quanto aos costumes dos egípcios naquele passado distante. Se Cécrope foi o primeiro de tais civilizadores – ou se foi de fato um deles – é uma controvérsia que não merece a atenção de perquiridores filosóficos.[16] Mas, uma vez que, referindo-se à época de Cécrope, tanto os defensores de sua origem egípcia como aqueles que afirmam sua origem ática apontam certos avanços no abandono do barbarismo, bem como determinadas inovações nos costumes, o que teria sido natural a um estrangeiro, e quase miraculoso a um nativo, pergunto-me se, em vez de apoiar argumentos que, apesar de impressionantes e engenhosos, não substituem uma hipótese irrefutável nem produzem qualquer resultado importante, não seria uma atitude mais sensata e prudente de nossa parte deixar imperturbada uma hipótese aceita há tanto tempo.[17]

VI. Se Cécrope foi realmente o líder de uma colônia egípcia, é mais que provável que ele tenha conquistado o domínio da Ática não pelo uso da força, mas por outros meios. Para tribos selvagens e bárbaras, o aparecimento de homens cujas invenções mecânicas, a superioridade no

[16] As autoridades que defendem a origem egípcia de Cécrope são: Diodoro, livro I; Teopompo, *Schol. Aristoph.*; Plotino; Suídas. Platão fala da antiquíssima conexão entre Sais e Atenas. Sólon encontra os nomes de Erecteu e Cécrope no Egito, e, de acordo com a mesma autoridade, reconheço outra, conquanto duvidosa (Platão, *Crítias*). A principal autoridade indiscutível que sei ser favorável à hipótese contrária (isto é, que Cécrope era autóctone) é Apolodoro.

[17] O exame de todos os argumentos que cada lado sustenta com relação a Cécrope ocuparia cerca de duzentas páginas desta obra, e ainda deixaria a questão aberta a discussão. Talvez duzentas páginas possam ser dedicadas a temas mais instrutivos de um modo geral.

conhecimento das artes da vida e, mais que isso, nos trajes e na aparência[18] indicam eminência intelectual até então desconhecidas e inimagináveis traz consigo algo de sobrenatural e divino. A imaginação dos habitantes selvagens é seduzida, suas superstições despertam e, em vez de sucumbir a um invasor, eles se rendem a um instrutor. Foi provavelmente desta maneira, portanto, que Cécrope, com seus colonizadores, ocupou a planície ática: conquistando a confiança dos habitantes em vez de subjugá-los, e reunindo em si mesmo a dupla autoridade exercida por chefes primitivos – a dignidade do legislador e a santidade do sacerdote. É evidente que nenhum dos colonizadores estrangeiros trouxe consigo um grupo numeroso. As tradições referem-se a eles com gratidão, chamando-os civilizadores, não com ódio, descrevendo-os como conquistadores. E eles não deixaram quaisquer vestígios no estabelecimento de sua língua, prova de seu pequeno número e do caráter benigno de sua influência: o fenício Cadmo, o egípcio Cécrope, o frígio Pélope não introduziram uma língua apartada e estranha. Ajudando a civilizar os gregos, eles se tornaram gregos. Sua posteridade miscigenou-se e perder-se em meio à população nativa.

VII. É possível que, em todos os países, o primeiro passo para o avanço social seja a instituição do casamento, e o segundo seja a formação de cidades. Como Menés no Egito e Fo Hi na China, também se diz que, em Atenas, Cécrope foi o primeiro a estabelecer limites sagrados para os relacionamentos irregulares entre os sexos[19] e tirar seus súditos bárbaros de uma vida nômade e desafortunada, sobrevivendo da produção espontânea de um solo infértil. Erguendo-se acima da planície e defrontando-se com o mar, que, a uma distância aproximada de cinco quilômetros naquela direção, invade uma baía particularmente apropriada para as empreitadas marítimas do passado, podemos ver ainda uma rocha escarpada e quase perpendicular. Em comprimento, sua superfície externa é de cerca de 240 metros. Em largura,

[18] Assim, nas tradições peruanas, o aparecimento de duas pessoas de formas majestosas e vestimentas elegantes e belas, surgindo sozinhas e desarmadas às margens do Lago Titicaca, foi suficiente para resgatar uma tribo nômade de deploráveis indivíduos nus de sua vida selvagem e incutir nela os elementos de união social, formando um povo que acabou por estabelecer um trono.

[19] "Como os gregos," diz Heródoto (livro II, capítulo 112), "os egípcios restringem-se a uma única esposa". Posteriormente, embora fosse comum entre os gregos, essa restrição não se mostrava invariável. Falaremos mais sobre isso adiante.

tem por volta de 120 metros.[20] Abaixo, de ambos os lados, fluem as correntes imortais do Ilissos e do Cefiso. De seu pico, pode-se avistar, perto dali, os montes Himeto e Pentélico e, ao longe, "a Laurion repleta de prata"; abaixo, a vasta planície da Ática, entrecortada por colinas rochosas. À distância, as ilhas de Salamina e Egina e, depois delas, as margens da Argólida, elevando-se acima das águas da Baía Sarônica [Golfo Sarônico]. Afirma-se que, sobre essa rocha, o suposto egípcio teria construído uma fortaleza e fundado uma cidade.[21] Mais tarde, a fortaleza foi chama Acrópole, e o lugar em si, quando as construções de Atenas já se espalhavam por uma vasta área abaixo de sua base, ainda era designado *polis*, ou a CIDADE. Conta-se que, aos poucos, desse castelo impenetrável e sua planície adjacente, ele ampliou os limites de seu reino, até que incluísse toda a Ática e, talvez, a Beócia.[22] Afirma-se também que ele fundou outras onze pequenas cidades ou vilarejos e dividiu seu povo em doze tribos, dando uma cidade a cada uma delas, bem como uma fortaleza contra invasões estrangeiras e uma corte de justiça para a solução de conflitos civis.

Se pudermos confiar na luz fugidia que, lançando-se por um instante, vaga e confusa, sobre o reinado de Cécrope, acaba por perder-se em toda a escuridão da fábula durante os reinados de seus supostos sucessores, é a essa personagem lendária que devemos atribuir os rudimentos da agricultura e das leis. Afirma-se que ele ensinou os atenienses a lavrar a terra e a observar os frutos das estações; que, do Egito, importou a oliveira, pela qual o solo ático ficou tão célebre posteriormente; e que chegou mesmo a navegar à Sicília e à África em busca de suprimentos de grãos. É bem evidente que tais avanços a partir de um estado primitivo e selvagem não foram feitos em uma única geração. Acredita-se ainda (e é muito mais provável) que Cécrope tenha imposto à ignorância de seus súditos e à licenciosidade de seus seguidores os freios da lei imparcial, além de haver criado um tribunal de justiça (sem dúvida, o único para todos os conflitos), no qual a posteridade imaginava vislumbrar a origem do solene Areópago.

[20] Viagens de Hobhouse, Carta 23.

[21] Não há nada que indique que, apesar de sua fortaleza, essa cidade fosse murada, como Licosura.

[22] Ao menos Estrabão aponta a Beócia como sujeita ao governo de Cécrope. Contudo, confesso que, longe de haver incorporado a Beócia à Ática, penso que as tradições relativas a seus sucessores imediatos parecem indicar que, na própria Ática, continuaram a existir tribos independentes que, se já não o fossem, logo amadureceram e se tornaram Estados independentes.

VIII. Tendo feito essas especulações inconclusivas sobre os avanços particulares promovidos por Cécrope no âmbito da vida social do povo ático, passo agora a examinar dois temas muito mais importantes. O primeiro é a religião dos atenienses, partilhada pelo restante da Grécia; e o segundo é a origem da instituição da escravidão.

Em todos os países, a origem da religião é uma investigação do mais profundo interesse e com os mais vagos resultados. Afinal, o desejo dos devotos de encontrar, em todos os credos, traços dos princípios da religião que eles mesmos professam; a vaidade dos eruditos em ostentar um conhecimento variegado e oculto; a ânsia dos inovadores de harmonizar tradições conflitantes e a ambição de todo especulador de dizer algo novo sobre um assunto antigo, mas inesgotável, muito longe de elucidar, apenas complicam nossas conjecturas. Basta estabelecer-se uma teoria hoje para que amanhã se invente uma teoria contrária. De acordo com uma, a religião dos gregos não passa de uma variante dos mistérios dos judeus, da ocorrência do dilúvio e da preservação da arca. Para outra, trata-se de uma absoluta incorporação das solenidades metafísicas dos egípcios: ora um engenhoso instrumento de sacerdotes, ora a lúcida invenção de sábios. Não é exagero dizer que, após os maiores esforços e as mais plausíveis conjecturas dos tempos modernos, seguimos ainda mais hesitantes e confusos que antes. A sarcástica bravata de toda mitologia pagã, bem como de uma das mais antigas deidades pagãs, é que "ninguém, dentre os mortais, levantou seu véu!"

Assim, após algumas breves observações preliminares, concentrando-me nas hipóteses que me parecem mais prováveis e simples, passarei logo de pesquisas improfícuas sobre o Desconhecido a deduções úteis a partir do que encontramos em nossa investigação, ou seja, passarei da origem da religião grega a sua influência e seus efeitos: a primeira é província do antiquário e do especulador; a segunda, do historiador e do filósofo prático.

IX. Quando Heródoto nos conta que o Egito transmitiu à Grécia os nomes de quase todas as suas deidades e que suas pesquisas o convenceram de que eram de origem bárbara, ele exclui da lista das deidades egípcias: Netuno, os Dióscuros [Castor e Pólux], Juno, Vesta, Têmis, as Graças [ou Cárites] e as Nereidas.[23] De acordo com He-

[23] Heródoto, II, cap. I.

ródoto, Netuno veio da África, e o restante das deidades rejeitadas pelo Egito veio dos pelasgos. De acordo com a mesma autoridade, os pelasgos não receberam suas deidades dos egípcios, mas apenas aprenderam deles os nomes de suas deidades (e daquelas de um período posterior).[24] Mas os pelasgos foram os primeiros habitantes conhecidos da Grécia. Portanto, os primeiros habitantes conhecidos da Grécia tinham suas deidades especiais, antes de qualquer comunicação com o Egito. Quanto ao resto, devemos aceitar o relato do simples e crédulo Heródoto com bastante cautela e reserva. Não há nada mais natural (e talvez seguramente correto) do que cada tribo,[25] mesmo de absolutos selvagens, inventar algumas deidades por si só. E, sendo também natural que tais deidades derivem de objetos externos comuns a toda a humanidade, como o sol e a lua, as águas e a terra, e sejam cultuadas com atributos forjados a partir de paixões e impressões não menos universais, as deidades de toda tribo terão algumas semelhanças entre si, embora as próprias tribos talvez jamais venham a ter contato ou comunicar-se umas com as outras.

A mitologia dos primeiros gregos pode ter surgido a partir das principais fontes a seguir.

Primeiro, do culto de objetos naturais – e, das divindades assim criadas, as mais inequivocamente nacionais serão, por óbvio, aquelas associadas mais de perto com o estilo de vida dos gregos e as influências climáticas a que estavam submetidos. Quando, pela primeira vez, o selvagem confia a semente ao seio da terra; quando, mediante um processo desconhecido e inexplicável, ele vê aquilo que ele enterrou em uma estação brotar e produzir a colheita na seguinte, a TERRA em si, o misterioso celeiro, a benevolente, mas, por vezes, caprichosa reprodutora dos tesouros confiados aos seus cuidados, torna-se objeto do fascínio, da esperança e do medo, sentimentos que constituem a origem natural da adoração e da oração. Mais uma vez, ao descobrir a influência do céu sobre a evolução e o resulta-

[24] *Ibid.*, II, cap. LIII.

[25] Que a totalidade dos pelasgos – dispersos por toda a Grécia, divididos entre si, frequentemente em guerra uns com os outros e, por certo, sem cultivar hábitos de comunicação pacífica, tendo cada tribo diferentes estilos de vida e diferentes graus de civilização – tenha concordado em não dar nomes a seus deuses e, mais tarde, igualmente concordado em adotar nomes recebidos do Egito é uma asserção tão absurda que contradiz a si própria. Muitos dos equívocos com relação aos pelasgos parecem oriundos da suposição de que o nome comum indicava uma tribo comum e unida, e não um povo numeroso e disperso, subdividido em incontáveis famílias e diversificado por força de inúmeras influências.

do de seu trabalho; quando, aprendendo por experiência, ele reconhece seu poder de prejudicar ou favorecer; então, pelo mesmo processo de ideias, o CÉU também assume o caráter de divindade e transforma-se em um novo agente, cuja ira deve ser aplacada e cujo favor deve ser conquistado. Assim, o que o bom senso nos sugere é confirmado por nossas pesquisas e, desse modo, descobrimos que a Terra e o Céu são as mais antigas deidades dos pelasgos agrícolas. Como o Nilo para os campos dos egípcios, assim são o céu e a terra para a cultura dos gregos. Os efeitos do SOL sobre o trabalho e a satisfação humana são tão perceptíveis ao mais parco entendimento que não nos pode causar admiração encontrar aquele glorioso luminar dentre as deidades mais populares das nações da Antiguidade. Por que perscrutar o Oriente para explicar seu culto na Grécia? É mais fácil supor que os habitantes de um território tão especialmente favorecido pelo sol percebessem isso e o glorificassem, porque era bom, do que, dentre incontáveis contradições e hipóteses extravagantes, concluir que aquele litoral mais remoto tenha transplantado aos gregos uma deidade cujos efeitos eram tão benignos, e cujo culto era tão natural. E essa crença tão evidente também nos é confirmada pelas ilações mais sensatas da investigação. Pois é patente que nem a lua nem as estrelas – as divindades favoritas daqueles que desfrutavam as noites serenas, ou povoavam as vastas planícies do Oriente – eram (ainda que provavelmente acolhidas dentre as deidades pelásgicas) veneradas com a intensidade e a reverência do culto que lhes era rendido na Ásia e no Egito. Para os pelasgos, que ainda não haviam chegado ao estágio intelectual da contemplação filosófica, os objetos de influência mais perceptível eram os mais ardorosamente adorados. O que as estrelas eram para o Oriente, sua própria e bela Aurora, despertando-os para as delícias de seu ameno clima temperado, era para os primeiros gregos.

Das deidades criadas a partir de objetos exteriores, algumas surgirão (se me é dado usar a expressão) de acidentes naturais e circunstâncias locais. Um terremoto vinculará uma deidade à terra; uma inundação, com o rio ou com o mar. O solo grego carrega as marcas das revoluções marítimas: muitas das tribos fixaram-se ao longo da costa, e talvez já se tivessem aventurado em mar aberto com suas jangadas. Portanto, uma deidade marinha (sem a necessidade de qualquer revelação oriunda da África) está entre os primeiros deuses gregos. Os atributos de cada deidade serão construídos a partir das atividades e profissões de seus adoradores: será sanguinária junto aos beligerantes, benigna e clemente entre os pacíficos. Os pelasgos pastoris da Arcádia veneraram o Pã pastoril por gerações antes de ele ser recebido por seus irmãos pelásgicos da Ática. E a agrícola Deméter ou Ceres será reconhecida em muitas tribos dos pelasgos agrícolas, as quais não teriam sido visitadas por nenhum egípcio, nem mesmo de acordo com a tradição.[26]

A origem da oração está na noção de dependência e no instinto de autopreservação ou egoísmo. Os primeiros a receber as orações do homem primevo serão aqueles dos quais, por sua localização e ambiente, o homem acredita ser mais dependente para alcançar quaisquer benesses que seu estilo de vida mais o incline a cobiçar, ou dos quais possam vir quaisquer perigos que seu instinto mais lhe ensine a afastar e temer. Essa é a óbvia verdade que destrói todos os sistemas eruditos que atribuem algum tipo de origem única aos diferentes credos dos pagãos. Até que a terra seja a mesma em cada região; até que as mesmas circunstâncias envolvam cada tribo, impressões diferentes, em nações ainda não convertidas e não civilizadas, dão origem a deidades diferentes. A natureza sugere um Deus e o homem o investe de atributos. A natureza e o homem, iguais como um todo, diferem nos detalhes: a primeira não sugere as mesmas noções em toda parte; o segundo não consegue imaginar os mesmos atributos em todos os lugares. Tal como em outras tribos, também com os pelasgos ou gregos primitivos: seus primeiros deuses foram criados a partir de suas primeiras impressões.

Como uma fonte da religião estava nos objetos exteriores, haveremos de encontrar outra nas sensações e emoções interiores. As paixões são tão poderosas em seus efeitos sobre os indivíduos e as nações que não nos devemos surpreender ao testemunhar tais efeitos sendo atribuídos à incitação e influência de um ser sobrenatural. O amor é individualizado e personificado em quase todas as mitologias e, portanto o AMOR figura entre os primeiros deuses gregos. O medo ou terror, cuja influência costuma ser tão desconhecida, súbita e inexplicável, assenhoreando-se até mesmo dos mais corajosos, disseminando-se por multidões com toda a rapidez de uma simpatia elétrica e decidindo,

[26] A associação de Ceres com Ísis foi uma inovação posterior.

em um instante, o destino de um exército ou a ruína de uma tribo, é outra daquelas paixões facilmente vistas como inspiração de algum poder preternatural e, portanto, muito susceptível à personificação. E o orgulho dos homens, sobretudo se habitualmente corajosos e beligerantes, cederá, satisfeito, às credulidades que camuflarem uma degradante e inusitada fragilidade sob a influência de um ser superior. Desse modo, o TERROR ganhou uma forma e encontrou um altar provavelmente já no período heroico. De acordo com Plutarco, Teseu sacrificou ao [deus] Terror antes de sua batalha com as Amazonas: uma fábula insignificante, é verdade, mas que atesta, talvez, a antiguidade de uma tradição. Com o avanço da sociedade e o abandono do barbarismo, emergiram criações mais intelectuais: à medida que se construíam cidades e, com o constante fluxo e refluxo de tribos marciais, cidades eram subjugadas, os elementos do Estado social passaram a ser personificados e, a tais personificações atribuíam-se influência e rendiam-se culto. Assim, ganharam forma e divindade a ORDEM, a PAZ, a JUSTIÇA e o rigoroso e sombrio ORCO,[27] testemunha do juramento, vingador do perjúrio. Esta segunda fonte da religião, embora mais sutil e refinada em suas criações, tinha ainda suas origens nas mesmas causas humanas da primeira, ou seja, a expectativa do bem e o receio do mal. Muitas das deidades assim criadas, porém, eram invenções de poetas (a metáfora poética é uma mãe frutuosa da fábula mitológica), e muitas também constituíam graciosos aprimoramentos de uma época posterior. No entanto, algumas (e quase todas as que já enumerei) podem ser remontadas ao período mais remoto a que tais pesquisas podem recuar. É evidente que as mais antigas estariam associadas às paixões, e as mais modernas, ao intelecto.

Parece-me bastante claro que, quase simultaneamente às deidades dessas duas classes, surgiria a classe superior e mais influente das divindades pessoais, a qual, ampliando-se aos poucos, deu origem à dinastia heroica do Olimpo. As associações que uma tribo ou geração fazia com o céu, a terra ou o sol podiam ser obviamente atribuídas ou confundidas, por outra, com um espírito ou gênio que habitasse ou influenciasse o elemento ou objeto físico que lhe inspirava apreensão ou fascínio. E, uma vez perpetrada essa criação (ou seja, aquilo que uma tribo ou geração atribuía à simples personificação de uma paixão, faculdade ou

[27] Orco era a personificação de um juramento, ou sua santidade.

princípio moral e social, outra atribuía, com a mesma naturalidade, a uma deidade pessoal mais complexa), aquilo que, em uma situação, constituiria a natureza mesma de um ser superior, na outra daria origem a um mero atributo, aumentando o poder e ampliando o caráter de um Júpiter, um Marte, uma Vênus ou um Pã. É natural que divindades pessoais, uma vez criadas e adoradas, apresentem imagens mais vívidas e cogentes à fantasia humana do que personificações abstratas de objetos e impressões morais. Assim, aos poucos, deidades desse tipo sobrepujavam em preeminência e popularidade aquelas mais vagas e incorpóreas, e (embora eu me abstenha de, com isso, dar solução cabal ao enigma das antigas teogonias) seria inevitável que a família de Júpiter se apossasse dos intangíveis tronos da Terra ancestral e do Céu primevo.

Uma terceira fonte da mitologia grega, e comum a todas as mitologias, era o culto a homens que haviam existido de fato, ou que teriam existido. Afinal, nesse âmbito, equívocos poderiam passar inadvertidamente a integrar o calendário dos heróis, tal como ocorreu com o calendário dos santos (o moderno culto aos heróis), que canonizou muitos nomes cujos donos é impossível encontrar. Esse foi provavelmente o último acréscimo à fé aborígine, mas, talvez, o mais influente e popular em períodos posteriores. Uma vez estabelecido o culto a pessoas mortas, era natural que um povo tão habituado a incorporar impressões religiosas e acostumar-se com elas passasse a imaginar que até mesmo seus primeiros deuses, criados a partir de impressões do mundo natural (e, mais ainda, aqueles tomados de empréstimo a credos estrangeiros) tivessem caminhado sobre a terra. E, desse modo, imperava uma vaga crença de que, dentre as multidões [de deuses] das épocas filosóficas, até mesmo os mais sublimes habitantes do Olimpo teriam conhecido a condição humana, sendo sua imortalidade tão somente a apoteose do benfeitor ou do herói.

X. Portanto, os pelasgos tinham suas deidades nativas ou aborígines (que variavam em número e atributos em cada tribo diferente) e nelas repousa o alicerce da mitologia grega. Não foi preciso que sabedoria egípcia alguma os levasse a acreditar em poderes superiores. A natureza foi sua primeira instrutora. Contudo, inaugurando-se o contato com o Oriente a partir da Ásia defronte (pelo norte, a partir da vizinha Trácia), novas deidades foram transplantadas e deidades antigas receberam atributos e distinções adicionais, conforme a fantasia do estrangeiro as percebeu semelhantes a divindades que já estava acostumado a adorar. Parece-me que, em Saturno, podemos encontrar vestígios da popular deidade fenícia e, no Marte trácio, do feroz deus da guerra do Norte. Todavia, nunca é demais nos acautelarmos do quanto nos podemos permitir ser influenciados pelas semelhanças, ainda que fortes, entre uma deidade grega e uma estrangeira. Tais semelhanças podem ter emergido não só de inovações relativamente modernas, mas também consistir somente naquela semelhança geral que um sistema politeísta sempre terá com relação a outro, ou derivar da adoção de novos atributos e tradições estrangeiras. Desse modo, a deidade em si pode ser doméstica e autóctone, embora cause perplexidade ao pesquisador ante sua considerável semelhança com outros deuses, de cujos adoradores o culto nativo recebeu tão somente um epíteto, uma cerimônia, um símbolo ou uma fábula. E a necessidade dessa cautela é justificada especialmente pelas contradições que o trabalho de cada estudioso enamorado de um sistema apresenta com relação ao trabalho do especulador que o precedeu. O que um pesquisador descobre ser egípcio, outro afirma ser fenício, um terceiro traz do Norte, um quarto, dos hebreus, e um quinto, com imaginação ainda mais exaltada, traz das distantes e então ainda virgens cavernas e matas da Índia. Aceitando o bom senso como nosso guia, as contradições mostram-se menos irreconciliáveis; os mistérios, menos obscuros. Em uma deidade essencialmente grega, um colono fenício poderia encontrar algo familiar e reivindicar um deus ancestral. Ele atribui à deidade nativa algumas características fenícias. Posteriormente, um egípcio ou um asiático faz o mesmo: descobre uma semelhança e também acrescenta inovações. Os resilientes gregos recebem, amalgamam e apropriam-se de tudo: mas, nem por isso, a deidade autóctone é menos grega. É possível que cada especulador esteja correto ao demonstrar uma semelhança parcial justamente porque todos os especuladores estão errados ao afirmar uma identidade absoluta.

Conclui-se, como corolário das argumentações anteriores, que a religião da Grécia era muito menos uniforme do que comumente se imagina. Primeiro, porque cada Estado ou cantão autônomo tinha sua própria deidade peculiar. Segundo, porque, na comunicação estrangeira de novos deuses, cada estrangeiro importava a divindade que, em sua pátria, ele havia adorado de modo especial. Daí, cada Estado tinha seu deus tutelar: o fundador de sua grandiosidade, o guardião de seu renome. Mesmo no pequenino e restrito território da Ática, cada tribo, independentemente do culto público, tinha suas deidades particulares, cultuadas com ritos específicos.

A deidade que teria sido introduzida por Cécrope é Neite, ou, mais propriamente, *Naith*:[28] a deusa de Sais, na qual se reconheceria a Atena ou Minerva dos gregos. Descarto como manifestamente absurda a analogia de nomes pela qual as letras que compõem a palavra Neite são invertidas com relação à palavra Atena. A identidade das duas deusas deve fundamentar-se em provas mais robustas. No entanto, a fim de obter tais provas, precisamos conhecer com precisão a natureza e os atributos da divindade de Sais, problema que, ao que me parece, nenhum estudo solucionou a contento. A origem estrangeira de Atena seria um argumento forte e, creio eu, convincente se pudéssemos ter certeza de que seus atributos – tão marcadamente intelectuais e em total desarmonia com o barbarismo dos primeiros gregos – lhe foram concedidos logo no surgimento de seu culto. Mas, as tradições mais recuadas no tempo (como a de sua luta com Netuno pela posse do solo), se levarmos em conta suas interpretações mais simples, parecem provar que, em sua origem, ela era uma deidade agrícola e, portanto, uma criação que teria sido bastante natural aos pelasgos agrícolas; ao passo que sua suposta invenção de algumas das artes mais simples e elementares é absolutamente compatível com as noções de um período inculto e incipiente de uma sociedade. Tampouco existem, por um longo período subsequente, grandes semelhanças entre a tradicional e vetusta deusa das esculturas de Dédalo e a gloriosa e augusta Gláucope de Homero, a donzela de celestial beleza e sabedoria ímpar. Dada a variedade de seus atributos, admito ser bastante provável que Atena muito deva talvez à "Divina Inteligência" personificada na egípcia *Naith*, talvez também, como afirma Heródoto, à belicosa deidade da Líbia, e talvez não menos à Onga [ou Onca] dos fenícios,[29] dos quais, ao aprender determinadas

[28] *Naith* no dialeto dórico.

[29] Caso Onca, ou Onga, fosse o nome da deusa fenícia! Na peça "Sete contra Tebas", o coro invoca Minerva sob a denominação de Onca, e não há dúvidas de que, por vezes, a grega Minerva é chamada Onca. Contudo, não estou certo de que os fenícios tivessem uma deidade com esse nome, tampouco posso concordar com aqueles que insistem em ler Onca, em lugar

artes, os gregos podem ter aprendido simultaneamente o nome e o culto da deidade fenícia, apropriando-se de tais invenções. Ainda assim, uma deidade aborígine era provavelmente o núcleo em torno do qual, aos poucos, reuniram-se diversos atributos heterogêneos. E não há dúvidas de que, uma vez vivificada essa criação como um todo, e ganhando vida independente, a imponente deusa virgem eleva-se, indiferente e solitária, acima de todas as demais deidades gregas, como a mais nacional e majestosa dentre elas, e incomparavelmente superior a todas aquelas que talvez tenham ajudado a adorná-la e vesti-la, personificando, em uma forma única, o gênio diversificado, conquanto individual, do povo grego, e transformando-se, dentre todas as deidades do céu pagão, no que a Atenas que ela protegia se tornou na terra.

XI. Pode-se dizer dos gregos que jamais houve um povo que nacionalizasse tão integralmente tudo o que tomava por empréstimo de fontes estrangeiras. E de tudo quanto possa ter-se apropriado, em épocas mais remotas ou mais recentes, do culto de Ísis e Osíris, uma única causa teria sido capaz de apagar da mitologia grega o caráter peculiar da mitologia egípcia.

A religião do Egito, enquanto ciência, era simbólica: ela denotava princípios elementares de filosofia e seus deuses eram enigmas. Tem-se afirmado (com base em dados muito inadequados) que, nos primórdios do mundo, em todo o Oriente, havia um culto universal a um deus, do qual o sol era o emblema ou o objeto real de adoração, e que o politeísmo foi criado a partir da personificação de propriedades e atributos dessa deidade única: "existindo um Deus," afirma Aristóteles, primorosamente, "designado por muitos nomes, derivados dos diversos efeitos produzidos por seu poder vário".[30] Mas, não acredito, em absoluto, que uma religião simbólica possa ser a primeva autora do politeísmo, pois uma religião simbólica é algo que pertence a um período posterior da civilização, quando alguns homens são apartados dos demais para, em indolência, cultivar sua imaginação a fim de iludir ou instruir a razão dos demais. Os sacerdotes são os primeiros filósofos, e uma religião

de Siga, em Pausânias (livro IX, cap. 12), quando ele diz que Siga era o nome da Minerva fenícia. Obviamente, os fenícios tinham uma deidade correspondente à grega Minerva, mas não há provas suficientes de que seu nome fosse Onca, ou Onga. Além disso, o escoliasta, em seus comentários sobre Píndaro, remonta o epíteto, aplicado a Minerva, a um vilarejo beócio.

[30] *De Mundo*, capítulo 7.

simbólica, a primeira filosofia. Contudo, a fé precede a filosofia. Portanto, não duvido que o politeísmo já existisse no Oriente antes daquele período em que os sacerdotes da Caldeia e do Egito o imbuíram de um caráter mais sublime, recorrendo, em socorro da invenção, a uma sabedoria fantástica e especulativa, representando, com símbolos físicos, as revoluções da terra, das estações e das estrelas, e criando novas superstições (ou, o que é mais provável, adaptando antigas superstições de caráter sensual), de modo a transformá-las nos tipos mais grosseiros e externos de um credo filosófico.[31] Mas um culto simbólico, produto de uma ordem sacerdotal apartada e estabelecida, nunca é nem nunca será a religião professada, amada e preservada por um povo. As massas exigem algo efetivo e real como objeto de sua crença: elas não conseguem render culto a uma falácia, pois sua reverência arrefeceria no instante mesmo em que pudessem ser levadas as compreender que o deus para o qual sacrificavam não era um poder efetivo, capaz de infligir mal ou bem, mas a representação simbólica de determinada estação do ano ou de um princípio nocivo no ar. Por isso, na religião egípcia, havia um credo para o vulgo e outro para os sacerdotes. Mais uma vez, a criação e perpetuação de uma religião simbólica (que é, em verdade, uma escola hereditária de metafísica) demanda que se separe, para tal propósito, um grupo de homens cujo tempo livre os instigue à invenção e cujo interesse os incite à impostura. Uma religião simbólica é prova de certo refinamento de civilização – o refinamento de sábios em meio a um povo subserviente – atraindo para si aquelas mentes de caráter meditativo e imaginativo que, caso ela não existisse, dedicar-se-iam à filosofia. Agora, mesmo que se dê crédito absoluto às lendas que levam colonizadores egípcios à Grécia, é provável que apenas poucos deles estivessem familiarizados com os segredos da mitologia simbólica que introduziram. E, ainda que estivessem, parece improvável que tivessem comunicado a uma população estrangeira e bárbara os profundos mistérios velados que eram ocultados da grande maioria dos próprios egípcios. Desse modo, independentemente dos aspectos que os colonizadores egípcios pos-

[31] Os egípcios pressupunham três princípios: 1. Espírito universal único e benevolente; 2. Que matéria e eternidade são coevas; 3. Que a Natureza se opunha ao bem do Espírito universal. Encontramos esses princípios em uma variedade de formas representadas em suas deidades. Além de suas representações típicas da natureza, quando os egípcios adotaram deuses-heróis, inventaram-se fábulas simbólicas para ocultar sua humanidade, escusar seus erros ou glorificar seus feitos.

sam ter importado de uma religião típica, seu significado teria sido logo ou gradualmente perdido. Tampouco temos condições de (até a recente época dos sofistas e depuradores) estabelecer com clareza um período em que não tenha existido a indelével distinção entre a mitologia grega e a mitologia egípcia, qual seja, o caráter concreto, real, físico e doméstico da primeira em contraposição à natureza vaga, abstrata e simbólica da segunda. Esse talvez não fosse o caso se se tivessem estabelecido nas cidades gregas, como era nas cidades egípcias, colégios sacerdotais distintos e autônomos cujo único cuidado e ocupação era a religião, formando-se assim uma classe privilegiada e exclusiva dentro do Estado. No entanto (e é preciso ter isso sempre em mente), nunca houve entre os gregos, em nenhum período histórico conhecido, uma casta distinta de sacerdotes.[32] Podemos perceber, de fato, que os primeiros colonizadores começaram com abordagens àquele princípio, mas isso não foi levado adiante. Em Atenas, havia famílias sagradas cujos membros deveriam preencher determinados cleros. Contudo, nem mesmo essas personalidades se distinguiam dos demais em outros aspectos: elas cumpriam todos os deveres comuns de um cidadão e não estavam unidas por nenhuma exclusividade de privilégio ou espírito de grupo. É provável que, entre os aventureiros egípcios, não houvesse ninguém capacitado por educação prévia para o ofício sagrado. Além disso, o chefe que tivesse conquistado o domínio talvez não nutrisse nenhuma predileção irresistível por uma casta que, em seu próprio país, ele vira ditando regras ao monarca e interferindo no governo.[33]

Logo, entre os primeiros gregos, constatamos que os próprios chefes se contentavam em oferecer o sacrifício e recitar a oração e, conquanto realmente houvesse sacerdotes designados e especiais, eles não detinham nenhuma autoridade de império ou comando. O areópago de Atenas zelava pela religião, mas os areopagitas não eram sacerdotes. A inexistência de uma casta sacerdotal teve um efeito considerável sobre o caráter flexível e familiar do credo gre-

[32] Veja *Political History of Greece* [História Política da Grécia], de Heeren, obra na qual este ponto é discutido de forma esclarecedora.

[33] Ademais, não é característico de emigrantes de um povo acostumado ao regime de castas propagar as castas superiores àquela a que pertencem, mas que não exportaram nenhum representante. Suponhamos que ninguém daquela nobre ordem privilegiada, os chamados sacerdotes, tenha acompanhado os migrantes egípcios. Tais migrantes não teriam sequer sonhado em instituir aquela ordem em seu novo assentamento, assim como uma colônia da casta guerreira da Índia não estabeleceria, a partir de sua própria ordem, uma casta de brâmanes ilegítima e fictícia.

go, porque não havia ninguém com interesse profissional de proteger a pureza da religião, de preservar alusões simbólicas com relação àquilo que havia tomado de empréstimo, nem de proibir a mistura de novos deuses e de credos heterogêneos. Quanto mais popular é uma religião, maior é sua busca por representações físicas, e tanto mais ela evita as sombras indistintas e frias de uma crença metafísica.[34]

Das grandiosas fábulas associadas à mitologia grega, algumas eram nacionais, outras estavam relacionadas a heróis nativos e incorporavam lendas aborígines, mas, em grande medida, elas também constituíam interpretações literais de tipos simbólicos e de expressões metafóricas, ou perversões equivocadas, de palavras de outras línguas. O ardente desejo, característico da raça humana, de explicar os fenômenos naturais; o anseio de atribuir a heróis nacionais as narrativas extravagantes de marinheiros e estrangeiros, impulso natural de um povo vaidoso e curioso; os acréscimos que toda lenda recebia em sua propagação de tribo em tribo e as constantes ornamentações que as invenções mais modestas ganhariam com a competição entre poetas rivais serviram para inflar e enriquecer rapidamente aqueles tesouros primitivos do folclore grego, deduzir a história a partir de alegorias e fundamentar um credo em um conjunto de relatos fantasiosos. Desse modo, a antiga mitologia da Grécia deve ser adequadamente estudada em suas interpretações simples e exteriores. Os gregos, ainda em sua infância social, contemplavam as lendas de sua fé como a criança que lê um conto de fadas: acreditavam em tudo o que fosse sobrenatural na atuação, sem nenhuma consciência do que pudesse ser filosófico na lição moral.

É bem verdade que se podem identificar vagamente, aqui e ali, entre os autores gregos mais antigos, algumas associações pouco claras entre uma religião sabeia e rudimentar, como a dos pelasgos (mas não, portanto, estrangeira e filosófica), e uma religião física e popular. Podemos ver que, em Júpiter, representava-se o éter e, em Apolo e, por vezes, até mesmo em Hércules, o sol. No entanto, embora talvez insinuassem inconscientemente o simbólico, tais autores fixavam, pela vitalidade e pelo caráter de suas descrições, as imagens efetivas de deuses e, invertendo a ordem das coisas, Homero criou Júpiter![35]

---

[34] Quando, em uma época posterior, Karmath, o impostor do Oriente, tentou enfraquecer o maometismo [islamismo], sua estratégia mais bem-sucedida foi declarar que os preceitos daquela religião eram alegorias.

[35] Heródoto (livro II, capítulo 53) observa que é a Hesíodo e a Homero

Todavia, a maior parte das interpretações simbólicas e sutis da mitologia grega que hoje conhecemos deriva da filosofia de uma época posterior. As explicações de fábulas religiosas, como, por exemplo, o agrilhoamento de Saturno por Júpiter e o rapto de Prosérpina por Plutão, as quais fazem Saturno representar a revolução ou giro das estações, agrilhoado ao curso das estrelas para impedir que ocorresse depressa demais, e refinam o rapto de Prosérpina, transformando-o em uma alegoria que denota as sementes dos grãos recebidos e sepultados pelo princípio supremo da terra;[36] a explicação moral ou física de lendas como essas, repito, foi obra de poucos, sistematizada a partir de comunicações estrangeiras ou perspicaz invenção. Pois uma religião simbólica, criada pelos sacerdotes de uma época, é, depois de corrompida, restabelecida ou remodelada pelos filósofos de outra.

XII. Agora, façamos uma breve pausa para indagar de onde os gregos derivaram a mais adorável e fascinante de suas criações mitológicas, aqueles seres inferiores e mais terrestres: os espíritos das montanhas, das águas e dos bosques.

Sabemos que, em todo o Oriente, desde as eras mais remotas, as montanhas eram templos da natureza. A sacralidade dos lugares altos é uma noção recorrente nas escrituras sagradas. Os caldeus, os egípcios e os persas acreditavam que, no pico das montanhas, eles se aproximavam dos oráculos do céu. No entanto, as fontes, as cavernas e os bosques não eram menos sagrados que o topo da montanha aos olhos dos primeiros adoradores do Oriente. Rios e fontes eram dedicados ao Sol, e supunha-se que suas emanações inspirassem a profecia e fossem o sopro do deus. A escuridão das cavernas, lugares que naturalmente evocam um fascínio meditativo, era considerada um cenário adequado para revelações de caráter mais divino,

---

que os gregos devem sua teogonia; que tais autores atribuíram aos deuses seus títulos, fixaram suas posições hierárquicas e descreveram sua forma. E, conquanto isso não se possa crer nisso literalmente, em alguns aspectos, é possível fazê-lo metaforicamente. Sem dúvida, os poetas inspiraram-se nas tradições populares para criar suas descrições, mas foram eles quem imortalizaram tais tradições. Júpiter jamais poderia tornar-se o símbolo de um povo que, no passado, havia atribuído a si próprio o assentir e os cachos do Júpiter de Homero.

[36] Cícero, *de Natura Deorum*, livro II. A maioria das interpretações filosóficas da mitologia grega é fruto das escolas alexandrinas. É motivo de honra para Aristarco haver combatido uma teoria muito semelhante à filosofia que quer converter as crianças que leem *Mother Bunch* nos inventores de uma moralidade alegórica.

pois inspirava a contemplação transcendental e o enlevo místico. Porfírio (que é muito versado na tradição pagã como um todo, embora geralmente não compreenda sua verdadeira natureza) acredita que Zoroastro tenha sido o primeiro a ensinar o culto das cavernas;[37] e delas os sacerdotes primevos fizeram templo, e a filosofia primitiva, um refúgio.[38] Bosques, especialmente aqueles situados em lugares altos ou nas adjacências de rios e riachos que exalam vapores, também eram adequados ao culto, e contribuíam para os sonhos de uma imaginação fértil e crédula. Peca, filho de Remalias, queimava incenso não só no alto das colinas, mas "debaixo de qualquer árvore verdejante".[39]

Esses lugares, portanto – as montanhas, as florestas, os rios e as cavernas – eram objetos especiais de sacralidade e fascínio entre as nações antigas.

Mas não precisamos supor necessariamente que uma superstição tão universal tenha sido tomada por empréstimo, e não concebida, pelos primeiros gregos. Os mesmos motivos que os fizeram venerar a terra e o mar estenderam sua fé aos rios e montanhas, aos quais, em um espírito de poesia natural e simples, eles chamavam "filhos" daquelas deidades elementares. O solo mesmo da Grécia, entrecortado e diversificado por tantas irregularidades, marcado por traços vulcânicos e abundante em rios e fontes mefíticas, contribuiu para tornar o sentimento de sacralidade local algo predominante e intenso. Cada pequeno cantão tinha seu próprio Nilo, cuja influência sobre a fertilidade e a cultura bastava para torná-lo digno de propiciação e,

[37] Mas é possível remontar esse culto a uma data muito anterior àquela que se atribui, de forma bastante plausível, ao Zoroastro persa.

[38] Nesse sentido, afirma-se que Epimênides de Creta passou quarenta e cinco anos em uma caverna, e Minos desce à caverna sagrada de Júpiter para dele receber os fundamentos da lei. Note-se que o fascínio associado a bosques e cavernas é encontrado tanto nas superstições do Norte como do Oriente. E não há nação na terra em que não se encontre a superstição antiga associada, sobretudo, às cavernas e florestas, povoando-as com demônios específicos. A escuridão, o silêncio e a solidão são sacerdotes que falam eternamente aos sentidos, e poucos dos mais céticos entre nós que já se perderam em matas densas ou entraram em cavernas solitárias não reconhecem sua influência sobre a imaginação: *"Ipsa silentia"*, nas belas palavras de Plínio, o Velho, *"ipsa silentia adoramus"*. O efeito dos rios e fontes sobre a mente parece ainda mais inusitado e surpreendente. Não obstante, a um povo que desconhece a física, águas dotadas de propriedades minerais ou que exalem vapores mefíticos bem podem parecer imbuídos de algo preternatural. Assim é que, ainda hoje, descobrimos que, dentre muitas tribos selvagens, tais nascentes são tratadas com veneração e fascínio. O povo de Fiji, nos Mares do Sul, tem um poço que eles imaginam ser a passagem para o outro mundo, chegando mesmo a acreditar que é possível ver em suas águas as imagens espectrais das coisas avançando em direção à eternidade. Tal como os bosques, as fontes eram objeto de veneração entre nossos ancestrais saxônicos. Veja Meginhard, Wilkins, etc.

[39] 2 Reis 16:4.

portanto, de personificação. Se a Grécia tivesse sido uma nação unida sob uma monarquia; se seu solo fosse caracterizado por uma monotonia comum, talvez um único rio ou uma única montanha tivesse sido considerada divina. Foi o número de suas tribos e a variedade de suas paisagens naturais que deram ensejo à afluência e à prodigalidade de suas criações mitológicas. E, dentre as causas da superstição fervilhante, vívida e universal da Grécia, não podemos olvidar os acidentes de terremotos e inundações, aos quais aquela terra parece ter sido exposta desde sempre e com frequência. A atividade e os caprichos da natureza, bem como a constante atuação de causas que não conseguiam reconhecer, prever nem imaginar foram responsáveis, em grande parte, pela inclinação dos antigos gregos para recorrer a misteriosos poderes superiores, e também por aquela maravilhosa poesia de fé que se deleitava em associar o visível ao invisível. O caráter peculiar não só de um povo, mas de seus primeiros poetas; e não apenas de seu solo, mas de seu ar e céu, dá o colorido da superstição que ele engendra: e a maioria dos demônios terrestres que o Norte mais melancólico vestiu de terror e dotou de maldade derivou, do gênio benévolo e dos deliciosos climas da Grécia, os mais benfazejos ofícios e as mais belas formas, ainda que, na própria Grécia, não fossem universais em sua natureza, mas, antes, reflexos fiéis do caráter de cada classe de adoradores. Assim, as Graças,[40] cujos "olhos", na arte lírica de Hesíodo, "exsudavam amor irresistível e cheio de cuidado", na Lacônia eram as ninfas da disciplina e da guerra!

Ao concluir este tema, que me seja permitida uma breve digressão: as causas locais que contribuíram para a superstição poderiam ter conduzido, em época posterior, à ciência. Se a Natureza, que se mostrava sempre em estranhos rompantes de ação, levou os gregos, em sua infância social, a buscar agentes para aquela ação e vazão para seu fascínio, então, à medida que evoluíram, amadurecendo o intelecto, foi na própria Natureza que buscaram as causas dos efeitos que, de início, pareciam sobrenaturais. E, em cada estágio, tendo a curiosidade e o interesse instigados pelos fenômenos à sua volta, as invenções crédulas da ig-

[40] Das três graças (Aglaia, Eufrosina e Tália), os espartanos cultuavam originalmente apenas uma – Aglaia, o esplendor – sob o nome de Faena [*Phaenna*], luminosidade. Eles rejeitavam as outras duas, cujos nomes significam Alegria e Prazer, e adotavam como substituta uma deidade cujo nome era Som (*Cletha*), uma substituição muito comum nos dias de hoje!

norância deram lugar às arrebatadas explicações da filosofia. Em regra, na superstição de uma era jaz o germe que amadurece e se transforma nas análises e investigações da era seguinte.

XIII. Passemos agora ao exame dos artigos de fé gerais existentes entre os gregos, seus sacrifícios e ritos de culto.

Em todas as nações mais célebres do mundo antigo, encontramos estabelecidos aquele duplo elemento de fé mediante o qual a religião harmoniza e dirige as relações sociais da vida, a saber, a crença em uma existência futura e na providência de poderes superiores que, supervisionando, como juízes, os assuntos da terra, punem os maus e recompensam os bons.[41] Conjectura-se, e com bastante plausibilidade, que as fábulas do Elísio, do lento Cócito e do sombrio Hades foram inventadas ou alegorizadas a partir dos nomes de lugares egípcios. Diodoro assegura-nos que, junto às enormes catacumbas do Egito (as lúgubres mansões dos mortos) ficavam o templo e o rio, ambos chamados Cócito (o asqueroso canal do Aqueronte), e as planícies elísias.[42] E, de acordo com a mesma questionável autoridade, o corpo do defunto era transportado pelas águas por um barqueiro, chamado Caronte na língua egípcia. No entanto, antes de embarcar, juízes designados, postados às margens do Aqueronte, ouviam a quaisquer acusações apresentadas pelos vivos contra o falecido e, se convencidos de suas transgressões, privavam-no dos ritos de sepultamento. Por isso, supunha-se que Orfeu teria transplantado para a Grécia a fábula das regiões infernais. Mas existem bons motivos para desconfiarmos dessa narrativa e acreditarmos que a doutrina de uma existência futura era de conhecimento dos gregos, sem que a tivessem ensinado os egípcios – embora não haja dúvidas de que a principal lição da cerimônia egípcia, qual seja, o julgamento do morto, não era um elemento familiar à doutrina inicial dos gregos. Eles não acreditavam que os bons fossem recompensados e os maus, punidos naquele futuro pavoroso que

[41] O credo persa, que se originou a partir de Zoroastro, guardava grandes semelhanças com o cristianismo. Ele ensinava a ressurreição dos mortos, o triunfo universal de *Ormuzd*, o Princípio da Luz, e a destruição do reino de *Ahrimanes* [ou *Ahriman*], o Princípio Maléfico.

[42] Para onde quer que migrassem colônias egípcias, ou mesmo gregas, nada poderia ser mais natural do que, deparando com uma coincidência de cenário, eles estabelecessem uma coincidência de nome. Em Epiro também se achavam o Aqueronte e o Cócito; e Campânia abriga toda a topografia do Hades da descrição de Virgílio.

corporificavam em suas noções do reino das sombras.[43]

XIV. É menos nas deidades gregas que nos costumes em sua honra que podemos perceber alguns traços de superstições orientais. Reconhecemos as práticas dos credos mais antigos – as cerimônias habituais de seu culto – nos locais escolhidos para seus templos. O suplicante voltava o rosto para o leste e era aspergido, como purificação necessária, com a água sagrada geralmente referida por escritores sagrados e também profanos, um rito típico legado pelo paganismo à maior parcela da cristandade atual. E nenhuma oblação estava adequadamente preparada se não fosse acrescida de sal: não só aquela oferenda simples e imemorial, ordenada pelos sacerdotes dos ídolos pagãos, mas também aquela prescrita por Moisés para a aliança com o Deus hebreu.[44]

XV. Chegamos agora àqueles festivais sagrados realizados em celebração de mistérios religiosos, festivais que despertam vívido interesse nos tempos modernos. Talvez nenhum tema relacionado com a religião dos antigos tenha sido estudado com tanto afinco, e com resultados tão infrutíferos. E, com igual medida de verdade e humor, o observador e arguto Lobeck compara as escolas e Warburton e St. Croix aos sabinos, que possuíam a faculdade de sonhar o que desejavam. De acordo com um antigo relato ainda bastante popular, os obscuros enigmas de Elêusis derivavam do Egito: o drama do Anáglifo.[45] Contudo, em resposta a essa teoria, devemos observar o seguinte: mesmo que, em seus primórdios, os estranhos e solenes ritos que se afirma que foram (o surgimento de cerimônias místicas a partir da conexão entre o portentoso e o desconhecido é muito natural) estivessem de fato tão disseminados entre os selvagens do mundo antigo (por mais dispersos que estivessem), e ainda sejam tão frequentemente encon-

[43] Veja seção XXI, p. 61.

[44] Em todo o Oriente, o fogo era um símbolo sagrado. No entanto, não se pode simplesmente concluir que o Vulcano ou Hefesto dos gregos tenha seu protótipo ou original no Ptá ou Ptás egípcio. Na filosofia persa, o fogo era um símbolo da inteligência divina: a credulidade persa, tal qual a grega, converteu o símbolo no deus (Max. Tyr., *Dissert.*, 38; Heródoto, livro 3, cap. 16). Os próprios judeus associavam o elemento a sua Deidade verdadeira. É no fogo que Jeová se revela. Uma chama sagrada ardia ininterruptamente nos templos de Israel, e grave era a punição da negligência que provocasse sua extinção (Maimônides, *Tract.* VI.)

[45] O Anáglifo era usado n os escritos sagrados dos egípcios, sendo de conhecimento exclusivo dos sacerdotes. O hieróglifo era do conhecimento das pessoas educadas em geral.

trados pelo viajante em terras às quais seria, de fato, uma especulação estapafúrdia afirmar que a sabedoria oriental tivesse chegado, é mais provável que tais ritos sejam fruto da ignorância nativa[46] do que a importação sublime de uma filosofia simbólica totalmente avessa às tribos para as quais foi comunicada, e na época atribuída a sua instituição. E, conquanto eu atribua aos Mistérios Eleusinos data muito anterior à que Lobeck se mostra inclinado a fixar,[47] busco, sem sucesso, uma hipótese mais provável das causas de sua origem do que aquelas sugeridas por ele, as quais passo a expor ao leitor. Vimos que cada Estado grego tinha suas deidades específicas e preferidas, apaziguadas por uma diversidade de cerimônias. Os gregos primitivos imaginavam que seus vizinhos poderiam tomar-lhes os deuses com orações mais fervorosas e oferendas mais suntuosas. Os heróis homéricos conquistavam seu direito à proteção divina pelo número de oferendas que haviam feito à deidade à qual imploravam. E a intensidade do desejo ciumento nutrido pelos gregos de conservar para si o favor de deuses tutelares pode ser ilustrada por aqueles casos que fazem alusão especial à voz baixa e sussurrada com que se dirigiam preces aos poderes superiores, para que o inimigo não ouvisse a oração e a imitasse, interessado em alcançar o favor celestial. É bem razoável, portanto, que os eleusinos, em hostilidades constantes com seus vizinhos, os atenienses, tivessem excluído os últimos das cerimônias instituídas em honra de suas divindades guardiãs, Deméter e Perséfone (isto é, Ceres e Prosérpina). E aqui podemos acrescentar que, uma vez instituído o sigilo, os ritos podem ter adquirido, e talvez merecido, em um período ainda bastante remoto, um caráter enigmático e místico. No entanto, quando, após uma derrota memorável dos eleusinos, os dois Estados se fundiram, a união foi confirmada pela participação conjunta na cerimônia,[48] à qual

[46] Na Gália, César encontra algumas tribos mais civilizadas que as demais. Tais tribos cultivam a ciência dos sacrifícios e possuíam uma filosofia secreta de mistérios supersticiosos. Contudo, em algumas outras tribos menos civilizadas, apenas os elementos e os luminares celestes (*quos cernunt et quorum opibus aperte juvantur*) eram adorados, e a tradição dos sacrifícios era natural e espontânea. Creio que, junto aos pelasgos e aos gauleses, tais distinções pudessem ser encontradas simultaneamente em diferentes tribos.

[47] Apolodoro afirma que a chegada de Ceres à Ática se deu na época de Pandião.

[48] Quando Lobeck deseja fixar a data dessa união religiosa em uma época tão recente como a de Sólon, com base em uma única passagem de Heródoto, na qual Sólon, conversando com Creso, fala das hostilidades entre atenienses e eleusinos, parece-me que lhe faltam fundamentos suficientes para a suposição. O rito pode ter sido instituído em consequência de um conflito e uma aliança muito anteriores até mesmo àqueles tradicionalmente registrados na

uma causa política daria, assim, dignidade mais solene e formal. Esse relato da origem dos Mistérios de Elêusis não é passível de comprovação, é verdade, mas parece-me ao menos o mais provável em si, e o mais consentâneo com os hábitos dos gregos e de todas as nações da antiguidade.

É certo que, por muito tempo, a celebração dos Mistérios de Elêusis restringiu-se a esses dois Estados vizinhos, até que, tendo várias causas contribuído para unir a Grécia inteira sob uma religião e um nome comuns, a participação foi admitida a todos os gregos, homens e mulheres, de todas as classes sociais, desde que não tivessem cometido nenhuma transgressão imperdoável, tivessem realizado as cerimônias prévias exigidas e fossem introduzidos por um cidadão ateniense.

À medida que Atenas crescia em seu esplendor radiante, aquela instituição [os Mistérios de Elêusis] ganhou celebridade e magnificência, até aparentemente se tornar o espetáculo mais impressionante do mundo pagão. É evidente que um povo tão dado à imitação não rejeitaria inovações ou acréscimos que pudessem aumentar o interesse ou a solenidade da representação, e menos ainda se viessem (por quaisquer vias) do antigo e imponente Egito, que lhes inspirava tão grande veneração e fascínio. Tampouco julgo possível explicar a enorme semelhança, atestada por Heródoto e outros, entre os mistérios de Ísis e os de Ceres, bem como a similaridade, em cerimônias menos célebres, entre os ritos do Egito e os da Grécia, sem logo reconhecer que, de forma indireta ou mesmo direta, os supersticiosos do Egito exerciam grande influência sobre os supersticiosos da Grécia, transmitindo a estes muitas de suas características. Todavia, a época em que essa comunicação religiosa realmente começou tem sido objeto de disputas mais acirradas do que o tema merece. É provável que uns poucos viajantes e estrangeiros, solitários e esparsos, tenham dado início ao intercâmbio em um período muito remoto. Contudo, de modo geral, parece-me que, com certas modificações, devemos concordar com Lobeck e as escolas mais racionais de investigação quando afirmam que foi principalmente no intervalo entre o período homérico e a guerra persa [médica] que o misticismo transformou-se em religião, a superstição assumiu os atributos de ciência, e os rituais de purificação, os augúrios e as orgias ganharam

era mítica de Erecteu e Eumolpo, mas sem colocar um ponto final nas tentativas de independência de Elêusis nem impedir a irrupção ocasional e ciúmes e discórdias.

método e sistematização do gênio exuberante do fanatismo poético.

Que nesses augustos mistérios fossem propostas doutrinas contrárias à religião popular é uma teoria que creio ter sido totalmente invalidada. É provável que a exibição de estátuas, relíquias e símbolos antigos, sonegados à adoração cotidiana (como nos festivais católicos dos dias atuais), fosse uma função importante do Hierofante. Em uma cerimônia em honra a Ceres, porém, as dádivas da agricultura e sua relação com a civilização também eram dramatizadas de forma muito natural. A visita da deusa às regiões infernais talvez constituísse uma parte impressionante do espetáculo: imagens espectrais, alternâncias de luz e sombra, todas as aparições e efeitos que, como se afirma, conferiam tanto fascínio aos mistérios, bem podiam estar de acordo com a crença popular, em vez de contrariá-la. E não há motivos para supor que as explanações dadas pelos sacerdotes fizessem mais que explicar histórias mitológicas em conformidade com o espírito e a forma da mitologia recebida, ou extrair da representação máximas morais tão comuns, simples e antigas como a maioria dos aforismos morais. Mas, com o progresso intelectual do público, os filósofos, céticos em relação à religião popular, passaram a deleitar-se em extrair de tais representações imponentes uma miríade de teorias e lições morais completamente desconhecidas do vulgo, e, assim, as fantasias e sofisticações de estudiosos posteriores foram confundidas com as noções de uma época primeva e uma população heterogênea. O simples fato (no qual tanto se insiste) de que todos os gregos tinham acesso aos ritos é suficiente para provar que nenhum segredo incompatível com a fé comum, ou de grande importância em si mesmo, poderia ser proposto pelos sacerdotes ou recebido pelo público. E, para corroborar uma verdade tão patente, pode-se observar ainda que a fé popular considerava impiedade rejeitar a iniciação nos mistérios, e que alguns dos próprios autores, muito supersticiosos com relação à iniciação, atribuem máxima solenidade às cerimônias dos mistérios.

XVI. Sanconíaton escreveu uma obra, hoje perdida, sobre o culto da serpente. Essa superstição antiquíssima, invariavelmente encontrada no Egito e no Oriente, também pode ser vista em muitas das lendas e cerimônias dos gregos. A serpente era um símbolo recorrente de vários deuses: serpentes eram mantidas nas proximidades dos templos, eram introduzidas nos mistérios e estavam em qualquer lugar considerado sagrado. A propósito, é curioso que, conquanto, para nós, a serpente seja um símbolo do espírito do mal, no Oriente, ela era geralmente considerada um espírito benfeitor. Na Índia, a serpente de mil cabeças e, no Egito, a serpente coroada com a folha do lótus eram deidades paternais e benévolas. Nas fábulas, era comum a afirmação de que os primeiros civilizadores da terra eram metade homem, metade serpente. Assim eram representados o Fo Hi da China[49] e o Cécrope de Atenas.

XVII. Mas a característica mais marcante da superstição da Grécia eram seus oráculos sagrados. E eles também direcionam nossas investigações de volta ao Egito. Heródoto informa que o oráculo de Dodona era, de longe, o mais antigo da Grécia[50] e, então, começa a tratar de sua origem, que ele remonta a Tebas, no Egito. E aqui nos vemos cercados por contradições: Heródoto, ao tratar da autoridade dos sacerdotes egípcios, atribui a origem do oráculo de Dodona e do oráculo líbio a duas sacerdotisas do Júpiter tebano – roubadas por piratas fenícios. Uma delas, que foi vendida na Grécia, estabeleceu em Dodona um oráculo semelhante àquele que havia servido em Tebas. Não obstante, em passagens anteriores, Heródoto informa: primeiro, que, no Egito, não havia sacerdotisa que servisse em nenhum templo de deidade alguma, masculina ou feminina; e, segundo, que, quando os egípcios transmitiram aos pelasgos os nomes de suas divindades, os últimos consultaram o oráculo de Dodona sobre a conveniência de adotá-los, de modo que aquele oráculo já existia antes mesmo das primeiras revelações fundamentais da religião egípcia. Parece-me, portanto, que demandaria conjectura menos robusta, mas igualmente compatível com as superstições universais da humanidade (visto que tentativas semelhantes de adivinhação são encontradas entre muitíssimas nações igualmente bárbaras), acreditar o que aquele oráculo surgiu a partir das impressões dos pelasgos[51] e dos fenô-

[49] *Kneph*, o *Agathodaimon* ou Bom Espírito do Egito, tinha por símbolo a serpente. Era justamente por ser sagrada no resto do mundo que a serpente se tornaria odiosa para dos judeus. No entanto, por um curioso resquício de superstição oriental, os primeiros cristãos costumavam representar o Messias como uma serpente: e o emblema de Satanás tornou-se o do Salvador.

[50] Livro II, cap. 52, 4.

[51] E essa opinião é confirmada por Dionísio e Estrabão, autores que consideram o oráculo de Dodona originalmente pelásgico.

menos naturais do lugar, embora seja bastante provável que, em um período subsequente, o modo de adivinhação tenha imitado aquele adotado pelo oráculo tebano. E, em um exame do local, parece que a própria Natureza foi, de fato, a sacerdotisa egípcia! Havia um enorme bosque de carvalhos cortado por um rio cujas águas abasteciam uma fonte que, ao fascínio ignorante, bem poderia parecer dotada de propriedades sobrenaturais. Em determinada hora, no meio do dia, ela secava, mas, à meia-noite, estava cheia. Tais fontes costumavam ser tidas por oraculares, não apenas no Oriente, mas em quase todas as partes do globo.

De início, no murmúrio das águas e, posteriormente, nos sons entre as árvores, os impostores sagrados ouviam e interpretavam a voz do deus. Há uma verdade antiga segundo a qual o mistério é sempre impressionante e, em regra, conveniente. Para perguntas simples, davam-se respostas obscuras, passíveis de interpretação de acordo com o acontecimento. A importância atribuída ao oráculo, o respeito que se tinha pelo sacerdote e as pilhas de presentes no altar indicavam, à astúcia e à ambição, uma profissão lucrativa. E, para seus membros, essa profissão tornou-se duplamente tentadora, pois servir os oráculos conferia aos sacerdotes uma autoridade que eles não conseguiriam alcançar na religião geral do povo. Assim, os oráculos multiplicaram-se, aos poucos inicialmente, e com grande rapidez, mais tarde, até se tornarem tão numerosos que o distrito da Beócia sozinho tinha nada menos que vinte e cinco deles. No entanto, por muito tempo, o oráculo de Dodona conservou sua superioridade frente aos demais, sendo enfim eclipsado tão somente pelo oráculo de Delfos,[52] onde se supunha que fortes emanações intoxicantes de um riacho circunvizinho produzissem o frenesi profético. A experiência aprimorou a sagacidade dos oráculos, e os sacerdotes, é claro, conhecendo intimamente todos os assuntos das cidades-estados à sua volta, e vendo as ferrenhas competições entre elas com a frieza de espectadores, conseguiam, em regra, dar conselhos sagazes e sensatos, de modo que a prudência da sabedoria passava por presciência divina. É por isso que a maior parte de suas previsões se mostrava particularmente acertada e, quando o inverso ocorria, a culpa era da interpretação equivocada e embotada do suplicante humano. Desse modo, nenhum desígnio grandioso era intentado, nenhuma cidade era fundada, ne-

[52] Também pelásgico, de acordo com Estrabão.

nhuma colônia era instalada, nenhuma guerra era travada sem o conselho de um oráculo. Nas fomes, nas pestes e nas batalhas, era a voz divina que aplacava o terror e inspirava esperança. Todos os instintos do aspecto mais frágil de nossa natureza, sempre ávidos de algum auxílio que não seja deste mundo, eram arregimentados em benefício de uma superstição que oferecia respostas para as dúvidas e soluções para a angústia.

Além dessa causa geral da influência dos oráculos, havia outra causa deliberada que conferia aos oráculos da Grécia maior renome e popularidade frente aos oráculos do Egito. Um país dividido em diversas cidades-estados, todas pequenas, livres e beligerantes, precisaria dos conselhos divinos com muito mais frequência do que um país unido sob uma única monarquia, ou sujeito à rígida austeridade de castas e do sacerdócio, e cujos habitantes nutrissem pelas questões políticas toda a lânguida indiferença que é habitual nos súditos de um governo despótico. Podia decorrer meio século no Egito sem que algum acontecimento político enviasse milhares de pessoas apreensivas ao oráculo. No entanto, no maravilhoso fermento da atividade e inquietação das numerosas cidadezinhas gregas, todo mês, toda semana, havia algum projeto ou mesmo alguma contenda sobre a qual se desejasse o conselho de uma divindade. Desse modo, o imortal oráculo de Delfos devia sua suprema importância a uma causa eminentemente política. Os adoradores dóricos de Apolo – que já se consultavam havia muito tempo com aquele oráculo, até então relativamente desconhecido –, espalhando-se a partir dali e assistidos por suas previsões, conseguiram conquistar o Peloponeso: seu sucesso foi um triunfo do oráculo. A Esparta dórica (por muito tempo a mais poderosa das cidades-estados gregas), absolutamente fiel ao deus délfico, afirmava-lhe a autoridade, disseminando a fama de seus decretos. Em épocas mais civilizadas e esclarecidas, porém, a reputação do oráculo começou, aos poucos, a ruir. Seu resplendor máximo se deu antes e durante a guerra médica, sendo a luz apropriada a um período de bravura e disputas que desapareceu lentamente com o surgimento da filosofia!

XVIII. Mas a prática da adivinhação não se limitava a esses recursos mais solenes: seu entusiasmo era contagiante e seu socorro estava sempre à mão.[53] O entusiasmo operava sobre os indivíduos de condição mais humilde. Uma pessoa julgava-se possuída de um espírito que realmente passava a integrar sua alma, outra se imaginava apenas inspirada por um hálito divino, uma terceira caía em êxtases sobrenaturais, nos quais via prenúncios de acontecimentos ou tinha visões de um deus: essas são as três espécies de possessão divina, as quais ainda podem ser reconhecidas nos fanáticos de uma fé mais grave! Todavia, isso não bastava. Um mundo de presságios cercava todo e qualquer homem. Havia sinais e advertências não só nos ventos, terremotos, eclipses do sol ou da lua, meteoros ou raios e trovões, mas também os sonhos eram reduzidos a uma ciência.[54] As entranhas de vítimas eram augúrios de males ou benesses. O voo dos pássaros, os movimentos das serpentes, os enxames de abelhas tinham suas interpretações místicas e premonitórias. Mesmo palavras abruptas, um acidente, uma queda ao solo, um espirro (para o qual ainda invocamos a antiga bênção) ou qualquer acontecimento singular ou inusitado poderia tornar-se um presságio, sendo geralmente considerado um prenúncio de sorte ou azar de acordo com a destreza ou disposição da pessoa com quem ocorresse.

E, conquanto grande parte dessas superstições mais tolas tenha desaparecido em épocas posteriores; embora Teofrasto fale de tais presságios menores com o mesmo desdém espirituoso com que o Espectador ridiculariza nossos receios quando um saleiro vira [e sal é derramado], ou quando a cera de uma vela se acumula paralelamente

[53] "Os americanos não demoraram a concluir que a eficácia das conjurações não se restringia a um único assunto: eles recorriam a ela em toda e qualquer situação de perigo ou angústia. [...] Dessa fraqueza surgiu também, entre os americanos, a fé em sonhos, a observação de presságios e a atenção ao canto das aves e aos gritos de outros animais, coisas que eles acreditavam fossem indicações de acontecimentos futuros." (*History of America* [História da América], de Robertson, livro IV) Qualquer pessoa não julgaria estar lendo o caráter dos antigos gregos? Essa não é a única semelhança entre os americanos (quando descobertos pelos espanhóis) e os gregos no início de sua história. Contudo, a semelhança é tão somente a de uma civilização igualmente avançada em alguns aspectos.

[54] O ponto de vista de Demócrito de Abdera com relação à origem dos sonhos e da adivinhação talvez seja de interesse do leitor, em parte por causa de certo aspecto vasto e terrível da fantasia, em parte como prova do estranho e incongruente caos de pensamento e perplexidade do qual enfim irrompeu a luz da filosofia grega. Ele apresentava a hipótese de imagens (*eidola*) que emanavam, por assim dizer, de objetos exteriores, as quais impressionavam nossos sentidos, e cuja influência gerava sensações e pensamentos. Como origem dos sonhos e da adivinhação, ele apontava as impressões transmitidas por imagens de estatura gigantesca, as quais habitavam o ar e envolviam o mundo. Não obstante, esse filósofo é o modelo seguido por Epicuro, e Epicuro é o modelo seguido pelos utilitaristas modernos!

ao pavio, formando algo semelhante a uma mortalha; ainda assim, no período mais interessante da Grécia, essas crendices populares não eram desprezadas pelos pequeno grupo de pessoas mais nobres ou sábias e, até o fim, elas conservaram sobre as massas a influência que perderam perante os indivíduos. E é apenas relembrando constantemente essa atmosfera universal de religiosidade que podemos a correta compreensão do caráter dos gregos em sua época mais característica. Sua fé estava sempre presente: na alegria e na tristeza, nos funerais e nos banquetes, na atividade e no repouso, em terras estrangeiras e na própria pátria, no lar e no mercado, no acampamento militar e junto ao altar. De manhã e à noite, todas as maiores tribo do mundo antigo apresentavam suas súplicas ao alto e, em tom pungente, Platão insistia nessa sagrada uniformidade de costumes ao contar que, ao nascer da lua e ao raiar do sol, pode-se contemplar gregos e bárbaros – todas as nações da terra – curvando-se em reverência aos deuses.

XIX. Em suma, as observações acima levam a algumas conclusões principais. Primeiro, a mitologia grega não pode ser classificada dentro dos moldes de nenhum dos sistemas extravagantes e fantásticos da engenhosidade erudita: vista como um todo, nenhuma mitologia pode ser considerada mais nitidamente original, não apenas porque suas bases parecem ser nativas e calcadas no caráter e nas impressões do povo, nem porque não se pode estabelecer, em nenhum período, desde o mais remoto ao mais recente, nenhuma identidade entre suas criações mais populares e fundamentais e aquelas de qualquer outra fé, mas porque, até mesmo tudo aquilo que tomava de empréstimo, ela logo remodelava e naturalizava, tornando-se ainda mais individual a partir de sua própria complexidade, e mais original a partir dos plágios que incorporava. Segundo, ela diferia, em muitos detalhes, nas diferentes cidades-estados, mas, com o desenvolvimento de um intercâmbio geral e o auxílio de uma língua comum, a natureza plástica e tolerante do povo harmonizava todas as discrepâncias, até que sua religião (católica em seus princípios mais básicos) uniu toda a Grécia com laços indissolúveis de fé e poesia, costumes cotidianos e veneráveis tradições. Terceiro, a influência de outros credos, conquanto de inegável importância na ampliação do caráter das deidades primitivas e nos acréscimos feitos a seu rol, mostra-se muito mais evidente nas cerimônias e práticas que nas criações pessoais da fé. Podemos duvidar, com razão, do que Heródoto ouviu dos sacerdotes egípcios a respeito da origem de ritos ou deuses, mas não há motivos para rejeitar o testemunho de sua experiência quando ele afirma que as formas e solenidades de um culto são parecidíssimas com as de outro, pois a imitação de uma cerimônia estrangeira é absolutamente compatível com a invenção original de um deus nacional. Quanto ao mais, creio estar sobejamente demonstrado (e parece-me que muitos outros estudiosos o demonstraram) que a influência fenícia sobre a mitologia primitiva dos gregos foi muito maior que a egípcia, embora, de forma paulatina e muito depois da era heroica, a última tenha sido adotada com mais afã, tornando-se mais evidente na superfície.

Ao concluir esta parte de nosso tema, vale ainda observar, à guisa de exemplo adicional da nítida nacionalidade da mitologia grega, que os melhores esclarecimentos de que dispomos quanto aos hábitos dos homens da época de Homero é o estudo dos deuses homéricos. Em Homero, vemos a mitologia de uma era, e em vão procuramos por algo análogo a ela nos registros do Oriente. Essa mitologia está indissoluvelmente associada à formação de monarquias limitadas, aos hábitos de uma idade heroica: o poder do soberano da aristocracia celeste é o poder de um rei grego sobre uma cidade-estado grega; a vida social dos deuses é a vida mais cobiçada pelos heróis gregos; os atributos imprevisíveis das deidades, mais físicos ou intelectuais que morais – força e beleza, sagacidade combinada com astúcia, bravura com ferocidade, propensão à guerra aliada a habilidades para os métodos ou processos de paz – tais eram os atributos mais estimados entre os homens na época progressista, mas ainda não civilizada, que constitui o intervalo tão eminentemente grego entre o período mítico e o histórico. Inúteis e débeis são todas as tentativas de identificar aquela religião dos guerreiros aqueus [dânaos] com a religião dos sacerdotes orientais. Ela era, de fato, simbólica, mas simbolizava o caráter de seus seguidores; era típica, mas do temperamento inquieto, porém poético, ousado e gracioso, que, mais tarde, levou a grandes conquistas e artes imperecíveis: as glórias vindouras primeiro lançaram suas sombras na fábula.

XX. Agora, surge-nos uma investigação muito mais

importante que aquela sobre a origem e a forma da religião dos gregos, qual seja, a influência daquela religião sobre o caráter daquele povo, sua moral e suas tendências sociais e intelectuais.

Quanto mais pudermos aproximar a Deidade de nós; quanto mais pudermos investir-lhe de atributos humanos e vinculá-la com os assuntos e afinidades da terra, maior será sua influência sobre nossa conduta, bem como a credulidade com que contemplaremos seus atributos, o receio de nos furtarmos a sua vigilância e a sofreguidão com que buscaremos sua aprovação. Quando Epicuro admitiu a existência dos deuses, mas os imaginou de todo indiferentes aos assuntos humanos, contemplando tão somente sua própria felicidade, sem se importar tampouco com nossas virtudes ou crimes – com essa doutrina, ele roubou a divindade ao homem tanto quanto se tivesse negado sua existência. Não poderia haver temor dos deuses aos olhos de devotos que acreditassem que os deuses não davam absolutamente nenhuma atenção a sua conduta e, com isso, não só o terrível controle da religião era eliminado de suas paixões, mas também aquele aspecto mais belo de sua influência, oriundo não do terror, mas da esperança, era destruído por completo: pois, se o temor do poder divino serve para restringir as naturezas menos nobres, por outro lado, para aquelas mais elevadas e generosas, não existe prazer maior do que acreditar que somos vistos com aprovação e amor por um Ser de majestade e bondade inefáveis, o qual se compadece de nossos infortúnios e recompensa nossas batalhas íntimas. É essa esperança que nos faz ter orgulho de nossa própria natureza e que não só nos afasta dos vícios, mas nos inspira com um espírito de emulação que desperta em nós tudo aquilo que é bom e virtuoso, a fim de merecermos ainda mais o seu amor e sentirmos a imagem do divino refletida na alma. É por essa razão que não nos contentamos em deixar o caráter de um Deus vago e misterioso, envolto nas trevas de seu próprio poder infinito: nós o vestimos com os atributos da excelência humana, levados apenas em certa medida para além da capacidade humana. E não somos capazes de conceber uma deidade que não seja dotada das qualidades mais veneradas pela raça humana – tais como justiça, sabedoria e benevolência. No entanto, se acreditamos que esse Deus veio à terra, que assumiu nossa forma e conheceu nossos pesares, a conexão torna-se ainda maior e mais íntima: sentimos como se ele pudesse compreender-nos melhor e compadecer-se com mais benevolência diante de nossas fragilidades e sofrimentos. O Cristo que caminhou sobre a terra e sofreu na cruz é mais fácil de retratar em nossa imaginação, e uma presença mais familiar a nossos olhos, do que o Terrível e Único Deus Eterno, que tem os céus por trono e a terra por escabelo de seus pés.[55] E é esse caráter humano, por assim dizer, da conexão entre o homem e o Salvador que confere à religião cristã, quando praticada corretamente, sua atitude peculiar de bondade e amor.

Não obstante, algo dessa conexão, conquanto em um grau mais corrompido, caracterizava igualmente a religião dos gregos: também eles acreditavam (ao menos as massas) que a maioria das deidades havia existido sobre a terra, sendo as reais dispensadoras dos grandes benefícios da vida social. Transferidas para o paraíso, era-lhes mais fácil supor que tais divindades nutrissem um interesse pelas nações para as quais se haviam feito visíveis, exercendo uma influência permanente sobre a terra, que fora seu lar por algum tempo.

Embora conservassem a fé de que as deidades haviam visitado o mundo, os gregos não acreditavam nas fábulas que as aviltavam com nossas fraquezas e vícios. Eles tinham, por assim dizer (e parece que os modernos não o compreenderam corretamente), duas mitologias populares: a primeira consagrada à poesia, e a segunda à vida real. Se se orientava um homem a imitar os deuses, era pelas virtudes de justiça, temperança e benevolência,[56] e caso tivesse obedecido à orientação imitando as intrigas de Júpiter, ou os homicídios de Marte, os mais esclarecidos ter-lhe-iam dito que tais histórias eram invenções dos poetas, e os mais crédulos, que deuses podiam ser isentados das leis, mas os homens estavam sujeitos a elas – *"Superis sea jura"*[57]: aos deuses, suas próprias leis! Desse modo, é verdade que aquelas fábulas foram preservadas e gozavam do respeito popular, mas a reverência que inspiravam aos gregos devia-se à poesia que lisonjeava seu orgulho popular e cativava seu gosto, não às doutrinas sérias de sua religião. Tendo sempre essa distinção em

[55] Isaías 66:1.

[56] Isso Luciano de Samósata reconhece inadvertidamente quando, ao ridicularizar a religião popular, diz que um jovem que lê sobre os deuses em Homero ou Hesíodo e encontra suas várias imoralidades assim tão célebres ficaria bastante surpreso ao adentrar no mundo e descobrir que aqueles mesmos atos dos deuses eram condenados e punidos pela humanidade.

[57] Ovídio, *Metamorfoses*, livro IX.

mente, alcançaremos um melhor entendimento não só de sua religião, mas também das aparentes contradições de sua história literária. Os gregos permitiram que Aristófanes retratasse Baco como um bufo, e Hércules como um glutão, na mesma época em que perseguiram Sócrates por negligenciar os mistérios sagrados e desprezar os deuses nacionais. Naquele aspecto de sua religião que pertencia aos poetas, eles permitiam a máxima liberdade; no aspecto mais solene da religião, porém – a existência dos deuses, a crença em sua superioridade, providência e poder coletivos, a santidade do abrigo ou asilo e a obrigatoriedade dos juramentos – eles demonstravam o mais zeloso e inviolável respeito. Assim, a religião dos gregos era um grande sustentáculo de sua moral e incentivo a ela, pois incutia valores como verdade, clemência, justiça, as virtudes mais necessárias à humanidade, e estimulava o povo mediante a rígida crença popular de que mérito e virtude era aprovados, e a iniquidade era condenada pelos poderes superiores.[58] E, naquele maravilhoso processo pelo qual o bom senso da humanidade corrige os erros da imaginação, aquelas fábulas que os filósofos posteriores julgaram, com razão, aviltar os deuses, e que os estudos superficiais dos historiadores modernos consideraram necessariamente deletérias à moral, não exerceram nenhuma influência inadequada sobre o julgamento dos gregos, tanto das ações humanas como do caráter dos seres celestiais.

XXI. Por muito tempo, os gregos não levaram a noção da punição divina para além do túmulo, exceto com relação àqueles criminosos audaciosos que blasfemavam ou negavam a existência dos deuses. Os transgressores eram afligidos com punições nesta vida. E essa doutrina, se menos sublime que a da condenação eterna, era, penso eu, ao considerar os princípios da natureza humana, igualmente efetiva na contenção do crime, pois nossa mente humana limitada é sempre afetada por punições, e na medida de sua rapidez e humanidade. Um castigo no mundo futuro é menos aterrorizante e palpável, sobretudo aos jovens e aos impetuosos, do que uma inevitável retribuição neste mundo. Com demasiada ingenuidade ou vaidade, o homem espera,

[58] Nesse sentido, o célebre preâmbulo às leis dos habitantes da Locros da Itália (o qual, embora não tenha sido escrito por Zaleuco, foi, em todo caso, composto por um grego) declara que os homens devem manter a alma pura de todo vício, que os deuses não aceitavam as oferendas dos maus, mas encontravam prazer nos atos justos e altruístas dos bons. Veja Diodoro Sículo, livro 8.

mediante a penitência ao final da vida, redimir as faltas de seu início, de modo que a punição adiada perde mais da metade de seus horrores e quase toda a sua certeza.

Pelo tempo em que os gregos tiveram sua mitologia apenas, sua visão de uma vida futura era melancólica e confusa. A morte era um mal, não uma libertação. Mesmo em seu Elísio, seus heróis prediletos pareciam desfrutar de uma imortalidade sem entusiasmo e nada invejável. Não obstante, essa perspectiva desalentadora do túmulo servia antes para exaltar a vida e estimular à glória. "Tire máximo proveito da existência", dizem seus poetas primitivos, "pois depressa vem o soturno Hades!" E, como estivessem em um clima muito agradável e fossem dotados de um temperamento vibrante e alegre, rendiam-se facilmente ao preceito. Sua religião era sobremaneira jubilosa e esfuziante. Até mesmo os rígidos espartanos perdiam a austeridade em seus ritos sagrados, ainda que estes fossem simples e masculinos; e os atenienses, mais alegres, passavam a vida em um ciclo quase perpétuo de festivais e dias santos.

Essa incerteza quanto à felicidade póstuma também contribuía para o desejo de fama terrena. Seus heróis ensinavam que, pelo menos na terra, a imortalidade não era impossível. Presos a este mundo por sombras impenetráveis, eles cobiçavam tudo o que era mais desejado aqui.[59] Uma vida breve é aceitável para Aquiles, mas não se ela levar ao Elísio, e sim se for acompanhada de glória. Aos poucos, porém, perspectivas de uma vida futura mais nobre e gloriosa abriram-se às esperanças dos gregos graças ao trabalho de seus filósofos. Afirma-se que Tales foi o primeiro grego a declarar e sustentar a imortalidade da alma, de modo que essa sublime doutrina foi estabelecida antes pelo filósofo que pelo sacerdote.[60]

XXII. Ao lado dos dogmas diretos da religião, os mistérios dos gregos tinham influência sobre sua moral, que, conquanto bastante exagerada por especuladores modernos, era, no geral, salutar, ainda que não pelas razões que têm sido apontadas. Ao alcançar sua máxima importância, seu cerimonial – mais que sua doutrina – servia para apro-

[59] Ao ouvir os drusos sendo elogiados por sua bravura, um maniota disse, com certo senso de filosofia: "Eles temeriam mais a morte se acreditassem em um além-mundo!"

[60] A partir de uma passagem do *Fédon* de Platão, podemos suspeitar que, na época de Sócrates, o vulgo não acreditava na imortalidade da alma, e não é irrazoável duvidar que as opiniões de Sócrates e de seu discípulo divino tenham sido largamente esposadas pelo povo.

fundar e difundir um sentimento de reverência pelas coisas religiosas. Qualquer que tenha sido a licenciosidade de outros mistérios (sobretudo na Itália), os ritos eleusinos conservaram sua fama de pureza e decoro: eram zelosamente supervisionados pela magistratura ateniense e, dentre as antigas leis atenienses, havia uma que previa eu o senado deveria reunir-se no dia seguinte à sua celebração para investigar qualquer abuso que pudesse macular sua sacralidade. E talvez seja com justiça que, em épocas posteriores, Isócrates louve seus efeitos sobre a moralidade, e Cícero elogie sua influência sobre a civilização e o conhecimento dos princípios sociais. As purificações e expiações rituais, em qualquer período em que sua santidade era amplamente reconhecida, por certo não deixariam de exercer efeitos salutares. Seu papel era absolver o culpado de seus crimes anteriores e restabelecê-lo, como um novo homem, ao seio da sociedade. Esse princípio é um grande agente de moralidade e era assim encarado nos primórdios do cristianismo: não há corruptor mais fatal que o desespero; reconciliar um criminoso com sua autoestima é readmiti-lo, por assim dizer, à virtude.

Mesmo o equívoco fundamental da religião no âmbito da doutrina, qual seja, seu politeísmo, tinha um efeito compensador na tolerância que ela ajudava a manter: os graves males que emergem do antagonismo ferrenho de opiniões religiosas eram, à exceção de uns poucos casos isolados e questionáveis, desconhecidos aos gregos. E essa tolerância geral, corroborada ainda mais pela inexistência de uma casta distinta de sacerdotes, tendia a levar à filosofia pelos portais abertos e incontestes da religião. Especulações sobre os deuses uniam-se a intrépidos estudos da natureza. O pensamento, gozando de liberdade na vasta seara da criação, sem obstáculos para suas divagações nem monopólio de suas atividades e relações, chegava, depois de muitas jornadas extravagantes e infrutíferas, a descobertas desconhecidas ao passado e de importância indelével para o futuro. As aventuras intelectuais da Grécia fincaram a primeira bandeira nas praias da filosofia, pois a competição de erros é necessária à elucidação das verdades, e a imaginação indica o solo que a razão está destinada a cultivar e possuir.

XXIII. Embora essa fosse a influência da religião sobre a moral e a filosofia dos gregos, qual era seu efeito sobre o espírito nacional daquele povo?

Devemos recordar novamente que, dentre as nações mais intelectuais da época, os gregos eram os únicos que despiam suas deidades de atributos simbólicos, e não pretendiam inventar para os deuses formas que diferissem (salvo na mais excelsa beleza) da aparência e da forma humana. E, assim, logo se lhes abriu o reino da escultura. Os povos de Oriente, que, por vezes, retratavam suas deidades em formas humanas, não hesitavam em transformá-los em monstros se o acréscimo de outra perna ou braço, de uma cabeça de cão ou cauda de serpente, pudesse expressar melhor o simbolismo que representavam. Eles distorciam a imagem dos deuses com deformidades alegóricas e se afastavam do belo na medida em que cediam a suas falsas concepções do sublime. Além disso, um pintor ou escultor precisa que lhe seja apresentada uma ideia clara, que possa ser longamente apreciada e constantemente girada e rotacionada, se quisermos evocar toda a inspiração de que sua genialidade seja capaz. No entanto, como o artista oriental conseguiria formar uma ideia clara de uma imagem que representasse o sol entrando em Áries, ou o princípio criativo da natureza? Era inevitável que tais criações se mostrassem rígidas ou estrambólicas, deformadas ou grotescas. Para o grego, porém, um deus era algo semelhante ao que poderia haver de mais majestoso ou mais belo em sua própria espécie. Ele estudava a forma humana para formular suas concepções do divino. Concentrando-se no natural, ele ascendia ao ideal.[61]

Se tal era o efeito da religião grega sobre a escultura, semelhante ou igual era sua influência sobre a poesia. Os primeiros versos dos gregos parecem ter sido de caráter religioso, conquanto eu não veja razões suficientes para afirmar que fossem, por isso, típicos e de natureza mística. Seja como for, a narrativa que sucedeu à poesia sagrada materializou tudo quanto tocava. As sombras do Olimpo receberam o sopro vivificante de Homero, e os deus tornaram-se logo realísticos e palpáveis aos homens. As tradições que ligavam as deidades à humanidade e o espírito que as despia de alegorias entregaram logo o mundo sobrenatural ao poeta épico e ao trágico. Os habitantes do próprio paraíso individualizaram-se, ganhando, cada qual, um caráter distinto, e podiam ser retratados como seres

[61] É sempre pela associação da forma divina com a humana que elevamos nossas criações. Foi assim que, em tempos subsequentes, os santos, a Virgem e o Cristo despertaram a genialidade da arte italiana.

únicos, dramáticos, tal qual as criaturas da vida cotidiana. Desse modo, a toda a inefável magnificência das deidades combinava-se todos os interesses conhecidos aos mortais (vantagem de que nenhum escritor moderno jamais desfrutou), e o poeta, preservando as características atribuídas a cada deus, poderia fazer com que sentíssemos as relações e afinidades da terra, mesmo quando nos levava às alturas do Olimpo desconhecido, ou nos fazia mergulhar nas sombrias profundezas do Orco.

As numerosas fábulas entremeadas no credo grego, suficientemente veneráveis, como vimos, para não ser desprezadas, mas não tão sagradas ao ponto de ser tidas por tabu, eram outra vantagem do poeta. Pois as tradições de uma nação são sua poesia! E se nós, modernos, nas florestas germânicas, ou nas terras altas escocesas, ou ainda nos verdes campos ingleses, encontramos inspiração nas ideias de demônios, espíritos da natureza e fadas, ideias essas que não são reconhecidas por nossa religião nem constituem acessórios apócrifos de nossa crença, tanto mais eram aquelas fábulas adaptadas à poesia, que tomava de empréstimo da religião não uma fé absoluta, é verdade, mas como que uma sombra, certa reverência e mistério! Por conseguinte, observamos que as maiores obras de imaginação que os gregos nos legaram, sejam de Homero, de Ésquilo ou de Sófocles, muito devem a suas lendas mitológicas. A poesia grega, assim como a religião grega, era meio humana, meio divina: majestosa, vasta, sublime; doméstica, despretensiosa e familiar. Se nos é dado tomar um exemplo à filosofia de Demócrito, veremos que seus sonhos e adivinhações iniciais eram, na realidade, as impressões de poderosas imagens espectrais que habitavam o ar.[62]

XXIV. Sobre a religião da Grécia, seus ritos, cerimônias e influência sobre as faculdades morais e intelectuais, isso é tudo o que, por ora, julgo necessário dizer – e temo que o tenha dito com demasiada prolixidade.[63]

Agora, temos de analisar a origem da escravidão na Grécia, um estudo quase tão importante [como o da religião] para termos uma compreensão precisa de sua organização política e de seus costumes.

---

[62] Veja a nota 54.

[63] No período subsequente da filosofia, terei oportunidade de retomar o assunto. E, no Apêndice, com o qual pretendo concluir esta obra, talvez eu me permita algumas conjecturas acerca das coribantes (ou *curetes*), dos telquines, etc.

XXV. Para onde quer que olhemos, qualquer que seja o período da história, uma conquista ou a fixação de colonizadores mais esclarecidos em meio a uma tribo bárbara parece ser a origem da escravidão, cujo caráter varia de acordo com o espírito da época, a humidade do vencedor ou a política do legislador. É provável que os aborígines da Grécia tenham sido seus primeiros escravos,[64] conquanto também possam ter sido seus primeiros senhores. Suponhamos que determinada tribo invadisse o território de determinado povo e o conquistasse: é quase certo que o número dos novos colonizadores seja menor que o dos habitantes subjugados por eles. E, na proporção de sua inferioridade de número, mais severos tenderão a ser em sua autoridade: eles confiscarão as armas dos vencidos, suprimirão o direito de reunião, farão de insurgentes exemplos terríveis de seu rigor e, em suma, sujeitarão, pela restrição moral da lei, aqueles que seria difícil controlar tão somente pela força física – a rigidez da lei sendo proporcional à deficiência da força. Em períodos semicivilizados, e mesmo naqueles relativamente esclarecidos, os conquistadores têm pouco respeito pelos conquistados: engendra-se logo uma distinção enorme e inexcedível entre os nativos e seus senhores. Todas as nações antigas pareciam entender que o direito de conquista dava direito às terras da nação conquistada. Quando Guilherme I dividiu a Inglaterra entre os normandos estava tão só imitando todos os invasores bem-sucedidos dos tempos antigos. Uma vez que os conquistadores tenham tomado posse das terras de um povo subjugado, este povo, para subsistir, precisa transformar-se em uma classe de servos naquela terra.[65] Os guerreiros mais formidáveis eram, em sua maioria, mortos ou exilados, ou apaziguados com alguns restos de autoridade e bens. As massas continuam a trabalhar o solo e, imperceptivelmente, pequenas alterações na lei converterão o trabalhador em escravo. Os primeiros escravos pare-

[64] Heródoto (I, vi, cap. 137) fala de uma época remota em que os atenienses não tinham escravos. Como temos a autoridade de Tucídides para atestar a grande tranquilidade de que a Ática desfrutava se comparada com o restante da Grécia (sua população nunca havia sido conquistada), é provável que a escravidão na Ática tenha surgido posteriormente a seu aparecimento em outros lugares, e é de duvidar que, naquela terra afortunada, um número considerável de escravos fosse oriundo da raça aborígine. Digo considerável, pois crimes e dívidas teriam reduzido alguns à servidão. A afirmação de Heródoto de que os jônios eram nativos (e não conquistadores, como faz crer Mueller) é fortemente corroborada pela inexistência, na Ática de uma classe de servos como os penestes da Tessália e os hilotas da Lacônia. Uma raça de conquistadores certamente teria dado origem a uma classe de servos.

[65] Ou, então, as terras (propriamente ditas) permaneciam com os escravos, como se deu com os messanenses e os hilotas, mas, certas proporções da produção eram devidas aos conquistadores.

cem ter sido, sobretudo, as populações agrícolas. Se, menos pela força que pela influência de artes superiores, o governo fosse tomado pelos colonizadores,[66] estes, em alguns casos, ainda imporiam a servidão ao povo, ainda que não sob um nome tão duro. As leis que eles formulariam para uma população selvagem e deplorável fariam distinção entre os colonizadores e os aborígines (salvo, talvez, apenas os chefes nativos, acostumados a comandar de forma arbitrária, conquanto não a escravizar sistematicamente os demais). As leis para os aborígines seriam, ainda assim, um avanço com relação a seu anterior *status* incivilizado e indisciplinado, e gerações poderiam passar antes que adquirissem um caráter de severidade ou estabelecessem a distinção final e indelével entre o homem livre e o escravo. A inquietação desassossegada e as migrações constantes das tribos da Grécia, registradas tanto na tradição como na história, tenderiam, por consequência, em uma época bastante remota, à instituição e difusão da escravidão, de modo que os pelasgos de uma tribo se tornavam os senhores dos pelasgos de outra. Portanto, não há necessidade de buscar fora da Grécia por conquistas e guerras que tivessem estabelecido a servidão naquele país. Contudo, a colonização pacífica por parte de povos estrangeiros teria levado a ela (como vimos) por um processo mais lento e menos violento. E as piratarias dos fenícios, que incluíam a espécie humana como artigo de seu mercado, seriam um exemplo mais comum e constante às piratarias dos gregos primitivos do que o seu próprio. Prisioneiros de guerra são escravizados ou, ao arbítrio do vencedor, trocados como artigos de comércio. Antes do intercâmbio de dinheiro, conhecemos inúmeros casos de permuta de prisioneiros por alimentos e armas. E, assim como o dinheiro se tornou o intermediador do comércio, também os escravos se tornaram um artigo corriqueiro de compra e venda. Eis a origem do mercado escravagista. Escravos de luxo eram comprados não só para o trabalho, mas para o prazer. O talentoso músico da bela virgem eram um artigo do bom gosto ou uma vítima da paixão. Assim, o que o barbarismo tendia a criar, a civilização tendia a ampliar.

A escravidão originava-se, dessa forma, primeiro por força de conquistas e guerras, pirataria ou colonização, e, em segundo lugar, pelo comércio. Havia duas outras origens subordinadas da instituição: a primeira era o crime;

[66] Até aqui, não se considerou devidamente a imigração como uma das origens da escravidão.

a segunda, a pobreza. Se um cidadão livre cometesse uma transgressão abominável, ele poderia ser rebaixado à condição de escravo. Se não conseguisse saldar seus débitos, o credor podia reivindicar sua pessoa. O encarceramento é tão somente um resquício e um substituto da servidão. Aquelas duas últimas origens deixaram de existir à medida que as nações se tornavam mais livres. No entanto, na Ática, foi apenas na época de Sólon, alguns séculos após a instituição da escravidão em Atenas, que o direito do credor aos serviços pessoais do devedor foi formalmente abolido.

Quanto aos efeitos morais da escravidão, à condição dos escravos em Atenas, às vantagens e males do sistema e como era visto pelos antigos, teremos oportunidades mais adequadas de analisá-los.

XXVI. A introdução de uma aristocracia hereditária em determinada nação ainda não civilizada tende a ocorrer simultaneamente com a introdução da escravidão. Uma tribo de guerreiros toma e subjuga um território, divide seu solo com o chefe na medida de suas relações com este, ou de sua reputação e serviços militares, e, assim, cada qual se torna proprietário de terras e escravos, bem como privilégios que os elevam acima das massas da população conquistada. Suponhamos, agora, que o domínio caia em mãos de colonizadores (não conquistadores). Os colonizadores, superiores aos nativos em termos de civilização, e tratados com reverência e temor pelos últimos, logo se tornariam uma classe nobre e privilegiada. Assim, de qualquer forma, surgiria uma aristocracia permanente e hereditária.[67] Se tiver por origem a conquista do território, aquela aris-

[67] Em uma horda de selvagens que jamais se tivesse comunicado ou tido intercâmbio com outras tribos, haveria, em verdade, homens que, pela superioridade da força física, alcançariam uma posição de controle sobre os demais, mas eles não legariam privilégios específicos aos seus descendentes. Assim como a força física elevava o pai a uma posição de poder, a falta dela faria com que seus filhos se misturassem à multidão. Força e vigor não são traços hereditários. Em uma tribo cujos indivíduos ainda dão valor tão somente à agilidade dos pés ou à força dos braços, privilégios hereditários são impossíveis. Todavia, se uma tribo assim bárbara conquista outra menos robusta e passa a viver na nova colônia, então, de fato, surge uma aristocracia, pois, em comunidades, ainda que não entre indivíduos, a vantagem física hereditária pode prevalecer. É possível que um homem não transmita seus músculos ao filho, mas uma tribo de compleição mais forte que outra conseguiria, de modo geral, transmitir coletivamente essa vantagem para sua posteridade. A ideia de superioridade produzida pela conquista logo exerce seus efeitos morais, elevando o espírito de uma tribo, deprimindo o da outra, de geração em geração. Aqueles que negam a origem de aristocracias hereditárias por ocasião de conquistas ou colonizações parecem, a meu ver, fundamentar seu raciocínio no conhecimento imperfeito que têm das nações selvagens que citam a título de ilustração.

tocracia será mais ou menos oligárquica na proporção do número de vencedores. A pouquíssima força empregada pelos dóricos na conquista de seus vizinhos foi uma das principais razões pelas quais os governos por eles estabelecidos eram rigidamente oligárquicos.

XXVII. Prosseguindo, constatamos que, nesse tipo de aristocracia, estão preservadas as sementes da liberdade e o germe do republicanismo. Esses conquistadores, partilhando, como nossos barões feudais, do proveito da conquista e da glória da empreitada, não permitem, em absoluto, que a autoridade absoluta e indivisa fique concentrava em seus chefes. Regidos por leis distintas e destacados da comunidade subjugada por privilégios exclusivos, eles se orgulham de sua própria liberdade, e tanto mais quanto maior for o contraste com a servidão da população. Eles reservam a liberdade para si próprios, resistem às usurpações indevidas do rei[68] e mantêm vivos aquele espírito e aquela consciência de liberdade que, em tempos futuros (quando seus números aumentam e eles se tornam um povo, ainda apartado dos nativos aborígines, que continuam escravizados), transbordam da nobreza para as multidões. Na medida da belicosidade da nova raça, seu espírito inconsciente será o do republicanismo. A combinação de tendências marciais e republicanas era particularmente reconhecida por todos os autores antigos, e os hábitos beligerantes dos helenos foram o berço de suas instituições políticas. Assim, podemos identificar nas conquistas (ou, por vezes, na imigração) a origem de uma aristocracia,[69] bem como da escravidão, de modo que, com um estudo

[68] Nesse sentido, observamos, nos primeiros registros da história grega, nos relatos da era heroica e da era homérica, que o rei tinha pouca autoridade, exceto em questões de guerra: ele era, em todos os sentidos da palavra, um monarca limitado, e os gregos vangloriavam-se de jamais haver conhecido o despotismo absoluto do Oriente. De fato, quanto mais recuamos, afastando-nos dos tempos patriarcais, mais percebemos que os colonizadores instituíam, em suas colônias, aquelas instituições aristocráticas que constituem as mais antigas barreiras contra o despotismo. As colônias são sempre as primeiras instrutoras das instituições livres. É provável que não exista nação mais apegada à monarquia que a inglesa, mas, se, de acordo com a organização política antiga, os ingleses migrassem para lugares diferentes e, colonizando-os, estabelecessem suas próprias formas independentes de governo, creio que não haveria uma única colônia que não fosse republicana!

[69] Na Ática, a imigração, não a conquista, deve ter levado à instituição da aristocracia. Tucídides observa que, graças à tranquilidade da Ática (cujo solo infértil não constituía tentação ao conquistador), as famílias mais poderosas expulsas de outras partes da Grécia buscavam refúgio e segurança em Atenas. E muitas das famílias mais nobres do período histórico descendem de alguns desses estrangeiros. Antes da chegada desses gregos estrangeiros, é provável que colonizadores fenícios e gregos já tivessem instituído uma classe aristocrática.

mais aprofundado, podemos concluir também que a escravidão de uma população e a liberdade de uma cidade-estado datam da mesma época, ainda que obscura e incipiente.

XXVIII. Julguei que a suposta colonização egípcia da Ática por Cécrope mostrar-se-ia a melhor ocasião para tratar das questões anteriores, não tanto no que diz respeito a Cécrope, mas no tocante à migração de aventureiros orientais e egípcios. As datas de tais migrações podem ser incertas, e os nomes daqueles aventureiros talvez sejam desconhecidos. Contudo, parece-me impossível negar a realidade do estabelecimento de colônias estrangeiras na Grécia, em uma época mais remota e bárbara de sua história, embora haja controvérsias quanto ao grau exato da influência que exerceram e à natureza efetiva dos ritos e costumes que introduziram.

A crença na antiga ligação entre egípcios e atenienses, encorajada pela hábil vaidade dos primeiros, foi bem aceita pela vívida credulidade dos últimos. Muitas gerações após o suposto governo do mítico Cécrope, os gregos acreditavam ingenuamente que vestígios de sua origem no grandioso Egito[70] ainda se faziam visíveis em meio ao povo gracioso e versátil, cujo caráter era tão variegado, ainda que individualizado, como sua religião, e que, visto sob qualquer aspecto de sua história intelectual, permanecia invariavelmente ateniense, conquanto parecesse em constante mutação. Fosse protestando na Ágora, ou passando seu tempo na Academia, ou sacrificando a Hércules no tempo, ou ainda rindo de Hércules no palco; fosse com Milcíades armando-se contra os medos, ou com Demóstenes discursando contra os macedônios, os gregos ainda se mostravam inconfundíveis, ímpares, originais e únicos, em sua força ou fraqueza, em sua sabedoria ou suas imperfeições, em suas ações turbulentas, em sua paz refinada.

[70] Estudiosos modernos alegam haver descoberto traços egípcios na efígie de Minerva das primeiras moedas atenienses. Mesmo o gafanhoto dourado, que os atenienses usavam para decorar os cabelos e, em sua vaidade, consideravam um símbolo de sua descendência do solo, tem sido interpretado como um ornamento egípcio: um símbolo dos iniciados. (Horapolo, *Hieroglyphica*, livro II, cap. 55). Diz Diodoro: "Eles são o único povo grego que jura por Ísis, e seus costumes são muito semelhantes aos dos egípcios, e isso foi tão verdadeiro em determinada época (quando tudo o que era egípcio se tornou moda) que o escritor cômico os criticou, dizendo que sua cidade era Egito, não Atenas". No entanto, não há dúvidas de que toda essa semelhança, que pode ter tido origem em um pequeno grupo de egípcios, antes da época de Teseu, desapareceu por completo antes da época de Sólon. Ainda que demos crédito absoluto à lenda de Cécrope, os atenienses continuavam a ser uma população pelásgica, da qual umas poucas instituições primitivas, algumas utilidades básicas de civilização e, talvez, algumas das famílias mais nobres provavelmente tivessem origem egípcia.

Capítulo II

As consequências insignificantes que se podem deduzir da admissão de que Cécrope pode ter sido egípcio. Reis áticos anteriores a Teseu. Os helenos. Sua genealogia. Os jônios e aqueus pelasgos. Contraste entre os dórios e os jônios. A Liga Anfictionia.

I. Reconhecendo que parece não haver indícios suficientes para levar-nos a rejeitar a hipótese da origem egípcia de Cécrope, observo desde já que não dou grande importância à controvérsia, nem me sinto inclinado, ainda que por respeito, a analisar as inúmeras teorias que foram erigidas sobre uma base tão incerta. É possível que um egípcio tenha migrado para a Ática, mas a influência egípcia ali foi débil e efêmera: chegando na aurora dos eventos históricos, é com dificuldade que constatamos até mesmo os vestígios mais duvidosos e vagos de sua existência. Não existem registros de que Cécrope ou qualquer outro egípcio daquela época tenha estabelecido uma dinastia na Ática. Além disso, não há dúvidas de que ninguém instituiu uma língua diferente, e todas as alardeadas analogias da religião acabam por revelar-se, em uma análise mais detida, semelhanças ocasionais entre os símbolos e atributos de deidades egípcias e gregas, ou uma similaridade de cerimônias místicas e instituições solenes, a qual, em sua maior parte, surgiu quase que indiscutivelmente por força do intercâmbio entre Grécia e Egito em uma época muito posterior. Tomando o período mais remoto em que a história é inaugurada, e comparando o caráter geral do povo ateniense – em seus aspectos morais, sociais, religiosos e políticos – com o de qualquer população egípcia, é impossível apontar contraste mais tremendo, ou em que o caráter nacional pareça mais nitidamente formado pela adoção prévia e habitual de princípios de pensamento e ação absolutamente opostos.[71]

[71] Alguns autores afirmam haver provas da existência, na antiga Ática, de castas semelhantes àquelas do Egito e do Oriente distante. Todavia, tal afirmação foi tão habilmente refutada que não julgo necessário demorar-me na discussão. Será suficiente observar que a hipótese se fundamenta na existência de quatro tribos na Ática, cujos nomes o estudo etimológico tentou reduzir a títulos que denotavam classes profissionais de guerreiros, agricultores, operários e (esta última muito controversa e discutida) sacerdotes. Em primeiro lugar, o Sr. Clinton (F. H., volume I, p. 54) mostra-se muito convincente ao comentar que essa instituição de castas costuma ser atribuída, de forma muito inconsistente, ao grego Ion, não (como teria sido, se egípcia) ao egípcio Cécrope. Segundo, se corretamente atribuída a Ion, que não foi muito anterior à era heroica, como é possível que, nessa época, prevalecesse, em todo o território, um espírito de todo oposto ao de castas, como provam sobejamente os mais autênticos decretos de Teseu? Poderiam instituições criadas para ser as mais permanentes já produzidas pela legislação, instituições que, na Índia, resistem a todas as inovações dos tempos e mudanças promovidas por guerras, ter desaparecido na Ática depois de umas poucas gerações? Terceiro, deve-se observar que, antes das divisões atribuídas a Ion, encontramos as mesmas quatro tribos com nomes totalmente diferentes: nos governos de Cécrope, de Cranau, de Erictônio ou Erecteu, elas passaram por sucessivas mudanças de nomenclatura, sem que nenhuma das quais denotasse profissões, mas fossem forjadas a partir das diferenças do território que habitavam, ou dos nomes de deidades que adoravam. Se foram reestruturadas por Ion para corresponder a profissões e ocupações distintas (e onde está aquele estado social que não cria gera classes diferentes – configuração oposta àquela de castas diferentes?) exercidas pela maioria dos membros de cada tribo, o nome dado a cada tribo seria tão somente um título geral, de modo algum aplicável a todo e qualquer indivíduo, e certamente não implicava hereditariedade e distinções permanentes. Quarto, corroborando este último argumento, não existe uma única prova, nenhuma tradição, de que tais divisões tenham sido hereditárias em algum momento. Quinto, na época de Sólon e dos "Pisístratos", vemos as quatro tribos jônicas inalteradas, mas sem nenhuma característica que fosse análoga às das castas orientais. (Clinton, F. H., vol. I, p. 55.) Sexto, acrescentarei o que sugeri anteriormente (veja nota 33): que não creio ser característico de um povo acostumado a casta estabelecer simulacros de castas e castas espúrias em qualquer território que alguns dos seus membros visitassem ou colonizassem. Não, é obviamente e essencialmente contrário a essa disposição imaginar que um grupo de peregrinos egípcios, mesmo supondo (o que é absurdo) que esse grupo tivesse membros de cada uma das diferentes castas adotadas por seus compatriotas, tivesse incorporado, juntamente com os exíguos espécimes de cada casta, quaisquer nativos bárbaros: eles teriam relegado todos os nativos a uma casta apartada. E um hierofante egípcio tampouco teria pensado em associar-se com um sacerdote pelásgico, assim como um brâmane jamais sonharia em criar uma casta brâmane a partir de um grupo de clérigos cristãos. Mas, se nenhum hierofante egípcio acompanhou os imigrantes, duplamente ridículo seria supor que os últimos tivessem erigido qualquer integrante de seu próprio grupo, para o qual essa mudança de casta seria ímpia, e menos ainda algum dos selvagens desprezíveis, a uma posição que é a mais respeitada e reverendíssima que as noções egípcias de dignidade poderiam conferir. Nem mesmo os egípcios da classe mais baixa tocariam algo que uma faca grega tivesse poluído: a própria rigidez com que a casta era preservada no Egito proibiria a propagação de castas em meio a bárbaros tão inferiores à casta mais baixa que pudessem introduzir. Desse modo, longe de aventureiros egípcios terem introduzido tal instituição entre a população geral, seu espírito de casta por certo desapareceu rapidamente à medida que o casamento com nativos, a ausência de seus compatriotas e a vida ativa de um lar incivilizado fizeram com que se misturassem com o sangue, as atividades e os hábitos de seus novos companheiros. Por fim, se tais argumentos (que poderiam ser facilmente multiplicados) não bastam, afirmo que não cabe a mim destruir por completo, mas àqueles de opinião contrária comprovar mais cabalmente uma hipótese tão discrepante do caráter ateniense, dos dados aceitos e reconhecidos acerca da história de Atenas, hipótese que demonstrasse a existência de instituições dificílimas de criar e, uma vez criadas, dificílimas de modificar,

Afirmei que Cécrope não fundou uma dinastia: as mesmas tradições que o trazem do Egito apresentam Cranau, um nativo, como seu sucessor. As trevas da fábula envolvem todo o intervalo entre o reinado de Cranau e a época de Teseu: se a tradição puder oferecer alguma orientação, a história daquele período foi a história da raça humana, a passagem gradual do homem de uma condição de barbarismo à aurora da civilização, e os mitos nacionais apenas congregam ficções extravagantes e belíssimas em torno de cada marco daquele progresso lento e difícil.

Valendo-se de um pouco de criatividade na aplicação das diversas fábulas que nos foram transmitidas, seria bem possível construir uma história de conquistas imaginárias e revoluções inventadas e, assim, ganhar a glória imerecida de lançar nova luz sobre tais eras remotas. No entanto, quando a fábula é nossa única base, nenhum sistema que construirmos, por imponente que seja, pode receber, com justiça, o nome de história. E, como certas crônicas antigas mencionam monarcas inexpressivos dizendo tão somente que "viveram e morreram", tal afirmação é precisamente o que seria mais presunçoso dizer com relação aos reis obscuros que, seja em Eusébio ou no mármore de Paros, dão datas e crônicas à lendária obscuridade que precedeu o período heroico.

O principal evento registrado nessa época antiga, e para o qual parece haver algum fundamento, é uma guerra entre Erecteu de Atenas e os eleusinos, estes últimos auxiliados ou liderados pelo trácio Eumolpo. Fala-se que Erecteu teria morrido nesse conflito. Contudo, um tratado feito posteriormente com os eleusinos confirmou a superioridade de Atenas, e é possível que, por um cerimonial religioso, tenha lançado as bases para os mistérios de Elêusis. Nesse contexto, apresenta-se uma personagem bastante duvidosa sob o nome de Ion (sobre o qual tornarei a falar mais adiante), que surge ao lado dos atenienses e que se pode supor que tenha exercido alguma influência sobre eles, em ritos religiosos ou em instituições políticas, conquanto não tenha chegado ao trono nem pareça haver extrapolado a pacífica autoridade de um aliado. Às vagas e confusas tradições sobre Ion foram associadas especulações as mais fantasiosas e elaboradas, as quais seria vaniloquência mencionar, e desnecessário contradizer.

---

e mais ainda de extinguir.

II. Ao longo desse período, ocorreu (não depressa, mas lentamente) a transformação mais importante da Grécia primitiva, a saber, a expansão daquela tribo conhecida como os helenos, que, aos poucos, estabeleceram sua predominância em todo o território, legaram traços indeléveis em seu caráter nacional e, por fim, converteram seu nome no nome da nação.

Já expressei aqui minha crença de que os pelasgos não eram uma raça bárbara, que falava uma língua bárbara, mas que tinham parentesco com os helenos, que falavam a língua grega e são considerados a família grega por excelência. Mesmo os questionáveis registros de genealogias (que, se fictícias em si mesmas, costumam simbolizar, sob os nomes de indivíduos, as afinidades entre as tribos) mostram os helenos como parentes dos pelasgos. Deucalião, o patriarca dos helenos, era de origem pelásgica: filho de Prometeu e sobrinho de Atlas, rei da Arcádia pelásgica.

Seja como for, vemos os helenos deixando a Fócida, sua primitiva pátria, segundo os registros históricos, por causa de um dilúvio no tempo de Deucalião. Migrando para a Tessália, eles expulsaram os pelasgos e, em seguida, espalhando-se pela Grécia, conquistaram uma ascendência geral sobre os habitantes nativos, escravizando, sem dúvida, a maior parte da população em meio à qual se instalavam, mas afugentando muitas das famílias mais recalcitrantes ou mais nobres e dando ensejo aquelas célebres migrações por meio das quais os pelasgos levaram seu nome e suas artes à Itália, a Creta e diversas outras ilhas. Quando essa transformação se concluiu, os pelasgos teriam conservado, no território da Grécia, apenas a Arcádia, a maior parte da Tessália,[72] as terras de Dodona e a Ática.

Não há motivos para supor que os helenos fossem mais esclarecidos e civilizados que os pelasgos, porém, pelos registros de suas conquistas, eles parecem ter sido um braço mais severo, belicoso e aventureiro da família grega. Na realidade, concluo que eles constituíam aquela porção da raça pelásgica que conservou por mais tempo o caráter brutal e dinâmico de uma tribo montesa e encontrou as nações que invadiu naquele período rudimentar de civilização que é tão favorável aos desígnios do conquistador: quando uma tribo predatória abandona de fato sua primitiva natureza belicosa, mas ainda não adquiriu as características da disciplina, da ordem e providência de

[72] Os tessálios eram pelasgos.

uma comunidade social. Como os saxões na Grã-Bretanha, os helenos eram convidados[73] pelos diferentes chefes pelásgicos como auxiliares, e permaneciam como conquistadores. Em outros aspectos, porém, eles se assemelhavam antes à raça mais valente e enérgica que depôs a dinastia saxônica na Grã-Bretanha: os helenos eram os normandos da antiguidade. É impossível determinar a data exata em que os helenos alcançaram ascendência geral, ou em que os gregos receberam daquela tribo tessália sua designação comum. Os gregos não eram conhecidos como helenos na época da composição da Ilíada: eles passaram a ser assim referidos no tempo de Hesíodo. No entanto, mesmo na Ilíada, a palavra pan-helenos, que era aplicada aos gregos, atestava o avanço da transformação,[74] e, na Odisseia, o nome helênico já não se limitada aos domínios de Aquiles.

III. A nação helênica passou a ser popularmente subdividida em quatro famílias principais, a saber: os dórios, os eólios, os jônios e os aqueus, dos quais somente os dois primeiros eu considero helenos genuínos. A fábula que apresenta Doro, Éolo e Xuto como os filhos de Heleno declara que, enquanto Doro foi enviado a conquistar outras terras, Éolo herdou o território da Ftiótida. Essa fábula não registra conquistas de Éolo, mas atribui a seus filhos a origem da maioria das principais famílias da Grécia. Se corretamente interpretado, esse relato indicaria que os eólios permaneceram em seus territórios tessálios por pelo menos uma geração depois da primeira migração dos dórios e, a partir dali, dividindo-se em vários grupos nômades, avançaram, como guerreiros e invasores, sobre as diversas cidades-estados gregas. Existem indícios de que eles se associaram a regiões marítimas, e a riqueza de suas primeiras colônias é tema de muitas lendas. Homero compara a opulência de Orcômeno à da Tebas egípcia. E, na época da Guerra de Troia, Corinto já era conhecida como "a abastada". Aos poucos, em sua maioria, os eólios se misturaram e se miscigenaram com os dórios. Não obstante, tamanha é a ligação entre helenos e pelasgos que até mesmo os eólios, os descendentes diretos de Heleno pelo ramo mais

[73] Tucídides, livro I.

[74] Homero (que, com sua refinada capacidade de fazer distinções, discorre longamente até mesmo sobre a língua bárbara dos cários) parece nunca insinuar qualquer diferença entre a língua e a raça dos pelasgos e dos helenos, não obstante escrevesse em uma época em que a luta ainda não havia terminado, e os traços de qualquer distinção acentuada seriam suficientemente evidentes e fáceis de detectar, e interessantes de observar.

velho, não são menos confundidos com a raça pelásgica do que a raça dórica. Estrabão e Pausânias afirmam que os eólios são pelásgicos e que, no dialeto eólico, nós nos aproximamos da língua pelásgica.

Os dórios, vistos pela primeira vez na Ftiótida, são encontrados, duas gerações mais tarde, na região montanhosa de Histiótida, abrangendo em seu território, de acordo com Heródoto, o imemorial Vale de Tempe. Tendo tribos nômades por vizinhos, em especial os épicos lápitas, contra os quais, de acordo com suas lendas mais primitivas, travaram uma guerra feroz e contínua, essa tribo montesa herdou da natureza e das circunstâncias seu caráter marcial e intrépido. Impossibilitados de estabelecer colônias seguras nas férteis planícies da Tessália e seguindo para os desfiladeiros pelos quais o romântico Peneu serpeia até o mar, grupos da tribo cedo migraram para Creta, onde, constituindo tão somente uma parcela da população da ilha, teriam instituído, de acordo com alguns, a estrutura e os costumes dóricos que lhes serviram de modelo em suas colônias posteriores. Outras migrações marcaram seu avanço ao sopé do Monte Pindo; daí a Dríope, mais tarde chamada Dórida; e de Dríope ao Peloponeso, migração esta que ficou conhecida pelo nome de o "Retorno dos Heraclidas" e que passarei a descrever mais particularmente. Já comentei que a genealogia atribui a origem dos dórios e dos eólios a Doro e Éolo, filhos de Heleno. Isso os liga aos helenos, além de os ligar entre si. As aventuras de Xuto, terceiro filho de Heleno, não ficaram registradas nas lendas da Tessália, e ele parece ter sido apenas uma ficção inventada para estabelecer um parentesco entre os helenos e as famílias propriamente pelásgicas dos aqueus e dos jônios. São autores relativamente recentes que nos contam que Xuto foi expulso da Tessália pelos irmãos; que se refugiou na Ática e construiu quatro cidadezinhas nas planícies de Maratona: Énoe, Maratona, Probalinto e Tricórito;[75] que se casou com Creusa, filha de Erecteu, rei da Ática, e, com ela, teve dois filhos: Aqueu e Ion. Alguns dizem que Aqueu, adentrando o lado oriental do Peloponeso, fundou um reino em Lacônia e Argólida; outros, ao contrário, afirmam que ele conduziu um grupo – cujos membros eram, em parte, atenienses – para a Tessália, recuperando os domínios que haviam sido tomados do pai.[76] Esses dois

[75] Estrabão, viii.
[76] Pausânias, viii.

relatos sobre Aqueu, enquanto representação dos aqueus, estão corretos nisto: os aqueus tinham duas colônias de tempos remotos –uma no sul da Tessália, a outra no Peloponeso.

Por muito tempo, os aqueus foram a mais eminente dentre as tribos gregas. Dominando praticamente todo o Peloponeso, exceto, por um estranho acaso, aquela parte que, mais tarde, levou seu nome, eles se vangloriavam da fama beligerante do opulento Menelau e do altivo Agamemnon, o rei dos homens. A tribo mais poderosa do período heroico, os aqueus constituem o elo de parentesco entre as diversas épocas do domínio pelásgico e helênico: seu caráter era, de fato, helênico, mas sua ascendência parecia ser pelásgica. Dionísio de Halicarnasso apresenta-os como descendentes do próprio Pelasgo, e eles já existiam como aqueus antes mesmo do nascimento do helênico Xuto. A lenda que mostra Aqueu como irmão de Ion tende a provar igualmente que, se os jônios eram de origem pelásgica, os aqueus também o eram. Assim, passemos a Ion.

Conquanto se diga que de Ion derivou o nome "jônios" dado aos áticos, muito antes de seu tempo, os *iaones* já estavam entre os antigos habitantes do território, e Heródoto (a principal autoridade no assunto) declara que os jônios eram pelásgicos e aborígines. Portanto, não há razões suficientes para supor que fossem conquistadores ou colonizadores helênicos. Ao contrário, eles parecem ter sido uma das tribos aborígines da Ática: parte deles seguiu para o Peloponeso (o que foi representado pela migração de Xuto para a região) e, retornando (como é representado pela chegada de Ion a Atenas), em conjunto com seus irmãos que haviam permanecido no território nativo, tornaram-se a mais poderosa e renomada dentre as várias divisões da população ática. As relações com os peloponésios levariam os jônios a implantar algumas das instituições políticas e dos ritos religiosos com que se haviam familiarizado em sua migração, e é assim que podemos provavelmente explicar a introdução do culto a Apolo na Ática, bem como aquela influência política pacífica que se afirma que o mítico Ion exercia sobre seus compatriotas.

Em todo caso, não podemos identificar nenhuma ligação evidente e satisfatória entre esta, que era a tribo mais intelectual e brilhante da família grega, e aquele grupo tessálio errante e venturoso ao qual os helenos deram o nome geral, e do qual os dórios foram os representantes mais aptos e a subdivisão mais poderosa. Tampouco existem indícios de uma conquista helênica na Ática, não obstante as audaciosas hipóteses de Mueller.[77]

E aquela terra que, de acordo com a tradição e a história, foi um antigo refúgio de exilados herdou da admissão e do intercâmbio de estrangeiros e imigrantes aqueles avanços sociais e políticos que, em outras nações, foram moldados pelas conquistas.

IV. Depois que os dórios dominaram o Peloponeso, a configuração inteira da Grécia passou por uma mudança gradual. O retorno dos heraclidas foi a verdadeira consumação da transformação helênica. As tribos até então nômades fixaram-se nas colônias cujo domínio haviam assegurado. Os dórios elevaram-se ao *status* de raça mais poderosa da Grécia, e o jônios, seus únicos rivais, dominavam, no continente, apenas a estreita faixa de terra da Ática, conquanto suas colônias recobrissem a costa fértil da Ásia Menor. Estando a Grécia assim reduzida a duas tribos principais – a dórica e a jônia – os historiadores em geral eram unânimes, e com razão, ao observar as mais nítidas e marcadas distinções entre elas: os dórios eram graves, inflexíveis, austeros; os jônios eram joviais, versáteis e propensos a mudanças. O dialeto mesmo dos primeiros era mais áspero e masculino que o dos segundos; e a música e as danças dos dórios traziam em si o selo de sua severa simplicidade. O sentimento de veneração que permeava seu caráter nacional ensinava aos dórios não apenas a mais sólida adesão aos ritos da religião, além de um respeito patriarcal pela idade, de um lado, mas também, de outro, um apego cego e supersticioso às instituições tão somente por causa de sua antiguidade, bem como uma atenção quase servil pelo nascimento, o que gerava antes os sentimentos de clã que a solidariedade entre cidadãos. Veremos, mais

[77] Com todo o respeito que tenho pelo profundo conhecimento e pela originalidade perspicaz de Mueller, é impossível não protestar contra o espírito com que grande parte da História dos Dórios é concebida, e nada pode ser mais perigoso do que esse espírito quando é visto como investigação histórica. Uma tradição nebulosa, uma linha duvidosa basta ao intrépido autor como prova de uma conquista estrangeira ou indício de uma transformação religiosa. Existem autores alemães que parecem supor que a nova escola da história é construída sobre a máxima de negar o que é e explicar o que não é. Não há registros de que Ion tenha suplantado, ou sequer sucedido, um rei ático. Ele pode ter introduzido o culto de Apolo, mas, como bem observa o Sr. Clinton, aquele culto jamais substituiu o culto de Minerva, que continuou sendo a divindade tutelar da cidade. Por vagas que sejam as tradições relativas a Ion, todas elas parecem provar uma aliança com os atenienses, isto é, justamente o oposto da hipótese de que tivessem sido conquistados.

adiante, que, enquanto Atenas instituía repúblicas, Esparta implantava oligarquias. Os dórios orgulhavam-se da independência, mas era a independência dos nobres, não do povo. Sua severidade os preservou de inovações por muito tempo, e não menos pelo que era condenável em seu excesso que pelo que era sábio em seus princípios. Dotados de muitas qualidades excelentes e heroicas, eles eram, não obstante, duros para com seus inimigos, cruéis para com seus subordinados, egoístas para com seus aliados. Toda a sua política consistia em preservar a si mesmos tal como eram e, se não conheciam os excessos da impetuosidade, também não eram impelidos pelas emoções generosas que pertencem aos homens cujas aspirações constantes se traduzem em ser melhores e maiores: eles não desejavam ser melhores nem maiores; seu único desejo era não ser diferentes do que eram. Não buscavam no futuro nada além da continuação do passado, e àquele passado eles se prendiam com costumes e leis de ferro. O respeito que tinham por suas mulheres, bem como seu desdém pelo prazer, poupava-as, em certa medida, da licenciosidade comum às nações em que as mulheres são desprezadas. No entanto, esse respeito pouco tinha de delicadeza e sentimento de afeição pessoal – a afeição era reservada, sobretudo, a seu próprio sexo.[78] Os jônios, ao contrário, eram muito impressionáveis, flexíveis e mais marcados pela generosidade da moderna cavalaria que pelo rigor do heroísmo antigo. A eles, não era o passado, mas sim o futuro que encantava. Sempre ávidos por progredir, eles se impacientavam até mesmo com o bom, por causa do desejo pelo melhor. Foram sempre impelidos à democracia: a democracia definia seu caráter, assim como a oligarquia definia o caráter espartano. O gosto, o amor e a intuição do belo elevavam os gregos acima de todas as nações, e os jônios acima de todos os gregos. Os jônios não eram apenas mais criativos que seus vizinhos: tudo quanto fosse belo na criatividade era logo tomado e apropriado por eles. Ativos, curiosos, apaixonados, eles tentavam de tudo e aperfeiçoavam as artes, investigavam todas as coisas e consumavam a filosofia.

O caráter jônico estava presente em toda parte entre os jônios, mas o dórico não era preservado da mesma forma em meio aos dórios. E o motivo é óbvio. A essência do caráter jônico consistia no espírito de mudança; a dos dórios,

[78] Esse vínculo, que existia em toda a Grécia, por vezes, puro, outras vezes, pervertido, era particularmente originalmente dórico.

na resistência à inovação. Quando qualquer cidade-estado dórica abandonava seus costumes e instituições hereditárias, ela logo perdia seu caráter dórico, tornando-se negligente, lânguida, dada ao luxo, uma degeneração do caráter dos jônios. Todavia, nenhuma mudança poderia assimilar o caráter jônico ao dórico, pois eles pertenciam a períodos diferentes de civilização: o dórico, a um período mais antigo; o jônico, a um período mais avançado. As duas raças da Escócia são hoje mais parecidas do que nunca, mas isso se dá fazendo com que o homem das terras altas se assemelhe ao homem das planícies, não transformando o cidadão das planícies no gaélico das montanhas. Os hábitos de comércio e a substituição de instituições oligárquicas por instituições democráticas eram suficientes para alterar todo o caráter dos dórios. A voluptuosa Corinto, a mercantil Egina (ambas cidades-estados dóricas) eram imensuravelmente mais semelhantes a Atenas que a Esparta.

Portanto, é para Esparta que devemos olhar, nos tempos históricos, em busca da representação da tribo dórica, em suas características próprias e fundamentais, e nela, puro, vigoroso e concentrado, o caráter dórico oferece um eterno contraste com o ateniense. Esse contraste persistiu enquanto cada cidade-estado conservou para si um caráter próprio, e (quaisquer que sejam os pretextos para hostilidades) era essa a causa real e inevitável daquela inimizade entre Atenas e Esparta, cujos resultados determinaram o destino da Grécia.

Não obstante, as disputas que emergiam daquela inimizade não eram exatamente os conflitos entre tribos antagônicas, mas entre aqueles princípios antagônicos que se pode dizer que toda nação nutre em seu âmago, ou seja, entre o princípio que predispõe a mudar e o princípio que predispõe a preservar; o princípio que tende a popularizar e o que limita o poder governamental; aqui o espírito de uma oligarquia, lá o de um povo; aqui a devoção ao passado, lá o desejo pelo futuro. Cada princípio produzia seus excessos, oferecendo uma advertência salutar. As contendas entre Esparta e Atenas podem ser vistas como alegorias históricas, vestes dos embates morais que, com todos os seus perigos e flutuações, perdurarão até o fim dos tempos.

V. Esse período também é célebre pela suposta fundação aquela assembleia de cidades-estados gregas chamada Liga Anfictionia. A genealogia atribui sua origem a um dos filhos de Deucalião, de nome Anfictião.[79]

Esse mito indicaria uma origem helênica, visto que Deucalião é, segundo a fábula, o pai dos helenos. Contudo, das doze tribos que constituíam a liga, apenas três eram helênicas, e as demais, pelásgicas. Mas, com a crescente influência do dórico oráculo de Delfos, ao qual a Liga estava associada, aos poucos, ela passou a ser considerada uma instituição helênica. Não é possível determinar o intento inicial dessa Liga. As reuniões realizavam-se em dois lugares: perto de Antela, na passagem de Termópilas, no outono, e em Delfos, na primavera. Se a tradição atribuía a Anfictião a origem do conselho, ela atribuía a Acrísio, rei de Argos,[80] o desenvolvimento de seu poder peculiar e de suas leis. Afirma-se que ele instituiu uma das assembleias, a de Delfos ou a de Termópilas (os relatos variam) e que uniu as duas, aumentou o número de seus membros e ampliou os privilégios do grupo. Podemos interpretar essa lenda tão somente levantando a hipótese bastante provável de que a realização da mesma assembleia em dois lugares diferentes, em estações diferentes do ano, datava da época de alguma importante reunião de várias tribos ou, talvez, de deidades até então distintas. É possível que tenha sido uma tentativa de unir helenos e pelasgos sob o poder instável e primitivo da primeira dessas raças; e

[79] Prideaux sobre os Mármores de Arundel. Os *iones* fazem parte dessa liga. Naquela época, eles não podiam ter herdado seu nome do helênico Ion, pois Ion ainda não era nascido na época de Anfictião. No entanto, o nome Anfictião não passa de uma variante de *amphictyony*, ou uma associação [de nações vizinhas]. É provável que ligas desse tipo fossem muito comuns em toda a Grécia, surgindo quase que simultaneamente por força das circunstâncias comuns às numerosas tribos, aparentadas entre si, mas sempre em desacordo e conflito. A língua comum levou-os a estabelecer, pela mútua adoção de deidades tutelares, uma cerimônia religiosa também comum, que permaneceu em vigor depois do desaparecimento de considerações de natureza política. Considero a Liga Anfictionia uma das provas da afinidade linguística entre pelasgos e helenos. A liga foi obviamente criada quando os pelasgos ainda eram poderosos, antes de sua subjugação por influências helênicas. Além disso, também é evidente que não poderia ter sido instituída se pelasgos e helenos não fossem absolutamente inteligíveis uns aos outros. O Sr. Clinton (*F. H.*, vol. I, p. 66) aponta uma data mais recente que a geralmente atribuída à grande Liga Anfictionia, situando sua criação entre o décimo sexto e o décimo oitavo ano depois da queda de Troia. O motivo pelo qual ele não lhe atribui data anterior é que, até então, os tessálios (uma das doze nações) não ocupavam a Tessália. No entanto, deve-se observar, e isso está em harmonia com os argumentos daquela grande autoridade, primeiro, que os tessálios não constam das listas da liga apresentadas por Harpocrácio e Libânio; e, segundo, que, mesmo supondo que a grande Liga Anfictionia de doze nações não tenha surgido em um período mais antigo, aquela anfictionia mais célebre bem poderia ter sido precedida por outras tentativas menos efetivas de associação, o que está em conformidade com as lendas da genealogia. E isso o próprio Sr. Clinton dá a entender.

[80] Estrabão, livro IX.

essa hipótese é ainda mais plausível diante da manifesta união do culto do dórico Apolo, em Delfos, com o da pelásgica Ceres, em Termópilas.[81] A composição da Liga era a seguinte: cada cidade pertencente a um estado anfictiônico costumava enviar dois representantes, um chamado pilágora, o outro, hieromnêmone. As funções desses dois representantes parecem ter sido diferentes, e as dos últimos pareciam estar relacionadas principalmente com tudo o que pertencesse à religião. Em circunstâncias extraordinárias, mais de um pilágora era designado: Atenas, em dada ocasião, enviou nada menos que três. No entanto, o número de representantes enviados não alterava o número de votos no conselho. Cada cidade tinha direito a dois votos apenas, independentemente do número de representantes apresentados.

Reunidos todos os representantes, ofereciam-se sacrifícios solenes a Apolo, Diana, Latona e Minerva, em Delfos, e a Ceres, em Termópilas. Em seguida, todos faziam um juramento, cuja fórmula chegou até nós graças a Ésquines.

O juramento diz o seguinte: "Juro jamais subverter qualquer cidade anfictiônica, jamais interromper seus cursos d'água, em tempo de paz ou de guerra. Aqueles que tentarem tais atrocidades, enfrentarei com armas; e as cidades que cometerem tais ofensas eu as destruirei. Se se cometerem quaisquer devastações no território do deus, se alguém conspirar para um crime como esse, se alguém tramar algum desígnio hostil ao templo, contra eles empregarei minhas mãos, meus pés, todo o meu poder e minha força, para que os criminosos sejam punidos".

Seguiam-se ao juramento imprecações pavorosas e solenes contra qualquer violação do compromisso.

Realizadas essas cerimônias, um dos hieromnêmones[82] passava a presidir o conselho. Ele ficava encarregado de coletar os votos e anunciar as resoluções, e tinha o poder de convocar a assembleia geral, que consistia em uma convenção distinta do conselho, ocorrendo tão somente em ocasiões extraordinárias e compondo-se de moradores e estrangeiros que a solenidade do encontro reunisse nos arredores.

VI. Durante todo o período histórico, não é possível identificar nenhuma tentativa de união de esforços contra

[81] *Os Dórios*, de Mueller, vol. I.

[82] Cuja escolha era provavelmente rotativa, contemplando as diversas cidades.

agressões de nações estrangeiras, exceto para fins de preservar a santidade do templo. As funções da Liga limitavam-se às tribos anfictiônicas e, se seu propósito inicial, indefinido e vago, era impedir guerras entre as tribos confederadas, não conseguiu sequer alcançar esse objetivo. Seus ofícios restringiam-se quase que exclusivamente à religião. A Liga nunca interferia quando uma nação anfictiônica aplicava os mais severos flagelos a outra, não coibindo nem a ambição da frota ateniense, nem as crueldades da espada espartana. Contudo, em todas as questões atinentes à religião, sobretudo ao culto de Apolo, a assembleia detinha uma autoridade suprema em teoria, mas ambígua e imprevisível na prática.

Enquanto instituição política, a Liga padecia um defeito que não tardaria em destruir seu poder. Cada cidade das doze tribos anfictiônicas, desde as menos importantes até as mais poderosas, tinha o mesmo número de votos. Isso fazia com que os estados maiores (dos quais suas deliberações dependiam necessariamente) não tivessem interesse em consolidar ou aumentar sua influência política e, por consequência, ela acabou sendo discretamente relegada a sua inclinação natural para propósitos sagrados. Como todas as instituições que conferem ao homem a prerrogativa própria de Deus e exercem autoridade sobre opiniões religiosas, não civis, o conselho anfictiônico não era muito eficiente no bem: mesmo em suas punições de sacrilégio, ela mostrava decoro e poder apenas quando os interesses do templo délfico estavam em jogo. Sua mais famosa interferência foi na cidade de Crissa, contra a qual os anfictiões declararam guerra em 505 a.C. O território de Crissa foi, então, dedicado ao deus do templo.

VII. Todavia, se não era eficiente no bem, a Liga Anfictionia também não era ativa no mal. Muitas causas conspiravam para impedir não só os piores excessos a que a dominação religiosa está inclinada, mas a impedir essa dominação em particular. Ela não era constituída de uma classe apartada, interessada e permanente, mas de cidadãos de cada tribo, escolhidos anualmente, os quais tinham um interesse muito maior no bem-estar de seu próprio estado do que no aumento da autoridade da Liga Anfictionia.[83]

[83] Mesmo os hieromnêmones (ou representantes encarregados de funções religiosas) deviam constituir uma classe muito inferior à dos pilágoras em habilidade, pois os primeiros eram escolhidos por sorteio, ao passo que os últimos o eram por uma seleção cuidadosa. E assim descobrimos que, na

Eles eram sacerdotes apenas em uma ocasião, mas eram cidadãos por profissão. A desconfiança e o ressentimento dos diferentes estados, bem como a mudança constante dos representantes, obstavam aquela energia e aquela unidade necessárias a qualquer desígnio inveterado de ambição eclesial. Desse modo, a real influência da Liga Anfictionia não era, em absoluto, condizente com sua solene celebridade; e quando, na época de Filipe, ela se tornou um importante agente político, a Liga mostrou-se um mero instrumento corrupto e servil daquele hábil monarca. Por muito tempo ainda, ela continuou a preservar seu aspecto de dignidade e poder sob a panóplia de um grande nome religioso, até que, na época de Constantino, caiu em meio às ruínas da fé que desejara proteger. O credo que sucedeu a religião de Delfos encontrou uma Liga Anfictionia mais poderosa nos conclaves de Roma. A instituição papal era dotada justamente das qualidades necessárias para dirigir as energias dos Estados, ditar as ambições dos reis e angariar autoridade temporal sob pretextos espirituais – qualidades essas que faltavam aos pagãos.

---

verdade, embora os hieromnêmones tivessem um grau mais elevado de dignidade, os pilágoras faziam a maior parte do trabalho.

Capítulo III

O período heroico. Teseu. Sua influência legislativa sobre Atenas. Qualidades dos heróis gregos. O efeito de uma era tradicional sobre o caráter de um povo.

I. Como alguém que, peregrinando à noite, na escuridão,[84] começa enfim a perceber a noite desvanecendo em névoa e sombra, de modo que as formas das coisas, ainda vagas e indefinidas, assumem um contorno exagerado e gigantesco, perdido, em parte, entre as nuvens, assim, agora, através da obscuridade da fábula, vislumbramos o imenso esboço indistinto do PERÍODO HEROICO. O cauteloso e cético Tucídides deixou-nos, no início de sua história imorredoura, um retrato magistral dos costumes daquela época em que a intrepidez individual elevava seu detentor ao *status* de um semideus; época de leis imprecisas e controle indistinto; de aventura e entusiasmo, de qualidades ousadas e célebres crimes. Nesse quadro, reconhecemos características bem conhecidas do Norte: os guerreiros errantes e os reis piratas que vasculhavam os mares, desembarcando em litorais desprotegidos e julgando o exercício da pilhagem uma profissão honrada, recordam-nos as explorações do escandinavo Her-Kongr e as flâmulas agourentas dos dinamarqueses. Os mares da Grécia eram tentadores às aventuras de piratas: suas numerosas ilhas, as baías sinuosas e as orlas cobertas de matas ofereciam oportunidades de grandes empreitadas aos audaciosos e espólios vultosos aos gananciosos; as viagens eram curtas para os inexperientes, e os refúgios, numerosos para os derrotados. No passado distante, bravura era a verdadeira virtude: ela confere dignidade às atividades em que é empregada e, por muito tempo, a profissão do pirata era

[84] Milton, *History of England* [*Britain*], livro I.

considerada tão honrada no Egeu como entre os intrépidos nômades da raça escandinava.[85] Se o litoral jazia assim exposto a constantes incursões e apreensão, os recantos do interior do país também não estavam protegidos da violência dos corsários. As diversas tribos que invadiram a Grécia, quer para colonizar, quer para conquistar, expulsaram muitos habitantes locais de seus povoados. Fugindo para o norte, essas pessoas sobreviviam da pilhagem, ou vingavam-se, cometendo atrocidades. O grande número de penhascos e montanhas, cavernas e matas, que torna o belo território da Grécia tão diversificado, serviam de fortalezas naturais para essas hordas bárbaras. O chefe que tivesse cometido um assassinato ou ambicionado, sem sucesso, um trono instável partia, com seus amigos, para algum lugar remoto e conveniente e, juntos, atacavam os vilarejos circunvizinhos e arrebatavam as mulheres ou os rebanhos, conforme a luxúria ou a necessidade os instigasse à empreitada. Nenhum lar estava seguro, nenhuma jornada livre de perigo, e os gregos passavam a vida prontos para lutar. Assim, aos poucos, a profissão e o sistema de roubo disseminaram-se por toda a Grécia, até que o mal se tornou intolerável, e a opinião pública de todas as cidades-estados e tribos nas quais a sociedade havia estabelecido leis foi colocada contra o pirata. Então, livrar a comunidade de um flagelo tornou-se objeto de desejo, e o êxito da tentativa fazia a glória do herói. Daí surgiu naturalmente a raça dos heróis, homens que se ofereciam voluntariamente para procurar o rapinante em seu reduto, e a coragem do cavaleiro andante era recompensada, pela gratidão de uma época futura, com a santidade de um semideus. Naquele período, circunstâncias internas de cada cidade-estado – derivadas da predominância dos bélicos helenos ou da resistência a eles – também haviam contribuído gradualmente para a ascensão de uma aristocracia militar e feroz, que se elevava acima do restante da população. E, à medida que as armas se tornavam os instrumentos da fama e do poder, os feitos mais arriscados passaram a conferir a mais ampla celebridade.

II. À época, os bosques e montanhas da Grécia não estavam livres dos primeiros seres nativos e brutos da natureza: feras selvagens viviam escondidas nas cavernas;

[85] Entre os antigos piratas do Norte, nenhum homem de posição na sociedade era tido por honrado se não fosse pirata: *gloriam sibi acquirens*, como rezava o *Vatzdaela*.

lobos pululavam por toda parte; manadas de touros selvagens, cujos grandes cornos Heródoto menciona com admiração, eram muito comuns; e, mesmo na data tardia da invasão de Xerxes, o leão ainda era encontrado em grandes regiões, desde a Abdera trácia até o Aqueloo acarnânio. Desse modo, os feitos dos heróis primitivos parecem ter sido dirigidos sobretudo contra o saqueador e o animal selvagem: dentre os triunfos de Hércules estão registrados o extermínio dos saqueadores lídios, a morte de Caco, e a vitória sobre o leão de Nemeia e o javali de Erimanto.

O próprio Hércules reflete nitidamente o grande modelo desses tão úteis aventureiros. Não há dúvidas de que realmente existiu um príncipe[86] na Grécia com esse nome, e, sob o título de Hércules tebano, é preciso que haja o cuidado de distingui-lo do deus do Egito e do pacífico Hércules da Fenícia,[87] cujo culto não era desconhecido aos gregos antes dos trabalhos de seu homônimo. Como, em consequência de seus feitos, foi dado o nome de Hércules ao herói tebano (originalmente chamado *Alcaeus*), é possível que seus compatriotas reconhecessem, em seu caráter ou em sua história, algo que correspondesse aos relatos tradicionais do deus oriental. Era costume entre os antigos gregos atribuir a um homem os atos que ele havia realizado em conjunto com outros, e Hércules conquistou sua reputação não só pelas façanhas de sua bravura pessoal, mas sem dúvida como líder de um exército. Sua fama e seu bom êxito instigaram a emulação de seus contemporâneos, dentre os quais destaca-se o ateniense Teseu.

III. Na narrativa literária que Plutarco nos legou sob o título de *"História de Teseu"*, parece que lemos as lendas de nossos próprios dias famosos da cavalaria. As aventuras de um Amadis [de Gaula] ou de um Palmeirim [d'Inglaterra] não são mais cavalheirescos nem mais extravagantes.

De acordo com Plutarco, Egeu, rei de Atenas, não tendo filhos, foi a Delfos para consultar o oráculo e saber como aquele infortúnio poderia ser remediado. Ali, ele foi instruído a não se aproximar de nenhuma mulher até que

[86] Provavelmente, mais de um príncipe. A Grécia tem três candidatos muito fortes até mesmo ao nome e aos atributos do Hércules grego.

[87] Heródoto destaca a diferença entre a deidade egípcia e a grega, e fala de um templo que os fenícios erigiram para Hércules quando fundaram Tasso, quinhentos anos antes que o filho de Anfitrião fosse conhecido pelos gregos. O historiador elogia os gregos, atribuindo-lhes a construção de dois templos para a divindade daquele nome, cultuando-a como um deus em um deles, mas observando tão somente os ritos dedicados a um herói no outro. Livro II, cap. 13, 14.

tivesse regressado a Atenas, mas a resposta foi enunciada em termos místicos e alegóricos, e o bom rei sentiu-se mais confuso que esclarecido. Por isso, ele seguiu para Trezena, uma cidadezinha do Peloponeso fundada por Piteu, da raça dos pélopes, um homem célebre à época por sua sabedoria e sagacidade. Egeu contou-lhe o oráculo e rogou que ele o interpretasse. Havia algo na resposta divina que induziu Piteu a levar o rei ateniense a ter uma relação sexual ilícita com Etra, filha do próprio Piteu. A princesa concebeu e, antes de partir de Trezena, Egeu depositou uma espada e um par de sandálias em uma cavidade escondida por uma pedra enorme,[88] deixando a Etra as seguintes ordens: se o fruto de sua relação viesse a ser um menino que fosse capaz de, quando adulto, remover a pedra, ela deveria enviá-lo secretamente a Atenas com a espada e as sandálias como prova de seu nascimento. Pois Egeu tinha um irmão chamado Palas que, tendo uma grande família e muitos filhos homens, naturalmente esperava, pelo fracasso da linha direta, apossar-se do trono ateniense para si ou para os filhos, e o rei temia que, se o segredo de sua relação com Etra fosse descoberto antes que a criança esperada alcançasse força suficiente para proteger-se, os filhos de Palas, por traição ou assassinato, espoliariam o herdeiro legítimo de seu direito às honras reais. Etra deu à luz Teseu, e Piteu ocultou a desonra de sua família afirmando que Netuno, o deus mais respeitado em Trezena, havia condescendido em ser o pai da criança: os deuses eram personagens muito convenientes naqueles dias. Conforme crescia, o garoto demonstrava força física e nobreza mental na mesma medida e, por fim, chegou o momento em que Etra lhe revelou o segredo de seu nascimento, levando-o à pedra que escondia as provas de sua origem. Ele os retirou facilmente e seguiu para Atenas por terra.

Naquela época, como já afirmei, a Grécia estava infestada de saqueadores: Hércules contivera-os temporariamente, mas o herói tebano estava agora aos pés da lídia Ônfale, e os piratas haviam reaparecido ao longo dos recônditos montanhosos do Peloponeso. Assim, a jornada por terra era não apenas mais longa, mais muito mais perigosa que uma viagem pelo mar, e Piteu implorou fervorosamente que o neto optasse pela segunda. No entanto, eram os perigos do caminho que constituíam seu fascínio aos

[88] Plutarco., em *Vit. Thes.* Apolodoro, 1. 3. Essa história costuma inspirar os romancistas espanhóis, para os quais Plutarco constituía uma copiosa fonte de fábulas lendárias.

olhos do jovem herói, e a fama de Hércules já havia muito inspirava seus sonhos noturnos[89] e seus pensamentos diurnos. Então, com a espada do pai, ele partiu para Atenas. Estranhas e fantásticas foram as aventuras que lhe ocorreram. Em Epidauro, Teseu foi atacado por um célebre saqueador, que ele matou e cuja clava guardou como sua arma favorita. No Istmo, Sínis, outro bandido, que tinha o hábito de liquidar os infortunados viajantes que cruzassem seu caminho amarrando-os aos galhos de dois pinheiros vergados (de modo que, quando soltas, as árvores voltavam a sua posição natural, dilacerando o corpo da vítima, membro por membro), foi punido com a mesma morte que havia idealizado para os outros. E, aqui, acontece um daqueles episódios típicos das narrativas da época, e particularmente semelhante à cavalaria da fábula setentrional, que ensinava deferência para com as mulheres, e recompensava os feitos dos bravos com os sorrisos das beldades. Sínis, "o que vergava pinheiros", tinha uma filha de notável beleza, a qual se escondeu em meio aos arbustos e juncos, aterrorizada com o vencedor. Plutarco conta que Teseu a encontrou orando, em loucura ou inocência infantil, para as plantas e arbustos, prometendo, se eles a abrigassem, nunca os destruir nem queimar. Uma lenda primorosa que nos faz lembrar das ricas criações de Spenser. Mas Teseu, com palavras gentis e juras reconfortantes, convenceu a donzela a deixar seu esconderijo e conseguiu, enfim, conquistar seu amor e suas recompensas.

Aventuras subsequentes – a vitória sobre *Phaea* [Faia ou Fea], uma porca selvagem (ou uma ladra, assim chamada por causa da brutalidade de sua vida); o saqueador Cirão ou Esquirão, atirado impetuosamente em um precipício; Procusto, esticado até a morte em sua própria cama – atestam a coragem e a boa fortuna do andarilho. Por fim, ele chega às margens do rio Cefiso, onde foi saudado por alguns dos fitálidas, uma família sagrada que descendia de Fítalo, o amado de Ceres, e devidamente purificado do sangue dos selvagens que o herói havia matado. Atenas foi o primeiro lugar em que Teseu foi recebido com hospitalidade. E ele chegou em um momento oportuno: a colca Medeia, célebre por sua perversidade e sua magia, fugira de Corinto e refugiara-se com Egeu, cativando-lhe a afeição. Ela havia prometido filhos, mediante sua arte, para suprir-lhe a ausência de descendência, e deu largas ao ex-

[89] Plutarco, em *Vit. Thes.*

perimento instalando-se como partícipe do leito real. No entanto, os muitos filhos de Palas não estavam inclinados a ver essa relação com indiferença, e, assim, discórdias e conflitos imperavam pela cidade. Medeia descobriu o segredo do nascimento de Teseu e, decidida a livrar-se, com veneno, daquele que naturalmente haveria de interferir em seus desígnios com relação a Egeu, ela tirou partido o medo e dos ciúmes do velho rei e persuadiu-o a tornar-se seu cúmplice no crime premeditado. De acordo com o costume daquela época hospitaleira, um banquete foi oferecido ao estrangeiro. O rei estava à mesa, com a taça de veneno na mão, quando Teseu, querendo preparar o pai para a boa nova que ele tinha a revelar, sacou da espada ou alfanje que Egeu deixara como indicação de seu nascimento, e preparava-se para fatiar a carne que fora colocada à sua frente. O ver a espada, o rei deixou cair o veneno ao chão e, após umas poucas perguntas rápidas e cheias de impaciência, reconheceu o filho naquele que seria sua vítima. Como o povo estivesse reunido, Teseu foi reconhecido pelo rei e recebido com alegria pela multidão, que já tinha conhecimento dos feitos do herói. O lugar em que, segundo a tradição, o veneno havia caído ainda era visível na época de Plutarco. Os filhos de Palas não puderam tolerar a chegada e o reconhecimento daquele inesperado herdeiro do trono. Eles se armaram, reuniram seus seguidores e prepararam-se para guerrear. Mas metade da tropa, escondida em emboscada, foi morta ao fio da espada por Teseu (que soube de seus movimentos pela traição de um mensageiro), e a outra metade, assim reduzida, foi obrigada a debandar. Desse modo, Teseu seguiu sendo o herdeiro incontestável do trono ateniense.

IV. Seria inútil ao historiador, mas agradabilíssimo ao poeta, acompanhar meticulosamente esse herói idealizado em todas as suas supostas empreitadas. Posso apenas fazer um breve apanhado das mais notáveis. Abstenho-me, portanto, de contar a lenda de como ele capturou vivo o touro selvagem de Maratona e passo logo àquela expedição para Creta, que está indissociavelmente relacionada com aspectos imortais do amor e da poesia. Conta-se que Androgeu, filho de Minos, o célebre rei de Creta, e, por sua bravura, digno de tal pai, fora assassinado na Ática (alguns supõem que por ciúmes de Egeu, que parecia nutrir uma desconfiança peculiar por todo e qualquer estrangeiro notável). Minos retaliou com uma guerra que arrasou a Ática, destruição essa que foi agravada pela peste e pela forme. O oráculo de Apolo, que, de forma geralmente admirável, apaziguava as querelas dos príncipes, colocou fim ao conflito ordenando que os atenienses aplacassem a justa indignação de Minos. Assim, eles enviaram embaixadores a Creta e concordaram, como mostra de submissão, em enviar, a cada nove anos, um tributo de sete virgens e sete rapazes. As poucas relações que existiam, à época, entre as nações, somadas ao pesar e à revolta dos pais diante da perda dos filhos, tornavam o tributo ainda mais pesado. Os atenienses diziam que os jovens aprisionados eram abandonados em um intricado labirinto e devorados por um monstro, fruto de uma relação sexual não natural, metade homem, metade touro. Mas os cretenses, certamente as maiores autoridades no assunto, despiram o relato da fábula, e declararam que o labirinto era tão somente uma prisão em que os rapazes e as donzelas ficavam confinados por ocasião de sua chegada, e que Minos havia instituído jogos em homenagem a Androgeu, e os prisioneiros atenienses eram o prêmio para os vitoriosos. O primeiro vencedor dos jogos foi o chefe do exército cretense, chamado Taurus, e sendo ele feroz e inclemente, tratava os escravos assim adquiridos com bastante crueldade. Daí a origem do labirinto e do Minotauro. E Plutarco, apresentando essa explicação dos cretenses, cita Aristóteles para provar que os jovens enviados a Creta não eram mortos pelo Minotauro, mas mantidos em atividades servis, e que, posteriormente, seus descendentes migraram para a Trácia, onde foram chamados botieus [da Botieia]. Portanto, devemos supor, não apenas de acordo com esses relatos, mas com os costumes da época, que o tributo era tão somente um sinal de submissão, e que seus objetos eram considerados meros escravos.[90]

Do próprio Minos, porém, todos os registros são ambíguos. De fato, parece não haver base suficiente para negar-

[90] A hipótese brilhante do Sr. Mueller de que o tributo era, na realidade, uma cerimônia religiosa e que, originalmente, a viagem de Teseu não representava outra coisa senão as chegadas a Naxos e Delos é, por certo, crível, porém, não mais crível que, e, sem dúvida, não tão simples como, os antigos relatos de Plutarco. Tanto nas fábulas mitológicas como nas históricas, é melhor aceitar a interpretação simples e popular sempre que pareça estar em conformidade com os costumes da época do que explicar a narrativa com alegorias recém-inventadas. É bastante curioso que essa seja a proposta adotada por todo aquele que escreve sobre as antigas crónicas de França e Inglaterra e, não obstante, tão poucos concordem em seguir quando estão discorrendo sobre os registros obscuros dos gregos.

mos sua existência nem o grande poder que, durante seu reinado, Creta alcançou na Grécia. É muito provável que tenha sido por influência fenícia que Creta conquistou sua fama marítima, mas não há motivos para supor que Minos fosse fenício.

Após a volta de Teseu, chegou o tempo em que o tributo para Creta devia ser prestado novamente. As pessoas murmuravam sua insatisfação. "Foi culpa de Egeu," diziam elas, "que provocou a ira de Minos; não obstante, somente Egeu se safou da pena. seus filhos legítimos eram sacrificados à barbaridade cretense, mas o estrangeiro duvidoso e ilegítimo, a quem Egeu adotara, seguia seguro e livre." Com generosidade, Teseu aplacou esses tumultos populares, insistindo em estar incluído entre os sete.

V. Aquele tributo humano já havia sido enviado duas vezes para Creta e, a fim de simbolizar aquela triste e desesperada sina que, de acordo com a crença popular, aguardava as vítimas, uma vela negra era atada ao navio.

Mas, desta vez, Egeu, inspirado pela confiança entusiasmada do filho, deu ao piloto uma vela branca, que ele devia içar se, por ocasião de seu retorno, trouxesse Teseu de volta em segurança; do contrário, a vela negra devia ser, mais uma vez, o arauto de um destino infeliz. É provável que Teseu não considerasse aquela uma de suas aventuras mais perigosas. Na corte do sábio Piteu, ou no curso de suas viagens, ele, sem dúvida, ouvira o bastante sobre o caráter de Minos, o maior monarca e o mais sagaz de seu tempo, para estar convencido de que o filho do rei ateniense teria pouco a temer de sua severidade. O herói chegou a Creta e conquistou o amor de Ariadne, a filha de Minos. A partir daqui, tem-se uma diversidade de relatos contraditórios, dos quais os mais prováveis e menos poéticos são apresentados por Plutarco. Todavia, como a todos ele conclui com a observação de que não paira certeza sobre nenhum, é uma tarefa desnecessária repeti-los: basta dizer que, com ou sem o consentimento de Minos, Teseu partiu de Creta em companhia de Ariadne, e que, desde então, de uma forma ou de outra, ele liberou os atenienses do pagamento do habitual tributo. Sendo óbvio que, com o pequeno contingente com que, segundo a unanimidade dos relatos, ele navegou para Creta, Teseu não poderia ter subjugado o poderoso Minos em sua própria cidade-estado, é plausível concluir, como aponta uma das tradições, que o rei consentiu na união do herói com sua filha e, em consequência de tal casamento, renunciou ao direito de continuar recebendo o tributo dos atenienses.[91]

Igual obscuridade envolve o destino da adorável Ariadne, mas a hipótese que parece menos passível de objeção é a de que Teseu foi arrastado, pela tempestade, para Chipre ou Naxos, e que Ariadne, estando grávida e padecendo mal-estares por causa da violência das ondas, foi deixada no litoral pelo amado enquanto este voltava ao mar para assumir o controle de sua embarcação; que ela morreu no parto, e Teseu, ao regressar, ficou muito pesaroso, e instituiu um festival anual em homenagem à esposa. Embora esposemos a versão mais provável em si mesma, e a mais louvável ao caráter do herói ateniense, não podemos lamentar o fascínio vário que está entremeado com a história da infortunada cretense, visto que nos proporcionou algumas das mais belas criações da poesia: o Labirinto iluminado pelo amor de Ariadne; a donzela cretense abandonada pelo estrangeiro com quem havia fugido, deixada sozinha e desamparada no litoral de Naxos, e consolada por Baco e sua legião de sátiros.

VI. Antes de chegar a Atenas, Teseu permaneceu algum tempo em Delos, onde supostamente instituiu jogos e deu origem ao costume de coroar o vencedor com a folha de palma. Enquanto isso, Egeu aguardava o regresso do filho. Sobre a rocha cecrópica que ainda se ergue defronte ao mar, ele observava a chegada da embarcação e o tremular da bandeira branca: os mastros apareceram – o navio se aproximava – não se via a vela branca; na alegria e impaciência da tripulação que voltava para casa, o piloto esquecera-se de içar o sinal indicado, e o velho, em desespero, atirou-se da rocha e arrebentou-se em pedações. Teseu recebeu a notícia da morte do pai com pesar e lamento. Seu triunfo e retorno ficaram registrados por festivais periódicos, nos quais sempre se fazia alusão ao destino de Egeu, e a embarcação de trinta remos em que o herói havia navegado para Creta foi preservada pelos atenienses até a época de Demétrio de Faleron – e era restaurada e reformada com tanta frequência que rendeu uma tese muito apreciada por debatedores filosóficos: se se tratava ou não da mesma embarcação que Teseu havia utilizado.

[91] Plutarco cita Clidemo para corroborar outra versão menos provável da lenda, a saber, que, pela morte de Minos e de seu filho Deucalião, Ariadne assumiu o trono e remiu o tributo.

VII. Investido do poder supremo, Teseu agora dedicava sua inteligência à tarefa da legislação e, nesse período de sua vida, pisamos em solo mais firme, pois o mais criterioso dentre os antigos historiadores[92] atribui expressamente ao filho de Egeu aquelas leis que contribuíram de forma decisiva na consolidação da força e da união do povo ateniense.

Embora se afirme que Cécrope reuniu as tribos da Ática sob um único governo, há que se recordar que ele havia dividido o território em doze distritos, cada qual com uma fortaleza ou capital. A partir de então, aumentaram, aos poucos, as distinções entre esses diversos distritos e, em muitos casos de emergência, era difícil conseguir uma assembleia geral ou uma aquiescência geral do povo. Ao contrário, costumavam surgir diferenças entre as tribos, as quais eram solucionadas não pela lei, como em meio a cidadãos comuns, mas com armas e derramamento de sangue, como entre inimigos vingativos. A principal política de Teseu foi unir essas repúblicas minúsculas em um único estado. Ele se dedicava pessoalmente a cada tribo, e com toda a arte da persuasão: aos pobres, ele encontrava dispostos o suficiente para ouvir a um convite que lhes prometia o refúgio de uma cidade e a proteção de um governo centralizado em face da crueldade de muitos tiranos; os ricos e poderosos eram mais ciosos de sua vida independente, dispersa e, por assim dizer, feudal. Contudo, a esses ele tentava abrandar com promessas não faziam senão adular aquele mesmo preconceito de liberdade que naturalmente os induzira, de início, oferecer resistência a seus desígnios. Teseu jurava sua lealdade a uma constituição que deixasse o poder nas mãos da maioria. Ele mesmo, enquanto monarca, desejava tão somente o comando em tempos de guerra e, em tempos de paz, a salvaguarda de leis que ele também estava obrigado a obedecer. Alguns foram persuadidos por suas convicções, outros, por medo de seu poder, até que, por fim, ele atingiu seu objetivo. Com a aceitação de todos, ele dissolveu as corporações e conselhos de cada uma das cidades e construiu, em Atenas, um pritaneu ou auditório de deliberação comum, que existiu até a época de Plutarco. Ele uniu, sob o nome comum de "Atenas", as ruas e casas esparsas da cidadela e a nova cidade que crescera ao longo da planície, e instituiu o festival de Panateneias em homenagem à deusa-guardiã da cidade e como memorial da

[92] Tucídides, livro II, cap. 15.

confederação. Cumprindo, então, sua promessa, ele estabeleceu limites rígidos e estreitos ao poder real, criou uma nobreza hereditária sob a denominação de eupátridas ou bem-nascidos, e dividiu o restante do povo em duas classes (os camponeses e os operários). O cuidado da religião, a explicação das leis e os cargos de magistrado eram privilégio dos nobres. Desse modo, ele lançava as bases de uma estrutura política de liberdade, porém de caráter aristocrático – de acordo com Aristóteles, Teseu foi o primeiro que renunciou ao poder absoluto da realeza, recebendo do retórico Isócrates o elogio de que se tratava de uma disputa de quem deveria dar mais: se o povo, de poder, ou se o rei, de liberdade. Como era necessária uma população numerosa para constituir um estado poderoso, Teseu convidou a Atenas todos os estrangeiros dispostos a partilhar de sua proteção, concedendo-lhes igual segurança de vida e direito; e ele estabeleceu como fronteira de demarcação do território do estado um pilar erigido no Istmo, separando a Jônia do Peloponeso. Os jogos do Istmo em homenagem a Netuno também foram instituídos por Teseu.

VIII. Tais são os relatos acerca dos decretos legislativos de Teseu. Todavia, devemos rejeitar muitos aspectos deles. Podemos acreditar, a partir do relato de Tucídides, que as rivalidades entre algumas cidades-estados áticas (que talvez tivessem, ou fingissem ter, uma independência nunca suprimida totalmente por Cécrope e seus sucessores, independência essa que a imigração de estrangeiros de diversas tribos de hábitos diferentes teria servido para aumentar) já haviam terminado muito tempo antes, o que ajudou a promover a submissão à reconhecida supremacia de Atenas como capital da Ática. Além disso, podemos acreditar também que o direito de justiça, e até mesmo de legislação, que antes era prerrogativa de cada cidade-estado (levando ao óbvio enfraquecimento da autoridade suprema real), agora estava concentrada no conselho de Atenas. Os eupátridas das Ática buscariam Atenas, como a uma capital, como lugar de residência.[93] A cidade cresce em população e importância, e Tucídides data desse período a ampliação da cidade velha, com o acréscimo da Ci-

[93] No entanto, em um período bem posterior, muitos atenienses preferiam o costume de viver fora dos muros, dispersos pelos campos. (Tucídides, livro II, 15.) Devemos supor que houve com eles o que se dá com os modernos: os ricos e os influentes geralmente preferiam a capital, mas muitas eram as exceções.

dade Baixa. Que Teseu diminuiu voluntariamente o poder real, não é necessário crer. No período heroico, uma raça beligerante já havia florescido, e nenhum monarca grego parece ter tentado governá-la com arbitrariedade em tempos de paz, conquanto ela cedesse sem reservas à autoridade real em tempos de guerra. Estando ele mesmo em um trono recém-conquistado e incerto, ele tinha necessidade – e essa foi sua política – de apaziguar seus súditos mais poderosos. Pode-se admitir ainda que ele definiu distinções mais precisas entre os nobres e as demais classes (de servos e camponeses, de operários e estrangeiros), e existem registros de que as honras e as funções legislativas eram reservadas aos eupátridas. É possível que o povo fosse ocasionalmente reunido, mas não restam dúvidas de que tinha pouca ou nenhuma participação no governo do estado. Contudo, a mera instituição e confirmação de uma aristocracia poderosa e a simples concentração da população em uma capital foram suficientes para preparar o caminho para instituições democráticas mais avançadas que as contempladas ou formuladas pelo próprio Teseu. Por séculos subsequentes, uma oligarquia governou Atenas. Porém, sendo ela mesma livre, essa oligarquia preservava em seu monopólio os princípios da liberdade, os quais cresciam em influência com o progresso da sociedade. A democracia de Atenas não era uma estrutura política antiga, mas também não foi súbita. Ela se desenvolveu lentamente, de forma inconsciente e contínua, passando pelas órbitas distintas da realeza, oligarquia, aristocracia, timocracia e tirania, até que alcançou enfim seu glorioso zênite, fulgurou, desvaneceu e desapareceu.

Após a implementação bem-sucedida de seus esforços legislativos, passamos a ter notícias de Teseu menos como monarca histórico do que como herói da poesia. Nessas últimas tradições, que pertencem ao reino da fábula, não nos precisamos delongar. Nosso próprio Coração de Leão evoca uma semelhança nada improvável com um espírito talhado em uma época ainda mais impetuosa e arrojada e, sem buscar interpretar cada lenda ao modo de alegoria ou sistema, a hipótese mais simples é que Teseu realmente tenha deixado, em busca de aventura, um domínio que não oferecia espaço para uma ambição volúvel e voraz, e que existe alguma verdade subjacente em muitos dos ricos floreios e exageros que suas andanças e explorações receberam da poesia exuberante e da credulidade primitiva da época. Durante sua ausência, Menesteu, da raça real da Ática, que foi, como nos diz claramente Plutarco, o primeiro homem a praticar a profissão de demagogo, fez-se cair nas boas graças do povo, ou antes, dos nobres. A ausência de um rei é sempre a sementeira de rebeliões, e Menesteu logrou reunir uma tão poderosa facção contra o herói que, por ocasião de seu retorno, Teseu não conseguiu manter-se no governo e, lançando uma maldição solene sobre os atenienses, partiu para Esquiro, onde caiu acidentalmente de um precipício ou foi atirado de lá pelo rei. De início, sua morte recebeu pouca atenção. Mais tarde, para apaziguar seu fantasma e expiar sua maldição, passaram a ser rendidas homenagens divinas a sua memória e, na época já mais sofisticada de seus descendentes, seus supostos restos mortais, que uma águia indicou no esqueleto de um homem de grande estatura, encontrado ao lado de uma lança de latão e uma espada, foram levados para Atenas na galé de Címon e saudados pelos gritos de uma multidão jubilosa, "como se o próprio Teseu, ainda vivo, estivesse de volta".

X. Conquanto as tenha abreviado, não descartei de todo as lendas a respeito de um herói que, sem dúvida, exerceu considerável influência sobre sua nação e seu tempo, pois, em tais lendas, identificamos – melhor do que o poderíamos fazer com interpretações áridas igualmente insatisfatórias, ainda que mais prosaicas – a efígie do período heroico, que não deixa de ilustrar a poesia e o fascínio que logo formaram e denotaram traços importantes do caráter dos atenienses. Grande parte do espírito nacional de cada povo, mesmo em seus períodos mais civilizados, terá sua origem necessariamente na influência daquela época que pode ser chamada heroica. Os fantásticos aventureiros da Grécia antiga tendiam a civilizar mesmo em seus excessos. É verdade que existem muitas mostras de sua crueldade, ferocidade e sede de vingança: eles eram insolentes por causa da consciência de sua força excepcional, e geralmente impiedosos por força daquele desprezo pela vida que é comum às pessoas beligerantes. Todavia, o lado sombrio de sua natureza nos é mostrado com muito menos frequência do que seu lado louvável: eles parecem ter sido muito mais afeitos a emoções generosas do que qualquer outra raça igualmente guerreira em uma época tão primitiva: seus afetos eram tão ardentes como seus ódios; suas amizades, mais notáveis que suas contendas. Mesmo sua ferocidade não era virtude ou motivo de vanglória, como é o caso dos heróis escandinavos, e sua opinião pública venerava o compassivo e o clemente. Assim, afirma-se que foi Hércules quem introduziu o costume de entregar aos inimigos os corpos de seus mortos em batalha; e indulgência, justiça e benevolência são atributos tão seus sua força invencível e sua coragem destemida. Viajando por várias terras, esses paladinos de uma cavalaria antiga adquiriam a experiência de diferentes costumes e tipos de governo, o que os ajudava, por ocasião de seu retorno, a lapidar e refinar as devotadas tribos que seus feitos haviam adornado. Como os cavaleiros de um mito setentrional, seu dever era punir o opressor e desagravar o injustiçado, gravando, desse modo, nos elementos selvagens de uma opinião ainda não consolidada, um padrão reconhecido de generosidade e de justiça. Suas façanhas tornaram-se temas para os poetas, que buscavam laurear suas virtudes e atenuar suas falhas e transgressões. Por conseguinte, determinados modelos, ainda que não inteiramente puros ou excelentes, mas resplendentes de muitas daquelas qualidades que enobrecem um caráter nacional, eram apresentados à emulação do aspirante e do jovem; e a tradicional celebridade de um Hércules ou de um Teseu ajudou a inspirar a alma daqueles que, tempos mais tarde, derrotaram os medos em Maratona e detiveram o poderio persa na Garganta de Termópilas. Pois, assim como o espírito de um poeta exerce sua influência sobre o destino e o caráter das nações, também o TEMPO tem sua própria poesia, precedendo e convidando a poesia do gênio humano, e insuflando inspirações, extraordinárias e imperecíveis, a partir dos grandes feitos e das imagens estupendas de um período ancestral e cheio de tradição.

Capítulo IV

Os Sucessores de Teseu. O destino de Codro. A emigração de Neleu. Os Arcontes. Drácon.

I. O período em que se acredita ter ocorrido a Guerra de Troia vem logo depois da época de Hércules e Teseu, e Menesteu, que sucedeu o segundo daqueles heróis no trono de Atenas, foi quem levou seus compatriotas à guerra imortal. Não escapou à percepção de Plutarco e de historiadores subsequentes a escolha de palavras de Homero, que utiliza a palavra *demus*, ou "povo", aos atenienses como prova do governo popular estabelecido naquela cidade-estado. No entanto, embora essa linha seja considerada uma interpolação posterior, datada, no mínimo, da época de Sólon, podemos observar que ela jamais foi usada por Homero no sentido popular e político que adquiriu mais tarde. E ele a aplicava não só à cidade-estado de Atenas, mas à de Ítaca, que certamente não era uma democracia.[94]

O rei demagogo parece ter sido um homem de grande fama e habilidade na guerra, sendo mencionado como o primeiro a organizar um exército em patentes e fileiras. Voltando de Troia, ele morreu na Ilha de Milos e foi sucedido por Demofonte, um dos filhos de Teseu que também havia lutado junto ao exército grego no cerco de Troia. Em sua época, um conflito entre atenienses e argivos foi submetido à apreciação de cinquenta árbitros de cada nação, chamados éfetas, dando origem à corte assim chamada, que foi posteriormente restabelecida, com novos poderes, por Drácon.

Demofonte foi sucedido pelo filho Oxintes, que, por sua vez, foi sucedido por Afidas, assassinado pelo irmão bastardo, de nome Timetes. Timetes foi o último da linha-

[94] Para outros exemplos do emprego da mesma palavra por Homero, veja o *Fast Hell.* De Clinton, vol. I, Introdução, ix.

gem de Teseu a reinar em Atenas. Surgiu uma disputa entre beócios e atenienses no tocante às fronteiras de seus diversos territórios, e propôs-se que a controvérsia fosse decidida com um único combate entre Timetes e o rei dos beócios. Timetes declinou do enfrentamento. Um exilado messanense de nome Melanto aceitou-o, matou seu adversário mediante um estratagema e, depondo o covarde ateniense, tornou-se soberano de Atenas. Com Melanto, que era da linhagem de Nestor, transferiram-se para Atenas dois nobres da mesma casa, Péon e Alcmeão, que foram os patriarcas dos peônidas e dos alcmeônidas, duas poderosas famílias cujos nomes costumam aparecer na história subsequente de Atenas e que, se não criaram uma nova ordem de nobreza, ao menos tentaram limitar a suas próprias famílias os principais privilégios daquela que estava estabelecida.

II. Melanto foi sucedido pelo filho Codro, um homem cuja celebridade encontra mais rivais na história romana que na história grega. Durante seu reinado, os dórios invadiram a Ática, e seu êxito havia sido garantido pelo oráculo de Delfos, com a condição de que não assassinassem o rei ateniense. Informado da resposta do oráculo, Codro disfarçou-se de camponês e, dirigindo-se ao lugar onde estavam as tropas inimigas, tratou de desentender-se com alguns dos soldados, e foi morto por eles não muito longe das margens do Ilissos.[95] Os atenienses saíram para exigir o corpo de seu rei, e os dórios, já sem esperança de sucesso, visto que a condição do oráculo havia sido violada, levantaram acampamento e desistiram de seu intento. Na noite anterior, alguns dórios já haviam entrado secretamente na cidade, escondendo-se entre seus muros. No entanto, ao raiar do dia, vendo-se abandonados por seus camaradas e cercados pelo inimigo, eles fugiram para o Areópago e os altares das Fúrias. O refúgio era considerado inviolável, e os atenienses deixaram que os dórios partissem ilesos: prova da grande reverência que já estava associada aos ritos do santuário.[96] Apesar disso, essa invasão foi seguida do êxito que teria sido o principal objetivo dos invasores. Mégara,[97] que, até então, fazia parte da Ática, foi sitiada

[95] Pausânias, livro I cap. 19; livro II, cap. 18.

[96] Pausânias, livro VII, cap. 25. Um oráculo de Dodona já havia alertado os atenienses da necessidade de poupar os suplicantes.

[97] Heródoto (livro V, p. 76) cita essa expedição dos dórios para a instituição de uma colônia em Mégara como a primeira incursão daquela raça na Ática.

pelos dórios e, posteriormente, tornou-se colônia de Corinto. Essa cidade-estado valorosa, conquanto minúscula, teve considerável influência sobre alguns dos primeiros acontecimentos da história ateniense.

III. Codro foi o último rei ateniense. Os atenienses exageraram os motivos de reverência a sua memória como desculpa para impedir que o ilustre mártir viesse a ter um sucessor indigno. Contudo, a estrutura política aristocrática já se havia fortalecido moralmente fortalecida com a extinção da linhagem de Teseu e a desconfiança diante de uma linha de sucessão estrangeira, e a abolição da monarquia aconteceu antes pela ambição dos nobres que pela veneração popular do patriotismo de Codro. O título de rei foi transformado no de arconte (magistrado ou governador). A sucessão ainda era hereditária, mas o poder do governante ficava agora submetido a novos limites, e ele era obrigado a prestar contas de seu governo ao povo, ou antes aos eupátridas, sempre que julgassem aconselhável exigi-lo.

IV. Medonte, filho de Codro, foi o primeiro desses arcontes vitalícios. Naquela época, a força física ainda era considerada uma virtude fundamental de um governante, e Neleu, um irmão mais jovem de Medonte, tentou depor o arconte alegando justamente sua claudicação.

Uma grande parcela da população tirou vantagem da contenda entre os irmãos para declarar que não teria outro rei senão Júpiter. Por fim, Medonte recorreu ao oráculo, que lhe foi favorável, e Neleu, com todos os filhos mais jovens de Codro e acompanhado de uma tropa numerosa, deixou Atenas e colonizou aquela parte da Ásia Menor, conhecida na história pelo célebre nome de Jônia. Teremos ocasião mais conveniente de comentar a ascensão, o poder e a influência dessas colônias asiáticas. Uma vez livre dos espíritos mais agitados de sua época, o reinado de Medonte parece ter sido próspero e popular: foi uma época do mundo antigo em que se descobriu que a claudicação de um governante não tinha relação com seu intelecto! Segue-se, então, uma longa sequência de arcontes: pacíficos e quase desconhecidos. Durante um período de aproximadamente trezentos anos, os atenienses fizeram pouco que chegou à posteridade: breves notas sobre escaramuças insignificantes e desentendimentos triviais com seus vizinhos são as únicas coisas que diversificam esse grande intervalo. Nesse ínterim, as colônias jônicas crescem depressa em eminência e poder. Por fim, com a morte de Alcmeão – o décimo terceiro e último arconte vitalício – introduziu-se uma alteração de caráter totalmente novo e mais popular no governo. O mandato do arconte foi limitado a dez anos. Essa mudança preparou lentamente o caminho para mudanças ainda mais importantes. Até então, o cargo ficara circunscrito às duas casas neleidas de Codro e Alcmeão. No arcontado de Hipomene, porém, ele foi aberto a outras famílias distintas e, enfim, por ocasião da morte de Eríxias, o último da linhagem de Codro, a ausência de descendente direto nessa antiga casa (na linha indireta, a casa sobreviveu, e o sangue de Codro corria nas veias de Sólon) provavelmente foi usada como desculpa e oportunidade para que se deixasse de conferir o poder supremo a um único magistrado: nove foram designados, cada qual com o título de arconte (embora a denominação fosse dada com mais ênfase ao chefe do grupo) e com funções distintas. Essa instituição perdurou até os últimos dias da liberdade ateniense. Referida mudança ocorreu na 24ª Olimpíada.

V. Na 39ª Olimpíada, Drácon, que era o arconte principal, foi encarregado de instituir novas leis em 621 a.C. Trata-se de um homem do qual a história fala particularmente pouco: sabemos apenas que era célebre por sua virtude e austeridade e que escreveu um grande número de versos, tão efêmeros como suas leis.[98] No tocante às últimas, quando constatamos que eram rigorosas e sangrentas como nunca na história, não é difícil crer que tenham sido ineficientes.

VI. Resumi minha abordagem desse período ambíguo e desinteressante com uma brevidade que confio será perdoada por todos, salvo pelos antiquários. Até aqui, estivemos no território sombras. Agora, aproximamo-nos da luz. Os nomes vazios dos seres apócrifos que foram arrolados são, em sua maioria, como que espectros, tão indistintos que provavelmente não passem de ilusões, evocadas para

[98] Suda. É inevitável não ficarmos curiosos quanto aos motivos e à política de uma pessoa que, sendo um homem virtuoso, era, não obstante, implacável enquanto legislador. Embora Drácon fosse um nobre, é difícil supor que leis tão rígidas e imparciais não operassem antes contra a classe mais orgulhosa e usurpadora do que contra os de posição mais subordinada. A tentativa revela uma sociedade de condições bastante deletérias, e chegou ao ponto de engendrar a ação democrática que Sólon, na verdade, representou, não criou.

agradar uma curiosidade fantasiosa, mas desprovidas de uma entidade real que satisfaça a razão ou justifique a aparição. Se, por não imitar aqueles que, costurando indícios desconexos e conjecturas vagas, buscaram criar uma história a partir de lendas, me acusam de subverter o que se acredita popularmente em sistemas igualmente contraditórios, conquanto fabricados com mais erudição; se dizem que eu deveria ter ampliado a crônica apresentada de forma assim tão breve, fazendo-a reluzir com mais especulações originais, a isso respondo que estou escrevendo a história de homens, não de nomes; para o povo, não para os estudiosos; e que nenhuma pesquisa, por detalhada que seja, nenhuma conjectura, por engenhosa que seja, poderia extrair qualquer moral verdadeira ou sólida dos registros que não nos dão a conhecer nem o caráter dos homens nem as causas dos acontecimentos. Que importa quem foi Ion, ou de onde surgiu o culto a Apolo? Que importam as revoluções ou dinastias, dez ou doze séculos antes de Atenas emergir de uma merecida obscuridade? Elas em nada influenciaram sua posterior grandeza. São enigmas impossíveis de solucionar e, se solucionados, serão meras frivolidades acadêmicas.

Felizmente, como desejamos a história de um povo, é quando os atenienses se tornam um povo que passamos da tradição à história.

Agora, faço uma pausa para uma breve análise da condição do restante da Grécia antes do tempo de Sólon.

Capítulo V

Uma análise geral da Grécia e do Oriente antes do tempo de Sólon. As colônias gregas. As ilhas. Breve relato das cidades-estados do continente. A Élida e os Jogos Olímpicos.

I. Ao norte, a Grécia é separada da Macedônia pelos montes *Cambunianos*; no oeste, abre-se o Mar Jônico; no sul e no leste, o Mar Egeu. Em sua máxima extensão, de norte a sul, mede duzentas e vinte milhas geográficas; em sua máxima largura, cento e quarenta. Nenhum contraste é mais chocante do que o minúsculo pedaço de terra que Grécia ocupa no mapa do mundo se comparado com o espaço merecido pelas influências gregas na história da mente humana. Nesse mesmo contraste insere-se a moral que a Grécia nos legou, e não há volumes que possam descrever com mais ênfase a vitória do Intelectual sobre o Material. Todavia, como as nações, à semelhança dos indivíduos, não se tornam ilustres por causa de suas proporções físicas apenas e como, para ambos, o renome tem suas origens morais, ao examinarmos as causas que culminaram na eminência da Grécia, deixamos de admirar-nos da insignificância de seus territórios ou do esplendor de sua fama. Mesmo no que diz respeito às condições geográficas, a Natureza dotou o país dos helenos de dádivas que compensavam generosamente o estreito espaço dentro de suas fronteiras. Constituindo a parte mais austral do continente europeu, a Grécia abrigava em si todas as vantagens de mar e terra. Seu solo, conquanto desigual em sua produção, é, de forma geral, fértil e abundante. O território é cortado por inúmeros rios e protegido por cadeias de montanhas. Suas planícies e vales são adequados a qualquer atividade produtiva essencial ao sustento da espécie humana, e o sol que amadurece os frutos da natureza é suficientemente moderado para não arrefecer as energias o homem. Cercado de três lados pelo mar, a vasta extensão serpeante de sua costa despertou logo o espírito de iniciativa, e suas inúmeras baías e portos ofereciam todas as seduções ao desejo de ganho que é o progenitor do comércio e a base da civilização. Na época em que se tornou eminente, a Grécia estava bem no centro dos estados mais avançados e florescentes da Europa e da Ásia. A atenção de seus primeiros intrépidos voltava-se não só aos litorais da Itália, mas às magníficas cidades do Oriente e às judiciosas e veneráveis instituições do Egito. Se emprestaram de outras nações menos do que se costuma supor, esse intercâmbio com tais nações bastou, por si só, para instigar e desenvolver as faculdades de um povo jovem e de caráter imitativo; não obstante, enquanto o espírito de liberdade irrompia em todas as cidades-estados gregas, gerando uma competição incansável entre os cidadãos de cada cidade e entre uma cidade e outra, não se permitia que nenhuma energia adormecesse até que as operações de um intelecto constantemente ativo e jamais mutilado levassem a civilização como um todo ao seu ápice. A própria Natureza estabelecia as fronteiras dos rios e das montanhas ao território das diversas cidades-estados: a pequenez de cada uma delas concentrava o poder em um foco; seu número total intensificava a emulação a uma febre. Desse modo, as cidades-estados gregas gozavam, mais que qualquer outra nação, da vantagem de uma perpétua colisão de mentalidades, de um intercâmbio incessante com numerosos vizinhos, cujo intelecto era sempre atuante, e a experimentação não conhecia descanso. Coletivamente considerada, a Grécia era o único país livre (com exceção dos estados e colônias fenícias, talvez igualmente civilizadas) em meio a despotismos esclarecidos; e, no mundo antigo, o despotismo inventou e salvaguardou as artes que a liberdade sofisticou e aperfeiçoou.[99] Vista des-

[99] Hume expressa uma opinião exatamente contrária. Diz ele, em seu Ensaio sobre a ascensão das Artes e Ciências: "Esperar que as artes e as ciências emergissem em uma monarquia é esperar uma contradição". Em uma parte subsequente do mesmo ensaio, ele sustenta que, embora repúblicas sejam a origem das artes e ciências, estas podem ser transferidas a uma monarquia. Não obstante, essa opinião está em total desacordo com os fatos. Nas monarquias despóticas do Oriente estavam os primeiros elementos das artes e ciências, e eles foram transferidos para as repúblicas, que os aperfeiçoaram. De fato, Hume tende a ser o mais incauto e acrítico de todos os autores. Que podemos pensar de um autor que afirma que um gosto refinado floresce ao máximo em monarquias e, em seguida, refere-se às indecências de Horácio e Ovídio como exemplos do contrário em uma república – como se Horácio e Ovídio não tivessem vivido em uma monarquia! – e, ao longo da exposição de toda essa teoria, ele se mostra totalmente equivocado. Por

sa forma, sua grandiosidade deixa de ser uma maravilha: o acanhamento de seus domínios foi sua principal causa, e às favorabilíssimas circunstâncias da natureza somaram-se as circunstâncias favorabilíssimas de tempo.

Se estudarmos as histórias da Ásia antes da época de Sólon, encontraremos aquele quarto do globo entregue a grandes e terríveis revoluções, que restringiam e limitavam o poder de seus vários despotismos. Seus impérios, construídos, em sua maioria, pelas invasões bem-sucedidas de tribos nômades, continham, em sua própria vastidão, os elementos de sua dissolução. A Nínive assíria fora conquistada pelos babilônios e pelos medos (606 a.C.), e a Babilônia, sob a nova dinastia caldeia, estava ascendendo como poder dominante na Ásia ocidental. A monarquia médica lutava para recuperar-se da pressão de inimigos bárbaros, e Ciro ainda não havia surgido para instaurar o trono da Pérsia. É verdade que, na Ásia Menor, o império lídio já havia alcançado grande riqueza e suntuosidade, sendo o inimigo mais formidável dos gregos asiáticos, embora sua atuação acabasse por civilizá-los, mesmo enquanto os aterrorizava. Os fenícios, de espírito mercantil e empreendedor, pressentindo então a marcha do rei babilônico, que havia "sido advertido contra Tiro, a cidade magna cujos mercadores são príncipes e cujos negociantes são os ilustres da terra", sempre foram desalentados do desejo de conquista pela desinteligência entre seus estados,[100] por seus vizinhos poderosos e por seus hábitos de comércio.

No Egito, havia ocorrido uma grande mudança no caráter antigo: a esplêndida dinastia dos faraós já não existia. O império, dividido em uma oligarquia de doze príncipes, fora unificado novamente sob o cetro de um único rei pela espada de mercenários gregos (616 a.C.), e Neco, o filho do usurpador e um homem de estupendo intelecto e desíg-

gosto refinado ele entende o evitar o impudor de estilo. Beaumont e Fletcher, Rochester, o Reitor Swift – todos escreveram em monarquias, e suas concupiscências não são superadas por nenhum autor republicano da Antiguidade. Que autores antigos se igualam em impropriedade aos romances franceses da época do Regente de Orleans até Luís XVI? Ao que consta, o despotismo da China é o próprio antro das indecências, quer em pinturas, quer em livros. Mais ainda, que podemos pensar de um autor que diz que "os antigos não nos deixaram um único exemplo de chiste que seja excelente, a menos que se possa excetuar o Banquete de Xenofonte e os Diálogos de Luciano". Ora! Ele se esqueceu de Aristófanes? Esqueceu-se de Plauto? Não! Mas o chiste desses escritores não é excelente para seu gosto. E ele concorda tacitamente com Horácio ao censurar os "gracejos grosseiros e as frias pilhérias" do Grande Original de Molière!

[100] O que impedia a concentração de poder necessária para grandes conquistas. A Fenícia não era um estado unificado, mas uma confederação de estados. Assim, pela mesma razão, a Grécia, admiravelmente apta a resistir, era inábil para invadir.

nios grandiosos, conquanto já tivesse adulterado os velhos costumes egípcios com o espírito fenício e grego de aventura, encontrou seu campo de ação tão somente no Oriente (ele derrota Josias em 609 a.C.). Assim, até então, nenhum inimigo estrangeiro havia perturbado a ascensão inicial das diversas cidades-estados da Grécia: elas puderam constituir suas fronteiras individuais com tranquilidade e de forma permanente e progredir àquele estágio entre as amenidades sociais e a coragem cavalheiresca no qual, embora as guerras sejam enfrentadas com grande rigor, elas trazem desenvolvimento com muito mais celeridade. A paz que se à primeira guerra de uma nação semicivilizada é naturalmente a grande era de sua eminência intelectual.

II. Nesse período, as colônias da Ásia Menor estavam muito mais avançadas em civilização do que a Grécia continental. Ao longo da costa ocidental daquele delicioso distrito – em uma orla mais fértil e sob um céu mais límpido que aqueles das cidades-estados de origem – os eólios, os jônios e os dórios, em uma época mais remota, já haviam estabelecido povoados e fundado cidades (movimento provavelmente iniciado sob a liderança de Pentilo, filho de Orestes, por volta de 1068 a.C.). As colônias eólias (resultado das imigrações dóricas)[101] ocupavam as costas das incipientes Mísia e Cária; no continente, doze cidades, das quais as mais célebres eram Cime [ou Cumas] e Esmirna; e as ilhas de *Heccatonnesi* [atuais Ilhas Ayvalik], Tênedos [ou Bozcaada] e Lesbos, a última mais ilustre que as demais e consagrada pelas musas de Safo e Alceu [de Mitilene]. Eles também tinham povoados nas proximidades do Monte Ida. Suas várias cidades eram independentes umas das outras; todavia, Mitilene, na Ilha de Lesbos, era considerada sua capital em comum. O comércio de Mitilene era extenso, e sua marinha, formidável.

As colônias jônicas (que surgiram provavelmente por volta de 988 a.C.), fundadas pouco depois das eólias, conquanto também consequência (ainda que menos imediata) da revolução dórica, eram habitadas não apenas por jônios, mas por diversas nações, e eram governadas pelos filhos de Codro. Nas ilhas de Samos e Quios, na costa austral da Lídia, onde a Cária se estende para o norte, eles estabeleceram seus voluptuosos povoados, conhecidos pelo nome de "Jônia". As cidades de Mios, Priene, Cólofon [ou

[101] Para as datas dessas migrações, veja *Fast. Hell.*, vol. I.

Colofão], Éfeso, Lêbedo, Teos, Clazômenas, Éritras, Fócia e Mileto eram jônicas: nas ilhas de Samos e Quios ficavam duas cidades que levavam o nome das respectivas ilhas. A principal cidade jônica do período em que adentramos, e talvez a mais avançada em comércio e civilização, superada apenas pelos grandes estados fenícios, era a célebre Mileto, fundada pelos cários e elevada a seu renome pelos jônios (a supremacia naval de Mileto começou em 750 a.C.). Suas ruas eram o mercado do mundo. Ao longo do Ponto Euxino [atual Mar Negro] e do lago *Maeotis* [atual Mar de Azov], suas naus ancoravam nos portos de uma centena de suas colônias. Ali irrompeu a primeira luz da filosofia grega. No entanto, ainda que inferiores a sua cidade imperial, cada uma das cidadezinhas jônicas tinha seu direito à celebridade. Ali já floresciam a música, a arte e a poesia lírica. O comércio da Fócia estendia-se até as costas da Itália e da Gália. Éfeso ainda não havia atingido seu ápice: foi a sucessora de Mileto e Fócia. Essas cidades-estados jônicas, todas independentes entre si, estavam unidas por um santuário comum: o Paniônio (Templo de Netuno), que podia ser visto a uma grande distância, sobre o promontório do Monte Mícale, futura testemunha de um dos feitos mais magníficos da bravura grega. Livre por muito tempo, a Jônia passou a ser tributária dos reis lídios e, em seguida, para da grande monarquia persa.

Pelas ilhas de Cós e Rodes, bem como pelo litoral sul da Cária, espargiam-se as colônias dóricas, fundadas após as colônias jônicas por força de imigrações paulatinas. Se as colônias eólias eram inferiores às jônicas em importância e riqueza, o mesmo se dava com as colônias dóricas em relação às eólias. Seis cidades (Ialissos, Camiros e Lindos, em Rodes; em Cós, uma cidade com o nome da ilha; Cnido e Halicarnasso, no continente) eram unidas, como as cidades-estados jônicas, por um santuário comum: o Templo de Apolo *Triopium*.

Além dessas colônias, o Mar Negro, o lago *Maeotis*, a Propôntida [atual Mar de Mármara], as costas da baixa Itália, os litorais oriental e ocidental da Sicília.[102] Siracusa (a mais poderosa dentre os rebentos gregos) e a Cirene africana (a filha de Corinto), sem citar ainda os povoados mais provavelmente relacionados a uma data posterior, atestavam o espírito ativo e a amplitude da navegação da Grécia antiga.

[102] A um momento muito posterior na elaboração deste trabalho reservo uma análise algo elaborada da história da Sicília.

O resultado de tão vasta e florescente colonização foi necessariamente prodigioso sobre o espírito moral e intelectual da pátria-mãe. As sementes assim espalhadas sobre a terra produziram frutos para seu celeiro.

III. Dentre as ilhas gregas, a glória de Minos já de muito havia ultrapassado a de Creta (por volta de 800 a.C.). A forma monárquica de governo havia cedido lugar à republicana, mas em seu pior formato: o oligárquico. Contudo, as antigas instituições cretenses ainda permaneciam vivas nos hábitos da vida privada, enquanto as rivalidades e convulsões de suas diversas cidades, todas independentes entre si, exauriam em seu âmago aqueles poderes que, adequadamente concentrados e dirigidos com sensatez, poderiam ter feito de Creta a principal cidade-estado da Grécia.

Chipre, igualmente favorecida por sua localização, como Creta, e civilizada pela constante influência dos fenícios, seus antigos senhores, era apegada a sua independência, mas não tinha o hábito da atividade da guerra. Como Creta, era um estado que parecia inconsciente da aptidão que lhe fora dada pela natureza para o domínio e o poder. A Ilha de Córcira [ou Corfu], uma colônia coríntia, ainda não havia chegado a seu dia de poder, que estava reservado para aquele período em que, após as guerras médicas, trocou um espírito oligárquico por uma atitude democrática, que acabou corroendo da grandiosidade do país em suas lutas pela supremacia, ante a resistência obstinada e fatal do princípio antagonista.

Dentre as Ilhas Cíclades, aquelas belas filhas de Creta, Delos, consagrada a Apolo e dominada principalmente pelos jônios, era a mais eminente. No entanto, a ilha de Paros vangloriava-se não apenas de suas pedreiras de mármore, mas também da bravura de seus habitantes e da veemente poesia de Arquíloco.

A Eubeia, vizinha da Ática, tinha duas cidades principais, Erétria e Cálcis, que eram aparentemente governadas por timocracias e estavam em constante guerra uma com a outra. Embora importante por causa de sua ligação com a história subsequente de Atenas, e apesar da considerável atividade de colonização de Cálcis, a fama da Eubeia não era proporcional a sua extensão – ela é uma das maiores ilhas do Mar Egeu – sendo ofuscada pela pequena e rochosa Egina, a rival de Atenas e, nessa época, superior a ela em poder marítimo e iniciativa mercantil. Nascida como colônia de Epidauro, Egina logo tornou-se independente, mas a violência partidária e o poder da oligarquia, conquanto alimentassem suas energias, também preparavam sua ruína.

IV. Como minha proposta é apenas delinear a ascensão e queda dos atenienses nesta obra, não julgo necessário, no momento, fazer mais que apresentar um vislumbre da situação da Grécia continental antes da época de Sólon. Esparta, por si só, demandará uma análise mais atenta.

A partir da cidadela de Atenas, podemos contemplar, projetando-se ao longe sobre o mar, o território vizinho de Megárida, com sua cidade, Mégara. Ela foi originalmente governada por doze reis, até que, com o assassinato de Hipérion, seus negócios passaram a ser administrados por magistrados. Foi uma das primeiras cidades-estados da Grécia a adotar instituições republicanas. Não obstante, durante o reinado dos primeiros reis da Ática, tinha de pagar-lhes tributos.[103] Já vimos como, mais tarde, os dórios a tomaram dos atenienses,[104] e como foi submetida a guerras frequentes para preservar sua independência com relação aos dórios de Corinto. Por volta do ano 640, um cidadão poderoso chamado Teágenes tomou o poder supremo da rígida aristocracia herdada da conquista dórica, mas, com isso, libertou a cidade do jugo de Corinto. O tirano – pois essa era a denominação dada a um usurpador bem-sucedido – foi posteriormente deposto e o governo democrático, restaurado. E embora essa democracia tenha sido uma das mais turbulentas da Grécia, ela não impediu que essa pequena cidade-estado figurasse entre os atores mais brilhantes das guerras médicas.

V. Entre a Ática e a Megárida, encontramos a Ilha de Salamina, e veremos que o direito a ela era disputado por Atenas e pelos mégaros.

VI. Voltando agora nossos olhos ao continente, podemos ver, fazendo fronteira com a Ática – da qual é separada por um terreno montanhoso – a mitológica Beócia, domínio do fenício Cadmo e terra natal de Polinices e Édipo.

[103] Corroborando esse fato, Pausânias observa que Peribeia, filha de Alcatos, foi enviada com Teseu como tributo para Creta.
[104] Quando, de acordo com Pausânias, os costumes e a língua mudaram no território.

Ali, elevam-se as imemoriais montanhas de Hélicon e Citéron, lugares muito frequentados pelas musas. Também ali, Penteu é morto pelos bandos furiosos de participantes das bacanais, e Acteon sofreu a ira da Deus dos Bosques. Ali, ergueram-se os muros de Tebas, ao som dos acordes da lira de Anfion. E, ainda na época de Pausânias, os tebanos mostravam, para admiração do viajante, o local em que Cadmo plantara as sementes de dragão, as imagens das bruxas enviadas por Juno para prolongar as dores de parto de Alcmena, a estátua de madeira esculpida por Dédalo e os aposentos de Harmonia e de Sêmele. Não havia terra mais santificada por todas as lendas áureas da poesia e, em toda a Grécia, não havia povo menos sensível à inspiração poética. Dedicando-se, em sua maioria, às atividades pastoris, os beócios eram ridicularizados por seus ativos vizinhos, que os acusavam de ter um espírito inerte e letárgico – censura que nem a poesia de Hesíodo e Píndaro, nem as glórias de Tebas e Plateias, foram suficientes para repelir. Ainda no século XII (a.C.), a realeza foi abolida na Beócia. Seu território foi divido em várias cidades-estados independentes, das quais Tebas era a principal, seguida por Plateias e Queroneia em importância. Cada cidade-estado tinha seu próprio governo peculiar e, antes das guerras médicas, as oligarquias haviam alcançado a supremacia nessas várias cidades. Elas se uniam em uma liga liderada por Tebas, mas a ambição e o poder daquela cidade mantinham as demais em perpétua rivalidade, enfraquecendo, por um receio comum e disputas mal resolvidas, um país que, do contrário, pelo tamanho de seus territórios[105] e o número de seus habitantes, estava apto a ser a principal potência da Grécia. Os interesses da liga eram administrados por onze magistrados, ou beotarcas, eleitos por quatro assembleias realizadas nos quatro distritos em que se dividia a Beócia.

VII. Para além da Beócia estende-se a Fócida, originalmente colonizada, de acordo com a tradição popular, por Foco, de Corinto. Pouco depois da invasão dórica, a monarquia foi abolida e substituída por instituições republicanas. Na Fócida, havia mais de vinte cidades-estados independentes do governo fócido geral, mas unidas em um congresso que se realizava, em datas predefinidas, na

[105] Cinquenta e duas milhas geográficas de norte a sul, e algo em torno de vinte e oito e trinta e duas de leste a oeste.

estrada entre Dáulia e Delfos. A Fócida também abrangia a cidade de Crissa, com seu porto e território adjacente, habitado por uma população de índole pirata e feroz, e a sagrada cidade de Delfos, a sudoeste do Monte Parnaso.

VIII. Já falei aqui sobre o oráculo de Delfos. Agora, resta apenas destacar ao leitor a grande causa política da importância que adquiriu. Ele já existia muito tempo antes da ocorrência daquela revolução dórica chamada o "Retorno dos Heraclidas", mas sem qualquer fama excepcional. Os conquistadores dóricos logo estabeleceram seu curso por conselho pelo oráculo délfico, que parecia habilmente favorecer suas pretensões e que, sendo contíguo à província da Dórida, exercia sobre eles o fascínio – e talvez nutrisse por eles a benevolência – de um vizinho sagrado. Sua vitória final rendeu não só uma reputação notável e suprema ao oráculo, como também garantiu a proteção e o respeito por parte de uma raça que se tornava, agora, a mais poderosa da Grécia. A partir de então, nenhuma cidade dórica jamais realizou uma empreitada sem consultar a voz da pitonisa. O exemplo universalizou-se e o santuário da deidade foi enriquecido de oferendas oriundas não apenas da piedade grega, mas do crédulo fascínio de reis bárbaros. Talvez sua autoridade nunca tenha sido tão inquestionável como o foi durante o período que se estendeu de por volta de um século antes das leis de Sólon até o término das guerras médicas, conquanto sua riqueza tenha sido ainda maior depois disso. Delfos era uma cidade-estado totalmente independente, administrada por uma rígida aristocracia[106] e, embora fosse protegida pela Liga Anfictionia, não recebia do poder desta última nenhuma daquelas censuras arrogantes com que os defensores de uma igreja moderna costumam insultar seu rebanho. O templo era tão adornado de joias, estátuas e vasos de ouro que, à época da invasão de Xerxes, dizia-se que sua riqueza era igual, em valor, a todo o armamento pérsico, e tão maravilhosa era sua magnificência que parecia mais o Olimpo dos deuses do que um templo humano em honra deles. Sobre a antiga Delfos eleva-se, hoje, o convento de Kastri. Mas ainda é possível ver os terraços antes apinhados de devotos fervorosos; a fonte de Castália ainda borbota em meio às ravinas sombrias; e ao peregrino ainda é dado ver a pia rochosa da pitonisa e os altos salões da Gruta Corícia.

[106] Um conselho de cinco membros, de famílias que remontavam sua linhagem a Deucalião, presidia as atividades do oráculo.

IX. Para além da Fócida estende-se o país dos lócrios, divididos em três tribos independentes umas das outras: os lócrios ózolas, os lócrios opúncios e os lócrios epicnemídios. Os lócrios (de pouco destaque na história) cedo trocaram instituições monárquicas por instituições aristocráticas.

A fomentadora da raça dórica – a pequena província da Dórida – faz fronteira com o território lócrio ao sul do Monte Eta, ao passo que, a oeste da Lócrida, estende-se a montanhosa Etólia, desde os Montes Pindo, ao norte, até o Golfo de Ambrácia. A Etólia deu ao período heroico os nomes de Meleagro e Diomedes, mas, posteriormente, caiu em total esquecimento. Os habitantes eram primitivos e selvagens, divididos em tribos, e não alcançaram importância alguma até a era mais tardia da história grega. Desconhece-se a estrutura política da Etólia nessa época.

X. Nesse período, a Acarnânia, o território mais ocidental da Grécia central, mostra-se um pouco menos obscura que a Etólia, com a qual faz fronteira. Com a Etólia, ela cresceu em importância na época macedônica da história grega.

XI. O norte da Grécia abriga dois territórios: Tessália e Épiro.

Na Tessália localizava-se a comprida e alta montanha do Olimpo divino e, no extremo mais austral, erguiam-se os Montes Pindo e o Monte Eta. Seus habitantes eram selvagens e corajosos, e ela produziu a raça de cavalos mais célebre da Grécia. Foi a partir da Tessália que os helenos começaram a avançar sobre a Grécia. Foi nos reinos da Tessália que a raça de Aquiles exerceu sua grande influência. No entanto, sua história posterior não se desenvolveu de modo a reavivar a fama do herói homérico: aparentemente, ela pouco teve do espírito republicano das cidades-estados mais famosas da Grécia. Dividida em quatro distritos (Tessaliótis, Pelasgiótis, Ftiótis e Histiaótis), as diversas cidades-estados da Tessália eram governadas por príncipes hereditários ou por nobres de muitas posses. Uma numerosíssima população de servos, ou penestes, contribuiu para tornar os chefes da Tessália poderosos na guerra e suntuosos em tempos de paz. Sua região como um todo perdeu importância pela inexistência de um povo, mas suas diversas cortes eram esplêndidas por causa da riqueza de sua nobreza.

XII. O território de Épiro era um pouco menor que o da Tessália e muito menos fértil. Era habitado por várias tribos, algumas gregas, outras bárbaras, das quais a principal era a dos molossos, governados por reis que se vangloriavam de ser da linhagem de Aquiles. Épiro é de pouca importância ou interesse para a história até o sol de Atenas se pôr, durante a ascensão dos reis macedônios. Ela abrangia a cidade-estado independente da Ambrácia, colônia de Corinto, e seu governo constituía-se de instituições republicanas. Também ali ficavam os carvalhos sagrados do oráculo de Dodona.

XIII. Chegamos agora às cidades-estados do Peloponeso, que abrigava oito regiões.

Para além da Megárida estende-se o território de Corinto: sua ampla baía tornava-a adequado ao comércio, do qual cedo se serviu. Mesmo no tempo de Homero, Corinto era célebre por sua riqueza. Ela foi conquistada pelos dórios e, por cinco gerações, o poder real ficou em mãos dos descendentes de Aletes,[107] da família dos heraclidas. Em uma revolução, cujas causas nos são desconhecidas, o reino passou, então, às mãos de Baquis, que deu origem a uma raça ilustre (os baquíades) cujos membros governaram primeiro como reis e, mais tarde, como magistrados anuais, denominados prítanes. Neste período posterior, os baquíades certamente já não eram uma única família, mas uma classe privilegiada (eles se casavam somente entre si), os poderes administrativos ficavam adstritos apenas a eles, e suas políticas, conquanto exclusivas, parecem ter sido vigorosas e brilhantes. Esse governo foi destruído, uma vez que, em sua vigência, cresceram a riqueza e a importância do povo: um movimento popular, liderado por Cípselo, um homem de berço e abastança, substituiu uma oligarquia competente por um demagogo ainda mais competente (655 a.C.). Cípselo foi sucedido pelo célebre Periandro (625 a.C.), um homem cujas falhas tenham sido, talvez, exageradas, mas cuja genialidade era inquestionável. Durante o governo de seu sobrinho Psamético, Corinto reconquistou sua liberdade. Os coríntios, apesar de todas as mudanças na população, conservaram seu luxo até o fim, e as epístolas de Alcifrão, do segundo século depois de Cristo, fazem menção à ostentação de uns poucos e à pobreza da maioria. No período ora estudado, Corinto – a

[107] Bisneto de Antíoco, filho de Hércules. Pausânias, 1.2, cap. 4.

Gênova da Grécia – era avançada em civilização, detinha um considerável poderio naval e, nas artes e no comércio, era a única rival, na Grécia continental, da graciosidade do talento e da extensa atividade mercantil das colônias jônicas.

XIV. Estendendo-se, a partir de Corinto, pela costa defronte à Ática, contemplamos a antiga Argólida. Suas três principais cidades eram Argos, Micenas e Epidauro. À época da Guerra de Troia, Micenas era a mais poderosa das cidades-estados da Grécia, e Argos, ao lado de Sicião, era considerada a mais antiga. A Argólida sofreu os efeitos da revolução dórica e, pouco depois, o poder real, enfraquecendo gradualmente, cedeu lugar ao republicanismo.[108] A Argólida abrigava vários estados independentes, um para cada cidade principal.

XV. Do outro lado de Corinto, quase defronte à Argólida, encontramos a diminuta cidade-estado de Sicião. Esse era o mais antigo dos estados gregos e foi incorporado ao reino de Agamemnon na Guerra de Troia. De início, Sicião era dominada pelos jônios, que foram posteriormente expulsos pelos dóricos e, não muito tempo depois, parece ter passado a ser uma república democrática. Um homem de origem comum, Ortágoras, ascendeu ao poder e impôs a tirania, que continuou em sua família por um século, tornando-se a tirania mais longa da Grécia, por ser a mais amena. Sicião não tinha grande influência no período que estamos prestes a adentrar, conquanto fosse governada por um tirano competente, Clístenes, cuja política era destruir a nobreza dórica ao mesmo tempo em que unia, como que por um interesse comum, leis populares e autoridade monárquica.

XVI. Passada Sicião, chegamos à Acaia. Já vimos que essa região era dominada pelos jônios, que foram expulsos por alguns dos aqueus que escaparam do jugo dórico. Governada inicialmente por um rei, ela foi, mais tarde, dividida em doze repúblicas, unidas em uma liga. Isso se deu muito antes de a Acaia surgir naquele férvido palco de ação, que atraiu os espíritos mais turbulentos de Atenas e da Lacedemônia [Esparta].

[108] Mas, em Argos, ao menos, a nomenclatura do governo monárquico, ainda que não sua substância, perdurou até as Guerras Médicas.

XVII. Fazemos agora uma pausa em Élida, que também sentira os efeitos da revolução dos heraclidas e era dominada por seus aliados, os etólios.

O estado da Élida passou pela transição geral da monarquia para o republicanismo – mas o republicanismo em sua forma mais aristocrática – crescendo em popularidade no período das guerras médicas, porém, sem as convulsões que geralmente marcam o progresso da democracia. Os magistrados da república eram os superintendentes dos Jogos Sagrados. E, aqui, trazendo alguma diversidade para este estudo rápido, embora talvez um pouco entediante para o leitor geral, do aspecto político e geográfico dos estados da Grécia, aproveitaremos este ensejo para examinar a natureza e a influência daquelas célebres competições que deram à Élida seu direito legítimo à imortalidade.

XVIII. A origem dos Jogos Olímpicos perde-se na escuridão dos tempos. As lendas que datam sua instituição da época de semideuses e heróis são tão compatíveis com a verdade que exibições de força física constituíam a diversão favorita daquele período bárbaro e selvático consagrado como heroico. É fácil compreender que a origem de jogos atléticos precedeu a data da civilização; que, associados a ocasiões de festivais, assumiram, como os festivais, um caráter sagrado; e que, quer tenham sido primeiro instituídos como homenagem em um funeral, como celebração de uma vitória, ou em reverência a um deus, religião e política combinaram-se de modo a transmitir um costume inspirador para uma posteridade mais sofisticada. E, conquanto não possamos crer literalmente na tradição que atribui a reintrodução desses jogos a Licurgo, juntamente com Ífito, rei da Élida, e Cleóstenes de Pisa, podemos ao menos supor que essa instituição deve seu renascimento à Élida, a Pisa e a Esparta.

O dórico Oráculo de Delfos autorizou a realização de uma cerimônia cuja restauração pretendia fazer cessar as guerras e desordens no Peloponeso. Recebendo tal autorização, o festival foi celebrado solenemente no templo de Júpiter, em Olímpia, perto de Pisa, uma cidade da Élida. Realizava-se a cada cinco anos e durava quatro dias. Consistia na celebração de jogos em honra a Júpiter e Hércules. O intervalo entre cada festival era chamado uma Olimpíada. Após a quinquagésima Olimpíada (580 a.C.), toda a organização dos jogos e a escolha dos juízes foi monopolizada pelos elienses. Antes de cada festival, oficiais designados pelos elienses proclamavam uma trégua sagrada. Quaisquer hostilidades que existissem na Grécia cessavam durante aquele período, e concedia-se um intervalo suficiente para a participação nos jogos e o regresso, depois de findos.[109]

Durante esse período, julgava-se que o território sagrado da Élida estava sob a proteção dos deuses – ninguém poderia atravessá-lo armado. Na verdade, os elienses arrogavam-se o direito de uma constante inviolabilidade da paz perpétua, e o direito, embora por vezes violado, parece ter sido, de modo geral, reconhecido. Os habitantes desse território tornaram-se, por assim dizer, os guardiões de um santuário: eles pouco interferiam nas turbulentas agitações do restante da Grécia, não fortificaram sua capital e, sendo o povo mais abastado do Peloponeso, desfrutavam de sua opulência em tranquilidade, seu caráter sagrado satisfazendo sua ambição. E era uma coisa maravilhosa, em meio àquelas tribos belicosas, ativas e inquietas, aquela terra solitária, com seus bosques planos ladeando o Rio Alfeu, adornada com inúmeros monumentos e estátuas sagradas, nunca visitada por guerras estrangeiras ou comoções civis: um estado que, em sua totalidade, era um templo!

Inicialmente, apenas a corrida a pé era exibida. Mais tarde, foram acrescentadas a luta livre, o salto, o lançamento de argola, o jogo de dardos, o pugilato, um tipo mais complexo de corrida a pé (o diaulo e o dólico), e as corridas de biga e de cavalos. O pentatlo era uma competição de cinco exercícios atléticos combinados. As corridas de biga[110] precederam as de cavalos, uma vez que, nas guerras gregas, o uso de bigas precedeu o emprego mais científico da cavalaria. Além disso, eram a parte mais interessante e esplêndida da exibição. Por vezes, havia nada menos de quarenta bigas no páreo. A exiguidade de cavalos e os custos de seu treinamento restringiam as corridas de bigas aos nascidos nobres e aos ricos, sem que houvesse qualquer lei nesse sentido. Era coerente da parte do vaidoso Alcibíades declinar das competições atléticas em que seus dotes físicos pudessem assegurar-lhe o sucesso, porque seus ad-

[109] Exigia-se que aqueles que fossem participar dos exercícios atléticos estivessem em Olimpíada trinta dias antes dos jogos, para preparação e prática.

[110] Alguns vasos etruscos encontrados em Veios levariam a crer que os etruscos praticavam todos os jogos gregos: salto, corrida, luta com bastão, etc., não se restringindo, como supõe Niebuhr, ao pugilato e às corridas de bigas.

versários não estavam à altura do longínquo descendente dos Alcmeônidas. Nas competições equestres, sua celebridade era sem precedentes. Ele levou sete bigas ao campo e ganhou, ao mesmo tempo, o primeiro, o segundo e o quarto prêmios.[111] Embora mulheres,[112] com exceção das sacerdotisas do templo de Ceres nas proximidades, não tivessem permissão de assistir aos embates, elas podiam, não obstante, competir por procuração nas corridas de bigas, e sobretudo as mulheres da Macedônia Antiga valiam-se do privilégio. Não havia competições sanguinárias com armas, nem ferocidades gratuitas, tampouco lutas entre homens e animais selvagens (as degeneradas carnificinas de Roma) para conspurcar o festival dedicado ao deus olímpico. Até mesmo o pugilato com o *caestus* era menos apreciado que os outros exercícios atléticos, e era excluído dos jogos exibidos por Alexandre em suas invasões asiáticas.[113] E nenhuma daquelas presunções arrogantes de linhagem ou sangue valente que caracterizam os torneios feudais faz distinção entre grego e grego. As competições equestres ficavam, de fato, adstritas aos opulentos, por causa de seus custos, mas as demais eram igualmente acessíveis ao pobre e ao rico, ao camponês e ao nobre: os gregos proibiam monopólios no tocante à glória. Todavia, embora abertos a todos os gregos, o estádio era absolutamente inacessível a bárbaros. Afastado de seu arado, o camponio ganhava a guirlanda que os monarcas do Oriente eram considerados indignos de disputar, e à qual os reis da vizinha Macedônia eram proibidos de aspirar até que sua ascendência helênica tivesse sido claramente comprovada.[114] Assim, de tempos em tempos, as diversas cidades-estados eram lem-

[111] No entanto, o proprietário dos cavalos geralmente vencia por procuração, o que reduz a verdadeira glória das corridas de bigas.

[112] A falta de decoro de assistir a competições em que os combatentes estivessem desnudos era motivo bastante para a exclusão de mulheres. A sacerdotisa de Ceres, a mãe poderosa, estava acostumada a considerar simbólicas todas essas faltas de decoro e, portanto, havia transcendido qualquer impropriedade digna de nota.

[113] Plutarco, em *Alex.* Quando um dos lutadores com o *caestus* matava o oponente cravando as extremidades dos dedos por entre suas costelas e rasgando-lhe a carne, ele era ignominiosamente expulso do estádio. O *caestus* em si, feito de tiras de couro, tinha por objetivo óbvio não aumentar a severidade do golpe, mas impedir a atitude desleal dos lutadores de agarrar uns aos outros ou usar a mão aberta. Creio que as faixas de ferro e pesos de chumbo tenham sido invenções romanas, e desconhecidas ao menos até os jogos olímpicos tardios. Mesmo no pancrácio, a mais violenta de todas as disputas – pois parece que unia luta livre com pugilato (um embate de força física, sem as leis precisas e formais das competições de pugilato e luta livre) – era proibido matar um adversário, ferir-lhe os olhos ou usar os dentes.

[114] O filho de Amintas, rei da Macedônia, não foi admitido nem mesmo à corrida a pé antes de comprovada sua linhagem argiva. Mas ele não teve êxito enquanto competidor.

bradas de sua raça comum, e o nome e o caráter nacional foram solenemente preservados. Não obstante, como com a Liga Anfictionia, embora o festival olímpico servisse para conservar a grande distinção entre gregos e estrangeiros, ele tinha pouca influência de prevenção de disputas hostis entre os próprios gregos. A competitividade entre as várias cidades-estados instigava a inveja que tinham umas das outras e, ainda assim, embora os gregos encontrassem compatriotas nos outros gregos, também neles encontravam seus rivais.

Não podemos conceber a enorme importância atribuída à vitória nesses jogos:[115] ela não só imortalizava o vencedor como revestia sua tribo de glória. É interessante observar as diferentes honras tradicionalmente conferidas ao vitorioso nas diferentes cidades-estados. Se ateniense, os magistrados concediam-lhe o direito a um lugar no pritaneu; se espartano, a um posto proeminente no campo militar. Vencer na Élida era garantia de renome para a vida toda, algo "não menos glorioso para o grego do que o consulado para um romano!"[116] Os nobres mais altivos, os príncipes mais abastados, os generais mais bem-sucedidos disputavam o prêmio.[117] E o prêmio (após a sétima Olimpíada) era uma coroa de louros selvagens!

Muitos outros jogos semelhantes foram instituídos por toda a Grécia. Dentre eles, depois dos olímpicos, os mais célebres, e os únicos de âmbito nacional, eram os píticos, em Delfos, os nemeus, na Argólida, e os ístmicos, em Corinto. No entanto, em outros lugares, o prêmio era valioso. Em todos os jogos nacionais, porém, não passava de uma guirlanda: um símbolo da verdade eterna de que a aclamação é a única recompensa da fama. A coroa de louros não era nada! Os gritos da Grécia reunida, as chuvas de ervas e flores, o banquete reservado ao vencedor, as odes de

[115] Heródoto apresenta um relato curioso: os elienses enviaram representantes ao Egito para alardear as glórias dos jogos olímpicos e indagar se os egípcios podiam sugerir algum aperfeiçoamento. Os egípcios perguntaram se os cidadãos da Élida tinham permissão de competir e, ao ouvir que tinham, declararam que era impossível não favorecerem seus próprios compatriotas e, consequentemente, os jogos levariam a injustiças – suspeita que nunca se confirmou.

[116] Cícero, *Tusculanae Quaestiones*, II, 17.

[117] Nero (quando a glória já havia abandonado o lugar) correu em uma biga de dez cavalos em Olímpia, da qual teve a infelicidade de cair. Ele ganhou outros prêmios em outros jogos gregos, chegando até mesmo a disputar com os arautos como proclamador. A vaidade de Nero era impressionante, mas também o era a vaidade da maioria de seus sucessores. Os imperadores romanos foram os maiores dândis da história. Em homens nascidos para posições que transcendem a ambição, todas as aspirações acabam por corromper-se.

poetas imortais, o registro público que transmitia o nome à posteridade, o privilégio de uma estátua no santuário (*Altis*), o retorno para casa através de uma brecha nos muros (significando, por uma excelente metáfora, "que uma cidade que ostenta tais homens não precisa de muros"[118]), o primeiro lugar em todos os espetáculos públicos; a fama, em suma, que se estendia à cidade natal do vencedor, que se tornava herança de seus filhos e era confirmada pela voz universal para onde a civilização grega se expandisse; essa era a verdadeira coroa de louros para o vencedor olímpico!

Nenhum outro clima pode oferecer algo semelhante a esses festivais. Surgidos em um período primitivo [de civilização], eles conservaram o caráter vigoroso de uma época de heróis, mas agregaram todos os acessórios das artes e das graças da civilização. Ao solo sagrado acorriam todo o poder, as posições sociais, a riqueza e o intelecto da Grécia. Àquele espetáculo magnífico compareciam homens inspirados por uma ambição mais nobre que a da arena. Ali, o poeta e o músico podiam reunir uma plateia para sua arte. Se, para eles, não era um campo para a emulação,[119] era, ao menos, um teatro de apresentações.

XIX. As vantagens desses jogos eram três. Primeiro, eles uniam todos os gregos em um sentimento de orgulho nacional e faziam memória da raça comum de todos eles. Segundo, incutiam uma disciplina rígida e a educação física em todas as cidades-estados, ensinando que o corpo tinha tanta dignidade como o intelecto, teoria que promovia a saúde em tempos de paz e, nas épocas em que os homens lutavam sem armas e a força e a habilidade individuais eram a fortaleza do exército, o sucesso na guerra. Terceiro, e principalmente, porém, sua utilidade estava em sustentar e alimentar, enquanto paixão e motivo, como um incentivo irresistível, o desejo de glória! Esse desejo disseminava-se por todas as classes, animava todas as tribos, ensinava que as reais recompensas não estão no ouro e nas pedras preciosas, mas nas opiniões dos homens. A ambição do santuário (*Altis*) em Olímpia estabelecia a fama como um princípio comum de ação. O que o espírito de

---

[118] Plutarco, em *Banquete*.

[119] Parece que, na Élida, não havia nenhum dos verdadeiros concursos de música e poesia característicos dos Jogos Píticos. Mas, ainda assim, era uma exibição comum para o cultivo de toda e qualquer arte. O sofista, o historiador, o orador, o poeta e o pintor encontravam seu mercado na feira olímpica.

cavalaria fez por uma minoria, as competições olímpicas faziam pelas massas: elas transformavam um povo em um corpo de cavaleiros.

Se, afastando-nos por um instante da seriedade da musa histórica, pudéssemos evocar o retrato desse festival, convocaríamos a imaginação do leitor àquele solo sagrado, decorado com os mais profusos triunfos da arte grega; toda a Grécia reunida, vinda do continente, de suas colônias e ilhas; as guerras suspensas; um sabá de solenidade e júbilo – os espartanos esquecidos de sua gravidade; os atenienses, das discussões públicas; os nobres da tessália, os alegres coríntios; os gestos animados dos jônios asiáticos – vivenciando os diversos acontecimentos de várias épocas misturados em uma única recordação do passado, o leitor talvez veja todos os olhos desviando sua atenção dos competidores para voltar-se para uma figura majestosa, e ouça todos os lábios murmurando um único nome,[120] glorioso em campos maiores. A própria cidade de Olímpia fica esquecida. Quem é o espetáculo do dia? Temístocles, o conquistador de Salamina e salvador da Grécia! Mais uma vez – os vivas dos milhares e milhares que seguem as rodas da bigas dos competidores – o vitorioso sem rival, cujo nome as pessoas gritam: é Alcibíades, o destruidor de Atenas! Volta-te, leitor, para o templo do deus olímpico, atravessa os portões acobreados, avança pelos corredores ladeados de colunas.[121] O que cativa a reverência e o fascínio da multidão? Sentado sobre um trono de ébano e marfim, de ouro e pedras preciosas; a coroa de louros na cabeça; na mão direita, a estátua da Vitória; na esquerda, forjado com todos os metais, o cetro que comanda as nuvens: contempla a obra-prima colossal de Fídias, o sonho homérico corporificado,[122] a majestade do Jove olímpico! Adentra no salão do banquete dos vencedores, a cujo verso, entoado ao modo de hino em um coro solene e poderoso, inclina-se o ouvido espartano: é o verso do dórico Píndaro! Naquele espaço colorido e resplendente (a feira de Olímpia, o mercado de todo comércio, o foco de todo intelecto), junta-te à multidão, ávida e sem fôlego, reunida em torno daquele viajante bronzeado, ora bebendo no sorvendo do relato extraordinário de jardins babilônicos ou de

[120] Plutarco, em *Vita Them.*
[121] Pausânias, livro. V.
[122] Quando Fídias foi indagado a respeito da ideia que basearia a criação de sua estátua, ele respondeu citando os conhecidos versos de Homero sobre os cachos e o inclinar da cabeça do deus do trovão.

templos cuja deidade terrível nenhum lábio pode nomear, ora, de mãos unidas e faces radiantes, seguindo a marcha de Xerxes ao longo de rios exauridos, e sobre pontes que cruzavam o mar. O que move, o que silencia aquele público imenso? É Heródoto, lendo sua história![123]

Retomemos nosso estudo.

XX. Na região central do Peloponeso localiza-se a Arcádia pastoril. Além dos rios Alfeu e Erimanto, é banhada pela sombria corrente do Estige, e sua parte ocidental, entrecortada por inúmeros riachos, é a terra de Pã. Por muito tempo, seus habitantes dedicaram-se às atividades de pastoreio, e seu antigo governo era aparentemente monárquico. A invasão dórica poupou essa terra de tradição poética, a que o oráculo de Delfos dava uma proteção não despropositada, e ela seguiu sendo o santuário mais antigo e inviolável do velho nome pelásgico. Porém, não muito depois do retorno dos heraclidas, vemos o último rei apedrejado por seus súditos, o que se seguiu do estabelecimento de instituições democráticas. Então, foi dividida em pequenas cidades-estados, das quais Tégea e Mantineia eram as principais.

XXI. A Messênia, um distrito fértil e plano que se estende ao oeste de Esparta, envolveu-se em muitos conflitos com esta última potência, e dessa parte de sua história, que é de grande interesse, o leitor encontrará uma narrativa breve no estudo dos espartanos, por quem foram, enfim, subjugados. Sendo, então, incorporada àquela cidade-estado, não podemos, no período histórico que estamos prestes a analisar, considerar a Messênia um estado autônomo e independente.[124]

E, agora, encerrando o estudo do Peloponeso, fazemos uma parada na Lacônia, a terra dos espartanos.

[123] Obviamente, sei que a narrativa popular de que Heródoto lia partes de sua história em Olímpia é objeto de discussão. Mas reconheço que julgo o resultado de tais disputa um tanto indiferente ante o testemunho de autoridades proficientes, corroborado pela prática comum da época.

[124] De fato, constatamos que os continuaram a lugar contra seus conquistadores e que, por volta da época da batalha de Maratona, eles irromperam em um movimento de resistência por vezes chamado a terceira guerra. Platão, *Leg.* III.

Capítulo VI

O retorno dos heraclidas. A Constituição e os hábitos de Esparta. A Primeira e a Segunda Guerra Messênia.

I. Já vimos que, enquanto os dórios permaneceram na Tessália, os aqueus dominaram a maior parte do Peloponeso. No entanto, sob o título de o Retorno dos Heraclidas (ou descendentes de Hércules), uma revolução importante e duradoura estabeleceu os dórios nos reinos de Agamemnon e Menelau. A verdadeira natureza dessa revolução mostra-se ainda mais obscura por causa da ingenuidade moderna, que abandonou os relatos populares em favor de superstições ainda mais improváveis e românticas. Os relatos populares rezam o seguinte: perseguidos por Eristeu, rei de Argos, os filhos de Hércules, com seus amigos e seguidores, são compelidos a refugiar-se na Ática. Com o auxílio dos atenienses, eles derrotaram e mataram Eristeu, e retomaram o Peloponeso. Uma pestilência, que foi vista como uma sinistra mensageira dos céus enfurecidos, leva-os de volta à Ática. Um oráculo declara que os heraclidas terão êxito após o terceiro fruto, pela estreita passagem por mar. Fazendo uma interpretação errada do oráculo, no terceiro ano, eles saem na direção do Istmo de Corinto. Já às portas do Peloponeso, são confrontados pelos exércitos dos aqueus, jônios e arcádicos, que se haviam reunido ali. Hilo, o filho mais velho de Hércules, propõe que se realize um combate entre dois homens apenas. Équemo, rei de Tégea, é o escolhido dos peloponésios. Ele enfrenta e mata Hilo, e os heraclidas comprometem-se a não repetir a invasão por um período de cem anos. Todavia, logo em seguida, Cleódeo e Aristômaco, filho e neto de Hilo respectivamente, tentaram repetir a empreitada, mas sem sucesso. Os três filhos de Aristômaco (Aristodemo, Temeno e Cresfontes) receberam do próprio Apolo a interpretação correta do oráculo. Era pelos Estreitos de Rio, através de um canal que reduzia a distância entre os litorais opostos a apenas cinco estádios, que eles deviam passar; e o Retorno do terceiro fruto era uma referência à terceira geração. O momento havia chegado. Com a ajuda dos dórios, dos etólios e dos lócrios, os descendentes de Hércules cruzaram o estrito e estabeleceram sua colônia no Peloponeso (1048 a.C.).

II. Se, nas expedições anteriores, os dórios haviam dado assistência aos heraclidas, é uma questão controvertida, mas não importante. Se tais heraclidas eram de fato descendentes do príncipe aqueu e herdeiros legítimos do trono peloponésio, é outro ponto controverso e igualmente sem importância. É bastante provável que a tribo valente e beligerante da Tessália tenha sido facilmente tentada, com o pretexto de restabelecer a verdadeira linhagem real, a uma empreitada que poderia transferi-la a domínios mais seguros e vastos, e pela qual, embora o príncipe ficasse com o trono, os confederados ficariam com a região.[125] Importante mesmo é reconhecer que os dórios participaram da expedição, que foi bem-sucedida; que, por tempo e coragem, eles conquistaram praticamente todo o Peloponeso; que transplantaram o caráter e as instituições dóricas para seus novos territórios, e que o Retorno dos Heraclidas é, em verdade, o nome popular para a conquista empreendida pelos dórios. Quaisquer diferenças que pudessem existissem entre os heraclidas aqueus e a raça dórica provavelmente se obliteraram durante a longa ausência dos primeiros entre as tribos estrangeiras e, após sua instalação no Peloponeso, elas logo desapareceram por completo. Não obstante, desde o início, acreditou-se na lenda que atribuía o sangue de Hércules à realeza de Esparta e, alguns séculos mais tarde, Cleômenes, rei daquela cidade-estado, declarou-se não dórico, mas aqueu.

Não temos condições de precisar o tempo que foi necessário para a consumação da conquista dos invasores. Contudo, aos poucos, Esparta, Argos, Corinto e Messene

[125] Suponhamos que Vortigern tivesse sido expulso pelos bretões e implorado pelo auxílio dos saxões para restabelecê-lo no trono. Nesse caso, o Retorno de Vortigern teria sido um nome muito popular para a invasão dos saxões. Do mesmo modo, se, depois de Waterloo, os russos tivessem dividido a França e estabelecido uma colônia de cossacos em seus "vales de violetas", a destruição dos franceses teria sido ainda urbanamente intitulada "O Retorno dos Bourbons".

tornaram-se domínios dóricos, e os confederados etólios conquistaram Élida. Alguns dos aqueus expulsaram os jônios do território que ocuparam no Peloponeso, dando-lhe o nome de Acaia, que foi conservado. Os jônios expulsos refugiaram-se com os atenienses, sua raça-irmã.

Eliminada a desditosa casa de Pélope nessa invasão, Esparta passou a ser governada por Procles e Eurístenes,[126] filhos de Aristodemo, da quinta geração dos descendentes de Hércules. O poder real foi dividido entre esses dois príncipes, de modo que a constituição do estado sempre reconheceu dois reis: um de cada família heraclida. Os membros da casa mais antiga eram chamados ágidas, de Ágis, filho de Eurístenes; os membros da segunda casa, os euripôntidas, de Euriponte, descendente de Procles. Embora possa parecer que, sob a nova dinastia, Esparta tenha logo arrogado a supremacia sobre as demais cidades-estados do Peloponeso, muito antes disso ela já havia conquistado o território das cidades em suas imediações. Os aqueus conservaram o domínio sobre Amicleia, construída sobre um rochedo escarpado a menos de cinco quilômetros de Esparta, por mais de dois séculos e meio após a primeira invasão dos dórios. E, ali, os aqueus protegiam os veneráveis sepulcros de Cassandra e Agamemnon.

III. Ainda que a invasão dórica tenha sido um processo lento, suas consequências foram grandes e permanentes. A revolução não fez apenas mudar o caráter do Peloponeso; não só chamou a raça férrea de Esparta à existência: as migrações que provocou deram origem às colônias gregas na Ásia Menor. Ela também germinou aquelas sementes de republicanismo latente pertencentes às aristocracias dóricas e que finalmente suplantaram o governo monárquico em praticamente toda a Grécia civilizada. Uma vez consumada a revolução de forma pacífica, as migrações deixaram de perturbar o continente da Grécia, e as várias tribos fixaram-se em seus lares históricos.

IV. A história de Esparta até a época de Licurgo é a de uma cidade-estado que se mantinha com dificuldade em meio a vizinhos hostis. O poder dos chefes enfraquecia a autoridade dos reis e, enquanto tudo fora era perigo, tudo dentro era turbulência. Não obstante, os males mesmos a

[126] De acordo com Heródoto, a tradição espartana atribuía o trono ao próprio Aristodemo, com a divisão do poder real apenas após sua morte.

que os espartanos estavam submetidos – o pequeno número de sua população, os conflitos com os vizinhos, o território sufocado no interior suas fronteiras montanhosas, e até mesmo o poder predominante dos chefes belicosos, entre os quais a divisão desigual de terras provocava constantes disputas – serviram para manter vivos os elementos do grandioso caráter dórico, deixando ao encargo do primeiro espírito legislativo antes as atividades de restabelecer e harmonizar em vez de inventar e criar.

Como estou escrevendo a história não da Grécia, mas de Atenas, não julgo necessário dar detalhes da lendária vida de Licurgo. Autores modernos duvidam de sua existência, mas sem razões suficientes: tais ataques a nossa crença não passam de divertimentos do ceticismo. Todos os relatos populares de Licurgo concordam no seguinte: que ele era tio do rei (Carilau, ainda um bebê) e assumiu o *status* de seu protetor; que, incapaz de confrontar com êxito uma poderosa facção que lhe era contrária, deixou Esparta e viajou para Creta, onde todas as antigas leis e costumes dóricos ainda eram preservados sem adulterações e estavam em pleno vigor. Estudando ali as instituições de Minos, ele encontrou o modelo para as instituições de Esparta. Fala-se que dali partiu para a Ásia Menor, tendo sido o primeiro a reunir e levar para a Grécia [dórica] os poemas de Homero,[127] até então apenas parcialmente conhecidos no país. De acordo com alguns autores, Licurgo também viajou para o Egito e, se pudermos acreditar em determinada autoridade, que não satisfaz nem mesmo o crédulo Plutarco, ele teria chegado à Espanha e à Líbia, e mantido conversas com os gimnosofistas da Índia.

Retornando a Esparta depois de muitas solicitações, ele encontrou a cidade-estado mergulhada em caos: aparentemente, não existia uma constituição definida, nem leis escritas. A divisão da autoridade real entre dois reis deve ter gerado inveja, e a inveja, cismas. E o poder assim dividido enfraquecia a energia monárquica sem acrescentar nada às liberdades do povo. Uma nobreza turbulenta – chefes montanheses primitivos e arrogantes – constituíam a única parte da comunidade que poderia tirar algum proveito da fraqueza da coroa, e disputas entre eles impediam seu poder de tornar-se a autoridade regular e organizada de um governo.[128] Tais desordens levaram príncipes e

[127] Ele os escreveu ou transcreveu, é o que diz Plutarco, que não traduzo literalmente, porque toca em terreno muito controverso.

[128] "Por vezes," diz Plutarco: "os estados pendiam para a democracia;

povo a desejar uma reforma. Solicitou-se a interferência de Licurgo. Sua posição social e suas viagens conferiam-lhe importância, e ele teve a sensatez de incrementá-la, conseguindo de Delfos (objeto de inquestionável reverência para os dóricos) um oráculo em seu favor.

Assim convocado e apoiado, Licurgo deu início a sua incumbência. Se ele concebeu uma constituição inteiramente nova ou se restabeleceu o espírito de uma estrutura comum à sua raça e já conhecida de Esparta, é uma discussão em que não entrarei. O bom senso parece-me suficiente para assegurar-nos da segunda hipótese. Deixa aqueles que se comprazem em acreditar que um único homem, sem a intervenção de armas – não como conquistador, mas enquanto amigo – poderia ter êxito na instituição de uma constituição que se fundamentasse não em leis, mas em costumes, não na força, mas nos usos, absolutamente adversa a todos os gostos, desejos e parcialidades da natureza humana, moldando cada ínfimo detalhe da vida social em um sistema, sistema esse que não oferecia nenhuma tentação aos sentidos, à ambição, ao desejo de prazer, nem ao amor do lucro ou à propensão ao relaxamento, mas que era doloroso, árduo, estéril e aborrecido; deixa aqueles que se comprazem em acreditar que um sistema assim criado poderia imediatamente recebido e abraçado pela população, e perdurar sem interrupções, incólume, sem excitar sequer o desejo de mudança por quatrocentos anos, sem que tivesse um fundamento prévio nos hábitos de um povo, sem que tivesse deitado raízes pelo tempo, pelo costume, pela superstição e pelo caráter no coração do povo. De minha parte, sei que a história de modo geral não oferece nem um único exemplo desse, e creio que nenhum homem jamais tenha sido tão milagrosamente dotado do poder de domar a natureza.[129]

---

outras vezes, para o poder arbitrário", ou seja, a um momento, os nobres convocavam o povo contra o rei, mas, se o povo ousasse demais, eles apoiavam o rei contra o povo. Se imaginarmos uma confederação de chefes montanheses, mesmo um ou dois séculos atrás, e lhes dermos um rei nominal – considere seu orgulho e sua inveja; veja-os impacientes com a autoridade em alguém acima deles, mas despóticos com aqueles que estão abaixo; observe-os discutindo uns com os outros, unidos apenas por vínculos de clã, nunca por cidadania – e os colocarmos em um país parcialmente conquistado, cercado por vizinhos hostis e escravos amotinados, talvez, então, possamos formar uma ideia da cidade-estado de Esparta antes das leis de Licurgo.

[129] Quando nos dizem que o objetivo de Licurgo era extirpar o luxo e a efeminação existentes em Esparta, um instante de reflexão mostra que efeminação e luxo não poderiam ter existido ali. Uma tribo de guerreiros ferozes em uma cidade sem fortificações, isolada por rochas, fustigada por guerras constantes, conquistando cidade após cidade de inimigos mais civilizados, obstinada para resistir e lenta para render-se, mantendo um jugo perigoso

Mas não temos nenhuma razão, nenhuma desculpa para uma credulidade tão condescendente. Olhamos para Creta, onde, antes de Licurgo, os dórios haviam estabelecido suas leis e costumes, e logo vemos a semelhança com as principais características das instituições de Licurgo. Chegamos, com Aristóteles, à conclusão natural de que o que era familiar à Creta dórica não era desconhecido da Esparta dórica, e que Licurgo não inovou, mas restabeleceu e desenvolveu as leis e os costumes que, sob a pressão de conflitos domésticos, talvez tivessem passado por uma mudança temporária e superficial, mas que estavam profundamente arraigados no caráter nacional e nos hábitos dóricos. Que as normas de Licurgo não eram tidas por peculiares a Esparta, mas vistas como o mais perfeito desenvolvimento da estrutura política dórica, é o que constatamos em Píndaro,[130] quando ele nos diz que "os descendentes de Pânfilo e dos heraclidas desejam sempre conservar as instituições dóricas de Egímio". Assim considerada, a legislação de Licurgo perde seu caráter miraculoso e improvável, conquanto ainda reconheçamos o próprio Licurgo como um grande e sábio estadista, que adotava tão somente a teoria de que reformas podem ser realizadas de forma permanente, e adaptava o espírito de suas leis ao espírito do povo que elas deveriam governar. Quando descobrimos que suas leis não eram escritas, mas que ele preferia gravá-las apenas no coração de seus compatriotas, percebemos logo que Licurgo legislava necessariamente em estrita conformidade com as primeiras inferências e as noções preferidas de seu povo. Por si só, o fato de que as leis não eram escritas prova que muito pouco do que ele introduziu era estrangeiro e desconhecido.

V. Passo a fazer um apanhado breve, mas creio que suficiente, da estrutura social e política de Esparta, sem adentrar em discussões prolixas e inúteis acerca do que foi realizado ou restabelecido por Licurgo e o que o foi por políticas posteriores.

Havia em Esparta uma assembleia pública do povo (chamada *alia*), como era comum nos demais estados dóricos, a qual costumava reunir-se a cada lua cheia e, em ocasiões importantes, com maior frequência. A decisão de paz e guerra, a ratificação final de todos os tratados com

sobre as raças muito mais numerosas que haviam subjugado: que lazer, que oportunidade tinham tais homens de tornar-se efeminados e dados ao luxo?

[130] Veja a obra *Dorians*, de Mueller, vol. II, p. 12 (tradução).

potências estrangeiras, a nomeação ao cargo de conselheiro e outras dignidades importantes, a imposição de novas leis, uma disputa de sucessão ao trono estavam entre as questões que demandavam a aquiescência do povo. Desse modo, havia, na aparência, uma semelhança de democracia, mas perceberemos que a intenção e a origem dessa constituição estavam longe de ser democráticas. "Se o povo opinar perniciosamente, os anciãos e os príncipes deverão discordar." Assim rezava um adendo à Grande Retra de Licurgo. A assembleia popular ratificava leis, mas não podia propor nenhuma, não podendo sequer alterar ou fazer emendas a decretos que lhe fossem apresentados. Parece que somente os príncipes, os magistrados e embaixadores estrangeiros tinham o privilégio de levar propostas a ela.

As principais ações do estado eram preparadas pela Gerúsia, ou conselho de anciãos, um senado composto de trinta membros, dentre eles os dois reis, que tinham, cada qual, um voto simples na assembleia. Esse conselho era, em sua configuração geral, semelhante às assembleias comuns a todo estado dórico. Exigia-se que cada senador já tivesse atingido a idade de sessenta anos. Ele era escolhido pela assembleia popular, não por voto, mas por aclamação. O método para a eleição era curioso. Um a um, os candidatos apresentavam-se à assembleia, enquanto certos juízes permaneciam no interior de uma sala adjacente, onde podiam ouvir o clamor do povo sem ver a pessoa do candidato. Aquele que julgavam ter sido o mais aplaudido era eleito. Era um método de eleição susceptível a toda sorte de fraude e condenado, com justiça, por Aristóteles, que o considerava inútil e pueril.[131] Uma vez eleito, o senador conservava o cargo por toda a vida, ficando até mesmo isento de toda e qualquer responsabilidade para com o povo. Que Mueller considerasse essa uma instituição admirável, "um monumento esplêndido dos antigos costumes gregos", não me parece nem um pouco extraordinário. Não posso conceber conselho eletivo pior, em termos práticos, do que um conselho para o qual a eleição seja vitalícia e no qual o poder seja dissociado de responsabilidade. E que a instituição era tida por imperfeita resta evidente, não pelo fato de ter sido abolida, mas porque suas funções mais importantes foram gradualmente usurpadas e suplantadas por um terceiro poder legislativo, do qual passo a falar agora.

[131] Na mesma passagem, Aristóteles, com aquela maravilhosa identidade de opinião com os filósofos políticos de nossos dias, condena o princípio de procurar e solicitar votos.

A função original da Gerúsia era preparar os decretos e assuntos que seriam submetidos ao povo. Além disso, ela tinha o poder de condenar à morte ou ao aviltamento sem leis escritas e interpretava os costumes, que buscava preservar e transmitir. O poder dos reis pode ser dividido em duas categorias: o poder doméstico e o poder no exterior; poder enquanto príncipe e poder enquanto general. Na primeira, era limitado e insignificante. Embora os reis presidissem um tribunal separado, os casos submetidos a sua corte tratavam apenas de reparos a estradas, da superintendência das relações com outros estados, e de questões de herança e adoção.

Quando presentes ao conselho, eles oficiavam como presidentes, mas sem nenhum poder de ditar regras. Se ausentes, seu lugar parece ter sido facilmente preenchido. Eles uniam o aspecto sacerdotal com o real, e aos descendentes de um semideus atribuía-se certa santidade, que se fazia visível nas cerimônias de morte e de acessão ao trono, o que, para Heródoto, parecia refletir antes uma origem oriental que helênica. No entanto, o respeito de que gozava o monarca espartano não lhe conferia de luxo nem o eximia de controles. Não se podia distingui-lo dos demais por seus trajes, nem seu estilo de vida o destacava do restante dos cidadãos. Ele estava sujeito a outras autoridades, podia ser repreendido, multado, suspenso, exilado e condenado à morte. Se fosse a estados estrangeiros como embaixador, não era raro que espiões e colegas abertamente hostis à sua pessoa também fossem enviados na missão. Eram assim controladas e restritas sua autoridade no âmbito interno e suas prerrogativas de rei. Contudo, por lei, o rei era o líder dos exércitos espartanos. Ele, então, assumia o comando – ultrapassava as fronteiras, e o limitado magistrado tornava-se logo um déspota imperial![132] Nenhum homem podia questionar seu poder, nenhuma lei podia delimitá-lo. O rei formava exércitos, angariava dinheiro em países estrangeiros e condenava à morte sem sequer a formalidade de um julgamento. Em suma, nada restringia sua autoridade, exceto sua responsabilidade ao regressar. Ele poderia ser um tirano enquanto general, mas teria de justificar a tirania quando voltasse a ser apenas rei. Contudo, essa distinção era um dos aspectos mais sensatos

[132] Nisso ficaram preservados os moldes da realeza no período histórico. Aristóteles bem observa que, no conselho, Agamemnon suporta censuras e insultos, mas, no campo de batalha, ele se arma de autoridade sobre a própria vida: "A morte está em suas mãos".

do sistema espartano, pois a guerra exige do líder toda a liberdade de um déspota, e a vitória, as decisões e a energia só podem ser asseguradas pelo exercício irrestrito de uma única vontade. A extensão das conquistas da Roma antiga também não se deve a causa mais eficiente do que a discricionariedade ilimitada reconhecida pelo senado ao general.[133]

VI. Agora, precisamos examinar o elemento mais ativo e eficiente do governo, a saber, a Instituição dos Éforos. Como os outros componentes da estrutura política espartana, o nome e o cargo do éforo eram conhecidos de outras cidades-estados da grande família dórica. Todavia, em Esparta, a instituição logo assumiu características peculiares, ou, melhor dizendo, enquanto os princípios inerentes à monarquia e à gerúsia permaneceram inalterados, aqueles que regiam os éforos se expandiram e desenvolveram. É evidente que a autoridade posterior dos éforos não foi idealizada por Licurgo nem pelos primeiros legisladores. Ela é totalmente discrepante da limitada aristocracia que era o objetivo da constituição espartana e de praticamente toda constituição dórica genuína.[134] Os éforos constituíam uma democracia sub-reptícia, por assim dizer. Esse poderoso grupo era composto de cinco pessoas, escolhidas anualmente pelo povo. Na realidade, eles podem ser chamados os representantes da vontade popular, o comitê do conselho popular, por assim dizer. Seu poder original parece ter sido estipulado de forma imperfeita, mas logo se tornou amplo e invasivo. De início, o eforado era um tribunal para causas civis, tal como a gerúsia o era para causas criminais. Ele exercia sua jurisdição sobre os hilotas e os periecos, sobre o mercado público e a receita pública. No entanto, sua natureza era a seguinte: tratava-se de um corpo estritamente popular, escolhido pelo povo para cuidar de seus interesses. Em consonância com essa natureza, ele logo aparece arrogando-se o privilégio de inaugurar

[133] Ao passo que as modernas repúblicas da Itália figuram entre as causas que as impediram de assumir um forte caráter conquistador, pelo extremo ciúme que têm de seus generais, o que é geralmente ridicularizado, com muita sensatez, pelos grandes historiadores italianos, de modo que não se podia sequer movimentar uma carroça de equipamentos, ou instalar um canhão, sem uma ordem do senado!

[134] Mueller observa, com acerto, que, embora o eforado fosse uma magistratura dórica comum, "ainda que, enquanto ofício, estivesse em oposição ao rei e ao conselho, ele não é, por essa razão, menos peculiar aos espartanos, e não há, em nenhum estado dórico, ou mesmo grego, nada que corresponda exatamente a ele".

uma investigação da conduta de todos os oficiais, à exceção dos conselheiros. A cada oito anos, escolhendo uma noite escura em que a lua tivesse subtraído seu brilho, os éforos observavam o aspecto dos céus e, se vissem alguma estrela cadente na imensidão, concluíam que os reis haviam ofendido a Divindade. Os monarcas eram, então, suspensos de seu ofício até que fossem absolvidos de sua culpa pelo oráculo de Delfos ou pelos sacerdotes de Olímpia. Essa prerrogativa de julgar os descendentes de Hércules não era uma simples prática supersticiosa: os éforos convocavam desde o rei até o menor dos magistrados para se apresentar e justificar crimes que lhes eram imputados. Em uma corte composta pelos conselheiros (ou gerúsia), ou perante vários outros magistrados, eles se apresentavam logo como acusadores e juízes e, dispensando qualquer recurso a uma assembleia popular, submetiam até mesmo a realeza a julgamentos de vida ou morte. Antes das guerras médicas, eles se reuniram para julgar o Rei Cleômenes por uma acusação de suborno. Logo após a guerras médicas, eles decidiram pela execução do Regente Pausânias. Em ofensas menos graves, eles atuavam sem a formalidade desse conselho, e multavam ou repreendiam seus reis pela afabilidade de suas maneiras ou pelo tamanho[135] de suas esposas. Os éforos estenderam sua jurisdição inquisitorial à educação, aos hábitos sociais, aos regulamentos referentes a embaixadores e estrangeiros e até mesmo ao posicionamento de exércitos e ao número de tropas. Em verdade, tornaram-se o verdadeiro governo do estado.

É fácil perceber que era da natureza das coisas que a instituição dos éforos acabasse por invadir outras esferas até tornar-se o poder predominante. Sua influência foi resultado da estrutura falha da gerúsia, ou conselho. Se aquela assembleia tivesse sido constituída adequadamente, não haveria oportunidade para a atuação dos éforos. Pela política de Licurgo e por seu método popular de eleição, a gerúsia foi obviamente criada para ser a única assembleia representativa. Mas o absurdo da eleição vitalícia, com poderes desacompanhados de responsabilidade, bastou para limitar sua aceitação entre o povo. De duas assembleias – a dos éforos e a gerúsia – vemos a primeira eleita anualmente, a segunda vitalícia; a primeira, responsável perante o povo, a outra, não; a primeira composta por

[135] Eles censuraram Arquídamo por casar-se com uma mulher pequena demais. Veja a obra de Mueller, *Dorians*, vol. II (tradução), p. 124, e as autoridades que ele cita.

homens ativos, dinâmicos, ambiciosos, no auge da vida, a outra, por veteranos que já passaram da fase do estímulo normal do esforço e consideram a dignidade do ofício antes como a recompensa de uma vida do que um abertura de portas para a ambição. Dentre duas assembleias assim, é fácil prever qual perderia autoridade, e qual ganharia ainda mais dela. Também é fácil ver que, à medida que os éforos crescessem em importância, eles, e não a gerúsia, passariam a ser o freio na autoridade do rei. A quem o rei devia prestar contas? Ao povo, e os éforos eram os representantes do povo! Penso que essa parte da estrutura política espartana não foi suficientemente estudada no que me parece ser sua verdadeira luz, ou seja, a de um governo representativo. O eforado era o núcleo do poder popular. Como um Congresso norte-americano ou uma Casa dos Comuns inglesa, ele impedia a ação do povo ao agir em nome do povo. A representantes escolhidos anualmente, a multidão deixava, com alegria, a administração de seus interesses.[136] Desse modo, era certo que os éforos impediam as usurpações por parte da assembleia popular. Mas, como? Usurpando, eles mesmos, e em nome do povo! Quando nos dizem que Esparta não estava sujeita àquelas inovações democráticas frequentes nas cidades-estados jônicas, não nos dizem a verdade. A população espartana estava sempre inovando, não abertamente, como na barulhenta ágora de Atenas, mas em silêncio, e sem cessar, por meio de seus éforos incumbidos de fazê-lo. E esses CINCO tiranos terríveis – uma oligarquia construída sobre princípios os mais liberais – continuou a aumentar sua autoridade, enquanto a civilização, que também crescia, ampliava e diversificava o âmbito da atividade pública, até que, por fim, tornaram-se os agentes daquele destino que faz do princípio da mudança o elemento ao mesmo tempo vital e destruidor dos estados. Aos poucos, os éforos destruíram a estrutura política de Esparta. Sem os éforos, porém, pode-se bem duvidar se aquela estrutura teria sobrevivido por metade do tempo que existiu. Aristóteles (cujo intelecto prodigioso nunca se revela de forma mais luminosa do que quando analisa os mecanismos práticos das várias formas de governo) pinta um retrato dos males da magistratura dos éforos, mas reconhece que ela deu força e durabilidade ao estado. "Pois",[137] diz ele, "o povo contentava-se por causa

[136] Aristóteles, *Política*, livro II, cap. 9.
[137] Idem.

de seus éforos, que eram escolhidos dentre a totalidade da população." Ele poderia ter acrescentado que os homens assim escolhidos, também raramente selecionados dentre os chefes, mas, em regra, das classes mais baixas, eram os mais hábeis e mais ativos da comunidade, e que seu pequeno número dava energia e unidade a seus conselhos. Tivesse a outra parte da estrutura espartana (absurdamente louvada) sido constituída de modo a harmonizar-se com o poder dos éforos, e até mesmo a refreá-lo, e, acima de tudo, não fosse pelos erros lamentáveis de um sistema social que, buscando extirpar o desejo de ganho, criou uma reação terrível e fez da magistratura espartana a mais venal e corrupta da Grécia, os éforos talvez tivessem bastado para desenvolver todos os melhores princípios de governo. Pois eles contribuíram para que se reconhecesse a filosofia mais perfeita do sistema representativo: o menor número possível de representantes escolhidos, sem restrição, dentre o maior número de eleitores, para períodos curtos e com responsabilidades inflexíveis.[138]

Passo agora ao sistema social dos espartanos.

VII. Se observarmos a situação dos espartanos à época de Licurgo e durante um longo período subsequente, notamos logo que, para que possam sobreviver, precisam acostumar-se à vida de um acampamento militar. Eles constituíam uma pequena colônia de soldados, apoiando-se e sustentando-se mutuamente em tudo, em um país hostil, governando uma população que os detestava. Em uma situação como essa, determinadas qualidades não eram somente louváveis – eram necessárias. Estar sempre preparado para um inimigo; ser inerentemente avesso à indolência; ser valente, moderado e robusto eram apenas formas de escapar à espada dos messênios e vencer o ódio dos hilotas. Eles eram sentinelas, e precisavam das virtudes de sentinelas. Felizmente, tais qualidades eram intrínsecas às valorosas tribos montanhesas que por muito tempo perambularam em meio aos penhascos da Tessália, e lutaram pela sobrevivência com os belicosos lapitas. No entanto, faltava ainda sistematizar aquelas qualidades, educar cada indivíduos nos hábitos que melhor podiam preservar

[138] Essas observações sobre a natureza democrática e representativa do eforado devem ser aplicadas à instituição tão somente no que diz respeito ao povo espartano. É preciso lembrar que os éforos representavam a vontade daquela classe dominante que constituía a maior parte da população não escravizada, e não a dos lacedemônios e periecos, e que a democracia de sua estrutura política era, portanto, apenas a democracia de uma oligarquia.

a comunidade. Desse modo, a criança era educada, desde a tenra idade, para uma vida de dificuldades, disciplina e privação: aprendia a abstinência pela fome; apanhava para desenvolver fortaleza; era punida sem se ofender, para que pudesse ser treinada a suportar sem um único gemido. À medida que ia crescendo, até chegar à idade adulta, mais severa a disciplina a que era submetida. Dava-se pouca atenção à educação intelectual, pois, o que sentinelas tinham que ver com as ciências ou as artes? Todavia, aos jovens ensinavam-se a perspicácia, a presteza e o discernimento, uma vez que essas são as qualidades essenciais ao soldado. O jovem era estimulado a condensar os pensamentos e estar pronto para responder; a falar pouco e com objetividade. Um aforismo continha sua filosofia. Esse tipo de educação resultava em uma constituição física atlética e hábitos simples e de coragem, em uma paciência invencível, em uma sagacidade aguçada. Contudo, havia outras qualidades necessárias à situação do espartano, e essas não tão louváveis: a saber, a astúcia e a simulação. Ele fazia parte de uma raça pouco numerosa, conquanto heroica. Nenhum cidadão podia ser poupado dessa condição: em regra, era melhor enganar um inimigo do que enfrentá-lo. Assim, o jovem era treinado tanto para o ardil como para a coragem. Era levado pela fome, ou pelas ordens do líder que estava acima dele, a conseguir seu alimento, em casa ou no campo, de forma furtiva: se não fosse descoberto, era aplaudido; se o fosse, era punido. Incutiam-se nele dois grandes impulsionadores da ação: o pavor da vergonha e o amor ao país. É verdade que tais motivos eram compartilhados por todas as cidades-estados gregas, mas eles pareciam ser especialmente poderosos em Esparta. Contudo, o abuso do último produziu um dos piores vícios do caráter nacional. O amor apaixonado por sua Esparta natal tornava o cidadão um tanto egoísta com relação às outras cidades-estados, até mesmo aquelas que eram irmãs da sua. Era destemido como um espartano, mas, quando Esparta não corria perigo, era indiferente como um grego. E esse patriotismo exagerado, ainda que sectário, que era quase peculiar a Esparta tinha por foco não apenas a segurança e a grandiosidade do estado, mas a preservação inalienável e suas instituições: um sentimento cuidadosamente sustentado por uma política de extrema intolerância a estrangeiros.[139] Os espartanos não tinham permissão

[139] Maquiavel (*Discursos sobre a primeira década de Tito Lívio*, livro I,

de viajar. Apenas raramente se permitia que estrangeiros residissem dentro da cidade, e o ódio espartano por Atenas derivava antes do medo de que os princípios da última contaminassem Esparta do que da inveja da magnificência de sua fama. Quando vemos (com o avanço de nossa história) os espartanos repudiando seus aliados atenienses do cerco de Itome, percebemos sua desconfiança do caráter inovador de sua brilhante vizinha: eles temiam a infecção pela democracia da Ágora. Esse apego a um sistema exclusivista de governo caracterizava toda a política externa de Esparta e maculava o sentimento nacional com a mais rígida intolerância e os mais obtusos preconceitos. A todos os lugares que conquistava, Esparta impunha sua própria estrutura política, não importava quão hostil fosse aos costumes do povo, sem sequer imaginar que aquilo que era bom para Esparta poderia ser ruim para qualquer outra cidade-estado. Assim, quando impôs os Trinta Tiranos a Atenas, ela tentou, na realidade, estabelecer sua própria gerúsia e, sem dúvida, julgava que a instituição se tornaria não uma maldição, mas uma bênção a um povo habituado à tão desenfreada liberdade de uma assembleia popular. Embora fosse ela mesma, por meio da tirania dos éforos, uma marionete inconsciente da ação democrática, Esparta abominava todas as outras formas mais abertas de democracia como a uma peste. Os costumes simples da vida espartana ajudavam a fortalecer seus preconceitos. Esses vigorosos dórios consideram um banquete ou uma bela casa como um sinal lamentável de tolice. Não tinham respeito por qualquer tipo de cultivo intelectual além daquele que produzia homens valentes e sentenças curtas. A eles, nem a ciência de Aristóteles, nem os sonhos de Platão tinham o condão de agradar. Os espartanos cultivavam a música e a dança, com êxito e habilidade, mas essas eram sempre de um único tipo: modificar uma ária[140] ou inventar uma mé-

cap. VI) atribui a longevidade do governo espartano a dois grandes fatores: a exiguidade do grupo a ser governado, o que permitida a exiguidade de governadores; e, em segundo lugar, a eliminação de todas as mudanças e corrupção que a admissão de estrangeiros teria ocasionado. Ele passa, então, a demonstrar que, para a longa duração de uma estrutura política, o povo deve ser pouco numeroso, e todos os impulsos e inovações populares devem ser impedidos; não obstante, explica que, para o esplendor e a grandiosidade de um estado, não só a população deve ser incentivada, mas até mesmo o fermento e a agitação política devem ser tratados com leniência. Esparta é seu modelo de longevidade; a Roma republicana, de progresso e império. O florentino conclui: "Em meu julgamento, prefiro a última e, quanto aos conflitos e emulação entre os nobres e o povo, devem ser considerados, de fato, inconvenientes, mas necessários a um estado que deseja ascender à grandiosidade romana".

[140] Plutarco, *de Musica*.

trica era crime. Uma tribo guerreira, nobre e supersticiosa não poderia dar pouca atenção à poesia – a guerra é sempre a inspiração poética – e, para um espartano, a véspera da batalha era o tempo de sacrificar às Musas. O temperamento poético parece ter sido comum em meio a esse povo singular. No entanto, o pavor da inovação, quando levado ao excesso, tem um efeito ainda pior sobre o gênio literário do que sobre a ciência legislativa e, conquanto Esparta tenha produzido alguns poetas talentosos, sem dúvida, com o dom de fascinar o público a que se dirigiam, absolutamente nenhum deles nos legou qualquer outro memorial além de seu nome. A Grécia, que preservava como que em um tesouro comum tudo o que era aprovado por um bom gosto infalível e sua maravilhosa apreciação do belo, via a poesia espartana com uma indiferença que nos convence de seu pouco valor. Tebas, e não Esparta, transmitiu-nos o espírito dórico em sua forma mais nobre, e no Píndaro descobrimos quão sublime era a poesia inspirada por seu orgulho, sua ousadia, sua suprema reverência pela glória e pelos deuses. Quanto ao comércio, as manufaturas e a agricultura (as artes manuais), tais ocupações pacíficas estavam abaixo da dignidade de um espartano: elas eram estritamente proibidas tanto pela lei como pelo orgulho, sendo deixadas aos periecos e hilotas.

VIII. Por óbvio, era necessário que essa pequena colônia fosse unida. E nada une mais os homens do que viver juntos, em comum. A sissítia, ou mesas públicas, uma instituição que era comum em Creta, em Corinto[141] e em Mégara, cumpria esse objetivo de um modo que estava em conformidade com os costumes dóricos. O grupo que se reunia em redor de mesa era composto por homens pertencentes à mesma tribo ou clã. Novos membros podiam ser escolhidos tão somente por consentimento dos demais. O chefe de cada família de Esparta pagava por sua própria admissão e pela admissão dos outros membros de sua casa. Apenas os homens sentavam-se à mesa. Os rapazes e os garotos tinham sua própria mesa separada. As criancinhas, porém, sentavam-se com os pais em banquetas baixas, e recebiam meia porção. As mulheres eram excluídas. Apesar da famosa sopa negra, a mesa parecia ser suficientemente guarnecida, ainda que não com elegância.

[141] Em Corinto, elas foram abolidas por Periandro, por favorecerem a aristocracia, de acordo com Aristóteles. No entanto, um motivo mais plausível poderia ser que elas se mostravam perigosas à tirania.

E o segundo prato, que consistia em doações voluntárias –os membros mais pobres forneciam os produtos da caça, enquanto os mais abastados forneciam produtos de seus rebanhos, pomares, galináceos, etc. – constituíam o que os espartanos consideravam guloseimas. A conversa tinha tons de familiaridade, sendo jocosa até, e era amenizada por canções. Assim, as mesas públicas (que até mesmo os reis eram costumeiramente compelidos a frequentar) tornavam-se agradáveis e convidativas por causa das atrações da amizade íntima e do intercâmbio irrestrito.

IX. A questão mais obscura no que diz respeito ao sistema espartano é aquela relacionada à propriedade. Não restam dúvidas de era intenção de Licurgo ou dos primeiros legisladores fazer com que todas as divisões de terra e riqueza fossem o mais igualitárias possível. Contudo, nenhuma lei é capaz de realizar o que a sociedade proíbe. A igualdade de uma geração não pode ser transmitida para outra. Talvez seja fácil impedir um grande acúmulo de riqueza, mas o que pode impedir a pobreza? Conquanto fosse proibida a aquisição de terras por compra, não se impunha nenhum impedimento a tal aquisição por doação ou testamento e, na época de Aristóteles, a terra já se havia tornado o monopólio de poucos. Portanto, Esparta, como outras cidades-estados, tinha suas desigualdades – seus relativamente ricos e seus efetivamente pobres – já nos primórdios de sua história conhecida. Como a propriedade da terra era transmitida às mulheres, os casamentos por si sós estabeleciam grandes disparidades de propriedade. "Se o território inteiro fosse dividido em cinco porções, duas pertenceriam às mulheres", diz Aristóteles. A regra pela qual o homem que não pudesse pagar sua cota para a sissítia era excluído das mesas públicas prova que tal exclusão não era uma ocorrência incomum e, na verdade, ela passou a ser tão comum que as mesas públicas se tornaram uma instituição aristocrática em vez de democrática. Posteriormente, Aristóteles apresenta como objeção ao governo eforal o fato de homens pobres serem escolhidos éforos, dizendo que sua venalidade tinha origem em sua indigência: uma prova bastante convincente de que a pobreza em Esparta deve ter sido mais comum do que se costuma supor.[142] Homens de posses não escolheriam seus juízes e

[142] "Não obstante, conquanto bens fossem objeto de apropriação, seu uso era livremente transmitido: um espartano poderia usar os cavalos, os escravos, os cães e carruagens de outro", diz Aristóteles. Se isso for compreendido

ditadores em meio aos pobres. Os hilotas detinham a posse da terra e a cultivavam, pagando certa proporção fixa de sua produção a seus senhores. Fala-se que Licurgo proibiu o uso de ouro e prata e ordenou a cunhagem de ferro. No entanto, moedas de ouro e prata eram desconhecidas na Esparta daquela época, e o ferro era um meio comum de troca em toda a Grécia. Portanto, a proibição do uso dos metais preciosos teve origem posterior. Ela parece ter alcançado tão somente os espartanos da esfera privada. Para aqueles que, não sendo espartanos da cidade – ou seja, para os lacônios e os periecos –, se ocupavam do comércio, a proibição não pode ter existido. É impossível conceber uma lei mais perniciosa. Embora servisse efetivamente para impedir os efeitos da imitação, restringir as artes, limitar a indústria e o empreendedorismo, ela acabava por produzir exatamente aquilo que pretendia prevenir: contaminava o estado todo com o desejo do ouro, pois proibia que a riqueza fosse gasta para que pudesse ser acumulada; e parece que todo homem desejava ter ouro justamente porque poderia fazer pouco uso dele! Desde o rei até o hilota,[143] o espírito de cobiça espalhou-se como uma doença. Nenhuma cidade-estado na Grécia estava tão aberta ao suborno, e nenhuma magistratura era tão corrupta como os éforos. Esparta tornou-se uma nação de miseráveis precisamente porque não pôde tornar-se uma nação de perdulários. Tais são os resultados que o homem alcança quando suas leis derrogam a natureza!

X. Em sua vida doméstica, os espartanos, como o restante dos gregos, pouco apreciavam o consórcio com suas esposas. De início, o jovem esposo visitava sua noiva tão somente em segredo: ser visto em companhia dela era uma vergonha. Mas as mulheres desfrutavam de liberdade muito maior e eram tratadas com muito mais respeito em Esparta do que em qualquer outro lugar. As flexíveis distinções asiáticas em dignidade entre os respectivos sexos não chegaram aos intrépidos montesinos da Lacedemônia: a esposa era a mãe dos homens! Educada em hábitos vigorosos, acostumada a exercícios atléticos, sua pessoa exposta em procissões e danças públicas que, não fosse pelo

literalmente, é difícil entender como um espartano poderia ser pobre. Devemos imaginar que épocas diferentes estejam sendo confundidas ou que havia limitações nesse sistema de empréstimo que nos são desconhecidas.

[143] Ao longo de toda a história grega, vemos os hilotas saqueando o que encontravam nos campos de batalha e escondendo os saques das garras de seus senhores, vendendo ouro ao preço de latão!

costume que tornava decorosa até mesmo a indecência em si, teriam sido de fato licenciosas, a donzela espartana, forte, robusta, participando de metade das cerimônias da vida pública, partilhava dos hábitos, auxiliava na emulação e absorvia o patriotismo de seu futuro consorte. E, por sua afinidade com os hábitos e atividades do cônjuge, ela conseguia uma influência e uma ascendência sobre ele que eram desconhecidas no restante da Grécia. Enaltecida em ocasiões públicos, a matrona espartana era considerada, no entanto, uma virago na vida privada, e aquela que não lamentava um filho assassinado, tinha pouca deferência por um marido vivo. Sua obediência ao esposo parece ter sido oferecida com mais alegria naquelas emergências delicadas em que o serviço do estado exigia sua submissão aos abraços de outro![144]

XI. Chegamos agora ao aspecto mais melancólico e lúgubre do sistema espartano: a condição dos hilotas.

Toda a estrutura do caráter espartano fundamentava-se na escravidão. Se a um espartano era indigno trabalhar, sustentar-se, cultivar a terra, construir uma casa, exercer uma arte, fazer qualquer coisa que não fosse enfrentar um inimigo, escolher um éforo, passar da caça ou da palestra [local público onde se praticavam exercícios físicos na Grécia antiga] às mesas públicas, ser um herói em guerra e um aristocrata em tempos de paz, era evidentemente de suma necessidade para sua própria existência enquanto cidadão, e até mesmo enquanto ser humano, que houvesse uma classe subordinada de pessoas empregadas nas atividades rejeitadas por ele mesmo, engajadas em suprir as necessidades desse cidadão privilegiado. Sem hilotas, o espartano era o mais incapaz dos seres humanos. Se a escravidão fosse suprimida do estado espartano, ele rui-

[144] Aristóteles, que é extremamente severo com as mulheres espartanas, diz, com muita argúcia, que os homens eram treinados à submissão a um civil por um sistema militar, ao passo que as mulheres eram indomadas. Um herói espartano era, assim, talhado para ser dominado. Não obstante, apesar de toda a suposta severidade da moral dórica, essas matronas vigorosas rejeitavam as graças sem evitar as fragilidades de suas contemporâneas mais delicadas. Platão [*De Legibus*, livros I e VI] e Aristóteles [*A República*, livro II] dão testemunhos um tanto desfavoráveis com relação a sua castidade. Plutarco, o cego panegirista de Esparta, observa, com compostura divertida, que os maridos espartanos tinham permissão de emprestar suas esposas uns aos outros; e Políbio (em um fragmento do 12° livro) [*Fragm. Vatican.*, tomo II, p. 384] informa que era um costume antiquado e comum em Esparta que três ou quatro irmãos compartilhassem uma esposa. Os pobres maridos! Sem dúvida, a mulher era um par para todos eles! É o que tenho a dizer sobre aquelas criaturas gentis a quem o grave professor alemão, M. Mueller, apresenta como exemplo para nossa admiração e desespero.

ria de imediato! Portanto, não admira que essa instituição fosse protegida com extraordinário zelo, o que não significa que esse zelo extraordinário redundasse em impiedade extraordinária. Os homens são tirânicos no exercício do poder justamente na proporção de seu medo de perdê-lo. E não é pela crueldade de sua disposição, mas pela maldição inquietante de viver em meio a homens aos quais as circunstâncias sociais transformam em seus inimigos por ser seus escravos, que um déspota tende a tornar-se feroz, e que as importunações da desconfiança criam um reinado de terror. Além da necessidade política de uma escravidão rigorosa e rígida, o espartano também era insensível aos sofrimentos do escravo, por causa de seu desprezo pela degradação. Assim como menosprezava os trabalhos relegados ao hilota, ele menosprezava igualmente o infeliz que os exercia. Desse modo, os motivos que tornam o poder absolutamente intolerante combinavam-se, no espartano, nas relações que ele mantinha com o hilota, a saber: primeiro, a necessidade de seus serviços, que talvez deixassem de ser prestados caso as rédeas fossem abrandadas; segundo, o absoluto desdém pelo indivíduo que ele aviltava. O hábito da tirania faz a tirania necessária. Depois de muito tempo enfurecendo o escravo com seu jugo, se você o torna mais leve por um instante que seja, o escravo rebela-se. Ele se torna seu inimigo mais mortal, e o imperativo da autopreservação faz com que aquele a quem você provoca à vingança precise ser reduzido à impotência. Portanto, quanto mais tempo o governo espartano durava, tanto mais desumana era a condição dos hilotas. Em Esparta não havia aquelas distinções sutis de *status* existentes onde a escravidão é desconhecida, as quais vinculam classe com classe por laços de mútua afinidade e dependência, de modo que a própria pobreza possa ser uma benfeitora da miséria. Mesmo entre os pobres, o hilota não encontrava irmãos! Ele era tão necessário ao espartano da classe mais baixa como ao da classe mais elevada, e as injustiças que sofria permitiam a existência mesma ao corpo político. Desse modo, não nos deveria surpreender a extrema barbaridade com que os espartanos tratavam aquela raça miserável, e podemos até mesmo encontrar alguma desculpa para uma crueldade que acabou por se transformar em instinto de autopreservação. Revoltas e massacres estavam constantemente diante dos olhos do espartano. Que homem poderá ser gentil e agir sem desconfiança para com aqueles que esperam apenas o momento oportuno para assassiná-lo?

XII. A origem da raça hilota não é clara: a ideia popular de que eram os descendentes dos habitantes de Helos, uma pequena cidade marítima subjugada pelos espartanos, e de que foram reduzidos à servidão depois de uma revolta não é, em absoluto, um relato conclusivo. Hoje, é impossível determinar se eram a população escrava original dos aqueus, como sugere Mueller, ou aqueles dentre os próprios aqueus que haviam resistido mais obstinadamente à espada espartana, como entendiam as autoridades antigas. De minha parte, inclino-me à primeira hipótese, em parte por causa da enorme distinção que se fazia entre os hilotas escravizados e os periecos (meramente) inferiores, que, sem dúvida, eram aqueus – distinção que, creio eu, a diferença no modo como as duas classes foram originalmente subjugadas não seria suficiente para explicar –; em parte porque duvido que os poucos dóricos que se fixaram perigosamente na Lacônia tivessem sido de fato capazes de subjugar os hilotas, a menos que estes últimos já estivessem anteriormente habituados à escravidão. A objeção a essa hipótese – de que os hilotas não odiariam tanto os espartanos caso tivessem tão somente mudado de senhores – não me parece muito convincente. Submetidos aos chefes indulgentes e paternais da era homérica,[145] a eles talvez se impusesse uma servidão muito mais amena. Acostumados aos modos e hábitos de seus senhores aqueus, poderiam ter esquecido, em parte, sua condição. Todavia, conquanto fossem governados pelos espartanos nas mesmas relações exteriores, o espírito desse domínio era muito diferente. O absoluto desprezo que os espartanos tinham pelos hilotas era algo que eles dificilmente teriam sentido por uma tribo distinta dos periecos (tidos como mais honrados) tão somente por uma bravura mais inflexível e maior amor pela liberdade, ao passo que tal desprezo é facilmente explicado se aquela população tivesse sido anteriormente um grupo subjugado de uma nação que os próprios espartanos subjugaram.

Os hilotas eram considerados propriedade do estado, podiam ser confiados e emprestados, por assim dizer, a particulares. Estavam vinculados ao solo: nem mesmo

[145] Em Homero, a condição do escravo em todos os lugares parecia ser amenizada pela bondade e tolerância do senhor.

o estado se arrogava o poder de vendê-los para fora do território. Eles pagavam a seus senhores um aluguel em grãos, mas os lucros excedentes lhes pertenciam. Adquirir riquezas era mais fácil a um hilota que a um espartano, porém, as riquezas eram-lhe ainda mais inúteis. Alguns dos hilotas serviam seus senhores nas mesas públicas, enquanto outros eram empregados em todos os trabalhos públicos. Eles serviam no campo como tropas com armas leves. Eram ocasionalmente emancipados, mas havia vários graus intermediários entre o hilota e o homem livre. Suas obrigações nominais eram suaves e moderadas, de fato, quando comparadas como espírito em que eram tidos pelos espartanos e o tratamento que recebiam. É bastante provável que existisse muito exagero no tocante à barbaridade de seus senhores, mas esse exagero em si, em meio a autores acostumados ao instituto da escravidão em outros lugares, e de modo algum eivados de uma humanidade excessiva, é prova de como o tratamento dispensado aos hilotas era visto pelos senhores de escravos mais benignos do restante da Grécia. Eles eram marcados por uma desonra indelével: nenhum hilota poderia cantar uma canção espartana, e se apenas tocasse o que pertencia a um espartano, já o profanava – era o pária da Grécia. Aristóteles conta que os éforos, os magistrados populares, guardiões da liberdade, eram empossados no cargo fazendo uma declaração formal de guerra aos hilotas, o que provavelmente não passava de uma cerimônia de desdém e insulto. Como Plutarco, não podemos acreditar que a infame criptia tenha sido instituída com o propósito que ele lhe atribui, a saber, que era uma emboscada de jovens espartanos, que se dispersavam pelo território e, à noite, assassinavam quaisquer hilotas que encontrassem. No entanto, é certo que uma parcela seleta de jovens espartanos, armados com adagas, rondava o país anualmente, e que, ao objetivo de familiarizar-se com as dificuldades militares, somava-se a vigilância estrita, rigorosa e secreta da população hilota. Talvez nenhum hilota fosse morto por mero capricho, mas quem não há de perceber quantos teriam sido necessariamente abatidos à mais ínfima suspeita de animosidade, ou pela mais ínfima utilidade de exemplo? Esses miseráveis eram objeto de compaixão em toda a Grécia. Eliano diz que: "Era opinião geral que o terremoto em Esparta foi um julgamento dos deuses pela desumanidade espartana para com os hilotas". E, talvez, em toda a história (não excetuando sequer aquela terrível tranquilidade com que os historiadores italianos narram as crueldades de um tirano paduano ou de uma oligarquia veneziana), não haja registro de um crime mais arrepiante do que aquela passagem tenebrosa e aterradora de Tucídides que relata como dois mil hilotas, os melhores e mais valentes de sua tribo, foram escolhidos por motivos de recompensa e liberdade, levados aos templos em ação de graças aos deuses, e desapareceram, sendo seu destino notório, conquanto a modo como ocorreu seja um mistério!

XIII. Além dos hilotas, os espartanos exerciam autoridade sobre a classe intermediária dos chamados periecos. Esses constituíam indubitavelmente a antiga raça dos aqueus, que fora reduzida não à escravidão, mas à dependência. Eles conservaram o domínio de suas próprias cidades, estimadas em número de cem após a conquista de toda a Messênia. Tinham seus próprios níveis e classes sociais, assim como os saxões conservaram os seus após a conquista pelos normandos. Entre os periecos estavam os mercadores e fabricantes da Lacônia, de modo que qualquer arte de excelência nos territórios de Esparta não era espartana, mas acaia. Eles serviam no exército, por vezes com armas pesadas, por outras, como tropas de armas leves, de acordo com sua classe e profissão, e um perieco chegou a uma posição de comando no mar. De fato, eles parecem ter sido universalmente reconhecidos em toda a Grécia como cidadãos livres, ainda que súditos dependentes. No entanto, era com zelo e rigor que os espartanos mantinham a distinção entre não estar submetido à servidão de um hilota e a participação nos direitos de um dório: o hilota perdia sua liberdade pessoal; o perieco, sua liberdade política.

XIV. A população livre ou puramente espartana (como é provável que acontecesse em toda cidade-estado dórica) era dividida em três tribos genéricas: os hilanos [*Hyllean*], os dimanatanos [*Dymanatan*] e os panfílios [*Pamphylian*]. Dentre estes, os hilanos (os supostos descendentes do filho de Hércules) davam a Esparta seus dois reis. Além dessas tribos de sangue ou raça, havia ainda cinco tribos locais, que formavam o eleitorado dos éforos, e trinta subdivisões chamadas *obes* – de acordo com as quais parecem que eram escolhidos os cargos mais aristocráticos. A constituição espartana também reconhecia duas classes distintas: a dos iguais e a dos inferiores. Embora essas fossem divisões hereditárias, o mérito poderia promover um membro da última, e o demérito poderia rebaixar um membro da primeira. Conquanto não ostentassem a nobreza dos iguais, os inferiores geralmente produziam homens também honrados e fortes: como em meio aos plebeus da Inglaterra se encontram, por vezes, pessoas de estirpe mais elevada e posição social mais importante que entre os pares (um termo quase sinônimo de igual). Contudo, a classe mais alta gozava de certos privilégios que podemos identificar apenas vagamente.[146] Formando uma assembleia entre si, pode ser que apenas eles elegessem membros do senado, e talvez se distinguissem também por algumas particularidades de educação – afirmação feita pelo Sr. Mueller, mas que, em meu entendimento, não resta suficientemente comprovada. Com relação à origem dessa distinção entre os inferiores e os iguais, minha convicção particular é de que ela se deu em algum período (possivelmente durante as guerras messênias) em que as necessidades de uma população em declínio levaram os espartanos a aumentar seu número mediante a miscigenação com estrangeiros, conquanto (já que a primeira hipótese estaria em desacordo com os costumes espartanos) mais provavelmente com os periecos, de modo que os novos cidadãos fossem, assim, os inferiores. Em meio às colônias gregas na Itália, não era incomum que alguma delas, quando já bem estabelecida, admitisse tão somente novos colonos, vindos até mesmo da cidade-estado natal, em condições de inferioridade. De maneira semelhante surgiu, em Veneza, a distinção entre os cavalheiros e os cidadãos, pois quando muitos acorreram para aquele estado cercado pelo mar em busca de segurança e refúgio, parece que ele concedia apenas aos habitantes anteriores a distinção de anfitriões, e considerava os imigrantes como hóspedes: aos primeiros, uma parcela da administração e maior dignidade; aos últimos, somente abrigo e tranquilidade.

XV. Tais são as linhas gerais da cidade-estado e da estrutura política de Esparta: talvez a aristocracia mais rígida que já existiu, pois era uma aristocracia da mais ampla base. Se alguns espartanos eram nobres, todo espartano vangloriava-se de ser de família ilustre. Seu nascimento

[146] Três dos iguais sempre auxiliavam a pessoa do rei na guerra.

impedia-o de trabalhar, e sua única profissão era a espada. A diferença entre o espartano da classe mais baixa e seu rei não era tão grande como entre um espartano e um perieco. Não apenas a servidão dos hilotas, mas também a sujeição dos periecos alimentava constantemente o orgulho da raça superior, e nascer espartano era nascer para o poder. Essa ideia de superioridade e o hábito de comandar conferem certa elevação aos modos e à conduta. Havia provavelmente mais dignidade no mais pobre dos cidadãos espartanos do que no mais abastado dos nobres de Corinto, no mais voluptuoso cortesão de Siracusa. E, assim, a reserva, o decoro e a simplicidade régia da postura espartana não podiam deixar de impor-se à imaginação dos demais gregos e ganhar o crédito por qualidades daquele tipo, que nem sempre existiam por baixo daquela excelsa exterioridade. Para nações ativas, afetadas pelas aparências exteriores, havia muito naquela sóbria majestade de comportamento; para nações valorosas, havia muito naquela coragem heroica; para nações supersticiosas, havia muito naquela proverbial atenção aos ritos religiosos, traços que caracterizavam a raça espartana. Aqueles que criticavam o luxo admiravam sua simplicidade; os contrários à inovação, sua fidelidade a costumes antigos. Muitos dos que se sentiam vítimas da agitada turbulência de Atenas suspiravam pela tranquilidade da cidade lacedemônia e, como sempre exageramos os males específicos que suportamos, e admiramos cegamente as circunstâncias opostas àquelas que nos afetam, do mesmo modo, a tendência comum era que os estados mais intelectualizados elogiassem as instituições das quais viam, somente de longe e através de uma lente, os benefícios aparentes, sem examinar os defeitos concomitantes. Um ateniense poderia louvar a austeridade espartana, assim como Tácito poderia exaltar o barbarismo germânico, mas isso era apenas o panegírico da retórica e da sátira, do patriotismo ferido ou da ambição frustrada. Embora os éforos tornassem o governo de fato democrático, ainda que de forma latente, a concentração de sua atuação dava-lhe uma aparência oligárquica, e em sua discrição, cautela, vigilância e energia, ele ostentava as melhores das características oligárquicas. Tudo o que fosse democrático pela lei era contrabalançado em seus resultados por tudo o que era aristocrático nos costumes. Tratava-se de um estado de liberdade política, mas de despotismo social. Essa rigidez no tocante aos costumes antigos permaneceu cogente muito depois que sua utilidade já havia desaparecido. Pois o que era admirável em uma época tornou-se pernicioso em outra; o que protegia o estado incipiente das dissensões restringiu toda a exuberância do intelecto em uma comunidade mais amadurecida. É em vão que autores modernos tentam negar tal fato: a prova está diante de nós. Por sua bravura, Esparta foi, por muito tempo, a cidade-estado mais eminente do mais intelectual dentre todos os países; e, quando perguntamos o que ela legou à humanidade, o que nos deixou que rivalizasse com Atenas, cuja poesia ainda vivifica, cuja filosofia ainda guia, cujas artes ainda inspiram o mundo, encontramos apenas os nomes de dois ou três poetas secundários, cujas obras desapareceram, e cerca de meia dúzia de páginas de aforismos sucintos e respostas espirituosas e incisivas!

XVI. Meu objetivo com o esboço acima foi apresentar um perfil geral do caráter e do sistema espartano durante a era inicial e mais gloriosa da história ateniense sem adentrar em conjecturas desnecessárias quanto ao período exato de cada lei e cada mudança. O estado social e político de Esparta consolidou-se a partir de sua conquista da Messênia. Não está no plano de minha empreitada repetir em detalhes os relatos lendários e, em sua maior parte, fabulosos sobre a primeira e a segunda guerras messênias. A primeira ficou célebre pelo destino do herói messênio Aristodemo e a queda da fortaleza de pedra de Itome. Se resultado foi a conquista de Messênia (tendo-se iniciado provavelmente em 743 a.C. e terminado em 723 a.C.), cujos habitantes foram obrigados a um juramento de submissão e a entregar a Esparta metade de sua produção agrícola. Após a primeira guerra messênia, Tarento foi fundada por uma colônia espartana, composta, pelo que se diz, por jovens,[147] filhos de mulheres espartanas e homens lacônios insatisfeitos com sua exclusão dos direitos de cidadania, e pelos quais o estado era ameaçado com uma conspiração colossal com a participação dos hilotas. Nesse ínterim, os messênios, se conquistados, não foram subjugados. Passaram-se anos, e o tempo apagou a lembrança dos sofrimentos passados, mas não a das liberdades antigas.[148]

Era a juventude da Messênia que acalentava com mais intensidade a esperança da libertação nacional. Por fim,

[147] É provável que Esparta tenha recorrido à instituição dos éforos nessa época, escolhendo-os inicialmente como os vice-reis na ausência dos reis.
[148] Pausânias, *Messênios*.

em Andania, a revolta irrompeu. Um rapaz, que se destacava dos demais por seu nascimento, sua bravura e sua inteligência, foi o líder e a alma do movimento (provavelmente em 679 a.C.). Seu nome era Aristômene. Celebrando alianças secretas com os argivos e os árcades, ele enfim se aventurou a erguer seu estandarte, e enfrentou em Deres, em seus próprios domínios, a força espartana. A batalha foi inconclusiva. Não obstante, ela parece ter despertado sérios temores em Esparta: nenhuma nova hostilidade aconteceu até o ano seguinte. O oráculo de Delfos foi solenemente consultado e o deus ordenou que os espartanos procurassem um ateniense para aconselhá-los. Eles enviaram mensageiros a Atenas e conseguiram o favor de Tirteu. Um relato popular, mas fabuloso,[149] descreve-o como um professor de gramática manco sem nenhuma notoriedade prévia. Afirma-se que suas canções e exortações produziram efeitos quase milagrosos. Omito aqui as lendárias aventuras do herói Aristômene, embora seja de duvidar que, em toda a história da Grécia, haja passagens que superem a poesia e sua suposta vida. Deixo ao leitor que descubra em outras fontes como ele pendurou, à noite, um escudo no templo de Atena Calcioeco, na própria cidade do inimigo, com a inscrição de que Aristômene dedicava à deusa aquele escudo os despojos dos espartanos; como ele invadiu os recessos secretos de Trofônio; como foi dissuadido de adentrar em Esparta pelos espectros de Helena e dos Dióscuros; como, feito prisioneiro em uma tentativa de capturar as mulheres de *Aegila*, ele foi libertado pela amor da sacerdotisa de Ceres; como, aprisionado mais uma vez, e atirado em um poço profundo com cinquenta de seus homens, ele escapou ao agarrar uma raposa (atraída até ali pelos cadáveres), sujeitando-se a ser conduzido por ela através de lugares escuros e quase impenetráveis até um buraco que levava à superfície. Tais aventuras, e outras igualmente fantásticas, devo deixar ao gênio de historiadores mais crédulos.

O único fato que parece digno de fé é que, após duras lutas inúteis, os messênios abandonaram Andania e assumiram sua última posição desesperada em Eira, uma montanha em cujo sopé corre o rio Neda, que separa a Messênia da Trifília. Ali, fortificados pela habilidade e pela natureza, eles resistiram a um cerco de onze anos. No en-

[149] Veja a obra *Dorians*, de Mueller, vol. I, p. 172, e o *Fasti Hellenici*, de Clinton, vol. I, p. 183.

tanto, no décimo primeiro ano, o período de sua resistência findou. O escravo de um espartano de posição elevada conseguiu ganhar a afeição de uma mulher messênia que vivia fora dos muros da fortaleza montanhosa. Certa noite, o repreensível casal encontrava-se na casa da adúltera. O marido regressou inesperadamente. O escravo foi escondido e entreouviu que, em consequência de uma súbita e violenta tempestade, a guarda messênia havia desertado a cidadela, sem temer um ataque do inimigo em noite tão tempestuosa nem prever a inspeção de Aristômene, que, à época, sofria de um ferimento. Tendo entreouvido isso, o escravo fugiu, chegou ao acampamento espartano e informou seu senhor Emperamus (que, na ausência dos reis, liderava as tropas) da deserção da guarda. Acordaram um ataque. Apesar da escuridão da noite, apesar da violência da chuva, os espartanos marcharam adiante, escalaram as fortificações e adentraram os muros. O cumprimento de profecias sinistras já havia pressagiado o destino dos sitiados. Agora, o estranho e insólito uivar dos cães era considerado um agouro. Acordando alarmados, os messênios correram às armas que estavam a seu alcance. Aristômene, o filho Gorgo, e Teoclo, o profeta guardião de sua tribo (cuja bravura era igual ao seu conhecimento), estavam entre os primeiros que perceberam o perigo. A noite transformou-se em tumulto e desordem. O dia raiou, mas antes para aterrorizar que encorajar: a tempestade aumentou, trovões ribombavam, raios cintilavam. O que desalentava os sitiados animava os sitiadores. Não obstante, com toda a fúria do desespero, os messênios seguiram lutando: até mesmo as mulheres participaram da batalha. Também a seus olhos, a morte era preferível à escravidão e à desonra. Contudo, os espartanos eram muito superiores em número e, por substituições constantes de tropas, os mais descansados sucediam os exaustos. Combatendo por três dias e três noites sem trégua, esgotados por causa da vigília, do furor dos elementos, do frio, da fome e da sede, não restava esperança aos messênios: o valente profeta declarou a Aristômene que os deuses haviam decretado a queda de Messene, que os oráculos de advertência estavam cumpridos. Ele gritou: "Preservai o que resta de vossas forças, salvai-vos. A mim, os deuses impelem a cair com meu país!" Assim dizendo, o vidente arremeteu contra o inimigo, e acabou morrendo, coberto de ferimentos, satisfeito com a matança que ele mesmo havia feito. Aristômene chamou os messênios que estavam à sua volta: as mulheres e as crianças foram colocadas no centro do grupo, protegidas por seu próprio filho e pelo filho do profeta. Indo à frente da tropa, ele arremeteu contra o inimigo e, por seus gestos e pelo brandir de sua lança, anunciou sua intenção de forçar passagem e fugir. Não querendo inflamar ainda mais homens incitados pelo desespero, os espartanos abriram caminho para o restante dos sitiados. Assim caiu Eira (provavelmente em 662 a.C.)![150] Os corajosos messênios fugiram para o Monte Liceo [*Lykaion*], na Arcádia, e, mais tarde, a maior parte deles, por convite de Anaxilau, seu conterrâneo, príncipe da colônia dórica de Régio, na Itália, conquistou a cidade de Zangle, na Sicília, batizando-a com o nome de Messene. A cidade ainda conserva o nome.[151] Aristômene, porém, conservando um ódio inabalável por Esparta, recusou-se a permanecer na colônia. Na esperança de que chegasse o dia da vingança, ele foi para Delfos. Não há registros do conselho que recebeu ali. Todavia, a deidade ordenou que Damagetes, príncipe de Ialisos, em Rodes, que desposasse a filha do melhor homem da Grécia. O príncipe julgou que tal homem fosse o herói dos messênios, e desposou a terceira filha de Aristômene. Ainda fazendo planos contra aqueles que destruíram sua nação, o guerreiro patriota seguiu para Rodes, onde a morte libertou os espartanos do terror de sua vingança. Ergueu-se um monumento em sua memória, e essa memória, célebre graças a honras públicas, constituiu, por muito tempo, a vanglória dos messênios, fosse daqueles no exílio distante, fosse daqueles submetidos ao jugo espartano. Assim terminou a segunda guerra messênia. Os messênios que não abandonaram o país tornaram-se hilotas. Ampliado o território espartano e assegurado seu poder, aquela nobre cidade-estado ascendeu lentamente a uma posição de proeminência sobre o restante da Grécia, e preservou, em meio à crescente civilização e refinamento de seus vizinhos, o rigoroso e admirável retrato da idade heroica: nas montanhas do Peloponeso, os requintados e luxuosos gregos contemplavam, inalteradas como que por um encantamento, as imagens de ferro de sua ancestralidade homérica!

---

[150] Para as datas aqui mencionadas com relação à segunda guerra messênia, veja *Fasti Hellenici*, vol. I, p. 190, e o Apêndice 2.

[151] Hoje chamada Messina.

Capítulo VII

Governos na Grécia.

I. O retorno dos heraclidas gerou consequências as quais as mais importantes foram as menos imediatas. Em todos os lugares em que fundaram colônias à força, os dóricos expulsaram os habitantes anteriores que se recusaram a capitular. Buscando um lar em outros lugares, os exilados geralmente o encontravam em climas ainda mais favoráveis e solos ainda mais férteis. O exemplo desses migrantes involuntários foi imitado em todo lugar em que prevalecia a insatisfação ou havia excesso populacional desnecessário. E, desse modo, como já assinalei, surgiram aquelas inúmeras colônias que, ao longo das orlas asiáticas, nas ilhas gregas, nas planícies da Itália e até mesmo na Líbia e no Egito, estavam destinadas a oferecer, por assim dizer, uma segunda juventude a seus estados originários.

II. A estrutura política da Grécia antiga era a de uma aristocracia com um príncipe no comando. Suponhamos que determinado número de homens assim governados fossem expulsos de sua terra nativa e, unidos por perigos e sofrimentos em comum, acabassem por instalar-se em um litoral estrangeiro, fixando uma nova colônia com dor e labuta: é bastante evidente que um elemento popular penetraria imperceptivelmente nas formas de estrutura política que transplantassem. Em primeiro lugar, o poder do príncipe seria mais limitado; em segundo lugar, a liberdade de espírito da aristocracia ficaria mais difundido. O primeiro aspecto dar-se-ia porque a autoridade do chefe raramente adviria de uma linhagem régia ou seria consagrada por um privilégio sancionado. Na maioria dos casos, ele não passava de um nobre, escolhido dentre as fileiras e eivado das desconfianças de sua classe. O segundo aspecto, porque todos os que participavam da empreitada ascenderiam, por um lado, imediatamente à aristocracia: eles se distinguiriam da população do estado que colonizaram. Infortúnios, afinidades e mudanças também contribuiriam para eliminar muitas distinções e a autoridade, de direito de nascença, transformava-se em incumbência quando retirada do abrigo dos antigos costumes, tornando-se uma dádiva dos vivos em vez de uma herança dos mortos. É provável ainda que muitas de tais colônias tenham sido fundadas por homens dentre os quais houvesse apenas pouca disparidade de classe: esse seria sobretudo o caso daqueles grupos excedentes de uma população numerosa demais (os grandes e abastados nunca são desnecessários!). Logo, as massas seriam compostas dos insatisfeitos e pobres, e mesmo onde o fermento aristocrático era muito forte, tratava-se ainda da aristocracia de alguma facção derrotada ou humilhada, de maneira que, na igualdade média dos emigrantes estavam as sementes de uma nova estrutura política, e se eram plantadas na forma de monarquia, ela já continha o espírito do republicanismo. Assim, as colônias do mundo antigo (como as do mundo moderno) avançaram a passos gigantescos na direção de princípios populares. Mantendo um intercâmbio constante com sua terra natal, sua própria estrutura política tornava-se familiar e tentadora para a população dos países que haviam deixado, e muitas das vantagens que derivavam do solo que haviam escolhido e do comércio que encontraram a seu alcance era logo atribuído exclusivamente a sua estrutura política mais popular, da mesma forma que, nos dias atuais, vemos a prosperidade americana sendo apresentada como exemplo não do resultado de circunstâncias locais, mas como produto de instituições políticas.

Uma das principais causas do início da disseminação das formas republicanas de governo (como as diferentes tribos que, após a migração dórica, instalaram-se naqueles locais pelos quais são historicamente conhecidas) por toda a Grécia foi, portanto, o estabelecimento de colônias que mantinham intercâmbio constante com os estados natais. Outra causa pode ser identificada nos elementos das estruturas políticas prévias dos próprios estados gregos, bem como nos princípios políticos de existência universal mesmo nas idades heroicas, de modo que, na realidade, a passagem da monarquia para o republicanismo foi muito menos violenta do que pareceria, à primeira vista, a nossas noções modernas. Os reis da antiguidade, tais como descrito por Homero, tinham apenas uma autoridade limitada, como a dos reis espartanos: ampla na guerra, restrita em tempos de paz. Obviamente, entendia-se que a fonte de sua autoridade estava no povo. Nenhuma ideia parece ter sido mais universal entre os gregos do que aquela segundo a qual o exercício de todo o poder deve dar-se em prol da comunidade. Na época de Homero, existiam assembleias populares, e elas afirmavam seu direito de conferir privilégios de class. Os nobres sempre invejavam as prerrogativas do príncipe e estavam constantemente invadindo sua esfera em suas fraquezas acidentais. Ao que tudo indica, quando doente, velho, ou ausente, o poder do estado era usurpado de suas mãos, vítima dos chefes ou da disputa entre facções rivais. Na Grécia, ninguém tinha aquela lealdade cavalheiresca medieval que caracteriza o norte. Desde os primórdios, não era o MONARCA que evocava a virtude a devoção e inspirava o entusiasmo da lealdade. Desse modo, nas limitadas prerrogativas da realeza, na inveja dos chefes, no direito de assembleias populares e, acima de tudo, no espírito silencioso e inconsciente de filosofia política é que podemos reconhecer, nas primeiras monarquias da Grécia, os germes de sua inevitável dissolução. Outra causa era aquela singular separação de tribos (que falavam uma língua comum e pertenciam a uma mesma raça) que caracterizava os gregos. Em vez de avançar sobre um território em um amplo ataque, cada subdivisão conquistava um pequeno distrito, construía uma cidade e formava um povo independente. Assim, na realidade, os governos helênicos não eram os de um país, mas os de uma pequena cidade, de modo que as palavras "estado" e "cidade" eram sinônimas.[152] Estruturas política municipais, por sua própria natureza, sempre são mais ou menos republicanas e, como nos estados italianos, bastava que a entidade eliminasse algum poder desvinculado dela ou que lhe fosse hostil para ascender ao *status* de república. A isso devemos acrescentar que o verdadeiro espírito re-

[152] Na Fócida havia nada menos que vinte e dois estados (cidades-estados); na Beócia, quatorze; na Acaia, dez. Os antigos teóricos políticos não consideravam nenhuma comunidade pequena demais para a independência, desde que seu número fosse suficiente para sua defesa. Platão mostra-nos que uma sociedade de cinco mil homens livres capazes de manejar armas era considerada poderosa o bastante para constituir um estado independente. Uma causa importante da superioridade de Atenas e Esparta era que cada uma de tais cidades havia eliminado, desde muito cedo, os minúsculos estados independentes em seus diversos territórios da Ática e da Lacônia.

publicano é mais facilmente estabelecido em meio a tribos montesas de civilização ainda imperfeita a ainda recém-saídas da selvageria da vida natural do que entre estados antigos, onde a suntuosidade deixa de fato o desejo de liberdade, mas enfraquece seu poder, "como o mármore da pedreira é mais fácil de ser talhado em estátua do que aquele sobre o qual já trabalhou a mão do artífice".[153]

III. Se a transição de monarquia para republicanismo não foi, por si só, muito violenta, seu processo parece ter sido ainda mais amainado por preparações graduais. A monarquia não foi abolida: ela entrou em declínio. A linha direta de sucessão foi rompida, ou ocorreu algum outro pretexto para a transformação de uma monarquia hereditária em eletiva. Em seguida, o período de poder foi abreviado e, de monarquia vitalícia, passou a ser uma monarquia tão somente por certo número de anos. Na maioria dos casos, também o nome (e tanto há nos nomes!) foi alterado, e o título de governante ou magistrado substituiu o de rei.

Desse modo, não foi em um súbito salto de mentalidade, nem por revoluções tórridas e efêmeras, mas de forma gradual, permanente e sem que se percebesse, que a monarquia deixou de existir, como uma moda, por assim dizer, esgotada e obsoleta, e foi sucedida pelo republicanismo. Contudo, de início, é provável que esse republicanismo não tenha sido, em momento algum, puramente democrático. Foram os chefes os agentes visíveis nas apropriações do poder monárquico: a monarquia foi sucedida por uma aristocracia. Por vezes, essa aristocracia era demasiado limitada em número, ou o poder de governo era usurpado por uma facção específica ou por famílias eminentes. Nesse caso, era chamada OLIGARQUIA. E essa forma de aristocracia parece ter sido, em geral, a sucessora imediata da realeza. Nas palavras de Aristóteles,[154] "o primeiro sistema de governo estabelecido na Grécia após o declínio das monarquias foi o dos membros da classe militar, e exclusivamente dos que eram cavaleiros" [...] "tais repúblicas, conquanto chamadas democracias, tinham forte tendência à oligarquia, e até mesmo à monarquia".[155] Mas o espírito

[153] Maquiavel (*Discursos*, livro I, cap. II).
[154] Livro IV, cap. 13.
[155] Dentre as vantagens da riqueza, Aristóteles cita a possibilidade de treinar cavalos. Onde quer que a nobreza pudesse estabelecer, em seu meio, uma cavalaria, a estrutura política era oligárquica. Não obstante, mesmo nos estados que não mantinham uma cavalaria (como Atenas, antes da constituição de Sólon), uma oligarquia era a primeira forma de governo que emergia

de mudança ainda avançava: quer fossem poucos ou muitos, os governantes aristocráticos não deixavam de abrir as portas para outras inovações. Pois, se muitos, estavam sujeitos às dissensões entre si; se poucos, despertavam ódio em todos os que ficavam excluídos do poder. Assim caíram as oligarquias de Marselha, de *Istros* [rio Danúbio] e de Heracleia. No primeiro caso, elas eram enfraquecidas por suas próprias desconfianças; no segundo, pelas desconfianças de seus rivais. O progresso da civilização e o crescimento dos hábitos de comércio introduziram aos poucos um intermediário entre o populacho e os chefes. Lentamente, surgiu a CLASSE MÉDIA e, com ela, nasceu o desejo de liberdades mais amplas e leis igualitárias.[156]

IV. Surgiu, em seguida, a classe dos DEMAGOGOS. O povo já havia sido habituado à mudança. Fora manipulado contra a monarquia e descobrira que havia trocado um senhor por muitos. Aparecia, então, um demagogo: por vezes, alguém do próprio povo, mas, com maior frequência, um nobre insatisfeito, ambicioso e empobrecido. Pois aqueles que dilapidaram seu patrimônio, como observa, com sagacidade, o Estagirita, são grandes promotores de inovação! O partidarismo intensificava-se, o estado ficava dividido, inflamavam-se paixões, e o líder popular transformava-se no ídolo popular. É provável que a vida do demagogo estivesse sempre em perigo por causa do ressentimento dos nobres, e era fácil demonstrar que era assim ameaçada. Ele conseguia reunir uma guarda para protegê-lo, conquistava a confiança dos soldados, tomava a cidadela e logo ascendia de líder do populacho a governante do estado. Essa foi a história comum dos tiranos da Grécia, que nunca suplantaram o governo monárquico (salvo nas épocas iniciais, quando, nascidos de uma monarquia de poder limitado, eles ampliavam seus privilégios para além do permitido em lei, como Fédon de Argos), mas quase sempre aristocracias e oligarquias.[157] Não preciso obser-

das ruínas da monarquia.

[156] Um dos principais métodos de aumentar a ação popular era a incorporação de vilarejos e distritos vizinhos de uma municipalidade à capital. Dessa maneira, o povo ganhava tanto em número como em união.

[157] Por vezes, na Grécia antiga, surgia um tipo de tiranos legítimos, sob o nome de aesimnetas. Eles eram voluntariamente escolhidos pelo povo, às vezes para mandatos vitalícios, às vezes por períodos limitados, e, em geral, para que alcançassem algum objetivo específico. Pítaco de Mitilene foi assim eleito para conduzir a guerra contra os exilados. Alcançado o objetivo, ele abdicou de seu poder. No entanto, a nomeação dos aesimnetas não pode ser chamada de uma forma regular de governo. Eles logo se tornaram figuras obsoletas, meros produtos da ocasião. Durante sua existência, guardavam

var que a palavra "tirano" tinha significado muito diferente, nos tempos antigos, daquele que carrega hoje. Ela correspondia melhor a nossa palavra "usurpador" e denotava alguém que, por meios ilegítimos, com habilidade ou força, havia usurpado a autoridade suprema. Um tirano poderia ser indulgente ou cruel, o pai do povo ou seu opressor, mas, ainda assim, ele conservava o nome, que era transmitido a seus filhos. Os méritos dessa estirpe de governantes e os benefícios inconscientes que geraram não foram avaliados com justiça pelos historiadores antigos nem pelos modernos. Sem seus tiranos, a Grécia talvez jamais tivesse estabelecido suas democracias. Como se pode logo supor, o homem que, contra inimigos poderosos, e oriundo, em regra, das classes baixas e empobrecido, conseguisse ascender a um trono, era geralmente dotado de habilidades pouco comuns. Para ele, dedicar tais habilidades à causa e aos interesses do povo era uma necessidade quase vital. Como havia ascendido tão somente pelo apoio do povo, e continuava cercado por numerosos adversários, ele poderia contar apenas com o povo.

Os tiranos mais sábios e célebres tinham por característica uma extrema modéstia de comportamento: eles não adotavam pompas extraordinárias nem títulos excelsos; mantinham intocadas – ou tornavam ainda mais populares – as formas e instituições do governo; não oprimiam com a tributação; preferiam associar-se às classes mais baixas, e sua autoridade costumava produzir benefícios imediatos às classes trabalhadoras, que eles empregavam em novas fortificações ou novos prédios públicos, deslumbrando os cidadãos com um esplendor que parecia menos a ostentação de um indivíduo que a prosperidade de um estado. No entanto, os membros da aristocracia continuavam sendo seus inimigos, e era contra eles, não contra o povo, que os tiranos dirigiam sua grande sagacidade e sua energia inesgotável. Todo tirano mais prudente era um Luís XI, enfraquecendo os tiranos e criando uma classe média. Ele alcançava o primeiro de tais objetivos por meios violentos e inescrupulosos. Eliminava, por morte ou banimento, todo aquele que se opusesse a sua autoridade ou despertasse seus temores. Assim, ele não deixava nada entre o estado e a democracia além de si próprio: se fosse afastado, seguir-se-ia a democracia de forma natural e segura. Existem

grande semelhança com os ditadores romanos: uma semelhança destacada por Dionísio, que cita o relato de Teofrasto sobre os aesimnetas como acorde com o de Aristóteles.

momentos na história de todas as nações em que a liberdade é mais efetivamente promovida, o processo civilizatório é mais acelerado e as artes são alimentadas com mais prodigalidade quando há uma estrita concentração de poder nas mãos de um indivíduo, e o déspota é nada mais que o representante da vontade popular.[158] Foram em momentos tais que floresceu a maioria das tiranias da Grécia, e pode-se quase dizer que elas deixaram de existir com a necessidade que as convocou. A energia desses líderes revolucionários abriu a possibilidade e intercurso com outros estados; seus interesses ampliaram o comércio; sua política derrubou as maléficas barreiras do preconceito e dos costumes oligárquicos; seus receios deram vazão perpétua à atividade produtiva de uma população que eles tinham pavor de deixar na indolência; seu gênio apreciava as artes, e sua vaidade cultivava-as. Desse modo, eles interrompiam o curso da liberdade apenas para melhorar, concentrar e promover seus resultados. Sua dinastia nunca durou muito tempo: a tirania mais longa da Grécia durou apenas cem anos,[159] e teve essa duração por causa de sua brandura. O filho do tirano raramente herdava a sagacidade e os talentos do pai: ele buscava fortalecer seu poder pelo rigor, o que gerava insatisfação, tornando sua queda súbita e completa. Por isso, em regra, os membros da aristocracia que haviam sido banidos eram chamados a retornar, mas não eram investidos dos antigos privilégios. A estrutura política tornava-se mais ou menos democrática. É verdade que Esparta, que dava seu poderoso auxílio na destruição de tiranias, tinha por objetivo substituí-las por oligarquias. Esse esforço, porém, raramente produzia resultados permanentes: quanto mais a aristocracia era estreitada, mais certa era sua queda. Se a classe média fosse poderosa e o comércio florescesse no estado, a antiga aristocracia de nascimento era logo sucedida por uma aristocracia de propriedade (chamada timocracia), o que era, por sua própria natureza, certeza de avanços democráticos. No instante em que se amplia o sufrágio, pode-se demarcar o início da transição ao sufrágio universal.

[158] Pois, como bem observou o grande florentino: "Para estabelecer bem um governo, um único homem é o ideal; uma vez estabelecido, o cuidado e a execução das leis devem ser transferidos para muitos". (Maquiavel, *Discursos*, livro I, cap. 9). E, assim, uma tirania constrói o edifício que a república se apressa a habitar.

[159] A tirania e Ortágoras e seus filhos, em Sicião. Diz Aristóteles: "De todos os governos, o de uma oligarquia, ou o de um tirano, é o menos permanente". Uma citação que nunca é demais apresentar à memória daqueles pensadores que insistem tanto na curta duração das repúblicas antigas.

Aquele que desfruta de certas vantagens por possuir dez acres de terra instigará contra si o grupo daqueles que têm nove, e os argumentos que haviam sido usados para franquear os direitos de um são igualmente válidos para franquear os direitos do outro. Limitações de poder com base na propriedade são barreiras contra uma maré que avança perpetuamente. Portanto, a timocracia quase que invariavelmente pavimentou o caminho para a democracia. Não obstante, a velha facção aristocrática, constantemente vencida, continuou poderosa, obstinada e resistente, e era raro que houvesse um estado na Grécia que não abrigasse os dois partidos que hoje encontramos na Inglaterra e em todas as nações livres: o partido do movimento para o futuro e o partido do retrocesso ao passado – e digo passado, pois, em política, não existe presente! Onde quer que haja partidos, se um deseja inovações, o outro desejará, em seu íntimo, não preservar o que resta, mas restaurar o que foi. É necessário ter esse fato sempre em mente quando se estudam as disputas políticas dos atenienses. Afinal, na maioria de suas convulsões internas, encontramos sua causa nos esforços do partido antipopular não tanto para resistir a novas transgressões, mas para reviver instituições extintas. Todavia, conquanto existissem duas ordens distintas na maioria dos estados gregos, e os eupátridas, ou "bem nascidos", fossem uma classe diferente da gente comum – e superior a ela – seria um erro de nossa parte supor que essas ordens separadas constituíam as grandes divisões políticas. Como na Inglaterra, em que os mais antigos dentre os nobres são geralmente encontrados nas fileiras populares, também nos estados gregos, muitos dos eupátridas lideravam o partido democrático. E essa divisão interna, embora enfraquecesse o poder dos bem nascidos, contribuía para impedir quaisquer revoluções mortais e ferozes, pois servia sobretudo para mitigar os excessos da facção predominante, e todo conflito encontrava mediadores entre os partidos rivais em pessoas que fossem, ao mesmo tempo, amigos do povo e membros da nobreza. Não se deve esquecer que o triunfo do partido popular era sempre mais moderado que o da facção que lhe era contrária, como o provará doravante a história de Atenas.

V. As estruturas políticas legais da Grécia eram quatro: monarquia, oligarquia, aristocracia e democracia. A ilegal era a tirania, em um formato duplo, isto é, podia consistir em uma monarquia usurpada ou em uma oligarquia usurpada. Logo, a oligarquia dos Trinta, em Atenas, não era menos tirania do que o governo solitário de Pisístrato. Até mesmo a democracia tinha sua forma ilegal e corrompida na OCLOCRACIA, ou governo da turba, pois democracia não significava o governo das classes inferiores apenas, mas de todo o povo: desde a classe mais elevada até a mais baixa. Se, pela lei, a classe mais elevada fosse excluída, se o populacho restringisse a autoridade legislativa e a autoridade executiva a sua própria classe, então, a democracia, ou o governo de um povo inteiro, cessava na prática, tornando-se o governo de uma parcela do povo – uma forma igualmente injusta e ilegítima, um abuso em si mesma, quer a porção dominante e exclusiva fosse a dos nobres, quer fosse a dos operários. Portanto, na história moderna (porém análoga), quando a classe média de Florença expulsou os nobres de qualquer participação no governo, ela estabeleceu um monopólio sob o nome de liberdade, e a resistência dos nobres foi a luta legítima de patriotas e de homens livres por um privilégio inalienável e um direito natural.

VI. Eliminaríamos de nossa mente alguns preconceitos muito importantes se pudéssemos aceitar um fato que, sendo evidente em si mesmo, as disputas partidárias modernas obscureceram por completo: que, nas formas puras de seu governo, as repúblicas gregas não podem ser legitimamente forçadas a atender aos próprios daqueles que, nos tempos atuais, desejam atestar os males, ou proclamar os benefícios, de estruturas políticas exclusivamente democráticas. Em primeiro lugar, elas não eram democracias, mesmo em sua forma mais democrática: a esmagadora maioria das classes trabalhadoras era a população escravizada. E, portanto, ampliar as tendências populares da república era, na verdade, tão somente ampliar as liberdades da minoria. Ser-nos-ia razoável duvidar que os piores males das repúblicas antigas, quer na separação de classes, quer na guerra entre ricos e pobres, não fossem os resultados inevitáveis da escravidão. Também podemos duvidar, com igual probabilidade, que grande parte do espírito nobre e da paixão universal pelas questões públicas, dos quais emanavam a iniciativa, a competição, o patriotismo e a glória das cidades antigas, teria existido sem uma raça subordinada para perseverar na labuta tediosa da vida cotidiana. É óbvio, ainda, que muito da grandiosidade intelectual dos diversos estados derivou da extrema pequenez de seus territórios, da concentração do poder interno e da eterna competição com estados adjacentes e afins, de nível quase igual de civilização. Também é óbvio que muitos dos aspectos imorais de seu caráter e, não obstante, muitos de seus aspectos mais brilhantes, derivavam da ausência da IMPRENSA. Sua condição intelectual era a de homens com quem se falava, não para os quais se escrevia. Sua imaginação era sempre requisitada; sua razão deliberativa, raramente. Eles eram o público adequado a um orador, cuja arte é eficiente na medida do impulso e da paixão daqueles a que ele se dirige. Não se deve esquecer, ademais, que o sistema representativo, que é o condutor apropriado da ação democrática, se não era totalmente desconhecido dos gregos,[160] e se foi inconscientemente praticado no eforado espartano, ao menos nunca existiu nos estados mais democráticos. E assembleias com o povo todo são compatíveis tão somente com aquelas pequenas nações cuja cidade é o país. Assim, ser-nos-ia impossível apresentar a estrutura política abstrata de qualquer estado antigo como advertência ou exemplo para países modernos que possuem territórios de grande extensão, que subsistem sem uma população escrava, que substituem assembleias populares por conselhos representativos e dirigem os gostos intelectuais e os hábitos políticos de um povo, não pela oratória e pela conversação, mas pelo instrumento mais moderado e desapaixonado da imprensa. Estabelecido esse princípio, talvez se possa admitir que, ao compararmos as democracias da Grécia com todas as outras formas contemporâneas de governo, elas se mostrem mais favoráveis ao cultivo da mente, menos expostas que outras a revoluções internas, realmente mais duradouras de um modo geral, mais brandas e civilizadas em suas leis, e que a pior tirania dos *Demus*, considerada no âmbito interno ou estrangeiro, nunca se igualou à tirania de uma oligarquia ou de um governante solitário. As repúblicas antigas são verdadeiros modelos para nós não no que diz respeito a sua forma, mas no espírito de sua legislação. Elas nos ensinam que o patriotismo é promovido ao máximo quando se reúnem to-

[160] Além da representação necessária às confederações, tais como a Liga Anfictionia, etc., adotava-se um sistema representativo em Mantineia, onde os oficiais eram nomeados por delegados escolhidos pelo povo. "Essa forma de democracia existia em meio aos pastores e camponeses da Arcádia", diz Aristóteles, e provavelmente não era incomum entre os antigos pelasgos. No entanto, os dez mil da Arcádia não detinham o poder legislativo.

das as classes em um constante intercâmbio público, que o intelecto é mais exuberante onde quer que a competição seja mais ampla e irrestrita, e que os legisladores não têm o condão de criar recompensas nem inventar penalidades iguais àquelas silenciosamente engendradas pela própria sociedade, enquanto ela mantenha, organizado em um sistema, o desejo de glória e o pavor da desonra.

Capítulo VIII

Breve estudo das Artes, das Letras e da Filosofia na Grécia, antes da legislação de Sólon.

I. Antes de concluir esta seção introdutória de minha obra, será necessário fazer um breve estudo da condição intelectual da Grécia antes daquela magnífica era da grandiosidade ateniense, que teve início com as leis de Sólon. Nesse período, as cidades-estados continentais da Grécia haviam produzido pouco daquela literatura que, hoje, é a relíquia do mundo. Quer no período da monarquia, quer no da estrutura política oligárquica que a sucedeu, o espírito melancólico e lânguido de Atenas não dera nenhum sinal promissor das vitórias que estava destinada a alcançar no futuro. Sua literatura nasceu, conquanto não se possa dizer que tenha cessado, com a democracia. A afirmação solitária e duvidosa do nascimento – mas não da lírica – de Tirteu (*floruit* 683 a.C.) é a honra literária mais elevada que a época primitiva da Ática pode proclamar, e muitos dos estados dóricos, até mesmo a própria Esparta, parecem ter sido mais prolíficos em poetas que a cidade de Ésquilo e Sófocles. Não obstante, por toda a Grécia, desde seus primórdios, havia uma paixão geral pela poesia, por efêmeros que fossem os poetas. Os poemas de Homero são os mais antigos dentre os escritos profanos, mas eles mesmos atestam que tiveram muito precursores em nada desprezíveis. E tais poemas não o atestam apenas em sua excelência, nem em suas referências a outros poetas, mas no estilo de vida geral atribuído aos chefes e heróis. A lira e a poesia fornecem o entretenimento favorito do banquete.[161] E Aquiles, no intervalo de sua furiosa compostura,

[161] "Então, à voz suave do alaúde prolonga-se a noite, / Do banquete, a música é o mais primoroso deleite." *Odisseia*, tradução inglesa de Pope, livro XXI, p. 473. No original, a ideia é mais forte: *"Moltae kai phormingi tu gar*

troca a espada mortal pela "harpa de prata",

"E canta / Os feitos imortais de heróis e de reis."[162]

II. A ampla tradição e os indicativos internos dos poemas homéricos provam que a *Ilíada* foi, ao menos, composição de um grego asiático e, embora a época em que ele floresceu ainda seja objeto de acalorado debate, a cronologia mais plausível situa-o por volta do período da migração jônica, ou um pouco menos de duzentos anos após a guerra de Troia. Alguns[163] supõem que os versos a seguir, do discurso de Juno no quarto livro da *Ilíada*, fazem alusão ao retorno dos heraclidas e às conquistas dóricas no Peloponeso:

"Três são as cidades, nas planícies gregas, por Juno
Mais amadas que todas as outras do vasto mundo:
Micenas, Argos e a muralha espartana.
A estas, podeis demolir, e não proíbo sua ruína.
A mim, a vingança não me cabe eliminar,
É crime bastante que partilhem de meu amar."[164]

E, a mim, certamente me parece que, em uma referência tão clara às três grandes cidades peloponésias que os dórios invadiram e dominaram, Homero faz uma alusão tão óbvia às conquistas dos heraclidas, não apenas como seria compatível com o orgulho de um grego jônio em atestar os triunfos do dórico inimigo nacional, mas como a natureza mesma de uma temática abandonada em um período distante, e conspicuamente retirada, da forma como eram geralmente conduzidos, dos detalhes históricos de eventos subsequentes, permitiria ao poeta.[165] E, aqui, devo observar que, se a data assim atribuída a Homero estiver correta, o próprio tema da *Ilíada* talvez tivesse sido sugerido pelas consequências da invasão dórica. Homero conta:

"A ira de Aquiles, para a Grécia a fonte fatídica / de infortúnios sem conta."

Contudo, Aquiles é o herói nativo daquele distrito

---

t'anathaemata daitos".

[162] *Ilíada*, livro IX, tradução inglesa de Pope, verso 250.

[163] Heyne, F. Clinton, etc.

[164] Tradução inglesa de Pope, livro IV, verso 75, etc.

[165] Ao menos, essa passagem é suficiente para refutar os argumentos do Sr. Mitford, e de homens mais versados que tal historiador, que, ao tomar por premissa, como se fora um fato incontestável, a hipótese extraordinária de que Homero não aludiu nem uma única vez ao retorno dos heraclidas, chegam a uma conclusão um tanto ilógica, ainda que a premissa fosse verdadeira: ou seja, a conclusão de que Homero foi anterior à data da grande revolução.

tessálio que foi a primeira colônia da família dórica. Agamemnon, de cujos insultos ele se ofende, é o monarca da grande raça dos aqueus, cuja dinastia e domínio os dórios estão destinados a derrubar. É verdade que, à época da guerra de Troia, os dórios haviam migrado da Ftiótida para a Fócida; é verdade que Aquiles não era de origem dórica; não obstante, haveria um interesse associado à singular coincidência de lugar, assim como, embora os ingleses não descendam dos bretões, nós associamos a história britânica à nossa. Portanto, parece-me, conquanto eu creia que a conjuntura seja nova, que não seja a totalidade da guerra de Troia, mas aquele episódio dela (do contrário, sem nenhuma importância) ilustrado pela ira de Aquiles, que desperta a inspiração do poeta. Em verdade, se, no exórdio da *Ilíada*, não jaz oculto nenhum sentido típico, o exórdio é inadequado ao tema. Pois, a ira de Aquiles não fez recair sobre os gregos infortúnios mais severos do que o curso ordinário da guerra os teria destinado a suportar. Todavia, se o público grego (os exilados e sua posteridade), para o qual, de litorais asiáticos, Homero recitava seu poema, associava a rixa hereditária entre Aquiles e Agamemnon com o conflito entre os antigos guerreiros da Ftiótida e da Acaia, então, de fato, os versos de abertura assumem um significado solene e profético, e seu efeito deve ter sido eletrizante sobre um povo sempre disposto a buscar nos mitos de sua ancestralidade o legado de uma fatalidade sombria e ominosa, pela qual cada sofrimento atual consistia no resultado inevitável de uma causa imemorial.[166]

III. A unanimidade dos antigos acreditava que a *Ilíada* era a obra de um único poeta. Em épocas recentes, porém, surgiu opinião contrária e, na Alemanha, atualmente, a crença em voga é que aquele maravilhoso poema não passa de uma coleção de rapsódias de vários poetas, reunidas e organizadas por Pisístrato e pelos poetas de então, teoria que um estudioso pode defender, mas que poeta algum jamais poderia inventar! Os principais motivos que se alegam em favor dessa proposição são os seguintes. Afirma-se como "fato indiscutível" "que a arte da escrita e o uso de

[166] Reconheço que essa me parece ser a explicação mais provável para a importância singular e, de outra forma, desproporcional dada pelos antigos poetas àquele episódio da guerra de Troia que está relacionado com a rixa entre Aquiles e Agamemnon. Como primeiro registro da inimizade entre os grandes aqueus e os guerreiros da Ftiótida, ele seria de interesse solene e histórico tanto para os conquistadores dóricos como para os aqueus derrotados, lisonjeiro à vaidade nacional de ambos os povos.

materiais de escrita viáveis eram inteiramente, ou quase inteiramente, desconhecidos na Grécia e em suas ilhas na suposta data da composição da *Ilíada* e da *Odisseia*; que, se assim era, tais poemas não poderiam ter sido confiados à forma escrita durante o período de sua composição; que, em uma questão de comparação de probabilidades como esta, é muito mais óbvia a improbabilidade de que mesmo a *Ilíada* sozinha, que contém, após todas as reduções e cortes, mais de quinze mil versos hexâmetros, tenha sido realmente concebida e aperfeiçoada no cérebro de um homem apenas, sem nenhum auxílio além de sua própria memória e da memória de outros, do que a hipótese de ela ser, de fato, o resultado dos esforços de diversos autores distintos; que, se a *Odisseia* fosse incluída aí, a improbabilidade seria duas vezes maior; que, se acrescentarmos, com base na autoridade de Tucídides e Aristóteles, os *Hinos* e o *Margites*, para não mencionar a *Batracomiomaquia* [*A Batalha dos Sapos e Ratos*], o que era improvável torna-se teoricamente impossível!; que tudo quanto se tem dito sobre o fato de tantos versos ou mais terem sido confiados à memória é irrelevante ao ponto em questão, que não é se quinze mil ou trinta mil versos não podem ser decorados a partir de um impresso ou manuscrito, mas se um único homem é capaz de compor um poema de tal extensão, que, com justiça ou não, deve ser considerado um modelo perfeito de simetria e coerência de partes, sem o auxílio de materiais de escrita; que, admitindo-se a maior probabilidade de que um feito como esse tenha sido realizado em uma era primitiva, não conhecemos nada realmente semelhante ou análogo; e que ele transcende de tal forma os limites comuns da capacidade intelectual que merece, no mínimo, feita máxima justiça à opinião contrária, o caráter de improbabilidade".[167]

E, diante de tais argumentos, a identidade de Homero deve ser destruída! Passemos a discuti-los um a um.

Primeiro. "A arte da escrita e o uso de materiais de escrita viáveis eram inteiramente, ou quase inteiramente, desconhecidos na Grécia e em suas ilhas na suposta data da composição da *Ilíada* e da *Odisseia*."

Toda a argumentação contra a unidade de Homero apoia-se nessa asserção e, não obstante, ela é impossível de provar! Supõe-se, ao contrário, que caracteres alfabé-

[167] Adoto a análise dos argumentos anti-homéricos feita com tanta clareza pelo Sr. Coleridge em sua eloquente *Introduction to the Study of the Greek Poets* [Introdução ao Estudo dos Poetas Gregos]. *Homer* [Homero], p. 39.

ticos foram introduzidos na Grécia por Cadmo; mais que isso, inscrições que os melhores antiquários acreditam datar de antes da guerra de Troia são encontradas até mesmo em meio aos pelasgos da Itália. Dionísio conta que os pelasgos foram os primeiros a introduzir as letras na Itália. Mas, em resposta a isso, fala-se que as letras eram usadas tão somente para inscrições em pedra ou madeira, e não para a preservação de escritos tão extensos. Se assim fosse, não consigo ver por que os gregos professariam uma reminiscência tão grata da dádiva de Cadmo: a mera inscrição de umas poucas palavras na pedra não seria uma invenção muito popular ou benéfica! No entanto, os fenícios tinham intercurso constante com os egípcios e os hebreus e, nessas duas nações, a arte e os materiais da escrita eram conhecidos. Os fenícios, muito mais empreendedores que ambos aqueles povos, deviam estar plenamente familiarizados com seu meio de comunicação escrita e, em verdade, temos certeza disso. Agora, se um fenício tivesse transmitido tanto dessa arte aos gregos chegando ao ponto de transmitir o conhecimento de um alfabeto escrito, é provável que tivesse permitido que essa comunicação cessasse aí? Os fenícios eram um povo mercantil, e suas colônias na Grécia tinham propósitos comerciais. Teriam eles, de forma deliberada e voluntária, negligenciado o modo mais conveniente de correspondência comercial? Importando apenas o suficiente da arte para permitir inscrições úteis somente aos nativos, eles teriam parado de transmiti-la justamente no estágio em que a arte se tornava útil para si mesmos? E, libertando aquele povo tão capaz da acusação de uma tão obstinada tolice, não temos autoridade em história nem bom senso? Temos a autoridade de Heródoto! Quando informa que os fenícios transmitiram as letras aos jônios, ele acrescenta que, por um costume muito antigo, os jônios chamavam seus livros ***diptherae***, ou peles, porque, em uma época em que a planta das bíblias ou papiros era escassa,[168] eles usavam, em vez dela, as peles de bodes e ovelhas, costume que ele próprio testemunhou entre as nações bárbaras. Tais materiais eram usados tão somente para inscrições relativas a uma dedicação religio-

[168] As palavras de Heródoto são: ***en spanei biblon***. Folhas e a casca de árvores também eram usadas desde épocas muito anteriores ao uso comum do papiro e, quando nos dizem que folhas não seriam meios adequados para preservar obras de qualquer extensão ou duração, não devemos esquecer que, em um período muito posterior, foi sobre folhas (e ossos de carneiro) que o Alcorão foi transcrito. Os materiais mais rudimentares são adequados à preservação do que os homens consideram ser de seu interesse preservar!

sa ou uma aliança política? NÃO, pois, à época, a madeira ou a pedra, o templo ou o pilar, teriam sido os materiais para as inscrições. Logo, as peles devem ter sido usadas para um propósito mais literário, e a poesia foi a primeira forma de literatura. Reconheço que antes, e mesmo muito depois da época de Homero, a arte da escrita (como ocorreu conosco na era das trevas) seria bem pouco conhecida, e que, em muitas partes da Grécia, sobretudo na Grécia europeia, ela não devia ser usada senão para inscrições sucintas. Mas isso não tem relevância nenhuma; se fosse de conhecimento de qualquer mercador jônio, até mesmo de qualquer asiático das adjacências, ou de qualquer colonizador fenício, é bastante razoável supor que o próprio Homero, ou um discípulo contemporâneo e recitador de seus versos, tivesse aprendido tanto a arte como o uso dos materiais que mais poderiam ter assegurado a fama do poeta, ou auxiliado a memória do recitador. E, conquanto Plutarco não seja, por si só, uma autoridade no assunto, ele não pode ser rejeitado como testemunho corroborativo quando relata que Licurgo reuniu e transcreveu os poemas de Homero; e que a escrita era uma arte conhecida na Grécia àquela época fica evidente pela própria determinação de Licurgo no sentido de que suas leis não deveriam ser escritas. Contudo, Apolodoro apresenta Licurgo como contemporâneo do próprio Homero, e essa convicção parece receber a sanção dos mais diligentes e versados cronologistas modernos.[169] Eu poderia aduzir vários outros argumentos para corroborar aqueles que já propus. Todavia, o que eu disse já é suficiente para demonstrar que não se trata de um "fato indiscutível" que Homero não poderia conhecer materiais de escrita, e que todo o arsenal construído para destruir a fama do maior dos gênios da humanidade foi erigido sobre um alicerce duvidoso e instável. Talvez seja impossível comprovar que os poemas de Homero foram escritos, mas é igualmente impossível comprovar que eles não o foram. E, se fosse necessário para a identificação de Homero que seus poemas deviam ter sido escritos, tal necessidade seria uma das provas mais contundentes não de que Homero existiu, mas de que a escrita existia!

Mas, por ora, suponhamos que isso provasse que era desconhecido o uso de materiais de escrita para fins literários, e examinemos as asserções construídas sobre tal hipótese.

Segundo. "Que, se tais poemas não poderiam ter sido

[169] Veja o *Fasti Hellenici*, de Clinton, vol. I, p. 145.

confiados à forma escrita durante o período de sua composição, é muito mais óbvia a improbabilidade de que mesmo a *Ilíada* sozinha, que contém, após todas as reduções e cortes, mais de quinze mil versos hexâmetros, tenha sido realmente concebida e aperfeiçoada no cérebro de um homem apenas, sem nenhum auxílio além de sua própria memória e da memória de outros, do que a hipótese de ela ser, de fato, o resultado dos esforços de diversos autores distintos."

Refuto completamente essa hipótese. "A improbabilidade" talvez fosse "mais óbvia" se a *Ilíada* tivesse sido composta em um único dia! No entanto, como qualquer homem de bom senso reconheceria, ela foi composta em partes ou "estrofes" de tamanho razoável por vez, sem que nenhuma capacidade extraordinária de memória ou tensão de pensamento fosse exigida do poeta. Tais partes, uma vez recitadas e admiradas, passavam a ser conhecidas e decoradas por uma centena de bardos profissionais e, desse modo, publicadas oralmente, por assim dizer, em seções separadas, talvez anos antes de a obra ter sido concluída. Portanto, tudo o que se diz sobre a dificuldade de compor um poema tão longo sem materiais de escrita não passa de uma incoerência de palavras. Suponhamos que não existisse nenhum material de escrita; ainda assim, tão logo partes de algumas centenas de linhas fossem confiadas à memória de outros menestréis, o autor teria, em tais menestréis, livros vivos em que poderia refrescar sua memória, e poderia até mesmo, com sua ajuda, aprimorar e emendar o que já tivesse sido composto. Dessa forma, não teria sido necessário que o próprio poeta recordasse, com perfeição e verbalmente, a obra inteira. Ele tinha suas tábuas de referência nos corações e lábios de outros homens e, ainda que fosse preciso que ele próprio memorizasse a composição toda, o hábito constante da declamação, o exercício constante da memória, fariam com que a tarefa não fosse, de modo algum, impraticável ou sem precedentes. Quanto à unidade do poema assim composto, ela teria sido, como o é, não a unidade de regras técnicas e críticas pedantes, mas a unidade de interesse, natureza, imagens e pensamento, uma unidade que não exigia referências escritas para ser mantida, mas que constituía a qualidade essencial de um gênio, e deveria ser, a todo homem médio, prova irrefragável de que uma única mente concebeu e executou a obra.

IV. Já dissemos o bastante acerca da suposta improbabilidade de que a *Ilíada* tenha um único autor. Mas, com que descaramento podem tais críticos falar de "probabilidade" quando, a fim de descartar um único Homero, eles nos pedem para acreditar em vinte! Nossa imaginação mais exaltada seria capaz de conceber hipóteses mais monstruosas que estas, a saber, de que vários poetas, todos dotados da suma genialidade (nunca superada antes, nem depois), viveram na mesma; de que tal genialidade era tão exatamente igual em cada um deles que não conseguimos detectar, nos pensamentos, nas imagens, na concepção e no tratamento de personagens, humanos e divinos, tal como expressos em cada um, a mais ínfima diversidade nessas mentes magníficas; de que, do imenso repositório de suas lendas nacionais, todos concordaram em eleger um único tema: a guerra de Troia; de que, dentro desse tema, todos concordaram em escolher apenas um período específico, do insulto de Aquiles ao resgate do corpo de Heitor; de que seus diferentes mosaicos se encaixavam tão bem uns nos outros que, pela simples habilidade de um editor talentosos, eles foram unidos em um todo único, tão simétrico que a perspicácia acutíssima da antiga Grécia jamais pôde descobrir a impostura;[170] e de que, dentre todos esses poetas,

[170] Críticos descobriram, de fato, algumas supostas lacunas e interpolações, mas essas, ainda que admitidas, não são prova contra a unidade de Homero. O que admira é que houvesse tão poucas de tais interpolações, considerando-se o período de barbarismo que transcorreu entre sua composição e a época em que foram cuidadosamente editadas e reunidas pela primeira vez. Com mais ênfase combate-se o argumento em favor da unidade de Homero, derivada da unidade do estilo e das personagens, alegando-se que existem passagens que críticos modernos concordam sejam acréscimos aos poemas originais, feitos séculos mais tarde, ainda que insuspeitados pelos antigos; e que, em tais acréscimos – tais como os últimos livros da *Ilíada*, com muitos outros menos importantes – a unidade homérica de estilo e personagens ainda é mantida. Podemos responder, porém, que, em primeiro lugar, temos o direito de olhar tais descobertas com ceticismo: muitas delas repousam sobre bases críticas um tanto insubstanciais; em segundo lugar, se as admitirmos, uma coisa é um acréscimo forjado ter sido introduzido em um poema, e outra coisa é o poema ser inteiramente constituído de acréscimos; em terceiro lugar, podemos observar que imitações bem-sucedidas do estilo e das personagens de um autor, por grandioso que seja, podem ser feitas muitos séculos mais tarde com razoável facilidade, e por pessoas de gênio muito inferior, conquanto, à época em que o escreveu ou recitou, não seja fácil supor que meia dúzia ou mais de poetas partilhasse de seu espírito ou estilo. Hoje em dia, é um truque escolástico muito comum imitar, e com considerável êxito, o estilo dos maiores escritores, antigos e modernos. No entanto, a unidade de Homero não depende da questão sobre imitações terem sido introduzidas em um grande poema, mas se uma coletividade de grandes poetas reuniu-se em uma escola sobre um tema. Um estudioso brilhante de Shakespeare, ou dos dramaturgos mais antigos, poderia enganar a credulidade pública uma nova cena, ou até mesmo uma nova peça, dizendo-a pertencente a Shakespeare, mas isso seria prova de que um conjunto de Shakespeares se reuniu na produção de *Macbeth*? A propósito, reconheço que tenho algumas dúvidas quanto a nossa capacidade de julgamento ao identificar o que é homérico e o

tão fenomenais em sua genialidade, nem um único nome, salvo o de Homero, foi registrado pelo povo em geral para o qual eles recitavam, ou reivindicado pela tribo específica cuja literatura eles deveriam ter imortalizado? Se não existissem todas as demais provas da unidade de Homero, essa enorme extravagância de suposições, a que homens de conhecimento e intelecto incomuns foram levados pela negação daquela unidade, bastaria para estabelecê-la.

Terceiro. "Que, se a *Odisseia* fosse incluída aí, a improbabilidade seria duas vezes maior; que, se acrescentarmos, com base na autoridade de Tucídides e Aristóteles, os *Hinos* e o *Margites*, para não mencionar a *Batracomiomaquia*, o que era improvável torna-se teoricamente impossível!"

Ainda que esses três últimos poemas mencionados fossem de Homero, não haveria nada improvável na invenção e composição de poemas menores sem materiais de escrita; e o fato de ele haver composto um poema longo não o impediria de compor poemas curtos. Já vimos que o autor não precisaria tê-los decorados pela vida toda. Contudo, esse argumento não é honesto, pois os críticos que o criaram concordam, ao mesmo tempo, quando é adequado a seu propósito, que os *Hinos*, etc., não são de Homero e, nisso, concordo com sua opinião e com a opinião quase universal.

A parte restante da análise do argumento contrário já foi abordada com o que se disse com a primeira proposição.

Agora, ainda falta dizer algumas palavras sobre a autoria da *Odisseia*.

V. Se os dois épicos da *Ilíada* e da *Odisseia* foram obras do mesmo poeta é uma questão muito diferente daquela que acabamos de discutir. Diferentes e dissociadas, de fato, são as questões sobre a possibilidade de a Grécia produzir, em certos intervalos de tempos, dois grandes poetas épicos que escolhessem temáticas opostas, e a possibilidade de a Grécia haver produzido uma ou duas vintenas de grandes poetas, de cujos desconexos inéditos póstumos a rara unidade da *Ilíada* foi organizada. Nem mesmo os antigos da escola alexandrina atribuíam a *Odisseia* ao autor da

---

que não é, vendo que Schlegel, após dedicar metade da vida a Shakespeare (cujas obras foram escritas em uma língua ainda viva e cuja autenticidade de cada uma de suas obras pode ser atestada por uma nação ainda existente), atribui, não obstante, àquele poeta um catálogo de peças das quais Shakespeare é absolutamente inocente! Mas, na realidade, Steevens faz o mesmo!

Ilíada. O tema escolhido, os costumes descritos e o espírito mitológico são muitíssimo diversos nas duas obras, e resta evidente que um é de composição mais recente que o outro. No entanto, de minha parte, não creio que já se tenha demonstrado claramente que todas essas reconhecidas diferenças sejam incompatíveis com a unidade de autoria. Se a *Ilíada* tiver sido escrita na juventude, as viagens do poeta, a mudança de mentalidade produzida pelos anos e pela experiência, a facilidade com que um grego antigo mudava e remodelava sua maleável mitologia, a rapidez com que (no célere desenvolvimento da civilização na Grécia) se realizavam importantes transformações na sociedade e nos costumes – tudo isso poderia concorrer para que o poeta, na maturidade, produzisse um poema muito diferente daquele que compôs na juventude. E as várias interpolações e alterações inaparentes que teriam sido supostamente inseridas de modo fraudulento na *Odisseia* podem ter dado origem às diferenças pontuais que se apresentam como os obstáculos mais graves a tal conjectura. No tocante à *Ilíada* e à *Odisseia* vistas em sua totalidade, elas são tão semelhantes em todos os mais elevados e mais raros atributos de genialidade que é quase tão impossível imaginar dois Homeros como o é imaginar dois Shakespeares. E os contrastes entre a *Ilíada* e a *Odisseia* não são maiores do que aqueles que existem entre quaisquer duas peças de Shakespeare.[171] Não obstante, devo alertar o leitor geral de que a máxima objeção que se pode fazer, razoável e efetivamente, àqueles que atribuem esses épicos a diferentes autores limita-se antes à dúvida que à negação.

VI. É desnecessário fazer a crítica de tais obras-primas imortais. Não que a crítica delas já se tenha esgotado, nem que uma análise mais útil ou mesmo mais original de seus méritos e caráter já não possa feita, tampouco que as provas mais impressionantes e brilhantes da unidade de cada poema, considerados separadamente, não possam ser apontadas por alguém que, com as adequadas aptidões, tome sobre si a deleitosa tarefa de deduzir a individualidade do poeta a partir do caráter individualizante de suas obras e dos atributos peculiares de sua genialidade. No que

[171] Que Pisístrato ou seu filho, com o auxílio de poetas da época, tenha feito mais que reunir, organizar e lapidar poemas já célebres é algo que não só não temos autoridade para supor, mas de que dispomos de muitos indícios para contradizer. Sobre os reais serviços que Pisístrato prestou a Homero falaremos doravante.

diz respeito às obras humanas, assim como se dá com as divinas, a principal prova da unidade do autor está em sua fidelidade a si mesmo. Desse modo, não por ser supérflua, mas por se tratar de trabalho demasiado longo e episódico, é que deixo de fazer, neste momento, um estudo crítico dos dois poemas popularmente atribuídos a Homero.

O talento primitivo da Grécia dedicava-se sobretudo a temas semelhantes àqueles que empregavam a inspiração homérica. Em um período posterior, provavelmente na era alexandrina, uma vasta coleção de poemas antigos foi organizada no que recebeu o nome de "Ciclo Épico". Tal coletânea começava com a Teogonia e terminava com as aventuras de Telêmaco. Conquanto já tenham desaparecido, os poemas cíclicos desfrutaram de considerável longevidade. A maior parte deles foi composta entre os anos 775 a.C. e 566 a.C., e ainda existia no tempo de Proclo (450 d.C.). Portanto, os mais antigos resistiram ao menos doze séculos, e os mais recentes, dez. Salvo por alguns versos esparsos, apenas seus títulos sobreviveram, como sinais solitários que, não obstante, ainda flutuam acima do profundo esquecimento que se abateu sobre os épicos de trinta bardos! Contudo, pela aquiescência comum de críticos e do povo, nenhum deles era de época tão remota, nem tinha os méritos transcendentes, dos poemas homéricos.

VII. Todavia, de data ainda mais recuada que esses discípulos de Homero é uma poesia de uma ordem essencialmente distinta daquela de Homero, qual seja, a coleção atribuída a Hesíodo. Somente de um deles, um poema campestre e prosaico chamado "Os Trabalhos e os Dias", Hesíodo foi considerado o autor por seus conterrâneos imediatos (os beócios de Hélicon). No entanto, a crença mais difundida atribuía à fecundidade de seu talento uma variedade de outras obras, algumas das quais, se as podemos julgar por seus títulos, apontavam para uma vocação mais nobre.[172] E, tivesse ele composto apenas o poema "Os Trabalhos e os Dias", um poema de mérito um tanto insignificante,[173] seria impossível explicar a alta estima que os gregos tinham por Hesíodo, geralmente comparado com o excepcional e majestoso Homero e, por vezes, preferido a ele. Assim, devemos ver Hesíodo como o autor de mui-

[172] "A descida de Teseu e Pirítoo ao inferno", etc. Pausânias, livro IX, cap. 31.

[173] Em especial se, concordando com os beócios, considerarmos a passagem mais poética (os versos introdutórios às musas) um acréscimo espúrio.

tos escritos superiores talvez aos que hoje possuímos ou, como supõem popularmente e com maior plausibilidade os críticos modernos, o representante e o modelo de uma grande escola da poesia nacional. Sugere-se enfaticamente que, considerando-se a ocupação pastoril e inferior que ele declara ter,[174] somada aos temas de sua inspiração e ao local de seu nascimento, podemos crer que o nome de Hesíodo represente a poesia não dos senhores vitoriosos, mas do povo conquistado, expressando suas atividades e ilustrando sua religião. Isso explicará a diferença marcante e maravilhosa entre o caráter marcial e aristocrático de Homero e a poesia pacífica e rústica de Hesíodo,[175] bem como a distinção não menos visível entre a vívida mitologia de um e a teogonia contemplativa do outro. Se tal hipótese for aceita, é bastante provável que a era hesiódica se tenha iniciado antes da homérica (conquanto o que hoje se atribua a Hesíodo seja claramente de data posterior às datas da *Ilíada* e da *Odisseia*). E Hesíodo é, para Homero, o que o talento pelásgico foi para o helênico.[176]

VIII. Parecerá óbvio a todo aquele que estuda o que posso chamar de história natural da poesia que hinos e canções curtas devem ter existido muito antes das gigantescas composições de Homero. Há registros de que Lino e Tâmiris, e mesmo Orfeu (o que é objeto de maior controvérsia), foram os precursores de Homero, conquanto os poemas atribuídos a eles (alguns dos quais ainda existem) são de data muito posterior. Quase contemporâneos dos deuses gregos foram, sem dúvida, os hinos religiosos em sua honra. E o germe da grande poesia lírica que temos hoje residia nos cânticos rudimentares dos bélicos dórios para aquele Apolo que era, ao mesmo tempo, o Inspirador e o Protetor. A religião dos gregos preservava e enobrecia a poesia que criava, e o bardo, "amado dos deuses e dos homens", era investido tanto de um caráter sagrado

[174] A ocupação de pastor.

[175] Não posso omitir aqui uma tradição registrada por Pausânias. Os beócios mostraram uma mesa de chumbo perto da fonte como sendo aquela em que "Os Trabalhos e os Dias" foi escrito. Os poemas de Hesíodo certamente não parecem tão adaptados à recitação como o são ao estudo atento. Não obstante, pela mais plausível cronologia, eles foram compostos tão somente cerca de cem anos após os de Homero!

[176] Os *aones*, os *hyantes* e outras tribos, que julgo participantes da grande família pelásgica, foram expulsos da Beócia por hordas trácias. [Posteriormente, eles regressaram, na época da emigração dórica.] Contudo, parte da população permaneceu ali: os camponeses da terra; e, em Hesíodo, provavelmente temos a poesia nacional, e cheguemos à religião nacional dos pelasgos.

como de uma fama popular. Sob aquela alegre mitologia familiar, até mesmo o gênio cômico abrigava sua licença e encontrava suas temáticas. Parece que não só os primeiros dramaturgos cômicos buscaram, nas fábulas míticas, suas personagens e enredos, mas, muito antes de o TEATRO em si surgir em qualquer estado grego, a narrativa cômica preparou o caminho para a representação cômica. No oitavo livro da *Odisseia*, o esplêndido Alcínoo e o pio Ulisses ouvem com deleite à história, francamente burlesca até, de como Vulcano enreda e expõe Vênus e seu amante, o deus da guerra:

> "Todo o céu contempla, cativo, enquanto eles mentem.
> E, com inexaurível riso, os céus tremem."

E essa efusão singular e bem conhecida revela não apenas toda a gravidade e reverência do exemplo que Epicarmo tinha para seu próprio retrato audacioso das falhas de caráter da família olímpica, mas também a profundidade e a forma imemorial com que estava fixada, no espírito popular, a disposição de extrair da mesma fonte os elementos do humor e da reverência.

Todavia, por antiga que seja a poesia lírica da Grécia, suas obras-primas artísticas foram compostas muito tempo depois dos poemas homéricos e, sem dúvida, sofreram enorme influência do contato com aquelas fontes de inspiração universal. Creio que se possa demonstrar que a poesia lírica se desenvolveu, em sua forma mais elaborada, primeiro naqueles lugares em que os poemas de Homero eram provavelmente mais conhecidos. O caráter peculiar da poesia lírica grega pode ser compreendido apenas se recordarmos sua ligação indissolúvel com a música, e a aplicação geral de ambas não apenas a propósitos religiosos, mas também políticos. As cidades-estados dóricas consideravam a lira e a canção instrumentos poderosos para moldar a educação, os costumes e o caráter nacional de seus cidadãos. Nelas, tais artes eram supervisionadas e reguladas pela lei, e o poeta ganhava algo do prestígio social, e almejava muito do desígnio moral, de um estadista e legislador, ao passo que, nas cidades-estados jônicas, a magnífica movimentação e agitação, as mudanças e experimentos de governo, o rápido crescimento do luxo, do comércio e da civilização contribuíam para uma poesia que não era considerada uma arte separada, insociável e solitária, como acontece em nosso meio, mas que estava associada a cada acontecimento da vida real, a uma grande variedade de ocasiões e a temas de paixão universal. A eloquência da poesia sempre será mais instigante em seu apelo, e o amor por ela, sempre mais difundido em meio a um povo, na medida em que ela seja menos escrita que declamada. Quão poucos, mesmo na atualidade, lerão um poema! Que multidões ouvirão uma canção! A declamação transfere o palco de efeito do âmbito privado às massas: o público transforma-se em plateia; o poeta, em orador. E, quando recordamos que a poesia assim criada, corporificando as temáticas de interesse mais vívido, popular e animado, estava unida a toda a pompa dos festivais e apresentações e a todos os efeitos mais grandiosos, elaborados e habilidosos da música, podemos compreender por que a verdadeira genialidade da composição lírica desapareceu para sempre do mundo moderno.

Ainda no período entre 708 e 665 a.C., Arquíloco aperfeiçoou um tipo de poesia digno de paixões mais nobres do que as que mais animavam seu gênio obstinado e iracundo. Em 625 a.C. (trinte e um anos antes da legislação de Sólon), floresceu Árion, de Lesbos, que, em Corinto, levou a extraordinária perfeição a adaptação heroica de poesia para a música coral. Em 611 a.C., floresceu o siciliano Estesícoro (um rival à altura de Árion). Simultaneamente, em linhas menos nacionais e gregas, e mais semelhantes à inspiração de menestréis modernos, Alceu de Mitilene deu voz a seu espírito impetuoso e sarcástico, e Safo (cuja inspiração casta e delicada caberia às qualidades cavalheirescas de um estudioso do norte, vinte e cinco séculos depois que a mão estava fria e língua, muda, inocentar da mais prolongada calúnia que a genialidade já suportou)[177] deu às mais ardentes paixões humanas o mais delicado matiz do sentimento feminino. Talvez, de tudo o que a Grécia nos legou, nada seja mais perfeito em sua concentração de verdadeiro sentimento como os fragmentos de Safo. Em um poema de poucos versos – e que sequer nos foi transmitido em sua forma completa, infelizmente! – ela apresenta um retrato do efeito do amor sobre alguém que ama, retrato ao qual nem mesmo volumes da mais eloquente descrição poderiam acrescentar um único toque de páthos natural, tão sutil ele é, e tão simples. Não posso deixar de mencionar os fragmentos de Mimnermo (*floruit* 630 a.C.), que parecem ser de um tipo que guarda pouquíssima semelhança

[177] Welcker.

com o caráter usual da poesia grega. Neles, há uma tristeza contemplativa, ainda que pessimista, que pertence antes à profunda imaginação setentrional que às brilhantes fantasias do ocidente. Sua melancolia está mesclada com algo que é meio intelectual, meio voluptuoso, apontando para a sabedoria pesarosa, mas interessante, da saciedade. Mimnermo é um dos principais modelos dos escritores elegíacos latinos, e Propércio compara seus versos de amor com os de Homero. Mimnermo não inventou a forma elegíaca (pois foi utilizada pela primeira vez às inspirações de temática bélica por outro poeta jônio, Calino); contudo, ele parece ter sido o criador do que hoje chamamos o espírito elegíaco em sua associação com o sentimento de melancolia com a paixão amorosa.

IX. Embora tal fosse a situação da POESIA na Grécia – letárgica na Atenas jônica, mas já pródiga em suas cidades-estados afins da Ásia e das Ilhas; honrada com grande seriedade, conquanto pouco produzida, em Esparta; recebida com pompa, em vez de nascida, em Corinto – as colônias asiáticas também devem reivindicar a glória da promoção de suas artes irmanadas. Todavia, na arquitetura, os estados dóricos da Grécia europeia, Sicião, Egina e a suntuosa Corinto, não eram rivais indignos da Jônia.

No período heroico, os poemas homéricos, sobretudo a *Odisseia*, atestam o refinamento e a excelência que muitas das artes imitativas da civilização grega haviam alcançado. No bordado, a ocupação de elevado berço de Helena e Penélope, tentavam-se executar os mais complexos e difíceis desenhos, e não é fácil supor que tais temas pudessem ter sido trabalhados sobre trajes com fidelidade suficiente para garantir o elogio de um poeta que evidentemente escrevia a partir da experiência do que vira se a arte do DESENHO também não fosse praticada com certa excelência, embora o poeta não faça senão alusões dúbias e obscuras à PINTURA em si. Ainda assim, se, por um lado,[178] no bordado, e sobre as armas (como no escudo de Aquiles), tentou-se realizar o delineamento em sua forma mais complexa e minuciosa, e se, por outro lado, o uso de cores era conhecido (como o era, não apenas em vestimentas, mas também no

[178] Os signos mortais que são traçados por Preto nas tábuas portadas por Belerofonte, aos quais faz referência a *Ilíada*, são geralmente considerados pelos eruditos como figuras pictóricas e, por assim dizer, hieroglíficas. Minha convicção, e a interpretação mais fácil da passagem, é de que eles fossem caracteres alfabéticos: em suma, escrita, não pintura.

marfim), não deve ter demorado muito para que esses dois elementos relacionados da mesma arte fossem reunidos. Conquanto muitos afirmem que pedras ou vigas toscas tenham sido os primeiros objetos de culto entre os gregos, e embora seja certo que, em vários lugares, tais emblemas da deidade tenham precedido o culto de imagens, não obstante, à arte supersticiosa dos primitivos pelasgos, em seus primórdios, atribuem-se estátuas rudimentares e mal acabadas de Hermes, e o ídolo é celebrado pelas tradições como sendo quase tão antigo como aqueles que atestam a santidade do fetiche.[179] Na era homérica, a ESCULTURA em metais, e em larga escala, era certamente conhecida. À porta de Alcínoo, rei de uma ilha no Mar Jônico, erguem-se fileiras de cães de ouro e prata; em seu saguão, sobre pedestais, encontram-se estátuas de garotos segurando tochas; e que esse tipo de escultura era até mesmo dedicada aos deuses fica evidente pela conhecida passagem do anterior poema da *Ilíada*, que apresenta Teano, a sacerdotisa troiana de Minerva, depositando a oferenda de Hécuba sobre os joelhos da estátua da deusa. Até que ponto, no entanto, tais estátuas poderiam ser chamadas obras de arte, ou foram esculpidas por gregos nativos, é impossível determinar.[180] É certo, porém, que o gigantesco e memorável avanço na arte da ESCULTURA não se deu até por volta da 50ª Olimpíada (580 a.C.), quando Dipeno e Escílis alcançaram celebridade com obras em mármore (a madeira e os metais foram os primeiros materiais da escultura). Os maiores aperfeiçoamentos na arte parecem ter sido contemporâneos da substituição da figura nua pela figura envolta em drapeados. Beleza, naturalidade, graciosidade e poder foram o resultado do estudo anatômico da forma humana. A ARQUITETURA legou-nos, nas ruínas pelásgicas e ciclópicas, provas suficientes para indicar a enorme força que essa arte cedo alcançou em partes da Grécia. No

[179] Pausânias, livro I, cap. 27, fala de uma estátua de madeira no Templo de Minerva *Pobas*, em Atenas, que se dizia ter sido presente de Cécrope e, com muito mais base para tal crença, no capítulo anterior, o autor conta que a mais santa de todas as imagens era uma estátua de Minerva, cuja dedicação, pelo consenso de todas as pequenas cidades anteriormente incorporadas em uma única cidade, fora feita na cidadela, ou *polis*. Portanto, a tradição indicava a data dessa estátua como mais recuada que a época de Teseu. Plutarco também informa que o próprio Teseu, quando ordenou que se prestassem honras divinas a Ariadne, encomendou que se esculpissem duas pequenas estátuas dela, uma de prata e outra de latão.

[180] Tudo o que Homero chama de obra de Vulcano, tais como os cães do palácio de Alcínoo, etc., podemos supor fossem obra de estrangeiros. Um poeta não atribuiria aos deuses um trabalho que seu público sabia ter sido feito por um artífice de sua própria cidade!

período homérico, o intercurso com a Ásia já havia conferido algo de leveza às formas mais antigas. Colunas são constantemente introduzidas nos palácios dos chefes, profusões de ornamentos metálicos decoram as paredes; e os palácios homéricos, com suas vistosas cornijas insculpidas com azul, seus pilares de prata sobre bases de latão, erguendo-se em meio a vinhas e árvores frutíferas, mesmo que admitirmos todos os exageros do poeta, deslumbram a imaginação com muito do espalhafato e da ostentação de uma cidade oriental.[181] Nesse período, Atenas recebe de Homero o epíteto de "a de ruas largas", e não é nada improvável que a cidade do rei ático tenha apresentado ao viajante, na época de Homero, uma aparência geral mais agradável do que em sua era de fama, quando, após a devastação persa, seus majestosos templos elevavam-se acima de ruas estreitas e irregulares, e os efeitos ciumentos da democracia proibiam às mansões de indivíduos nobres aquela eminência impressionante com relação às casas da gente comum que naturalmente marcaria a distinção de riqueza e *status*, em um governo monárquico ou mesmo oligárquico.

X. Por volta do período em que adentramos agora, o extenso comércio e as instituições livres das colônias jônicas já haviam levado todas as artes a que acabamos de nos referir para muito além da era homérica. E, ao lado da atividade e do desenvolvimento do intelecto em todas as suas faculdades, os quais progrediram com o amplo comércio e a colonização de Mileto (produzindo seus efeitos sobre o temperamento sensível, inquiridor e poético da população jônica), um único evento, que permitiu subitamente à Grécia um intercurso íntimo com as artes e tradições do Egito, deu considerável ímpeto à INTELIGÊNCIA grega como um todo.

Em nosso breve estudo anterior da situação do mundo oriental, vimos que o Egito, tendo sido dividido em doze principados, fora novamente reunido sob a autoridade de um único monarca. O ambicioso e afortunado Psamético I conseguiu, pelas espadas de alguns aventureiros jônicos e cários (que, durante uma viagem marítima para a realização de pilhagens, foram levados às costas egípcias), não apenas retomar seus próprios domínios, dos quais havia sido despojado pela inveja de seus companheiros, mas alcançar a soberania absoluta do Egito (670 a.C.). Em mostra

[181] Veja *Odisseia*, livro VII.

de gratidão por seus serviços, Psamético I concedeu a seus aliados bárbaros certas terras no delta do Nilo, nos arredores da cidade de Pelúsio, e obrigou algumas crianças egípcias a aprender a língua grega. De tais crianças descendeu uma classe de intérpretes que, muito mais tarde, lançou as bases para o intercurso amigável entre Grécia e Egito. Antes dessa época, quaisquer que tenham sido as possíveis migrações de egípcios para a Grécia, aqueles foram os primeiros gregos que os egípcios receberam em seu meio. Daí passaram a verter sobre a Grécia, em contínua e volumosa torrente, as influências egípcias, até então parciais e infrequentes.[182]

De acordo com Estrabão, durante aquele mesmo reinado, os gregos asiáticos receberam uma colônia em Náucratis, o antigo empório do Egito, e, uma vez iniciada a comunicação, esta cresceu rapidamente, até que, no reinado subsequente de Amósis II (569 a.C.), encontramos os jônios, os dórios e os eólios da Ásia, e até mesmo o povo de Egina e Samos,[183] construindo templos e rendendo culto em meio aos zelosos e místicos corpos sacerdotais do Nilo. Esse intercurso próximo e vantajoso com um povo que os próprios gregos consideravam o mais sábio do mundo exerceu uma rápida e poderosa influência sobre sua religião e sua arte. Na primeira seara, ele teve um efeito imediato sobre os métodos de adivinhação e os ritos místicos dos gregos; na segunda, a influência foi menos direta. É verdade que os gregos provavelmente aprenderam dos egípcios muitas regras técnicas de pintura e escultura; aprenderam como talhar o mármore e misturar cores, mas sua própria genialidade ensinou-lhes como animar o bloco e vivificar a imagem. Já vimos que, antes desse acontecimento, as artes já haviam alcançado certa eminência entre os gregos. Felizmente, portanto, o que agregavam agora não era a base de sua tradição. Enxertado em tronco grego, cada broto produziu frutos gregos, e o que foi emprestado de mecanismos e processos foi reproduzido em beleza.[184] O que se deu

[182] O efeito das artes, dos hábitos e costumes de um país estrangeiro é incomensuravelmente mais importante sobre nós se visitarmos o país do que se recebemos meras visitas de seus nativos. Por exemplo, o número dos emigrantes franceses que apinharam nossos litorais à época da Revolução Francesa teve apenas pequena influência sobre os costumes ingleses, etc. No entanto, o impacto dos franceses sobre nós quando, após selada a paz, nossos próprios compatriotas afluíram para a França foi imenso.

[183] Heródoto, livro II, cap. 178.

[184] A arquitetura grega parece ter ostentado mais liberdade diante da obrigação para com quaisquer segredos técnicos da arte egípcia do que a estatuária ou a pintura grega. Pois, em primeiro lugar, é grande a dúvida se a ordem dórica não foi inventada na Grécia europeia muito antes do reinado de

com as artes vale para as CIÊNCIAS, de modo que temos motivos para duvidar que os sábios egípcios, cuja mente estava envolta nas bandagens de regras hereditárias, sem jamais transcender a escravidão das castas, tivessem alguma filosofia válida e esclarecida que pudessem comunicar. É provável que sua sabedoria fosse exagerada pelos vívidos e crédulos gregos, deslumbrados pelo misticismo dos sacerdotes, pela grandiosidade das cidades e pela rigidez mesma, que lhes era tão nova, dos costumes antigos e imponentes. Sendo assim, qual foi o verdadeiro benefício do intercurso? Não tanto em satisfazer como em despertar e estimular a curiosidade pelo conhecimento. Para os gregos, o Egito foi como as Américas para a Europa: os egípcios pouco lhes ensinaram, mas o Egito ensinou muito. E um exemplo individual e modelo geral de que aquilo que de fato os egípcios transmitiram diretamente foi antes o material para o avanço que o avanço em si é que os egípcios ensinaram aos gregos o uso do papiro, o material mais fácil e popular para a escrita. Assim, devemos ao Egito um implemento que colaborou muito para preservar, em nosso favor – e talvez criar em nosso favor – um Platão e um Aristóteles. No entanto, no tocante aos pensamentos de Aristóteles e Platão, nossa dívida é tão somente para com a Grécia: o material era egípcio, mas o produto era grego.

XI. Não há dúvidas de que o uso do papiro teve enorme influência sobre o surgimento da composição em prosa na Grécia, mas essa influência não foi instantânea. No período em que ora adentramos (600 a.C.), o primeiro prosador grego de que se tem registro ainda não havia composto suas obras. O grande intervalo entre a prosa em seus pri-

Psamético I [o Coronel Leake supõe que o templo mais antigo de que se tem notícia em Corinto seja datado de 800 a.C., cerca de cento e trinta anos antes do reinado de Psamético I no Egito]; e, em segundo lugar, resta evidente que os primeiros traços e rudimentos tanto da ordem dórica como da jônica foram inspirados não nas construções da arquitetura egípcia, com seus materiais pesados e perenes, mas em edifícios de madeira, e aperfeiçoando-se com a introdução da pedra e do mármore, e quando a maior dificuldade e custo da mão de obra impôs imperceptivelmente uma consideração mais rigorosa e regras mais elaboradas à arquitetura. Contudo, não posso concordar com Mueller e outros, que afirmam que, como os primeiros traços da ordem dórica foram inspirados em construções de madeira, então, sua invenção foi necessariamente dos dórios, visto que muitas as cidades asiáticas eram construídas sobretudo em madeira. Parece-me que o mais provável é que a Ásia tenha dado as primeiras noções dessas belas formas, e que os gregos as aperfeiçoaram antes dos asiáticos, não apenas a partir de sua percepção aguçada do gracioso, mas porque começaram mais cedo o uso geral da pedra. Aprendemos de Heródoto que, em uma época em que o mármore de Paros era um material comum dos templos gregos, a magnífica Sardes era feita principalmente de madeira.

mórdios e a poesia em sua perfeição é uma particularidade grega. Muitas causas conspiraram para isso, mas a principal delas foi que as obras, quando escritas, sendo criadas sobretudo para a declamação, não para a leitura, eram compostas para despertar o interesse e o deleite, não para dar instrução formal. Desse modo, a poesia constituía-se tão obviamente no melhor meio de assegurar a finalidade do autor que não nos devemos surpreender ao descobrir que esse canal de fascínio fosse a escolha universal. A facilidade com que a língua assumia a forma de verso, e a licença que parece ter sido concedida aos interlocutores mais sérios para adotar uma dicção poética sem atentar contra o espírito poético permitiu que até mesmo legisladores e moralistas promulgassem preceitos e sentenças na cadência de um Homero e de um Hesíodo. E, uma vez que não existiram leis escritas antes da época de Drácon, era duplamente necessário que elas fossem criadas naquela forma pela qual as palavras ficam gravadas de maneira mais duradoura na memória do povo. Mesmo por ocasião da primeira aparição de Sólon na vida pública, quando inspira os atenienses a persistir na guerra com Mégara, ele se dirige às paixões da multidão não com um discurso formal, mas com um poema e, em um período subsequente, quando a prosa já se tornara familiar, foi ainda em verso que Hiparco transmitiu seus aforismos morais. Portanto, a origem da prosa na Grécia é de duplo interesse por causa da situação intelectual e social da época. É evidente que a prosa não surgiria até que um público leitor fosse criado e até que, em meio aos muitos poetas, emergisse uma minoria grave e intelectualizada. Nesse sentido, a filosofia propagada oralmente precedeu a composição em prosa, e Tales ensinou antes que Ferécides escrevesse.[185] Aos superficiais, pode parecer surpreendente que a literatura, assim dissociada da poesia, nascesse com o direcionamento mais sutil e laborioso do intelecto humano. Não obstante, assim e foi, e não apenas na Grécia, mas quase que de forma universal. Em quase todos os países, a conjectura ou estudo especulativo é o primeiro sucessor da poesia. Na Índia, na China, no Oriente, uma filosofia vaga é a principal característica das primeiras obras, por vezes inculcando máximas de moralidade, por outras, fazendo representações alegóri-

[185] Tales era um dos sete sábios [586 a.C.] quando Ferécides de Siro, o primeiro prosador, tinha quatorze anos de idade. O Sr. Clinton afirma que o auge de Ferécides se deu por volta de 572 a.C. Cadmo de Mileto floresceu em 530 a.C.

cas indistintas, por outras ainda, expressando até mesmo, e sem disfarces, as opiniões do autor sobre os mistérios da vida, da natureza, da criação. Mesmo entre os modernos, a aurora das letras irrompeu no torpor da idade das trevas no norte como dissertação especulativa; as sutilezas árabes e aristotélicas captaram a atenção dos primeiros cultores da prosa moderna (distinta da ficção poética), e o primeiro instinto da razão desperta foi tatear o crepúsculo enevoado em busca da VERDADE. A filosofia precede até mesmo a história: os homens já desejavam solucionar os enigmas do mundo antes de desvencilhar da tradição as crônicas de seus antigos habitantes.

Se examinarmos o modo de agir de um bebê, cessaremos de indagar sobre o modo de agir de uma civilização em sua infância. Muito antes de conseguirmos engajar a curiosidade da criança na História da Inglaterra, muito antes de lograrmos induzi-la a ouvir com prazer até mesmo nossas histórias de Poictiers e Cressy, e (com tanto mais razão) muito antes de podermos incutir-lhe um interesse pela Magna Carta e pela Declaração de Direitos, ela desejará, por sua própria vontade, indagar-nos dos fenômenos da natureza, perguntar como ela mesma veio ao mundo, deleitar-se em aprender algo do Deus que a instruímos a adorar, e encontrar, no arco-íris e no trovão, no meteoro e na estrela, mil temas de enorme curiosidade e reverente fascínio. O porquê atormenta-a perpetuamente. Toda criança nasce um filósofo! A criança é a analogia de um povo ainda na infância.[186]

XII. Um corolário desse problema talvez seja que os gregos chegaram, por si mesmos, ao estágio de inquirição filosófica sem nenhuma ajuda importante e direta da tradição do Egito e do Oriente. Aquela tradição despertou

[186] A esta resposta para a indagação do motivo pelo qual a literatura geralmente surge com incursões em filosofia podemos acrescentar outra: quando a comunicação escrita irrompe pela primeira vez em meio à comunicação oral, o público leitor precisa necessariamente ser muito restrito. Em muitas das primeiras nações, esse público leitor consistiria na casta dos sacerdotes e, nesse caso, a filosofia seria tolhida pela superstição. Na Grécia, não existindo uma casta sacerdotal, a filosofia abraçou aquelas mentes estudiosas habituadas a uma espécie de investigação que rejeitava a forma poética, bem como o espírito poético. Pode-se observar que, quanto mais restrito o público leitor, mais abstrusas costumam ser as composições em prosa. À medida que aumenta o número de leitores, a literatura retorna à configuração de comunicação oral, pois, se o recitante se dirigia às massas nas primeiras eras, o escritor dirige-se às massas nas eras futuras. Portanto, a literatura surge com a ficção poética e geralmente termina com a ficção em prosa. Foi assim no mundo antigo e será assim na Inglaterra e na França. Receio que a colheita de romances de ficção seja um sinal da iminente exaustão do solo.

de fato o desejo, mas não orientou o espírito de pesquisa especulativa. E o principal motivo por que a filosofia logo assumiu, entre os gregos, um caráter distinto daquele que se vê no mundo oriental, eu já o sugeri[187] na ausência de uma casta religiosa apartada e privilegiada. Assim, a filosofia caiu nas mãos de sábios, não de sacerdotes. E o que quer que as cidades-estados jônicas (o berço da sabedoria grega) tenham recebido do Egito ou do Oriente, elas o receberam para o reproduzir em uma nova e exuberante prodigalidade. Os sábios jônicos extraíram de uma sabedoria mais antiga não dogmas que jamais deveriam ser questionados, mas sugestões que deveriam ser examinadas com cuidado. Logo, felizmente aconteceu de a filosofia mais profunda e mais madura da Grécia em si ter uma espécie de intermediador entre os sistemas de outras nações e o seu próprio sistema. O conhecimento oriental foi transmitido à Europa através dos canais gregos das colônias asiáticas, helenizando-se ao passar por elas. Desse modo, o que era certeza no Oriente tornava-se uma proposição na Jônia e, enfim, uma dúvida em Atenas. Sem dúvida, na Grécia, como em todos os lugares, a religião estava associada às primeiras pesquisas filosóficas. Do temor dos deuses para o questionamento de sua natureza é uma transição fácil. A abundância e diversidade de superstições populares serviam tão somente para estimular a curiosidade com relação a sua origem e, uma vez que, no Egito, os únicos filósofos eram os sacerdotes, um grego não poderia conversar com um egípcio sobre os artigos de sua religião sem discutir também os princípios de sua filosofia. Quaisquer opiniões que os gregos pudessem então formar e disseminar, não estando abrigadas sob o zelo de um sacerdócio prescritivo, todos tinham o direito irrestrito de discutir e contestar, até que, aos poucos, a discussão amadureceu em ciência.

Em suma, a distinção entre os gregos e seus contemporâneos era esta: se não foi o único povo a fazer filosofia, era o único povo que dizia o que lhe aprazia sobre filosofia. Até mesmo seu plágio da filosofia de outros credos foi feliz, na medida em que não apresentasse nenhuma hostilidade contra a superstição nacional. Se tivessem discutido a natureza de Júpiter ou a existência de Apolo, talvez tivessem sido perseguidos, mas eles puderam logo se lançar a tratados sobre a eternidade da matéria ou a providência de uma mente onipresente.

[187] Veja o capítulo I.

XIII. Esse espírito de inovação e discussão, que era característico dos gregos, é notado por Diodoro. Ele observa que: "Ao contrário dos caldeus, entre os quais a filosofia é transmitida de pai para filho, e qualquer outra ocupação é rejeitada por seus cultores, os gregos chegam tarde à ciência, ocupam-se dela por pouco tempo, abandonam-na em favor de um meio mais ativo de subsistência, e os poucos que se entregam inteiramente a ela praticam-na por remuneração, inovam as doutrinas mais importantes, não demonstram reverência nenhuma por aqueles que os antecederam, criam novas seitas, estabelecem novos teoremas e, por meio de eternas contradições, produzem eternas dúvidas". Tais contradições e tais dúvidas foram exatamente o motivo pelo qual os gregos se tornaram os professores do mundo!

Outra característica dos gregos é indicada por esse comentário de Diodoro. Seus primeiros filósofos, não estando dispensados de outras ocupações, não eram os meros sonhadores da privacidade e da cela. Eles eram ativos, práticos, animados homens do mundo. Eram políticos e moralistas, além de filósofos. O prático permeava o ideal e era, na realidade, o sal que o preservava da putrefação. Assim, a legislação e a ciência brotaram simultaneamente, e a era de Sólon é a era de Tales.

XIV. Dos sete sábios (se aceitarmos esse número) que floresceram por volta do mesmo período, seis eram governantes e estadistas. Eram eminentes não enquanto filósofos físicos, mas como filósofos morais, e sua sabedoria estava em suas máximas e aforismos. Em muitos aspectos, assemelhavam-se aos prudentes e sagazes tiranos da Itália da Idade Média: tornavam-se mestres das ações dos homens por se fazerem leitores de suas mentes. Desses sete, afirma-se que Periandro de Corinto (que começou a reinar em 625 a.C. e morreu em 585 a.C.) e Cleóbulo de Lindos (*floruit* 586 a.C.), tiranos em vida e cruéis em suas ações, foram repudiados pelos outros cinco.[188] Mas a bondade não é uma consequência necessária do intelecto e, apesar de seus vícios, esses príncipes mereceram o epíteto de sábios. De Cleóbulo sabemos menos que de Periandro, mas ambos governaram com prosperidade e morreram na velhice. À exceção de Pisístrato, Periandro foi o maior artista daquela apta

[188] Em lugar de Periandro de Corinto, era elencado (por Platão e, portanto) mais popularmente, ainda que com menos justiça, Míson de Queneia.

e erudita fraternidade que, sob a denominação de tiranos, concentrou as energias de suas diversas cidades-estados e preparou as democracias que os sucederam. As supostas máximas de Periandro discrepam de sua prática. Elas expressam um espírito de liberdade e um amor da virtude que pode levar-nos a desconfiar de sua autenticidade, tanto mais quando são igualmente atribuídas a outros. Apesar disso, a inconsistência seria natural, pois a razão faz nossas opiniões, enquanto a circunstância molda nossas ações. "Uma democracia é melhor que uma tirania" é um aforismo atribuído a Periandro. No entanto, quando indagado por que continuava a ser um tirano, ele respondeu: "Porque é perigoso voluntariamente resistir ou involuntariamente ser deposto". Seus princípios eram republicanos, mas seu posicionamento fazia dele um tirano. Afirma-se que ele caiu em extrema tristeza na velhice, talvez porque seus gostos e seu intelecto estivessem em conflito com sua via. Quilão, o éforo lacedemônio, também é arrolado entre os sete. Suas máximas são singularmente dóricas: elas exalam reverência pelos mortos e desconfiança dos vivos. Dizia ele (se pudermos aceitar a autoridade de Aulo Gélio, *floruit* 586 a.C.): "Ama como se pudesses futuramente odiar, e odeia como se pudesses futuramente amar". Outra de suas sentenças favoritas era: "para um garantidor, a perda é sempre iminente".[189] Uma terceira: "experimentamos o ouro com a pedra de toque. O ouro é a pedra de toque da mente". Bias de Priene, na Jônia, é citado em Heródoto como o autor do conselho aos jônios de abandonar seu país e encontrar uma cidade comum em Sardenha (586 a.C.). Ele parece ter participado ativamente de todos os assuntos de caráter civil. Suas supostas máximas são simples e despretensiosas: os princípios fundamentais da moral. Mitilene, em Lesbos, vangloriava-se do célebre Pítaco (que começou a governar em 589 a.C., abdicou em 579 a.C. e morreu em 569 a.C.). Ele foi erigido à tirania do governo pela voz livre do povo, permaneceu na posição por dez anos e abdicou voluntariamente, tendo exercido a dignidade somente enquanto o estado exigiu a direção por um único líder. Ele tinha uma máxima, pela qual é censurado por Platão, "que ser bom é difícil". Seu preceito favorito era "conheça a ocasião", e ele o expandiu em outro (se lhe é corretamente atribuído): "antever e prevenir perigos é da alçada do sábio; enfrentá-los quando surgem é da alçada do valente".

[189] Também atribuída a Tales; Estobeu, *Serm.*

XV. De Sólon, o maior dos sete, falarei longamente mais adiante. Passo, agora, a Tales (nascido em 639 a.C.), o pai da filosofia em seu sentido científico: o especulativo em contraposição ao moral. Conquanto fosse um ardoroso republicano, somente Tales, dentre os sete sábios, parece ter levado uma vida de privacidade e estudo. Ele viajou por Creta, pela Ásia e, em um período posterior, pelo Egito. De acordo com Laércio, o Egito ensinou-lhe a geometria. Supõe-se que ele tenha extraído suas noções astrológicas da Fenícia. No entanto, isso é algo que ele poderia ter feito facilmente sem visitar os estados fenícios. Regressando a Mileto, conquistou o título de Sábio.[190] Suas doutrinas foram objeto de muitos estudos exaustivos, mas com pouquíssima utilidade. Elas eram de pequeno valor, salvo pelo fato de conduzirem à mais valiosa de todas as filosofias: a do experimento. É provável que elas não fossem novidade sequer na Grécia,[191] e o breve esboço a seguir permitirá que o leitor mesmo julgue sua utilidade.

Ele afirmava que a água, ou, antes, a umidade, era a origem de todas as coisas, embora admitisse que a mente ou intelecto (*nous*) fosse o princípio impulsionador. E um de seus argumentos em favor da umidade, tal como nos foi transmitido por Plutarco e Estobeu, está muito próximo do que segue: "Porque o fogo, mesmo no sol e nas estrelas, é nutrido por vapores oriundos da umidade e, portanto, o mundo inteiro consiste nos mesmos". Tales supunha que o mundo todo fosse animado pela Divindade – seu Criador – ou estivesse cheio dela, que nele não havia vácuo, e que a matéria era fluida e variável.[192]

O filósofo sustentava que as estrelas e o sol eram de na-

---

[190] Aristóteles conta (*Política*, livro I) uma anedota singular a respeito dos meios pelos quais esse filósofo alcançou riqueza. Sua habilidade em meteorologia fê-lo prever que haveria uma extraordinária colheita de olivas em dada estação. Durante o inverno anterior, ele alugou todas as prensas de azeite de Quios e Mileto, investindo sua parca fortuna em melhorias para os diversos proprietários. Quando a estação iminente mostrou o amadurecimento das safras, todos quiseram arranjar extratoras de azeite o mais rápido possível, e Tales, tendo todas elas, alugou-as a um preço elevado. Seu monopólio rendeu-lhe fortuna e, diz Aristóteles, ele mostrou a seus amigos que, para filósofos, era muito fácil enriquecer se o desejassem, conquanto esse não seja seu principal desejo. A filosofia não encontra as mesmas facilidades hoje em dia.

[191] Nesse sentido, Homero é citado como prova da umidade original: *"Okeanos hosper ginesis pantos tet ktai"*. A raça Bryant de especuladores haveria de atacar-nos logo com "o espírito que se move sobre a superfície das águas". Não era incomum na Grécia a ideia de que o caos fosse inicialmente água assentando-se e transformando-se em lodo e, em seguida, em terra. E existem bons motivos, ainda que não suficientes, para atribuir uma noção semelhante e, por óbvio, mais antiga aos fenícios e mais ainda, talvez, aos indianos.

[192] Plutarco, *de Plac. Phil.*

tureza material, e que a lua tinha a mesma natureza do sol, mas era iluminada por ele. Sua ciência geométrica pareceria ter sido de maior valor, caso pudéssemos, com precisão, atribuir a Tales muitos problemas também reivindicados, e mais provavelmente, por Pitágoras e pensadores posteriores. Alguns asseveram que ele mensurou as pirâmides por suas sombras. Ele estudou astronomia e astrologia, e Laércio declara que ele foi o primeiro grego a prever eclipses. Reivindica-se a Tales a honra ainda maior elevada de haver introduzido entre seus compatriotas a doutrina da imortalidade da alma. Contudo, essa verdade sublime, embora associada com a teoria de recompensas e castigos futuros, foi recepcionada na Grécia muito antes de seu tempo. Talvez, porém, como indicam os comentários de Cícero, Tales tenha sido o primeiro a tentar oferecer explicações para o que se acreditava. Todavia, suas explicações eram rudimentares e pueris e, tendo declarado ser característico da alma o movimentar-se, além de outras coisas, foi obrigado a dar alma à magnetita, porque movia o ferro!

Examinadas tais doutrinas fantásticas, e sendo duvidosas suas descobertas geométricas ou astronômicas, pode-se perguntar o que Tales realizou pela filosofia. Sobretudo, isto: ele deu explicações para opiniões; despertou o adormecido espírito de investigação; fez pelas verdades o que os legisladores de seu tempo fizeram pelo povo: deixou-as em estado ativo e dinâmico para uma competição livre e vigorosa. Ele libertou a Sabedoria do despotismo, colocando-a em uma república. Estava em harmonia com o principal espírito de sua época, que era o de investigação, não o de tradição e, assim, tornou-se o primeiro exemplo daquela grande verdade de que penar livremente é o primeiro passo para pensar com perfeição. Feliz também foi o fato de que suas teorias morais, ainda que inadequadamente sustentadas, eram nobres e edificantes. Ele defendia a providência de um Deus, bem como a imortalidade do homem. Afirmava que o vício era a mais odiosa de todas as coisas, e a virtude, a mais benfazeja.[193] Tales combatia aquela tenacidade vulgar de vida que é o grande inimigo de tudo aquilo que é mais espiritual e arrojado em nossa natureza, e sustentava não haver diferença entre a vida e a morte, uma dedução apropriada à crença na existência contínua da alma.[194] Sua máxima característica era o céle-

[193] Ap. Estobeu, *Serm.*
[194] Laércio.

bre preceito: "Conhece-te a ti mesmo". Sua influência foi vigorosa e imediata. Quanta filosofia ele criou pode ser objeto de dúvida, mas ele certamente criou filósofos. Da inteligência prolífica que sua fama e suas pesquisas trouxeram à vida floresceu uma nova estirpe de pensamentos, a qual prosseguiu em sucessão ininterrupta até conceber descendentes ilustres e imortais. Sem os audaciosos equívocos de Tales, Sócrates talvez tivesse passado a vida arruinando mármore, Platão talvez tivesse sido apenas um poeta de décima categoria, e Aristóteles, um pedagogo provocativo.

XVI. Com isso, encerro meus capítulos introdutórios e passo da dissertação à história, contente de que nosso estudo geral da Grécia seja concluído com um reconhecimento de nossas dívidas para com as colônias jônicas. Agora, da contemplação daqueles climas agradáveis, do amplo comércio e da genialidade brilhante do povo, do berço da inspiração épica e lírica, do primeiro lar da história, da filosofia e da arte; agora, de nosso estudo da ascensão e do esplendor dos jônios asiáticos, voltamo-nos à agonia de suas lutas e à catástrofe de sua queda. Aquelas maravilhosas filhas da Grécia tinha algo que se assemelhava ao intelecto precoce que costuma ser o sintoma febril do declínio prematuro. Criando e promovendo quase tudo o que a imaginação e a razão podem produzir, embora ainda naquela juventude social que prometia uma existência longa e ainda mais gloriosa, conquanto até mesmo sua grande genitora mal tivesse saído do extenso período de pupilagem das nações, elas mergulharam na decrepitude da idade! Em meio às lutas vitais que foram seguidas pela exaustão paralisada e prostrada de suas filhas jônicas, a majestosa Atenas emergiu subitamente da obscuridade do passado à condição de um império que jamais poderá perecer enquanto o heroísmo inflamar, a poesia deleitar, e a sabedoria instruir o futuro.

Atenas: Ascensão e Queda

Livro II
Da legislação de Sólon à batalha de Maratona, 594 – 490 a.C.

Capítulo I

A conspiração de Cilón. A perda de Salamina. Primeira aparição pública de Sólon. Sucesso contra os mégaros na Batalha de Salamina. A guerra de Cirra [ou Primeira Guerra Sacra]. Epimênides. A situação política de Atenas. O caráter de Sólon. Sua legislação. Visão geral da Constituição ateniense.

I. Em Atenas, o primeiro sintoma da crise política (621 a.C.) que, como em outras cidades-estados gregas, marcou a transição de poder do partido oligárquico para o partido popular, pode ser detectado nas leis de Drácon. O rigor excessivo da legislatura é a prova mais comum de uma insatisfação geral: seu êxito é raramente duradouro o bastante para confirmar um governo, e seu fracasso, quando admitido, invariavelmente fortalece o povo. Pouco depois da imposição daquelas leis (620 a.C.), irrompeu uma terrível conspiração contra a oligarquia reinante.[195] Foi durante o arcontado de Mégacles (um rebento da grande família alcmeônida, que se vangloriava de descender de Nestor) que a aristocracia foi ameaçada pela ambição de um aristocrata.

Nascido de uma antiga e poderosa casa e detentor de considerável riqueza, Cilón de Atenas concebeu o intento de tomar a cidadela e assenhorear-se do estado. Ele havia desposado a filha de Teágenes, tirano de Mégara, e conquistado popularidade alguns anos antes, com uma vitória nos jogos olímpicos (640 a.C.). Supõe-se que o oráculo de Delfos tivesse inspirado tal desígnio, mas é, no mínimo, igualmente provável que o oráculo tenha sido consultado

[195] De acordo com a cronologia de Clinton, ou seja, um ano depois da legislação de Drácon. Essa correção das datas anteriormente recebidas lança considerável luz sobre as causas da conspiração, que talvez tenha tirado sua força da impopularidade e do fracasso das leis de Drácon. Seguindo a incorretíssima cronologia que permeia toda a sua obra, o Sr. Mitford faz com que a tentativa de golpe de Cilón precedesse a legislação de Drácon.

depois de concebido o intento. A voz divina declarou que Cilón deveria ocupar a cidadela por ocasião do maior festival de Júpiter. Pelos acontecimentos, porém, parece que ele não escolheu a ocasião adequada. Aproveitando-se de um ano de Olimpíadas, em que muitos dos cidadãos haviam partido para os jogos, e auxiliado por tropas enviadas pelo sogro, ele tomou a cidadela. Quaisquer que pudessem ser suas esperanças de apoio popular – e há motivos para crer que, em certa medida, ele confiou nisso – o momento era obviamente prematuro para a convulsão social, e a tentativa foi planejada de forma canhestra. Os atenienses, então governados por Mégacles e os demais arcontes, alarmaram-se e, reunindo-se, bloquearam a cidadela. No entanto, eles ficaram extenuados por causa da duração do cerco. Muitos deles foram embora, e a batalha foi abandonada aos arcontes, com pleno poder de agir de acordo com seu julgamento. Como é letárgico, na defesa das liberdades do estado, um povo que ainda não alcançou liberdade para si!

II. Os conspiradores foram derrotados pela falta de alimentos e água. Cilón e o irmão fugiram em segredo. De seus apoiadores, alguns morreram de fome, outros se dirigiram aos altares da cidadela, reivindicando, como suplicantes, o direito de santuário. As guardas dos magistrados, vendo que os suplicantes estavam prestes a expirar de exaustão, afastaram-nos do altar e assassinaram-nos. Contudo, alguns deles não foram mortos tão escrupulosamente, sendo massacrados em volta dos altares das fúrias. Para aqueles que se lembram da superstição humana e reverente dos gregos é fácil imaginar o horror provocado por sacrilégio tão atroz: a indiferença do povo com relação ao conflito transformou-se logo em ódio pelos vitoriosos. Uma conspiração até então inefetiva ascendeu ao poder pelas circunstâncias mesmas de sua derrota. Mégacles, toda a sua casa e todos os que haviam auxiliado na impiedade foram estigmatizados com o epíteto de "execráveis". A facção, ou os amigos de Cilón, tornaram-se populares por causa do ódio a seus inimigos. A cidade distraiu-se com a comoção civil, com os receios supersticiosos da ira divina e, como os excessos de um partido são o alimento do outro, a abominação do sacrilégio apagou a lembrança da traição.

III. A insignificante cidade-estado de Mégara, que, da condição inicial de dependente de Atenas crescera à dignidade de sua rival, aproveitando-se das dissensões internas desta última cidade, conseguiu tomar do governo ateniense a Ilha de Salamina. Todavia, não foi sem várias e difíceis batalhas que Atenas enfim concordou em ceder a ilha. Mas, após perdas e derrotas marcantes, como nada é mais odioso às massas que o fracasso na guerra, o sentimento popular era tal que induziu o governo a emitir um decreto que proibia, sob pena de morte, propor a defesa das reivindicações atenienses. Mas, uma lei que era obviamente fruto de um impulso momentâneo de repulsa ou desespero e que não poderia ter sido extraída senão com relutância de um governo cuja conduta ela acusava de forma tácita e cujo orgulho militar ela certamente mortificava provavelmente não obrigaria, pelo tempo que fosse, uma aristocracia valente e um povo susceptível. Muitos da parcela mais jovem da comunidade, lastimando a desonra de seu país e ávidos por aventura, estavam secretamente inclinados a apoiar qualquer estratagema que pudesse levar à anulação do decreto.

Nessa época, correu um rumor pela cidade de que um homem de berço eminente, descendente indireto do último dos reis atenienses, fora acometido do consagrado infortúnio da insanidade. De repente, essa pessoa apareceu na praça do mercado, usando o emblema peculiar que marcava os doentes.[196] Sem dúvida, seus amigos estavam bem preparados para sua aparição: uma multidão, alguns predispostos a ajudá-lo, outros atraídos pela curiosidade, reuniram-se em torno dele. Subindo na pedra sobre a qual os arautos faziam suas proclamações, ele começou a recitar, em voz alta, um poema a respeito da perda de Salamina, censurando corajosamente a covardia do povo e incitando-o outra vez à guerra. Sua suposta insanidade protegeu-o da lei; sua posição social, sua reputação e o fato de ser, ele mesmo, nativo de Salamina contribuíram para que suas exortações produzissem um efeito poderoso, e os amigos que ele fizera apoiar sua tentativa proclamaram com estrépito sua aprovação e concordância com o espírito do discurso. O nome do suposto louco era Sólon, filho de Execestides, descendente de Codro.

Plutarco (acompanhado do Sr. Milford, do Sr. Thirlwall e de outros historiadores modernos) conta que o célebre Pisístrato passou a exortar a assembleia e a defender a retomada da guerra, relato que é passível desta mera obje-

[196] Um gorro.

ção: Pisístrato não era nascido à época![197]

IV. O estratagema e a eloquência de Sólon produziram seus efeitos naturais sobre aquela plateia ardente e excitável, de modo que o entusiasmo público permitiu que o governo oligárquico propusesse e efetivasse a anulação da lei.[198] Decretou-se e organizou-se uma expedição, e Sólon foi investido em seu comando. O conflito para a retomada da pequena ilha de Salamina foi breve: com uma única galé de trinta remos e um número de pescadores, Sólon partiu para Salamina, tomou uma embarcação enviada pelos mégaros para reconhecimento, tripulou-a com seus próprios soldados, que receberam ordens de retornar à cidade com cautela suficiente para impedir que os mégaros descobrissem a troca, a bordo, de amigos por inimigos e, então, com o restante de sua força, ele atacou o inimigo por terra, enquanto aqueles que estavam no navio capturavam a cidade. De acordo com essa versão da campanha (que escolhi em detrimento de outra registrada por Plutarco), uma vez

[197] A expedição contra Salamina, liderada por Sólon, precedeu a chegada de Epimênides a Atenas, que se deu em 596 a.C. A legislação de Sólon data de 594 a.C.; a primeira tirania de Pisístrato, de 560 a.C., ou seja, trinta e quatro anos após a legislação de Sólon, e ao menos trinta e sete anos depois de expedição de Sólon a Salamina. Mas Pisístrato viveu trinta e três anos após sua primeira usurpação, de modo que, se tivesse atuado na primeira expedição a Salamina, teria vivido até à idade de pouco menos de cem anos, já tendo passado consideravelmente dos oitenta anos na época de seu terceiro mais brilhante e mais enérgico governo! A data mais provável do nascimento de Pisístrato é aquela assinalada pelo Sr. Clinton, por volta de 595 a.C., pouco depois da expedição de Sólon a Salamina, e apenas cerca de um ano antes da legislação de Sólon. De acordo com essa datação, Pisístrato teria algo em torno de sessenta e oito anos no tempo de sua morte. O equívoco de Plutarco deriva claramente de sua confusão com relação às duas guerras com Mégara pela Salamina, as quais tiveram resultados semelhantes – a primeira, liderada por Sólon, a segunda, por Pisístrato. Fico muito surpreso que o Sr. Thirlwall tenha cometido o erro de apresentar Pisístrato como contemporâneo de Sólon nesse acontecimento, porque ele viria a estabelecer a data da retomada de Salamina em 604 a.C. (veja a nota na obra *Greece*, de Thirlwall, vol. II, p. 25), e a supor que Sólon tinha por volta de trinta e dois anos à época (ou seja, vinte e seis anos de idade em 612 a.C.). (Veja Thirlwall, vol. II, p. 23, nota.) Agora, como Pisístrato não poderia ter muito menos de vinte e um anos para que sua participação na expedição tivesse sido tão proeminente como afirmam Plutarco e seus seguidores modernos, de acordo com essa hipótese, ele teria de ter sido apenas onze anos mais jovem que Sólon, perpetrado sua primeira tirania pouco antes de Sólon morrer de velhice, e desposado a segunda mulher quando já tinha quase oitenta anos! Se assim o fosse, os parentes da senhora não teriam motivos razoáveis para enfurecer-se com o fato de o casamento não se consumar!

[198] Não podemos supor, como quer sugerir o descuidado e confuso Plutarco, que o povo, ou a assembleia popular, tenha anulado o decreto. O governo não era democrático à época, mas existiam assembleias populares, às quais era necessário, em casos extraordinários – sobretudo, talvez, no caso de guerra – aplacar e, por costume, apelar. Não duvido que tenha sido com o apoio e o consentimento dos arcontes que Sólon fez seu discurso ao povo, preparando-o para receber a anulação do decreto, coisa que, sem sua aprovação, talvez fosse perigoso propor.

por ano, um navio ateniense seguia silenciosamente para Salamina; os habitantes da ilha acorriam, em clamores, à praia para encontrá-lo; um homem armado saltava para a costa e corria aos gritos até o Promontório de *Sciradium*, próximo ao qual havia um antigo templo, erigido e dedicado a Marte por Sólon.

Mas os valentes e resolutos mégaros não eram homens que se deixavam desalentar por um único revés. Eles persistiram no conflito: ambos os lados sofreram perdas e, por fim, as cidades-estados concordaram em submeter suas diversas reivindicações à soberania da ilha à decisão de árbitros espartanos. E esse recurso das armas à arbitragem é prova de quão disseminado por toda a Grécia estava aquele espírito de civilização que não é senão uma extensão da noção de justiça. As duas partes tentaram fundamentar suas reivindicações em direitos antigos e tradicionais. Sólon teria defendido o pleito de seus compatriotas com uma citação que se afirma ser uma interpolação espúria do catálogo de navios de Homero, citação que parecia sugerir uma antiga conexão entre Salamina e Atenas.[199] E, se isso realmente foi feito, a tradição mesma de que foi feito, e quase meio século antes da primeira usurpação de Pisístrato, é uma prova da grande autoridade de Homero naquela época, e de que os serviços prestados por Pisístrato, muitos anos mais tarde, aos poemas homéricos foram, em grande medida, sobrestimados e mal interpretados. As práticas de sepultamento em Salamina, condizentes com os costumes dos atenienses e opostas aos costumes dos mégaros, bem como as referências a certos oráculos délficos, nos quais a ilha era chamada "jônica", também eram citadas em apoio às reivindicações atenienses. A decisão dos árbitros em favor de Atenas fez apenas suspender as hostilidades, e os mégaros continuaram atentos na busca de uma ocasião adequada (que encontraram pouco depois) para retomar a colônia tão tentadora a sua ambição.

V. O reconhecimento que Sólon conquistou nessa expedição foi, logo depois, ainda mais intensificado na avaliação da Grécia. Na baía de Corinto situava-se uma pequena cidade chamada Cirra, habitada por uma raça feroz

[199] Como a citação atribuída a Homero é extremamente ambígua, declarando apenas que Ájax reuniu os navios que levava de Salamina com os navios dos atenienses, resta imperioso supor que, se, de fato, Sólon se deu o trabalho de forjar um verso, ele teria tido o bom senso de compor um verso mais inequivocamente favorável a seu argumento.

e anárquica que, após devastar os territórios sagrados de Delfos, fez um cerco sacrílego à cidade em si, com o desejo de apossar-se dos tesouros que a piedade a Grécia acumulara no templo de Apolo. Sólon apresentou-se ao conselho anfictiônico, descreveu o sacrilégio dos habitantes de Cirra e persuadiu os gregos a armar-se em defesa dos altares de seu deus tutelar. Clístenes, o tirano de Sicião, foi enviado como comandante-chefe contra os habitantes de Cirra (595 a.C.), e (de acordo com Plutarco) os registros de Delfos informam que Alcmeão foi o líder dos atenienses. A guerra não teve muito êxito de início. O oráculo de Apolo foi consultado e a reposta constitui uma das anedotas mais divertidas sobre o sacerdócio. O deus informou àqueles que realizavam o cerco que o lugar não seria tomado até que as ondas do Mar de Cirra banhassem os territórios de Delfos. A resposta confundiu o exército, mas a sagacidade superior de Sólon não demorou a descobrir que a intenção sagrada do oráculo era apropriar-se da terra de Cirra para proveito do templo. Desse modo, ele aconselhou aqueles que faziam o cerco a atacar e conquistar Cirra, e a dedicar todo o seu território ao serviço do deus. O conselho foi acatado e Cirra foi tomada (586 a.C.), tornando-se, a partir de então, o arsenal de Delfos, e a deidade insultada teve a satisfação de ver as terras sagradas banhadas pelas ondas do Mar de Cirra. Um oráculo dessa natureza foi talvez mais eficiente que a espada de Clístenes para impedir futuros ataques contra a cidade divina! Os Jogos Píticos surgiram, ou foram restabelecidos, em celebração dessa vitória do deus pítico.

VI. Nesse ínterim, em Atenas, a tranquilidade da cidade-estado ainda era perturbada pela disputa mortal entre o partido de Cilón e os apoiadores dos Alcmeônidas, e o tempo servia tão somente para exasperar o desejo de vingança de um e aumentar, no outro, a aversão à justiça. Felizmente, porém, os negócios do estado passavam por aquela crise que é sempre favorável à autoridade de um único indivíduo. Em todas as estruturas políticas, há períodos em que, em meio aos excessos das facções, todos se submetem voluntariamente a um árbitro. Com uma capacidade que poderia tê-lo transformado no destruidor das liberdades de seu país, Sólon teve a virtude de constituir-se seu salvador. Ele persuadiu as famílias estigmatizadas com o crime do sacrilégio e o epíteto de "execráveis" a submeter-se aos bancos de julgamento. Elas foram acusadas, julgadas e condenadas ao exílio; os corpos daqueles a quem a morte já havia convocado a um tribunal mais severo foram desenterrados e transferidos para fora das fronteiras da Ática. Todavia, as superstições do povo não foram aplacadas. Viam-se estranhas aparições no ar, e os augúrios declaravam que as entranhas das vítimas indicavam que os deuses ainda exigiam uma expiação mais completa do crime nacional.

Nessa época, vivia em Creta um daqueles homens notáveis que eram tão comuns nos primórdios do mundo, um homem que buscava unir às honras do sábio a reputação de mistério do mago. Epimênides, arrolado por alguns entre os sete sábios, era reverenciado em toda a Grécia como alguém que era animado e inspirado por um espírito celestial. Tendo-se dedicado à poesia, esse hábil impostor levava suas prerrogativas de ficção à vida real e, ao declarar, em um de seus versos, citado por São Paulo em sua Epístola a Tito, que "os cretenses eram grandes mentirosos", não temos motivo para isentar o venerável acusador de sua própria censura antipatriótica. Dentre as várias lendas associadas a sua memória está uma tradição que tem muitas correspondências tanto na fábula setentrional como na oriental: afirma-se que ele dormiu por quarenta e sete[200] anos em uma caverna e, ao despertar desse repouso moderado, surpreendeu-se, não sem razão, ao perceber as características do país absolutamente mudadas. Regressando à cidade de Cnossos, da qual era cidadão, ele via rostos estranhos por toda parte. Às portas da casa do pai, indagam-lhe o que deseja e, por fim, com considerável dificuldade, ele consegue fazer-se conhecer a seu irmão mais jovem, a quem ele deixara ainda garoto e agora reconhecia em um velho decrépito. "Essa história gerou grande agitação", diz um biógrafo filosófico, asserção da qual não se deve duvidar. No entanto, aqueles de temperamento mais cético imaginavam que Epimênides passara os anos de seu suposto sono em viagens a países estrangeiros, adquirindo, assim, dos homens aqueles dotes intelectuais a que ele se referia mais piedosamente como inspiração especial dos deuses. Epimênides não hesitava quando se tratava de preservar a reputação misteriosa que alcançara a partir dessa lenda com outras fábulas igualmente audaciosas. Ele tentou persuadir o povo de que

[200] Cinquenta e sete, de acordo com Plínio.

era Éaco, e que visitava a terra frequentemente. Supunha-se que era alimentado pelas ninfas, pois nunca foi visto comendo em público. Dizia ter os atributos da profecia e, morrendo com idade extremamente avançada, era glorificado pelos cretenses como um deus.

Além de suas outras prerrogativas espirituais, esse acusador de "mentirosos" ostentava o poder do exorcismo, sendo o primeiro a introduzir na Grécia o costume de purificar lugares públicos e residências particulares, e foi considerado particularmente eficiente no banimento daqueles fantasmas sinistros que eram tão prejudiciais à tranquilidade dos habitantes de Atenas. Um homem como esse era exatamente a pessoa nascida para apaziguar os temores dos atenienses e realizar as coisas deitadas pelas entranhas palpitantes das vítimas sagradas. Por isso (pouco antes da guerra contra Cirra, em 596 a.C.), preparou-se um navio, no qual foi enviado para Creta um ateniense de nome Nícias, com a missão de trazer consigo o filósofo purificador, com toda a respeitável pompa que sua fama exigia. Epimênides atendeu aos rogos dos atenienses. Ele chegou a Atenas e concluiu a necessária expiação de um modo um tanto simples para um tão notável exorcista: mandou que algumas ovelhas, algumas negras, outras brancas, fossem soltas no Areópago, orientou que elas fossem seguidas e, onde quer que se deitassem, ali deveria ser realizado um sacrifício em honra de algum dos deuses. "É por isso que ainda se podem ver, por toda Atenas, altares anônimos (isto é, altares sem inscrições que os atribuam a um deus específico), os memoriais daquela propiciação", diz o historiador dos filósofos.

A ordem foi obedecida; os sacrifícios, realizados; e os fantasmas nunca mais foram vistos. Apesar de impostor, Epimênides era um homem de sagacidade e inteligência. Ele restringiu o excesso de lamentações em funerais, o que geralmente levava a interrupções excessivas das atividades comerciais e contribuía para impressões falaciosas de moralidade. Em lugar disso, ele acostumou os atenienses àqueles hábitos regulares de oração e culto divino que sempre tendem a regular e sistematizar o caráter de um povo. Epimênides tornou-se muito íntimo de Sólon, e Plutarco diz que muitas das leis subsequentes do ateniense foram sugeridas pelo conhecimento do sábio cretense. Quando chegou o tempo da partida de Epimênides, os atenienses desejaram presentear-lhe com um talento em retribuição por seus serviços, mas o filósofo recusou a oferta. Ele suplicou que os atenienses fizessem uma firme aliança com seus compatriotas cretenses, não aceitou outra remuneração além de um ramo da oliveira sagrada que adornava a cidadela e acreditava-se ser a dádiva primeva de Minerva, e voltou para sua cidade natal, provando que, naquela época, um homem poderia ser um impostor sem buscar qualquer outra recompensa além da honra gratuita da profissão.

VII. Com a partida de Epimênides, seus encantamentos parecem ter cessado: surgiram novos conflitos e novas facções e, sem ter outros crimes a expiar, os atenienses passaram a atacar, em unanimidade, os crimes do governo. Três partidos – o dos monteses, o dos habitantes das planícies e o dos litorâneos – cada qual defendendo uma forma diferente de estrutura política, perturbavam o estado por uma insatisfação geral com a constituição existente, os três partidos que, se olharmos superficialmente para a experiência dos tempos modernos, poderíamos quase crer que se fazem sempre presentes em todo estado livre, ou seja, os respectivos defensores do governo oligárquico, do governo misto e do governo democrático. Os hábitos de vida sempre produzem, entre as classes, os princípios políticos pelos quais são diversamente reguladas. Os habitantes dos distritos montanhosos, livres, brutos e vigorosos, eram afeitos à democracia; os detentores das planícies eram as poderosas famílias que tinham pendor pela oligarquia, conquanto, como em todas as aristocracias, muitas delas se uniam, mas com visões mais moderadas, nas manobras do partido democrático; e aqueles que, vivendo no litoral, dedicavam-se àquelas atividades comerciais que logo produziam uma inclinação para a liberdade, porém, o receio de seu excesso, a inveja da insolência dos nobres e uma apreensão da licenciosidade da turba colocava-os a favor daquela forma mista de governo – meio oligárquico, meio popular – que costuma ser a mais aceitável às classes médias de um povo de iniciativa. Contudo, havia uma divisão ainda mais terrível que essas, os três partidos legítimos então existentes na Atenas: uma divisão, não de princípios, mas de sentimento; aquela divisão ameaçadora que, como as fissuras no solo, prenunciando o terremoto à medida que se alargam, é o sintoma de convulsões que nivelam e destroem; em suma, o ódio entre ricos e pobres, entre os que têm e os que não têm. Em uma oligarquia, a mais opressora e gananciosa de todas as formas de governo, a desigualdade de fortunas tornara-se intoleravelmente danosa; os pobres tinham tão grandes débitos para com os ricos que[201] eram obrigados a pagar aos últimos a sexta parte do produto da terra ou oferecer seus serviços pessoais a seus credores, que poderiam aprisioná-los por falta de pagamento. Desse modo, alguns eram reduzidos à escravidão, e outros eram vendidos a estrangeiros. Pais vendiam os filhos para saldar suas dívidas e, para evitar a servidão, muitos abandonavam a terra em segredo. Mas, um numeroso grupo dentre os oprimidos, homens mais robustos e unidos, decidiram resistir à pressão férrea da lei: eles formularam um plano de abolição de débitos, dividindo as terras e reestruturando o corpo político do estado. Saíram em busca de um líder e depositaram suas esperanças em Sólon. Na impaciência dos pobres e no terror dos ricos, a liberdade perdera seus encantos, e já não era um desejo incomum nem parcial que uma monarquia fosse instaurada sobre as ruínas de uma oligarquia já ameaçada de dissolução.

VIII. Durante tais perturbações, Sólon atuou com mais do que sua sagacidade habitual e, assim, talvez com menos do que sua energia habitual. Ele se mostrou relutante e reservado, deixando que cada partido interpretasse, como melhor lhe convinha, frases ambíguas e oraculares, que não eram ofensivas a ninguém, pois ele tinha a vantagem de ser rico sem o ódio da extorsão, e era popular sem a degradação da pobreza. "Fânias de Lesbos" (assim declara o biógrafo de Sólon) "afirma que, para salvar o estado, ele conspirou com ambos os partidos, prometendo aos pobres a divisão das terras e, aos ricos, uma confirmação de suas reivindicações". Tal asserção é bastante compatível com a habilidade e sutileza do caráter de Sólon. Mostrando-se relutante em tomar para si a administração das questões públicas, a pressão para que a assumisse tornou-se ainda mais ávida e, por fim, ele foi eleito à tripla função de arconte, árbitro e legislador. Os destinos de Atenas foram colocados em suas mãos sem hesitação. Todos esperavam tudo dele: partidos adversários concordaram em exortá-lo a assumir a autoridade suprema de rei; citavam-se oráculos em seu favor, e seus amigos afirmavam que não ter a

[201] Plutarco em *Vida de Sólon*.

ambição de um monarca era não ter a coragem adequada a um homem. Com todo esse apoio e encorajamento, Sólon deu início a sua grandiosa e imortal tarefa de legislar.

IX. Façamos uma pausa aqui para examinar o caráter de Sólon à luz que nos foi legada. Em conformidade com a teoria de sua máxima preferida, que fazia da moderação a essência da sabedoria, de modo geral, ele parece ter sido favorável, em política, ao partido da classe média, e uma figura ímpar, em suas próprias ações, por aquela energia que é o equilíbrio entre indiferença e impulsividade. Elevado a um poder supremo e inconteste, exortado por todos os lados a passar do ofício de legislador à dignidade de príncipe, sua ambição jamais ultrapassou a linha que sua virtude ditava a seu espírito. Sólon dizia que "a tirania é um belo campo, mas ele não tem saída". Um dito inteligente e nobre, ele sugere que aquele que se fez senhor do estado já não tem escolha quanto aos meios pelos quais precisa conservar seu poder. Detendo essa terrível autoridade, seu primeiro objetivo é governar, e governar bem transforma-se em um objetivo secundário. "De fato, a tirania não tem saída!" A minoria, que, em tempos modernos, vimos dotada de um espírito semelhante de autocontrole, conquistou nossa admiração antes por sua honestidade que por seu intelecto, e o descrente na virtude humana atribui a pureza e Washington tanto à mediocridade de seu intelecto como à sinceridade de seu patriotismo: a baixeza da ambição vulgar pouco pode compreender aqueles que recusam um trono. Mas, em Sólon, não há disparidade alguma entre o mental e o moral, tampouco podemos explicar a moderação de suas opiniões fingindo ter dúvidas acerca da extensão de seus poderes. Seu temperamento natural era versátil e prolífico. Como orador, foi o primeiro, de acordo com Cícero, a usar a lógica e brilhante retórica que, mais tarde, destacou os atenienses. Enquanto poeta, Platão assegura-nos que, se se tivesse dedicado exclusivamente à arte, nem mesmo Homero o teria superado. E, embora tais panegíricos de autores posteriores devam ser recebidos com considerável reserva, conquanto possamos ter a certeza de que Sólon jamais poderia ter sido um Demóstenes ou um Homero, temos, não obstante, indícios suficientes em sua história que provam que era eloquente: o suficiente para atestar, nos poucos resquícios de seus versos, que seu talento poético não era de nível nada ordinário. Como soldado, ele parece ter sido um hábil mestre da tática naquela época primitiva em que a ciência militar consistia sobretudo nos estratagemas de uma inteligência rápida e uma inventividade ousada. Enquanto negociador, o êxito com que, a partir de elementos tão conflitantes e desordenados, criou um sistema social e jurídico harmonioso é prova incontestável não só da lucidez de suas teorias, mas de seu conhecimento prático do homem. Os ditos que lhe são atribuídos e podem ser razoavelmente considerados autênticos revelam enorme propriedade de observação. Qualquer que fosse seu ideal de bom governo, ele conhecia muito bem aquele grande segredo da habilidade política: nunca estender doutrinas especulativas para muito além do alcance da época em que devem ser aplicadas. Questionado se havia dado aos atenienses as melhores leis, sua resposta foi: "As melhores leis que são capazes de receber". Portanto, sua legislação não era uma coletânea vaga de princípios inaplicáveis. Conquanto tenha sido a fonte de todo o direito subsequente; conquanto, adotada pelos romanos, constitua, nos dias atuais, o espírito universal que anima os códigos e constituições da Europa, ela foi moldada com vistas aos hábitos, aos costumes e à condição do povo que ela pretendia esclarecer, harmonizar e guiar. Ele não era um asceta melancólico, tal como é produzido por uma falsa filosofia, afetando a sublimidade estéril de uma reclusão indolente. Acessível a todos, de comportamento livre e franco, ele encontrava sabedoria tanto na praça no mercado como na cela. Sólon não simulava nenhum desprezo esnobe pelo prazer, nem desdém fanático pela riqueza; generoso, e até mesmo opulento, parecia ser seu desejo provar que ser verdadeira sábio é desfrutar de tudo com honestidade. Os fragmentos de seus versos que chegaram até nós são sobretudo egocêntricos: referem-se a suas próprias impressões particulares, ou a suas opiniões públicas, e inspiram-nos um orgulho nobre, "que, se censurado com sua falta de ambição, ele encontra um reino na consciência de seu nome não manchado". Com todas essas qualidades, ele parecia unir muito daquela astúcia e daquele espírito de artimanha que, de acordo com toda a história, tanto sagrada como profana, não eram vistos como pecado no patriarca ou no filósofo. Quando não conseguia alcançar seu objetivo pela razão, era capaz rebaixar-se para obtê-lo, fingindo loucura. E essa qualidade de astúcia era necessária talvez, naquela época, para extrair as máximas utilidades de sua carreira. No entanto, por mais que pudesse fingir ou dissimular, a finalidade que tinha diante de si era invariavelmente excelente e patriótica, e a pureza de sua moral particular harmonizava-se com a de sua ambição política. O que Sócrates foi para a filosofia da reflexão, Sólon foi para a filosofia da ação.

X. A primeira lei que Sólon promulgou em sua nova função foi ousada e decisiva. Nenhuma revolução jamais satisfará um povo se ela não amenizar seus fardos. A pobreza dispõe os homens à inovação apenas porque a inovação promete alívio. Desse modo, Sólon debruçou-se logo, e resolutamente, sobre aquela grande fonte de dissensão entre ricos e pobres, qual seja, a enorme acumulação de débitos em que haviam incorrido os últimos, com a escravidão como punição pelo inadimplemento. Ele persuadiu os credores a aceitar a mitigação de seus débitos – se cancelando totalmente os montantes, ou tão somente reduzindo os juros e desvalorizando a moeda, é algo que gera certa controvérsia. O maior número de autoridades pende para a primeira hipótese, e Plutarco cita as palavras do próprio Sólon como prova da hipótese mais audaciosa, embora não atestem, em absoluto, tal interpretação. E, a fim de eliminar, de uma vez por todas, a renovação do maior gravame relacionado a dificuldades passadas, ele promulgou uma lei que determinava que, ali em diante, nenhum homem podia vender-se em escravidão para pagamento de uma dívida. Mesmo aqueles que já se achavam escravizados foram emancipados, e os que haviam sido vendidos por seus credores a países estrangeiros foram resgatados e reconduzidos a sua terra nativa. No entanto, embora Sólon (pela necessidade da época) tenha tomados medidas tão extremas para remediar a situação, comparáveis, em nossos dias, somente à sanção formal de uma falência nacional, ele rejeitou com firmeza o desejo desvairado de uma divisão de terras. Na contração de dívidas, pode haver abusos que exijam alternativas muito mais rígidas do que as desigualdades de propriedade. No tocante a esta última, ele se contentou com uma lei que estabelecia um limite para a compra de terras: uma teoria de legislação muito louvável, se fosse possível aplicá-la.[202] De início, tais medidas não atenderam às expectativas populares, instigadas pelo exemplo de Esparta à esperança de uma igualdade de for-

[202] Aristóteles, *Política*, livro III, cap. 8.

tunas. Mas a reação veio logo. Ofereceu-se um sacrifício público em honra à remissão dos débitos, e a autoridade do legislador foi fortalecida e ampliada. Sólon não era um daqueles políticos que oscilam alternadamente entre os princípios populares e os princípios aristocráticos, imaginando que a concessão de hoje deveria necessariamente dar ensejo à recusa de amanhã. Ele conhecia bem demais a natureza humana para não saber que não há estadista do qual as massas mais desconfiem do que aquele que começa a exercer sua autoridade com uma reforma ousada apenas para dar-lhe continuidade com expedientes hesitantes. Sua medida seguinte foi ainda mais vigorosa e irrepreensível que a primeira. O mal das leis de Drácon não era sua severidade, mas sua ineficiência. Em legislação, caracteres de sangue são sempre traçados sobre tábuas de areia. De um único golpe, Sólon revogou todas aquelas leis, à exceção daquela (um decreto antigo e bem aceito) que tratava do homicídio. Em contrapartida, ele imputou a vários crimes – de roubo, de estupro, de calúnia e difamação, de adultério – penas proporcionais à ofensa. Chama a atenção que, no espírito de suas leis, ele apelasse fortemente ao senso de honra e ao temor da vergonha, e tenha feito uma de suas punições mais severas o ser rotulado de *atimos* ou desonrado, uma teoria que, conquanto fosse adequada ao caráter dos atenienses da época, logrou enobrecê-lo ainda mais no futuro. Nesse mesmo espírito, os filhos daqueles que morriam na guerra eram educados às expensas públicas: atingindo a maioridade, recebiam uma armadura, eram estabelecidos em ocupações segundo suas respectivas vocações e agraciados com os principais assentos em todas as assembleias públicas. Trata-se de uma política sensata de um estado que nos faz gratos a seus pensionistas e nos convida a ver nos desamparados assistidos pelo estado os reverentes memoriais do serviço público.[203] Sólon teve a magnanimidade de eliminar, por sua própria mão, uma perigosa tentação a sua ambição pessoal, e entregava à morte o homem que aspirasse ao domínio absoluto da nação. Ele impôs restrições aos interesses de especulação econômica e à importunação da solicitação de votos por parte dos indivíduos ao determinar que ninguém podia propor uma lei em favor de uma única

[203] Essa lei é provavelmente posterior ao tempo de Sólon. Pisístrato é apontado como autor de uma lei para cidadãos incapacitados, conquanto sua sugestão seja atribuída a Sólon. Não obstante, foi uma lei que certamente derivou dos princípios de Sólon.

pessoa, a menos que tivesse obtido os votos de seis mil cidadãos, e assegurou a tranquilidade de uma cidade exposta à excessiva liberdade de ação de poderosas facções ao proibir os homens de sair armados às ruas, exceto em casos de necessidade iminente.

XI. O mais memorável dos ditos de Sólon ilustra a teoria do tecido social que ele concebeu. Quando indagado de que modo a injustiça devia ser extirpada de uma república, ele respondeu: "fazendo com que todos os homens se interessem pela injustiça feita a cada um", uma resposta que encarna toda a essência da liberdade. As inovações que introduziu nas formas puras da antiga estrutura política parecem não ter sido de grande monta: ele mais acrescentou que destruiu. Assim, ele conservou ou revigorou o senado da aristocracia, mas, a fim de limitar sua autoridade, Sólon criou um povo. As quatro antigas tribos,[204] subdivididas havia muito em grupos menores, foram mantidas. Estrangeiros que haviam transferido suas posses e famílias de forma permanente para Atenas, abandonando todos os vínculos com seus próprios países, eram contados e contribuíam para inchar os números da população livre. Esta constituía o corpo ou assembleia constituinte. Aos dezoito anos, todo cidadão era obrigado a cumprir a deveres militares dentro dos limites da Ática; aos vinte anos, ele atingia a maioridade e ganhava o direito de voto na assembleia popular, bem como todos os demais direitos de cidadania. Logo, todo ateniense livre com idade de vinte anos podia concorrer em uma votação à legislatura. No entanto, era necessário que se detivesse uma propriedade imóvel de

[204] Uma tribo era constituída de três fratrias, ou fraternidades; uma fratria era composta por três *genes* ou clãs; um *genos* ou clã era formado por trinta chefes de família. Como a população, tanto com relação aos agregados como a tais divisões, devia estar exposta a constantes flutuações, os números mencionados anteriormente eram muito provavelmente o que podemos descrever, em direito, como uma ficção, como observa Boeckh (*Pub. Econ. of Athens* [*A Economia Pública de Atenas*], vol. I, p. 47, tradução inglesa): "do mesmo modo que os romanos chamavam ao capitão centurião, mesmo que ele comandasse sessenta homens, também é possível que uma família fosse chamada uma *triakas* (isto é, uma *thirtiad*, ou trigésima), conquanto tivesse cinquenta pessoas ou mais". De fato, alguns conjecturam que lacunas nas fratrias fossem preenchidas a partir de uma classe não incluída em tais famílias. Contudo, essa suposição parece menos provável que aquela que propus anteriormente. Se os números Júlio Pólux foram extraídos de um recenseamento à época de Sólon, as quatro tribos de então contavam com trezentas e sessenta famílias, cada família constituída de trinta pessoas, o que daria uma população total de dez mil e oitocentos cidadãos livres. Foi pouco antes disso que a população quase dobrou, mas os títulos e as subdivisões permaneceram as mesmas. Reservo para um apêndice uma análise mais detalhada e crítica das veementes, porém tediosas discussões dos eruditos sobre o complexo tema das tribos e famílias atenienses.

tamanho considerável para concorrer os cargos mais altos. Desse modo, embora o povo exercitasse o sufrágio universal no voto, a seleção de candidatos ainda se restringia a uma oligarquia. Reconheciam-se quatro classes distintas, não de acordo com a linhagem hereditária, como até então, mas com a propriedade de bens. Aqueles cuja renda fosse de quinhentas medidas de qualquer produto, seco ou líquido, eram colocados na primeira classe, com o título de pentacosimedinos. A segunda classe, a dos chamados *hippeis*, ou cavaleiros, era composta daqueles com propriedades que produziam trezentas medidas. Todo homem pertencente a ela era obrigado a manter um cavalo para o serviço público e a alistar-se, se convocado, na cavalaria das forças militares (no entanto, os membros de ambas essas classes superiores estavam isentos de servir a bordo de navios, ou na infantaria, a menos que lhes seja confiada alguma posição de comando). A terceira classe era constituída daqueles que possuíam duzentas medidas,[205] sendo chamados zeugitas. E a quarta classe, e a mais numerosa, abrangia, sob o nome de tetes, o grosso da população trabalhadora não escravizada, cuja propriedade não atingisse a qualificação exigida para dos zeugitas. Lançando um rápido olhar sobre tais divisões, chama-nos a atenção sua semelhança com as classes sociais existentes em meio a nossa própria ancestralidade setentrional e feudal, correspondendo aos nobres, aos cavaleiros, aos burgueses e às classes operárias, que por muito tempo constituíram, e ainda constituem, as demarcações da sociedade da Europa moderna. Apenas os membros da primeira classe eram elegíveis aos cargos mais elevados, como o de arconte; os membros das três primeiras classes, à assembleia política dos quatrocentos (que passarei a descrever) e a algumas magistraturas secundárias. Os membros da quarta classe ficavam excluídos de todos os cargos, a menos que se possa dizer que participavam da legislatura, pois votavam na assembleia popular, e podiam exercer autoridade judicial em causas extraordinárias. Apesar disso, nenhuma barrei-

[205] Boeckh (*Pub. Econ. of Athens*, livro IV, cap. V) defende, a partir de uma lei preservada por Demóstenes, que o número de medidas para os zeugitas era apenas cento e cinquenta. Contudo, seu argumento, derivado por analogia da soma a ser dada a uma herdeira por seu parente mais próximo, caso se recusasse a desposá-la, não é, em absoluto, suficientemente convincente para induzir-nos a rejeitar a proporção de duzentas medidas, "preservada (como confessa Boeckh) por todos os autores", sobretudo aqueles da época de Demóstenes. O próprio Boeckh, em uma passagem subsequente, observa acertadamente que os nomes de zeugitas, etc., poderiam aplicar-se tão somente a novas classes introduzidas em lugar daquelas instituídas por Sólon.

ra hereditária os privava das esperanças tão caras às aspirações humanas. Bastava que adquirissem a fortuna necessária para desfrutar dos privilégios de seus superiores. E, nesse sentido, descobrimos, em uma inscrição na Acrópole, registrada na obra de Júlio Pólux, que Anthemion, da classe mais baixa, foi subitamente elevado à categoria de cavaleiro.[206]

XII. Dessas divisões de classes, percebemos que o princípio fundamental da constituição de Sólon baseava-se não no nascimento ou berço, mas na riqueza. Ele instituiu o que se veio a chamar timocracia, a saber, uma aristocracia de propriedade, fundamentada em instituições democráticas de jurisdição, eleição e apelo popular. Em conformidade com o princípio que permeia todos os estados e faz da propriedade a qualificação para o exercício de cargos, a tributação geral também incidia sobre a propriedade. E isso se dava em uma escala gradativa: severa sobre a primeira classe, e exonerando inteiramente a mais baixa. Assim estabelecidas as classes dos cidadãos, a estrutura política reconhecia três grandes conselhos ou braços da legislatura. O primeiro era o do venerável Areópago. Já vimos que essa instituição existia havia muito tempo entre os atenienses; todavia, por volta daquela época, ela havia caído em certa obscuridade ou esquecimento, não tendo sido sequer mencionada nas leis de Drácon. Sólon manteve o nome da assembleia, porém, reformulou sua estrutura. No passado, ela provavelmente abrangera todos os eupátridas. Sólon definiu as prerrogativas dos aspirantes àquela dignidade oficial e ordenou que ninguém fosse admitido ao areópago se não tivesse ocupado a posição de arconte: um ordálio que implicava não só a necessidade de pertencer à classe mais elevada, mas, como observarei a seguir, de ser dotado de um caráter sóbrio e de integridade imaculada.

As tradições mais remotas revestiam o próprio nome dessa assembleia de majestade e reverência. Reunindo seu conselho sobre o monte sagrado dedicado a Marte, as fábulas afirmavam que o próprio deus da guerra fora acusado perante seu tribunal. Sólon lançou mão de sua imaginação para sustentar a grandiosidade das associações que eram feitas com ela. Todo tipo de eminência era derramado sobre os senadores que, no espírito de suas leis, podiam

[206] No tocante ao valor de "uma medida" naquela época, estimava-se que fosse de uma dracma, e uma dracma era o preço de uma ovelha.

apenas passar do templo da virtude ao templo da honra. Era possível levar toda sorte de crime perante sua jurisdição, e eles tinham igual poder de recompensar e punir. Da culpa por assassínio à infração negativa de indolência,[207] o âmbito de seu controle era muito amplo: a consagração de altares a novas deidades, as penas fixadas para os casos de impiedade eram sua decisão e responsabilidade. Tinham autoridade ilimitada para inspecionar a vida dos homens. Participavam de reuniões públicas e sacrifícios solenes, a fim de preservar a ordem pela majestade de sua presença. A salvaguarda das leis e a administração dos recursos públicos, bem como a supervisão da educação dos jovens eram confiadas a seus cuidados. Apesar de seu poder, eles pouco interferiam na condução de assuntos políticos, salvo em casos de perigo iminente. Suas funções, graves, tranquilas e solenes, afastam-nos do tumulto de agitações temporárias. Eles eram o último grande refúgio do estado, ao qual, em ocasiões comuns, era quase uma profanidade apelar. Seu próprio comportamento era moldado de forma a harmonizar-se com a reputação de suas virtudes e a dignidade de seu ofício. Era proibido rir em sua assembleia. Nenhum arconte que tivesse sido visto em uma taberna pública podia ser admitido em sua ordem,[208] e era objeto de especial proibição que um areopagita compusesse uma comédia.[209] Eles se reuniam a céu aberto, assim como todas as cortes ao julgar casos de assassínio. Se as causas a eles submetidas fossem importantes e várias, eles costumavam dividir-se em comitês, a cada qual as diversas causas eram atribuídas por sorteio, de modo que, sem saber a causa deveria julgar, nenhum deles pudesse ser atacado com a imputação de tendenciosidade desonesta ou parcial. Após ouvir adequadamente ambas as partes, eles proferiam seu julgamento com proverbial gravidade e silêncio. A instituição da votação (que posteriormente tornou-se um costume) garantia o sigilo de suas decisões: um procedimento necessário em meio ao ciúme e ao poder das facções, assegurando que a imparcialidade de seu julgamento não fosse prejudicada por receios pessoais, e cuja abolição, como veremos em seguida, foi uma das causas da supressão temporária das liberdades de Atenas. Uma urna

[207] A lei que criminaliza a indolência deve ser atribuída antes a Pisístrato que a Sólon.

[208] Ateneu, livro XIV.

[209] Plutarco, *de Gloria Athen*. Neste esboço, não me limito inteiramente às leis de Sólon com relação ao areópago.

de latão recebia os votos de condenação; uma de madeira, os de absolvição. Tais eram o caráter e a estrutura do AERÓPAGO.[210]

XIII. O segundo conselho legislativo criado ou restabelecido por Sólon tratava-se de um senado composto, de início, de quatrocentos membros e, muitos anos mais tarde, de quinhentos deles. Para esse conselho, todos, à exceção daqueles que pertenciam à classe mais baixa e numerosa, eram elegíveis, desde que tivessem atingido a idade de trinta anos ou passado dela. Era uma assembleia antes aleatória que representativa. Seu método de eleição parece mais canhestro que elaborado. Para cada distrito havia um presidente, chamado filarco. Em determinado dia do ano, esse magistrado apresentava os nomes de todas as pessoas de seu distrito que tinham direito à honra de servir no conselho e desejavam exercitá-lo. Tais nomes eram inscritos em tabuletas de latão e atirados dentro de um recipiente. Em outro recipiente, colocava-se um número igual de feijões. Supondo que o número de candidatos a ser eleito por cada tribo fosse (como o era inicialmente) cem, cem feijões brancos eram colocados no recipiente; os demais feijões eram pretos. Em seguida, os nomes dos candidatos e os feijões eram retirados um a um, e cada candidato que tivesse a boa fortuna de ter seu nome retirado junto com um feijão branco tornava-se membro do senado. Assim, a composição de cada senado subsequente podia diferir do anterior; podia, muito longe de representar o povo, contrariar seus anseios; tratava-se, em última análise, de uma questão de risco e acaso e, quando o Sr. Mitford nos informa que a assembleia do povo foi a principal raiz do mal na estrutura política ateniense, parece que à eleição imprevisível e inadequada desse conselho podemos, com segurança, imputar muitas das incongruências e mudanças que aquele historiador atribui inteiramente à assembleia mais popular.[211] A esse conselho não se confiavam poderes tão amplos, em tese, como os do Areópago, mas seu exercício era muito mais

[210] Como o número dos areopagitas dependia do número de arcontes, ele era necessariamente flutuante e incerto. Um arconte não era automaticamente admitido ao areópago. Antes, ele era submetido a um exame rigoroso e severo do modo como havia desempenhado os deveres de seu ofício, e era passível de expulsão caso houvesse provas de imoralidade ou indignidade.

[211] Alguns autores modernos argumentam que, à época de Sólon, os membros do conselho não eram escolhidos por sorteio, mas, para mim, seus argumentos não são muito satisfatórios. Contudo, se fosse tão somente uma delegação dos eupátridas, como supõem tais autores, o conselho seria ainda mais pernicioso em sua composição.

ativo. Seus membros inspecionavam a frota (quando, mais tarde, foi criada uma frota); designavam carcereiros para prisões, examinavam os relatórios de magistrados quando estes deixavam o cargo. Essas eram funções secundárias. Eles também tinham autoridade em outros departamentos de natureza muito mais elevada e complexa. Recebiam a nefasta e terrível amplitude de poder que lhes permitia examinar e punir pessoas acusadas de ofensas não especificadas em nenhuma lei em particular,[212] uma prática que, se se desse menos atenção ao controle popular à época, não poderia ter oferecido base mais larga para os desígnios das mais desenfreadas ambições do despotismo. O poder de punir crimes não especificados em lei é um poder acima a lei, e a ignorância ou a corrupção podem facilmente distorcer a própria inocência, transformando-a em crime. No entanto, a principal função dos Quatrocentos era preparar as leis que seriam submetidas à assembleia do povo: o grande tribunal popular que passaremos a estudar. Além disso, de acordo com Sólon, nenhuma lei poderia ser apresentada àquela assembleia sem que tivesse sido submetida à deliberação, e recebido a sanção daquele conselho preliminar. Portanto, nela esteve A ORIGEM DE TODA LEGISLAÇÃO. Em proporção a tais poderes discricionários era o exame a que os membros do conselho eram submetidos. Antes da admissão de qualquer candidato, sua vida, seu caráter e suas ações passavam por uma rigorosa investigação e análise.[213] Então, os senadores faziam um juramento solene de que atuariam para promover o bem comum, e a maior punição que tinham permissão de impor era uma pena de quinhentas dracmas. Se julgassem tal punição insuficiente, o criminoso era enviado às cortes regulares de justiça. Findo o período de seu mandato, que expirava a cada ano, os senadores prestavam contas de sua atuação e o próprio senado punia quaisquer violações cometidas por seus membros. Tão severas eram suas punições que um homem expulso do senado era elegível ao cargo de juiz: prova de que a expulsão era uma pena imposta até mesmo a violações leves.[214]

Membros de cada uma das tribos revezavam-se na presidência dos demais[215] e recebiam o nome de prítanes. Era

[212] Júlio Pólux.

[213] Ésquines em *Contra Timarco*.

[214] A cada membro pagava-se (como na Inglaterra, no passado, e na América hodiernamente) uma soma módica (uma dracma) para seu sustento e, ao término do mandato, uma integridade peculiar era recompensada com dinheiro do tesouro público.

[215] Quando havia dez tribos, cada tribo governava por trinta e cinco dias,

função dos prítanes reunir o senado, o que costumava acontecer todos os dias, e manter a ordem na grande assembleia do povo. Os prítanes, por sua vez, eram subdivididos nos proedros, que presidiam semanalmente sobre os demais, enquanto um deles, escolhido por sorteio, era o presidente principal (ou epístata) de todo o conselho. A ele eram confiadas as chaves da cidadela e do tesouro, e uma inveja salutar desse duplo encargo limitava seu exercício a um único dia. Cada membro informava por escrito qualquer moção que pretendesse fazer. Os prítanes tinham o direito prioritário de propor a questão para debate, a qual, em seguida, tornava-se matéria de discussão aberta, e eles decidiam, por votação, rejeitá-la ou aceitá-la. Se aceita, a questão era, então, submetida à assembleia popular, que ratificava ou recusava a lei, que, assim, eles não poderiam criar.

Tal era a estrutura do conselho ateniense, que, em muitos pontos, assemelha-se a todas as assembleias legislativas modernas em suas características comuns.

XIV. Na grande assembleia do povo, que agora passamos a estudar, todos os homens livres na idade do discernimento, salvo apenas por aqueles rotulados pela lei com o opróbrio de *atimos* (desonrado),[216] eram admitidos. Na época de Sólon, essa assembleia não tinha, em absoluto, a importância que alcançou mais tarde. Suas reuniões eram relativamente raras e, sem dúvida, ela raramente rejeitava as propostas dos Quatrocentos. Todavia, uma vez que existam diferentes assembleias legislativas e o controle popular seja constitucionalmente reconhecido, é da natureza mesma das coisas que a assembleia mais democrática absorva a principal atividade da assembleia mais aristocrática. Em regra, um povo é escravizado pela ascensão excepcional de um déspota, mas quase sempre ganha com as restrições que a constituição habitualmente tem por objetivo opor [ao poder dos governantes]. Posteriormente, a assembleia reunia-se quatro vezes no período de cinco semanas (ao menos durante o tempo em que as tribos eram dez), ou seja, durante a presidência de cada prítane.

---

ou cinco semanas. Quando, mais tarde, o número aumentou para doze, o período de governo era um mês.

[216] *Atimos* significa antes não honrado que desonrado. Aquele a quem, em seu grau mais brando, a palavra era atribuída, era antes retirado (por assim dizer) da condição de honra do que marcado pela infâmia. No entanto, rapidamente, a palavra deixou de transmitir seu significado original e passou a ser aplicada a ofensas tão corriqueiras e comuns que se transformou em um mero termo jurídico.

Na primeira de suas reuniões, eles ouviam os assuntos de importância geral, aprovavam ou rejeitavam magistrados, ouviam acusações de violações políticas graves,[217] bem como os detalhes de qualquer confisco de bens. A segunda reunião era apropriada aos assuntos relativos tanto a indivíduos como à comunidade; e todo homem tinha legitimidade para apresentar uma petição ou participar de um debate. A terceira ocasião de reunião era dedicada à audiência estatal de embaixadores. A quarta, a questões sobre o culto religioso ou cerimonial sacerdotal. Essas quatro reuniões periódicas, sob o nome de cúria, constituíam a assembleia comum, não exigiam nenhuma convocação especial e não sinalizavam nenhuma emergência extraordinária. No entanto, além dessas reuniões regulares, em ocasiões de perigo incomum e inesperado, ou em casos que exigissem discussão imediata, a assembleia do povo também poderia ser convocada por proclamação formal e, nesse caso, era chamada *"Sugkletos"*, que podemos traduzir pela palavra convocação. Os prítanes, antes da reunião da assembleia, sempre afixavam, em algum lugar público, uma placa com uma lista dos assuntos sobre os quais o povo deveria deliberar. As pessoas que presidiam a reunião eram proedros das nove tribos, escolhidos por sorteio, afastados temporariamente do ofício de prítanes; dentre eles, elegia-se um presidente principal (ou epístata), também por sorteio. Fazia-se todo o possível para congregar um público numeroso, e cada homem que participasse recebia uma pequena moeda pelo incômodo,[218] prática que rendia muitos gracejos aos comediantes. Os prítanes podiam proibir que um homem de flagrante mau caráter falasse. O presidente principal determinava o sinal para as decisões. Em casos comuns, eles erguiam as mãos, votando abertamente, mas, em um período posterior, em casos passíveis de intimidação, tais como em crimes de homens de poder e autoridade, votavam em segredo. Eles costumavam reunir-se na ampla arena de sua praça do mercado.[219]

XV. Recapitulando os tópicos dessa complexa estrutura

[217] A mais abominável das três violações, chamada *eisangelia*.

[218] Isso foi uma lei posterior; um óbolo, ou um quarto de centavo [de libra esterlina] era o primeiro pagamento; em seguida, era acrescido de três óbolos, ou três centavos e três quartos de centavo.

[219] Por vezes, também, a assembleia era realizada na Pnyx, que posteriormente se tornou tão célebre. E, ainda mais tarde, também (sobretudo quando o tempo estava ruim), no templo de Baco. Em ocasiões extraordinárias, em qualquer lugar que fosse considerado o mais conveniente ou espaçoso.

política que assim descrevi em detalhes, o leitor perceberá que o poder legislativo estava alicerçado em três assembleias: o Areópago, o Conselho e a Assembleia Popular; que a primeira, apesar de sua solene dignidade e ampla autoridade, raramente interferia nas políticas ativas, populares e diárias do estado; que a segunda produzia leis, das quais a terceira era a grande Corte de Apelação, que as sancionava ou rejeitava. O principal avanço dos tempos modernos foi consolidar as duas últimas em uma só e unir, em um senado representativo, a sagacidade de um conselho deliberativo com os interesses de uma assembleia popular. Quanto mais fundirmos esses objetos, com maior perfeição, talvez, alcancemos, pelas vias da sabedoria, os propósitos da liberdade.

XVI. Mas, conquanto, em um senado composto pelas resoluções do acaso, e uma assembleia que, pelo número de seus membros, devia estar sempre exposta à agitação da eloquência e aos caprichos da paixão, existisse inevitavelmente um princípio rudimentar e imperfeito; embora duas cortes que traziam em si a alma e o elemento de contradição necessariamente quisessem aquela unidade concentrada de propósito propícia à tranquilidade regular e augusta da legislação, não podemos senão admitir que a principal teoria do sistema era justamente aquela mais favorável à pródiga exuberância de energia, de intelecto e de brilhantismo. Convocados a deliberar sobre todas as questões, das maiores às menores, das mais veneráveis às mais insignificantes – hoje decidindo o número de seus navios de guerra, amanhã, o número de um coro trágico; ora examinando com zelosa precaução os novos perturbadores da ambição oligárquica; ora selecionando, com minuciosa distinção, as diversas combinações de música para o variegado ritual religioso;[220] ora recepcionando com hospitalidade, em seu fórum-senado, os sisudos embaixadores da Lacedemônia ou os mensageiros da Pérsia, adornados de joias; ora votando a sanção de novos templos ou as reverentes reformas do culto – compelidos a um interesse vivo e imorredouro em tudo o que emerge da mente, enobrece as paixões ou aperfeiçoa o gosto; árbitros supremos tanto da arte do escultor como da ciência do legislador; juízes e recompensadores do pintor de retratos e do poeta, bem como do negociante bem-sucedido ou do próspero solda-

[220] Platão, *de Legibus*.

do; vemos logo o espírito magistral e versátil da nação, e contemplamos, no mesmo relance, o efeito e a causa: sendo tudo levado à deliberação do povo, o povo aprendia a julgar tudo. Seu potencial intelectual era artificialmente forçado, e em cada uma de suas habilidades. Eles não precisavam de educação formal. Toda a sua vida era uma escola. As falhas mesmas de sua assembleia, em sua tendência de ser seduzida pela eloquência extraordinária, incentivavam a emulação do orador e mantinham sempre desperta a imaginação do público. Um ateniense era, por força de seu nascimento, o que Milton sonhava que um homem poderia tornar-se tão somente pelos esforços da mais completa educação: na paz, um legislador; na guerra, um soldado; em qualquer tempo, em todas as ocasiões, perspicaz no julgar e resoluto no agir. Tudo o que podia inspirar o pensamento ou deleitar o lazer era para o povo. Seus eram o pórtico e a escola; seus o teatro, os jardins e os banhos; não eram, como em Esparta, instrumentos do estado: eles eram o estado! Licurgo fez máquinas, e Sólon, homens. Em Esparta, a máquina devia ser preparada e acionada pela tirania de um princípio fixo: ela não podia jantar como lhe agradasse; não podia andar como lhe aprouvesse; não tinha permissão de procurar sua máquina feminina, salvo furtivamente e no escuro; seus filhos não eram seus – nem ela mesma era dona de si. Sob o nome de liberdade, Esparta combinava as piores complexidades, os mais graves e mais frívolos tormentos da escravidão. E foi assim que a Lacedemônia floresceu e feneceu, deixando à fama homens notáveis tão somente por uma bravura vigorosa, um patriotismo fanático e uma malícia profunda, porém desonrosa – atraindo, de fato, a admiração do mundo, mas sem ganhar nenhum direito a sua gratidão nem contribuir com um acréscimo que fosse a seus repositórios intelectuais. Todavia, em Atenas, a verdadeira bênção da liberdade foi corretamente instalada – nas opiniões e na alma. O pensamento era a herança comum que todo homem podia cultivar à vontade. Essa liberdade irrestrita tinha suas convulsões e excessos, mas, produzindo incessante emulação e competição desenfreada, um incentivo para cada esforço, um tribunal para cada reivindicação, ela irrompia como filosofia em uns, como poesia em outros, como a energia e o esplendor de uma inteligência sem igual em todos. Olhando à nossa volta neste momento, mais de vinte e quatro séculos depois do estabelecimento da estrutura política que acabamos de examinar, ainda contemplamos – na labuta do estudioso, nos sonhos do poeta, nas aspirações do artista, na filosofia do legislador – as bênçãos imperecíveis que herdamos das liberdades de Atenas e das instituições de Sólon. A vida de Atenas extinguiu-se, mas sua alma transbordou, imortal e imortalizadora, para o mundo.

XVII. O código penal de Sólon fundamentava-se em princípios totalmente contrários aos de Drácon. A escala de punição era moderada, conquanto severa o suficiente. Uma diferença bastará para dar-nos uma ideia adequada de suas gradações. O furto à luz do dia não era um crime capital, mas, se perpetrado durante a noite, o criminoso poderia ser legitimamente assassinado pelo proprietário. A tendência de pender para o lado da clemência em todos os casos pode ser percebida a partir disto: se houvesse empate nos votos dos juízes, era costume, em todas as cortes de Atenas, absolver o acusado. A pena de morte era rara: a de atimia tomava seu lugar. Dos diferentes graus de atimia não pretendo falar neste momento. Em um desses graus, porém, o ofensor era tão somente suspenso do gozo de alguns privilégios de liberdade exercícios pelos cidadãos em geral, ou era condenado a uma multa pecuniária. O segundo grau permitia o confisco de bens. O terceiro privava permanentemente o criminoso e sua posteridade dos direitos de cidadão: este último era imposto apenas em casos de crimes agravados. O exílio perpétuo era uma sentença dada exclusivamente a culpados de crimes de estado. A imposição de multas, que gerou grandes abusos em épocas posteriores, fazia-se com moderação no tempo de Sólon, em parte por causa do alto valor do dinheiro, mas também, em parte, por causa da moderação sensata do legislador. A grave pena máxima de morte era aplicada de diversas formas, como a cruz, a forca, o precipício, o cálice [de veneno] – suplícios raramente reservados aos homens livres.

Assim como o princípio da desonra era um dos principais instrumentos do código penal dos atenienses, igualmente eles tentavam alcançar o mesmo objetivo pelo sublime motivo da honra. Sobre o perfeito equilíbrio entre recompensas que estimulam e punições que reprimem, Sólon e seus primeiros sucessores julgavam repousar a virtude da república. Uma coroa apresentada pelo senado ou pelo povo, um banquete público no palácio do estado, a colocação de uma estátua nas principais vias públicas (há muito uma distinção raríssima), o privilégio de prioridade no teatro ou na assembleia, eram honras que estavam sempre diante dos olhos dos jovens e das esperanças dos ambiciosos. Assim, o sentimento de honra tornou-se um princípio orientador da legislação e um forte elemento do caráter dos atenienses.

XVIII. Os procedimentos judiciais, tal como instituídos por Sólon ou como corrompidos por seus sucessores, estavam susceptíveis a alguns males graves e fundamentais que serão estudados doravante. Neste momento, contento-me em observar que Sólon levou para o âmbito judicial os princípios de suas cortes legislativas. Era sua teoria que todos os cidadãos deveriam ser treinados para interessar-se pelo estado. Todo ano, escolhia-se por sorteio um grupo de seis mil cidadãos. Nenhuma qualificação, salvo a de ter trinta anos de idade, era exigida para esta eleição. O grupo assim escolhido, chamado Helieia, era subdividido em cortes menores, perante as quais todos os crimes, mas sobretudo os de natureza política, poderiam ser levados a julgamento. Sólon provavelmente deixava os casos comuns para os magistrados comuns. Todavia, não demorou muito para que os jurados populares atraíssem a si a análise e o julgamento final de todas as causas. Esse poder judicial era até mesmo maior que o legislativo, pois, se uma lei tivesse passado por todas as formalidades legislativas e, no período de um ano de sua edição, fosse considerada incompatível com a constituição ou os interesses públicos, as cortes populares poderiam revogá-la e punir seu autor. Em Atenas, não havia advogados profissionais. Como o direito era tido por interesse comum dos cidadãos, dava-se todo incentivo possível ao promotor de ações judiciais, bem como todos os meios de alcançar a justiça.

Sólon parecia reconhecer o sensato princípio de que a força da lei está no ânimo público de respeitá-la e venerá-la, e que não há nada mais apto a tornar permanente o espírito geral de uma constituição do que fazer seus detalhes flexíveis e deixá-los abertos à reforma. Nesse sentido, ele submetia suas leis à vigilância de revisões regulares e constantes. Uma vez ao ano, qualquer cidadão poderia fazer propostas de alteração de qualquer lei vigente. Tais propostas eram debatidas e, se aprovadas, eram enviadas a um comitê legislativo, formado por jurados selecionados por sorteio. Em seguida, o comitê reunia-se para analisar a lei. Designavam-se cinco advogados para defender a manutenção da lei antiga. Se não tivessem sucesso, a nova lei entrava imediatamente em vigor. Além dessa precaução, seis dos nove arcontes (chamados tesmótetas), cujo cargo tornava experimentados nos defeitos da legislação, recebiam autorização para rever todo o código e enviar ao comitê legislativo a análise de quaisquer erros ou incoerências que pudessem exigir emenda.[221]

XIX. No tocante à educação dos jovens, o sábio ateniense não seguiu os princípios que, em Esparta, tentaram transferir ao estado os mais caros privilégios de um genitor. Dos dezesseis aos dezoito anos (e mais cedo, no caso dos órfãos) a lei parecia, de fato, julgar que o estado tinha o direito de preparar seus cidadãos para servi-lo, e os jovens eram obrigados a frequentar escolas públicas de ginástica, nas quais, a muita disciplina física, acrescentava-se alguma disciplina intelectual, sob a orientação de mestres de indicação pública. Contudo, da existência mesma de uma educação compulsória naquela idade, e da inexistência dela na infância, podemos supor que já se havia desenvolvido em Atenas uma obrigação moral e um costume geral de preparar os jovens do estado para as escolas nacionais.

Além dos cidadãos livres, havia duas classes subordinadas: os estrangeiros e os escravos. A primeira é aquela composta pelos colonos que não haviam renunciado ao vínculo com sua terra nativa. Fazia-se grande distinção de tais pessoas com relação aos cidadãos, como ocorria em toda a Grécia. Os estrangeiros pagavam um pequeno montante anual pela proteção do estado, e cada qual tornava-se uma espécie de cliente de algum cidadão específico, que comparecia nas cortes de justiça em favor dele. Eles também eram proibidos de comprar terras. Mas, quanto ao resto, Sólon, que era, ele mesmo, um mercador, parece ter dado aos estrangeiros incentivos no comércio e na manufatura que não eram comuns naquela época, e a maioria de seus impedimentos eram antes de ordem moral e fantasiosa do que causas reais e cotidianas de dificuldades. A grande e

[221] Plutarco assegura-nos que Sólon emitiu um decreto determinando que suas luas permanecessem em vigor por cem anos, afirmação que autores modernos rejeitaram, por ser incompatível com sua constante revisão. Não obstante, não se tratava de um decreto tão incompatível como parece à primeira vista, pois uma das leis que não podiam ser alteradas era esse poder de emendar e revisar as leis. E, portanto, o decreto em pauta indicaria apenas que a constituição não podia ser alterada, exceto por meio do canal constitucional que Sólon tivesse designado.

principal diferença era entre o homem livre e o escravo. Nenhum escravo podia ser aceito como testemunha, exceto por tortura. Como, para ele, não havia voz no estado, também não havia leniência na lei em seu favor. No entanto, embora o escravo não pudesse vingar-se do senhor, o sistema de escravidão vingava-se do estado. As vantagens ao intelecto dos cidadãos livres, oriundas da existência de uma classe mantida para dispensá-los das labutas enfadonhas da vida, eram pagas pelo alto preço da constante instabilidade de sua tranquilidade política. O capital dos ricos nunca podia ser aplicado ao mais produtivo de todos os canais: a atividade da livre concorrência. O nobre não empregava cidadãos: ele comprava escravos. Assim, a república tirava a mínima vantagem possível de sua riqueza: ela não fluía pelo coração da república, empregando o indolente e alimentando o pobre. Como consequência inevitável, as desigualdades de fortuna eram duramente visíveis e intensamente sentidas. O rico não tinha nenhuma associação com o pobre. O pobre odiava-o por uma riqueza de cujas benesses ele não partilhava, comprando, pelo trabalho, as vantagens da fortuna (como acontece em estados em que a escravidão não existe). Por isso, a diferença de classes frustrava os efeitos harmoniosos da legislação popular. Os ricos eram expostos a extorsões constantes, e a sociedade estava sempre sujeita à desorganização por causa de violações do direito de propriedade. Havia uma eterna luta entre a inveja do populacho e os temores dos abastados, e muitas das revoltas que, sem analisar em profundidade o assunto, os historiadores modernos atribuem às instituições da liberdade foram, na realidade, consequência da existência da escravidão.

Capítulo II

Sólon deixa Atenas. A ascensão de Pisístrato. O retorno de Sólon. Sua conduta e morte. A Segunda e a Terceira Tirania de Pisístrato. A conquista de Sigeu. A colônia de Quersoneso, fundada por Milcíades, o Velho. A morte de Pisístrato.

I. Embora as grandes reformas constitucionais de Sólon tenham sido levadas a efeito, sem dúvida, durante seu arcontado, é provável que vários de seus decretos legislativos e judiciais tenham sido um trabalho de anos. Quando pensamos nos muitos interesses que precisavam ser conciliados, nos muitos preconceitos que tinham de ser superados, os quais, em todos os estados populares, prejudicam e atrasam o progresso da mudança em seus diversos detalhes, encontramos pouca dificuldade em supor, juntamente com um dos mais esclarecido dentre os estudiosos modernos,[222] que Sólon teve ampla atuação por vinte anos após a data de seu arcontado. Durante esse período, pouco aconteceu no âmbito dos assuntos externos de Atenas, salvo o favorável término da guerra com Cirra, como já registramos. No âmbito interno, a nova estrutura política deixou raízes gradualmente, embora muitas vezes ameaçada e, por vezes, abalada pelas turbulências partidárias e o desejo geral de inovação.

A consequência que sempre decorre de mudanças populares é que, enquanto irritam o partido que perde poder, elas não são capazes de contentar o partido que ganha. É evidente que cada concessão que se faz ao povo apenas o torna ainda mais apto a exigir concessões mais importantes. As teorias de alguns e as demandas de outros atormentavam o legislador e ameaçavam a segurança das leis. Por fim, Sólon foi levado a acreditar que suas leis necessi-

[222] Veja *Fasti Hellenici*, vol. II, p. 276.

tavam da sanção e serenidade do tempo, e que a ausência, a morte moral, não só o libertaria de importunações, mas também livraria suas instituições incipientes da tendência frívola por mudança. Na juventude, ele restabelecera, por atividades comerciais, propriedades que haviam sido empobrecidas pela grande liberalidade do pai e, ainda cultivando os mesmos recursos, usou sua vocação como pretexto para pedir permissão para ausentar-se para cuidar da saúde por dez anos. Afirma-se que ele conseguiu do povo uma promessa solene de não alterar nenhuma de suas instituições durante esse período[223] e, assim, deixou a cidade (provavelmente em 575 a.C.) de cujas glórias futuras ele havia lançado o sólido alicerce. Atraído, por causa de seus hábitos filosóficos, àquela terra solene sob cujos mistérios os crédulos gregos reverenciavam os segredos da sabedoria existente, o ainda intrépido ateniense seguiu para as cidades do Nilo e alimentou a paixão pela investigação especulativa com o conhecimento dos sacerdotes egípcios. Partindo daí para Chipre, ele auxiliou, como nos asseguram seus próprios escritos, no planejamento de uma nova cidade, fundada por um dos reis daquela bela ilha e quando, mais tarde, foi convidado para a corte de Creso (que governava em conjunto com o pai, Alíates, ainda vivo), ele transmitiu aos lídios, em meio aos esplendores do estado e a adulação dos escravos, aquela conhecida lição sobre a incerteza da grandiosidade humana, que, de acordo com Heródoto, Creso lembrou tão oportunamente junto à pira funerária.[224]

II. Por prudente que tenha parecido a Sólon sua ausência de Atenas, é de lamentar que ele não tenha preferido enfrentar os perigos de que seu intelecto poderia ter salvado o estado a incorrer naqueles que o afastamento mesmo de um espírito-mestre certamente ocasionaria. Podemos compelir homens a não alterar leis, mas não podemos compelir o espírito e a opinião, que são as únicas fontes das quais as leis extraem obrigatoriedade ou valor. Podemos

[223] Inclusive, como já observei, aquela lei que estipulava que qualquer alteração constitucional se fizesse por um método constitucional.

[224] *"Et Croesum quem vox justi facunda Solonis / Respicere ad longae jussit spatia ultima vitae."* Juvenal, Sátira X, seção 273. O relato da conversa entre Creso e Sólon é corroborado por tantas autoridades da época que não podemos senão agradecer ao conhecimento moderno, que eliminou a única objeção que se fazia a ele por causa de uma aparente contradição de datas. Se, como defende Larcher, e, com ainda mais habilidade, Wesseling, e, desde então, também o Sr. Clinton, concordarmos que Creso reinou juntamente com o pai Alíates, o problema logo desaparece.

refrear as inovações de uma multidão, as quais o estadista sensato vê de muito longe e dirigir para grandes objetivos, mas não temos condições de impedir aquele perigoso acidente, que não se pode antever nem dirigir: a ambição de um homem de inteligência e talento! Durante a ausência de Sólon, ganhou eminência uma daquelas notáveis pessoas que dão aos desígnios deletérios todo o encanto das virtudes individuais. Valente, generoso, afável, eloquente, dotado de todos os dons da natureza e da fortuna. Parente de Sólon, mas com maior patrimônio e qualidades mais estonteantes, o jovem Pisístrato, filho de Hipócrates, cedo associou-se ao partido democrático ou montês. Os mégaros, que ainda não haviam desistido de seus desígnios com relação a Salamina, aparentemente aproveitaram uma oportunidade, surgida antes das viagens e, de acordo com Plutarco, até mesmo antes da legislação de Sólon, de retomar para si a ilha. Quando os atenienses tiveram condições de estender suas energias para além de sua própria grande transformação interna, Pisístrato recebeu o comando de uma expedição contra aqueles perigosos vizinhos, expedição essa que alcançou êxito impressionante. Um estratagema atribuído a Sólon por Plutarco, que, com contagiosa imprecisão fundiu em uma as duas expedições distintas de Pisístrato e de Sólon, deveria antes ser atribuído à duvidosa glória do filho de Hipócrates.[225] Muitos jovens navegaram com Pisístrato até Colias e, pegando as vestimentas de mulheres que eles ali capturaram enquanto sacrificavam para Ceres, um espião foi enviado a Salamina para informar a guarda mégara de que muitas das principais matronas atenienses estavam em Colias e poderiam ser facilmente aprisionadas. Assim enganados, os mégaros despacharam um grupo de homens para a orla defronte e, vislumbrando uma aglomeração de pessoas em vestes femininas dançando na praia, aportaram atabalhoadamente para agarrar o prêmio. As pretensas mulheres sacaram de suas armas escondidas, e os mégaros, surpresos e aterrorizados, foram reduzidos a um único homem. Os vencedores não perderam tempo: içaram velas e partiram para Salami-

[225] Plutarco apresenta dois relatos da retomada de Salamina por Sólon. Um deles, que também é preferido por Cláudio Eliano (*Varia Historia*, cap. XIX, livro VII), adotei e descrevi em minha narrativa daquela expedição. O segundo, apresento agora, porém, atribuindo-o a Pisístrato, não a Sólon. E, corroborando essa opinião, fico em dívida com o Sr. Clinton, pela sugestão de duas autoridades. Enéas, o Tático, em seu *Tratado de Cercos*, cap. IV, e Sexto Júlio Frontino, em *de Stratagemata*, livro IV, cap. VII. Justino também defende a atribuição desse estratagema a Pisístrato: livro XI, cap. VIII.

na, retomando facilmente a ilha. Pisístrato levou a guerra ao próprio território de Mégara e tomou o porto de Nisea. Tais feitos foram o alicerce de sua futura grandeza e, conquanto jovem, por ocasião do regresso de Sólon, ele já era o líder do partido democrático. Todavia, nem sua posição social, nem sua inteligência, nem mesmo sua influência popular foram suficientes para dar a sua facção uma superioridade decisiva sobre seus rivais. Os nobres abastados das planícies eram liderados por Licurgo; o partido moderado dos litorâneos, por Mégacles, o chefe dos Alcmeônidas. E foi em meio aos acalorados conflitos e à agitação produzidos por essas grandes divisões da população que Sólon retornou para Atenas.

III. O venerável legislador foi recebido com todo o grato respeito que merecia. No entanto, a idade havia obscurecido o fulgor de suas capacidades. A voz já não conseguia penetrar as enormes multidões da praça do mercado. Novos ídolos haviam florescido; novas paixões foram desencadeadas, novos interesses haviam surgido e, em meio ao furor e ao tumulto do eterno movimento, foi em vão que o valoroso ancião convocou de volta aos limites do passado aqueles que buscavam o futuro às pressas. Se malogrado em público, ele não perdeu o ânimo de tratar pessoalmente e em particular com os líderes dos diversos partidos. De todos aqueles nobres em conflito, nenhum acatou seus conselhos com tão manifesto respeito como o cortês e plausível Pisístrato. Talvez, de fato, aquele homem notável tivesse em mente os mesmos objetivos que o próprio Sólon, conquanto o primeiro desejasse implementar, pela autoridade do governante, a ordem e a energia que o segundo teria confiado ao amadurecimento do povo. No entanto, mascarando os desígnios que mais lhe interessavam, Pisístrato era imbatível em seu aparente zelo pelo bem-estar público. A suavidade de seus modos, a profusão de sua liberalidade, sua generosidade até mesmo para com os inimigos, as qualidades esplêndidas que induziram Cícero a compará-lo a Júlio César,[226] fascinavam a imaginação das multidões e ocultavam o egoísmo de suas opiniões. Ele não era hipócrita, na realidade, no tocante a suas virtudes; era dissimulado tão somente quanto a suas ambições. Até mesmo Sólon, ao tentar inspirá-lo com um patriotismo verdadeiro,

[226] De fato, a esperança mais otimista que Cícero parece ter acalentado a respeito da conduta de César era que ele merecesse o título de o Pisístrato de Roma.

reconheceu seus talentos e suas grandes qualidades. "Salvo pela ambição," disse o ele, "Atenas não tem cidadão mais digno que Pisístrato." Chegava o tempo propício aos ambiciosos projetos do líder da democracia.

IV. Pululava a habitual multidão na praça do mercado quando, de repente, em meio à assembleia, surgiu o carro de Pisístrato. As mulas sangravam; o próprio Pisístrato estava ferido. Nesse estado, o demagogo dirigiu um discurso acalorado ao povo. Declarou que acabara de escapar de inimigos seus e do partido popular, os quais (sob os auspícios dos Alcmeônidas) o haviam atacado durante um passeio pelo campo. Recordou a multidão de seus préstimos em guerra, de sua bravura contra os mégaros, de sua conquista de Nisea. Implorou-lhe a proteção. Indignada e inflamada, a plateia solidária gritou sua simpatia pelos ultrajes sofridos por ele. "Filho de Hipócrates," disse Sólon, avançando até ele e, com amarga espirituosidade, "és nada além de um péssimo imitador de Ulisses. Ele se feriu a si mesmo para enganar seus inimigos – tu, para enganar teus compatriotas."[227] A multidão não deu atenção à sabedoria da censura. Convocou-se uma assembleia popular especial e um partidário do demagogo apresentou uma moção propondo que fosse designada uma guarda de cinquenta homens, armados apenas com clavas, para sua proteção. Apesar das fragilidades de sua idade e da diminuição de sua autoridade junto ao povo, Sólon teve a energia de contestar a moção e predizer seus resultados. O amor crédulo do povo afastou todo e qualquer tipo de precaução: a guarda foi concedida. Seu número não permaneceu inalterado por muito tempo. Pisístrato aumentou habilmente a quantidade de guardas, até atingir a força necessária para seus desígnios. Então, ele tomou a cidadela. A facção de Mégacles, sua adversária, fugiu, e Pisístrato assenhoreou-se de Atenas. Em meio à confusão e ao tumulto da cidade, Sólon conservou sua coragem inerente. Apresentou-se em público, fez um discurso acalorado aos cidadãos, repreendeu-lhes a cegueira e convocou-lhes a coragem. Em seu discurso, ele pediu que recordassem que, se é tarefa mais fácil impedir a tirania, destruí-la é conquista mais gloriosa. Em seus versos,[228] ele expressou o sentimento de indigna-

[227] Se pudermos, no tocante a esse relato, concordar com Plutarco (*Vida de Sólon*) e Cláudio Eliano (*Varia Historia*, livro VIII, cap. XVI), posição da qual não vejo motivos para nos abstermos.

[228] Seus próprios versos, mais que a narrativa de Plutarco, são a prova da

ção que mil bardos posteriores tomaram por empréstimo e desenvolveram: "Não culpeis o Céu por vossos tiranos: culpai a vós mesmos". Os receios de alguns e a indiferença de outros tornaram inúteis suas exortações! Cheio de tristeza, o bravo ancião retornou para sua casa, pendurou suas armas do lado de fora da porta e consolou-se com o melancólico orgulho de "ter feito tudo para salvar seu país e suas leis". Esse foi seu último esforço público contra o usurpador. Sólon rejeitou a fuga com desdém e, quando seus amigos lhe indagaram a que se confiava para proteger-se da ira do vitorioso, ele respondeu: "À velhice". É triste pensar que um tão grande homem encontrasse na fragilidade o refúgio que merecia da glória.

V. Os últimos dias e a conduta de Sólon a partir de então estão envoltos em mistério. De acordo com Plutarco, ele permaneceu em Atenas, e Pisístrato demonstrava-lhe enorme respeito e ouvia os conselhos que Sólon se dignava a lhe dar. Segundo Diógenes Laércio, ele deixou novamente sua cidade natal,[229] indignado com a submissão de Atenas e desesperançado de sua liberdade, recusando todas as tentativas de aproximação de Pisístrato e alegando que, tendo estabelecido um governo livre, não desejava dar a impressão de aprovar o êxito de um tirano. Os dois relatos são bastante prováveis. A sabedoria de Sólon poderia concordar em mitigar o que ele não tinha condições de remediar, e seu patriotismo poderia exortá-lo a evitar testemunhar as mudanças que não tinha o poder de impedir. A controvérsia é de pouca importância. Naquela idade avançada, ele não teria vivido muito após a usurpação de Pisístrato, tampouco podemos encontrar, para a data de sua morte, autoridade tão digna de crédito como a de Fania, que a fixa no ano seguinte à usurpação de Pisístrato. A brilhante corrida fora concluída. De acordo com a solene autoridade de Aristóteles, as cinzas de Sólon foram espalhadas sobre a Ilha de Salamina, que fora o cenário de seus primeiros triunfos; e Atenas, embora conservasse seus restos imortais, não ficou de posse de seus restos perecíveis.

VI. Pisístrato governou com admirável moderação os rumos da revolução que promovera. Muitas causas favo-

conduta de Sólon diante da usurpação de Pisístrato.

[229] Esse historiador fixa a data da visita de Sólon a Creso e a Chipre (ilha em que afirma ter morrido Sólon) não durante sua ausência de dez anos, mas durante o exílio final que ele advoga.

ráveis combinaram-se para o êxito do tirano. Seus inimigos eram considerados inimigos do povo e, sem dúvida, as massas viram a fuga dos Alcmeônidas (ainda abomináveis a seus olhos por causa do massacre do grupo de Cilón) como a derrota de um adversário, enquanto o triunfo do líder popular era reconhecido como a vitória do povo. Em todas as revoluções, o homem que se coloca ao lado do povo recebe deste a mais ampla permissão de agir. É fácil perceber, pelo desejo geral que os atenienses haviam expressado de elevar Sólon à suprema autoridade, que a noção de autoridade monárquica ainda não lhes era odiosa, e que não estavam preparados para as liberdades que lhes foram concedidas. Mas, conquanto se tenham submetido com tal paciência à ascensão de Pisístrato, é evidente que um tirano menos benevolente ou habilidoso não teria tido o mesmo êxito. Elevando-se acima da lei, aquele gênio insidioso governou somente pela lei; mais que isso, ele fingia considerar a autoridade da lei maior que sua própria autoridade. Pisístrato não adotou nenhum título, nenhum atributo de soberania. Foi acusado de assassinato e compareceu humildemente perante o tribunal do Areópago, uma prova mais da influência da opinião pública que da moderação do usurpador. Ele aplicou as leis de Sólon e compeliu os temperamentos insubordinados de sua facção a aderir a seu rigor salutar. Portanto, uma revolução não suplantou a outra, mas confirmou-a. Diz Heródoto: "Por esses meios, Pisístrato governou Atenas e, não obstante, sua situação estava longe de ser segura".[230]

VII. Embora os líderes do partido mais moderado, encabeçados por Mégacles, tivessem sido expulsos de Atenas, permaneceu ainda na cidade a facção igualmente poderosa e hostil liderada por Licurgo e composta pela esmagadora maioria dos nobres. Por um tempo, que durou talvez cinco ou seis anos, Pisístrato conservou seu poder, mas, por fim, Licurgo, unindo-se aos Alcmeônidas exilados, conseguiu expulsá-lo da cidade. Todavia, a união que levara à expulsão de Pisístrato desfez-se com esse acontecimento. As disputas entre os habitantes das planícies e os litorâneos ficaram ainda mais acirradas com a derrota do terceiro partido, que funcionava como um equilíbrio de poder, e as contendas entre seus vários líderes eram alimentadas tanto por ambições pessoais como por animosidades

[230] Heródoto, livro I, cap. 49.

hereditárias. Assim, Mégacles, incapaz de manter o mesmo apoio que Licurgo tinha, voltou seus pensamentos ao inimigo que havia subjugado e enviou propostas a Pisístrato para que unissem suas forças e ele o apoiasse em suas aspirações à tirania, com a condição de que o líder exilado desposasse sua filha Coesyra. Pisístrato aceitou os termos prontamente e decidiu-se realizar uma encenação teatral para fazer com que o povo aceitasse seu retorno. Em um dos vilarejos da cidade havia uma mulher chamada Fie, de beleza singular e estatura imponente. Completamente vestida em armaduras de guerra e levada em uma biga, essa mulher foi conduzida para a cidade com esplendor e exultação. Ao seu lado, ia Pisístrato. Arautos seguiam à frente de sua marcha, proclamando sua chegada, anunciando em altas vozes aos atenienses que "recebessem de volta Pisístrato, o preferido de Minerva, pois a própria deusa viera à terra em seu favor".

A sagacidade dos atenienses já era tão aguçada, e o artifício pareceu tão grosseiro a Heródoto, que o simples sábio de Halicarnasso não conseguiu acreditar na autenticidade desse relato. No entanto, é possível que o povo tenha visto a procissão como uma alegoria brilhante, a cuja adaptação já estava inclinado, e, tal como o populacho de um povo posterior e ainda mais civilizado, tenha aclamado deusa embora reconhecesse a prostituta.[231] Seja como for, o filho de Hipócrates reconquistou sua autoridade e cumpriu seu tratado com Mégacles, casando-se com sua filha. Entre o início de sua primeira tirania e a data de seu segundo retorno, houve provavelmente um intervalo de doze anos. Seus filhos já eram adultos. Em parte por um desejo de não aumentar sua família, em parte por certa aversão supersticiosa ao sangue dos Alcmeônidas, a conduta de Pisístrato para com a bela Coesyra era de uma castidade que desagradava seu afeto, ou devastava seu orgulho. A esposa desventurada contou o mortificante segredo do casamento não consumado à mãe, de cujos lábios logo chegou ao pai, que não viu a pureza de Pisístrato com olhos benevolentes. Ele considerou uma afronta à sua própria que a pessoa da filha fosse tratada com tamanha tranquilidade. Mégacles formou uma liga com seus antigos adversários contra o usurpador, e o perigo era tão grande que Pisístrato (apesar de sua coragem habitual) tratou de fugir às pressas

[231] A procissão da deusa da Razão na primeira revolução francesa soluciona o problema que causou perplexidade a Heródoto.

– é um estranho exemplo do capricho dos acontecimentos humanos que um homem consiga, com maior impunidade, subjugar a liberdade de seu país do que afrontar a vaidade de sua esposa![232]

VIII. Pisístrato, seus filhos e partidários retiraram-se para a Erétria, na Eubeia. Ali, deliberaram quanto a suas futuras ações: deveriam submeter-se ao exílio ou tentar recuperar seu poder? As deliberações dos conselhos de Hípias persuadiram Pisístrato, e decidiu-se tentar, mais uma vez, conquistar a soberania de Atenas. As tribos vizinhas ajudaram os exilados com alimentação e abrigo. Muitas cidades deram vultosos montantes de dinheiro ao célebre nobre, e os tebanos superaram os demais em liberalidade perniciosa. Uma tropa de aventureiros argivos veio do Peloponeso para oferecer ao usurpador malogrado o auxílio de suas espadas, e Ligdamis, um homem de Naxos que ambicionava o governo de seu país nativo, aumentou-lhe os recursos tanto com dinheiro como com forças militares. Por fim, conquanto após um longo e tedioso período de ao menos onze anos, Pisístrato decidiu expor-se ao risco de iniciar uma guerra aberta. Liderando uma força composta por estrangeiros, ele avançou para Maratona e instalou suas barracas sobre a imortalizada planície. Tropas dos dissidentes ou insatisfeitos deixaram Atenas, em grandes números, e acorreram para o acampamento de Pisístrato, enquanto a maior parte dos cidadãos, sem se preocupar com tais deserções, observavam os preparativos do usurpador com indiferença. Finalmente, quando souberam que Pisístrato havia levantado seu acampamento e marchava para a cidade, os atenienses despertaram de sua apatia e reuniram suas forças para fazer-lhe frente. Ele continuou a avançar com suas tropas, parou no templo de Minerva, cuja representante terrena lhe prestara tão benevolente auxílio no passado, e instalou suas barracas defronte ao santuário. Aproveitou-se daquele horário em que os atenienses, durante os grandes calores do dia, entregavam-se a seus entretenimentos ou ao repouso do meio-dia, ainda tão agradável aos habitantes de climas mais quentes, para começar seu ataque. Ele logo desbaratou os inimigos e ordenou que seus filhos os alcançassem em sua fuga e pedis-

[232] O Sr. Mitford considera essa narrativa indigna do crédito da história. Ele não apresenta razões suficientes para sua não aceitação, e, sem dúvida, teria sido menos cético se conhecesse mais sobre os hábitos sociais da época ou estivesse mais familiarizado com a natureza humana em geral.

sem que retornassem pacificamente a suas atividades sem temer vingança de sua parte. Sua clemência corroborou o efeito de sua bravura e, mais uma vez, o filho de Hipócrates tornou-se o governante da república ateniense.

IX. Pisístrato não perdeu tempo e tratou de fortalecer-se com poderosas alianças. Ele conservou muitas tropas auxiliares e buscou obter vultosos recursos pecuniários.[233] Poupou a pessoa de seus opositores, mas enviou-lhes os filhos como reféns para Naxos, que ele primeiramente havia subjugado e confiado à tirania de seu auxiliar, Ligdamis. Muitos de seus inimigos inveterados haviam perecido no campo de batalha; outros tantos fugiram por medo de sua vingança. Ele não teve problemas na restauração de seu governo e, não havendo razões para o uso de violência, seguiu a inclinação natural de um temperamento generoso e brando, governando como alguém que deseja que os homens esqueçam os meios pelos quais chegou ao poder. Pisístrato tinha aquela paixão pelas letras que destacava a maioria dos mais brilhantes atenienses. Conquanto os poemas de Homero já fossem amplamente conhecidos e profundamente venerados muito antes de sua época, ele parece, ao reuni-los e organizá-los com maior precisão e provavelmente por tornar sua circulação mais geral e ativa em Atenas, ter estimulado ainda mais o ímpeto de emulação poética que tais escritos imortais intentavam promover.

Quando pensamos na grande dívida que, mesmo em nossos dias, e com todas as vantagens da imprensa, a ampla fama e a influência intelectual de Shakespeare e Milton têm para com o elogio e a crítica de indivíduos, podemos logo compreender a espécie de serviço que Pisístrato fez a Homero. O exemplo mesmo de um homem tão eminente teria angariado ao poeta um tipo de admiração menos vaga e mais analítica. O aumento da circulação de exemplares e a

[233] No tocante a tais pontos – de homens e dinheiro – o Sr. Mitford, ávido por redimir o caráter de Pisístrato da mácula da tirania, prevarica de forma desonesta. Citando Heródoto, que insiste sobretudo nessas fontes indevidas de auxílio com as seguintes palavras: *"Errixose taen tyrannida, epikouroisi te polloisi kai chraematon synodoisi, ton men, autothen, ton de, apo Strumanos potamou synionton"*, aquele cândido historiador diz apenas que "um envolvimento particular com os partidos que governavam várias cidades-estados vizinhas, sobretudo Tebas e Argos, e o uso sensato e liberal de uma imensa propriedade privada foram os recursos com que ele também mais contou". O motivo pelo qual ele evita mencionar a realidade das forças auxiliares será fácil de perceber. Seu desejo é que nós entendamos que a terceira tirania de Pisístrato, sendo benfazeja, também foi aceita pelos atenienses, e não, como o foi, e em grande medida, sustentada por riquezas emprestadas e espadas estrangeiras.

maior frequência de recitais públicos foram dádivas ocorridas justamente naquela época feliz em que o povo que desfrutava delas havia passado da infância deslumbrada à juventude imitativa e estudiosa. E é certo que podemos datar desse período a nítida e onipresente influência de Homero sobre a poesia ateniense, pois o renome de um poeta costuma preceder, por muitas gerações, a influência visível de sua genialidade peculiar. É principalmente ao longo dos últimos setenta anos que podemos datar o maravilhoso efeito que Shakespeare estava destinado a produzir sobre o intelecto universal da Europa. As dívidas literárias de Atenas para com Pisístrato não se restringiam a seus esforços em favor de Homero: afirma-se que ele foi o primeiro a fundar uma biblioteca pública na Grécia, tornando seus tesouros acessíveis a todos. E, com justiça, esses dois benefícios conjugados garantem ao feliz usurpador a glória de ter sido o primeiro a trazer à existência ativa aquele espírito intelectual e literário que se difundiu entre o povo grego e deu origem aos modelos e obras-primas do mundo. Foi em harmonia com esse aspecto de seu caráter que Pisístrato renovou o gosto e socializou os hábitos dos cidadãos, erigindo construções dedicadas ao culto público ou aos costumes públicos, e mandou plantar os majestosos jardins do Liceu (posteriormente, o lugar de predileção frequentado pela filosofia), junto às margens do rio consagrado à poesia. Assim, Pisístrato fez mais do que dar continuidade às leis de Sólon: ele inculcou os hábitos intelectuais que tais leis foram desenvolvidas para criar. E como, no âmbito dos acontecimentos humanos, as falhas de um homem geralmente fortalecem o que foi iniciado pelas virtudes de outro, do mesmo modo, talvez, a usurpação de Pisístrato tenha sido necessária para consolidar as instituições de Sólon. Resta claro que o grande legislador não era muito admirado ao final da vida: quando cessou a influência de sua autoridade pessoal, é possível que logo tenha cessado igualmente a autoridade de seu código. Os cidadãos precisavam de tranquilidade para examinar, sentir, avaliar as benesses de suas leis, e essa tranquilidade, eles tiveram durante o governo de Pisístrato. Em meio ao tumulto das ferozes e ambidestras facções, seria propício que um único indivíduo fosse elevado acima dos demais, alguém que, tendo a sabedoria de reconhecer o valor das instituições de Sólon, tivesse o poder de implementá-las. Em silêncio, os gregos amadureceram sob seu comando usurpado, mas benigno, que permeava, se infiltrava e exaltava o povo, preparando-o, aos poucos, para a liberdade que aquelas instituições intentavam conferir. Se as desordens da república levaram à ascensão de Pisístrato, sua ascensão pavimentou o caminho para a renovação da república. Assim como Cromwell foi a representação dos sentimentos mesmos que ele parecia subverter; assim como Napoleão, em sua pessoa, encarnava os princípios da revolução da França, do mesmo modo, a tirania de Pisístrato concentrou e corporificou os elementos daquela democracia que ele não destruiu, mas conduziu habilmente.

X. No âmbito interno, o tempo e a tranquilidade consolidaram as novas leis. A poesia colocou diante dos atenienses, para emulação, seu mais nobre monumento, na forma dos épicos de Homero. E a tragédia produziu seus primeiros frutos verdes nas rudimentares récitas de Téspis de Ática (535 a.C.).[234] Pisístrato também buscou equilibrar o crescente entusiasmo pelo comércio com uma atenção peculiar à agricultura, no que é bastante provável que tenha sido consideravelmente influenciado por propensões anteriores, pois seu partido havia sido o dos monteses, vinculados a atividades rurais, e seus adversários, os litorâneos, que se ocupavam do comércio. Sendo um político de enorme sagacidade, é possível que também soubesse que um povo acostumado a atividades agrícolas está sempre menos inclinado a instituições democráticas do que um povo habituado ao comércio e às manufaturas e, se foi o autor de uma lei que, em todo caso, ele aplicou com mais rigidez, exigindo que cada cidadão prestasse contas da atividade que exercia para seu sustento e estabelecendo punições para a indolência, não poderia ter tomado precauções mais prudentes contra aquelas sedições que surgem da pobreza oriunda da falta de ocupação, ou estabelecido, com mais justo pretexto, a supervisão de uma polícia velada. Aprendemos de Aristóteles que a política de Pisístrato consistia sobretudo em subjugar e os *pediaei*, ou seja, os abastados nobres das planícies, e rebaixar seu *status*. No entanto, sua propensão pela agricultura deve ter ajudado a fortalecer uma aristocracia, e sua humildade perante o Areópago era prova de seu desejo de cativar as menos democráticas dentre as cortes atenienses. Portanto, é provável que ele tenha agido tão somente contra aqueles líderes específicos que

[234] De acordo com Plutarco, Téspis fez sua primeira apresentação por ocasião do regresso de Sólon, mas a data correta de suas encenações é estabelecida como alguns anos após a morte de Sólon (*Fasti Hellenici*, vol. II, p. 11).

haviam provocado sua fúria ou ameaçado seu poder. Além disso, não percebemos, em suas medidas, a política sistemática e deliberada, comum em outros tiranos gregos, de destruir uma aristocracia e criar uma classe média.

XI. Externamente, a ambição de Pisístrato, conquanto de caráter não extensivo, foi bem-sucedida. Havia uma pequena cidade no Helesponto chamada Sigeu que, por muito tempo, fora objeto de disputa entre atenienses e mitileneus. Alguns anos antes da legislação de Sólon, o general ateniense Frinon fora assassinado por Pítaco, um dos sete sábios, em um combate um a um. Pítaco entrara no campo de combate armado como um reciário romano, com uma rede, um tridente e uma adaga. Essa disputa foi resolvida pela arbitragem de Periandro, tirano de Corinto, que concedeu Sigeu, então sob o domínio de Atenas, aos atenienses, por um decreto prudente e plausível que determinava que cada parte deveria continuar com o que já tinha. Tal guerra tornou-se digna de nota sobretudo por um incidente que nos apresenta, e de forma um tanto desfavorável, ao mais dinâmico dos poetas líricos. Alceu, um eminente cidadão de Mitilene, e, de acordo com um antigo escândalo, o malogrado amante de Safo, desenvolveu uma paixão pela celebridade militar: em seu primeiro combate, ele parece ter descoberto que sua verdadeira vocação era antes cantar as batalhas que fazer parte delas. Ele fugiu do embate, deixando suas armas para trás (das quais os atenienses de apossaram), e demorou-se um tempo em Sigeu, no templo de Minerva. Embora, por si só, essa atitude – que o próprio Alceu registrou – não possa ser tida, com justiça, como prova suficiente da covardia do poeta, seu caráter e patriotismo são mais questionáveis que seu talento. Deste último, temos amplo testemunho, conquanto uns poucos remanescentes mantenham-se preservados na fria graça das imitações de Horácio. O subsequente enfraquecimento e as dissensões civis de Atenas não favoreciam a sustentação dessa conquista distante, e os mitileneus retomaram Sigeu. Então, Pisístrato dirigiu suas armas contra essa cidade e, em batalha, tomou-a dos mitileneus, mas, em vez de anexá-la à república de Atenas, ele conferiu seu governo à tirania de seu filho natural Hegesistratus: um domínio turbulento, que a bravura do bastardo defendeu contra vários ataques.[235]

---

[235] Essas duas guerras, separadas por tão grande intervalo de tempo (a

XII. Contudo, devo agora relatar um incidente cuja importância o leitor terá de aguardar um pouco para perceber em sua totalidade. Dentre os mais poderosos cidadãos atenienses havia um nobre chamado Milcíades, o Velho, filho de Cípselo. Por sua linhagem original, vinha da ilha adjacente de Egina e da raça heroica de Éaco. No entanto, ele remontava o surgimento de sua casa em Atenas, evocando um fundador não menos distante que o filho de Ájax. Milcíades agregara mais glória a seu nome graças a uma vitória nos jogos olímpicos. Foi provavelmente durante a primeira tirania de Pisístrato[236] que a oportunidade de uma empreitada, cujos resultados foram de grande importância para a Grécia, aconteceu a esse nobre. Sua família estava no rol dos inimigos de Pisístrato e era vista por aquele sagaz usurpador com uma apreensão atenta que parece quase profética. Assim sendo, o governo de Pisístrato deixava Milcíades receoso e insatisfeito com sua posição em Atenas. Um dia, sentado diante de sua porta (tal é a expressão usada pelo fascinante Heródoto, sem perceber o retrato patriarcal que sugere[237]), Milcíades observou que passavam por ali uns estranhos, cujas vestes e lanças indicavam ser estrangeiros. A visão tocou o chefe de família, e ele ofereceu aos estrangeiros o uso de sua casa e os ritos da hospitalidade. Eles aceitaram o convite, encantados com sua cortesia, e revelaram-lhe o segredo de sua viagem. Naquele estreito território que, bordejando

---

primeira foi encerrada por Periandro de Corinto; a outra, promovida por Pisístrato) são, com a habitual imprecisão do Sr. Mitford, mescladas como um mesmo acontecimento. Ele coloca Alceu na guerra que se seguiu à conquista de Sigeu por Pisístrato. Pobre Alceu! O poeta floresceu na 42ª Olimpíada (611 a.C.). A terceira tirania de Pisístrato deve datar de algo em torno de 537 a.C., de modo que Alceu, se estivesse vivo na época a que o Sr. Mitford atribui suas demonstrações bélicas, teria (supondo que ele nascera vinte e seis ano antes da data de sua ascensão à fama, em 611) apenas cem anos: idade adequada para a estreia do guerreiro! O fato é que o Sr. Mitford adotou o relato um tanto confuso de Heródoto, sem tomar os cuidados de praxe para estabelecer as datas, o que, para qualquer outro, os nomes mesmos de Periandro e Alceu teriam sugerido.

[236] Pois o leitor logo observará a participação que Creso teve nas atividades desse Milcíades durante seu governo no Quersoneso. Ora, o território governado por Creso foi conquistado por Ciro por volta de 546 a.C., logo, aquela participação deve ter ocorrido antes desse período. No entanto, a terceira tirania de Pisístrato parece ter começado nove anos depois, isto é, em 537 a.C. A segunda tirania provavelmente teve início apenas dois anos antes da queda da monarquia lídia e parece ter durado somente um ano. Durante esse período, Creso já não exercia sobre as cidades da costa a influência que tinha junto do povo de Lâmpsaco, em favor de Milcíades. Desse modo, a partida de Milcíades, filho de Cípselo, deve ter ocorrido necessariamente na primeira tirania, no intervalo de 560 a.C. a 554 a.C., e provavelmente logo no início do reinado, ou seja, por volta de 550 a.C.

[237] No Oriente, o chefe da família ainda se senta diante da porta para receber visitantes ou fazer transações negociais.

o Helesponto, era chamado Quersoneso, ou Península, viviam os dolôncios, uma tribo trácia. Como travassem uma guerra obstinada com os vizinhos apsíntios, os dolôncios haviam ido ao oráculo de Delfos para indagar do resultado da disputa. A pitonisa recomendara que os mensageiros persuadissem a fundar uma colônia em sua terra natal o primeiro homem que lhes oferecesse, enquanto voltavam do templo para sua terra, os ritos da hospitalidade. Seguindo para seu país pela Fócida e pela Beócia, como não recebessem tal convite pelo caminho, os mensageiros desviaram para Atenas. Milcíades foi o primeiro a oferecer-lhes a hospitalidade que buscavam. Agora, eles rogavam que o anfitrião acatasse o oráculo e ajudasse seus compatriotas dolôncios. O nobre insatisfeito foi seduzido pela glória do prospecto: foi pessoalmente a Delfos, consultou a pitonisa, recebeu uma resposta favorável e, reunindo todos aqueles atenienses que sua autoridade conseguiu convocar, ou cuja própria ambição atraiu, ele partiu para o Quersoneso (provavelmente em 559 a.C.). Ali, Milcíades construiu uma muralha em grande parte do istmo, formando uma barreira aos ataques dos apsíntios. Todavia, pouco tempo depois, em uma luta com o povo de Lâmpsaco, ele foi feito prisioneiro e levado pelo inimigo. Mas Milcíades já havia conquistado a estima e a proteção de Creso, e o monarca lídio protestou junto aos habitantes de Lâmpsaco em um tom tão apavorante de ameaça que o ateniense foi libertado e retomou sua nova soberania. Nesse ínterim, seu irmão Címon (notável sobretudo por seu sucesso nos jogos olímpicos), partilhando dos sentimentos e opiniões políticas da família, fora exilado por Pisístrato. Contudo, ao transferir ao brilhante tirano uma vitória na corrida olímpica de bigas, ele apaziguou Pisístrato e regressou a Atenas.

VIII. Já em idade avançada e no sereno exercício do poder, Pisístrato morreu (em 527 a.C.). Seu caráter já pode ser desenhado a partir de seus atos: astuto na busca do poder, mas magnânimo em seu exercício, podemos tão somente repetir, com algumas ressalvas, o elogio ao tirano que é atribuído a seu grande parente Sólon – "Que ele foi o melhor dos tiranos, e sem nenhum vício, salvo o da ambição".

Capítulo III

A administração de Hípias. A conspiração de Harmódio e Aristógito. A morte de Hiparco. Crueldades de Hípias. Milcíades, o Jovem, é enviado ao Quersoneso. Os espartanos aliam-se aos Alcmeônidas contra Hípias. A queda da tirania. As inovações de Clístenes. Sua expulsão e recondução. A embaixada junto ao sátrapa de Sardes. Visão retrospectiva das monarquias lídia, meda e persa. O resultado da embaixada ateniense enviada a Sardes. A conduta de Cleômenes. A vitória dos atenienses sobre os beócios e os calcídicos. Hípias chega a Esparta. O discurso de Sósicles de Corinto. Hípias retira-se para Sardes.

I. Com a morte de Pisístrato, seus três filhos – Hiparco, Hípias e Téssalo – sucederam o pai no governo. Conquanto fosse o mais velho, Hípias não parece ter exercido autoridade mais proeminente que os demais, tanto que, na época de Tucídides, e ainda muito tempo depois, era um equívoco bastante comum considerar Hiparco o primogênito. Hípias já estava na idade adulta e, como vimos, foi ele quem aconselhou o pai a não se dar por derrotado após sua expulsão de Atenas. Ele governou com o mesmo respeito solícito pelas leis que havia destacado e fortalecido a autoridade de seu antecessor. Ele se tornou ainda mais popular que Pisístrato ao reduzir pela metade o imposto da décima sobre o produto da terra, que aquele usurpador havia instituído. Não obstante esse desafogo, uma política econômica prudente não lhe permitiu lisonjear a vaidade nacional com o acréscimo de novos adornos à cidade. Nos esforços de seu governo, ele recebeu, sobretudo, a ajuda do irmão Hiparco, um homem de mente ainda mais talentosa e intelectual. Todavia, conquanto Hípias não tenha alterado as leis, ele escolheu seus próprios subalternos para implementá-las. Além disso, qualquer que fosse a participação no governo confiada aos irmãos Hiparco e Téssalo, o filho e vários de seus familiares foram investidos na função de arcontes da cidade. E aqueles que, por seu ofício, deveriam ser os guardiões da liberdade eram inevitavelmente os servos do tirano.

II. Se pudéssemos depositar fé absoluta na autenticidade do diálogo atribuído a Platão e intitulado "Hiparco", teríamos, de fato, uma elevada autoridade em favor das virtudes e da sabedoria daquele príncipe. E, independentemente de quem tenha escrito o diálogo, ele faz alusão a fatos, na passagem referente ao filho de Pisístrato, de modo positivo o bastante para induzir-nos a olhar tal excerto dele com alguma deferência. De acordo com o autor, descobrimos que Hiparco, nutrindo grande paixão pelas letras, levou Anacreonte para Atenas e tinha uma relação muito próxima com Simônides de Ceos. Ele parecia inspirado da ambição de um moralista, e distribuiu hermas, ou bustos de pedra do deus Mercúrio [Hermes], pela cidade e pelas vias públicas, o que, além de atender a um propósito semelhante ao de nossos marcos, chamava a atenção do transeunte com aforismos expressivos e lacônicos em verso, tais como "Não enganeis vosso amigo" e "Perseverai na afeição à justiça", o que prova antes a simplicidade do príncipe que sua sabedoria. Não é escrevendo o decálogo sobre marcos de pedra que o ladrão haverá de ter medo, ou o adúltero, de converter-se.

Parece que o apotegmático Hiparco aproximou-se de Anacreonte menos por afinidade com sua inteligência do que por inclinação pelos temas a que tal inteligência se dedicava. Ele era muito habituado ao prazer e não restringia suas atividades aos objetos mais legítimos de afeição sensual. Harmódio, um jovem cidadão de baixa posição social, mas de grande beleza física, sentiu-se ofendido pelas investidas de Hiparco.[238] Ressentido, Harmódio confidenciou as propostas do moralista a seu amigo e preceptor, Aristógito. Enquanto os dois remoíam a indignação, Hiparco, para vingar-se do desdém de Harmódio, insultou publicamente a irmã deste último cidadão, uma jovem donzela. Ela foi convocada a participar de uma procissão pública,

[238] Tucídides, livro VI, cap. 54. O diálogo de Hiparco, atribuído a Platão, apresenta uma narrativa diferente, mas de caráter muito semelhante. Em termos de história, não temos dúvida quanto à autoridade mais confiável – Tucídides ou Platão – principalmente um Platão apócrifo.

carregando um dos vasos sagrados. Ao apresentar-se, foi rudemente rejeitada com a alegação ultrajante de que jamais poderia ter sido honrada com um convite do qual não era digna. Esse insulto magoou profundamente o coração de Harmódio, porém, mais ainda o coração do afável Aristógito, de modo que decidiram enfim vingar-se. No festival solene de Panateneias (em honra a Minerva), era costume que muitos dos cidadãos levassem consigo armas à procissão. Para essa ocasião, eles reservaram o ataque. Contaram seu intento a uns poucos, acreditando que, iniciado o ataque, o povo seria contagiado pela agitação e haveria de apressar-se a afirmar sua liberdade. O festival chegou. Determinados a lançar-se contra o tirano mais velho, talvez por motivos mais nobres que aqueles que os indispunham com Hiparco,[239] cada qual armado com um punhal escondido no ramo de mirto sagrado que era levado pelas pessoas que participavam da procissão, os conspiradores seguiram para o local nas cercanias em que Hípias dirigia a ordem do cerimonial. Para sua consternação, eles o viram conversando muito amigavelmente com um de seus próprios comparsas e logo suspeitaram ser a traição de seu amigo o que, na realidade, era a franqueza do afável príncipe. Tomados pelo medo, eles desistiram de seu atentado contra Hípias. Regressaram de imediato para a cidade e, encontrando com Hiparco, arremeteram contra ele, feriram-no e mataram-no. Aristógito deu meia-volta para fugir: escapou dos guardas, porém, foi preso mais tarde, e "não foi tratado com indulgência"[240] pelo tirano. Essa é a expressão usada por Tucídides, a qual, se pudermos confiar na interpretação de Justino e dos autores posteriores, signifi-

[239] Embora seja provável que o patriotismo de Aristógito e Harmódio, "o amado", tenha sido posteriormente elevado acima de seu verdadeiro nível, o Sr. Mitford não tem justas razões para dizer que foi uma vingança particular, e não algum motivo político, que os levou a tramar a morte de Hípias e Hiparco. Se assim o fosse, por que atentar contra Hípias? Por que tentar fazer dele a primeira vítima e a principal? Por que atacar Hiparco (contra quem somente eles tinham uma vingança particular) de repente, por acidente e pelo impulso do momento, após o fracasso de seu atentado contra o próprio tirano, com o qual não tinham desavença alguma? É mais provável que, como em outras tentativas de iniciar uma revolução – como a de Masaniello, a de Rienzi – o patriotismo público não fosse criado, mas estimulado e inflamado pelo ressentimento particular.

[240] Muito curiosamente, o Sr. Mitford traduziu essa passagem da seguinte maneira: "Aristógito escapou dos guardas da escolta, mas, sendo levado pelo povo (!!!), não foi tratado com indulgência. Assim disse Tucídides". Ora, Tucídides diz o contrário: que, por causa da aglomeração do povo, a guarda não conseguiu capturá-lo de imediato. Como o Sr. Mitford cometeu esse estranho erro? A hipótese mais benevolente é que, não lendo a versão grega, foi induzido ao equívoco por um erro de pontuação na versão latina.

ca que, contrariando à lei, ele foi submetido à tortura.[241] Harmódio foi morto no local. A notícia a morte do irmão foi levada a Hípias. Com admirável sagacidade e presença de espírito, ele seguiu, não para o lugar do assassinato, mas rumo à procissão, avaliando corretamente que a conspiração fora perpetrada apenas em parte. A notícia da morte de Hiparco ainda não havia chegados aos conspiradores mais distantes na procissão, e Hípias, na tranquilidade de seu semblante, não deixava transparecer nenhum sinal de sua tristeza ou de seus receios. Ele se aproximou da procissão e, com voz serena, ordenou que todos depusessem suas armas e se dirigissem, em fila, para um lugar que ele indicou. Todos obedeceram à ordem, imaginando que ele tivesse algo a comunicar. Então, dirigindo-se a seus guaras, Hípias mandou que pegassem as armas depostas ali, e ele mesmo escolheu, do meio da procissão, todos aqueles de quem ele tinha motivos para suspeitar, ou que haviam sido surpreendidos portando punhais, pois a lei permitia que a procissão fosse feita somente com lanças e escudos, que são armas ostensivas. Assim eclodiu e terminou aquela conspiração que deu à nobilíssima poesia e à perpétua veneração os nomes de Harmódio e Aristógito. [242]

III. A melhor forma de acirrar uma tirania é uma tentativa malograda de destruí-la – despertar a desconfiança daquele que está no poder é quase compeli-lo à crueldade. Até aqui, vimos que Hípias dignificara sua autoridade com benévola moderação. Contudo, a morte do irmão encheu-o de um temor secreto, e o apoio do populacho à tentativa de fuga de Aristógito, a facilidade com que, de um insulto pessoal a um indivíduo sem destaque algum, emergira uma tremenda conspiração convenceram-no de que só se pode contar com as artes da popularidade pessoal quando a estrutura do governo em si é popular.

Também se diz que, quando submetido à tortura, Aristógito, com toda a astúcia da vingança, afirmou que os amigos mais confiáveis de Hípias haviam sido seus cúmplices. Assim atormentado pela desconfiança, Hípias decidiu defender, pelo terror, um poder que a clemência não pudera assegurar. Ele mandou executar vários cidadãos.

---

[241] *"Qui cum per tormenta conscios caedis nominare cogeretur"*, etc. (Justino, livro II, cap. IX). Esse autor discrepa dos autores antigos no tocante à causa exata da conspiração.

[242] Heródoto diz que os dois eram da linhagem dos *gephyraeans*, uma raça originalmente fenícia, de acordo com ele. (Heródoto, livro V, cap. 57.)

De acordo com as tradições da narrativa popular, um dos atos mais odiosos de sua severidade foi exercido contra uma mulher digna de ser a amante de Aristógito. Leena [ou Leona], uma jovem de origem humilde, amada pelo cidadão aventureiro, foi sentenciada à tortura e, para que a dor não conseguisse arrancar dela nenhuma confissão dos segredos da conspiração, amputou a própria língua com os dentes. Mais tarde, ao reconquistarem sua liberdade, os atenienses dedicaram à heroína uma estátua de bronze de uma leoa, erigida muito adequadamente nas proximidades de uma célebre estátua de Vênus.[243] Como já não podia depender do amor dos cidadãos, Hípias passou a buscar no exterior apoio para seu poder. Ele selou uma aliança com Hípoclo, príncipe de Lâmpsaco, ao casar a filha com o filho daquele tirano, que exercia considerável influência na corte persa, à qual ele já dirigia os olhos: fosse como suporte para sua autoridade presente, fosse como refúgio contra os reveses do futuro.[244]

Aparentemente, um ano antes da morte de Hiparco, Esteságoras, sobrinho e sucessor daquele Milcíades que partiu de Atenas para fundar uma colônia no Quersoneso trácio, pereceu pela mão de um assassino. Hípias, por certo considerando que, sendo o soberano da nação-mãe, tinha o direito de designar o governador da colônia, enviou ao Quersoneso, nessa qualidade, o irmão do morto, homônimo do fundador original, cujo pai, Címon, por inveja de seu poder ou reputação, havia sido assassinado pelos filhos de Pisístrato.[245] O novo Milcíades era um homem de talentos ímpares, mas de poucos escrúpulos quanto aos meios de alcançar seus objetivos. Chegando à colônia que deveria governar, fingiu profunda tristeza pela perda do irmão. Os principais nobres das várias cidades do Quersoneso saíram em uma procissão públicas para lamentar com ele. O ardiloso governante prendeu-os a ferros e, tendo assim

[243] Com demasiada precipitação e abertamente, o Sr. Mitford afirma que toda a história de Leena é uma fábula. Se, como podemos concluir dos escritos de Pausânias, a estátua da leoa existia em sua época, devemos hesitar antes de negar de todo a autenticidade de uma tradição que está longe de discrepar dos costumes do período ou do heroísmo do sexo [feminino].

[244] Tucídides, livro VI, cap. 59.

[245] Heródoto, livro VI, cap. 103. Muito provavelmente, a mesma inveja que assassinou o pai rejeitou o filho. Hípias era demasiado perspicaz e cauteloso para não perceber os crescentes talentos e o temperamento ousado de Milcíades. A propósito, é de crer que Mitford, em sua ânsia de provar que Hípias e Hiparco eram as pessoas mais admiráveis possível, não apenas oculta as paixões anormais do último, mas faz absoluto silêncio quanto ao assassinato de Címon, que Heródoto atribui aos filhos de Pisístrato em termos fortíssimos e gravíssimos. O Sr. Thirlwall (*History of Greece* [História da Grécia], vol. II, p. 223) atribui equivocadamente o assassinato de Címon ao próprio Pisístrato.

capturado em sua armadilha os possíveis rivais de seu poder ou inimigos de seus desígnios, ele assegurou o domínio indisputado de todo o Quersoneso, e conservou sua autoridade civil pelo emprego de uma constante força militar. Um casamento com Hegesípile, filha de um dos príncipes trácios, logo aumentou a respeitabilidade e fortaleceu o controle do jovem líder ambicioso. Alguns anos depois, veremos esse mesmo Milcíades tornar-se o guerreiro mais eminente de sua época. Por ora, deixamo-lo em uma posição de poder perigosa e turbulenta, e voltamos a Hípias.

IV. Formou-se depressa uma grande tormenta contra a segurança e a ambição do tirano. A nobre e aristocrática família dos Alcmeônidas fora expulsa de Atenas quando do retorno bem-sucedido de Pisístrato. As propriedades da família na Ática foram confiscadas; suas casas, demolidas; seus sepulcros, destruídos. Depois de atentados frustrados contra os opressores, eles se haviam refugiado em Lipsidro, uma fortaleza nos altos do monte Parnés, onde continuaram a acalentar a esperança do regresso e o desejo de vingança. Apesar do confisco de suas propriedades na Ática, suas riquezas e recursos assegurados em outros lugares eram enormes. Destruído o templo de Delfos em um incêndio, eles fizeram um acordo com os anfictiões para reconstruí-lo, e realizaram essa tarefa sagrada com um esplendor magnífico, muito além das condições do contrato. No entanto, naquela terra religiosa, as riquezas assim empregadas com tanta prodigalidade eram um investimento lucrativo. A liberalidade dos exilados não passou despercebida aos sacerdotes de Delfos, e é enorme a suspeita de que Clístenes, o mais eminente e capaz dos Alcmeônidas, tenha subornado a pitonisa. Esparta, a apoiadora de oligarquias, era a grande inimiga dos tiranos, e todo espartano que procurava o oráculo era solenemente instigado a ajudar na gloriosa empreitada de libertar os eupátridas de Atenas do jugo dos pisistrátidas.

Os espartanos foram enfim induzidos a agir por tão repetidas exortações. A sagacidade não podia deixar de sensibilizar aquele zeloso estado aos apelos que se faziam a sua superstição. Sob o espírito dos pisistrátidas, Atenas avançara depressa em poder, e a restauração dos alcmeônidas talvez parecesse, à sagacidade espartana, tão somente outro termo para a instalação daquela antiga oligarquia que reprimira o intelecto e esgotara os recursos de um povo ativo e audacioso. Então, Esparta acabou por inflamar-se e, "conquanto violando alguns antigos laços de hospitalidade", diz Heródoto, despachou uma tropa por mar contra o Príncipe de Atenas. Aquele governante atento e competente não perdeu tempo e buscou o auxílio de seus aliados, os tessálios, e um de seus poderosos príncipes conduziu mil cavaleiros contra os espartanos, que haviam desembarcado em Falero. Unindo-se a esses aliados, Hípias atacou e derrotou o inimigo, e até mesmo o líder espartano tombou no campo de batalha. Por muito tempo, seu túmulo pôde ser visto em Cinosargo, nas proximidades dos portões de Atenas: um lugar que, mais tarde, tornou-se ilustre por dar seu nome aos filósofos cínicos.[246]

Sem desanimar com a derrota, os espartanos despacharam, em seguida, uma tropa mais considerável contra o tirano, sob o comando de seu rei, Cleômenes. Esse exército seguiu por terra, entrou na Ática, enfrentou e derrotou a cavalaria tessália[247] e marchou em direção aos portões de Atenas, agregando, à medida que avançavam, todos aqueles atenienses que esperavam, com a queda de Hípias, a restauração de suas liberdades. As tropas espartanas apressaram-se a cercar o príncipe ateniense na cidadela, para onde ele se havia retirado com seu exército. Contudo, Hípias provera seu refúgio com todo o necessário para que pudesse sustentar uma longa e obstinada resistência. Os espartanos não estavam preparados para o cerco: um bloqueio de poucos dias bastou para desalentá-los, e eles já planejavam bater em retirada. Um súbito incidente, que nos oferece, em meio à violência, um daqueles belos vislumbres do afeto humano que tão frequentemente adornam e santificam as páginas mais sombrias da história, assegurou inesperadamente a vitória espartana. Hípias e seus amigos, temendo pela segurança dos filhos na cidadela, decidiram enviá-los em segredo para um lugar mais seguro. Infelizmente, seu cuidado foi frustrado, e as crianças caíram nas mãos do inimigo. Embora todas as condições para o êxito estivessem ao seu alcance (o cansaço do inimigo, a guarnição confiável), os pais logo aceitaram render-se

[246] Suda. Laércio IV, 13, etc. Outros, como Amônio e Simplício, comentarista de Aristóteles, derivam o nome de cínicos, dado a tais filósofos, do ridículo associado a seus modos.

[247] Cujo ardor parece ter logo arrefecido. Tendo perdido apenas quarenta homens, eles se retiraram imediatamente de volta à Tessália. Isso nos faz lembrar as guerras entre as repúblicas italianas, nas quais a perda de um único cavaleiro era considerada um grave infortúnio. O valor do corcel e o *status* do cavaleiro (sempre acima do vulgar) fizeram a cavalaria da Grécia desencorajar-se facilmente com o que nos parece um massacre insignificante.

ao sacrifício voluntário da conquista e da ambição.

Tão somente com a condição de reaver os filhos, Hípias e seus partidários consentiram em entregar a cidadela e deixar os territórios da Ática em até cinco dias. Desse modo, no quarto ano após a morte de Hiparco (510 a.C.), e cerca de cinquenta anos depois do estabelecimento da tirania por seu brilhante fundador, o governo de Atenas foi tirado da casa de Pisístrato.

V. O partido de Hípias, derrotado não pelas espadas do inimigo, mas pelos impulsos ternos da natureza, partiu e, atravessando a corrente do imemorial Escamandro, buscou refúgio em Sigeu, ainda sob o governo de Hegeístrato, irmão natural do príncipe exilado.

No instante em que foi removida a pressão de um poder supremo, os dois partidos que corporificavam os princípios aristocrático e popular entraram em grande atividade. O Estado deveria ser uma república, mas de que categoria? Naturalmente, a aspiração dos nobres era prevalecer. Seu líder era o eupátrida Iságoras. O conflito entre partidos sempre tende a produzir resultados populares, mesmo a partir dos elementos aparentemente mais hostis. Clístenes, líder dos alcmeônidas, era, por sua linhagem, ainda mais ilustre que Iságoras, pois, dentre os nobres, a família alcmeônida conservava a preeminência. Todavia, embora incapaz de ascender ao poder com exclusividade, Clístenes e seu partido não estavam dispostos a ceder à facção mais numerosa de um igual. O exílio e os sofrimentos dos alcmeônidas haviam-lhes assegurado, sem dúvida, uma grande compaixão por parte do povo. Suas batalhas valorosas contra o usurpador e sua vitória final sobre ele angariaram o entusiasmo popular. Assim, é provável que tivesse surgido uma afinidade quase imperceptível entre essa facção de berço ilustre e o povo de um modo geral, e quando, incapaz de lidar com o partido dos nobres, Clístenes aliou-se ao movimento da plebe, o inimigo do tirano apareceu em sua posição natural: na liderança da democracia. No entanto, Clístenes era antes o estadista de um partido que o legislador de um povo: seu objetivo era destruir, de uma vez por todas, o poder dos grandes latifundiários, não enquanto inimigos da república, mas por serem rivais de sua facção. A forma mais garantida de reduzir a influência da propriedade nas eleições é, portanto, alterar os distritos eleitorais de modo a subtrair os eleitores ao controle imediato de latifundiários individuais. Com as velhas divisões jônicas e hereditárias em quatro tribos, formavam-se necessariamente muitas associações e vínculos entre as classes mais pobres e as classes mais nobres. Por meio de uma ousada inovação, cuja importância não se fez totalmente perceptível de imediato, Clístenes aboliu tais veneráveis divisões e, por um novo levantamento geográfico, criou dez tribos em vez das quatro anteriores. As dez tribos foram então subdivididas em distritos, ou demos, cujo número parece ter variado, conquanto, no período inicial, não fossem menos de cem (em um período posterior, eram mais de cento e setenta). Transferiram-se para tais demos todos os direitos e privilégios políticos das divisões que suplantaram. Cada qual tinha um magistrado local e assembleias locais. Como corporações, essas minúsculas cortes de legislatura amadureceram o espírito moral da democracia ao mesmo tempo em que prepararam os homens para o exercício dos direitos mais amplos que eles exigiam. Uma consequência da alteração do número de tribos foi um aumento no número daqueles que constituíam o senado, que, de quatrocentos, passou a ter quinhentos membros.

Clístenes não se limitou a essa mudança nos corpos eleitorais: ele aumentou o número total de eleitores. Criaram-se cidadãos novos, admitiram-se estrangeiros, e alguns supõem, conquanto com base em autoridades um tanto vagas, que vários escravos foram alforriados e emancipados. Contudo, não bastava aumentar o número da população: era igualmente necessário impedir a ascensão de um único homem ao poder. Incentivado pelo exemplo de outras cidades-estados da Grécia e ciente de tudo o que ocorrera na tirania de Pisístrato, Clístenes introduziu o instituto do ostracismo.[248] Provavelmente por volta do mesmo período, o método de eleição para cargos públicos em geral foi alterado, passando da votação pública ao voto secreto.[249] É evidente que tais mudanças, salutares ou perniciosas, não foram arbitrárias ou desnecessárias. A estrutura política anterior não fora suficiente para proteger a república da tirania: alguma deficiência no mecanismo da legislação de Sólon frustrara suas intenções práticas por

[248] Eliano, *Varia Historia*, XIII, 24.

[249] Wachsm, livro I, p. 273. Outros apontam uma data posterior para essa importantíssima mudança, mas, de modo geral, ela parece ser uma consequência inevitável das inovações de Clístenes, que foram todas inspiradas no grande sistema de destruição da influência da aristocracia. No discurso de Otanes (Heródoto, livro III, cap. 80), é curioso observar com que intensidade a eleição por sorteio era identificada com uma forma republicana de governo.

meio século. Desse modo, uma mudança era necessária à existência do estado livre, e o cuidado com que tal mudança foi conduzida na direção da diminuição da influência aristocrática é, em si mesmo, prova de que essa influência havia sido o refúgio da tirania derrotada. Os próprios atenienses sempre viram as inovações de Clístenes como nada mais que a evolução natural das instituições populares de Sólon, e aquele nobre enérgico e resoluto parece ter sido, de fato, um daqueles instrumentos rudes, porém úteis, por meio dos quais uma ação mais prática e perfeita costuma ser extraída das teorias incompletas de estadistas mais capazes.

VI. Nesse ínterim, Iságoras, derrotado por seu rival, nutria a ignóbil ambição de recorrer à espada espartana. Antigos rumores escandalosos atribuem a Cleômenes, rei de Esparta, uma relação indecorosa com a esposa de Iságoras, e todos sabem que o mais dileto amigo de um corno é invariavelmente o adúltero. No entanto, a política nacional de estabelecer aristocracias era, sem dúvida, um motivo mais sério ao rei espartano do que seu desejo de ajudar Iságoras. Por meio de um arauto público, Cleômenes proclamou a expulsão de Clístenes, sob o pretexto insignificante de que os alcmeônidas ainda estavam impuros por causa do sacrilégio hereditário de Cilón. Clístenes deixou a cidade em segrego, e o rei espartano, liderando uma tropa irrelevante, retomou o controle de Atenas. A pedido de Iságoras, ele expulsou setecentas famílias atenienses que partilhariam da suposta impureza de Clístenes, dissolveu o senado e confiou todos os cargos do estado a uma oligarquia de trezentos homens (um número e um conselho baseados nos hábitos dóricos), os quais eram, todos, marionetes de Iságoras. Todavia, a nobre assembleia que ele dissolvera com tamanha violência recusou-se a obedecer às ordens do governante. Seus membros recorreram ao povo, despertando unanimemente nele a bravura da liberdade, e a cidadela, da qual Iságoras e os espartanos se haviam apossado de imediato, foi sitiada por toda a força militar de Atenas. Os conspiradores resistiram apenas dois dias. No terceiro, aceitaram as condições daqueles que sitiavam a cidadela e saíram pacificamente da cidade. Alguns atenienses, que haviam participado da traição, mas não da fuga, foram executados, como era justo. Clístenes (e também as famílias expulsas por Cleômenes) foi chamado de volta e, assim, a república de Atenas foi felizmente restabelecida.

VII. Todavia, a vingança implacável daquela nação de soldados, enfrentada com sucesso até ali, não seria pressagiada sem apreensão pelos atenienses. Eles sentiam que Cleômenes abandonara seus desígnios tão somente para retomá-los mais preparado para o conflito, e Atenas ainda não estava em condições de enfrentar o poder resoluto e nunca contido de Esparta. Os atenienses analisaram as cidades-estados da Grécia: muitas eram aliadas da Lacedemônia; outras, governadas por tiranos; outras ainda, estavam distraídas com suas próprias dissensões civis. Não havia nenhuma de que a nova república pudesse esperar auxílio suficiente contra a vingança de Cleômenes. Diante desse dilema, eles recorreram à única ajuda que se apresentou, e buscaram, para além das fronteiras da Grécia, uma aliança com os bárbaros. Arriscaram enviar uma embaixada formal para Artafernes, sátrapa de Sardes, a fim de obter o socorro de Dario, rei da Pérsia.

Acompanhando os atenienses nessa missão, que é de grande interesse, pois foi a primeira interação pública entre aquela república e o trono da Pérsia, faço uma pausa para fazer um rápido estudo da origem daquele poderoso império, cujos destinos se entrelaçaram, a partir de então, na história da celebridade e infortúnios gregos. Tal estudo começa com o estabelecimento da monarquia lídia.

VIII. Em meio às colônias gregas da Ásia, cuja ascensão já rememoramos, em redor e sobre uma colina que se erguia, imponente, de vastas planícies férteis banhadas pelas correntes do Caístro e do Meandro [ou Menderes], fixara-se uma antiga tribo pelásgica cujos membros eram chamados méones. De acordo com Heródoto, esses colonizadores logo ganharam o nome de lídios, derivado de Lido, filho de Átis. A revolução dórica não poupou essas deliciosas paragens, e afirma-se que uma dinastia heraclida reinou por cinco séculos sobre os méones. Estes, por sua vez, foram suplantados por uma raça que nos é conhecida como mermnada, cujo fundador, Giges, assassinou e destituiu o último dos heraclidas e, com uma nova dinastia, parece ter dado início a uma atuação nova e menos asiática. Giges, aconselhado pelo oráculo de Delfos, foi o primeiro bárbaro (à exceção de um dos muitos reis frígios que se arrogam o nome de Midas) que fez oferendas votivas para aquele santuário grego. A partir de sua época, essa tribo heterogênea, o vínculo entre Hélade e o Oriente, entrou em frequentes conflitos com as colônias gregas. O próprio Giges fez guerra com Mileto e Esmirna, chegando mesmo a conquistar Cólofon [ou Colofão]. Na verdade, a hostilidade dos lídios para com Mileto tornou-se hereditária, e foi reavivada, com vários êxitos, pelos descendentes de Giges, até que, na época de seu bisneto Alíates, uma guerra de doze anos com aquela magnífica colônia chegou ao fim com uma declaração solene de paz e uma aliança muito bem delineada. Enquanto isso, a monarquia insignificante, porém belicosa, estabelecida por Giges protegera dos gregos asiáticos de perigos ainda maiores que sua própria ambição. Desde um período muito remoto, tribos selvagens e ferrosos, dentre as quais se destacam as dos treres e dos cimérios, costumavam devastar as planícies continentais, ora para saqueá-las, ora para fundar colônias. A Magnésia havia sido completamente destruída pelos treres. Até mesmo Sardes, a capital dos mermnados, havia sido tomada, salvo a cidadela, pelos cimérios. Alíates estava destinado a acabar com tais irrupções terríveis, e a Ásia foi enfim libertada, por suas armas, de um povo no qual a moderna erudição vislumbra, com exagerada credulidade, os ancestrais dos *cymry* [galeses], ou seja, os antigos bretões.[250] Esse rei de iniciativa e grande capacidade foi sucedido por um monarca ainda mais ilustre, que deveria ter encontrado em sua brilhante inteligência a fama que obteve de seus infortúnios. Aos trinta e cinco anos, Creso ascendeu ao trono lídio. Antes de governar ao lado do pai, ele se destacara no serviço militar e, sendo sensato e muito hábil, mas ganancioso e ambicioso, esse notável monarca agora concretizava os desígnios de seus antecessores. Começando por Éfeso, ele conseguiu fazer tributárias suas todas as colônias gregas da costa ocidental da Ásia e, permitindo que cada cidade-estado mantivesse suas instituições anteriores, conservou com moderação o que conquistara pela força.

Creso estava prestes a construir uma frota com o intuito de anexar a seus domínios as ilhas do Mar Egeu, mas ele teria sido dissuadido de seu propósito por um gracejo muito sagaz de um dos sete sábios da Grécia. Disse o sábio: "Os habitantes das ilhas estão na iminência de atacar tua capital Sardes com uma cavalaria de dez mil homens". Por

[250] Veja Sharon Turner, volume I, livro I.

sua vez, o rei disse: "Nada seria capaz de divertir-me mais do que ver os habitantes das ilhas invadindo o continente lídio com cavaleiros". Ao que tornou o sábio: "É justo, e aos habitantes da ilha dará igual satisfação ver os lídios atacando-os com uma frota. Para vingar seus desastres em terra, tudo o que os gregos mais querem é enfrentar-te no oceano". A resposta foi uma luz para o rei, que, em vez de preparar sua frota, fez uma aliança amigável com os jônios das ilhas.[251] Contudo, o fracasso de sua ambição nessa direção serviu tão somente para fazer com que ela deitasse suas raízes em outra, e Creso voltou suas armas invasoras contra seus vizinhos do continente, até ter subjugado progressivamente quase todas as nações, exceto a dos lícios e a dos cilícios, seguindo pela região a oeste do rio Hális. E, assim, com rapidez e magnificência emergiu, da exígua tribo e do limitado território dos velhos méones, a monarquia da Ásia Menor.

IX. Uma vez estabelecida a celebridade de Creso, sua capital Sardes tornou-se o refúgio dos sábios e dos aventureiros, fossem da Ásia ou da Grécia. Em muitos aspectos, os lídios assemelhavam-se tanto aos gregos que tal semelhança chegava a sugerir uma afinidade que a insuficiência de provas históricas não nos permite afirmar de forma categórica. Os usos e costumes de ambos os povos não eram muito diferentes, exceto pelo fato de que, entre os lídios, como ainda ocorria em todo o Oriente, não se tinha muita consideração pelas mulheres. As duas nações assemelhavam-se na promoção das artes, em seu respeito pelos oráculos religiosos, e Delfos, em especial, recebia riquezas exorbitantes da pródiga superstição dos reis lídios.

A tradição que atribui aos lídios a invenção do dinheiro em forma de moedas cunhadas é prova de seus hábitos mercantis. O vizinho Monte Tmolo tinha ouro em abundância, e o metal era carregado pelas águas do Pactolo às próprias ruas da cidade. A indústria lídia consistia antes na manufatura de artigos de luxo que naqueles de necessidade. Suas vestes cor de púrpura, sua habilidade no trabalho manual com metais, seus mercados para venda de escravos e eunucos e suas exportações de ouro bruto são prova suficiente tanto do grau como do caráter de sua civilização. Não obstante, a natureza do sistema de governo oriental prejudicava direcionamentos mais despretensiosos e úteis

[251] Heródoto, livro I, cap. XXVI.

de sua energia. Ao que parece, nunca exploraram as minas de ouro, cujas partículas eram trazidas até eles pela liberalidade fortuita do Pactolo. Os fundadores de suas primeiras colônias tradicionais haviam chegado em embarcações gregas. Os magníficos presentes com que enriqueciam os templos helênicos parecem ter sido fabricados pela arte grega, e até mesmo as vantagens do comércio parecem ter sido antes fruto do acaso do que algo que procuraram. No entanto, em que deveria ter-se transformado um povo tão subitamente elevado ao esplendor, governado por um príncipe sábio e incentivado, talvez, a uma liberdade acidental pelo exemplo dos gregos europeus é algo impossível de conjecturar: talvez se tivessem tornado os helenos do Oriente.

Contudo, nesse período de tão grande poder – e tão promissor – foi decretada a queda do império lídio. Longe dos campos férteis e da belíssima capital da Lídia, em meio a montanhas estéreis, habitadas por uma raça simples e valente, despontou a prodigiosa estrela do persa Ciro.

X. Vítima daquele luxo que consolida um estado livre, mas destrói um estado despótico, os vastos alicerces do império assírio já estavam em decadência quando uma nova monarquia, destinada a sucedê-los, emergiu em meio a suas nações dominadas. Dividida em várias tribos, cada qual dependente do cetro assírio, tratava-se de uma raça belicosa, nômade e primitiva, que conhecemos pelo nome de medos. Deioces, chefe de uma das tribos, conseguiu unir aquelas porções esparsas em um único povo, construiu uma cidade e estabeleceu um trono independente. O filho Fraortes subjugou os persas; invadiu a Ásia, fazendo várias conquistas; avançou para Nínive e, por fim, morreu em batalha, com uma parte considerável de seu exército. Sucedido pelo filho Ciaxares, esse monarca consumou os ambiciosos desígnios de seus antecessores. Organizou as hordas heterogêneas que constituem um exército oriental, incutindo-lhes eficiência e formidável disciplina; derrotou os assírios e sitiou Nínive, ocasião em que uma grande invasão de hordas citas chamou sua atenção de volta a sua terra. Uma derrota que, de um único golpe, roubou a esse grande rei o domínio da Ásia, foi enfim revertida por um massacre traiçoeiro dos líderes citas (606 a.C.). Os medos retomaram seu poder e deram continuidade a suas conquistas: Nínive caiu e, de todo o reino assírio, apenas a

Babilônia não foi subjugada pelos medos. O sucessor no governo desse recém-construído e vasto império foi Astíages, filho do afortunado Ciaxares. Todavia, costuma ser da natureza de uma tribo conquistadora adotar os hábitos das nações subjugadas e ser corrompida por seus vícios, uma vez que os invasores fixem residência em meio a elas. E, assim, o reinado pacífico de Astíages foi suficiente para enfraquecer o espírito vigilante e belicoso da raça vitoriosa, espírito esse que constitui o único meio pelo qual os imensos impérios do Oriente podem ser preservados de sua tendência natural à derrocada. Os persas, subjugados pelo avô de Astíages, aproveitaram a oportunidade para fazer uma revolta. Em seu meio surgiu um herói nativo, o Gêngis Khan do mundo antigo. Analisando as fábulas que toldam sua história, talvez nos seja permitido conjecturar que Ciro, ou *Kuruš*, tivesse algum vínculo de consanguinidade com Astíages e, provavelmente, que o comando dos persas lhe tenha sido confiado por aquele monarca fraco e indolente. Seja como for, Ciro conseguiu reunir sob seus estandartes uma população beligerante e incorrupta, derrubou a monarquia meda, e transfundiu em uma dinastia já desgastada pela velhice prematura a juventude ambiciosa de uma raça montesa. Agora, esse era o terrível inimigo que ameaçava as crescentes glórias do rei lídio.

XI. Creso estava ligado por vínculos de sangue ao destronado Astíages, e a indignação pessoal diante da destituição do parente contribuiu para seus receios e preocupações em relação à ambição do vencedor. Um príncipe menos perspicaz teria previsto facilmente que a riqueza e os domínios da Lídia tentariam a cupidez frenética do líder persa antes mesmo que os persas tivessem consolidado suas novas conquistas. Após muita deliberação quanto a que rumo seguir, Creso recorreu ao conselho dos mais célebres oráculos da Grécia, e até mesmo do Amon líbio. A resposta que recebeu do oráculo de Delfos agradou, mais fatalmente que as demais, às inclinações do rei. Foi-lhe dito que "se fizesse guerra contra a Pérsia, um poderoso império seria derrotado, e foi aconselhado a buscar aliança com as mais poderosas cidades-estados da Grécia". Exultante com uma resposta a que seus anseios davam uma única interpretação, o rei foi pródigo na oferta de ainda mais presentes aos délficos, e recebeu destes, em troca, para si e para seu povo, a honra da prioridade, acima de todas as outras nações, na consulta ao oráculo, um lugar eminente no templo e o direito à cidadania de Delfos. O fadado monarca procurou o oráculo mais uma vez, e indagou se seu poder haveria de ser vencido um dia. Assim respondeu a pitonisa: "Quando uma mula se sentar no trono dos medos, foge, afável lídio, pelas águas do leito pedregoso do Hermus". A ingenuidade de Creso não conseguiu encontrar motivo de preocupação nessa resposta, pois estava confiante de que uma mula jamais poderia ser o soberano dos medos. Assim animado, e equivocado, o filho de Aliates preparou-se para resistir, enquanto ainda era tempo, ao avanço do exército persa. Ele reuniu toda a força militar que pôde convocar de suas províncias, cruzou o rio Hális, adentrou na Capadócia, devastou seus arredores, destruiu diversas cidades e, enfim, nas planícies de Ptéria, encontrou o exército persa. Ainda não decidido o enfrentamento, Creso, insatisfeito com a força militar que liderava, que era inferior à de Ciro, retornou a Sardes, despachou emissários ao Egito e à Babilônia para pedir-lhes auxílio, e dispensou, temporariamente, os disciplinados mercenários que ele havia conduzido à Capadócia. Mas Ciro sabia dos movimentos do inimigo e, com marchas forçadas e rápidas, chegou a Sardes e acampou diante de seus muros. Mesmo tendo dispensado seu exército, e seus embaixadores ainda estivessem a caminho do território de seus aliados, Creso mostrou estar à altura do perigo que ameaçava seu destino. Seus lídios estavam entre os homens mais valentes das nações asiáticas, eram peritos no uso de sua arma nacional, a lança, e famosos pela habilidade e bravura de sua cavalaria.

XII. Em uma vasta planície muito próxima da majestosa Sardes, planície essa banhada "pelas águas do leito pedregoso do Hermus", a cavalaria da Lídia encontrou o exército de Ciro e foi derrotada por ele. A cidade foi sitiada e tomada, e o mais sábio e abastado dos reis orientais foi então rebaixado à condição de um mero vassalo, enviado como hóspede ou prisioneiro a uma cidade meda perto de Ecbátana.[252] A profecia cumpriu-se, e caiu um poderoso império.[253]

[252] Ctésias. Em meu julgamento, o Sr. Thirlwall contenta-se muito corretamente em registrar o último destino de Creso tal como o encontramos em Ctésias, rejeitando a bela fantasia de Heródoto. Justino observa que Creso era tão amado em meio às cidades gregas que, se Ciro tivesse perpetrado qualquer crueldade contra ele, o herói persa teria atraído para si uma guerra com a Grécia.

[253] Após sua queda, Heródoto diz que Creso repreendeu a pitonisa por

Durante a guerra lídia, as colônias gregas da Ásia haviam resistido às investidas de Ciro, permanecendo fiéis a Creso. Agora, elas tinham motivo para temer a vingança do conquistador. Os jônios e os eólios enviaram mensageiros para pedir o auxílio dos ladecemônios, que também haviam jurado lealdade à causa lídia. Todavia, os espartanos, que eram mais cautelosos que corajosos, viram pouca vantagem em uma aliança tão desigual. Recusaram peremptoriamente a proposta dos colonos, mas, após sua partida, enviaram, por precaução, uma embarcação de cinquenta remos para observar os atos e medidas de Ciro e, por fim, encarregaram Latrines, um eminente espartano, de informar ao monarca dos impérios persa, medo e lídio, que qualquer insulto às cidades gregas seria tomada como ofensa pelos espartanos. Com cortês espanto, ele indagou dos gregos à sua volta: "Quem eram esses espartanos?" E, tendo descoberto tanto quanto pôde compreender de sua força militar e de seus hábitos sociais, respondeu "que aqueles homens que tinham um grande espaço no meio de sua cidade para o único propósito de enganar uns aos outros não poderiam ser-lhe motivo de terror", tão pouco era o respeito que o vigoroso guerreiro tinha pelas respeitáveis fraudes da oratória e do comércio. Nesse ínterim, ele acrescentou, em tom gentil, "que se continuasse com boa saúde, a preocupação deles com os problemas jônicos poderia ser incluída na enormidade de seus próprios problemas". Pouco depois, Ciro deu rápida continuidade à perseguição de seus grandes desígnios, conquistando a Assíria e avançando pelos canais do Eufrates para chegar aos palácios da Babilônia e aos saguões do Baltazar bíblico. Cambises, filho de Ciro, acrescentou o místico Egito às imensas conquistas do pai; e um estranho ao sangue do grande vencedor, por um acidente de superstição ou por uma intriga política, ascendeu ao trono da Ásia, e ficou conhecido na

causa daqueles oráculos traiçoeiros que o levaram a perder o trono, e indagou se os deuses da Grécia costumavam ser enganadores e ingratos. Em conformidade com aquele artigo sombrio da fé grega que punia gerações distantes por crimes ancestrais, a pitonisa respondeu que Creso fora destinado a expiar, em sua própria pessoa, os crimes de Giges, o assassino de seu senhor, e que, quanto ao mais, as declarações do oráculo se haviam verificado: o poderoso império cuja ruína havia sido anunciada pela voz divina fora destruído, pois se tratava do império de Creso, e a mula, Ciro, estava governando o reino lídio. O herói persa poderia receber legitimamente o epíteto de mula, pois seus pais eram de nações e níveis sociais diferentes. O pai era um persa de berço humilde; a mãe, uma princesa meda. Heródoto assegura-nos que Creso ficou satisfeito com a explicação. Se é assim, o deus da poesia era mais afortunado que os poetas terrenos que ele inspirava, os quais, de fato, imitando seu exemplo, geralmente sacrificavam os amigos por um jogo de palavras, sem conseguir satisfazer suas vítimas com tanta facilidade.

história europeia sob o nome de Dario. Os generais de Ciro haviam submetido as colônias jônicas ao jugo persa. A Ilha de Samos (a primeira das ilhas subjugadas) foi, em seguida, conquistada por um sátrapa de Sardes, e Dario, que, impelido pela ambição de seus antecessores, havia liderado, sem o mesmo êxito, uma enorme força militar contra os nômades citas, agregou, em seu retorno, Lesbos, Quios e outras ilhas do Egeu à nova monarquia do mundo. Assim como, na história geralmente análoga das repúblicas italianas, vemos que, em todas as incursões do imperador germânico, algum nobre ardiloso de algum estado livre se associava ao estandarte de um Frederico ou de um Henrique na esperança de receber, do favor imperial, a tirania sobre sua própria cidade, também não faltaram, nas colônias gregas, homens de bravura e ambição que acorreram ao estandarte persa e, em mostra de gratidão pelos serviços que prestaram contra os citas, foram recompensados com o governo supremo de suas cidades nativas. Foi desse modo que Coes, um cidadão que não detinha nenhum cargo público, ascendeu à tirania de Mitilene, e Histieu, que já era tirano de Mileto, foi confirmado na posição por Dario. Nesse ínterim, Megábazos, um general do monarca persa que comandava um exército de oitenta mil homens, subjugou a Trácia e tornou a Macedônia tributária do trono persa. Tendo consolidado seguramente, na opinião do monarca, os interesses do império na Ásia Menor, Dario colocou o irmão Artafernes na poderosa satrapia de Sardes e regressou a sua capital, Susa.

XIII. A esse sátrapa, irmão daquele poderoso monarca, vieram os embaixadores de Atenas. Voltemos nossos olhos ao mapa do mundo antigo e analisemos a vasta circunferência do reino persa, que se estendia por quase todo o globo civilizado. A leste, não se via nenhuma fronteira antes do Rio Indo. Ao norte, o império estendia-se até o Mar Cáspio e o Ponto Euxino [Mar Negro], com aquela íngreme cordilheira caucasiana, jamais ultrapassada pelos mais ousados dentre os primeiros conquistadores asiáticos. A leste do Cáspio, os rios Oxus e Jaxartes separavam os súditos do grande rei das devastações dos tártaros; a península arábica interpunha suas areias escaldantes como uma barreira ao sul, enquanto os territórios ocidentais do império, dentre os quais a Síria, a Fenícia e as férteis satrapias da Ásia Menor, eram banhados pelos mares mediterrâneos.

Deixando de lado esse imenso império, tentemos, agora, descobrir os domínios que os embaixadores atenienses representavam: muito abaixo, em um canto remoto da terra, notamos, enfim, o refúgio quase invisível da Ática, com sua capital, Atenas – um território que, em sua máxima extensão, media sessenta milhas geográficas! Agora temos condições de avaliar o espanto condescendente com que o irmão de Dario ouviu os embaixadores de um povo cujo nome é transmitido à posteridade tão somente por sua glória. Contudo, não havia nada de ilegítimo ou demasiado arrogante em sua resposta. Disse o sátrapa, com afabilidade: "Enviai a Dario terra e água (os costumeiros símbolos de devoção e lealdade), e ele aceitará vossa aliança". Os embaixadores deliberaram e, impressionados com o poder da Pérsia, e bem cientes de sua própria condição de isolamento, aceitaram a proposta.

Se, a partir da análise que acabamos de fazer da disparidade de poder entre os dois estados, não podemos senão admitir que a resposta do sátrapa foi aquela que se podia esperar, não é sem uma pontada de piedade e admiração que descobrimos que, tão logo regressaram a Atenas, os embaixadores receberam de seus poucos cidadãos uma severa reprimenda por sua submissão. Indignados com a proposta do sátrapa, aquele povo valente já não se socorreu da ideia da aliança. Com uma paciência cheia de orgulho, sem auxílio e sozinhos, eles aguardaram a irrupção da tempestade que anteviam.

XIV. Enquanto isso, Cleômenes, aborrecido com o fracasso de seu atentado contra as liberdades atenienses, e julgando, em verdadeiro espírito de injustiça, ser ele o agredido em vez do agressor, recrutava forças militares em diferentes partes do Peloponeso, mas sem revelar o objetivo que tinha em vista.[254] Tratava-se de um duplo objetivo: vingar-se de Atenas e restabelecer Iságoras no poder. Por fim, ele retirou a máscara e, liderando um considerável exército, tomou a cidade sagrada de Elêusis. Ao mesmo tempo, e juntamente com os espartanos, os beócios apossaram-se à força de Énoe e Hysix, duas cidadezinhas na extremidade da Ática, enquanto, de Cálcis (a principal cidade da Ilha de Eubeia que ficava defronte à costa ática), um grupo terrível devastava os territórios atenienses. Ameaçados por essa tripla invasão, os atenienses tomaram me-

[254] Heródoto, livro V, cap. 74.

didas imediatas e vigorosas. Deixaram, naquele momento, de vingar as incursões dos beócios e dos calcidenses, e marcharam contra Cleômenes, em Elêusis, com toda a força militar que puderam reunir. Os dois exércitos estavam preparados para a batalha quando uma súbita revolta no acampamento espartano livrou os atenienses de seus inimigos mais poderosos. Os coríntios, ludibriados por Cleômenes a tomar medidas cujo objetivo ignoravam de início, retiraram-se abruptamente do campo de batalha. Logo em seguida, irrompeu um conflito entre Cleômenes e Demarato, o outro rei de Esparta, que havia, até então, apoiado o colega em todos os seus planos. Demarato deixou Elêusis às pressas e voltou para a Lacedemônia. Diante desse desacordo entre os reis de Esparta, somado, por assim dizer, à secessão dos coríntios, os demais confederados levantaram acampamento, voltaram para suas nações, e deixaram Cleômenes com um exército tão minguado que ele foi compelido a desistir de sua cólera e vingança, e abandonou a cidade sagrada. Os atenienses, então, voltaram suas armas contra os calcidenses, que se haviam retirado para a Eubeia. Todavia, encontrando os beócios, que estavam em marcha para auxiliar a ilha que era sua aliada, eles os enfrentaram e derrotaram no que foi um grande massacre. Ainda com o rosto afogueado de sua vitória, os atenienses não descansaram sobre suas armas. No mesmo dia, cruzaram aquele pequeno estreito que os separava da Eubeia e obtiveram uma segunda e igualmente notável vitória sobre os calcidenses. Ali, eles consolidaram sua conquista pela fixação de quatro mil colonos[255] nos férteis prados da Eubeia, os quais haviam sido destinados pelos habitantes das ilhas à pastagem de seus cavalos. Ao preço de duas minas cada, seus numerosos prisioneiros foram resgatados, e suas correntes, penduradas nos muros da cidadela. Uma décima parte do resgate geral foi consagrada e usada para a aquisição de uma carruagem de latão, que foi colocada na entrada da cidadela com uma inscrição que a dedicava à deusa tutelar de Atenas.

"Aprendemos, não apenas do exemplo dos atenienses," prossegue o pai a história, "mas da experiência universal, que uma forma igualitária de governo é a melhor. Enquanto submetidos a tiranos, os atenienses não venceram nenhum de seus vizinhos na guerra. Uma vez livres do

[255] Se é que os podemos chamar adequadamente de colonos: eles mantinham seu vínculo com Atenas, bem como todos os direitos de voto.

opressor, eles venceram a todos, prova evidente de que, controlados por um único homem, esforçavam-se pouco, porque o esforço era por um senhor; recuperando a liberdade, todo homem tornava-se fervoroso, porque seu zelo era por si mesmo, e seu interesse individual era o bem-comum."[256] Venerável louvor e precisa distinção![257]

XV. Os beócios, furiosos com sua derrota, enviaram emissários ao oráculo da pitonisa para indagar dos melhores meios de obter vingança. A pitonisa recomendou-lhes uma aliança com os vizinhos mais próximos. Os beócios, que, conquanto tivessem seus domínios abençoados pelo inspirador Monte Hélicon, eram considerados uma raça parva e obtusa, interpretaram aquela resposta em favor do povo da rochosa ilha de Egina, o qual, por certo, não era seu vizinho mais próximo, se a questão tivesse de ser solucionada por geógrafos. Por longo tempo, os abastados habitantes daquela ilha ilustre – que, elevando-se acima da parte do Egeu chamada Golfo Sarônico, ainda podemos contemplar, quando o céu está limpo, a partir das alturas da fortaleza File – nutriram um sentimento de ódio contra os atenienses. Eles aceitaram de boa vontade a aliança oferecida pelos beócios e, atuando em conjunto, os dois estados devastaram a costa da Ática. Enquanto se preparavam para desforrar a agressão, os atenienses receberam um aviso do oráculo de Delfos, ordenando que se abstivessem de toda e qualquer hostilidade contra o povo de Egina por trinta anos e, passado esse período, erigissem um templo para Éaco (o filho de Júpiter do qual, de acordo com a tradição, a ilha recebeu seu nome). Somente então poderiam deflagrar uma guerra com êxito. Os atenienses, ao ouvir essa resposta, abreviaram o tempo especificado pelo oráculo ao erigir de imediato um templo a Éaco em sua praça pública onde se dava a atividade judicial. Circunstâncias posteriores não permitiram que adiassem o início da guerra até o término dos trinta anos. Nesse ínterim, a ira insone de seu antigo inimigo, Cleômenes, exigia toda a atenção de Atenas. No caráter desse violento e indômito espartano identificamos, desde o início de sua carreira, a sombra daquela insanidade da qual, mais tarde,

[256] Heródoto, livro V, cap. 78.

[257] O Sr. Mitford, em suas constantes tentativas de perverter a honestidade simples de Heródoto em uma aprovação de governos despóticos, toma o cuidado de evitar essa passagem tão digna de nota.

foi vítima.[258] Em sua juventude, em uma guerra contra os argivos, ele queimara cinco mil fugitivos ao atear fogo ao bosque para onde eles haviam fugido: um ato de flagrante impiedade e crueldade feroz, de acordo com a sensível superstição dos gregos. Durante a ocupação de Elêusis, ele violou gratuitamente o misterioso santuário de Orgas: o lugar mais sagrado de todos para os deuses eleusinos. Ele entra em Atenas para restabelecer suas liberdades; une-se a Iságoras para destruí-las; envolve-se em uma tentativa de revolucionar aquela dinâmica cidade-estado sem qualquer preparo adequado; toma a cidadela hoje apenas para abandoná-la, ingloriamente, amanhã; invade Elêusis com um exército que não consegue manter unido e, na astúcia absurda comum aos insanos, mente a seus aliados com relação ao inimigo contra os quais devem lutar, apenas para, como o bom senso haveria de esperar, ser desertado por eles no momento da batalha. E, agora, ainda na esteira do contraditório curso de sua conduta, ele, que havia afugentado Hípias de Atenas, persuadiu a assembleia espartana a restabelecer o mesmo tirano que as armas espartanas haviam expulsado. A fim de instigar os temores de seus compatriotas, Cleômenes[259] afirmou haver descoberto, na cidadela de Atenas, certas previsões oraculares, até então desconhecias, que alertavam os espartanos de muitas calamidades sinistras e estranhas que lhes recairiam pelas mãos dos atenienses.[260] O povo arguto a que o rei se dirigiu foi movido mais por interesses políticos que por advertências religiosas. Eles notaram que, quando oprimidos por uma tirania, os atenienses eram fracos e servis, mas, se admitidos às vantagens da liberdade, logo cresceriam e alcançariam um poder igual ao dos próprios espartanos[261] e, na restauração de um tirano, sua sagacidade anteviu o abatimento de um rival.

XVI. Hípias, que até aqui vivia com seu meio-irmão em Sigeu, foi convidado a ir à Lacedemônia. Por ocasião de sua

[258] Pausânias, livro III, cap. 5 e 6.

[259] O Sr. Mitford, sempre tendenciosíssimo em favor da política espartana, descreve Cleômenes como "um homem violento em seu temperamento, mas de grandes habilidades". Não há indícios de tais habilidades. Sua instabilidade e ferocidade fizeram-no presumir um papel proeminente que nunca foi adequado para desempenhar: ele foi, na melhor das hipóteses, um louco ardiloso.

[260] Se haviam sido descobertos por Cleômenes tanto tempo antes, por que foram ocultados até então? O príncipe espartano, do qual se descobriu, mais tarde, que subornava o próprio oráculo, talvez tenha forjado tais previsões oraculares.

[261] Heródoto, livro V, cap. 91.

chegada, os espartanos reuniram os embaixadores de suas diversas tribos e, em um conselho completo, assim anunciou o estratagema de Esparta.

"Amigos e aliados, reconhecemos que erramos. Iludidos por oráculos enganadores, banimos de Atenas homens unidos a nós por antiga hospitalidade. Restauramos um governo republicano para um povo ingrato que, esquecido que a nós devia sua liberdade, expulsou de seu meio nossos súditos e nosso rei. A cada dia, eles revelam um espírito mais feroz, do qual já sofreram mostras os beócios, os calcidenses, e elas podem rapidamente estender-se a outros, a menos que, em tempo, tomem precauções sensatas e salutares. Nós erramos, mas estamos preparados para remediar nossa falta e ajudar-vos a castigar os atenienses. Com essa intenção, convocamos Hípias e vós, para que, de comum acordo e armas unidas, possamos devolver ao filho de Pisístrato o domínio e a dignidade de que nós o privamos."

As opiniões dos espartanos receberam pouco apoio da assembleia. Após um silêncio sepulcral e desalentador, ergueu-se Sósicles, embaixador de Corinto, cuja nobre resposta nos revela a verdadeira causa da secessão dos coríntios em Elêusis.

Disse ele, com uma eloquência cheia de indignação: "Podemos esperar ver a terra tomar o lugar do céu, pois vós, ó espartanos, pretendeis a subversão de leis igualitárias e a restauração de governos tirânicos, um desígnio que não poderia ser mais injusto nem perverso. Se julgais bom que estados sejam governados por tiranos, espartanos, antes de instaurar tiranias para outros, instaurai-a entre vós mesmo! Agis indignamente para com vossos aliados. Vós, que com tanto cuidado evitais a infiltração da tirania em Esparta, se a conhecêsseis como nós a conhecemos, teríeis melhor noção das calamidades que ela traz consigo: ouvi alguns de seus efeitos". (Aqui, o embaixador descreveu com detalhes as crueldades de Periandro, tirano de Corinto.) A título de conclusão, disse ele: "Assim é um governo tirânico e tais são seus efeitos. Grande foi nosso espanto quando soubemos que fostes vós, ó espartanos, quem convocastes Hípias, e, diante de vossas opiniões, espantamo-nos ainda mais. Ah! Pelos deuses, guardiões celestiais da Grécia, nós vos rogamos que não crieis tiranias em nossas cidades. Se insistirdes em vosso propósito, se, contra toda a justiça, tentardes a reinstalação de Hípias, sabei, ao menos, que os coríntios jamais tolerarão vossos desígnios".

Foi em vão que Hípias, apesar de sua habilidade e da aprovação dos espartanos, tentou invalidar a impressão deixada por tão duro discurso. Em vão, valeu-se das declarações dos oráculos. Em vão apelou à desconfiança dos coríntios e buscou convencê-los da ambição de Atenas. De comum acordo, os confederados mostraram partilhar das opiniões de Sósicles e rogaram aos espartanos que não estimulassem inovações prejudiciais às liberdades de nenhuma cidade da Grécia.

XVII. O fracasso dessas propostas feitas tão abertamente são mais uma prova do caráter precipitado e irrefletido de Cleômenes: ávido, como de costume, em todos os seus desígnios, mas despreparado para todos eles. Os espartanos desistiram de seu intento, e Hípias, desconcertado, mas sem desanimar, deixou a capital lacedemônia. Alguns líderes da Tessália, bem como o príncipe da Macedônia Antiga, ofereceram-se um digno asilo em seus territórios. No entanto, não era um asilo, mas uma aliança que a ambição obstinada de Hípias desejava garantir. Ele regressou a Sigeu e, partindo daí para Sardes, buscou o auxílio do sátrapa Artafernes. Aquele que foi o tirano de sua pátria na prosperidade tornou-se seu traidor na adversidade. e, assim, o filho de Pisístrato não mediu esforços no uso de seu talento hereditário para a persuasão para submeter a república ateniense ao jugo persa.[262] A chegada desse perigoso convidado à corte de Sardes e as intrigas que ali estava fazendo logo chegaram aos ouvidos dos atentos atenienses. Eles enviaram mensageiros a Artafernes para exortá-lo a não confiar naqueles cujos crimes levaram a seu

[262] Em que termos o Sr. Mitford descreve essa traição? Diz o historiador: "Vimos a própria democracia de Atenas dando o exemplo (dentre as cidades-estados da antiga Grécia) de solicitar a proteção persa. Haverá, então, o espírito liberal de patriotismo e governo igualitário de justificar os preconceitos surgidos dos conflitos internos atenienses (!!!) e condenar Hípias a uma execração peculiar porque, por fim, também ele, com muitos de seus concidadãos, sem esperanças de encontrar outros meios de regressar a seu país nativo, buscaram a ajuda de Artafernes em Sardes?" É difícil saber o que admira mais, se a estupidez ou a desonestidade dessa passagem. A democracia ateniense recorreu à Pérsia para conseguir pôr fim a uma injusta invasão de sua cidade e violação de suas liberdades por uma força estrangeira. Hípias buscou o auxílio da Pérsia não apenas para interferir nos assuntos domésticos de um estado livre, mas para reduzir aquele estado, sua cidade natal, à condição de submissão ao sátrapa. Existe alguma semelhança entre esses casos? Se não, que obtusidade é estabelecê-la! No entanto, a desonestidade é igual à obtusidade. Heródoto, o único autor que o Sr. Mitford segue aqui, declara expressamente (livro V, cap. 96) que Hípicas tentou induzir Artafernes a submeter Atenas ao controle o sátrapa e seu senhor, Dario. Não obstante, não menciona uma sílaba sequer a esse respeito, deixando que seu leitor suponha que Hípias buscava tão somente ser restabelecido no governo de seu país pela intercessão do sátrapa.

banimento de Atenas. O sátrapa respondeu: "Se desejais paz, aceitai de volta Hípias". Em vez de ceder a essa condição, aquele povo valente, em sua minúscula porção da extremidade da Grécia, preferiu ser contado como inimigo da vasta monarquia da Pérsia.[263]

[263] Heródoto, livro V, cap. 96.

Capítulo IV

Histieu, tirano de Mileto, transfere-se para a Pérsia. O governo da cidade de Mileto é delegado a Aristágoras, que invade Naxos como auxílio dos persas. O fracasso da expedição. Aristágoras decide rebelar-se contra os persas. Segue para Esparta e Atenas. Os atenienses e os erétrios são induzidos a ajudar os jônios. Sardes é incendiada. A Revolta Jônica. O destino de Aristágoras. A batalha naval de Lade. A queda de Mileto. A Jônia é conquistada. Milcíades. Seu Caráter. Mardônio substitui Artafernes na satrapia lídia. As hostilidades entre Egina e Atenas. A atitude de Cleômenes. Demarato é deposto. A morte de Cleômenes. Nova expedição persa.

I. Vimos que Dario recompensou com o governo de um território tributário os serviços de nobres gregos durante sua expedição contra os citas. O mais notável dentre esses tiranos subordinados foi Histieu, tirano de Mileto. Já investido naquela dignidade antes de sua associação com Dario, ele recebera, pela generosidade do monarca, uma faixa de terra perto do Rio Estrimão, na Trácia, suficiente para a construção de uma cidade chamada Mircino. Ao primo Aristágoras, Histieu confiou o governo de Mileto e seguiu para seu novo domínio, ocupando-se ativamente da fundação de uma colônia que prometia ser uma das mais poderosas que Mileto já havia criado. O local da cidade incipiente foi escolhido com admirável bom senso: junto a um rio navegável, nas proximidades de minas, e em um ponto estratégico da comunicação comercial entre a longa cadeia de tribos trácias, de um lado, e a operação mercantil das cidades gregas, do outro. Histieu estava descrevendo os muros que cercavam as antigas cidades quando Megábazos, comandante das forças que deviam consumar a conquista da Trácia, teve a perspicácia de alertar o rei persa, então em Sares, das prováveis consequências da doação feita pelo monarca. "Agiste com prudência, senhor, ao permitir que esse grego capaz e dinâmico construa uma nova cidade na Trácia? Não sabes que aquela terra privilegiada, abundante em minas de prata, é dotada também de todas as benesses para a construção e equipagem de navios? Gregos ávidos e remadores bárbaros estão misturados ali, preparados para iniciativas empreendedoras, prontos para executar as ordens de qualquer líder determinado e ambicioso! Considera a possibilidade de uma guerra civil. Antepõe-te às chances da ambição de Histieu. Recorre antes ao artifício que à força, submete-o a teu poder e impede seu retorno à Grécia."

Dario seguiu o conselho de seu general. Mandou chamar Histieu, cobriu-o de elogios e, fingindo que não poderia viver sem seus conselhos, afastou-o de seu assentamento trácio levando-o à capital persa de Susa. Seu parente, Aristágoras, continuou no governo de Mileto, a mais imponente e próspera das cidades-estados jônicas da época. Naxos, porém, inferior a ela em poder, superava-a em riqueza. O solo fértil daquela bela ilha, sua população numerosa, sua localização acessível e sua abundância de recursos despertaram a cobiça de Aristágoras. Ele se aproveitou de um levante civil em que muitos dos nobres foram banidos pelo povo, acolheu os exilados e, sob o pretexto de restabelecê-los, planejava anexar a maior das Cíclades à tirania de Mileto.

Aristágoras persuadiu os nobres traidores a permitir que ele negociasse com Artafernes. Logrou retratar àquele sátrapa as vantagens de anexar a joia das Cíclades ao diadema persa, e Dario, ouvindo o conselho de seu representante, enviou duzentas embarcações para invadir Naxos (501 a.C.), sob o comando de seu parente, Magabates. Em seguida, porém, houve um desentendimento entre o general persa e o governante de Mileto. Megabates, que não tinha poder suficiente para derrotar o tirano, informou secretamente os habitantes de Naxos do ataque planejado e, assim preparados para a investida, mantiveram-se tão bem em sua cidade que, após um cerco de quatro meses, os recursos pecuniários não só de Magabates, mas também de Aristágoras, esgotaram-se, e os invasores foram obrigados a retirar-se da ilha. Agora, Aristágoras via que havia caído na cova que cavara para outros: seu tesouro estava exaurido; ele havia contraído vultosas dívidas com o governo persa, que o condenou a restituir todas as despesas da empreitada. Receava a fúria de Magabates e a decepção de Artafernes, e previa que seu insucesso poderia ser uma justificativa razoável para afastá-lo do governo de Mileto. Enquanto ele planejava o expediente desesperado de uma revolta, um mensageiro secreto de Histieu chegou a Mileto. Aquele grego ardiloso, insatisfeito com seu cativeiro magnificente, recorrera a um estratagema singular: escolhendo o mais fiel de seus escravos, raspou-lhe a cabeça, escreveu certos caracteres sobre a pele nua e, então, crescidos novamente os cabelos, enviou essa carta viva a Aristágoras.[264] Os caracteres ordenavam que o representante começasse uma revolta, pois Histieu imaginava que a paz de Mileto fosse a sentença de seu exílio.

II. Esse conselho oportuno, tão alinhado com suas próprias opiniões, foi muito do agrado de Aristágoras. Ele convocou os milésios e, para obter seu devotado auxílio, renunciou à tirania e instituiu uma república. Foi uma época importantíssima que, pelo alvoroço de ideias!, despertara, em toda parte, um desejo de governos livres e leis igualitárias, e Aristágoras, desejando pacificar o restante da Jônia, ajudou suas várias cidades-estados a estabelecer instituições republicanas. Coes, tirano de Mitilene, morreu pelas mãos do povo. Em todas as demais regiões da Jônia, os tiranos foram punidos, mas ao exílio. Assim, uma chispa colocou em movimento uma linha de pensamento já preparada, e a ambição egoísta de Aristágoras ajudou no avanço da marcha de uma revolução em favor da liberdade que alcançou todas as cidades da Jônia. Todavia, Aristágoras, claramente um homem de profunda, ainda que tortuosa, sagacidade, desejava envolver não apenas as colônias da Grécia, mas também a pátria-mãe, na tentativa perigosa e colossal de resistir aos persas. A fama militar de Esparta pairava muito acima de todas as cidades-estados da antiga Grécia, e o milésio maquinador decidiu tentar primeiro persuadir aquele povo a apoiar seu audacioso projeto.

Sem confiar a tarefa a nenhum embaixador, mas con-

[264] Aulo Gélio, que relata essa anedota com mais detalhes que Heródoto, afirma que próprio escravo desconhecia os caracteres escritos em seu couro cabeludo; que Histieu escolheu um servo doméstico eu tinha uma doença nos olhos, raspou-lhe a cabeça, fez as punções na pele e, enviando-o a Mileto quando seus cabelos cresceram novamente, assegurou ao crédulo paciente que Aristágoras concluiria a cura raspando-lhe a cabeça uma segunda vez. De acordo com essa história, devemos admirar-nos antes da simplicidade do escravo que da engenhosidade de Histieu.

tando com suas próprias habilidades de eloquência, ele foi pessoalmente a Esparta. Levando um mapa do mundo – tal como conhecido à época – gravado em latão nas mãos, ele tentou instigar a ambição de Cleômenes ao destacar os vastos domínios e os inesgotáveis tesouros do reino persa. Aristágoras depreciou a coragem do povo persa, ridicularizou suas armas e exortou Cleômenes a participar do grandioso intento de empreender, pela bravura espartana, a magnífica conquista da Ásia. Os espartanos, sempre indiferentes à liberdade de outras cidades-estados, não eram menos indiferentes à glória de vitórias estéreis e, quando, a uma indagação do rei, Aristágoras respondeu, com demasiada honestidade, que a jornada do Mar Jônico até Susa, a capital persa, era de três meses, Cleômenes exclamou abruptamente: "Milésio, deixa Esparta antes do pôr-do-sol. Uma marcha de três meses por mar! Os espartanos jamais ouvirão a uma proposta tão disparatada!" Ainda não derrotado, Aristágoras solicitou mais uma entrevista, na qual tentou subornar o rei, que, mais acostumado a subornar outros que a ser subornado, encerrou a conversação e nunca a retomou.

III. Paciente e maquinador, o milésio partiu dali para Atenas (500 a.C.). Ele chegou à cidade justamente por ocasião do retorno dos embaixadores atenienses que haviam sido enviados para Sardes a fim de levar a resposta arrogante de Artafernes à missão relativa a Hípias. Os cidadãos estavam em polvorosa, agitados e inflamados, indignados com a insolência do sátrapa e, em igual medida, receosos de seu poder. Lá está a Ágora; lá, o templo inacabado em honra de Éaco; mais acima, a cidadela, onde ainda estão penduradas as correntes do inimigo cativo. Ainda ressoava nos ouvidos do populacho, já presunçoso de seu heroísmo, e orgulhoso em sua liberdade, a ameaça do persa: as palavras que os ameaçavam com a restauração do tirano exilado. E, nesse momento, nessa confluência de circunstâncias, vemos o ardiloso milésio, versado na experiência da natureza humana, popular em todas as cidades-estados livres por haver restabelecido a liberdade das colônias da Jônia – tendo todas as vantagens do cenário externo e de sua habilidade inata a seu favor – prestes a dirigir-se à multidão arquejante e agitada. Ele se levantou. Como fizera ao falar com Cleômenes, pintou, em cores vívidas, a riqueza da Ásia e os hábitos efeminados de seu povo. Descreveu seus exércitos lutando sem lanças nem escudos. Invocou a coragem de uma nação que já havia vencido guerras contra inimigos valorosos e heroicos. Apelou aos velhos laços hereditários: o povo de Mileto fora uma colônia ateniense. A mãe não deveria proteger a filha na maior de todas as bênçãos: o direito à liberdade? Aristágoras ora implora, ora promete. A solidariedade dos livres e o entusiasmo dos bravos são igualmente inflamadas. E ele tem sucesso: o povo cede a suas opiniões. Diz o despretensioso Heródoto: "É mais fácil ganhar (ou iludir) uma multidão do que um indivíduo, e a eloquência que falhara com Cleômenes recrutou trinta mil atenienses".[265]

IV. A fim de socorrer seus colonos jônios, os atenienses concordaram em enviar vinte navios de guerra. Melântio, um homem de caráter amistoso e influência popular, foi designado chefe. Esse foi o verdadeiro início da grande guerra persa, ou Guerra Médica.

V. Assim, com êxito, Aristágoras partiu de Atenas. Chegando a Mileto, buscou fortalecer ainda mais seus desígnios tentando instigar certa colônia da Frígia, formada por prisioneiros trácios[266] feitos por Megábazos, o general persa. Uma grande parcela desses colonos aproveitou a oportunidade de regressar a sua terra natal. Eles conseguiram fugir à cavalaria persa e, chegando ao litoral, foram transportados em embarcações jônicas para sua pátria antiga, nas margens do Estrimão. Nesse ínterim, as embarcações atenienses chegaram a Mileto, unidas já a cinco navios tripulados com erétrios da Eubeia, em atenção à ajuda que receberam anteriormente dos milésios em uma guerra com os outros habitantes de sua ilha, os calcidenses, mas talvez sem ter conhecimento do poder do inimigo que provocavam.

Aristágoras permaneceu em Mileto e delegou ao irmão o comando das forças milésias. Então, os gregos zarparam rumo a Éfeso, desembarcaram em Coressus, em seus arredores, e, conduzidos por guias efésios, marcharam pelo vale serpeante do rio Caístro – cujo curso veloz, sob um nome bárbaro, o viajante ainda pode navegar, embora os cisnes dos poetas gregos já não frequentem suas ondas – subiram e desceram o aurífero Monte de Tmolo, verdejante

[265] Uma expressão um tanto exagerada, já que o número total de atenienses livres não ultrapassava vinte mil.
[266] Os peônios.

de vinhas e perfumado de açafrão, e chegaram ao portões da voluptuosa Sardes. Como encontrassem Artafernes despreparado para essa invasão repentina, eles tomaram a cidade (499 a.C.). O sátrapa e suas tropas refugiaram-se na cidadela.

Em sua maioria, as casas de Sardes eram feitas de junco, e o mesmo material frágil e inflamável constituía o telhado até mesmo das poucas mansões construídas com tijolos. Um soldado ateou fogo a uma casa, e as chamas espalharam-se por toda a cidade. Em meio ao grande incêndio, o desespero deu coragem aos sitiados: a fúria humana era menos pavorosa que a do elemento. Os lídios, bem como os persas que estavam no forte, acorreram à praça do mercado, que era cortada pela corrente do rio de Pactolo. Ali, eles decidiram enfrentar o inimigo. Os invasores foram tomados de um súbito pânico, possivelmente desencadeado pela violência do incêndio somada ao desespero do inimigo, e, retirando-se para o Monte Tmolo, aproveitaram-se da noite para fazer sua marcha de volta pelo vale do Caístro.

VI. No entanto, regressar em segurança não era o destino dos jônios. Das fronteiras do rio Hális, uma tropa de persas os seguiu em sua retirada e, alcançando-os quando já haviam chegado ao território efésio, derrotaram-nos em um grande massacre, no qual tombou o líder dos erétrios.

Como era de esperar, os atenienses ficaram decepcionados com o resultado dessa expedição. De volta à pátria, eles recusaram todas as propostas de Aristágoras para renovar suas incursões na Ásia. Todavia, os valentes jônios deram continuidade às hostilidades que haviam iniciado contra Dario. Navegaram até o Helesponto e subjugaram Bizâncio, juntamente com as cidades vizinhas. A seus exércitos uniram-se os cipriotas, que se rebelaram contra o jugo persa de Onésilo, um ousado usurpador que havia destronado o irmão, príncipe de Salamina, em Chipre. Além disso, o grande incêndio de Sardes muito admirara os cários, até então indiferentes, levando a maior parte daquela população corajosa a unir-se à causa jônica. A revolta assumia agora um ar ameaçador e alarmante. Informado de tais acontecimentos, Dario convocou Histieu e disse: "O homem que designaste para o governo de Mileto rebelou-se contra mim. Com a ajuda dos jônios, que, sem dúvida, haverei de castigar, ele incendiou Sardes. Ele teve tua aprovação? Sem ela, teria ousado tal traição? Cuidado com o modo como afrontas, pela segunda vez, minha autoridade". Mas Histieu defendeu-se habilmente das suspeitas do rei e, atribuindo a revolta os jônios a sua própria ausência, declarou que, se fosse enviado para a Jônia, restabeleceria prontamente seus habitantes à submissão habitual, e chegou mesmo a prometer tornar a Ilha de Sardenha tributária da Pérsia.

VII. Iludido com tais declarações, Dario permitiu que o tirano de Mileto partisse, pedindo apenas que regressasse após cumprir suas promessas. Enquanto isso, os generais de Dario exerciam vigorosa pressão sobre os insurgentes. Contra Onésilo, então ocupado de subjugar Amatunte (a única cidade de Chipre que lhe opunha resistência), Artíbio, um oficial persa, conduziu uma frota colossal. Os jônios apressaram-se a socorrer seu aliado cipriota. Seguiu-se, então, uma batalha por terra e por mar. Nesta última, após um duro combate, os jônios derrotaram os auxiliares fenícios da Pérsia. Na primeira, uma deserção pérfida de algumas das tropas cipriotas possibilitou uma vitória aos persas. O bravo Onésilo, que colocara seu destino no resultado da batalha em terra, estava entre os mortos. Em seguida, os persas passaram a sitiar e, por fim, retomar as cidades cipriotas. Dentre elas, Soli, que resistiu a um cerco de cinco meses, ofereceu a mais obstinada oposição. Todavia, com a rendição daquela valente cidade, Chipre, mais uma vez, após um ano de liberdade, era subjugada ao império do grande rei.

Esse êxito foi reforçado pela conquista de diversas cidades no Helesponto, bem como por duas vitórias impressionantes sobre os cários (498 a.C.), na última das quais os milésios, que se haviam aliado aos cários, sofreram enormes perdas. Os cários, porém, não foram subjugados e, em uma batalha subsequente, conseguiram realizar um grande massacre entre os persas, e a glória do feito foi ainda maior por causa da morte de Daurises, general dos bárbaros e genro de Dario. Contudo, essa ação não foi suficientemente decisiva para fazer cessar o avanço dos exércitos persas. Artafernes, sátrapa de Sardes, e Otanes, o terceiro general em comando, conduziram suas tropas para a Jônia e a Eólia: a Clazômenas jônica e a Cime eólia foram rapidamente subjugadas.

VIII. A conquista desses lugares, somada às reviravoltas gerais da guerra, desanimou até mesmo o paciente e intrépido Aristágoras. Ele teve de reconhecer que todas as tentativas contra o poder esmagador de Dario haviam sido inúteis. Assim, reuniu os apoiadores que ainda eram fiéis a suas armas e convenceu-os da necessidade de providenciar uma nova base. Mileto já não era segura, e a vingança de Dario assomava depressa à volta deles. Após alguma deliberação, eles concordaram em partir para aquela cidadezinha e território na Trácia que Dario havia dado a Histieu.[267] Mileto foi confiada à responsabilidade de um cidadão popular chamado Pitágoras, e os vigorosos e turbulentos aventureiros embarcaram para a Trácia. Aristágoras teve a sorte de chegar em segurança à colônia que parecia um domínio tão formidável ao general persa. No entanto, sua ambição habitual – cheia de conspiração e ousadia –, insatisfeita com aquele território, levou-o a atacar uma cidadezinha em seus arredores. Os habitantes concordaram em entregá-la em suas mãos e, provavelmente iludido com uma falsa ideia de segurança por tal concessão, ele, com toda a sua força militar, foi subitamente interceptado por uma incursão do inimigo trácio. Assim morreu (497 a.C.) o idealizador de muitos e importantíssimos acontecimentos subsequentes, alguém que, quanto mais se analisa sua astúcia, sua coragem, sua perseverança e atividade, a amplidão de seus objetivos e a perseverança com que os perseguiu, deve ser considerado pelo historiador como um dos espíritos mais dinâmicos e notáveis daquela era audaciosa.

IX. O povo de Mileto não havia embarcado na arriscada tentativa de recobrar suas liberdades apoiados em bases frágeis nem em intelectos hesitantes. Profundo era o sentimento que os inspirava, solene e incansável a ener-

[267] Hecateu, o historiador de Mileto, opôs-se à retirada para Mircino, aconselhando seus compatriotas a construir suas fortificações na Ilha de Leros e aguardar ali a melhor ocasião para retornar a Mileto. Esse autor primitivo parece ter sido um daqueles homens perspicazes que raramente conseguem exercer influência adequada em questões públicas porque dirigem-se à razão em vez das paixões daqueles a quem eles desejam conduzir. Sua proposta foi recusada. Hecateu também viu seus conselhos rejeitados em duas ocasiões anteriores: primeiro, quando tentou dissuadir os milésios de participar da revolta de Aristágoras; segundo, quando, percebendo-os inclinados a apoiá-la, aconselhou-lhes a apropriação dos tesouros sagrados do templo dos Brânquidas para a manutenção de uma força naval. Em ambas as ocasiões, seus conselhos foram preteridos exatamente porque foram dados sem parcialidade nem paixão. O conselheiro bem-sucedido precisa transmitir a ideia de que se solidariza até mesmo com os erros de seu público.

gia que os sustentava. Agora, os generais persas reuniam sua força militar nativa e auxiliar em um único exército. Os cipriotas, recém-subjugados (496 a.C.), foram compelidos a servir. O Egito e a Cilícia expandiam as fileiras armadas, e a habilidade dos fenícios tornava ainda mais poderosa uma frota de seiscentas embarcações. Com esse poderio, os bárbaros avançaram sobre Mileto. A maioria das cidades-estados jônicas – se não todas – preparou-se para a batalha. Representantes encontraram-se no Paniônio e ali acordaram rechaçar os persas por terra, deixar aos milésios a defesa de sua cidade, equipar a maior força naval que pudessem comandar e, reunindo-a em uma única frota junto da pequena ilha de Lade, defronte a Mileto, arriscar-se na batalha por mar. Para tanto, trezentas e cinquenta trirremes foram fornecidas e reunidas no local designado. A disciplina da marinha não fazia jus à bravura do empreendimento. Dionísio, comandante dos foceus, tentou impô-la, talvez com demasiado rigor. Inveja e insatisfação disseminaram-se em meio às tropas, e os líderes sâmios, aborrecidos com seus aliados ou tentados pelos persas, que, por intermédio dos tiranos exilados da Grécia que serviam com eles, mantinham correspondência com os jônios, concordaram em desertar no meio da batalha que se seguiu. Feito esse acordo, os fenícios começaram o ataque, e os jônios, sem suspeitar da traição, confrontaram-nos com uma linha [de frente] reduzida. No início da luta, os sâmios, à exceção de apenas onze navios (cujos capitães foram posteriormente recompensados com uma coluna pública na praça do mercado de sua pátria), cumpriram sua promessa e afastaram-se, navegando para Samos. Os lésbios, posicionados ao lado dos sâmios, seguiram seu exemplo, e a confusão e a fuga tornaram-se contagiosas. Somente os habitantes de Quios redimiram o caráter dos aliados, ajudados, em verdade, por Dionísio de Foceia, que, após tomar três navios inimigos, recusou-se a bater em retirada até o fim do dia e, então, navegando para a Fenícia, afundou várias embarcações mercantes, enriqueceu-se com seus despojos e, chegando enfim à Sicília, ganhou fama de pirata, temido pelas famílias cartaginesas e tirrenas do antigo inimigo fenício, mas poupando seus compatriotas gregos de suas pilhagens.

Agora, o exército persa concentrava toda a sua vingança sobre Mileto. Eles a cercaram por terra e por mar. Todo tipo de máquina militar conhecida à época foi dirigido contra seus muros e, no sexto ano após a revolta de Aristágoras, Mileto caiu (494 a.C.) – Mileto, a capital da Jônia, a mãe de uma centena de colônias! Pítaco, Tales e Arctino estavam entre os grandes nomes que a cidade-estado dera à ciência e à poesia. Digna de seu renome, Mileto caiu em meio às ruínas daquela liberdade que ela mostrou com que nobreza poderia ter continuado a adornar ao provar a firmeza com que era capaz de defender-se. A maior parte dos cidadãos foi assassinada. Os que permaneceram vivos, juntamente com as mulheres e as crianças, foram escravizados pelos vencedores. Sua coragem e fama tocou o coração de Dario, e ele estabeleceu os cativos em uma cidade às margens daquela parte do Mar da Eritreia que recebe as águas do bárbaro Tigre. Seus antigos territórios foram repartidos entre os persas e os cários de Pedasa [ou Pedaso].

X. Os atenienses receberam a notícia desse fatídico cerco com profundíssimo pesar, e Heródoto registra um fato que ilustra o caráter daquele povo ardoroso e interessa à história de suas primeiras letras. Frínico, discípulo de Téspis, representou no palco a tomada de Mileto, e toda a plateia irrompeu em lágrimas. A arte do poeta foi considerada criminosa por tão forçosamente recordar os atenienses de uma calamidade que era vista como sua: ele foi multado em mil dracmas e a repetição da obra foi proibida, uma punição que não foi senão uma gloriosa homenagem à genialidade do poeta e à sensibilidade do povo.

Após inumeráveis aventuras, nas quais ostentou habilidades consideráveis, porém imorais, Histieu caiu nas mãos de Artafernes e morreu crucificado. Dario repreendeu o rigor do sátrapa e lamentou a morte de um homem cuja situação talvez justificasse os artifícios que usava.

E, agora, a ameaça avançava: uma a uma, as cidades-estados jônicas foram subjugadas; as ilhas de Quios, Lesbos e Tênedos foram despovoadas; e toda a Jônia foi conquistada e escravizada. A tropa persa passou a subjugar todos os vilarejos e territórios à esquerda do Helesponto. Dessa vez, seu êxito no Quersoneso afugentou daquele tumultuado istmo um líder com habilidades cruciais e intrépidas que o transforaram, mais tarde, no flagelo da Pérsia e libertador da Grécia.

XI. Já vimos Milcíades, sobrinho do primeiro a ter esse nome, chegar ao Quersoneso, aprisionar, com um golpe de hábil perfídia, a pessoa dos chefes dos territórios vizinhos, alcançar a soberania daquela península e desposar a filha de um príncipe trácio. Em seu caráter estava reunida toda a duplicidade dos gregos, com muito de seu intelecto. Durante a guerra entre Dario e os citas, enquanto fingia seguir o exército persa, ele mantivera um contato desleal com o inimigo. Além disso, propusera aos líderes gregos que destruíssem a ponte de barcos no Danúbio, da qual estavam encarregados, de modo que, com a força dos citas e a pressão da fome, o exército de Dario teria perecido em meio aos ermos citas, e a Grécia perderia um poderoso inimigo – um plano que, não fosse por sua perversidade, teria sido arguto. Com toda a sua sagacidade, e toda a sua desonestidade, Milcíades tinha a habilidade de fazer sua autoridade não apenas firme, mas popular. Expulso de sua pátria pelos nômades citas, foi voluntariamente instado a voltar pelos mesmos súditos sobre os quais havia estabelecido uma soberania armada: uma ocorrência rara naquela época de repúblicas. Cercado de inimigos ferozes e muito ativos, e experiente em situações de guerras constantes, ainda que de menor importância, Milcíades adquirira a experiência dos campos de batalha e aprendera as sutilezas da diplomacia grega. Não obstante, como muitos dos sábios de pequenos estados, ele parece ter sido mais habilidoso que impulsivo: o primeiro a fugir sempre que a fuga era o melhor a fazer, mas o primeiro a guerrear se a batalha fosse a medida mais prudente. Não tinha em si nada do entusiasmo irrefletido do herói, nada da subserviência cega, mas nobre, à honra. Para seu profundo intelecto, a coragem parece ter sido nada além de uma soma de acasos, e quando, mais tarde, vemo-lo como ousadíssimo soldado, é apenas porque era um argutíssimo calculista.

Ao ver a frota fenícia, a invasora Pérsia, chegar ao litoral da Ilha de Tênedos, que fica defronte ao Quersoneso, Milcíades decidiu não aguardar o resultado de uma batalha: como antes, quando fugira dos citas, agora, sem nenhum embate, ele se rendeu à espada fenícia. Carregou cinco embarcações com suas posses: com quatro delas, enganou a frota hostil; a quinta, comandada pelo filho mais velho, foi perseguida e tomada.[268] Em segurança

[268] O humano Dario (cujas virtudes eram de sua própria natureza, enquanto as falhas se deviam a sua posição) tratou o filho de Milcíades com gentileza e respeito, casou-o com uma mulher persa e deu-lhe uma propriedade. Era uma política habitual daquele grande rei agregar a seus domínios a bravura e a inteligência dos gregos.

triunfal, o soberano do Quersoneso chegou a Atenas. Mas chegou àquela cidade-estado livre para perder a dignidade de príncipe trácio e ser logo recordado de que era cidadão ateniense. Foi imediatamente processado pelo crime de tirania. Todavia, sua influência ou sua habilidade, a admiração de sua genialidade ou a compaixão de seus reveses garantiram-lhe a absolvição. Podemos bem supor que, de linhagem nobre e abastado, Milcíades não desperdiçou nenhuma oportunidade de consolidar sua popularidade em sua pátria natal.

XII. Nesse ínterim, os persas suspenderam todas as hostilidades contra os jônios durante aquele ano. Artafernes tentou apaziguar as colônias subjugadas com leis úteis, impostos imparciais e recomendações favoráveis à ordem e à paz. No ano seguinte, porém, aquele sátrapa foi chamado de volta à pátria (492 a.C.), e Mardônio, um nobre muito jovem, genro de Dario e chefe de uma considerável força naval e militar, foi designado para a administração daquela parte do império persa. Chegando à Jônia, ele empreendeu logo uma política totalmente nova e ousada, mas não imprópria a um estadista. Mardônio afastou todos os tiranos jônicos e restaurou formas republicanas de governo em todos os lugares, julgando, sem dúvida, que o senhor de províncias distantes está plenamente seguro se estabelecer entre elas as instituições que elas mais prezam. Então, seguindo para o Helesponto, ele reuniu suas imponentes frotas e poderosos exércitos e atravessou a Europa, rumo aos objetos jurados da vingança persa: as cidades de Erétria e Atenas.

Desde a ocasião em que os atenienses prestaram auxílio às forças de Mileto, e já desde a destruição de Sardes, Dario nutria em seu íntimo um ressentimento pela insolência de Atenas. Como a maioria dos monarcas, ele considerava os encorajadores estrangeiros da rebelião transgressores mais perversos que os próprios rebelados. E, sem dúvida, a religião conspirava para aumentar sua indignação. O templo da principal deidade persa havia sido destruído no grande incêndio de Sardes, e o sacrilégio não expiado fazia da vingança um dever. De fato, tão forte era o ressentimento de Dario por causa do papel que os distantes atenienses haviam desempenhado na destruição de sua capital lídia que, ao receber a notícia, dizem que ele pediu seu arco e, disparando uma flecha no ar, clamou por vingança contra os culpados, e que, três vezes ao dia, quando se sentava à mesa, ordenava que seus servos repetissem: "Senhor, lembra-te dos atenienses".

XIII. Contudo, o plano de Mardônio não se dirigia apenas contra os atenienses e a cidade-estado de Erétria. Ele também se estendia ao restante da Grécia: não se deviam desperdiçar preparativos tão amplos com inimigos aparentemente insignificantes, mas, antes, deviam consolidar as conquistas persas nas costas asiáticas e transmitir a seu continente vizinho, a Europa, uma visão adequada do poder do grande rei. Por mar, Mardônio subjugou os habitantes da ilha de Tasos, pródiga em minas de ouro. Por terra, ele anexou territórios às conquistas persas na Trácia e na Macedônia Antiga. No entanto, perdas em tempestades e batalhas fizeram-no voltar para a Ásia e adiar, por uma estação, a deliberada e organizada invasão da Grécia.

No ano seguinte (491 a.C.), enquanto as cidades tributárias que Mardônio havia subjugado eram empregadas na construção de embarcações de guerra e transportes para cavalaria, Dario despachou embaixadores para as várias cidades-estados da Grécia, exigindo a homenagem de terra e água, uma medida preliminar com o intuito de identificar quem resistiria e quem se submeteria a seu poder e que seguramente serviria de pretexto, no primeiro caso, para dominação e, no segundo, para invasão. Muitas das cidades do continente e todas as ilhas visitadas pelos embaixadores tiveram a timidez de acatar os termos propostos. Esparta e Atenas, até então em desacordo, uniram-se logo em uma recusa desdenhosa e indignada. Tão intensa foi a fúria popular que a exigência despertou em cada uma das cidades-estados que os espartanos atiraram os embaixadores em seus poços, e os atenienses, em seus fossos de punição, orientando-os a retirar dali sua terra e sua água: uma singular coincidência de excesso em ambos os estados, que nada pode justificar, mas que pode ser atenuada tão somente pela reflexão de que a liberdade sempre se torna uma espécie de nobre loucura quando ameaçada por perigos externos.[269]

XIV. Com o restante dos habitantes das ilhas, o povo de Egina, menos resoluto que seus vizinhos imediatos e

[269] Pausânias diz que, posteriormente, Taltíbio destruiu a casa de Milcíades, porque esse líder havia instigado os atenienses a executar dos enviados persas.

antigos inimigos, os atenienses, aceitaram a proposta de pagar o tributo. Isso, mais que a pusilanimidade das demais cidades-estados, alarmou e inflamou os atenienses, que suspeitaram que os eginetas tivessem selado alguma aliança hostil com os persas contra Atenas, apressando-se a acusá-los, perante Esparta, de trair as liberdades da Grécia. E não eram poucas as razões para a suspeita dos atenienses contra Egina. O povo daquela ilha nutria rixas hereditárias e ferozes contra os atenienses, que datavam quase de sua independência da pátria-mãe de ambas, Epidauro. Rivalidades de caráter mercantil somavam-se à inimizade ancestral e, em Egina, era proibido usar artigos de Atenas para quaisquer atos sagrados. Vimos que, pouco tempo antes, a Ática havia sido invadida por esses vizinhos hostis, então aliados a Tebas – e, naquela época, a força naval dos eginetas era tal que excedia os recursos ainda ignorados e não testados pelos atenienses. Assim, os últimos tinham motivo para odiar e temer, ao mesmo tempo, uma rival colocada pela natureza em tão grande proximidade do território ateniense, ao ponto de a submissão de Egina aos persas parecer, por si só, suficiente para a destruição de Atenas.

XV. Os embaixadores atenienses encontraram favorabilíssima recepção em Atenas. A noção do perigo que ambas corriam e a afinidade em sua mútua coragem uniram de pronto essas cidades-estados rivais. Até mesmo o precipitado e, até então, implacável Cleômenes mostrou-se ávido por buscar uma reconciliação com o antigo inimigo. Esse antigo príncipe foi em pessoa a Egina, decidido a identificar os autores da suspeitada traição. Com aquela violência característica que ele nunca ofereceu meios de defender e que tão invariavelmente pintou esse espartano inábil e obstinado como alguém que teria sido tolo se não fosse louco, Cleômenes tentou prender as pessoas dos acusados. Ele encontrou forte resistência e foi vergonhosamente frustrado em sua impotente precipitação. E Demarato, que também era rei com ele, a quem vimos desertar Cleômenes em Elêusis, conspirou em segredo com os eginetas em sua oposição ao colega, oferecendo-lhes uma desculpa ao insinuar que Cleômenes havia sido corrompido pelos atenienses. No entanto, Demarato desconhecia as paixões sinistras e fatais que Cleômenes combinava com sua insanidade inata. A vingança constituía um grande componente de seu caráter, e a história grega registra poucos exemplos de uma natureza mais veementemente vingativa.

Por Esparta haviam corrido vários rumores a respeito da legitimidade de Demarato. Cleômenes aliou-se, em uma trama secreta, a um parente de seu colega, de nome Leotíquides, que nutria igual ódio por Demarato.[270] O acordo entre eles foi que Cleômenes auxiliasse na ascensão de Leotíquides ao trono de Demarato, e Leotíquides ajudasse Cleômenes em sua vingança contra Egina. Tão logo essa conspiração foi acordada, Leotíquides começou a propagar por toda parte o rumor de que o nascimento de Demarato era espúrio. Os espartanos davam enorme valor à legitimidade, por isso, enviaram uma pessoa para consultar a pitonisa, e Cleômenes, pelo auxílio de Colon, um poderoso cidadão de Delfos, subornou o oráculo a declarar a ilegitimidade de seu inimigo. Demarato foi deposto. Sendo logo rebaixado à condição de cidadão comum, ele foi eleito para algum cargo inferior. Seu inimigo, Leotíquides, que agora ocupava seu trono, enviou-lhe uma mensagem, para insultá-lo, perguntando o que ele preferia: sua dignidade passada ou atual. Ofendido, Demarato respondeu que a indagação talvez fixasse a data de muita prosperidade ou muita adversidade para Esparta. Tendo dito isso, cobriu a cabeça, voltou para casa, sacrificou a Júpiter e rogou solenemente à mãe que revelasse a verdade sobre sua legitimidade. A resposta materna não foi nada clara, e a matrona pareceu desejosa de imputar a distinção do nascimento do filho antes ao fantasma de um antigo herói espartano, Astrábaco, que ao abraço terreno de seu marido. Demarato ouviu e tomou uma decisão: fugiu de Esparta, derrotado por seus perseguidores, e seguiu para a Ásia, onde foi recebido com grandes honras e propriedades pelo benévolo Dario.

XVI. Leotíquides, eleito à dignidade monárquica, acompanhou Cleômenes até Egina. O povo dessa ilha rendeu-se à autoridade a que não tinha condições de resistir, e dez de seus cidadãos mais abastados foram entregues como reféns para Atenas. Todavia, nesse ínterim, o conluio de Cleômenes com o oráculo foi descoberto, a sacerdotisa foi solenemente deposta, e Cleômenes, temendo a justa indignação de seus compatriotas, fugiu para a Tessália e, seguindo daí

[270] Demarato tinha não só impedido o casamento de Leotíquides com uma donzela chamada Percalos, mas, por uma mistura de violência e ardil, desposara-a. Assim, mesmo entre os desapaixonados e frios espartanos, uma mulher podia ser causa de revoluções.

para junto dos árcades, tentou obrigar esse povo, por meio dos mais sinistros juramentos, a pegar em armas contra sua cidade natal – tão longe o ódio pode incitar um homem coerente apenas com sua paixão dominante, a vingança. Mas, com o grande poder da Pérsia agora descendo sobre a Lacedemônia, os cidadãos espartanos decidiram sacrificar até mesmo a justiça em favor da cautela: como aquele não era o momento de distrair suas forças com novos inimigos, convidaram Cleômenes a voltar para Esparta, oferecendo-lhe sua antiga posição. Ele regressou, mas, para a felicidade de todos, sua carreira violenta havia terminado. Sua loucura inata, já não podendo restringir-se a uma duvidosa extravagância, explodiu em excessos incontroláveis. Aprisionado, ele conseguiu uma espada de um hilota que temia desobedecer a suas ordens, e deu cabo da própria vida, não de um único golpe, mas cortando lentamente a carne de seus membros até chegar, aos poucos, às partes mais nobres e mortais do corpo. Esse suicídio feroz inspirou horror universal e foi considerado por todos o castigo divino de seus numerosos e sacrílegos crimes. A única disputa entre os gregos era qual de suas sinistras transgressões merecia com mais justiça a ira do Céu.[271]

XVII. Tão logo a notícia de seu suicídio chegou aos eginetas, os orgulhosos e ricos habitantes daquela ilha enviaram uma embaixada para Esparta na tentativa de retomar seus reféns ainda detidos em Atenas. Com a morte de Cleômenes, a hostilidade de Esparta contra Egina cessou de imediato, ou, antes, devemos supor que um novo partido, que mantinha relações de amizade com a oligarquia egineta, tenha ascendido ao poder. Os espartanos condenavam Leotíquides por haver cooperado com Cleômenes, chegando mesmo a propor que fosse entregue aos eginetas. Por fim, concordaram que ele deveria acompanhar os embaixadores de Egina a Atenas e insistir na entrega dos reféns. Os atenienses, porém, haviam alcançado aquele espírito de independência em que nem os golpes mortais da Pérsia, nem a espada de ferro de Esparta, nem mesmo as pérfidas hostilidades de seu vizinho mais próximo poderiam sufocar sua coragem tampouco subjugar seu orgulho. Eles ignoraram a presença e os discursos de Leotíquides e

[271] No entanto, o orgulho nacional dos espartanos não admitiria que seu rei fosse objeto da fúria dos deuses e, atribuindo seus excessos a sua loucura, explicavam a última pelo hábito de beber em demasia que ele adquirira com os citas.

recusaram-se peremptoriamente a entregar os reféns. As hostilidades entre Egina e Atenas foram renovadas de imediato. Os eginetas capturaram a embarcação sagrada então estacionada no Cabo Sunião (494 a.C.), na qual vários dos mais eminentes atenienses haviam embarcado para o festival de Apolo, e a santidade da viagem não poupou os prisioneiros da ignomínia dos grilhões. Os atenienses decidiram vingar-se, e um conflito civil em Egina colocou a ilha sob o poder de Atenas. Um traidor egineta chamado Nicodromo ofereceu-se para ajudar os atenienses e, com o apoio do partido popular que fazia oposição ao governo oligárquico, tomou a cidadela. Com vinte navios de Corinto e outros cinquenta seus, os atenienses invadiram Egina. Contudo, tendo demorado para fazer os preparativos adequados, chegaram à ilha no dia seguinte ao que fora estipulado. Nicodromo fugiu, a oligarquia foi restaurada e empreendeu uma vingança exagerada e bárbara contra todos os patrícios insurgentes que caíram em suas mãos. Enquanto isso, a frota ateniense conseguiu uma vitória no mar, e a guerra prosseguiu.

XVIII. Enquanto Atenas, aparentemente inconsciente de perigos maiores, assim empregava sua crescente energia contra a pequena ilha de Egina, os servos do rei persa continuavam a exclamar, três vezes ao dia: "Senhor, lembra-te dos atenienses!"[272] Hípias, o traidor, sempre próximo da pessoa do afável monarca, nunca deixava de incitar-lhe ainda mais o sentimento de vingança, apelando à ambição do rei. Por fim, Dario decidiu não mais adiar seus desígnios. Convocou Mardônio, cuja energia, de fato, não havia sido proporcional a seus poderes, e designou outros dois generais: Dátis, nativo da beligerante Média, e Artafernes, seu próprio sobrinho, filho do antigo sátrapa de mesmo nome. Estes receberam ordens expressas de marchar imediatamente contra Erétria e Atenas. E Hípias, já fisicamente enfraquecido e de idade avançada,[273] após um exílio de vinte anos, acompanhou o exército persa, otimista de seu êxito, conquistando, ao fim da vida, a sombra de seu antigo cetro.

---

[272] Heródoto, livro 6, capítulo 94.
[273] *Ibid.*, livro 6, capítulo 107.

Capítulo V

Os generais persas chegam à Europa. A invasão de Naxos, Caristo e Erétria. Os atenienses pedem o auxílio de Esparta. O resultado de sua missão e a aventura de seu mensageiro. Os persas avançam para Maratona. A descrição da planície. Diferenças de opinião no campo ateniense. O conselho de Milcíades prevalece. O sonho de Hípias. A Batalha de Maratona.

I. O exército persa montou seu acampamento na costa siciliana. Daí, em uma frota de seiscentas trirremes, navegou para Samos (490 a.C.), passou em meio ao arquipélago das Cíclades e ao longo daquela parte do Egeu chamada "Mar Icário" (por causa do lendário destino do filho de Dédalo), invadiu Naxos, incendiou sua cidade e seus templos e, poupando a sagrada Delos, na qual o médio Dátis reverenciava o tradicional lugar de nascimento de duas deidades análogas àquelas mais veneradas pelo credo persa,[274] sujeitou, pela grandiosidade de seu poderio, as várias ilhas, até chegar à Eubeia (separada da Ática apenas por um estreito), onde ficava a cidade dos erétrios. A frota atacou primeiro Caristo, cujos cidadãos generosos se recusaram tanto a ajudar na investida contra seus vizinhos como a fornecer reféns para guiá-los. Todavia, com a cidade submetida a um cerco bem fechado e suas terras devastadas, eles foram compelidos a render-se aos persas. Daí, o exército vitorioso passou à Erétria. Para socorrer aquela cidade, os atenienses haviam enviado os quatro mil colonos estabelecidos na ilha. Mas o medo, a inveja e a divisão já estavam dentro de seus muros. A ruína parecia certa, e um líder erétrio exortou os colonos a deixar uma cidade que não tinham condições de salvar. Eles seguiram o conselho e chegaram à Ática em segurança. A Erétria, porém,

[274] O sol e a lua.

resistiu a um cerco de seis dias. No sétimo dia, a cidade foi traída e entregue aos bárbaros por dois membros daquele partido oligárquico fatal que, em toda cidade grega, parecia julgar que não houvesse inimigo mais detestável que a maioria de seus próprios cidadãos. O lugar foi saqueado; os templos, incendiados; os habitantes, escravizados. Os persas permaneceram alguns dias ali antes de embarcar rumo à Ática.

II. Conquanto sem apoio e sozinhos, os atenienses não desanimaram. Um mensageiro de passos velozes foi despachado para Esparta, a fim de implorar sua pronta assistência. No dia seguinte ao de sua partida de Atenas, ele chegou a seu destino, foi diretamente ao encontro dos magistrados reunidos e assim lhes falou:

"Homens da Lacedemônia, os atenienses suplicam vosso auxílio. Não permitais que a mais antiga das cidades gregas seja escravizada pelos bárbaros. A Erétria já foi submetida a seu jugo, e toda a Grécia está desprestigiada pela perda daquela ilustre cidade."

O recurso que os atenienses tinham tanto direito de esperar fracassou. Na realidade, os espartanos decidiram auxiliar Atenas, mas apenas em um momento em que já teria sido tarde demais. Eles declararam que sua religião os proibia de dar início a uma marcha até que a lua estivesse cheia, e estavam ainda no nono dia do mês.[275] Com essa resposta insatisfatória, o mensageiro voltou a Atenas. No entanto, envolvido nessa árdua empreitada, tendo a imaginação inflamada pela enormidade do perigo e ainda mais aguçada por causa pela solidão de sua aventura e da quietude montanhosa dos lugares pelos quais passava, o mensageiro ateniense contou, em seu regresso, uma visão que fora menos fruto de sua invenção que de sua fantasia exaltada. Subindo o Monte Partênio, cujos recônditos selvagens lançavam suas sombras sobre o antigo bosque dedicado a Télefo, filho de Hércules,[276] o ateniense ouviu uma alta voz chamando-o, e assustou-se ao ver aquele deus místico ao qual, acima do restante da terra, eram de-

[275] Em seu ataque a Heródoto, Plutarco afirma que os espartanos faziam numerosos ataques militares no início do mês. Se isso for verdade, longe de escusar os espartanos, o fato apenas corrobora a suspeita natural de que eles agiram não de acordo com a superstição, mas de acordo com sua costumeira política calculista e egoísta, sempre tão lenta para agir em defesa de outras cidades-estados quanto era rápida em asseverar a independência de sua própria cidade.
[276] Pausânias, livro 8, capítulo 5.

dicadas as colinas e bosques da Arcádia: o Pã pelásgico. O deus ordenou que ele "indagasse, em Atenas, por que os atenienses se esqueceram de cultuá-lo, a ele, que os amava tanto, e ainda poderia assisti-los em sua necessidade".

Tal foi a estória contada pelo mensageiro. A vívida credulidade do povo acreditou em sua verdade e, em tempos mais tranquilos, dedicou um templo à deidade, venerando-a com sacrifícios anuais e a corrida de archotes.

III. Enquanto os atenienses ouviam as fantasias dessa superstição poética, as poderosas tropas de milhares de homens da Média e da Pérsia aportaram na costa ática e, conduzidos por Hípias, que estava entre seus líderes, marcharam até a planície de Maratona, eu o viajante ainda vê estendendo-se, ampla e plana, em meio a colinas e pântanos, à distância de apenas dezesseis quilômetros dos portões de Atenas. No litoral, a planície estende-se por quase dez quilômetros; adentrando no continente, estende-se por mais de três quilômetros. Quem a observa hoje vê um ermo monótono, cuja vegetação minguada e árida é pontuada pela folhagem escassa de arbustos esparsos ou pereiras, e alguns pinheiros anões que pendem na direção do mar. Aqui e ali, é possível ver o búfalo pastando, ou o camponês inclinado sobre o arado; um telhado distante, alguma capela em ruínas não são indicações suficientes dos vivos para interpor-se entre a imaginação do espectador e os mortos. Assim é a atual Maratona: somos chamados de volta ao passado.

IV. O leitor deve recordar que, por iniciativa e Clístenes, os atenienses estavam divididos em dez tribos. Cada uma dessas tribos designou um general, de modo que o exército ateniense tinha dez líderes. Dentre eles estava Milcíades, que conseguira obter as boas graças do povo ateniense e, pelo sufrágio deste, recebera um comando.[277]

---

[277] Sem dúvida, o número exato de atenienses é incerto. Heródoto não o especifica. Justino estima o número de cidadãos em dez mil, mais mil nativos de Plateias; Nepos, em dez mil ao todo; Pausânias, em nove mil. Contudo, esse total, fornecido por autoridades tão questionáveis, parece extremamente pequeno. A população livre pode ter sido de pouco menos de vinte mil. Devemos ainda acrescentar os números (já grandes) de residentes estrangeiros e de escravos, que, como informa Pausânias, foram admitidos, então, pela primeira vez no serviço militar. Por outro lado, resta evidente, a partir do discurso de Milcíades a Calímaco e da suposta traição dos alcmeônidas, que parte considerável da força militar foi deixada de reserva em Atenas, para a proteção da cidade. Suponhamos, porém, que dois terços dos cidadãos atenienses em idade militar, isto é, entre vinte e sessenta anos de idade, marcharam para Maratona (e essa era apenas a proporção comum em ocasiões

Com o auxílio de mil homens que Plateias, que, então, tinha uma forte relação de amizade com os atenienses, o pequeno exército iniciou sua marcha, saindo da cidade e avançando até a entrada da planície de Maratona. Ali, eles se posicionaram em ordem marcial perto do templo de Hércules, a leste das colinas que protegem a parte mais alta do vale. Acampados ali, e vendo o gigantesco poderio do inimigo, ensombrecendo a longa extensão de terreno que ladeia o mar, surgiram divergências entre os líderes. Alguns argumentavam que, em hipótese alguma, deveriam arriscar uma batalha tendo um exército tão inferior; outros, ao contrário, eram favoráveis a iniciar o confronto de imediato. Desta última opinião era Milcíades, que recebeu o apoio de um homem já tido em alta conta, conquanto nos seja apresentado pela primeira vez somente agora, e que estava destinado a desempenhar, mais tarde, papel esplêndido e importantíssimo no drama de sua época. Aristides era um dos generais do exército,[278] e ele cooperou vigorosamente com Milcíades no plano de dar início imediato à batalha.

Todavia, apesar do renome militar de Milcíades e da eminência civil de Aristides, parecia que prevaleceria a opinião oposta e mais comedida quando Milcíades, de súbito, dirigiu-se ao Polemarco Calímaco. Em virtude de seu ofício, esse magistrado, o terceiro dos nove arcontes, tinha dignidade igual à dos líderes militares e a ele se confiava o privilégio do voto de minerva. Tais foram as palavras de Milcíades:

"De ti, Calímaco", disse o líder dos quersonenses, "de ti depende se Atenas será escravizada, ou se, de geração em geração, tua nação, libertada por tua voz, conservará teu nome como um nome mais dileto que até mesmo os de Aristógito e Harmódio.[279] Nunca, desde sua fundação, Atenas esteve em perigo tão iminente. Se ela sucumbir à Média, será submetida novamente à tirania de Hípias. Mas, se ela derrotar [o inimigo], pode ascender à máxima

---

comuns), o contingente militar total, com os escravos, os colonizadores e os auxiliares de Plateias, não poderia ser menos de quinze ou dezesseis mil. No entanto, qualquer que tenha sido o número preciso de heróis de Maratona, temos amplo testemunho do fato geral de que era tão irrisório quando comparado ao exército persa que quase justifica o exagero de autores posteriores.

[278] Plutarco, em *Vit.Aris.Aristid.* [*Vida de Aristides*], *pro* Quatuor Vias, volume II, p. 222, *edit.* Dindorf.

[279] Em sua magnífica obra sobre Atenas e a Ática, o Sr. Wordsworth bem observou a especial propriedade dessa referência aos exemplos de Harmódio e Aristógito no discurso dirigido a Calímaco. Eles eram da mesma cidade (Afidna) do polemarco.

eminência entre as cidades-estados da Grécia. Como isso pode ser alcançado, e como tal feito depende de tua decisão, explicarei logo. As opiniões de nossos líderes estão divididas: estes são a favor do confronto imediato; aqueles, da procrastinação. Diante disso, se nos demorarmos, irromperá alguma sedição ou tumulto entre os atenienses, o que pode levar parte deles a apoiar os medos. Mas, se os enfrentarmos logo, antes que qualquer dissensão nos subtraia um único homem sequer, podemos, se os deuses nos derem igual sorte, obter a vitória. Considera a alternativa: nossa decisão depende de ti."

V. Os argumentos de Milcíades convenceram Calímaco, que conhecia bem as muitas divisões da cidade, a força que Hípias e os pisistrátidas provavelmente ainda tinham dentro de seus muros, e que não podia deixar de reconhecer que uma força superior se torna ainda mais terrível quanto mais deliberadamente é levada em conta. Ele exerceu sua autoridade. Decidiu-se atacar. Cada general revezou-se no comando das ações, cada um agindo por um único dia. Quando chegou a vez de Aristides, ele cedeu seu direito a Milcíades, mostrando aos colegas que não era vergonha submeter-se à grande experiência de outrem. Dado uma vez, o exemplo foi seguido por todos e, assim, deixou-a a Milcíades o comando absoluto e total. No entanto, receando talvez que, se tirasse de outro seu dia de comando, a inveja poderia arrefecer o ardor do general preterido e, por assim dizer, humilhado, aquele líder hábil e observador aguardou até o dia que lhe fora designado para dar início ao ataque.

VI. Afirma-se que, na noite antes de conduzir os bárbaros às planícies de Maratona, Hípias teve um sonho. Ele sonhou que estava com a mãe! Na ingenuidade das esperanças humanas, ele interpretou a visão favoravelmente e vangloriou-se ao pensar que retomaria sua autoridade e morreria em sua própria casa, na velhice. Chegou a manhã (490 a.C.) que atestaria a veracidade de sua interpretação.

VII. À esquerda dos atenienses havia uma baixa cadeia de colinas recobertas por árvores (que lhes forneceram toras para fragmentar o ataque da cavalaria persa); à sua direita, havia um rio. Sua linha de frente era longa, pois, para torná-la mais imponente em sua extensão, e impedir que fosse flanqueada pelo grande número de soldados persas, as fileiras centrais foram enfraquecidas e raleadas, mas, de ambos os lados, as tropas foram organizadas em formações mais sólidas e fortes. Calímaco, o polimarco, ficou no comando da ala direita; os nativos de Plateias compunham a ala esquerda. Eles tinham poucos cavaleiros e arqueiros, se é que tinham algum. As informações que temos de suas armas e trajes militares, se não nesta, em outras batalhas do mesmo período, completarão o cenário. Podemos contemplá-los vestidos com armaduras reluzentes, de metal temperado e comprovada impenetrabilidade, que cobriam o peito e as costas; as grevas, tantas vezes mencionadas por Homero, ainda eram usadas; os capacetes eram trabalhados e tinham cristas: a maioria dos cones era pintada de cores vibrantes, e a plumagem de penas ou crina de cavalo era farta e ondeante, proporcionalmente à patente daquele que a usava. Seus broquéis eram grandes, resistentes e ricamente ornamentados – era a arma de que mais gostavam e se orgulhavam, e sua perda implicava a perda da honra. Suas lanças eram pesadas, grossas e longas – características que as distinguiam das lanças de haste delicada da Pérsia – e, com suas curtas espadas de lâmina larga, constituíam suas principais armas de ataque. Nenhum exército grego marchava para uma batalha sem juramentos, sacrifícios e orações, e agora, na tranquilidade da pausa, os videntes examinavam as entranhas das vítimas: elas eram auspiciosas, de modo que Calímaco prometeu solenemente a Diana uma vítima pelo assassínio de cada inimigo. Os clarins soaram com estrépito,[280] os estandartes bordados com o pássaro sagrado de Atenas foram elevados a grande altura:[281] era o sinal para o início da batalha, e os atenienses correram com impetuosa ferocidade sobre o exército persa. "Os primeiros gregos dos quais ouvi dizer que correram para atacar um inimigo", diz o simples escritor de Halicarnasso, "os primeiros, também, que olharam sem desânimo para o garbo e as armaduras dos medos, pois, até então, na Grécia, o nome mesmo dos medos já causava terror."[282]

VIII. Quando o exército persa, com sua numerosa cava-

[280] Supunha-se que a deusa de Atenas havia inventado um clarim especial, usado por seus devotos preferidos.

[281] Elevar o estandarte era o sinal de início da batalha. *Suda*, *Thucyd. Schol.* [*Comentário de Tucídides*], capítulo 1. No estandarte ateniense retratava-se a coruja de Minerva. Plutarco, em *Vit. Lysand.* [*Vida de Lisandro*].

[282] Ésquilo, *Os Persas*.

laria, animais e homens protegidos por placas de cota,[283] seus habilidosos arqueiros, suas linhas e seus grandes blocos de fileiras de soldados de turbante, magnificentes com seus muitos estandartes fulgurantes, comandados por líderes bem experimentados, apesar de seus trajes alegres e peitorais adornados, em campos mais nivelados; quando, digo, esse exército viu os atenienses correndo em sua direção, julgou-os, sendo tão poucos, e não tendo cavalaria nem arqueiros,[284] loucos correndo para a destruição. Obviamente, porém, não era sem cuidadoso planejamento que Milcíades assim iniciava o ataque. A experiência marcial de sua vida de guerrilheiro ensinara-lhe a conhecer o inimigo contra o qual ele lutava. Tomar a iniciativa do ataque era antecipar e incapacitar os cavaleiros persas. Além disso, as longas lanças, as pesadas armaduras e a coragem dos gregos no combate corpo a corpo devem ter oferecido um duro confronto à infantaria do Oriente, com suas cotas mais frágeis e suas armas menos formidáveis. Acostumados a dar início às batalhas, era uma novidade e uma desvantagem que o inimigo o fizesse. A luta foi longa, feroz e encarniçada. Por fim, ala central dos bárbaros, formada pelos sacas e pela pura raça persa, impôs forte pressão ao minguado centro dos gregos, impeliu-os de volta ao campo e, ávidos pela perseguição, deixaram suas próprias alas ao comando de Calímaco, de um lado, e das forças de Plateias, do outro. O valoroso polimarco, após os mais notáveis feitos de bravura, tombou lutando no campo de batalha. Mas suas tropas, sem desanimar, continuaram a combater com lança e espada. Os bárbaros recuaram para o mar, onde pântanos e charcos dificultavam sua movimentação, e aí (embora os atenienses não os tenham perseguido por uma grande distância), a maior parte deles foi morta, encurralada pelos lamaçais, e provavelmente pisoteada por sua própria cavalaria desordenada. Nesse ínterim, as duas tribos que formavam o centro, das quais uma era comandada por Aristides,[285] salvaram-se com enorme esforço, e as duas alas, tendo derrotado seus adversários, agora se uniam e interceptavam o centro bárbaro, que, sob tal ataque, pela frente e pela retaguarda (grandes árvores haviam sido derrubadas e espalhavam-se pela planície, obstruindo a movimentação de sua cavalaria), foi derrotada com um

[283] *Ibid.*
[284] Heródoto, livro 6, capítulo XII.
[285] Plutarco em *Vit.Aristid.* [*Vida de Aristides*].

massacre tremendo. Caiu a noite.[286] Confusos e em desordem, os persas agora pensavam apenas em fugir. O exército inteiro retirou-se para seus navios e foram duramente perseguidos pelos vencedores gregos, que, em meio à carnificina, incendiaram a frota. Cinegiro, irmão de Ésquilo, o poeta trágico (que se destacou por seus feitos naquele dia), agarrou uma das embarcações pela popa: sua mão foi decepada por um machado, e ele morreu gloriosamente desse ferimento. Porém, os acontecimentos que se deram naquele campo de batalha não abriram a ninguém carreira mais ilustre que a um jovem da tribo dos leôntidas, no qual, embora seja provável que não passasse de um simples soldado das fileiras atenienses à época, manifestou-se por primeiro a natureza e o talento destinados ao comando. O nome desse jovem era Temístocles.[287] Sete embarcações foram capturadas; seis mil e quatrocentos bárbaros tombaram no campo de batalha; os atenienses e seus valentes aliados perderam apenas cento e noventa e dois homens, mas, dentre eles, pereceram muitos de seus nobres mais corajosos. Era uma superstição muito característica daquele povo imaginativo, e que evidenciava quão grande era seu ardor, que muitos deles (de acordo com Plutarco) fantasiassem ver a sombra gigantesca de seu ancestral Teseu, inteiramente armado para a guerra, navegando à sua frente em direção ao inimigo.

Assim foram destruídas as esperanças do infeliz Hípias. Esquecido e inglório na hora de sua morte, o príncipe exilado caiu, perplexo, em meio ao massacre generalizado.[288]

IX. Embora algumas embarcações tenham sido capturadas e outras, incendiadas, os persas ainda conservaram uma frota considerável e, conseguindo embarcar o que haviam saqueado dos erétrios (e que haviam deixado na Ilha Eubeia), passaram daí pelo promontório de Sunião, com a intenção de desviar dos atenienses e chegar a Atenas antes deles: um plano que supostamente foram induzidos a conceber pela traição de alguém suspeito, conquanto sem prova suficiente, de pertencer à casa dos alcmeônidas, e que ergueu um escudo como sinal para os persas enquanto estes estavam ainda no mar.[289] Mas os atenienses tinham

[286] *Roos hespera.* Aristófanes, Véspera 1080.

[287] Justino, livro II, capítulo IX.

[288] No entanto, de acordo com a *Suda*, ele fugiu e morreu em Lemnos.

[289] Esse incidente confirma o receio explicitado por Milcíades: de que a demora em iniciar a batalha poderia dar causa a divisões e traição entre alguns dos atenienses. Sem dúvida, seu discurso referia-se a alguma facção ou

um comandante eficiente e precavido e, enquanto a frota bárbara contornava o Cabo Sunião, eles chegaram a sua cidade e tiveram êxito em frustrar os planos do inimigo. Aristides e a tribo sob seu comando foram deixados no campo de batalha para vigiar os prisioneiros e o espólio, e a escrupulosa honestidade do comandante ficou demonstrada por seu zeloso cuidado do incontável tesouro disperso.[290] O pintor das escolas mais nobres talvez encontre poucos temais mais dignos de sua arte que Aristides, à noite, em meio aos archotes de seus homens, vigiando as planícies de Maratona, à vista do Egeu azul (já não mais apinhado dos mastros bárbaros) e das alvas colunas do templo de Hércules, ao lado do qual os atenienses haviam montado seu acampamento.

A frota persa ancorou perto de Falero, o porto ateniense e, permanecendo ali, ameaçadora, mas imóvel, por um curto espaço de tempo, navegou de volta para a Ásia.

X. A lua cheia já havia passado quando dois mil espartanos chegaram a Atenas: a batalha havia terminado e a vitória, assegurada. No entanto, tão grande era seu desejo de ver os corpos dos terríveis medos que eles seguiram para Maratona e, regressando a Atenas, engrandeceram ainda mais o triunfo dos cidadãos daquela cidade com seus aplausos e congratulações.

XI. O mármore que os persas haviam trazido consigo para erigir um troféu da vitória que esperavam foi, em uma época posterior, foi usado por Fídias para esculpir uma estátua de Nêmesis. Uma pintura da batalha representando Milcíades como a figura principal e solenemente preservada em público foi considerada uma recompensa muito adequada ao grande capitão. E, erguendo-se visivelmente na planície nivelada de Maratona, vê-se ainda um longo monte funerário, de quatro metros e meio de altura: o suposto sepulcro dos heróis atenienses. E uma lenda romântica, que não é desconhecida de nossas tradições do norte, ainda atribui um terror sobrenatural ao local. À noite, por toda a planície, a superstição ainda ouve o relinchar dos cavalos e as sombras velozes da guerra espectral.[291] E, em todo o mundo civilizado (em grande parte pelas artes e tradições

---

indivíduos específicos.

[290] Plutarco em *Vit.Arist.* [*Vida de Aristides*].

[291] Os camponeses ainda acreditam em tais aparições, que foram registradas por Pausânias, livro I, capítulo 33.

de Atenas!), homens de todas as nações e convicções políticas ainda se sentem gregos ao ouvir o nome de Maratona. Campos de batalha posteriores apresentaram o espetáculo daquela mesma coragem, e quase as mesmas disparidades de matança. Contudo, nos anais da terra, nunca se uniram tão fortemente em nossa aclamação a admiração pelo heroísmo dos vencedores e a solidariedade com relação à santidade de sua causa. Foi a primeira grande vitória da OPINIÃO, e seus frutos foram colhidos não apenas pelos atenienses, mas por toda a Grécia da época, e por todos os séculos a partir de então, em uma colheita importantíssima e imperecível: a força invisível, mas não menos real, do despotismo foi destruída. Essa vitória não só dissipou o terror que pairava sobre o nome médio e mostrou às cidades-estados livres sua superioridade com relação aos imensos impérios que os conquistadores persas haviam arrasado: a Grécia aprendeu uma lição ainda maior quando descobriu que o monarca da Ásia não conseguira impor a um estado minúsculo a forma de seu governo nem a escolha de seus governantes. A derrota de Hípias não foi menor que a de Dario, e o mesmo golpe que neutralizou o invasor estrangeiro atingiu também as esperanças dos tiranos domésticos.

Uma batalha vitoriosa pela liberdade estimula e eleva aquele espírito de orgulho e emulação do qual emergem a civilização e as artes que a liberdade deve produzir, e o faz muito mais depressa que séculos de paz. Para Atenas, a vitória em Maratona foi um segundo Sólon.

Atenas: Ascensão e Queda

Livro III
Da batalha de Maratona às batalhas de Plateias e Micale, 490 a.C. – 479 a.C.

Capítulo I

O caráter e a popularidade de Milcíades. Expedição naval. O cerco de Paros. A conduta de Milcíades. Milcíades é acusado e condenado. Sua morte.

I. É raro que a história seja mais que a biografia de grandes homens. Por uma sucessão de indivíduos, delineamos o caráter e o destino de nações. O POVO escapa-nos, como uma abstração sublime, mas intangível, a voz da poderosa Ágora chega à posteridade tão somente por intermédio de seus representantes. Quanto mais democrático o estado, tanto mais predomina essa delegação de sua história a uma minoria, visto que é prerrogativa das democracias oferecer a mais ferrenha competição e o mais ardoroso estímulo ao talento individual, e o verdadeiro espírito de democracia revela-se adormecido ou morto que não encontramos ninguém elevado a um trono intelectual acima dos demais. Ao analisarmos o caráter de homens que concentram sobre si nosso estudo de uma nação, é nosso dever identificar com precisão a diferença entre suas qualidades e seus feitos, pois raramente acontece de sua celebridade de vida não ter sido acompanhada de reveses igualmente notáveis, e de sua popularidade em um período não ter sido seguida de perseguições subsequentes, e tais vicissitudes não apelam menos a nossa justiça que a nossa piedade, de modo que somos convocados a decidir, como juízes, uma causa séria e solene entre o silêncio de um povo que já pereceu e a eloquência de nomes inesquecíveis.

Já observamos, no caráter de Milcíades, aquele temperamento astuto e calculista comum à maioria dos homens cuja sina é lutar por um poder instável em meio a inimigos terríveis. Vimos que seu intelecto profundo e maquinador não se fazia acompanhar de nenhum princípio muito rígido ou turbulento. Além disso, tendo sido colocado, como o chefe do Quersoneso o fora desde sua juventude, em situações de grande perigo e dificuldades financeiras, visando sempre o poder supremo, e atuando em seu domínio acossado e conturbado, afastado da opinião pública das cidades-estados livres da Atenas, era natural que seu código político fosse matizado com uma sinistra ambição, e que o cidadão de Atenas movido por motivos não mais desinteressados que aqueles que aqueles que animavam o tirano do Quersoneso. O homem que governa um distrito pode ser o herói de outro, mas dificilmente será seu patriota. A prolongada influência dos anos e do costume, ou seja, a deferência inconsciente para com a opinião daqueles que nossa juventude foi ensinada a venerar, pode ser suficiente para, por si só, domesticar uma mente empreendedora e cobiçosa a preferir propósitos de bem público a intentos de engrandecimento individual, mas esse tipo de influência nunca incidiu sobre as opiniões e faculdades do herói de Maratona. Habituado ao exercício do comando absoluto, ele parecia incapaz dos deveres da subordinação civil, de modo que o hábito de uma vida inteira o incitava ao desejo de poder.[292] Uma vez analisados com justiça esses traços de seu caráter, veremos pouco que nos assombre nos reveses posteriores de Milcíades, e encontraremos ainda mais causas para as suspeitas populares que ele despertou.

II. Mas, após a vitória de Maratona, o poder de Milcíades chegou a seu ápice. Ele sempre tivera a afeição dos atenienses, afeição essa que seus modos, bem como seus talentos, o ajudaram a alcançar. Sua afabilidade e cortesia (ninguém era desprezível demais para ser privado de sua presença) e o triunfo que acabara de obter inflaram tanto sua popularidade que todas as suas sugestões eram acolhidas com a mais absoluta confiança.

Além da vitória de Maratona, durante sua tirania no Quersoneso, Milcíades aplacara a animosidade e aumentara o domínio dos atenienses. De acordo com todas as autoridades, uma tribo primitiva da enorme e variegada família pelásgica, mas praticamente estranha aos pelasgos nativos do solo ateniense e que jamais se misturara a eles havia logrado, em tempos muito recuados, fundar uma colônia na Ática. Essa tribo auxiliara os atenienses [na construção dos] muros de sua cidadela, os quais confirmavam, por sua

[292] *"Cum consuetudine ad imperii cupiditatem trahi videretur."* Cornélio Nepos em *Vita Miltiadis*, cap. 8.

alvenaria característica, a tradição geral de que eram uma raça pelásgica. Fixados, mais tarde, perto do monte Himeto, eles se recusaram a misturar-se com a população geral. Naturalmente, seguiram-se disputas entre esses vizinhos tão próximos. Os colonos foram expulsos e fixaram-se nas Ilhas de Lemnos e Imbros, transformando-se em uma horda de piratas selvagens. Eles mantiveram vivo seu antigo ressentimento pelos atenienses e, em uma de suas excursões, aportaram na Ática e raptaram algumas das mulheres que celebravam um festival de Diana. Essas prisioneiras foram violentadas e, por fim, massacradas, juntamente com a prole daquelas relações. A expressão "os Horrores Lemnianos" tornou-se proverbial: a fúria dos deuses manifestou-se como uma maldição de esterilidade geral, e o oráculo ordenou que os criminosos pelasgos reparassem o abominável insulto que haviam feito aos atenienses. Estes últimos se deram por satisfeitos com nada menos que a entrega das ilhas ocupadas pelos ofensores como expiação. A tradição assim registrou a resposta dos pelasgos diante de tão rigorosa exigência: "Quando uma de vossas embarcações, em um único dia e com vento norte, conseguir chegar até nós, então nós cederemos".

O tempo passou. A ofensa ainda não havia sido reparada, mas permanecia a lembrança quando Milcíades (no Quersoneso, à época) passou, em um único dia e com vento norte, de Elnos às ilhas pelásgicas e, vingando a causa de seus compatriotas, anexou as Ilhas de Lemnos e Imbros ao domínio ateniense. A recordação desse feito logo fez com que Milcíades caísse nas graças dos atenienses e, desde o campo de batalha de Maratona, ele reuniu em si dois fortíssimos motivos para a confiança popular: fora o salvador diante de perigos recentes e o vingador de ofensas a gerações passadas.

O soberano do Quersoneso não demorou a tirar proveito das vantagens de sua posição. Ele prometeu aos atenienses uma empreitada ainda mais lucrativa, ainda que menos gloriosa, do que aquela contra os persas, e solicitou uma frota de setenta navios, com uma provisão de homens e dinheiro, para uma expedição da qual ele lhes assegurou que retornaria carregado de espólios e tesouros. Milcíades não especificou os lugares contra os quais a expedição seria direcionada, mas era tão grande a crença em sua honestidade e boa fortuna que os atenienses atenderam a sua solicitação com satisfação. Feitos os preparativos necessários, ele zarpou. Arrogando-se o direito geral de punir as ilhas que se haviam aliado aos persas, ele seguiu para Paros, que fornecera uma trirreme às forças militares de Dátis. No entanto, afirma-se que, sob o pretexto de vingança nacional, Milcíades buscava uma oportunidade de prosseguir com uma rixa pessoal. Durante sua tirania no Quersoneso, um nativo de Paros, chamado Liságoras, tentara macular sua imagem junto ao governo persa, e o soberano agora infligia à ilha a retaliação destinada a um indivíduo.

Tal é o relato de Heródoto, relato que, de fato, não é incompatível com as paixões vingativas ainda comuns aos habitantes dos climas ocidentais, mas não se coaduna com o caráter calculista e político de Milcíades, pois os homens retrocedem quando vingam uma ofensa passada feita por um inimigo que já não é formidável.

Milcíades desembarcou na ilha, lançou um cerco à principal cidade e exigiu dos habitantes o pagamento de cem talentos. Os sitiados recusaram a proposta e trabalharam dia e noite no fortalecimento das defesas da cidade. Contudo, Milcíades conseguiu bloquear a chegada de todos os suprimentos, e a cidade já estava quase se rendendo quando, de repente, o soberano ateou fogo às fortificações que havia erigido, retirou sua frota e voltou para Atenas, não só sem os tesouros que prometera, mas com uma ignominiosa diminuição da glória que já havia alcançado. A razão mais provável de uma conduta[293] tão incomum talvez tenha sido um incêndio acidental em algum bosque no continente. As chamas, igualmente visíveis para sitiadores e sitiados, foi interpretada da mesma forma por ambos: cada grupo imaginou que se tratasse de um sinal da frota persa – um foi dissuadido da rendição, e o outro sentiu-se intimidado de dar continuidade ao cerco. Outra razão para a retirada foi um grave ferimento que Milcíades sofrera na perna, durante o ataque ou por ocasião de algum acidente que lhe ocorrera ao tentar, com superstição sacrílega, consultar as deidades infernais sobre solo dedicado a Ceres.

III. Podemos facilmente imaginar a perplexidade e a indignação com que, depois de tantas promessas, de um lado, e de tão irrestrita confiança, de outro, os atenienses testemunharam o regresso dessa expedição infrutífera. Não resta dúvida de que os aspectos de astúcia e ambiguidade do caráter de Milcíades, por muito tempo encobertos

[293] Cornélio Nepos em *Vita Miltiadis*, cap. 7.

por suas brilhantes qualidades, agora se mostravam mais óbvios aos olhos. Ele foi acusado de um crime capital por Xantipo, nobre ateniense que era líder daquela grande facção aristocrática dos alcmeônidas, a qual, sendo inimiga do tirano e do demagogo, não tolerava nem o senhor do estado tampouco o herói do povo. Milcíades foi acusado de aceitar suborno dos persas,[294] o que o levara a desistir do cerco de Paros quando o êxito já estava garantido.

O ferimento do desafortunado soberano impediu-o de defender a própria causa: ele foi levado ao tribunal estendido em sua espreguiçadeira enquanto o irmão, Tiságoras, conduzia sua defesa. Por intermédio de seu advogado, Milcíades parece não refutar veementemente a acusação de trair o estado nem explicar de forma satisfatória o levantamento do cerco. Sua glória era sua defesa, e a principal resposta a Xantipo foi "Maratona e Lemnos". O crime que lhe era imputado tinha caráter capital, mas, apesar da nobreza do acusador e do entusiasmo de sua plateia, o povo recusou-se a pronunciar uma sentença de morte contra um homem tão ilustre. Eles o declararam culpado, é verdade, mas comutaram a punição capital por uma multa de cinquenta talentos. Antes que a multa fosse paga, porém, Milcíades expirou por causa da gangrena de seu ferimento. Mais tarde, seu filho Címon pagou a multa. Assim terminou uma vida repleta de aventura e vicissitude.

O julgamento de Milcíades costuma ser citado como prova da ingratidão e volubilidade do povo ateniense. Nunca se fez acusação tão inconsiderada. Ele foi acusado de um crime capital, não pelo povo, mas por um nobre poderoso. O nobre exigia sua morte. Ao que tudo indica, provou a acusação e tinha a lei que impunha a morte totalmente a seu lado. Mas, como diz Heródoto, de forma explícita: "o favor do povo foi o que salvou sua vida".[295] Quando examinamos todas as circunstâncias do caso – o insulto à vaidade popular, a decepção de uma grande expectativa, a conduta explicável do próprio Milcíades – e, então, vemos como sua punição, depois de uma condenação que implicava a morte, [transmutada na] mera estipulação de uma multa pecuniária,[296] não podemos senão admitir que

[294] Cornélio Nepos em *Vita Miltiadis*, cap. 7.

[295] Heródoto, livro VI, cap. CXXXVI.

[296] Cornélio Nepos diz que a multa estipulada foi o custo da força naval que Milcíades levara a Paros, mas Boeckh observa, e com razão, que é uma alegação desinformada daquele autor afirmar que a multa tinha por finalidade uma compensação, sendo o método usual de avaliar a ofensa.
O que ocorreu foi apenas isto: Milcíades foi acusado. Justa ou injusta (não

o povo ateniense (conquanto defendesse a soberania da lei, que, em todas as comunidades civilizadas, deve julgar crimes sem fazer acepção de pessoas) não se esqueceu, nesse caso, dos serviços prestados por seu grande homem, nem foi severo com seus crimes.

---

importa), era tão claramente impossível receber a acusação e julgar a causa como o seria para uma corte de justiça inglesa recursar-se a receber uma ação penal contra Lorde Grey ou o Duque de Wellington. Milcíades era ou não culpado? Isso é algo que não se pode dizer. Sabemos que ele foi julgado de acordo com a lei e que os atenienses o declararam culpado, pois o condenaram. Até aí, isso não é ingratidão: é o ***modus operandi*** da lei. Um homem é julgado e declarado culpado; se renome e serviços passados pudessem salvar esse grande homem da punição quando condenado por um crime de estado, a sociedade talvez viesse a desorganizar-se e, por certo, o estado livre deixaria de existir. Portanto, a questão reduz-se a isto: foi ou não foi ingratidão do povo relaxar a pena de morte, na qual Milcíades incorrera legalmente, e comutá-la por uma pesada multa? Receio que encontraremos poucos exemplos de maior clemência em monarquias, por brandas que sejam. Infelizmente, Milcíades morreu. Mas a natureza o matou, não o povo ateniense. E não se pode dizer dos atenienses, com maior justiça do que de um povo não menos ilustre que agora é seu juiz, que era seu costume ***"de tuer en amiral pour encourager les autres"*** [assassinar um almirante para favorecer os demais].

Capítulo II.

A tragédia ateniense. Suas origens. Téspis. Frínico. Ésquilo. Análise das Tragédias de Ésquilo.

I. Do melancólico destino de Milcíades, somos agora convidados a um tema não menos relacionado a esse importante período da história de Atenas. O intervalo de paz que se seguiu à batalha de Maratona permite-nos uma pausa para observar o estado intelectual a que os atenienses haviam progredido a partir da tirania de Pisístrato e seus filhos.

Comentamos a respeito da maior familiaridade com os poemas de Homero que resultou dos esforços e do exemplo de Pisístrato. Esse acontecimento (pois foi um grande acontecimento), associado a outras causas, como a fundação de uma biblioteca pública, a edificação de prédios públicos e a instituição de jardins públicos, ajudou a criar, com aparente brusquidão e em meio a uma população susceptível e dinâmica, um cultivo do bom gosto. Pelo estilo de vida urbano e social, os cidadãos reuniam-se, em suas horas de recreação,[297] sob os pórticos e nos jardins, política que devia ser inculcada por um tirano cortês e benevolente. E o espírito nativo, até então adormecido, da brilhante raça jônica, ao despertar para objetos literários e intelectuais, engendrou um público antes mesmo de encontrar expressão em um poeta. A elegante efeminação de Hiparco contribuiu para desenvolver o gosto do povo, pois

[297] O gosto de um povo, que é, para a arte, aquilo que a opinião pública é para a legislação, é formado, tal como a opinião pública, por interação e conflito social habitual. Quanto mais os homens se reúnem para conversar e discutir, tanto mais se difundem e apuram os princípios de um gosto nacional geral. Menos a seu clima, suas paisagens e sua própria beleza de compleição do que a seus hábitos sociais e à preferência do povo pela vida doméstica devem os atenienses – e as repúblicas gregas de um modo geral – aquela maravilhosa sensibilidade ao belo e ao harmonioso que os distingue e eleva acima de todas as nações, antigas ou modernas. A solidão pode exaltar o gênio de um homem, mas somente a comunhão pode refinar o gosto de um povo.

o exemplo dos grandes não pode ser mais potente sobre as multidões do que no cultivo das artes. O mecenato talvez não produza poetas, mas multiplica críticos. Anacreonte e Simônides, apresentados aos atenienses por Hiparco e gozando de sua amizade, sem dúvida fortaleceram em muito a influência que a poesia começava a exercer. A doçura característica daqueles poetas infundiu uma contagiante harmonia no gênio dos primeiros dramaturgos gregos, cujas obras infelizmente se perderam, conquanto se tenham preservado provas de seu caráter. Por volta da mesma época, os atenienses devem ter tido necessariamente maior contato com a variegada riqueza dos poetas líricos da Jônia e das ilhas. Assim, aconteceu que suas modalidades de poesia eram duas, a épica e a lírica e, dentro da conexão natural da arte, o passo seguinte não poderia ser outro senão produzir uma espécie de poesia que tentasse unir as duas. Felizmente, naquela época, Atenas tinha um homem de verdadeira genialidade, cuja atenção circunstâncias anteriores haviam dirigido a um gênero rude e primitivo de recitação histriônica: Frínico, o poeta. Ele era discípulo de Téspis, o mímico: a ele pertence essa honra, de haver concebido, a partir dos elementos da arte mais ampla da comédia, as primeiras combinações grandiosas do drama trágico.

II. Desde tempos imemoriais, remontando talvez aos períodos em que os bosques tinham um altar e as águas forneciam caniços para a flauta pastoral, a Poesia e a Música eram dedicadas ao culto dos deuses da Grécia. Na estação designada para o festival de cada uma das diversas deidades, cantavam-se seus louvores e recitavam-se seus feitos tradicionais. Uma das últimas divindades introduzidas na Grécia – o místico e enigmático Dionísio, ou Baco – recebia a entusiasmada adoração popular devida ao Deus da Vinha e "Desatador de cuidados exasperantes". Seu festival, celebrado na mais alegre das estações agrícolas,[298] também era associado às reuniões mais animadas. Ditirambos, ou hinos frenéticos e exultantes, de início improvisados, celebravam os triunfos do deus. Aos poucos, o hino primitivo expandiu-se em métricas preparadas e artísticas, cantadas por um coro que dançava em círculo em redor do altar. E o

[298] Parece provável que o principal festival báquico [dionisíaco] fosse originalmente celebrado na época da safra – *condita post frumenta*. Contudo, desde as primeiras notícias que se têm da Ática, todas as três Dionisíacas eram celebradas durante o inverno e a primavera.

ditirambo assumiu uma qualidade pomposa e solene, adaptada à santidade do sacrifício e à majestade emblemática do deus. Ao mesmo tempo, outro grupo (vinculado à procissão fálica, que, conquanto obscena em seu aspecto exterior, representava tão somente, em sua origem, o símbolo da fertilidade, transparecendo a filosofia de algum credo estrangeiro oriental[299]) implorava, com melodias vívidas e simples, a bênção da pródiga e jovial deidade. Tais canções cerimoniais receberam um acréscimo lascivo e extravagante: os cantores do coro, talvez com o intuito de representar e personificar mais fielmente a variegada marcha do *Liber Pater* [o Pai Livre], sacrificando um bode que pastava nos vinhedos, tomavam emprestados a pele e os chifres do animal, o que rendia uma divertida imitação do sátiro e do fauno. Com a licença dessas fantasias, as canções tornaram-se mais obscenas e grotescas, e os mímicos competiam entre si pela obtenção dos aplausos da plateia rural com bufonarias dissolutas e gracejos sem quaisquer limites. Fosse como prêmio do vencedor ou vítima do sacrifício, o bode (*tragos* em grego) era uma personagem com importância suficiente para dar à apresentação o nome prosaico de TRAGÉDIA (ou CANÇÕES DOS BODES), que estava destinada a ser exaltada por sua associação com os esforços mais magníficos do espírito humano. E, embora o DITIRAMBO, que ainda existia em meio às tribos dóricas, conservasse o ardor e a dignidade de seu caráter hereditário; embora, em Sicião, ele fosse entoado em métricas majestosas e pesarosas à memória de Adrasto, o herói argivo; embora, em Corinto, sob o refinado governo de Periandro, Árion conferiu ao antigo hino um caráter novo e uma musicalidade mais científica,[300] aos poucos, na Ática, ele cedeu lugar aos gracejos dos sátiros, por vezes abreviados para permitir maior liberdade a suas exibições, por vezes deixando-se contaminar por seu caráter burlesco. Não obstante isso, porém, o leitor observará que a tragédia, ou canção dos bodes, era composta de duas partes: primeiro, a apresentação dos mímicos e, segundo,

[299] Egípcio, de acordo com Heródoto, que afirma que Melampo introduziu o símbolo fálico entre os gregos, embora jamais tenha explicado suficientemente seus misteriosos significados, que, não obstante, desde sua época, vários sábios interpretaram de forma adequada. Em justiça aos gregos, devemos acrescentar que essa importação, juntamente com os demais ritos de Baco, foi considerada em absoluto desacordo com seus hábitos e costumes normais.

[300] Heródoto afirma que Árion criou, batizou e ensinou o ditirambo em Corinto, mas, como observa Bentley de forma esplêndida, Ateneu preservou os versos de Arquíloco, que o precedeu por um século, e nos quais a canção do ditirambo é mencionada.

o coro ditirâmbico, movendo-se em um círculo em torno do altar de Baco. De modo geral, parece muito provável, conquanto seja uma questão muitíssimo disputada e incerta, que não apenas esse cerimonial festivo, mas também seu antigo nome – tragédia, ou canção dos bodes – já era conhecido na Ática muito antes disso,[301] quando, por volta de 535 a.C., durante a terceira tirania de Pisístrato, um habilidoso e brilhante nativo de Icária, um povoado ático no qual a Eleutéria, ou ritos dionisíacos, era celebrada com cuidado peculiar, superando todos os rivais na apresentação desses divertimentos rurais. Ele mitigava a monotonia dos chistes do coro satírico introduzindo um narrador histriônico (geralmente ele mesmo, em pessoa), que, de uma plataforma elevada, e com a gesticulação animada que ainda é comum aos narradores populares de romance no Mole [farol] de Nápoles, ou nos mercados do Oriente, entretinha a plateia com alguma lenda mitológica. Tornou-se tão evidente que, durante esse recital, o coro permanecia desnecessariamente desocupado e supérfluo que o aperfeiçoamento seguinte foi tão natural em si mesmo como importante em suas consequências. Esse aperfeiçoamento foi fazer o dar assistência ao narrador com perguntas e comentários ocasionais.

Téspis aprimorou os próprios coros em sua arte profissional. Ele inventou danças que, ao longo de séculos, conservaram sua popularidade no palco, e afirma-se que ele deu um disfarce histriônico a seu recitante, a princípio, pela aplicação de pigmentos ao rosto e, mais tarde, pela construção de uma máscara rudimentar de linho.

[301] Nesses comentários acerca da origem do teatro, caberia menos à história que à dissertação escolástica abordar todos os pontos de polêmica e controvérsia. Portanto, não quero fazer uma pausa a cada passo para discutir as questões disputadas por antiquários, tais como, se a palavra "tragédia", em seu sentido primitivo e comum, juntamente com o prêmio do bode, era ou não conhecida na Ática antes de Téspis (parece-me que a parte menos feliz da obra imortal de Bentley é aquela que tenta impor essa última proposição); e menos ainda julgo ser devida uma resposta séria àqueles que, em oposição direta a autoridades encabeçadas pelo grave e perscrutador Aristóteles, afirmam que as apresentações de Téspis eram de caráter sério e elevado. O historiador deve ponderar, por si próprio, as provas sobre as quais constrói suas conclusões, e chegar a essas conclusões, sobretudo em controvérsias que aplicam a indagações insignificantes e desprovidas de interesse o dispendiosíssimo emprego do estudo, sem fatigar o leitor com a repetição de todos os argumentos que ele aceita ou rejeita. Para aqueles que se sentem inclinados a aprofundar-se em temas relacionados ao primitivo teatro ateniense, obras de autores ingleses e alemães, demasiado numerosos para enumerar aqui, serão encontradas em abundância. Contudo, até mesmo o leitor generalista menos zeloso fará bem em deleitar-se com a dissertação de Bentley sobre Fálaris, tão conhecida dos estudantes, a qual, apesar de algumas suposições imoderadas e ousadas, sempre será um dos monumentos mais colossais da argumentação e da erudição.

III. Tais aprimoramentos, sobretudo mecânicos, constituem o limite dos feitos de Téspis. Ele contribuiu muito para a criação do palco, mas pouco para o surgimento da tragédia na real acepção da palavra. Suas apresentações ainda tinham um caráter risível e prosaico, muito mais semelhante ao cômico que ao trágico. Daquilo que é a essência do teatro solene de Atenas – seu enredo grandioso, suas imagens monumentais, sua pródiga e suntuosa poesia – Téspis não foi, em nenhum aspecto, o inventor. Mas FRÍNICO, discípulo de Téspis, era poeta. Ele viu, embora talvez de maneira vaga e imperfeita, o novo caminho aberto à arte, e pode-se dizer que insuflou o espírito imortal às meras formas mecânicas pela introdução da poesia nas irrupções do coro e no monólogo do ator. Não se sabe ao certo o que outras coisas Frínico realizou. O enredo amadurecido, a introdução de diálogos regulares por intermédio de um segundo ator, a pompa e circunstância, a simetria e o clímax do drama, não parecem ser fruto de seus esforços iniciais, de modo que os grandes aperfeiçoamentos artísticos que elevaram o simples evento secundário a uma estrutura elaborada de narrativa representada e terrível catástrofe são atribuídos não a Frínico, mas a Ésquilo. Se as obras posteriores de Frínico revelavam tais excelências, é porque Ésquilo já se havia tornado seu rival, e ele captou a luz celestial dessa nova estrela que estava destinada a eclipsá-lo. No entanto, tudo o que era essencial à tragédia ateniense foi feito quando Frínico a tirou do sátiro e colocou-a sob a proteção da musa; quando, abandonando os gracejos da farsa rústica, elegeu uma temática solene das sérias lendas da mais vívida dentre todas as mitologias; quando insuflou nas métricas familiares do coro a grandiosidade e a doçura da ode lírica; quando, em suma, pegando de Téspis nada além do palco e dos atores, tomou sua narrativa de empréstimo a Homero, e sua melodia a Anacreonte. Logo, não devemos supor, iludidos pelos relatos ordinários sobre o teatro ateniense, que a competição pelo bode e as bufonarias de Téspis tenham sido sua verdadeira origem. Nascida do épico e da canção lírica, Homero deu-lhe o caráter, e os poetas líricos, a linguagem. Téspis e seus antecessores somente sugeriram a forma que deveria ser aplicada à poesia recém-nascida.

IV. Desse modo, com Frínico, o teatro de Téspis elevou-se e transformou-se em poesia, digno de exercer sua influência sobre a emulação poética quando um jovem de família nobre e inteligência sublime, que se tornou, talvez, mais reflexivo e profundo pelo cultivo de uma filosofia mística[302] que brotara recentemente das primitivas escolas de sabedoria jônicas, trouxe para a arte incipiente a dignidade conjunta de nobreza, filosofia e brilhantismo. Ésquilo, filho de Eufórion, nasceu em Elêusis, em 525 a.C., e cedo impregnou o espírito naturalmente impetuoso e nobre com a vívida poesia de Homero. Ainda garoto, e provavelmente por volta da época em que Frínico elevou a dramaturgia de Téspis, um sonho tê-lo-ia inspirado a ambição de destacar-se na arte dramática. Contudo, em Homero ele não encontrou nenhuma revelação visionária que lhe garantisse aqueles objetivos, augustos e embrionários, que o ator e o coro poderiam ser usados como instrumento para alcançar. Pois, quando a ideia da representação cênica se tornou conhecida, os épicos de Homero sugeriram a verdadeira natureza do teatro. A principal característica daquele poeta era a individualidade. Tanto deuses como homens têm seus atributos e qualidades particulares e inconfundíveis. Eles interagem no diálogo, agem em vistas a um determinado fim. Leve Homero ao palco e introduza dois atores em vez de um narrador, e tem-se aí uma peça teatral. Se, desde o início, Frínico emprestou sua narrativa de Homero, Ésquilo, com mais criatividade e um intelecto mais meditativo, viu que havia uma mina ainda mais rica na vitalidade do espírito homérico: a unidade dos métodos homéricos. Embora Homero fosse sua inspiração orientadora, talvez não tenha sido a única. Não há dúvidas de que o berço nobre de Ésquilo lhe deu o benefício de uma familiaridade geral com a poesia do restante da Grécia, coisa que uma educação recebida sob a letrada dinastia dos pisistrátidas naturalmente conferiria aos bem-nascidos. Vimos que o ditirambo, rebaixado na Ática ao coro de Téspis, já se destinava, nos estados dóricos, a temas sublimes, e era enriquecido por uma arte elaborada. Além disso, Simônides, cujas elegias, peculiares por sua doçura, podem ter inspirado o "ambrosíaco" Frínico, talvez tenha oferecido à exigente alma de Ésquilo, bem como a seu próprio pupilo Píndaro, o modelo de uma música mais majestosa em suas odes ditirâmbicas.

[302] Ésquilo era pitagórico. *"Veniat Aeschylus, sed etiam Pythagoreus."* – Cícero, *Tusculanae Disputationes* [Discussões Tusculanas], livro II, 9.

V. Aos vinte e cinco anos, o filho de Eufórion compôs sua primeira tragédia, que parece ter sido apresentada no ano seguinte à chegada de Aristágoras a Atenas – aquele ano tão importante e repleto de acontecimentos, no qual os atenienses acenderam as chamas da guerra persa em meio à flamejante capital de Sardes. Competiram com ele Pratinas e Quérilo [ou Coérilo]. Este último, na verdade, precedeu Frínico, mas apenas nos burlescos do palco vulgar de Téspis. Agora, o exemplo de Frínico fizera com que dirigisse sua atenção ao novo tipo de dramaturgia, mas sem qualquer talento notável para seu desenvolvimento. Pratinas, contemporâneo de Ésquilo, não tentou competir por muito tempo com seu estupendo rival em seu próprio verso.[303] Recorrendo ao antigo coro satírico, ele reduziu suas bufonarias sem métrica a uma forma regular e sistemática, preservando as narrativas mitológicas, mas convertendo-as em um burlesco artístico. Essa invenção, que muito agradou às massas, pois adaptava um entretenimento antigo ao novo gosto mais crítico, tornou-se tão popular que era normalmente associada com a tragédia, de caráter mais sério. Quando esta última se tornou um espetáculo magnífico e solene, o poeta exibiu uma trilogia (ou três tragédias) para seu imenso público, concluindo o todo com a invenção satírica de Pratinas, atendendo ao propósito de nossa moderna farsa.[304] Desse gênero do drama grego, sobreviveu apenas um espécime: o Ciclope, de Eurípides. É provável que o berço, não menos que a genialidade de Ésquilo, tenha-lhe conferido maior aptidão para fazer os imponentes e custosos acréscimos à apresentação, acréscimos esses que a natureza da poesia exigia, pois, embora tais aperfeiçoamentos estivessem surgindo depressa, a fama poética de Ésquilo ainda não havia sido coroada. E foi somente no décimo quinto ano após sua primeira exibição que o mais sublime dos poetas gregos obteve a coroa de hera, que substituíra o bode e o boi como prêmio nos concursos de tragédia. No decorrer de poucos anos, um palco habitual, cenários e figurinos apropriados, invenções mecânicas e complexas máquinas de palco proporcionaram a ilusão adequada à representação [dos dramas] de deuses e homens. Ao monólogo de Frínico, Ésquilo acrescentou

[303] De cinquenta peças, trinta e duas eram de caráter satírico. *Suda*, em Pratinas.

[304] Tetralogia foi o nome dado à exibição quádrupla das três tragédias, ou trilogia, e do drama satírico.

um segundo ator.[305] Ele diminuiu os coros, associou-os à história principal e, mais importante que tudo o mais, reduziu a regras simples, porém sistemáticas, o progresso e o desenvolvimento de um poema, que já não tinha por objetivo agradar aos ouvidos ou distrair a imaginação, mas arrebatava-lhe a irresistível e poderosa marcha, a fim de subjugar paixão após paixão e estender seu império sobre a alma inteira.

A plataforma itinerante foi sucedida por um teatro fixo de madeira, e o teatro de madeira por um edifício esplêndido que, segundo dizem, acomodava nada menos que uma plateia de trinta mil pessoas.[306] Os concursos teatrais tornaram-se objeto de interesse nacional e universal. Eles aconteciam três vezes ao ano, nos três festivais em honra a Baco.[307] No entanto, eram nas grandes Dionísias, realizadas no fim de março e início de abril, que aconteciam os principais concursos de tragédias. Nesse período, à medida que aumentava a fama do drama ateniense, e a própria Atenas ganhava renome, a cidade ficava repleta de visitantes, não só de todas as partes da Grécia, mas de quase todas as nações que conheciam a civilização grega. O estado tomou o teatro sob sua égide, transformando-o em instituição solene e sagrada. As pessoas mostravam-se tão ávidas de consagras inteiramente ao nome ateniense a glória do espetáculo que, nas grandes Dionísias, nenhum estrangeiro, nem mesmo *metoecus* (ou residente estrangeiro) tinha permissão de dançar nos coros. O principal arconte presidias as apresentações, e a ele competia a escolha dos concorrentes ao prêmio. Aos escolhidos eram atribuídos,

[305] Não obstante, existem, por vezes, em Ésquilo, mais de dois atores falando no palco: como em uma cena de *Coéforas*, com Clitemnestra, Orestes e Electra (para não mencionar Pílades, que permanece em silêncio); e, ainda na mesma peça, Orestes, Pílades e Clitemnestra; também na peça *Eumênides*, com Apolo, Minerva e Orestes. Contudo, observa-se de fato que tais peças foram escritas depois que Sófocles introduzira o terceiro ator. [A tetralogia sobre Orestes foi encenada em 455 a.C., apenas dois anos antes da morte de Ésquilo, e dez anos depois de Sófocles haver ganhado seu primeiro prêmio.] Admitia-se qualquer número de personagens silenciosas, não só como guardas, etc., mas até como personagens mais importantes. Assim, em *Prometeu*, já na abertura da peça vemos os demônios do Poder e da Força, o deus Vulcano e o próprio Prometeu, mas o diálogo restringe-se somente ao Poder e Vulcano.

[306] O célebre templo de Baco, construído depois que o teatro de madeira cedeu ao peso da multidão reunida para assistir ao concurso entre Pratinas e Ésquilo.

[307] 1ª As Dionísias rurais, realizadas nos distritos agrícolas de toda a Ática por volta do início de janeiro. 2ª As Dionísias Leneanas, ou Antestérias, no fim de fevereiro e começo de março, nas quais ocorriam principalmente os concursos cômicos, e as grandes Dionísias da cidade, referidas no texto. Apresentações dramáticas posteriores também eram exibidas em agosto, durante as Panateneias.

por sorteio, três atores,[308] bem como um coro, cujas despesas eram assumidas pelo estado, e impostas a um dos principais cidadãos de cada tribo, chamado corego. Assim, em dada ocasião, Temístocles foi o corego de uma tragédia de Frínico. O imenso teatro, apinhado de milhares de pessoas, fileira acima de fileira, banco acima de banco, abria-se para os céus e, a partir da encosta da colina em que se situava, dava vista a terra e mar. O ator interpelava não um frágil painel caricato, mas a vastidão da própria Natureza – o verdadeiro sol, o ar das montanhas, o enorme Egeu à vista. Tudo era proporcional à gigantesca escala do teatro e a enorme variedade da plateia. As formas eram artificialmente aumentadas e elevadas. Máscaras de primorosa arte e beleza apresentavam aos olhos da plateia as imagens ideais de seus deuses e heróis esculpidos, enquanto invenções (provavelmente mecânicas) levavam as tonalidades de voz pelas várias fileiras do teatro. As apresentações aconteciam nos dias de funcionamento, e é provável que a duração limitada das peças permitisse a encenação de não menos que dez ou doze delas antes do pôr do sol. A sacralidade de sua origem e o caráter mitológico de suas histórias acrescentavam certa religiosidade solene a tais espetáculos, que eram abertos por sacrifícios cerimoniais. As peças teatrais, ao menos por um período considerável, não se banalizaram pela repetição constante, como aconteceu entre nós. Elas eram tão raras em sua recorrência como eram imponentes na impressão que causavam; tampouco se permitia uma segunda exibição de uma peça, trágica ou cômica, que tivesse ganhado o prêmio. Abriu-se uma exceção em favor de Ésquilo, exceção que, mais tarde, foi estendida a Sófocles e Eurípides. A regra geral estimulava necessariamente novos e incessantes esforços, e foi talvez o principal fator responsável pela fecundidade quase miraculosa dos dramaturgos atenienses.

VI. Nos bancos inferiores do semicírculo sentavam-se os arcontes e magistrados, senadores e sacerdotes. Apartados, conquanto em assentos de igual honra, o olhar da plateia era atraído, de quando em quando, para os ilustres estrangeiros, que haviam sido levados às Dionísias dos atenienses por causa da fama de seus poetas e sua cidade. Os adolescentes e as mulheres[309] tinham suas divisões

[308] Isto é, quando se passou a admitir três atores no palco.

[309] Pois resta suficientemente claro que as mulheres eram admitidas às exibições de tragédias, embora preponderem os argumentos contrários a sua

separadas. O restante da plateia distribuía-se de acordo com suas tribos, ao passo que as galerias superiores eram ocupadas pela miscelânia impaciente da gente comum.

Na orquestra (um espaço deixado pelos bancos semicirculares, com alas que se estendiam, à direita e à esquerda, diante do palco), uma pequena plataforma quadrada servia de altar, para o qual se dirigiam as danças do coro, conservando ainda os atributos de sua antiga sacralidade. O corifeu, ou chefe do coro, participava do diálogo como representante dos demais e, ocasionalmente, até mesmo alguns dos coralistas eram levados a soltar exclamações por causa do caráter passional da peça. No entanto, o principal dever do coro era proporcionar variedade ao diálogo com hinos e nênias, ao som melodioso de flautas, ao passo que, em danças muito mais habilidosas do que as existentes agora, representava, com seus movimentos, as emoções que cantava,[310] traduzindo, assim, como se fora, a poesia da língua na harmonia do movimento. Ornamentações arquitetônicas de pedra, representando um palácio com três entradas, das quais a central se destinava à realeza, e as demais, às categorias inferiores, geralmente serviam de cenário. Todavia, por vezes, quando o enredo exigia um local diferente, cenas pintadas com a mais esmerada arte e empenho eram facilmente substituídas. Também não faltavam os modernos equipamentos [para a produção] de relâmpagos e trovões artificiais, as nuvens para os deuses, uma gama de invenções para o súbito aparecimento de agentes demoníacos, vindos do alto ou de baixo, e todos os recursos incidentais e impressionantes que a mecânica empresta à genialidade.

VII. Assim, evocando o caráter externo da dramaturgia ateniense, a plateia numerosa, o enorme teatro a céu aberto, os próprios atores agigantados pela arte, alcançando proporções muito maiores que os homens comuns, os temas solenes e sagrados dos quais emergiram sua forma e espírito, voltamos nosso olhar para Ésquilo e contemplamos o perfeito criador para suas grandiosas personificações ideais. Já disse aqui que Homero foi seu modelo

presença nas peças cômicas. Reconhecendo-se isso, os costumes dos gregos talvez bastem para provar que, como na arena dos jogos romanos, elas ficavam separadas dos homens, como, de fato, se sugere, de forma indireta, em uma passagem do *Górgias* de Platão.

[310] A respeito do coro, Schlegel diz, com razão e muita eloquência: "que era o espectador idealizado", "reverberando ao espectador real uma expressão musical e lírica de suas próprias emoções".

original. No entanto, chegara uma época mais intelectual do que a dos épicos gregos, e, com Ésquilo, aos poucos, a filosofia transformou-se em poesia. A mórbida doutrina da fatalidade transmitiu seu interesse terrível e implacável à narrativa dos acontecimentos: os homens já não eram descritos como meros mortais autônomos e obstinados, mas como agentes de um destino inevitável e invisível; os próprios deuses já não eram os deuses de Homero, que adentravam na esfera da ação humana por motivos mesquinhos e propósitos pessoais, derivando sua grandiosidade não do papel que desempenhavam, mas das descrições do poeta, agora apareciam como os oráculos dos agentes do destino, visitantes de outro mundo, terríveis e agourentos por causa dos avisos que comunicam. Homero criou a poesia material; Ésquilo, a intelectual. Os sofrimentos corporais e animais dos Titãs no inferno épico são exaltados pela tragédia na retratação da fortaleza moral que desafia a agonia física. O Prometeu de Ésquilo é o espírito de um deus desdenhosamente submetido aos infortúnios de um homem. Ao lermos essa peça magnífica, que, com pura e sustentada sublimidade, talvez não encontre comparação na literatura do mundo, perdemos inteiramente de vista o jubiloso culto helênico. Não obstante, é em vão que os eruditos tentam apontar a fonte de sua vaga e misteriosa metafísica em qualquer antiga religião simbólica do Oriente. Qualquer que seja o sistema teológico que a obra deixa entrever, é mais provável que se trate de gigantesca invenção do próprio poeta, não do ressurgimento imperfeito de algum credo esquecido ou do disfarce poético de alguma filosofia existente. Seja como for, parece indubitável que, nesse majestoso retrato do destemido inimigo de Júpiter, punido tão somente por causa dos benefícios que conferiu à humanidade, e atraindo todas as nossas simpatias com sua coragem e benevolência, transmite-se algo de descrença ou questionamento com relação ao credo do povo: suspeita da qual Ésquilo não escapou perante o julgamento de seus contemporâneos, e que não se mostra, em absoluto, incompatível com as doutrinas de Pitágoras.

VIII. O desenrolar da fábula é o seguinte: dois demônios colossais, o Poder e a Força, acompanhados de Vulcano, aparecem em uma planície remota, um deserto despovoado. Ali, em uma alta rocha solitária, castigada pelo mar, Prometeu é acorrentado por Vulcano: "uma recompensa por sua disposição de ser solícito para com a humanidade". A data dessa condenação remonta à aurora dos tempos, e Júpiter acabara de começar seu reinado. Enquanto Vulcano o acorrenta, Prometeu não emite um único som: é apensa Vulcano, aquele que aplica a punição, que se queixa. E somente quando a pavorosa tarefa é cumprida, e os ministros de Júpiter se retiram, que "o deus, sem temor algum diante da ira dos deuses", prorrompe em sua grandiosa apóstrofe:

> "Ó, divino Ar! Ó, vós, Ventos de asas ligeiras,
> Vós, fontes dos Rios, e vós, ondas,
> Que formam covinhas sobre o velho Oceano como seus sorrisos
> Mãe de todos, ó, Terra! E tu, o orbe
> Do Sol, que tudo vê, contempla e testemunha
> O que eu, um deus, suporto da parte dos deuses cruéis.
>
> *******
>
> Quando cessará minha condenação? Cessar! A mim,
> O Futuro não guarda enigmas, nem pode vir
> Despreparado o infortúnio! Convém-me, assim, suportar
> Aquilo que deve ser: pois, o que pode desviar
> O sombrio curso da Necessidade implacável?"

Enquanto assim monologava, o ar torna-se perfumado de odores, e agita-se levemente pelo farfalhar de asas que se aproximam. As Filhas de Oceano, despertas de suas grutas mais abaixo, chegam para consolar o Titã. Elas fazem muitas queixas contra a dinastia de Jove. Prometeu consola-se com a profecia de que, no futuro, o Olimpiano precisará de seus préstimos, e com o fato de que, até ser libertado de seu cativeiro, ele jamais revelará ao tirano o perigo que ameaça seu reinado, pois o prisioneiro aqui descrito é uma raça mais poderosa que o vencedor, e a ele são desnudados os mistérios do futuro, mistérios esses que são negados a Júpiter. O triunfo de Júpiter é a vitória a força bruta sobre o conhecimento.

Em seguida, Prometeu narra como, por seus conselhos, Júpiter conquistara o cetro, e o vetusto Saturno e seus partidários haviam sido arrojados no abismo do Tártaro; de que maneira ele, sozinho, intercedera junto a Júpiter para impedir o extermínio da raça humana (que o rei celestial desprezava e condenava); como lhes havia legado o fogo, a semente de todas as artes, e trocado, no seio humano, o terrível conhecimento do futuro pelas lisonjas enganadoras da esperança, sendo, por isso, punido.

Dessa vez, surge o próprio Oceano, que tenta inutilmente persuadir o Titã a fazer-se submisso a Júpiter. O grande espírito de Prometeu e sua consideração pelos outros são individualizados com primor em suas respostas àquele que o consola, ao qual adverte a não incorrer na fúria do tirano por sua comiseração do atormentado. A sós, mais uma vez, com as Oceânides, estas prorrompem em novas efusões de lamentos.

"A vastidão da terra ecoa em pranto,
Majestosa e antiga era tua raça, que tombou,
A vastidão da terra chora por ti!
Vê! Desde a santa morada asiática,
Caem, pelos crimes de uma divindade, as lágrimas murmurantes dos mortais,
Eles pranteiam nas terras da Cólquida,
A virgem e as filhas guerreiras,
E na mui distante faixa cita,
Contornando as vastas águas meotas,
E aqueles que têm sua torre no Cáucaso,
Flor marcial da Arábia
Clamando com voz rouquenha em meio a afiadas fileiras de lanças farpadas.

A outro vi, com iguais torturas arrasado;
Também um deus. Em correntes adamantinas
Sempre e por todo o sempre,
Atlas, o Titã, subjugado sustenta
A tremenda massa do Céu tremendo,
E rugem as cataratas turbilhonantes,
Repicando aos gemidos do Titã,
E geme o precipício que as recebe;
E das criptas que estão sob a terra;
Ouve-se o sombrio Hades em trovões;
Enquanto das nascentes dos rios de ondas brancas fluem
Lamentos melodiosos, chorando seu infortúnio."

Em sua resposta, Prometeu detalha ainda mais os benefícios que concedera aos homens, arrogando-se a elevação da humanidade ao intelecto e à razão.[311] Passa, então, a falar, em tons misteriosos, sobre o poder da Necessidade, orientada pelas "moiras triformes e as sempre atentas Fúrias", que, segundo ele, são soberanas sobre o próprio Júpiter. Ele declara que Júpiter não pode escapar de sua

[311] Nesse discurso, ele enumera, dentre outros benefícios, o dos Números, "príncipe de sábias invenções", sendo essa uma das passagens em que se supõe que Ésquilo tenha deixado entrever suas doutrinas pitagóricas.

sina: "Sua sina", indagam as filhas de Oceano, "é não reinar para sempre?" "Que vós nunca o descubrais", responde o profeta, "pois, da preservação desse segredo depende minha liberdade futura."

A resposta do coro é singularmente bela e, com uma pungência incomum em Ésquilo, faz um contraste de sua atual melodia pesarosa com aquela que cantava:

> "Quando o silêncio, quebrado no passado,
> Em redor dos banhos, e sobre a cama
> A que, conquistada por muitas provas suaves de amor,
> E exaltada por toda a música do deleite,
> Nossa irmã Oceânide, a gloriosa
> Hesíone, foi levada!

Ao término nessa canção coral aparece Io, em sua peregrinação mística.[312] O absoluto desconsolo e o desespero de Io são magnificamente contrastados com o obstinado espírito de Prometeu. O modo como se apresenta evoca aquelas antiquíssimas alusões tradicionais a que os gregos eram tão apegados. Ao profetizar o destino de Io, Prometeu expressa-se em belíssima poesia descritiva e celebra a linhagem dos reis argivos. Após a partida de Io, Prometeu renova seu desafio a Júpiter, e suas inexoráveis profecias, de que o filho de Saturno haverá de ser "arrancado de seu reinado, um rei esquecido". Em meio a essas censuras, chega Mercúrio, a quem Júpiter encarregara de descobrir a natureza daquele perigo que Prometeu lhe prenunciava. Cheio de ressentimento e arrogância, o Titã desafia as ameaças e advertências do mensageiro, e exulta, porque, quaisquer que sejam suas torturas, ao menos, ele é imortal; por ser atormentado, mas não morrer. Por fim, parte Mercúrio. A ameaça de Júpiter é concretizada, a punição é consumada, e, em meio a uma tempestade e um terremoto, rocha e prisioneiro são atingidos pelos raios do deus e atirados ao profundo abismo.

> "A terra estremece e, retumbando,
> Rugindo, ela ribomba, a fúria crescente do trovão!
> E os fogos ferozes resplandecem, lívidos, e, junto
> Às rochas, os redemoinhos das areias rodopiam alto,
> Carregados pelo furacão, e todas as rajadas
> De todos os ventos sopram, colidindo uns com os outros,

[312] É objeto de grande controvérsia se Io foi representada no palco transformada na forma mesma de uma novilha, ou apenas amaldiçoada com um delírio visionário em que acreditava na transformação. Com muita relutância, admito que não me parece possível desconsiderar certas expressões sem supor que Io apareceu no palco ao menos parcialmente transformada.

Confrontados na desolação de uma guerra pavorosa,
As torrentes escuras fundindo-se ao céu que desaba.
Ela vem, ela vem! Precipita-se sobre mim – a tempestade,
O súbito e violento ataque do rei do trovão.
Ó, majestade da terra, minha digníssima mãe!
E vós que, pelo vácuo universal,
Circulais doce luz, toda bênção; TERRA E ÉTER,
A VÓS invoco, para que conheçais as injustiças que padeço."

IX. Tal é o encerramento desse drama ímpar, sintetizado de forma excessiva, a fim de mostrar ao leitor quanto da filosofia que despertara na época de Sólon agora inspiravam as composições da poesia. Não que Ésquilo, como Eurípides, faça uso de sentenças didáticas e aforismos oraculares. Ele, com razão, deixou os pedantismos de alcova alheios ao espírito trágico.[313] Sua filosofia está no espírito, não na escolha das palavras de suas obras; nos amplos conceitos, não em máximas lacônicas. Ele não prega; antes, inspira. O "Prometeu" talvez seja o mais importante poema moral do mundo: é estritamente e eminentemente intelectual e, entre suas alegorias mais obscuras e menos palpáveis, apresenta-nos a superioridade de um ser imortal diante de todos os sofrimentos mortais. Visto tão somente como poesia, a concepção do Titã de Ésquilo não tem paralelo, exceto no Satanás de Milton. No entanto, pode ser que a representação de um espírito benévolo, atormentado, mas não amaldiçoado; derrotado, mas não subjugado por um poder, em relação ao qual é mais velho, mais sábio e mais nobre, seja ainda mais sublime do que a de um demônio maligno debatendo-se sob o castigo merecidamente incorrido de um Deus irresistível. O primeiro é fortemente moral, e ainda mais moral e mais trágico porque os sofrimentos não são merecidos, de modo que a insubordinação exige nossa solidariedade e reverência; mas o outro não passa do retrato de uma justa ruína, suportada por uma vontade desesperada, porém obstinada, e não transmite nenhum estímulo a nossa coragem, impedindo logo nossa admiração e piedade.

X. Não pretendo conduzir o leitor por uma análise detalhada das outras tragédias de Ésquilo. Sete delas chegaram até nós, oferecendo-nos os exemplos mais notáveis que a literatura, moderna ou antiga, pode produzir do que

[313] *Vit.Aesch.*

talvez seja a verdadeira teoria do SUBLIME, isto é, a elevação da imaginação, por meio das paixões, a uma finalidade moral.

Nada pode ser mais grandioso e impressionante do que a abertura do "Agamemnon", com a solitária sentinela na torre, a qual, por dez longos anos, vigiava, à noite, à espera das fogueiras de sinalização que anunciarão a queda de Ílion e que, agora, finalmente as vê fulgurar. A descrição que Clitemnestra faz do avanço dessas fogueiras de sinalização desde Troia até Argos é, por sua pitoresca vivacidade, uma das mais célebres de Ésquilo. Os versos a seguir transmitirão ao leitor geral um reflexo muito inadequado, embora não seja uma paráfrase infiel, dessa esplêndida passagem.[314] Clitemnestra anuncia ao coro a captura de Troia. O coro, meio incrédulo, indaga que mensageiro deu a informação. Clitemnestra responde;

"Um fulgor, um fulgor no monte Ida,
De fogo – enviado pelo deus, ele veio;
De vigília em vigília, saltava aquela luz,
Conforme um cavaleiro viajava com a chama!
Ela disparava pelo céu espantado,
E o farol daquela glória fulgurante
A velha Lemnos avistou nas alturas,
Em seu sagrado promontório.
E repassou, o sinal alegre,
Ao Atos, o monte do divino Jove.
Furiosa pelo tempo que emergiu da ilha,
De modo que o poder da luz viajante
Planava sobre o dorso do mar reluzente!
Avançava cada vez mais depressa,
Até que a vigília que Macisto mantém nas alturas
Vê o fulgor como um sol flamejante!
Macisto dorme
Em sua altíssima torre?
Não! Rápido e vermelho o fogo selvagem se alastra
Ele fulgura ao longe, sobre a torrente errática
Do bravio Euripo, de águas turbulentas!
Surge a luz sobre o monte Messápio,
E seu hálito alimenta-se da charneca ressequida.
Mas o fogo não pode parar!
E avança, avança
Galopando em seu poder renovado.
Silencioso e sem hesitar,

[314] É um costume tradicional entre os tradutores verter o diálogo das peças gregas em versos brancos. No entanto, neste caso, toda a vivacidade e rapidez do original haveriam de perder-se por completo na construção rígida e no ritmo prolongado daquela métrica.

Como uma lua cheia,
Passa pela radiante verdura do Asopo,[315]
E explode sobre o cinzento Citerão.
A sentinela acorda aos notáveis raios,
E o fogo arremete da colina com fulgor ainda maior,
Avançava, avançava a glória flamejante.
Seu lago solitário, Gorgopis, cintilava.
Ao Monte de Mégara chegou.
Aí é alimentado novamente,
E segue com força renovava
Uma gigantesca barba de chamas!
Os penhascos do promontório que franzem o cenho
Ameaçadoramente sobre as águas sarônicas,
São atravessados pelos passos flamejantes do fogo ligeiro,
E a imensa rocha fulgura sobre a maré resplendente.
Com a marcha e o poder cada vez mais feroz,
Ele chega à torre adjacente de Aracne.
Daí, sobre nosso teto argivo, ele ganha seu descanso,
O filho da longa linhagem do fogo de Ida
Brilhante mensageiro de glória e de alegria!
Primeiro e último coroados com igual honra,
Em festivais solenes, giram os círculos das corridas de archotes.
E esses meus arautos! Esse meu SINAL DE PAZ!
Vede! Enquanto respiramos, os senhores vitoriosos da Grécia
Invadem, em impiedoso tumulto, os átrios de Troia!"[316]

Em uma das intervenções anteriores do coro, na qual se faz uma alusão episódica ao rapto de Helena, acontece uma daquelas passagens suaves que são tão raras em Ésquilo, tão belas quanto são raras. O coro supõe que os menestréis de Menelau assim lamentam a perda de Helena:

"E ai dos átrios, ai dos chefes,
E ai do leito nupcial!
E ai de seus passos, pois ela amou
O senhor de cujo amor ela fugiu!
Vede! Onde, a desonra ainda desconhecida,
Ele se assenta, sem sequer supor que sua Helena fugiu,
Sem lágrimas e mudo, no mesmo lugar;
Absolutamente deserto, mas ele não o sente!
Ah! Logo perceberá, e a sentir a falta e a chorar

[315] Isto é, os prados em redor do rio Asopo.
[316] A fim de tornar mais completo o sentido dessa passagem, e concluir a informação que a rainha deseja transmitir, o verso final do excerto é tomado de empréstimo do discurso subsequente de Clitemnestra, que se dá imediatamente após uma breve e enfática interrupção do coro.

A forma levada para além do oceano,
Começará o rei solitário!
E o pensamento ocupará o aposento daquela que se perdeu,
E sombriamente, pelo palácio, a tristeza
Perseguirá uma coisa fantasmagórica.[317]
As estátuas dela encontram, quando redondos se erguem,
O fitar apático de olhos sem vida.
Aonde foi a antiga beleza deles?
Por que abomina seus olhares a pedra que respira?
Ai! A maldade da desgraça
Arrebatou a Vênus do rosto dela!
E visões na noite pesarosa
Iludirão o coração, levando-o ao um falso deleite,
Falso e melancólico,
Pois nada com mais triste alegria vem carregada
Do que as coisas que os sonhos trazem à noite,
As desejadas e as sagradas.
Rápida, de junto do solitário,
A visão e a bênção desaparecem,
Mal chegadas, e já se vão,
Pálidas, frias, oníricas, levadas
Por asas invisíveis e suaves,
Andarilhas perdidas, deslizando pelas trilhas do sono."

No entanto, o grande terror dessa tragédia está na entrada de Cassandra, que acompanha Agamêmnon e, na hora em que ele retorna, em meio à pompa e à alegria que recepcionam o "rei dos homens", é tomada de uma inspiração profética e vocifera aquelas advertências funestas, destinadas a ser sempre ouvidas em vão. É ela quem recorda ao coro, e à trêmula plateia, que é à casa amaldiçoada dos Atridas que voltava seu descendente, "aquele matadouro humano, aquele chão ensanguentado, aquela morada odiada pelo Céu, testemunha de tantos horrores contra os mais sagrados laços". A morte ainda paira sobre o limiar inexpiável, a maldição passa de geração em geração: Agamêmnon é a vítima de seus antepassados.

Rememorando o banquete atroz servido por Atreu a Tiestes, dando-lhe a comer a carne dos próprios filhos assassinados, ela começa falando sobre os espectros mutilados no limiar:

"Vede aquelas criancinhas acocoradas no chão,
Como sonhos fantasmagóricos, pálidos lactentes, que pereceram

[317] Isto é, Menelau, transformado como que no fantasma de seu antigo eu pela dor da perda.

> Por mãos do mesmo sangue."

Aos poucos, seu discurso delirante faz-se claro, até que, por fim, ela fareja o "sangrento assassinato no interior da casa". Eleva-se um vapor até suas narinas, como que de um ossário. Sua própria sina, que ela prevê como algo iminente, começa a dominá-la: sua disposição de espírito se abranda e ela entra no palácio, que estava prestes a tornar-se seu túmulo, com pensamentos nos quais o terror frenético cedera a uma resignação solene e pungente:

> "Pobres dos mortais! Que é seu poder e orgulho?
> Uma pequena sobra varre-os da terra!
> E, se sofrem, ora, a hora fatal logo
> Vem sobre o registro, como uma esponja umedecida,
> Apagando-o. Creio que essa última sina
> Seja a que mais me afeta. Bem! É lamentável!"[318]

Tão logo a profetiza se retira, ouvem-se, atrás do cenário, os gemidos do rei assassinado. Abre-se o palácio ao fundo, e Clitemnestra surge de pé, implacável e altiva, junto ao corpo morto de seu senhor. Os críticos dão demasiada atenção à personagem de Clitemnestra: a obra-prima da tragédia é a personagem de Cassandra.

XI. A história, que se desenvolve ao longo de três peças (formando uma trilogia completa), continua no início de Coéforas, com Orestes chorando sobre o túmulo do pai. Se Clitemnestra oferece a pretensos críticos uma comparação com Lady Macbeth pelo simples motivo de que uma assassinou o marido, enquanto a outra persuadiu o marido a matar alguém, então, com maior justiça, Orestes poderia ser chamado o Hamlet dos gregos. Mas, embora a personagem de Orestes não seja, em si mesma, tão complexa e profunda como a de Hamlet, nem seja a peça tão rica de belezas filosóficas como a tragédia moderna, a obra tem passagens igualmente tocantes e de uma sublimidade mais austera e terrível. O vago horror que, na abertura da peça, prepara-nos para a catástrofe mediante o sonho de Clitemnestra: uma serpente jazia envolta em cueiros,

[318] As palavras em itálico são uma tentativa de transmitir, em paráfrase, a reconstrução de uma frase que intriga os comentadores e já recebeu muitas interpretações contraditórias. O original diz literalmente. "O último é o que mais lamento". Ora, de início, é difícil conjecturar por que aqueles cuja adversidade chega ao fim, "apagada com a esponja umedecida", deveriam merecer mais compaixão que os demais. Contudo, parece-me que Cassandra aplica suas impressões a si mesma: ela lamenta aqueles cuja jornada de pesar termina porque é sua própria sina que lastima e, referindo-se a isso, individualiza uma reflexão geral.

como um bebê, e ela a levava ao seio, do qual o réptil sugava sangue; a resposta sucinta e grave de Orestes: "As visões do homem nunca lhe chegam em vão"; a forma como o matricida vingador interrompe o sonho, de modo que (como em *Macbeth*) a premonição inspira o ato que ela prevê; a determinação inabalável de Clitemnestra, que, ao ouvir, nos misteriosos ditos de seu servo, que "os mortos estão matando os vivos" (isto é, que, pela espada de Orestes, Agamêmnon é vingado em Egisto), pede uma arma, régia até o fim, desejando tão somente "Saber quem será o vitorioso ou o derrotado / Sendo essa a crise do presente horror"; a súbita mudança de atitude, de feroz para meiga, quando Orestes irrompe no aposento, e ela, pensando apenas em seu amante culpado, estremece: "Ah! Então já não existes, amado Egisto"; o avanço do filho ameaçador, a suave apóstrofe da mãe ao desnudar os seios: "Detém-te! E reverencia os seios em que, tantas vezes, / Tuas faces se aninharam – berço de teu sono / E fonte de tua existência"; o recuo de Orestes; o protesto de Pílado; o renovado ardor do vingador; a súbita recordação do sonho, que, mal a assassina enuncia, parece já confirmar Orestes como sua realização – ele a persegue e mata ao lado do adúltero [Egisto]; todas essas passagens estão repletas de uma poesia tão nobre que, a mim, não me parece que os paralelos em *Hamlet* alcancem sua sustentada grandiosidade cheia de solenidade. Contudo, o esforço mais sublime da imaginação está na conclusão. Enquanto Orestes está ainda justificando ato que vingou o pai, pensamentos estranhos e confusos começam a insinuar-se em sua mente. Apenas seus olhos as veem: lá estão elas, "as Górgonas, em vestes de zibelina, os olhos vertendo sangue repulsivo!" Lentamente, elas se multiplicam, aproximam-se, ainda invisíveis, exceto para sua presa: "os furiosos cães vingadores de sua mãe". Orestes foge, o sangue fresco ainda gotejando das mãos. Essa catástrofe: o surgimento repentino das Fúrias, apresentando-se tão somente à imaginação do matricida, parece-me de concepção mais excelente do que a intervenção sobrenatural em *Hamlet*. O fantasma visível é menos terrível que as Fúrias invisíveis.

O enredo tem continuidade ao longo da terceira obra da trilogia (*As Eumênides*) e, fora do próprio Ésquilo, nenhuma tragédia existente apresenta uma abertura tão surpreendente, tão terrível e tal pitoresca. Estamos no templo de Apolo, em Delfos. A sacerdotisa, após uma breve invocação, adentra no edifício sagrado, mas retorna de súbito. Ela diz: "Há um homem no assento de mármore, um homem que suplica ao deus. Suas mãos ensanguentadas trazem uma espada desembainhada e um longo ramo de oliveira. Mas, em redor do homem dorme uma horda espantosa e horrenda, não de mulheres, mas de coisas semelhantes a mulheres, porém demoníacas; parecem harpias, conquanto não o sejam; estão vestidas de negro e não têm asas, e sua respiração é ruidosa e sinistra, e seus olhos vertem veneno. Seus trajes não são apropriados aos santuários de Deus, nem às habitações dos homens. Nunca vi (diz a Pitonisa) uma nação que sustentasse uma tal raça". Encorajado por Apolo, Orestes foge enquanto as pavorosas irmãs ainda dormem e, agora dentro do templo, contemplamos as Fúrias espalhadas pelo lugar, e uma forma pálida e altiva, o fantasma de Clitemnestra, deslizando pelo palco e despertando os agentes de sua vingança. Elas arremetem ao acordar: "Agarrai, agarrai, agarrai". As Fúrias lamentam, queixam-se da partida de sua vítima, protestam junto a Apolo, que as expulsa de seu templo. A cena muda: Orestes está em Atenas e apresenta sua causa no templo de Minerva. Agora, a contenda é levada aos deuses. Apolo e as Fúrias são os advogados; Palas é a juíza; os Areopagitas são os árbitros. O voto de Palas é favorável a Orestes. Há um empate: ele é absolvido. As Fúrias, enfurecidas de início, são apaziguadas por Minerva e, convidadas a viver em Atenas, derramam bênçãos sobre a terra. Uma procissão sagrada, mas jubilosa, coroa toda a história. Assim, a consumação da trilogia é alegre, embora as duas obras anteriores sejam trágicas. Com maestria, o poeta conduz o poema para a glória de sua pátria nativa, Atenas, e do venerável Areópago. Consideradas as três peças como uma única apresentação harmoniosa, mais breve que uma peça de Shakespeare, elas certamente não são superadas – em grandiosidade de pensamento, em excelência de concepção e no vigor ininterrupto da apresentação – por nenhum poema no âmbito da literatura. Tampouco acertaremos, observando sua simetria simples, mas compacta no todo, em concordar com aqueles que negam a Ésquilo a habilidade do artista, embora lhe admitam o talento do poeta.

O brilhante Schlegel atribui interpretações simbólicas a tais tragédias, mas, em minha opinião, com evidente insucesso. Essas quatro tragédias – *Prometeu*, *Agamêmnon*, *As Coéforas* e *As Eumênides* – são, em grandiosidade, imensuravelmente superiores às outras três.

XII. Dessas últimas, *Sete contra Tebas* é a melhor. O tema era de particular interesse para a Grécia: a Guerra dos Sete foi o primeiro registro de uma aliança entre os príncipes gregos e de uma empreitada realizada com um método regular e sistemático. A catástrofe de dois irmãos que morrem um pelas mãos do outro é terrível e trágica, além de estar entre as mais nacionais dentre as lendas gregas. O espírito feroz e marcial do poeta-guerreiro faz-se presente ao longo da peça inteira. Suas descrições são animadas como que com o ardor e a paixão da batalha. O coro das virgens tebanas pinta, nas mais vívidas cores, o súbito ataque das tropas inimigas, o empinar dos corcéis de cavalaria, o som de seus cascos, "troando como uma torrente que açoita a lateral dos penhascos". Ouvimos o ranger dos pesados arros, o zunido estridente dos dardos, "enlouquecendo o próprio ar", as saraivadas de pedras colidindo contra as muralhas, os esmurrar dos pesados portões, o tumulto da cidade, os gritos da pilhagem, os guinchos de crianças "sufocadas pelo sangue borbulhante". Nem mesmo Homero reuniu imagens mais impressionantes de horror. A descrição de Tideu é particularmente homérica:

> "Três penachos indistintos, as condecorações de seu capacete,
> Tremulam frenéticas, e com estridência, de seu largo broquel
> O sino brônzeo ressoa terror. Sobre o escudo
> Ele traz a nobre insígnia: marcado de estrelas
> Que cintilam de um lado a outro no céu; no meio,
> Reluz a majestosa Lua, o Olho da Noite.
> Feroz na glória de seu brasão, sua voz
> Ruge às margens do rio, e, embriagado da guerra,
> Ele arfa, como um corcel selvagem, quando o clarim
> Ressoa, metálico, ao arremeter sobre o inimigo."

O espírito valoroso, intrépido e beligerante de Etéocles, retratado com poder inconcebível, fica magnificamente caracterizado em sua resposta à descrição anterior:

> "O homem não tem armadura, a guerra não tem formações
> Diante das quais este coração estremeça. Nenhuma estratégia
> Nem brasão de batalha podem infligir
> Os ferimentos que ameaçam. Penachos e sinetas
> Sem a lança são infrutíferos, e a noite,

> Trabalhada naquele broquel com as estrelas do céu,
> Profetizam, talvez, sua própria ruína. E se a sinistra Morte
> Acercar-se de seus olhos, serão apenas os sinais funestos
> Da negra noite que o aguarda."

A descrição de cada guerreiro posicionado em cada portão está toda no espírito de Homero, encerrando-se com a descrição de Polinices, irmão do herói sitiado. Ao ouvir o nome de Polinices, o próprio Etéocles decide confrontá-lo. A princípio, de fato, este último irrompe em exclamações que denotam o espanto e a luta da natureza abominável. Pressentimentos de sua própria morte dançam diante de seus olhos. Ele sente que as maldições do pai começam a dar frutos, e que a última tempestade ainda não desabou sobre a casa de Édipo. De repente, ele refreia o impulso, consciente da presença do coro. Passa, então, a argumentar consigo mesmo, mediante um processo mental que nem Shakespeare poderia ter superado. Ele conjura a imagem daquele irmão, odioso e injusto desde o berço até a infância, da infância à juventude. Convence-se de que a justiça seria perjurada se aquele inimigo triunfasse, e apressa-se a realizar sua pavorosa resolução.

> "Então enfrentarei esse guerreiro. Quem pode ostentar
> Um direito igual ao meu? Chefe contra chefe,
> Inimigo contra inimigo! E irmão contra irmão.
> Ó! Minhas grevas, minha lança, minha armadura resistem
> A essa tempestade de pedras! Minha decisão está tomada."

Etéocles e o irmão morrem nessa luta brutal, e a tragédia termina com o decreto dos senadores de sepultar Etéocles com as devidas honras, e a corajosa decisão de Antígona (irmã dos mortos) de desobedecer à ordem que proíbe o sepultamento de Polinices:

> "Pois poderosa é a lembrança do ventre
> Do qual nós nascemos: de uma mãe desventurada!"

O mesmo espírito que resplandece em *Sete contra Tebas* também se faz evidente em *Os Persas*, que, mais pitoresco que dramático, é uma tragédia que restabelece a ode ditirâmbica. Ela retrata a derrota de Xerxes e apresenta descrições históricas valiosíssimas nos versos dedicados à batalha de Salamina. O discurso de Atossa (mãe de Xerxes), no qual ela enumera as oferendas ao espírito de Dario, é magnífico.

> "Os amuletos que confortam os mortos:

Leite branco, e mel translúcido puro, destilado
Pela abelha selvagem, aquela artífice das flores.
As águas límpidas da nascente virgem,
E este líquido cintilante, recém-nascido de sua
Montanha-mãe, a alegria do tempo, vinha consagrada.
O perfumado fruto da oliveira verde-clara, cujas folhas
Nunca murcham, e essas guirlandas de flores,
Os bebês sorridentes da pródiga terra."

E não há menos poesia na invocação que o coro faz do espírito de Dario, que emerge lentamente ao fim do cântico. No entanto, o objetivo do retorno do monarca à terra não é suficiente para justificar sua aparição, e não parece estar em harmonia com o poder sobre nosso espanto e terror que o poeta costuma exercer. Dario ouve a história da derrota do filho, adverte que os persas não se devem meter com os atenienses, diz à mãe que conforte e console o filho, pede ao coro (que ignora seu conselho) que se entregue à alegria, mesmo na aflição, "pois, para os mortos, as riquezas de nada valem" e, então, volta a seu repouso, que parece ser muito desnecessariamente perturbado.

As Suplicantes, que Schlegel supõe, com plausibilidade, ter sido a peça intermediária de uma trilogia, é notável sobretudo como prova da versatilidade do poeta. Todo o horror desaparece de cena. A linguagem é suave quando comparada à escolha de palavras usual de Ésquilo. A ação é tranquila, e o enredo é extremamente simples, abordando tão somente a proteção que as filhas de Dânao obtêm junto à corte de Pelasgo diante da perseguição dos filhos de Egito. As heroínas da peça, as danaides, compõem o coro, o que acaba por fazer do todo, ainda mais que *Os Persas*, uma peça lírica em vez de uma tragédia. A moral da peça é despretensiosa e primitiva, e parece ser apenas ensinar a hospitalidade para com os estrangeiros, bem como a santidade inviolável do santuário. Não conheço nenhuma passagem em *As Suplicantes* que se iguale à poesia dos versos mais memoráveis de *Os Persas* ou de *Sete contra Tebas*.

XIII. Houve tentativas de transmitir aos leitores modernos uma ideia mais familiar de Ésquilo comparando-o com poetas modernos. Um crítico associa-o a Dante, outro a Milton, mas ele não se assemelha a nenhum deles. Nenhuma língua moderna é capaz de expressar a força maravilhosa de sua escolha de palavras; nenhum poeta moderno consegue transmitir a implacável magnificência de suas concepções. Os autores trágicos franceses podem até oferecer um pálido reflexo de Eurípides ou mesmo de Sófocles, mas nenhum se aventurou no território sagrado do pai da dramaturgia trágica. Ele é inimitável. Sua genialidade chega tão perto da grandiloquência que qualquer aproximação de sua sublimidade é acorrer ao ridículo.[319]

Nas peças que chegaram até nós, Ésquilo nunca retrata amor, salvo por uma ou duas expressões com relação à paixão de Clitemnestra por Egisto.[320] Isso era típico de um novo estado de sociedade na época em que Eurípides criou a Fedra e a Medeia. Seus enredos são desenvolvidos pelas posições mais simples e menos numerosas. Contudo, ele obviamente tinha sua própria teoria da arte, e estudava com cuidado os efeitos de palco que se lhe mostravam mais espantosos e impressionantes. Assim, na disputa burlesca entre Ésquilo e Eurípides, na comédia *As Rãs*, o primeiro é censurado, não por uma negligência tão grosseira, mas por uma erudição demasiado elaborada da arte teatral, como ao apresentar suas personagens principais, sua Níobe e Aquiles,[321] com os rostos cobertos, mantendo um longo e obstinado silêncio a fim de aguçar a expectativa do público com aquele suspense. Na realidade, ao contrário da crítica geral, Ésquilo foi um artista tão sério e reflexivo quanto o próprio Sófocles. Havia esta diferença, é verdade: um inventou a arte, enquanto o outro a aperfeiçoou.

Todavia, a primeira coisa exige um estudo tão intenso quanto a segunda, e aqueles que falam da genialidade selvagem e agreste de Ésquilo não são mais versados que os críticos que aplicaram a expressão "extravagância nativa de chavões" à consumada filosofia de *Hamlet*, à correção anatômica de *Otelo* e à delicada simetria de *A Tempestade*. No tocante à linguagem de Ésquilo, críticos da antiguidade

[319] Talvez apenas sua escolha de palavras encontrasse uma semelhança menos débil nas passagens de Shelley, em especial no *Prometeu* desse poeta, do que em qualquer outra obra poética existente. Mas somente sua escolha de palavras. Seu poder está na concentração, ao passo que a qualidade de Shelley é a difusão. O interesse despertado por Ésquilo, mesmo naqueles que já não conseguem sentir nenhuma afinidade com ideias antigas, é surpreendente, terrível e intenso; o despertado por Shelley é morno e tedioso. A intelectualidade de Shelley destruía sua autoridade sobre as paixões, enquanto a de Ésquilo fazia apenas aumentá-la.

[320] Na comédia *As Rãs*, Aristófanes apresenta Ésquilo gabando-se de nunca haver retratado uma única mulher influenciada pelo amor. É motivo de surpresa para Spanheim que Aristófanes atribua tal bravata ao autor de "Agamêmnon". No entanto, o amor de Clitemnestra por Egisto nunca é descrito, nunca é retratado. É tão somente sugerido e insinuado: um sentimento que jaz obscuro e escondido por trás dos motivos do assassinato de Agamêmnon, revelados de forma ostensiva, isto é, a vingança pelo sacrifício de Ifigênia, e o ciúme que ela tinha de Cassandra.

[321] Em peças que se perderam.

unem-se aos modernos para condenar as distorções e excessos de requinte de suas metáforas, bem como o exagero de suas imagens. Não obstante, eles me parecem um elemento essencial de seu talento e do efeito que produz. Mas nada pode ser mais insatisfatório e inconclusivo que a teoria de Schlegel de que tais metáforas e imagens, a turbulenta audácia e os arroubos de entusiasmo são as características de uma literatura em sua infância. Ao contrário, como já vimos, Frínico, que precedeu Ésquilo, caracterizava-se tanto pela doçura e harmonia quanto Ésquilo pela grandiosidade e impetuosidade. Em nossa época atual, vemos a fria escola clássica substituída por uma escola repleta dos defeitos que os germânicos, eloquentes, mas superficiais, atribuiriam à infância da literatura. A escolha de palavras de Ésquilo era a marca que o caracterizava, não a marca de seu tempo. Se ela exige uma explicação, não a busquemos em falsos pretextos. Mesmo que tivesse escrito depois de Eurípides, sua escolha de palavras teria sido igualmente espantosa, e suas metáforas igualmente pretensiosas. Seu talento era daquele tipo que, em qualquer época, é capaz de inaugurar uma era, e não aquele que é inevitavelmente formado por uma era. Ele poderia ter enriquecido sua música com as melodias das liras dóricas, mas precisava que um único poeta tivesse vivido antes dele. Todos os demais dramaturgos gregos necessitaram de Ésquilo; Ésquilo necessitou somente de Homero.

O POETA é, em verdade, o criador não só de imagens, mas de homens; não de uma raça de ideias e personagens, mas de uma vasta e interminável posteridade que se dispersa sobre a terra. É possível remontar a origem de quaisquer obras maravilhosas, em quaisquer regiões remotas, seja em que período for, passo a passo, de influência em influência, até chegarmos a Homero! Essa é a vitalidade do talento. O verdadeiro transmigrador espiritual assume todas as formas, perde a identidade, mas não a vida, e, à semelhança da GRANDE INTELIGÊNCIA, que é a alma da matéria, abandona uma forma apenas para animar outra.

Capítulo III

Aristides. Seu caráter e posição. A ascensão de Temístocles. O ostracismo de Aristides. Análise do ostracismo. Cresce a influência de Temístocles. As minas de prata de Laurion. Sua produção aplicada por Temístocles para o aumento da frota marítima. Novo direcionamento dado ao caráter nacional.

I. Enquanto o progresso da dramaturgia e a genialidade de Ésquilo contribuíam para a crescente celebridade de Atenas, surgiram, na superfície de seus negócios externos, dois grandes atores rivais, de talentos e métodos tão opostos que logo ficou evidente que o triunfo de um dependia da derrota do outro. Antes da batalha de Maratona, Aristides alcançara uma influência bastante considerável em Atenas. Ele era de berço nobre, suas conexões, abastadas, e sua própria fortuna, razoável. Fora um dos primeiros seguidores e admiradores de Clístenes, fundador das instituições populares de Atenas após a expulsão dos Pisistrátidas, mas partilhava da predileção de muitos chefes populares e, embora se opusesse às usurpações das tiranias, defendia o poder das aristocracias. O sistema de Licurgo agradava a seu temperamento rigoroso e inflexível. Sua integridade era republicana, e sua nobreza de espírito era patrícia. Tinha toda a pureza, o altruísmo e o fervor de um patriota, e nada da maleabilidade nem da paixão de um demagogo. Ao contrário, parecia sentir muito daquele vivo desdém por governar um povo, característico das grandes mentes que sabem que estão servindo ao povo. Seus hábitos eram austeros e ele aconselhava em vez de persuadir os homens a atender a seus propósitos. Seu modo de proceder não era tortuoso, mas, antes, marchava diretamente para seus objetivos, enfrentando os obstáculos em seu caminho em vez de sabotá-los. Era famosa sua reputação de integridade e retidão, e quando, no palco, eram recitados certos versos de Ésquilo, sugerindo que "ser, e não parecer, era sua sabedoria", os olhos dos espectadores logo se fixavam em Aristides. Seu rigor era apenas no tocante a princípios: não havia nele severidade para com os homens. Orgulhando-se da imparcialidade no tratamento de amigos e inimigos, ele se manifestava em favor da pessoa mesma que as leis o obrigavam a processar, e quando, certa vez, em sua função de árbitro entre duas pessoas em um conflito de caráter privado, uma das partes disse que seu oponente proferira muitos insultos contra Aristides, ele a repreendeu com generosidade, dizendo: "Não me fales de insultos contra mim, mas contra ti. É a tua causa que estou julgando, não a minha". Pode-se presumir que, com essas virtudes nobres e singulares, ele não buscasse impedir que se infligisse máculas ao amor-próprio dos outros, e que ostentava as qualidades de uma mente superior com a atitude de um espírito sublime. Ele se tornou o defensor do partido aristocrático e, antes da batalha de Maratona, exercia o ofício de tesoureiro público. Nessa função, Plutarco afirma que Aristides foi objeto de uma acusação de Temístocles, e chega a declarar que o próprio Temístocles o havia precedido naquele ofício honorífico.[322] Mas a juventude de Temístocles contradiz essa afirmação e, conquanto seu temperamento turbulento e ambicioso o tenha levado a uma vida ativa e ele possa ter-se associado a outras pessoas mais influentes contra Aristides, não se pode supor que, desprovido de vantagens de berço, ele se tenha alçado a tamanho poder ou distinção antes de conquistar súbita aclamação popular por seu heroísmo em Maratona.

II. Temístocles era de berço ilegítimo aos olhos do preconceito ateniense, pois sua mãe era estrangeira. O pai, embora vinculado à casa sacerdotal e aristocrática dos descendentes de Licomedes, não era um eupátrida. O jovem Temístocles tinha muitas das qualidades que a ambígua

[322] Rejeito as tradições que apresentam Aristides e Temístocles como rivais já na infância, pois a própria cronologia as refuta. Aristides já devia estar na idade adulta por ocasião da batalha de Maratona, se era amigo e seguidor de Clístenes, um dos dez generais que atuaram no conflito, e arconte no ano seguinte. No entanto, Plutarco e Justino asseguram que Temístocles era muito jovem quando se deu a batalha de Maratona, e essa afirmação é corroborada por outros fatos ligados a sua biografia. Ele morreu aos sessenta e cinco anos de idade, mas viveu o suficiente para ver Chipre sitiada por Címon. Isso aconteceu em 449 a.C. Assim, se apontamos esse ano como o de sua morte, ele nasceu em 514 a.C. e, portanto, tinha por volta de vinte e quatro anos na batalha de Maratona.

condição da ilegitimidade tende a desenvolver nas mentes ativas e dinâmicas: insolência, ostentação, o desejo de brilhar e a inquebrantável ambição de ascender. De acordo com uma tradição popular, parece que cedo se associou a seus superiores, demonstrando já a arte e habilidade no trato com as pessoas, característica que, mais tarde, o distinguiria. Na juventude, era audacioso, inquieto e impetuoso. Dava pouca atenção às sutilezas dos eruditos e aos refinamentos das artes. Porém, ainda menino, já se dedicava ao estudo da política e das artes de governo. Evitava os esportes e atividades de seus colegas de escola, e compunha declamações, das quais o tema era a censura ou a defesa de algum de seus jovens amigos. Suas inclinações profetizavam sua futura carreira, e seu mestre costumava dizer "que ele nasceu para ser uma bênção ou uma maldição para a república". Sua infância estranha e precoce foi sucedida por uma juventude desregrada e licenciosa. Ele vivia em extremos, e alternava entre os prazeres mais dissolutos[323] e as ambições mais ousadas. Entrando prematuramente na vida pública, sua disposição irrequieta ou seus princípios políticos enredaram-no com homens da mais alta posição. Intrépido e confiante, ele não hesitava em atacar quem quer que fosse, nem em se aventurar no que quer que fosse e, qualquer que tenha sido sua conduta antes da batalha de Maratona, as opiniões populares que ele abraçava não podiam senão o colocar, após o conflito, em constante oposição a Aristides, o defensor do Areópago.

Aquela esplêndida vitória que proporcionou uma oportunidade de sucesso para sua carreira aguçou sua ambição. A clamorosa fama de Milcíades, ainda sem conhecer reverso, inspirou-lhe uma presunçosa inveja. A partir de então, ele parece haver abandonado seus excessos mais juvenis. Abstinha-se de suas atividades e prazeres usuais, dedicava-se ao pensamento solitário e abstraído, passava noites inteiras em claro. Os amigos admiraram-se da mudança, e indagaram-lhe a causa. Ele respondeu: "Os troféus de Milcíades não me deixam dormir". Dessas meditações, que são comuns à maioria dos homens no intervalo entre uma juventude desordenada e uma vida adulta cheia de aspirações, ele parece haver logo despertado com objetivos definidos e visões mais amplas. Despontando da obscuridade de seu berço, o sucesso de Temístocles foi rápido, pois ele era dotado de todas as qualidades que o povo

[323] Plutarco, em *Vit. Them. Heraclides et Idomeneus ap. Athen.*, livro 12.

exigia em um líder: não apenas os talentos e a coragem, mas também a afabilidade e a destreza no trato com as pessoas. Ele era uma companhia agradável e jovial, guardava na memória o nome dos cidadãos mais humildes, e sua versatilidade permitia-lhe ser tudo para todos. Sem o espírito nobre e a notável inteligência de Péricles, sem as pródigas, mas efeminadas, graças de Alcibíades, sem, de fato, nada da poesia ateniense de ambos em sua estrutura intelectual, ele possuía, não obstante, muito de seu poder de persuasão, de seu ávido talento para os negócios e de sua habilidade para a intriga. No entanto, sua inteligência, ainda que inferior à de seus dois sucessores, era talvez mais masculina e determinada: nada o desviava de seu propósito; nada freava sua ambição. Seus objetivos eram grandiosos, e ele associava a ascensão de seu país com suas metas mais egoístas. Contudo, era inescrupuloso no que dizia respeito a seus meios. Sedento de glória, ele não tinha inclinação para a honra, nem entusiasmo por ela. Ele parecia não compreender os limites que os princípios impõem à ação e, uma vez que os compreendeu, desprezou-os. Previdentíssimo, era dotado, mais que qualquer um de seus contemporâneos, da ciência profética dos negócios públicos: paciente, vigilante e profundo, ele era sempre dinâmico, porque estava sempre preparado.

Tal era o rival de Aristides e o líder emergente do partido popular de Atenas.

III. A história nada conta sobre o papel assumido por Aristides na acusação de Milcíades, mas não há motivos para crer que se opusesse ao expediente do partido alcmeônida, junto ao qual atuava e que parece ter alcançado uma posição de ascendência após a morte de Milcíades. No ano seguinte ao da batalha de Maratona, encontramos Aristides investido da eminente dignidade de arconte. Em seu cargo, passou a ser largamente conhecido pelo título de "o Justo". Sua influência, sua posição de oficial público e o poder do partido que o apoiava logo fizeram dele a principal autoridade de Atenas. As cortes dos juízes ficaram desertas, pois todo litigante recorria à arbitragem de Aristides: sua administração do poder alcançou-lhe o monopólio da solução de conflitos. Todavia, ele ainda sofria ferrenha oposição de Temístocles e da facção popular liderada por esse ambicioso rival.

Aos poucos, várias causas concorreram para a diminuição da autoridade de Aristides, e a principal delas foi sua própria posição elevada. Mesmo entre seus próprios partidários, ele perdeu terreno, em parte pela inveja dos magistrados, cuja autoridade Aristides suplantara, em parte, sem dúvida, por causa de uma máxima mais perigosa para um líder do que qualquer outra que ele possa adotar, ou seja, a imparcialidade para com amigos e inimigos na atribuição de cargos. Aristides considerava não as opiniões políticas, mas o caráter abstrato ou talentos dos candidatos. Para Temístocles, ao contrário, o dito favorito era: "Não permitam os deuses que eu esteja no poder e meus amigos não participem de meu sucesso". A tendência daquela primeira política é desagradar aos amigos, enquanto raramente apazigua os inimigos, se que é alguma vez o faz. Ela também não é tão excelente como pode parecer aos mais superficiais, pois, se defendemos a superioridade de um conjunto de princípios com relação a outro, enfraquecemos a virtude pública ao darmos aos princípios que condenamos as mesmas recompensas outorgadas aos princípios que aprovamos. Fazemos parecer que o conflito era apenas uma guerra de nomes, e desprezamos a harmonia que deve existir perpetuamente entre as opiniões que o estado deve aprovar e as honras que o estado pode conferir. Aquele que se mostra imparcial no trato com as pessoas deve sujeitar-se a parecer morno no que diz respeito a princípios. Assim, quanto mais elevado e eminente o aparente poder de Aristides, menos sólido e seguro era seu alicerce. Para seu próprio partido, era algo improdutivo; para as massas, parecia inconstitucional. As extraordinárias honras que ele alcançara, seu monopólio da magistratura e suas opiniões antipopulares não poderiam ser vistas senão com receio por um povo tão cioso de suas liberdades. Para sua apreensão, ele parecia aproximar-se cada vez mais da soberania do estado: não por seu guardas ou sua força militar, é verdade, mas pelas usurpações de autoridade civil, que são ainda mais perigosas. Era chegado o momento do ataque. Temístocles pôde contar ao menos com as chances de um experimento crítico, e Aristides foi submetido ao ordálio do ostracismo.

IV. O método do ostracismo era o seguinte: cada cidadão escrevia, em uma concha ou caco de cerâmica quebrada, o nome da pessoa que desejava banir. Os magistrados contavam as conchas e, se somassem seis mil (uma parcela bastante considerável da população livre, e um número menor invalidava o ostracismo), eles eram separados. O homem cujo nome fosse encontrado na maior quantidade de conchas era exilado por dez anos, com absoluta permissão de desfrutar de suas propriedades. A sentença honrava ao mesmo tempo que castigava, pois não envolvia nenhuma outra acusação além daquela de ser demasiado poderoso ou ambicioso para ser cidadão de um estado livre. É famosa a história de que, durante o processo de votação, um burguês ignorante dirigiu-se a Aristides, cuja pessoa ele não conhecia, e pediu que ele escrevesse o nome de Aristides [em sua concha].

"Ele vos prejudicou de alguma forma?", perguntou o grande homem.

"Não," respondeu o tolo, "tampouco o conheço, sequer de vista, mas irrita-me ouvi-lo ser chamado 'o Justo' em toda parte."

Aristides nada respondeu. Escreveu o próprio nome da concha e devolveu-a ao esclarecido votante. Essa é uma história à qual se dá mais importância do que lhe seria devida. No entanto, talvez possamos fazer uma nova leitura da resposta sincera do burguês e crer que expressava não tanto inveja de sua virtude, mas temor de sua reputação. Aristides recebeu a sentença de exílio (483 a.C.) com a dignidade que lhe era habitual. Suas últimas palavras ao deixar sua cidade natal foram mais uma mostra de seu caráter generoso e cheio de nobreza. Disse ele: "Que o povo ateniense jamais conheça o dia que o faça recordar Aristides!" – desejo que, quanto ao exílio como quanto ao povo, não se realizou. Esse dia, tão patrioticamente deplorado, logo chegou, para a glória de Atenas e de Aristides, e a reparação da injustiça e a vitória da liberdade encontraram uma mesma data.

O curioso instituto do ostracismo costuma ser citado como prova da ingratidão de uma república e da volubilidade de um povo. Contudo, sua origem deve-se não às desordens republicanas, mas à usurpação despótica, não de um povo, mas de um tirano. Se fizermos uma análise de todos os estados gregos, perceberemos que as tiranias geralmente eram estabelecidas por algum cidadão qualificado e habilidoso que, aliando-se ao partido aristocrático ou, na maioria das vezes, ao partido popular, era de súbito elevado ao poder supremo com a ascensão da facção a que se havia aliado. Consolidando sua fama graças a virtudes populares, ele, em regra, tinha condições de sustentar o trono por sua autoridade moral, algo mais perigoso que a odiosa defesa de mercenários militares. Isso levava, entre os estados livres, ao surgimento de uma desconfiança com relação a indivíduos cuja eminência chegasse ao ponto de justificar uma ambição desmedida, daí, por um longo período, enquanto a liberdade ainda era frágil e duvidosa, a (quase) necessidade do ostracismo.

Aristóteles, que lamenta e condena essa prática, reconhece, não obstante, que, em determinados estados, ela era absolutamente imperativa. Ele acredita que o mal que ela visa prevenir "poderia ter sido evitado nos períodos primitivos de uma república, com medidas que impedissem a ascensão de um único homem a um grau perigoso de poder. Todavia, onde os hábitos e leis de uma nação são formados de modo a impossibilitar a prevenção dessa ascensão, deve-se então buscar evitar suas consequências". Em outro ponto de sua *Política*, ele observa "que mesmo em repúblicas onde os homens são considerados não por sua riqueza, mas por seu valor, e nas quais os cidadãos amam a liberdade e têm armas e coragem para defendê-la, se as virtudes preeminentes de um único homem, ou de uma única família, ofuscam totalmente o mérito da comunidade como um todo, existem duas escolhas: o ostracismo ou o trono".

Se lamentamos a precaução, devemos reconhecer a causa. O ostracismo foi fruto dos excessos do princípio tirânico, não do princípio popular. A hipocrisia cordial e especiosa de Pisístrato continuou seu desserviço por muito tempo após sua morte, e o ostracismo de Aristides foi a consequência inevitável da tomada da cidadela. Esse mal tem um poder arbitrário, de modo que gera injustiça nos princípios contrários como contrapartida à injustiça de seus próprios princípios. Assim, a opressão sobre nossos compatriotas católicos ao longo de séculos foi consequência das crueldades e perseguições de um controle papal. Lembramo-nos do perigo e recorremos à rigorosa precaução. A fim de impedir uma segunda tirania de opinião, condenamos, talvez não sem uma causa aceitável, não um indivíduo, mas toda uma denominação a um ostracismo moral. Desse modo, épocas passadas não são tão diferentes da atual, e a segurança do estado pode justificar, tanto em uma república como em uma monarquia, mil atos de injustiça abstrata. No entanto, o banimento de Aristides tem justificativas específicas diante das circunstâncias críticas daquele momento. A lembrança de Pisístrato ainda era recente: havia pouco tempo, seu filho perecera em uma tentativa de tomar o poder de seu país; a família ainda vivia e constituía uma ameaça; a república estava ainda em sua infância e tinha uma aristocracia hostil dentro de seus muros, bem como um poderoso inimigo externo que ainda era uma ameaça. Deve-se notar que, à medida que a república se fortalecia e o poder popular aumentava, o costume do ostracismo foi suplantado. O partido democrático nunca foi tão forte como na época em que foi enfim abolido. É a instabilidade do poder, de um povo ou de um rei, que gera a desconfiança. Habituado à liberdade, um povo torna-se menos rígido e mais esclarecido quanto a suas precauções.

V. Era uma máxima de Aristides "que, se os atenienses desejavam prosperar, deveriam atirar Temístocles e ele mesmo no abismo". Mas, dessa vez, o destino contentou-se com uma única vítima, reservando a outra para um sacrifício posterior. Livre da presença de um rival que cruzava constantemente seu caminho e o obstruía, Temístocles encontrou um vasto campo de ação para si. Ele não era daqueles homens que não estão à altura da posição que lhes custou tanto conquistar. Teofrasto dizia que, quando adentrou na vida pública, Temístocles possuía tão somente três talentos, mas isso não se coaduna com as extravagâncias do início de sua carreira, e menos ainda com as despesas a que um homem que tenta liderar um partido está inevitavelmente sujeito em todos os estados populares. Portanto, é mais provável o que outros dizem dele: que herdou um patrimônio considerável e não hesitou em aproveitar todas as oportunidades de aumentá-lo, quer pelos emolumentos normais, quer pelas gratificações indiretas da função pública. Porém, desejando a riqueza como um meio, não como um fim, ele a agarrava com uma das mãos para prodigalizá-la com a outra. Sua generosidade fascinava e seus modos seduziam o povo, embora exercitasse o poder que alcançara com uma previdência deliberada e patriótica. Desde o primeiro recuo das forças militares persa, ele viu que o perigo não desaparecera, mas fora sustado. Todavia, os atenienses, que padeciam de um defeito grego comum e sempre pensavam demais no perigo imediato, e muito pouco no perigo distante, imaginaram que Maratona havia encerrado a grande disputa entre Ásia e Europa. Eles haviam esquecido as frotas da Pérsia, mas ainda tinham pavor das galés de Egina. A oligarquia desse estado rival era o inimigo político do povo ateniense. A aliada dos persas era temida pelo conquistador, e qualquer interesse, militar e comercial, contribuía para alimentar o ódio feroz e cheio de ressentimento que existia contra um vizinho próximo demais para esquecer, belicoso demais para desprezar. A política solícita e abrangente de Temístocles passou a ser usada para manipular a opinião popular na direção de objetivos futuros e, instilando em um público bem-disposto a necessidade de preparar-se adequadamente contra Egina, então soberana dos mares, ele propôs a construção de uma armada capaz de resistir aos persas e, ao mesmo tempo, abrir um novo domínio aos atenienses.

A fim de concretizar esse propósito, ele recorreu a uma das mais valiosas fontes de poder que a natureza havia concedido a Atenas.

VI. Pelos campos em redor da antiga cidade de Tóricos, na estrada da moderna *Kerratia* até o Cabo Sunião, pilhas de escória indicam ao viajante que ele está nas proximidades daquelas que, no passado, foram as famosas minas de prata de Laurion. Passando por entre pinheirais e arvoredos, ele nota os rastros das rodas que dois mil anos não conseguiram apagar do solo, descobre os antigos túneis das minas e faz uma parada diante do alicerce de uma grande torre circular e das extensas ruínas dos castelos que fortificavam a cidade adjacente.[324] Um pouco adiante, e ainda passando por entre os barrancos das minas e os outeiros de escória, ele avista, sobre o Cabo Colonna, as quatorze colunas remanescentes do templo de Minerva Sunias. Nesse território, que ainda leva o antigo nome,[325] encontra-se um importante motivo para o renome e os reveses de Atenas, para a vitória de Salamina e para a expedição à Sicília.

Parece que as minas de prata de Laurion já eram exploradas desde períodos muito remotos, anteriores até mesmo a qualquer data tradicional. Contudo, como bem e irrefutavelmente se observa, "a escassez de prata ao tempo de Sólon prova que era impossível estabelecer qualquer processo sistemático ou artificial de mineração àquela épo-

[324] Veja *Tour through Greece* [Viagem pela Grécia], de Dodwell, e *Itinerary* [Itinerário], de Gell.

[325] "Chamado por alguns *Laurion Oros*, ou Monte Laurion". *Itinerary*, de Gell.

ca".[326] Foi provavelmente durante o dinâmico e prudente governo da dinastia de Pisístrato que se adotaram meios eficientes de aproveitar, de forma adequada, uma tão fértil fonte de riqueza nacional. E quando, em seguida, beneficiando-se das lições de seus tiranos, Atenas permitiu que o espírito livre de seu povo administrasse o estado, surgiu novamente a necessidade de riquezas para enfrentar a hostilidade de Esparta, dando-se um novo ímpeto à indústria em geral e ao empreendedorismo público. Nesse sentido, vemos que, pouco depois da batalha de Maratona, a produtividade anual das minas era imensa. Das pesquisas de um daqueles eminentes germânicos[327] que se dedicaram, com tão sutil discernimento, a um tão laborioso estudo para a elucidação da história antiga, descobrimos que tais minas sempre foram consideradas propriedade do estado. Participações nelas eram vendidas a particulares, na qualidade de arrendatários obrigados a pagar um aluguel anual e, além dele, também um montante anual ao tesouro público, equivalente à vigésima quarta parte da produção. Portanto, o estado recebia receitas regulares das minas graças à essas negociações: montantes fixos e aluguéis reservados. Até então, essa renda era dividida entre todos os cidadãos livres, e o valor distribuído a cada um deles era bastante considerável quando Temístocles, no início de sua carreira (antes mesmo do ostracismo de Aristides), teve a coragem de propor que um fundo tão lucrativo para cada cidadão deveria ser apropriado e aplicado ao propósito nacional de ampliar a marinha. O conflito que ainda existia com os eginetas foi seu pretexto. Mas não podemos negar nossa admiração pelo ardor e generosidade do espírito público da época ao percebermos que foi um líder popular que propôs e sustentou, perante uma assembleia popular, a moção que contribuía para empobrecer os homens que apoiavam seu partido e julgariam sua proposta. Grupos privilegiados e sectários jamais consentem, de bom grado, em desistir de benefícios pecuniários por uma simples finalidade pública. Todavia, apesar de todos os vícios de uma assembleia popular, ela possui a virtude redentora de ser generosa. Contra um grande princípio inconsciente de egoísmo, uma democracia raramente reluta em suportar um sacrifício para atender ao estado.

O dinheiro assim obtido foi empregado na ampliação

[326] Dissertação de Boeckh sobre as Minas de Prata de Laurion.
[327] Dissertação de Boeckh sobre as Minas de Prata de Laurion.

da força marítima para duzentas trirremes, esforço que provavelmente consumiu a receita oriunda das minas por alguns anos. Uma vez quebrado o costume, parece que a produção de Laurion não voltou a ser desperdiçada com indivíduos. A fim de manter e aumentar a nova armava, aprovou-se um decreto, à época[328] ou posteriormente, que determinava a construção anual de vinte tirremes.

VII. A construção dessas embarcações, o sacrífico dos cidadãos, o interesse geral que devia estar associado a um empreendimento que era, ao mesmo tempo, uma novidade em si mesmo e, não obstante, incompatível tanto com as paixões de um povo que, dia após dia, via, de suas colinas, a rocha hostil de Egina, "a monstruosidade do Pireu", como com os hábitos de homens estabelecidos em uma terra estéril que, de três lados, era tentada pelo mar – todos os fatores combinaram-se para ajudar Temístocles em seu principal plano de ação, que tinha por objetivo transformar gradualmente os atenienses, do povo agrícola que era, em um povo marítimo. O que lhe foi imputado como censura tornou-se seu maior motivo de orgulho, ou seja, que "ele primeiro afastou seus compatriotas da lança e do escudo para, então, enviá-los ao banco e ao remo".

[328] A esse respeito, veja a Dissertação de Boeckh sobre as Minas de Prata de Laurion, em referência ao relato de Diodoro.

Capítulo IV

Os preparativos de Dario. A revolta do Egito. Disputa pela sucessão ao trono persa. Morte de Dario. Breve resumo dos principais acontecimentos e características de seu reinado.

I. Embora, sob o hábil governo de Temístocles, Atenas tenha lançado silenciosamente as bases de sua grandiosidade naval e, aos poucos, crescido em influência e renome, o monarca persa não se esquecera do incêndio de Sardes e da derrota de Maratona. Em regra, a reunião dos exércitos de um poder despótico é um processo lento e difícil, e Dario passou três anos despachando emissários a várias cidades e providenciando transportes, cavalos e forragem para uma nova invasão.

A enormidade de seus preparativos, conquanto compatível com a arte da guerra oriental, foi provavelmente proporcional a objetivos ainda maiores que aqueles mencionados pelos historiadores gregos. De fato, não há razão para supor que ele acalentasse o projeto gigantesco que foi, mais tarde, contemplado por seu filho: nada menos que a anexação da Europa como província do império do Oriente. No entanto, sinais daquela revolta que logo ocorreu no Egito podem ter aconselhado a reunião de uma força militar grandiosa sob outros pretextos e, sem se deixar levar por qualquer vingança desarvorada contra o território remoto e minúsculo de Atenas, Dario não poderia senão estar plenamente ciente de que a segurança de suas conquistas jônicas, macedônias e trácias, com o tributo já prestado a seu cetro pelas ilhas da Grécia, fazia necessário remediar a vergonha sofrida pelos exércitos persas, e que, quanto mais insignificante o inimigo, mais fatal, se não punido, o exemplo de oposição e resistência. Os litorais jônicos – entrada para a Europa – valiam grandes esforços e, quanto mais distantes as províncias nas quais se devia inspirar temor, mais estupendos, de acordo com todas as regras do despotismo asiático, deviam mostrar-se os recursos do soberano. Ele precisava de um exército imenso, não tanto para esmagar o inimigo ateniense, mas para exibir, em toda a sua potência, a furiosa majestade do império persa.

II. Mas, enquanto a Ásia ainda se agitava com os preparativos marciais do grande rei, o Egito revoltou-se contra seu domínio. Ao mesmo tempo, a paz de Dario foi perturbada, e sua mente, ocupada, por um conflito entre seus filhos pela sucessão à coroa (486 a.C.). Artabazanes, o mais velho de seus filhos, nascido da união com sua primeira esposa, antes mesmo de sua própria ascensão ao trono, fundamentou sua reivindicação nos reconhecidos direitos de primogenitura. Todavia, Xerxes, o mais velho de uma segunda união com Atossa, filha do grande Ciro, invocou, por outro lado, sua descendência direta do sangue do fundador do império persa. Atossa, que parece ter herdado algo do brilhantismo do pai e que, em todos os acontecimentos, exercia uma influência irrestrita sobre Dario, deu um apoio maior à reivindicação do próprio filho do que ele teria pela argumentação ou pelo costume. A trama provavelmente deixou o palácio e estendeu-se por toda a raça persa pura, que não poderia senão olhar com veneração para um descendente de Ciro. Além disso, nada teria parecido mais propício para sanar qualquer mácula do título de Dario à coroa do que a transmissão de seu cetro a um filho em cuja pessoa se reuniam os direitos da nova dinastia à santidade da antiga. Tais raciocínios prevaleceram em Dario, cujo dever era designar seu próprio sucessor, e Xerxes foi declarado seu herdeiro. Ainda pendente a disputa, chegara à corte persa Demarato, o rei espartano deposto e autoexilado. Ele se aliou à causa e à pessoa de Xerxes, e afirma-se até que ele teria fornecido novos argumentos ao jovem príncipe, com base nos usos de Esparta: afirmação que não pode ser de todo descartada, visto que Demarato se apresentou perante a corte na qualidade de monarca, ainda que na destituição de um exílio, e suas sugestões chegaram aos ouvidos de um árbitro disposto a aceitar qualquer desculpa para justificar a decisão que já havia tomado.

Terminada a disputa, Dario preparou-se para marchar, em pessoa, contra os rebeldes egípcios, quando sua morte

(485 a.C.) entregou às mãos inexperientes de seu herdeiro o comando de seus exércitos e a execução de seus desígnios.

O longo reinado de Dario, que se estendeu por mais de trinta e seis anos, foi memorável pelas amplas melhorias na administração do império, de modo que não será irrelevante, aqui, fazer uma digressão e lançar um rápido olhar sobre alguns dos acontecimentos e inovações pelos quais se distinguiu.

III. A conquista de Ciro transplantara, como povo governante do império medo, uma raça de guerreiros valentes e vigorosos, mas simples e incivilizados. Cambises, de cujo caráter restam apenas indícios ambíguos, uma vez que os crimes ferozes e insanos que lhe são atribuídos[329] chegaram até nós pela via dos sacerdotes egípcios, aos quais é mais provável que tenha perseguido antes como nobreza política que como casta religiosa, não teve condições de promover grandes melhorias na condição do povo, nem na administração do império, pois seu reinado durou somente sete anos e cinco meses, período em que esteve ocupado com a invasão da África e a subjugação do Egito. Ao final de seu reinado, viu-se ameaçado por uma curiosa conspiração. Os *magi* medos tramaram, em sua ausência da sede do império, elevar um medo ao trono. Cambises, sob o impulso de temores supersticiosos e cheios de desconfiança, havia recentemente assassinado Esmérdis, seu irmão. O segredo foi guardado do povo, sendo conhecido apenas de uns poucos, dentre os quais o mago que Cambises havia encarregado [de cuidar] de seu palácio em Susa, um encargo tão importante quanto confidencial. Esse homem concebeu um esquema de incrível audácia, mas não sem paralelo. Seu irmão, que tinha o mesmo nome do príncipe assassinado, também se assemelhava a este na idade e na pessoa. Esse irmão, que era chefe dos criados, com a conivência geral de sua casta sacerdotal, naturalmente ávida por restaurar a dinastia médica, declarou, de súbito, ser o verdadeiro Esmérdis e, tomando posse do palácio, o impostor declarou seu direito ao poder soberano. A anuência dos *magi*, a indiferença do povo, a ausência não só do rei, mas da flor da raça persa e, acima de tudo, a posse pacífica do

[329] À exceção da morte do irmão, no Cambises de Ctésias, não encontramos nenhum dos crimes do Cambises de Heródoto, e mesmo aquele fratricídio perde seus aspectos mais cruéis no relato de Ctésias, pois Cambises é retratado como tendo sido levado ao crime por uma crença sincera na traição do irmão.

palácio imperial favoreceram a farsa.[330] Instalado no trono persa, mas ocultando sua pessoa dos olhos da multidão na pompa impenetrável de um harém oriental, o falso Esmérdis teve a audácia de despachar, juntamente com os arautos que deviam proclamar sua acessão ao trono, um mensageiro para ter com o exército egípcio e exigir sua lealdade. O enviado encontrou Cambises em Ecbátana, na Síria. A covardia e a preguiça não eram faziam parte do caráter desse monarca. Ele montou em seu cavalo, determinado a marchar de imediato para Susa. Nesse momento, a caiu a bainha de sua espada, e ele sofreu um ferimento fatal da lâmina desnudada. Cambises não deixou descendentes, e o impostor, que o povo acreditava ser o verdadeiro filho de Ciro, promulgou, a partir da régia e protetora obscuridade de seu palácio, proclamações populares e editos beneficentes. Independentemente de sua fraude atual, qualquer que tivesse sido sua carreira anterior, esse ousado medo conseguiu fazer com que seu reinado fosse amado e respeitado. Após sua morte, foi pranteado por todos, à exceção dos persas, que não aceitariam as virtudes de um deus como justificativa para a usurpação de um medo. Conhecido em toda a vastidão do império somente por seu espírito generoso e pela revogação de tributos e servidões, o impostor não recebia em sua presença ninguém que pudesse descobrir seu segredo. Ele nunca deixava o palácio; os nobres não eram convidados para seus banquetes; as mulheres de seu harém ficavam separadas umas das outras, e era apenas em profunda escuridão que as parceiras de seus prazeres eram admitidas a sua cama. Heródoto diz que a impostura foi descoberta da seguinte maneira: de acordo com o costume real, o mago apropriara-se das esposas de Cambises. Uma delas era filha de Otanes, um nobre persa a quem os hábitos reservados do pretenso rei causavam grande desconfiança. Por causa de algum crime, o mago tivera as orelhas decepadas anteriormente, por ordem de Ciro. Otanes confidenciou o fato à filha, bem como suas suspeitas, e, quando partilhou novamente do divã real, a jovem aproveitou o sono do monarca para constatar que o

[330] O relato dessa conspiração em Ctésias parece mais improvável do que a narrativa que nos é apresentada por Heródoto. No entanto, em ambos, os aspectos mais extraordinários da trama são os mesmos, a saber, a impressionante semelhança entre o impostor e o príncipe morto, e o absoluto sucesso que a fraude teve por um tempo. Além disso, em ambas as narrativas, podemos perceber, por trás das personagens principais que nos são ostensivamente apresentadas, o esboço de um grande esquema dos *magi* de retomar o império do Oriente das mãos dos conquistadores persas entregando-o a um medo.

soberano do Oriente era um impostor marcado e criminoso. Confirmadas as suspeitas de Otanes, este se uniu a outros seis nobres em uma conspiração que deveu seu sucesso sobretudo à determinação e energia de um deles, chamado Dario. Aparentemente, esse homem tinha uma posição de importância medíocre na guarda real, conquanto fosse filho de Histaspes, governador da província de Pérsis, e tivesse o mais puro e nobre sangue persa. Os conspiradores invadiram o palácio às escondidas, mataram os eunucos que cruzaram seu caminho, e chegaram ao aposento em que o próprio usurpador estava sentado com o irmão. Os impostores, embora inadequadamente armados, defenderam-se com coragem. Dois dos conspiradores foram feridos, mas as espadas dos demais bastaram para consumar o trabalho, e o próprio Dario deu o golpe de misericórdia em um dos irmãos.

Essa insurreição foi acompanhada e manchada por um massacre indiscriminado dos *magi*. Mas os persas, que nutriam por aquela tribo médica o costumeiro ódio que os conquistadores sentem pela parcela mais sábia e nobre da raça conquistada, não se contentaram com um único ato efêmero de vingança. A memória da impostura e do massacre foi perpetuada por muito tempo mediante um festival solene chamado "a matança dos *Magi*", ou Magofonia, durante o qual nenhum mago tinha permissão de sair às ruas.

Em consequência dessa conspiração, a sucessão ao trono persa foi entregue nas mãos dos sete nobres, e a eleição recaiu sobre Dario, a alma da empreitada, o qual pertencia à antiga e régia casa dos aquemênidas, na qual os persas reconheciam a família de seus reis ancestrais. Mas os outros conspiradores não haviam lutado apenas para trocar um déspota por outro. Com uma nova monarquia, emergiu uma nova oligarquia. Otanes foi até mesmo dispensado de jurar lealdade ao monarca, e sua posteridade foi marcada por tais honras e imunidades exclusivas que Heródoto diz que ela foi a única família persa a conservar a liberdade. Os demais conspiradores provavelmente passaram a compor uma espécie de conselho privilegiado, visto que reivindicavam o direito de acesso a qualquer momento à presença do rei, sem ser anunciados: privilégio de máxima importância nas formas orientais de governo. Além disso, seu poder tornou-se permanente e sólido graças a certas restrições matrimoniais,[331] que assim conservavam

[331] Heródoto conta que se decidiu que o rei poderia casar-se tão somen-

uma aliança constante entre a família real e a sua. Enquanto os seis conspiradores foram erigidos em uma oligarquia, a tribo da Pasárgada, a mais nobre das partes em que a pura família persa era dividida, tornou-se uma aristocracia para comandar o exército e adornar a corte. No entanto, embora a grande maioria dos medos conquistados fosse mantida em uma inferioridade servil, e ainda mais subjugados por causa do ressentimento persa diante da recente usurpação médica, Dario teve a prudência de aplacar os mais poderosos daquela grande classe de seus súditos com cargos de dignidade e comando, de modo que, dentre todas as nações tributárias, os medos ficavam imediatamente depois dos persas.

IV. Com Dario, a monarquia persa acabou chegando àquela grande crise de civilização por que passam os estados fundados por nômades conquistadores, quando, depois de tomar ricos territórios, construir cidades e estabelecer colônias, o enorme império, difícil de governar por causa de seu tamanho, é dividido em províncias, e o governo satrápico reflete, em todos os distritos, aquela mistura de despotismo e subserviência, pompa e instabilidade da corte imperial. Sem dúvida, Dario tomou as providências mais eficientes ao alcance para consolidar seu domínio e organizar seus recursos. Para melhor recolhimento dos tributos, criaram-se vinte províncias, governadas por vinte sátrapas. Até então, não se havia exigido nenhum imposto específico e regular: os reis persas contentavam-se em aceitar presentes relutantes e extorquir montantes arbitrários. Agora, Dario instituía um imposto anual limitado: quatorze mil, quinhentos e sessenta talentos, de acordo com os cálculos de Heródoto, recolhidos em parte da África e principalmente da Ásia.[332] Os persas, como raça conquistadora e privilegiada, eram excluídos da imposição geral, mas pagavam uma módica contribuição sob o título mais brando de gratificação. Os colcos fixavam seus

te com uma noiva da família de um dos conspiradores. Mas Dario desposou duas filhas e uma neta de Ciro. É mais compatível com os costumes orientais supor que tivessem acordado que o rei daria suas próprias filhas em casamento a membros daquelas seis casas. Seria impossível reivindicar o monopólio do harém real, fosse ele constituído por esposas ou concubinas, de maneira que o mais provável é que a escolha do rei estivesse adstrita tão somente (e não com tanto rigor) à família de Ciro e à numerosa raça privilegiada dos alquemênidas.

[332] Além dos subsídios regulares, vemos em Heródoto, I, cap. 92, que a população geral era obrigada a prover os meios para a subsistência do rei e seus exércitos. A Babilônia produzia suprimento para quatro meses, sendo os recursos dessa satrapia suficientes para a terça parte da Ásia.

próprios encargos; os etíopes, na fronteira do Egito, juntamente com os habitantes da cidade sagrada de Nissa, também pagavam gratificações tributárias; ao passo que a Arábia oferecia o tributo de seu olíbano, e a Índia,[333] de seu ouro. O império de Dario mostrava-se tanto mais estável, pois era contrário a seu espírito constitutivo inovar no tocante à organização interior das províncias distantes: estas gozavam de suas próprias leis e instituições nacionais, conservando até mesmo seus monarcas, e não entregando nada além de sua independência e seu tributo. O dever dos sátrapas era, então, apenas civil e financeiro: eles eram responsáveis pelos impostos e pela execução dos decretos reais. Parece que sua instituição tinha por objetivo tão somente a melhor arrecadação de receita. Contudo, quando, vindo das classes dos nobres, Dario subiu ao trono, ele percebeu a utilidade de criar principados subordinados que afastassem e contentassem os mais poderosos e ambiciosos de seus antigos pares. À exceção do próprio Dario, nenhum monarca no mundo conhecido possuía a autoridade ou desfrutava do esplendor conferido a esses vice-reis imperiais. A Babilônia e a Assíria foram entregues a um; a Média não foi suficiente a outro; nação foi agregada a nação, e raça a raça, para formar uma província digna da nomeação de um representante do grande rei. Sua pompa e posição eram adequadas ao vice-rei com poder sobre monarcas. Uma medida de prata, maior que o medimno ático, era oferecida diariamente como presente ao sátrapa da Babilônia.[334] Oitocentos garanhões e mil e seiscentas éguas eram distribuídos por seus estábulos, e os impostos de quatro cidadezinhas garantiam o sustento de seus cães indianos.

Porém, ao menos durante o governo de Dario, as visitas periódicas do rei em pessoa, ou de seus comissários, refreavam esses poderosos oficiais e conservavam seu temor, enquanto uma larga estrada, que ligava a costa ocidental à capital persa, e suas estalagens, que recebiam os mensageiros e emissários que transmitiam os comandos do rei, colocavam as províncias mais distantes ao alcance de uma pronta inteligência e de um controle vigilante. Essas últimas melhorias foram planejadas para quebrar a languidez e estagnação comuns à enormidade do império oriental. O reinado de Dario também se distinguia pelo

[333] Aquela pequena parte fronteiriça da Índia que era conhecida por Dario.

[334] Constituindo uma receita de mais de cem mil libras esterlinas. Heeren, *Os Persas*, cap. II.

cultivo das artes mais elegantes, pois é possível atribuir a esse período, se não a fundação, ao menos o embelezamento e a ampliação de Persépolis. As ruínas do palácio de Chil-Menar, que a superstição moderna atribui à arquitetura dos gênios, suas belas colunas, sua robusta alvenaria, as escadarias ao modo de sacadas, suas pias de mármore, seus desenhos insculpidos, marcados com os inconfundíveis emblemas da fé dos *magi*, demonstram claramente que os soldados-pastores de Ciro já haviam aprendido a apreciar e empregar as artes elaboradíssimas dos medos subjugados.

Além disso, durante essa época, criou-se um sistema militar mais regular mediante a instituição das conscrições, ao mesmo tempo em que a sujeição dos habilidosos marinheiros da Fenícia e a conquista das grandes cidades marítimas da Grécia asiática agregaram às forças de guerra persas o novo poder de uma marinha numerosa e experiente.

V. O reinado de Dario também é notável por causa da influência que os estrangeiros gregos começaram a assumir na corte persa, bem como da inevitável e indiscriminada admissão de mercenários gregos no serviço militar persa. Os costumes persas eram, por natureza, de hospitalidade, e Dario tinha não só um temperamento afável, uma mente cheia de curiosidade. Um médico grego de Crotona, que conseguiu livrar o rei das sequelas de um doloroso acidente que não haviam sido revertidas pelos médicos egípcios, considerados os mais hábeis da corte, naturalmente tornou-se uma personalidade importante. Sua reputação cresceu ainda mais graças a uma cura mais difícil: a cura de Atossa, filha de Ciro, a qual, dos braços do irmão Cambises e do mago impostor, passou ao leito nupcial do rei. Esse médico, conquanto apenas desejoso de regressar, mediante algum pretexto, a seu país natal, talvez tenha sido o primeiro a despertar no rei persa o malfadado desejo de anexar a Grécia a seus domínios. Nessa época, havia muitos aventureiros helênicos espalhados pelo império, dos quais alguns haviam servido com Cambises, outros, com os egípcios. Sua coragem recomendava-os a um povo valente, e seu peculiar talento para a intriga deitou raízes em todos os solos. Síloson, um grego de Samos, irmão de Polícrates, tirano daquele estado, o qual, após uma carreira de felicidade e renome sem precedentes, caiu vítima da traição hostil de Oretes, sátrapa de Sardes, induziu Dario a enviar Otanes no comando de uma tropa persa a fim de restabelecê-lo como governante do principado do irmão assassinado. Quando, posteriormente, em sua expedição cita, Dario foi testemunha ocular da gloriosa civilização da Jônia, não só a Grécia se tornou objeto de maior ambição, mas também os gregos de seu respeito. Mediante uma clemência generosa e sensata, ele tentou vinculá-los a seu trono e colonizar seus territórios com súditos valiosos tanto por sua coragem característica como por sua inteligência nacional. Assim, não nos deve espantar a estima que um Hípias ou um Demarato encontravam nos conselhos persas quando, além da reputação geral dos gregos, eles eram investidos da dignidade de uma posição principesca, pois, mais que todas as nações,[335] os persas eram os que mais veneravam o nome e os atributos de um rei. Além disso, suas ideias orientais não poderiam distinguir com clareza entre um monarca legítimo e um tirano grego.

VI. Durante esse reinado também, com a concentração do império e a ascensão de uma esplêndida corte a partir das tropas guerreiras de Ciro e Cambises, os elementos nobres do puro caráter persa confundiram-se com aqueles dos médicos e assírios. À medida que abandonavam os costumes nômades, os persas perdiam sua distinção enquanto povo conquistador. Guerreiros tornaram-se cortesãos; o palácio reduziu-se a um harém; eunucos e favoritos, rainhas[336] e, sobretudo, rainhas-mães passaram a exercer uma influência perniciosa e invisível. E, enquanto os gregos, em seus pequenos estados e sob seus governos livres, progrediam para uma civilização em que o luxo fazia apenas alimentar novas energias e criar artes novas, o magnífico enfraquecimento de um despotismo que destrói a competição, e um império grande demais para o patriotismo, degradou depressa e arruinou a antiga raça vigorosa de Ciro,[337] talvez igual, de início, aos gregos em suas qualidades mentais e, em muitos aspectos importantes,

[335] É isso o que denota Heródoto, e seu testemunho é corroborado pelas anedotas narradas em sua própria história e, em verdade, por todas as demais autoridades antigas.

[336] Dinão (*Apud Athen.*, livro XIII) observa que a rainha persa tolerava as inúmeras concubinas, comuns no harém real, porque elas a cultuavam como a uma divindade.

[337] Veja, além das autoridades mais conhecidas, os curiosos comentários e anedotas relacionadas ao luxo dos reis persas nas citações de Dinão, Heráclides, Agátocles e Carés de Mitilene, espalhadas pelo *Athenaeus*, livros XII, XIII e XIV, mas sobretudo no livro XII.

muito superior a eles em qualidades morais. Com uma religião menos dinâmica e pitoresca, porém mais simples e sublime, que rejeitava a crença de que os deuses participavam de uma natureza mortal e cultivava seu GRANDIOSO não em estátuas nem em templos, mas sobre o nobre altar do cume de altas montanhas, ou por meio daqueles agentes elementares que são os representantes não idolátricos de sua beneficência e poder;[338] habituada, em sua condição primitiva e incorrupta, a leis brandas e autoridade limitada; acostumada desde a infância à disciplina física e à honestidade moral, "a puxar o arco e falar a verdade", essa valorosa e esplêndida tribo estava fadada a transformar-se em uma das provas mais contundentes da história de que nem os talentos de um déspota, nem as virtudes originais de um povo podem resistir, por muito tempo, ao inevitável efeito de constituições políticas perniciosas. Não foi em Maratona, nem em Salamina, tampouco em Plateia que a glória persa se perdeu. Ela se perdeu quando os persas passaram a imitar os costumes dos escravos que haviam conquistado. Diz Heródoto: "Sendo os maiores imitadores de todos os homens, eles estão sempre dispostos a adotar os costumes dos estrangeiros. Dos medos, copiam sua vestimenta; dos egípcios, seu peitoral". Afortunados teriam sido se limitassem suas apropriações à vestimenta e ao peitoral das nações que desprezavam! Afortunados, se não tivessem transmitido para sua augusta religião as adulterações grosseiras dos *magi* medos, se não tivessem trocado suas leis brandas e seu governo restrito pelo mais insensível desdém pelo valor da vida[339] e pela dignidade da liberdade. Toda a pura raça persa, mas principalmente

[338] Estrabão, livro XV; Heródoto, livro I, cap. CXXXI, etc.

[339] Dentre os inúmeros exemplos do desprezo pela vida humana que, após suas conquistas, passaram a ter aqueles mesmos persas que, em sua obscuridade montesa, jamais permitiriam que seu soberano condenasse alguém à morte por algum crime, nem eu o chefe de família agisse com demasiada severidade para com um membro de sua família (Heródoto, livro I, cap. CXXXVII), Heródoto relata um que, em seus aspectos principais, é corroborado por Justino. Dario está no cerco à Babilônia. Zópiro, um dos sete conspiradores contra o mago, mutila-se e entra na Babilônia como desertor, tendo anteriormente acordado com Dario que este enviasse, aos portões de Semíramis, em um dia, mil homens cuja perda lhe fosse menos prejudicial, outros dois mil, em outro dia, aos portões de Nino, e mais quatro mil, em um terceiro dia, aos portões caldeus. Todos esses destacamentos foram deliberadamente massacrados por Zópiro, que estava no comando dos babilônicos. Assim conquistada a confiança dos babilônicos, Zópiro conseguiu trair a cidade e entregá-la ao rei. Essa imolação traiçoeira e a sangue frio de sete mil súditos foi considerada pelo humano Dario e pelos persas em geral como prova da mais eminente virtude de Zópiro, que recebeu em recompensa a satrapia da Babilônia. Essa narrativa é tão circunstancial que comprova, em si mesma, sua verdade geral. Na realidade, para um persa, a vida de sete mil medos importava tanto quanto importava a um espartano a vida de hilotas suspeitos.

a tribo mais nobre dos Pasárgadas, elevou-se, pelas conquistas, acima de uma população imensa, transformando-se na aristocracia natural da terra. Contudo, o valioso princípio do orgulho aristocrático, que é o freio mais seguro à usurpação monárquica, degenerou na atmosfera de um despotismo que recebia seus limites arbitrários ou terríveis punições somente nos escuros recessos de um harém. Conservando até o fim seu desdém por tudo o que estivesse fora do âmbito persa, considerando-se ainda "os mais excelentes dos homens",[340] esse povo – a nobreza do Oriente – com a arrogância do espartano, ao desenvolver os vícios do hilota, decaiu depressa de todas as suas antigas virtudes nacionais e colocou-se sob aquele governo de harém de janízaros e prostitutas, no qual, do início ao fim, fundiu-se o triste destino do despotismo oriental.

VII. Embora pareça que Dario fosse dotado antes do entusiasmo pela conquista que do talento para a guerra, seu reinado foi marcado por muitos triunfos militares memoráveis: alguns que consolidaram a base de seu império, enquanto outros o ampliaram. Uma terrível insurreição da Babilônia, que resistiu a um cerco de vinte e um meses, foi suprimida com sucesso, e o novo governo satrápico, com a assistência das visitas anuais do rei, parece ter contido qualquer reanimação subsequente dos vastos remanescentes daquele antigo império dos reis caldeus. Posteriormente, uma expedição pelas margens do rio Indo, descoberto e navegado pela primeira vez por um dos gregos que Dario havia empregado, conquistou as terras altas do norte do rio, transformando aquele distante curso d'água em uma nova fronteira do reino persa. Mais importante, tivessem os golpes de sorte do filho sido iguais a seus desígnios, foi o alarmante estabelecimento de colônias que o monarca da Ásia empreendeu no continente europeu, instalando sua soberania na Trácia e na Macedônia, exigindo tributo das ilhas e de muitas cidades da Grécia, destruindo, com a queda final de Mileto, a independência e o poder crescente daquelas colônias jônicas que poderiam ter estabelecido nas costas asiáticas a barreira permanente contra as in-

[340] Heródoto, livro I, cap. CXXXIV. Os Pasárgadas, que, em regra, eram obviamente confundidos com toda a população persa pelos escritores antigos, conservaram a antiga educação e a rígida disciplina de sua juventude ainda por muito tempo depois de desaparecidas as velhas virtudes. (Veja Estrabão, XV; Heródoto, livro I, e o romance retórico de Xenofonte.) Contudo, leis e costumes, que perderam o espírito vivificante da opinião e do sentimento nacional, não passam dos cenotáfios de formas mortas embalsamadas em vão.

cursões da conquista oriental. Diante desses sucessos, a perda de seis mil e quatrocentos homens na batalha de Maratona, um número menor do que aquele que Dario sacrificou deliberadamente em um estratagema no cerco da Babilônia, deve ter parecido um contrapeso insignificante nas execuções de seus generais, compensado, por assim dizer, com os despojos e os prisioneiros da Eubeia. Além disso, as colônias na Trácia e na Macedônia, com o temor que suas forças militares inspiravam em toda aquela parcela de seus domínios, eram uma recompensa suficiente pelos desastres da expedição, conduzida por Dario em pessoal, contra a feroz e bárbara raça nômade mongol, que, conhecida por nós como os citas, usavam o símbolo de uma cimitarra para cultuar seu deus da guerra, com libações de sangue humano: os hediondos habitantes dos territórios inóspitos e estéreis que se interpunham entre o Danúbio e o rio Dom.

VIII. Assim, a herança que Dario transmitiu a Xerxes foi fruto de um reinado longo e, no geral, sensato e glorioso. O novo soberano do Oriente não encontrou, como o pai, um império fragmentado e desunido de nações antes conquistadas que subjugadas, desprovidas tanto de receitas regulares e como de governos locais – um acampamento andarilho, movendo-se de cá para lá em um deserto de nações desvinculadas. Xerxes ascendeu ao trono em meio a uma corte esplêndida, tendo a Babilônia, Ecbátana, Persépolis e Susa por palácios. Sátrapas submissos uniam as províncias mais distantes à sede do império. A riqueza da Ásia era levada em correntes regulares para seu tesouro. À exceção da revolta dos enfraquecidos egípcios e da desdenhada vitória de um punhado de homens sobre um promontório insignificante do remoto Egeu, não havia nuvens que encobrissem a aurora de seu reinado. Ainda não se sentiam nem se previam os perigos que poderiam emergir da sensatez mesma de Dario na instituição de sátrapas que, se não fossem suficientemente apoiados pela força militar, seriam incapazes de controlar as nações heterogêneas que governavam e, se apoiados, poderiam eles mesmos tornar-se, a qualquer momento, os mais ameaçadores dentre os rebeldes. Ao prestígio que herdou da fama do pai, o jovem rei acresceu também uma dignidade mais venerável e sagrada aos olhos da aristocracia persa e, talvez, em todo o império, dignidade essa derivada, do lado da mãe, do sangue de Ciro. Nunca, nas aparências exteriores, nem na previdência ordinária, sob melhores auspícios, passou um príncipe do Oriente do luxo de um harém à majestade de um trono.

Capítulo V

Xerxes conduz uma expedição ao Egito. Enfim decide invadir a Grécia. Os grandes preparativos para a conquista da Europa. Xerxes chega a Sardes. Envia emissários aos Estados gregos, exigindo o pagamento de tributo. A ponte do Helesponto. Análise da força militar persa em Abidos. Xerxes monta seu acampamento em Terma.

I. Ao herdar o trono do Oriente (485 a.C.), Xerxes encontrou o poderoso exército reunido pelo pai preparado para executar seus planos de conquista ou vingança. Na grandiosidade daquele exército, na juventude daquele príncipe, vários partidos viram um instrumento de interesse ou ambição. Mardônio, belicoso e empreendedor, desejava a conquista da Grécia e o comando das forças persas. E, para os nobres dos pasárgadas, uma expedição para a Europa não podia senão representar uma esplêndida oportunidade de despojos e poder, de satrapias ainda não exauridas em seus tesouros, de guarnições e tropas distantes dos olhos do monarca e do domínio da capital.

As pessoas que mais influenciavam Xerxes eram seu tio Artabano, o primo Mardônio, e um eunuco chamado Natacas.[341] As intrigas do partido favorável à invasão da Europa eram patrocinadas pelas representações dos exilados gregos. A família dos pisistrátidas e seus partidários se haviam estabelecido em Susa, e a sutileza grega somada a seu espírito empreendedor sustentava e confirmava, para aquela facção inescrupulosa e capaz, o prestígio que já haviam consolidado na corte persa. Onomácrito, um sacerdote ateniense que fora banido por Hiparco após forjar previsões oraculares, reconciliara-se com os pisistrátidas e, agora, vivia em Susa. Apresentado ao rei como adivinho

[341] Ctésias, 20.

e profeta, ele inflamou a ambição de Xerxes com oráculos ininteligíveis de conquista e fortuna, os quais, naquele momento, os pisistrátidas não tinham interesse de expor.

Por volta do mesmo período, os Aleuadas, aqueles príncipes da Tessália cuja política parece ter sido sempre a de uma hostilidade implacável contra as repúblicas gregas, enviaram embaixadores a Xerxes, convidando-o para ir à Grécia e prometendo o auxílio de seus exércitos, bem como lealdade a seu cetro.

II. A partir de tais intrigas, Xerxes inflamou-se no segundo ano de seu reinado e, como pontapé inicial de intentos mais amplos, conduziu em pessoa uma expedição contra os rebelados egípcios. Aquele povo não tinha nem habilidade militar nem audácia inata, mas se deixaram inspirar pelo mais devotado afeto por sua fé e suas instituições. Esse afeto era, para eles, o que o amor pela liberdade é para outros povos: talvez fosse fácil conquistá-los, mas era quase impossível subjugá-los. Por algum tipo de fatalidade, sua história entrelaçou-se, ao longo de séculos, com a história da Grécia: os perigos a que estavam expostos, bem como seus inimigos, eram os mesmos. A antiga relação que a tradição apócrifa registra entre raças tão opostas parecia uma típica profecia daquilo que, de fato, existiu nos períodos históricos. E se, no passado, a Grécia recebeu algo de civilizatório do Egito, ela agora retribuía a dádiva com as espadas de seus aventureiros, e a porção mais corajosa e leal do exército egípcio era composta de mercenários gregos. Ao mesmo tempo, o Egito partilhava do destino de todas as nações que conferem demasiado poder a seus mercenários. Gregos defenderam o Egito, mas gregos conspiraram contra ele. Os aventureiros que lhe davam uma força letal eram de temperamento arrogante, ardiloso e irascível. Um grego afastado da influência da Grécia geralmente perdia tudo o que era honesto, tudo o que era nobre no caráter nacional e, ao refinadíssimo intelecto, unia uma sagacidade semelhante à do italiano da Idade Média: feroz, desleal e depravado. Desse modo, enquanto os mercenários gregos sob Amósis, ou, antes, Psamético, resistiram até o fim aos exércitos de Cambises, o Egito fora traído por um grego (Fanes). Se pudéssemos descobrir detalhadamente todas as fontes secretas da revolta do Egito, bem como os detalhes da expedição de Xerxes, talvez encontrássemos uma coincidência não só de datas entre os eventos gregos e egípcios. Quer em Mênfis, quer em Susa, é fascinante constatar a incrível influência e ascendência que o intelecto helênico alcançava. Na realidade, era o rebotalho desesperado da Europa que influenciava e controlava os conselhos, movimentava os exércitos e decidia o destino das poderosas dinastias do Oriente.

III. Os exércitos de Xerxes foram vitoriosos no Egito (484 a.C.), e o monarca impôs com ainda mais rigor àquela malfadada terra o despotismo férreo iniciado por Cambises. Confiando o governo egípcio a seu irmão Aquêmenes, o rei persa regressou a Susa e, radiante com a vitória, e sob a influência cada vez maior dos ambiciosos conselhos de Mardônio, ele agora revelava claramente, na reunião de seus conselheiros, o enorme projeto que havia concebido. A vaidade dos gregos levou-se a supor, com excessiva credulidade, que a invasão da Grécia fosse o principal objetivo do grande rei, mas, ao contrário, tratava-se do menor deles. Xerxes via a Grécia como o limiar de um novo quadrante do globo. Ignorando o caráter das terras que pretendia subjugar, e crendo em todas as fábulas que conferem proverbial magnificência ao desconhecido, Xerxes vislumbrava na Europa "regiões não inferiores à Ásia em extensão, mas muito superiores a ela em fertilidade". Após a conquista da Grécia em ambos os continentes, o jovem monarca revelou a seus conselheiros suas intenções de conquistar toda a Europa, "até que o próprio céu seja o único limite ao reino persa, e o sol não brilhe sobre nenhum país contíguo ao seu".[342]

IV. A esses planos, apoiados por Mardônio, opôs-se tão somente Artabano, e seus argumentos, ditados pela prudência e pela experiência, causaram grande impressão no rei. No entanto, a partir de então, novos motores de artifício supersticioso e impostura foram aplicados à mente fraca de cuja decisão agora dependia a guerra fatal entre Ásia e Europa. Visões e advertências, ameaças e exortações povoavam seu travesseiro e perturbavam seu sono, tudo voltado a um único objetivo: a invasão da Grécia. Como sabemos, por meio de Ctésias, que o eunuco Natacas era um dos parasitas de maior influência junto a Xerxes, é provável que essa personagem tão importante nas intrigas de palácio fosse, com a evidente conivência dos

[342] Heródoto, livro VII, cap. XI.

magi, o instrumento de Mardônio. E, de fato, a partir desse período, a política da Pérsia passou a concentrar-se cada vez mais nos esquemas secretos do harém. Desse modo, sob o influxo da superstição, da bajulação e da ambição, a hesitação de Xerxes desapareceu. O próprio Artabano fingiu convencer-se da conveniência da guerra e, agora, ao rei e seus conselheiros restava tão somente adaptar os preparativos à enormidade da empreitada. Mais quatro anos não foram considerados um atraso inútil para a reunião de um exército e de uma frota destinados a concluir a conquista do mundo.

"E nunca houve uma expedição militar comparável a essa", diz Heródoto. "Seria difícil mencionar uma única nação da Ásia que não tenha acompanhado o rei persa, bem como quaisquer águas, salvo pelos grandes rios, que não foram esgotados por sua força militar." Fizeram-se preparativos para uma expedição de três anos, de modo a evitar as calamidades anteriormente enfrentadas pela frota persa. Se o sucesso da expedição se tivesse consumado com a grandiosidade de seu começo, talvez ela fosse elencada dentre as mais sublimes concepções do gênio militar. Todos os esquemas eram de natureza abrangente, gigantesca. Do outro lado do istmo que liga o promontório de Atos ao continente trácio, formou-se um canal: obra tão laboriosa que parece quase justificar o ceticismo de autores posteriores,[343] não fosse pelo testemunho concordante de Tucídides e Lísias, Platão, Heródoto e Estrabão.

Construíram-se ainda pontes sobre o rio Estrimão. Aos egípcios e fenícios confiou-se o cuidado de provisões, que foram estocadas em todos os postos que pareciam mais adequados para mantimentos.

V. Enquanto se faziam tais preparativos, o grande rei, no comando de suas forças terrestres, marchou para Sardes. Depois de ultrapassar o rio Hális e as fronteiras da Lídia, Xerxes fez uma parada em Celena. Ali, ele foi magnificamente recebido por Pítias, um lídio considerado, ao lado do próprio rei, o homem mais rico do mundo. Esse súdito abastado ofereceu ao jovem príncipe, para o prosseguimento da guerra, todo o seu tesouro, que era de dois mil talentos de prata e quatro milhões de estáteres de ouro

[343] Juvenal, Richardson, etc. Os preparativos no Monte Atos começaram três anos antes da chegada de Xerxes a Sardes. (Compare Heródoto, livro VII, 21 com 33, 37).

de Dario, aos quais faltavam apenas sete mil.[344] "Minhas fazendas e meus escravos serão suficientes para manter-me", acrescentou ele.

"Meu amigo," disse o convidado hóspede real, que era dotado de toda a atípica generosidade dos príncipes, "és a primeira pessoa, desde que deixei a Pérsia (480 a.C.), que tratou meu exército com hospitalidade e ofereceu-me voluntariamente sua assistência na guerra. Aceita minha amizade. Recebo-te como meu convidado. Conserva teus bens e permite-me fornecer os sete mil estáteres que faltam para completar os quatro milhões que já tens". Um homem que doa o que é de propriedade pública raramente é superado em liberalidade.

Xerxes chegou enfim a Sardes e daí enviou mensageiros para a Grécia (no final de 481 a.C.), exigindo o tributo de terra e água. Atenas e Esparta foram as únicas cidades não visitadas pelos enviados.

VI. Durante a estadia de Xerxes na cidade lídia, um empreendimento, não menos magnífico em sua concepção que o do canal em Atos, foi concluído no sagrado estreito do Helesponto. Aí foi construída, desde a costa asiática até a costa europeia, uma ponte de barcos como comboio do exército. Logo depois de concluída, uma tempestade repentina dispersou as embarcações, e todo o trabalho foi perdido. Contava-se que, ao receber essa informação, o entusiasmo febril do intrépido déspota manifestou-se: ele ordenou que o Helesponto recebesse trezentas chibatadas e um par de grilhões, história registrada como fato por Heródoto, e mais adequadamente desprezada como fábula pelo ceticismo moderno.

Uma nova ponte foi construída por outros artífices, cuja diligência foi aguçada pela sina de seus infortunados antecessores, que Xerxes condenou à morte. Esses novos arquitetos concluíram duas pontes de embarcações de vários tipos e tamanhos, presas por âncoras muito compridas e, assim, protegidas da força dos ventos que se levantavam do Euxino, de um lado, e dos ventos sul e sudeste, do outro. A descrição detalhada que Heródoto faz dessa obra prova que sua execução não foi inábil nem desastrada. As embarcações não parecem ter formado exatamente a ponte, mas servido de píeres para suportar seu peso. Vigas de

[344] Em outro cálculo, de acordo com Montfaucon, a soma total pode ser estimada em trinta e dois milhões de moedas Luís de ouro.

madeira, tábuas ásperas e camadas de argila eram colocadas perpendicularmente sobre cabos estendidos, e o todo era finalizado por uma cerca de ambos os lados, para que os cavalos e mulas de carga não se assustassem com a visão do mar aberto.

VII. E, agora que a obra estava concluída (480 a.C.), acabava o inverno e a primavera começava mais uma vez, Xerxes levou seu exército de Sardes para Abidos. Afirma-se que, quando a numerosa tropa iniciou sua marcha, o sol foi subitamente encoberto, e uma escuridão abrupta e completa começou a tomar o céu. Os *magi* foram solenemente consultados a respeito do presságio, e eles previram que o obscurecimento do sol, divindade tutelar dos gregos, indicava que o Céu retirava sua proteção daquela nação condenada. A resposta agradou muito ao rei.

Eles avançaram depressa em sua marcha. O transporte da bagagem e uma multidão variegada, oriunda de todas as nações, ia à frente. Atrás, a uma distância considerável, vinha a flor do exército persa: mil cavaleiros, mil lanceiros, os dez corcéis sagrados, chamados *Nisaean*, o carro do grande deus persa, puxado por oito cavalos brancos como a neve, e no qual nenhum mortal jamais ousava sentar-se. Em torno da pessoa de Xerxes ficavam lanceiros e cavaleiros, cujas armas cintilavam com ouro, os dez mil homens de infantaria, chamados "Os Imortais", dos quais nove mil tinham romãs de prata na extremidade das lanças, e mil, romãs de ouro. Esses eram seguidos por dez mil cavaleiros e, bem atrás, na retaguarda, a esplêndida procissão terminava com a imensa multidão do exército geral.

As tropas marcharam pelas margens do rio *Caicus*, sobre as planícies de Tebas, e, passando pelo Monte Ida, à esquerda, sobre cujo antiquíssimo pico irrompeu uma tempestade de raios e trovões, chegaram ao dourado Escamandro, cujas águas decepcionaram os milhares de invasores. Aqui é que se diz, poeticamente, que Xerxes subiu à cidadela de Príamo e vasculhou o lugar com cuidado e avidez, enquanto os *magi* do monarca bárbaro faziam libações aos manes dos heróis homéricos.

VIII. Chegando a Abidos, o rei inspecionou seu exército. Sobre uma colina, instalado em um assento de mármore branco, ele examinou as planícies cobertas de milhares e milhares de homens, e o Helesponto apinhado de velas e mastros. De início, enquanto fitava [aquela cena], o senhor da Pérsia sentiu todo o orgulho e a exultação que a autoridade sobre tantos destinos devia inspirar. No entanto, um súbito pensamento de tristeza assaltou-o em meio a seus triunfos, e ele irrompeu em lágrimas. Então, disse a Artabano: "Reflito sobre a transitoriedade da vida humana. Tenho compaixão desta imensa multidão. Daqui a cem anos, quais deles ainda estarão vivos?" Artabano respondeu, como um filósofo, "que a brevidade da vida não era seu maior mal; que o infortúnio e a doença amargavam a posse das coisas, e que a morte costumava ser o mais afortunado refúgio dos vivos".[345]

Ao raiar do dia, enquanto o exército ainda aguardava o nascer do sol, queimaram-se perfumes sobre a ponte, e foram espalhados sobre ela os ramos da murta triunfal. Quando o sol se ergueu no leste, Xerxes derramou uma libação no mar e, dirigindo-se ao orbe nascente, implorou bom êxito para os exércitos persas, até que tivessem conquistado toda a Europa, até seus confins mais remotos. Então, lançando a taça e uma cimitarra persa ao mar, foi dado o sinal para que o exército desse início à marcha. Foram necessários sete dias e sete noites para a passagem daquela prodigiosa força militar.

IX. Adentrando assim na Europa, Xerxes seguiu para Dorisco (uma vasta planície da Trácia, controlada por uma guarnição persa), onde parou e dividiu suas tropas, como de praxe. As frotas colocaram-se em ordem ao longo da costa contígua. De acordo com Heródoto, o total da força terrestre era de 1.700.000 homens. Autores posteriores mostraram-se céticos com relação a um tão grande número, mas sua descrença não tem base sólida. Havia ali soldados de muitas nações: os persas, vestidos com túnicas e peitorais de escamas, o capacete com tiara dos medos, as flechas e o grande arco, que era sua arma típica e seu orgulho; havia medos, paramentados da mesma forma; e os assírios, com capacetes bárbaros, couraças de linho e enormes clavas com extremidade recoberta de ferro; os bactrianos, com arcos de bambu, e os sacas citas, com suas machadinhas e cristas pintadas. Havia também os indianos, com suas roupas leves, os partas, corásmios, sogdianos, gandaras, e os

[345] É preciso confessar que as lágrimas de Xerxes foram um pouco inoportunas. Ele chorou porque os homens não podiam viver cem anos no exato momento em que ponderava destruir uma porção aceitável deles assim que pudesse. – *Senec. de Brev. Vit.*, cap. 17.

daradas. Havia os cáspios, vestidos com peles resistentes de animais e usando arcos e cimitarras; as magníficas túnicas dos *sarangae*, e os coletes soltos e esvoaçantes [*zirae*] dos árabes. Viam-se os negros da Núbia etíope, com arcos de palma de quatro cúbitos de comprimento, flechas com lascas de pedra nas pontas, e vestes ganhas do leopardo e do leão; uma horda bárbara que, segundo a prática dos selvagens, pintava o corpo com gipsita e cinabre quando ia para a guerra, enquanto os etíopes asiáticos de cabelos lisos usavam a mesma armadura dos indianos com os quais faziam fronteira, salvo por seus capacetes, que eram feitos de pele de cabeça de cavalo,[346] sobre a qual era deixada a crina, em lugar da plumagem. Os líbios também compunham a horda, bem como os paflagônios, que usavam coturnos e capacetes de rede, e ainda os sírios da Capadócia, os frígios e os armênios, os lídios, paramentados como os gregos, os trácios estrimônicos, vestidos com túnicas sobre outras túnicas esvoaçantes, como os *zirae* ou tartã dos árabes, mas de várias cores, e coturnos de pele de cervo jovem, e armados com dardos e adagas, também os trácios da Ásia, com capacetes de latão gravados com orelhas e chifres de boi, o povo das ilhas do Mar Vermelho, armados e semelhantes aos medos, os *mares* e os colcos, além dos moscos e outras tribos, cuja enumeração seria tediosa, que engrossavam e diversificavam a força militar de Xerxes.

Essa era a infantaria do exército persa, sem nos esquecermos dos dez mil persas escolhidos, chamados o Grupo Imortal,[347] cuja armadura cintilava com grandes quantidades de ouro. Eles se distinguiam até mesmo na guerra pelas carruagens luxuosas para suas esposas, pelos batalhões de criados, e pelos camelos e animais de carga.

Além deles, havia a cavalaria persa: os nômades sagartianos, que levavam laços consigo para tentar laçar os inimigos; os medos e a cavalaria indiana, que tinha também, esta última, carruagens de guerra puxadas por corcéis e asnos selvagens; os bactrianos e os cáspios, equipados dessa mesma forma; os africanos, que lutavam em carruagens; os paricânios; e os árabes, com seus rápidos dromedários, completavam as forças da cavalaria, que contava com oitenta mil homens, sem contar as carruagens e os camelos.

E a força naval não era indigna das forças terrestres.

[346] Prática comum também entre os antigos germânicos.

[347] Por isso, qualquer um que morresse, por doença ou em batalha, era imediatamente substituído. Assim, o número permanecia sempre o mesmo.

O número de trirremes era de mil duzentas e sete. Dessas, trezentas eram fornecidas pelos fenícios e pelos sírios da Palestina, os marinheiros equipados com peitorais de linho, dardos, broquéis sem protuberância ornamental e capacetes de formato muito semelhante aos dos gregos; duzentas embarcações foram dadas pelos egípcios, armados com enormes machados de batalha e casquetes de rede; cento e cinquenta embarcações vinham de Chipre, e outras cem, da Cilícia; aqueles que tripulavam as primeiras distinguiam-se dos gregos, nas armas e vestes, somente pela adoção da túnica, e pela mitra média usada pelos chefes; aqueles que tripulavam as últimas usavam duas lanças e túnicas de lã. Os panfílios, trajados como os gregos, contribuíram com trinta embarcações, e outras cinquenta também eram tripuladas por lícios, que usavam mantos de pele de bode e flechas de bambu sem penas. Em trinta embarcações vinham os dórios da Ásia; em setenta, os cários; e em cem, os jônios subjugados. As Ilhas Gregas entre as *Cyaneae* [Rochas Escuras] e os promontórios de Triopion e Sunião[348] forneceram dezessete embarcações, e os eólios, sessenta. Os habitantes do Helesponto (com exceção apenas dos de Abidos, que ficaram para defender as pontes) uniram-se ao povo do Ponto para fornecer mais cem. E cada embarcação, havia destacamentos de medos, persas e *saci*; os melhores marinheiros eram os fenícios, em especial os de Sidom. Os comandantes-chefes das forças marítimas eram Ariamenes (filho de Dario), Prexaspes, Megábazos (filho de Megabates) e Aquêmenes (irmão de Xerxes e sátrapa do Egito).

Os generais da infantaria eram Mardônio, Tritantecmes, filho de Artabano, e Esmerdones (primo de Xerxes), Maistes (seu irmão), Gergis, e Megábazos, filho do célebre Zópiro, por meio do qual Dario se assenhoreou da Babilônia.[349]

Harmamitras e Titeu, que eram medos, comandavam a cavalaria; um terceiro líder, Farnuces, morreu ao cair de seu cavalo. Contudo, o nome de uma heroína, mais viril que seus colegas, não pode ser omitido: Artemísia, viúva de um dos reis cários, forneceu cinco navios (os melhores da frota depois das embarcações de Sidom), os quais ela comandou em pessoa, tornando-se célebre tanto por sua coragem heroica como por sua prudência singular.

[348] Diodoro Sículo.
[349] Veja nota 339.

X. Tais eram as forças militares que o grande rei inspecionou, passando pelas forças terrestres em sua carruagem, e pelas frotas em uma embarcação sidônia, sob uma cobertura dourada. Após a inspeção, o rei convocou Demarato à sua presença.

"Julgas que os gregos ousarão resistir a mim?", perguntou-lhe.

"Senhor," respondeu o espartano, "tua proposta de servidão será rejeitada pelos gregos e, ainda que o restante deles se aliasse a ti, a Lacedemônia ainda te combateria. Não indagues com que números: se Esparta tivesse tão somente mil homens, ela te faria oposição."

Retomando a marcha, e recrutando à força, pelo caminho, várias tribos por onde passava, esgotando muitos regatos e empobrecendo a população condenada a dar hospitalidade a seu exército, Xerxes chegou a Acanto. Aí dispensou os comandantes de suas frotas, ordenando que aguardassem ordens suas em Terma, uma cidadezinha que dava seu nome ao Golfo Termaico (para o qual seguiram, atacando navios e marinheiros no caminho) e, mais tarde, chegando ele mesmo a Terma, acampou seu exército na costa, espalhando por uma vasta extensão de território seu numerosíssimo aparato de guerra, desde Terma e Migdônia até os rios Lídias e Haliácmon.

Capítulo VI

A conduta dos gregos. O oráculo com relação a Salamina. A arte de Temístocles. O Congresso Ístmico. Embaixadas enviadas a Argos, Creta, Córcira [Corfu] e Siracusa. Seu fracasso. Os tessálios enviam emissários para o Istmo. Os gregos avançam para o Vale de Tempe, mas recuam. A frota marítima é enviada a Artemísio e a Garganta de Termópilas é ocupada. Números da frota grega. Batalha de Termópilas.

I. Os preparativos iniciais dos persas não produziram, nos estados gregos, o efeito que se poderia prever. Longe de se unir contra o inimigo comum, eles continuaram a alimentar um ressentimento frívolo e absurdo uns pelos outros. Alguns enviaram prontamente os símbolos de sua lealdade aos persas, inclusive toda a Beócia, à exceção apenas dos téspios e dos habitantes de Plateias. Os estados mais receosos imaginaram-se a salvo da vingança dos bárbaros; os mais resolutos foram tomados pelo desânimo. O renome dos exércitos médicos era universalmente reconhecido, pois, apesar de Maratona, a Grécia ainda não havia aprendido a desprezar o estrangeiro, e a notícia detalhada do enorme poderio das tropas nas proximidades chegou aos estados gregos por espiões e desertores, que abundavam no acampamento bárbaro. Mesmo reunida, toda a marinha da Grécia parecia insuficiente para lutar contra aquele inimigo e, divididos entre si, vários dos estados estavam mais dispostos a sucumbir que a resistir.[350] "E, aqui," diz o pai da história, "sinto-me compelido a emitir uma opinião, por escandalosa que possa ser para muitos. Se os atenienses, aterrorizados pelo perigo, tivessem abandonado seu território ou se submetido aos persas, Xerxes não teria encontrado resistência por mar. Os

[350] Heródoto, livro VII, cap. 138.

lacedemônios, desertados por seus aliados, teriam morrido com honra ou se rendido por necessidade, e toda a Grécia teria sido colocada sob o jugo persa. Assim, os atenienses foram os salvadores da Grécia. Eles instigaram o fervor daqueles estados que ainda eram fiéis a si mesmos e, depois dos deuses, foram os que verdadeiramente expulsaram o invasor. Até mesmo os oráculos délficos, sombrios e agourentos como eram, não abalaram o propósito dos atenienses, nem os persuadiram a abandonar a Grécia." Quando as próprias deidades pareciam hesitar, Atenas permaneceu inabalável. Os mensageiros que os atenienses enviaram ao oráculo de Delfos receberam, de fato, uma resposta bem calculada para apavorá-los.

"Infelizes," gritou a sacerdotisa, "deixai vossas casas e as muralhas da cidade, e fugi para as regiões mais distantes da terra. O impetuoso e férvido Marte, impelindo a carruagem síria, destruirá: torres serão derrubadas, e templos destruídos pelo fogo. Vede! Agora, agora mesmo, eles estão de pé, gotejando suor, o telhado de suas casas negro de sangue, trêmulos, com um assombro profético. Ide e preparai-vos para o infortúnio!"

II. Lançados em profunda aflição por essa resposta, os atenienses, não obstante, com os trajes e símbolos dos suplicantes, fizeram uma nova consulta, dizendo: "Respondei-os, ó Deus supremo, respondei-nos de forma mais propícia, ou não deixaremos vosso santuário, mas permaneceremos aqui, mesmo que até a morte".

A segunda resposta pareceu menos severa que a primeira: "Minerva é incapaz de aplacar o Júpiter olímpico. Mais uma vez, portanto, falo, e minhas palavras são igualmente inexoráveis. Tudo o mais dentro das fronteiras da Cecrópia e no seio do divino Citerão cairá e não vos servirá. Somente o muro de madeira Júpiter concede a Palas, um refúgio para vossos filhos e para vós mesmos. Não esperai pela cavalaria e pela infantaria: não aguardeis a marcha do poderoso exército. Retirai-vos, ainda que vos cerquem. Ó Salamina, a divina, perderás os filhos de mulheres, quer Ceres espalhe sua colheita, quer a amontoe!"

III. Tomando essa resposta por escrito, os mensageiros regressaram a Atenas. Fizeram muitas tentativas de interpretá-la, e todas eram contraditórias. Alguns acreditavam que, por muro de madeira, fazia-se referência à cidadela, antes cercada por uma paliçada de madeira. Outros afirmavam que a expressão enigmática indicava a frota de navios. Mas as palavras finais deixaram-nos aturdidos. Pois a invocação de Salamina parecia denotar destruição e derrota. Nessa conjuntura, Temístocles confirmou-se digno da posição que havia alcançado. É provável que ele tivesse comprado o oráculo para o qual encontrou uma solução imediata e ousada. Temístocles sustentou o recurso aos navios, mas negou que, na invocação de Salamina, houvesse qualquer indicação de ruína para Atenas. Disse ele: "Se a previsão de destruição e carnificina se referisse aos atenienses, Salamina teria sido chamada 'divina'? Não teria sido antes chamada 'desgraçada' se os gregos estivessem fadados a perecer perto daquela ilha? O oráculo não ameaça os atenienses, mas o inimigo. Preparemo-nos, então, para enfrentar os bárbaros por mar. Nossos navios são nossos muros de madeira".

Essa interpretação, por ser mais encorajadora, foi a mais aprovada. As embarcações já construídas a partir das receitas das minas de Laurion agora se destinavam à segurança da Grécia.

IV. Foi, todavia, antes da chegada dos emissários persas,[351] e quando os gregos despertaram para a certeza de que os grandes preparativos de Xerxes ameaçavam a Grécia de ser sua primeira vítima, que um congresso, talvez, de início, restrito tão somente aos estados peloponésios, reuniu-se em Corinto. No comando desse conselho confederado estava necessariamente Esparta, que era o principal estado do Peloponeso. No entanto, no tocante a planos de ação e debates, ainda que não em armas, ela parece ter sempre encontrado uma poderosa rival na cidade de Corinto, que costumava, na diplomacia de sua riqueza e forma republicana liberal, antagonizar as propostas dos representantes espartanos. A tal congresso foram, mais tarde, os emissários de todos os estados que se recusavam a render tributo ao rei persa. A instituição desse conselho helênico, que foi uma das causas da salvação da Grécia, é uma prova da impotência política da velha Liga Anfictiônica. A Liga de Corinto (ou, antes, daquele vilarejo coríntio que crescera em redor do templo de Netuno e é chamado ISTMO pelos autores gregos) foi a verdadeira Anfictionia histórica de Hélade.

[351] Müeller, sobre o Congresso grego.

No congresso ístmico, o talento de Temístocles encontrou uma esfera mais ampla de ação do que tivera até então em meio aos conluios de Atenas. De todos os representantes gregos, esse estadista sagaz foi o mais bem-sucedido em realizar o principal objetivo da confederação, qual seja, afastar as desconfianças e dissenções existentes, até aquele momento, entre os estados que constituíam o congresso. Nessa tarefa fundamental, e talvez a mais difícil, Temístocles teve o auxílio de um arcádico de Tégea, chamado Quileu, que, conquanto raramente apareça no cenário externo das ações, parece ter sido habilidosíssimo na complexa e emaranhada política da época. Temístocles, em cujas mãos a república ateniense, nesse período, colocou o encargo não só de seus interesses, como também de seus ressentimentos, deu o exemplo da concórdia e, por um tempo, Atenas concordou com uma reconciliação e relação de amizade com a odiada Egina. Todos os protocolos desse ilustre congresso eram marcados por uma prudência vigilante e uma energia decidida. Assim que Xerxes chegou a Sardes, despacharam-se emissários para vigiar os movimentos do exército persa e, nesse mesmo período, ou talvez um pouco antes,[352] enviaram-se embaixadores para Córcira [Corfu], Creta, Argos e Siracusa, então sob o domínio de Gelon. Esse homem, da posição de poderoso cidadão de berço nobre da cidade de Gela, na Sicília, elevara-se, em parte por talentos militares, mas sobretudo por uma intensa política de dissimulação, às tiranias de Gela e de Siracusa. Suas habilidades eram notáveis, e seu poder, imenso. Não havia nem mesmo no continente grego um estado sequer que pudesse dispor das forças e dos recursos que estavam à disposição do príncipe de Siracusa.

Os espiões enviados a Sardes foram descobertos e presos, e teriam sido mortos se não fosse pela interferência de Xerxes, que os libertou após ordenar que fossem levados a ver toda a extensão de seu exército, na esperança de que seu retorno, depois do terror de tal espetáculo, intimidade e aterrorizasse seus compatriotas mais que sua morte.

A missão para Argos, que, enquanto cidade peloponésia, foi uma das primeiras em mira, foi bem-sucedida. Aquele estado ainda padecia a exaustão que se seguira ao terrível massacre perpetrado por Cleômenes, o rei espartano, que queimara seis mil argivos nos arredores do santuário para o qual haviam fugido. Essa perda fatal fora seguida

[352] Müeller, sobre o Congresso grego.

de outras mudanças no governo, e a população servil teve a oportunidade de ganhar os privilégios dos livres. Assim, o ódio por Esparta, uma soldadesca enfraquecida e um governo interno ainda não consolidado foram condições que conspiraram para tornar Argos indiferente à causa geral. Não obstante, esse estado não recusou abertamente o auxílio que, em segredo, decidiu negar. Aceitou participar da liga comum sob duas condições: uma parcela igual à dos espartanos no comando, e uma trégua de trinta anos com esses vizinhos habilidosos e inclementes. Os espartanos propuseram ceder à primeira condição, concedendo ao rei argivo não metade do comando, mas voz igual à de cada um de seus próprios reis. À segunda condição, não fizeram nenhuma objeção. Satisfeitos por ter um pretexto para retaliar a arrogante insolência dos espartanos, os argivos logo rejeitaram a proposta e ordenaram que o embaixador espartano deixasse seus territórios antes do pôr do sol. Argos, porém, conquanto fosse a principal cidade da Argólida, não conseguiu exercer sua costumeira influência sobre as demais cidades daquele distrito, no qual a ligação com a Grécia era mais forte que as apreensões e desconfianças com relação a Esparta.

A embaixada enviada à Sicília não teve melhor êxito que aquela que foi para Argos. Gelon concordou, de fato, em fornecer tropas consideráveis aos aliados, mas somente com a condição de obter, para a Sicília, o comando supremo das forças terrestres reivindicadas por Esparta, ou da força naval que Atenas já ousava arrogar-se, proposta a que era impossível que os gregos aquiescessem, a menos que estivessem dispostos a entregar à astúcia de um aliado as liberdades que defendiam da violência de um inimigo. Tanto os embaixadores espartanos como os atenienses recusaram, e com igual indignação, as propostas de Gelon, que, na realidade, conquistara a tirania de sua cidade natal assegurando para si, em primeiro lugar, o comando da cavalaria de Gela. O príncipe de Siracusa pouco se deixou afetar pelo veemente escárnio dos embaixadores. "Vejo que tens maior deficiência de tropas que de comandantes", disse ele, espirituosamente. "Retornai, então, e dizei aos gregos que, este ano, não haverá primavera". Pois Gelon via sua ajuda à Grécia como a primavera do ano. Da Sicília, os embaixadores seguiram para Córcira. Aí, foram distraídos com promessas vantajosas, mas os governantes daquele estado intrigante e insubordinado equipou uma frota de sessenta embarcações, posicionadas perto de Pilos, junto à costa de Esparta, para aguardar a ocorrência de eventos que demonstrassem a Xerxes, por um lado, que não estavam dispostos a fazer-lhe oposição e, por outro lado, dessem a falsa impressão aos gregos, posteriormente, de que ventos contrários os haviam impedido de participar da batalha de Salamina. Os cretenses não estavam mais inclinados à causa que os habitantes de Córcira. Eles encontraram uma desculpa em um oráculo de Delfos e, de fato, aquele venerável santuário parece ter igualmente dissuadido todos os estados que o consultaram de oferecer qualquer resistência, embora a ousadia dos atenienses tivesse interpretado a obscura ameaça como um augúrio favorável. As ameaças da superstição transformam-se em incitações à coragem quando interpretados pelos valentes.

V. E agora, tendo o exército inimigo atravessado o Helesponto, os tessálios, percebendo que eram os alvos seguintes de ataque, enviaram embaixadores ao congresso no Istmo.

Aqueles chefes tessálios chamados Aleuadas haviam, é verdade, convidado Xerxes a invadir a Grécia. No entanto, justamente por ser aceitável aos chefes, a chegada do grande rei foi motivo de pavor para o povo. Com o auxílio dos persas, os Aleuadas confiavam que estenderiam seu poder sobre todo o seu próprio território: ambição com a qual não se deve supor que o povo que ajudariam a subjugar concordaria. Assim, conquanto Xerxes fosse um aliado para os chefes, para o povo, ele continuava sendo um inimigo.

Os emissários tessálios proclamaram sua disposição de ajudar os confederados na defesa de seu território pátrio, mas descreveram a iminência do perigo para a Tessália, exigindo o fornecimento imediato de tropas. "Sem isso," disseram eles, "não temos condições de lutar por vós, e nossa incapacidade de assistir-vos será nossa desculpa, se tivermos de cuidar sozinhos de nossa própria segurança."

Instigados por tais exortações, os confederados deram início a suas movimentações militares. Um corpo de infantaria atravessou o Estreito de Euripo, entrou na Tessália e acampou em meio às delícias do Vale de Tempe. Aí, a seu número, que era de dez mil soldados com armamento pesado, uniu-se a cavalaria tessália. Os espartanos eram liderados por Eueneto. Temístocles estava no comando dos atenienses. Contudo, o exército não permaneceu muito tempo no acampamento. Alexandre, rei da Macedônia, enviou confidencialmente mensageiros aconselhando-os a bater em retirada e explicando, em detalhes, como eram as forças inimigas. Esse conselho coincidiu com a descoberta da existência de outra passagem para a Tessália, através das regiões montanhosas da Macedônia, o que os deixavam expostos a ser surpreendidos pela retaguarda. E, de fato, foi por essa passagem que o exército persa acabou marchando. Desse modo, os gregos levantaram acampamento e voltaram para o Istmo. Assim abandonados, os tessálios logo fizeram tratativas com o invasor, passando a figurar entre os aliados mais leais de Xerxes.

Concordou-se, enfim, no congresso ístmico, que o plano mais oportuno seria defender a passagem de Termópilas, por ser, ao mesmo tempo, mais próxima e mais estreita que aquela da Tessália. A frota que decidiram enviar para Artemísio, na costa de Histiótida, um lugar perto o suficiente de Termópilas para possibilitar uma comunicação fácil. Nunca, talvez, os gregos tenham demonstrado maior habilidade militar do que na escolha de tais posições. Mas, uma passagem naqueles distritos montanhosos permitiu que o exército persa descesse da Tessália. Essa passagem era delimitada, no lado oeste, pelos penhascos íngremes e inacessíveis que se estendem até o Monte Eta, e, no lado leste, por baixios e o mar adjacente. Esse desfiladeiro recebeu seu nome Termópilas, ou Portões Quentes, por causa das fontes de água quente que nasciam perto do sopé da montanha. Em tempos remotos, os fócios pastoris haviam fortificado o lugar contra as incursões dos tessálios, e as ruínas da muralha e dos portões de sua antiga guarnição ainda existiam no meio da passagem, ao passo que, com pântanos e lamaçais, a fim de tornar o lugar ainda mais impassável, eles deixaram que as nascentes de água quente se derramassem ao longo da planície, no lado tessálio, e o brejo ainda era encharcado e instável. O terreno de ambos os lados de Termópilas era tão estreito que, à frente, perto do rio Fênix, e atrás, nas proximidades do vilarejo de Alpeni, havia, naquela época, espaço tão somente para uma única biga. Em tal passagem, os números e a cavalaria dos medos ficaram inacessíveis, enquanto, à distância de quase vinte e cinco quilômetros de Termópilas, os navios da marinha grega estavam ancorados no mar estreito das costas salientes da Eubeia, igualmente afortunados em uma posição que enfraquecia a força do numeroso exército e facilitava a retirada.

A posição marítima foi tomada pelos navios aliados. Corinto enviou quarenta deles; Mégara, vinte; Egina, dezoito; Sicião, doze; Esparta, dez; os epidáuricos contribuíram com oito; os eretrienses, sete; os habitantes de Trezana, cinco; os itureus e o povo de Ceos, dois cada; e os lócrios opúntios, sete embarcações de cinquenta remos. O número total desses navios (sem considerarmos aqueles de cinquenta remos, fornecidos pelos lócrios, e duas barcas de mesma descrição, que se somavam à cota enviada pelo povo de Ceos) era de cento e vinte e quatro. A força ateniense, sozinha, contava com mais embarcações do que todos os demais confederados, e contribuiu com cento e vinte e sete trirremes, tripuladas em parte por habitantes de Plateias, além de vinte embarcações emprestadas pelos calcidenses, que as equiparam e tripularam. A frota ateniense tinha Temístocles no comando. A força terrestre em Termópilas era composta principalmente de peloponésios, e seus números eram estes: trezentos espartanos fortemente armados; quinhentos habitantes de Tégea; quinhentos de Mantineia; cento e vinte de Orcômeno; mil de outros estados da Arcádia; duzentos de Fliunte; oitenta de Micenas. A Beócia enviou setecentos téspios e quatrocentos tebanos. Estes últimos foram especialmente escolhidos por Leônidas, o chefe espartano, por causa da desconfiança geral de que os tebanos estivessem associados aos medos, motivo pelo qual ele desejava confirmar se eram amigos ou inimigos. Conquanto os ... dos tebanos fossem hostis, diz Heródoto, eles enviaram o auxílio solicitado. Além desses, havia mil fócios, e um grupo de lócrios opúntios, cujo número não é fornecido por Heródoto, mas é estimado, por Diodoro, em mil, e, por Pausânias, em não menos que sete mil, o que é mais provável.

Em atenção às reivindicações de Esparta, a autoridade máxima foi confiada a Leônidas, irmão mais jovem do insano Cleômenes,[353] mas de mãe diferente, e seu sucessor ao trono espartano.

[353] Anaxândrides, rei de Esparta e pai de Cleômenes e Leônidas, desposara a sobrinha, mas ela era estéril. Os éforos persuadiram-no a arranjar outra esposa, e ele o fez. Da segunda esposa, nasceu Cleômenes. Quase ao mesmo tempo, a primeira esposa, até então estéril, viu-se grávida. E, mantida a vida e o vínculo conjugal, com o passar o tempo, nasceram-lhe três filhos, dos quais Leônidas foi o segundo. Cleômenes, porém, conquanto fosse filho da segunda esposa, veio ao mundo antes dos filhos da primeira esposa e, por isso, tinha direito de precedência ao trono.

Há homens cuja vida inteira está em uma única ação. Desses, Leônidas é o mais eminente. Pouco se sabe sobre ele, até os últimos dias de sua existência. Ele parece ter nascido, por assim dizer, para mostrar toda a glória que existe em uma morte corajosa. De seu caráter ou temperamento, suas virtudes e vícios em geral, suas tristezas e alegrias, sua biografia não reúne sequer o suficiente para conjecturas. Ele passou de uma existência obscura a um nome eternizado. E a história dedica suas páginas mais gloriosas a um homem do qual não tem senão o epitáfio para narrar.

Como que para apresentar um contraste com o pequeno grupo sob o comando de Leônidas, Heródoto enumera novamente o exército persa, intumescido como agora estava pelas muitas contribuições, forçadas e voluntárias, que recebera desde sua partida de Dorisco. Ele estima o total assim aumentado, em mar e em terra, em dois milhões, seiscentos e quarenta e um mil, seiscentos e dez guerreiros, e calcula o número de serviçais à disposição – a multidão heterogênea que acompanhava o exército – em igual número, de modo que o filho de Dario havia conduzido, até então sem nenhum infortúnio, a Sépias e Termópilas, um grupo de cinco milhões, duzentos e oitenta e três mil, duzentos e vinte seres humanos.[354] E, diz Heródoto, nessa magnífica multidão, ninguém ultrapassava, nem em majestade, nem em graça pessoal, o líder soberano. No entanto, as vantagens que advêm da estatura superior, os reis da Pérsia as obtinham por meios artificiais, e Xenofonte conta-nos que tais monarcas usavam um tipo peculiar de calçado criado para aumentar sua estatura.

VI. A frota de Xerxes, deixando Terma, teve certo êxito no mar: dez de suas embarcações, que foram despachadas para Escíato, capturaram um navio-guarda de Trezena e sacrificaram, na proa, um grego de nome Leon, cuja beleza fizera recair sobre si a fatídica preferência. Uma embarcação de Egina também caiu em suas mãos: a tripulação recebeu o tratamento dado a escravos, à exceção apenas de um herói, Píteas, estimado até mesmo pelo inimigo por causa de sua bravura. Uma terceira embarcação, que pertencia aos atenienses, foi tomada na foz do Peneu. Os marinheiros, porém, já haviam desembarcado antes da captura e, assim, escaparam. Sinais de fogo avisaram a fro-

[354] É impossível, por quaisquer cálculos, tornar esse número mais crível ao ceticismo moderno. É muitíssimo provável que Heródoto esteja equivocado em seu cálculo, mas, quem o corrigirá?

ta grega em Artemísio de tais desastres, de modo que ela recuou temporariamente para Cálcis, a fim de proteger o Estreito de Euripo. Mas uma violenta tempestade na costa de Magnésia, que destruiu subitamente nada menos que quatrocentas das embarcações bárbaras, com um número considerável de homens e um enorme tesouro, fez com que a marinha grega retornasse a Artemísio.

Aí, eles logo capturaram quinze das embarcações persas que, confundindo-os com amigos, dirigiram-se diretamente para o meio deles. À exceção desses navios, o restante da frota bárbara chegou em segurança ao porto de Áfetas.

VII. Nesse ínterim, a poderosa força terrestre do grande rei, atravessando a Tessália e a Acaia, chegou enfim às vastas planícies traquínias, que, estendendo-se ao longo dos litorais da Tessália, descrevendo uma circunferência de quase sessenta e cinco quilômetros, adjacentes aos estreitos de Termópilas, permitiu, por seu espaço, que o exército acampasse ali.

Os gregos em Termópilas viram a aproximação de Xerxes com desalento. Eles contavam com reforços consideráveis dos estados confederados, sobretudo de Esparta, a qual havia decidido empregar toda a sua força na campanha, deixando tão somente um pequeno destacamento para a defesa da capital. Todavia, o Festival de Carneia, em honra ao grande Apolo dórico, em Esparta, deteve os lacedemônios, e os jogos olímpicos distraíram os demais aliados, que não esperavam uma batalha imediata.

A proximidade de Xerxes e a ausência dos reforços esperados levaram à reunião de um conselho tomado de receio e apreensão. Leônidas dissuadiu os confederados de recuar e enviou mensageiros aos vários estados, exortando-os da necessidade de suprimentos e declarando a impossibilidade de uma vitória contra os medos com as forças de que dispunham naquele momento.

Enquanto isso, Xerxes, que soubera que um grupo insignificante estava reunido sob o comando de um descendente espartano de Hércules a fim de opor resistência a seu avanço, despachou um espião para fazer um reconhecimento e descobrir seu número e movimentação. O emissário conseguiu observar apenas os que estavam fora das trincheiras, que, na ocasião, eram os espartanos. Ele encontrou aquela raça singular ocupada em exercícios ginásticos e usando os longos cabelos para o festival da batalha. Embora tivessem visto o espião, permitiram que os observasse a vontade, e ele retornou em segurança ao rei.

Muito impressionado com o relato que recebeu, Xerxes enviou um emissário a Demarato e, informando-o dos detalhes que o mensageiro constatara, perguntou o que aquilo poderia pressagiar, e se aquele punhado de homens que se divertiam no desfiladeiro estariam realmente dispostos a resistir a seu exército.

"Senhor," respondeu o espartano, "eles têm a intenção de disputar a passagem, e o que teu mensageiro viu prova que estão fazendo os preparativos necessários. É costume entre os espartanos adornar os cabelos na véspera de uma empreitada perigosa. Estás prestes a atacar a flor da bravura grega." Ainda sem acreditar que pretendessem seriamente fazer-lhe oposição, Xerxes teve a cortesia de esperar quatro dias, dando ao inimigo a oportunidade de bater em retirada. Nesse ínterim, ele despachou um mensageiro até Leônidas, exigindo suas armas. "Vem tomá-las!", respondeu o espartano.

VIII. No quinto dia, a paciência de Xerxes esgotou-se, e ele enviou um destacamento de medos e cissianos[355] para a passagem, com ordens de trazer seus audaciosos e obstinados defensores vivos à sua presença. Os medos e cissianos foram repelidos, e com perdas consideráveis. Então, o "Grupo Imortal" recebeu ordens de avançar, sob o comando de Hidarnes. Contudo, nem mesmo a habilidade e a coragem daquela tropa guerreira tiveram sucesso: seu número ficou prejudicado por causa da estreiteza da passagem, e suas armas curtas não eram páreo para as longas lanças dos gregos. Houve um segundo dia de batalha, com o mesmo resultado. A perda dos persas foi grande, conquanto o exíguo número de espartanos também tenha sido diminuído.

Em meio à perplexidade que reinava entre os conselheiros do rei após essa derrota, chegou ao acampamento persa certo Efialtes, um malíaco. Movido pela esperança de uma grande recompensa, esse traidor requisitou e conseguiu uma audiência, na qual se ofereceu para guiar os medos por um caminho secreto entre as montanhas, o qual levava até a passagem. A oferta foi aceita com alegria, e Hidarnes, com as forças sob seu comando, foi enviado, ten-

[355] Os cissianos, ou *cissii*, viviam na então fértil província de Susiana, na qual se situava a capital de Susa. Eles se pareciam com os persas em suas vestes e modos.

do o malíaco por guia. Ao final da tarde, o destacamento deixou o acampamento e, marchando a noite toda, desde o rio Asopo, entre as montanhas de Eta, do lado direito, e as cristas traquínias, do lado esquerdo, viu-se, ao amanhecer, no alto de uma colina, sobre a qual estavam posicionados mil fócios para defender a passagem, pois não era desconhecida aos espartanos. No silêncio da alvorada, eles serpearam pelos densos bosques de carvalho que cobriam o aclive, ocultando o cintilar de suas armas. No entanto, a absoluta quietude do ar fez com que o barulho de seus passos sobre as folhas[356] chegasse aos ouvidos dos fócios. Esse grupo despertou depressa, levantando-se do chão em que dormia, para horror e surpresa dos invasores, e lançou-se logo às armas. Os persas, embora despreparados para um inimigo naquele local, reuniram-se em formação de batalha, e o violento ataque de seus arqueiros obrigou os fócios a buscar abrigo mais conveniente nas montanhas acima, sem imaginar que o objetivo da operação era não sua destruição, mas a passagem no desfiladeiro. Prudentes, os persas não saíram em seu encalço, mas, aproveitando-se do caminho agora livre para seu avanço, desceram depressa pelo outro lado da montanha.

IX. Enquanto isso, terrores obscuros e supersticiosos grassavam pelo acampamento grego. Na noite anterior, o vidente (Megistias) examinara as vísceras [do animal sacrificado] e previra que a morte aguardava os defensores de Termópilas pela manhã. Naquela noite fatal, um nativo de Cumas[357] havia desertado do acampamento persa, reunindo-se a Leônidas e informando-o da traição de Efialtes. Ao romper do dia, seus temores foram confirmados por sentinelas que estavam de guarda nas montanhas e fugiram para o desfiladeiro à aproximação dos bárbaros.

Reuniu-se um conselho às pressas. Alguns votaram pela permanência no local, outros, pela fuga dali. O conselho decidiu por uma retirada geral, provavelmente com a concordância de Leônidas (e é possível que por sua insistência), que estava contente em ficar com o monopólio da glória e da morte. As leis dos espartanos proibiam-nos de fugir de qualquer inimigo, por numeroso que fosse, e Leônidas não ousou desobedecê-las. Sua resolução talvez

[356] Assim, Heródoto (livro VII, cap. 218). Mas, como era verão, é provável que o barulho fosse feito antes pelos galhos que obstruíam o caminho dos bárbaros que por folhas no chão.
[357] Diodoro Sículo, XI, VIII.

tenha sido robustecida por um oráculo daquela Delfos, tão venerada pela raça dórica, o qual predizia a queda de Esparta ou o sacrifício de um rei espartano do sangue de Hércules. Para homens cuja única satisfação era o renome, a vida não era uma tentação tão grande como aquela morte!

X. Leônidas e seus compatriotas decidiram permanecer ali e lutar. Somente os téspios ficaram voluntariamente para partilhar daquela sina. Mas Leônidas deteve também os suspeitos tebanos, antes como reféns que como aliados. O restante dos confederados partiu depressa, pelas montanhas, de volta a suas cidades nativas. Leônidas teria dispensado o vidente profético, mas Megistias insistiu em seu direito de permanecer ali. Ele se contentou em mandar embora o filho único, que o acompanhara na expedição. Afirma-se que mesmo o espírito inflexível de Leônidas cedeu à voz da natureza, e ele ordenou que dois parentes seus regressassem a Esparta a fim de informar o estado de coisas. "Tu nos impões os deveres de mensageiros, não de soldados", foi a resposta que os guerreiros deram enquanto prendiam os escudos e assumiam seu posto junto aos demais.

Se a história pudesse, a partir dos acontecimentos, penetrar o coração de seus agentes, seria interessante até mesmo especular sobre os sentimentos desse devotado grupo, que aguardava a chegada de uma morte certa naquele desfiladeiro solitário. Seu entusiasmo, bem como aquele espírito rígido e espartano que tornava todo e qualquer vínculo subserviente à obediência da lei, toda e qualquer paixão dócil à da batalha, todo e qualquer prazer insípido diante da expectativa da glória, provavelmente fez das horas que precederam a morte as mais invejáveis de sua vida. Talvez tenham exultado com o mesmo fanatismo ardente que, mais tarde, caracterizou os seguidores de Maomé, e vislumbrado, na imortalidade no Hades, aquele paraíso que se abria e que os muçulmanos viam com expectativa, no céu.

XI. Bem cedo, naquela manhã terrível, Xerxes ofereceu uma libação solene a seus deuses e, ao meio-dia, quando se supunha, talvez, que Hidarnes estivesse perto da retaguarda do inimigo, as tropas bárbaras deram início a sua marcha. Leônidas e seu grupo saíram de suas trincheiras, passando à parte mais ampla do desfiladeiro. Ante a fúria do desespero dos espartanos, tombaram grandes quantidades de persas, dos quais muitos foram atirados ao mar, outros pisoteados e esmagados pela pressão de seus próprios números.

Quando as lanças dos gregos se estilhaçaram, fazendo-se em pedaços, eles recorreram a suas espadas, e a batalha prosseguiu corpo a corpo. Foi assim lutando que caiu Leônidas, cercado, na morte, por muitos de seu grupo, de diferentes graus de distinção e renome. Dois meios-irmãos de Xerxes, participando do ápice da luta, brigavam pelo corpo do rei espartano e pereceram pela espada grega.

Por um breve espaço de tempo, os espartanos repeliram a multidão persa, que, quando lhes faltava a bravura para continuar, era flagelada pelo açoite de seus chefes para cumprir seu dever e retirar o grupo de Leônidas de seu meio. E, a essa altura, descendo pela passagem serpeante, Hidarnes e seu destacamento uniram-se à batalha. Com essa mudança no cenário, os espartanos recuaram, conservando sua intrepidez, ou, antes, ainda mais desesperados com a aproximação da morte, para a porção mais estreita da passagem e, reunidos sobre uma elevação do estreito, morreram lutando, depois de ter suas armas quebradas, com as mãos e os dentes, antes esmagados debaixo do grande número de persas do que mortes pela espada do inimigo: *non victi sed vincendo fatigati*.[358]

XII. Dois dos trezentos espartanos, Eurito e Aristodemo, haviam recebido permissão de viajar para Alpeni por causa de um grave problema nos olhos. Eurito, porém, ao saber da luta, foi conduzido por seu hilota ao campo de batalha, e morreu com seus compatriotas. Restou somente Aristodemo, que foi marcado pela desonra ao regressar a Esparta. Todavia, ele redimiu seu nome mais tarde, na batalha de Plateias.[359]

Os tebanos, vendo a vitória dos persas, entregaram as armas e, com exceção de uns poucos, que morreram à aproximação dos persas, não como inimigos, mas como suplicantes, foram perdoados por Xerxes.

O rei foi, em pessoa, inspecionar os mortos, sobretudo o cadáver de Leônidas. Ele ordenou que se cortasse a cabeça do herói e que seu corpo fosse suspenso em uma cruz,[360] antes em uma mostra de súbita indignação que

[358] Justino, II, IX.

[359] Outro espartano, que havia sido enviado para a Tessália e, portanto, não participara do massacre de Termópilas, tirou a própria vida.

[360] A cruz era a punição comum, na Pérsia, por crimes contra a majestade

da costumeira barbárie. Pois, dentre todas as nações, os persas eram os que mais honravam a bravura, mesmo em seus inimigos.

XIII. O senso moral da humanidade, que coloca o exemplo do sacrifício de si entre as mais nobres lições pelas quais nossa natureza pode ser emendada, imortalizou com justiça a memória de Leônidas. É impossível questionar a virtude desse homem, mas bem podemos discutir acerca da prudência do sistema que ele adornou. Podemos indagar se, na realidade, sua morte serviu a seu país tanto quanto sua vida o teria feito. O que imortalizou a batalha de Termópilas foi a morte de seus heróis por obediência às leis. O que imortalizou a batalha de Maratona foi que seus heróis viveram para derrotar o invasor e proteger seu país. E, como prova desse caráter memorável, notamos, mais tarde, em Plateias, que, de todos os aliados gregos, os espartanos eram os que mais temiam os conquistadores de Termópilas, enquanto os atenienses eram os que menos temiam os fugitivos de Maratona.

XIV. Em seguida, sobre a colina para a qual haviam finalmente recuado os espartanos e os téspios, os anfictiões erigiram um leão de pedra em honra a Leônidas. Muitos anos mais tarde, os ossos do herói foram transferidos para Esparta e, em redor de seu túmulo, realizavam-se jogos anuais, nos quais somente espartanos tinham permissão de competir. Os anfictiões construíram também, em Termópilas, monumentos distintos para os gregos em geral, e para os trezentos que se haviam recusado a bater em retirada. Preservados por muito tempo, a posteridade pôde admirar as inscrições que traziam, e a [inscrição no monumento] dos espartanos tornou-se proverbial por sua sublime concisão. Ele dizia:

"Vai, estrangeiro, e dize aos espartanos que nós obedecemos à lei, e jazemos aqui!"

A amizade pessoal do poeta Simônides erigiu também um monumento para Megistias, o vidente, no qual se dizia, em verdade, em sua honra:

"Que o destino que ele previu, ele ficou para enfrentar".

Essa é a história da batalha de Termópilas (480 a.C.).[361]

---

do rei ou seus direitos. Portanto, Xerxes talvez desejasse apenas, pelo ultraje, mostrar que ele considerava o espartano um rebelde.

[361] "Assim lutaram os gregos em Termópilas" são as palavras simples de Heródoto, livro VII, cap. 234.

Capítulo VII

O conselho de Demarato a Xerxes. Temístocles. Ações fora de Artemísio. Os gregos recuam. Os persas invadem Delfos e são repelidos, sofrendo grandes perdas. Os atenienses, abandonados por seus aliados, deixam Atenas e embarcam para Salamina. O plano de ação hesitante e egocêntrico dos peloponésios. A destreza e a firmeza de Temístocles. A Batalha de Salamina. Andros e Caristo são sitiadas pelos gregos. Episódios curiosos sobre Temístocles. Honras concedidas a Temístocles em Esparta. Xerxes retorna à Ásia. Olinto e Potideia são sitiadas por Artabazo. Os atenienses voltam para sua pátria natal. O ostracismo de Aristides é revogado.

I. Após a vitória em Termópilas, Demarato aconselhou o monarca persa a enviar um destacamento de trezentas embarcações à costa da Lacônia e tomar a Ilha de Citera, da qual um espartano dissera, certa vez (antevendo a facilidade com que, dali em diante, aquele posto poderia passar a dominar e intimidar a capital lacônia): "Seria melhor para Esparta que ela [a ilha] fosse afundada no mar". A enorme experiência e conhecimento de Demarato da política egoísta e exclusivista de seus compatriotas levou-o a argumentar que, se se fizesse isso, os receios de Esparta por sua própria segurança impediriam que ela se aliasse aos exércitos do restante da Grécia, tornando esta última uma presa ainda mais fácil ao invasor.

Para sorte dos gregos, o conselho [de Demarato] foi rejeitado por Aquêmenes.

Nesse ínterim, a marinha grega, reunida na costa de Artemísio, agitou-se por causa de vários conselhos deliberativos. À vista do grande número de navios bárbaros que agora se ajuntavam em Áfetas, e todos os litorais em torno pululando com tropas inimigas, os gregos debatiam a necessidade de recuar.

A frota estava sob o comando do espartano Euribíades. Pois, embora os atenienses tivessem fornecido um contingente igual ao de todos os aliados juntos, e pudesse, portanto, com justiça, reivindicar o comando, a desconfiança dos confederados, já bastante habituados a ceder às reivindicações de Esparta, e a relutância em reconhecer uma nova superioridade em outro estado, levaram os atenienses a abdicar logo dessa ambição. E isso, sobretudo, por insistência de Temístocles. "A ele," diz Plutarco, "a Grécia deve não só sua preservação, mas também – e os atenienses, em particular – a glória de superar seus inimigos em bravura, e seus aliados em moderação." Contudo, se o destino conferiu a Euribíades o comando nominal, o talento elevou Temístocles à preeminência de fato. Esse homem extraordinário era, acima de tudo, perfeitamente ajustado a seu tempo e, atendendo às necessidades da época, ele dirigiu o destino delas. Seu maior defeito – a insensibilidade do senso moral – e sua atenção inescrupulosa à conveniência e utilidade ajudaram-no principalmente no comando de seus homens. Tanto era capaz de apelar às paixões mais nobres como podia ser levado às mais baixas. Onde não tinha condições de exaltar, ele corrompia; onde não podia persuadir, intimidava; onde não pudesse intimidar, subornava.[362]

Quando a intenção de recuar começou a circular por toda parte, os habitantes da costa setentrional da Eubeia (em cujas águas estava ancorada a marinha ateniense) imploraram a Euribíades que ao menos lhes desse o tempo necessário para levar seus escravos e filhos para longe da vingança dos bárbaros. Sem ter sucesso, recorreram, em seguida, a Temístocles. Em troca de uma recompensa de trinta talentos, o ateniense prometeu permanecer em Artemísio e arriscar-se a enfrentar uma batalha. De posse daquela soma, ele convenceu o vigoroso espartano dando-lhe o montante de cinco talentos. A Adimanto de Corinto, o mais obstinado na retirada, ele enviou, em segredo, três

[362] Assim, certa vez, o comando das forças atenienses seria confiado a Epicides, a quem a eloquência – não a integridade nem a habilidade militar – assegurara ascendência junto ao povo. Conta-se que Temístocles subornou-o para que desistisse de suas pretensões. Temístocles podia ser tão severo quanto ardiloso conforme a situação o exigisse: ele executou um intérprete que acompanhava os enviados persas, provavelmente no congresso do Istmo (Plutarco sugere que tais enviados foram a Atenas, mas Xerxes não enviou ninguém àquela cidade), por corromper a língua dos gregos livres ao expressar as exigências do inimigo bárbaro.

talentos.[363] O restante, ele guardou para uso próprio, distinguindo-se de seus pares nisto: conseguiu uma parcela maior da recompensa que eles; eles foram subornados para ser valentes, ao passo que ele foi recompensado por suborná-los. O estadista de gabinete de mente pura não pode senão sentir certo desdém e decepção ao encontrar as mais nobres ações misturadas aos motivos mais mesquinhos. No entanto, quer nos tempos antigos, quer nos modernos, a teia de interesses humanos é tecida a partir de um fio misto, e os indivíduos que salvam nações nem sempre são os mais aceitáveis ao moralista. A parte de Temístocles nessa negociata não é, porém, fonte de tão grande descrédito a Temístocles como o é a parte do espartano Euribíades. É imperioso notar que nenhum sistema contrário à natureza humana é forte contra a tentação de fato. A lei espartana proibia o desejo de riquezas, mas os próprios espartanos cediam muito mais facilmente à paixão da avareza que os luxuriosos atenienses. Assim, um nativo de Zeleia, uma cidade na Ásia Menor, tentara corromper as cidades peloponésias com ouro persa: não foram os espartanos, mas os atenienses que declararam esse homem infame, e colocaram sua vida fora da égide da lei grega. É com nobre orgulho que Demóstenes fala desse decreto, dizendo: "O ouro foi trazido para o Peloponeso, não para Atenas. Mas nossos ancestrais estenderam sua proteção para além de sua própria cidade, para toda a Grécia".[364] Um Aristides surge a partir do respeito que se tem pela integridade, coisa que a sociedade tenta em vão; um Demarato, um Euribíades e, como veremos, um Pausânias, a partir das leis que, tendo por intuito excluir a influência das paixões, transformam suas tentações em novidades, e tornam seus efeitos irresistíveis.

II. Os gregos continuaram em Eubeia, e os persas, ávidos por atacar um inimigo tão insignificante, escolheram duzentas embarcações, despachando-as com ordens de seguir uma rota circular que se estendia para além de Escíato e, assim despercebidas, atacar a retaguarda grega, enquanto, a um sinal previamente combinado, o restante [da frota] avançaria pela frente.

No entanto, um desertor de Quios fugiu de Áfetas, e

[363] Plutarco rejeita esse relato, que Heródoto conta em caráter bastante incidental, porém, sem apresentar nenhum argumento satisfatório para a rejeição. O ceticismo de Plutarco é até mais frívolo que sua credulidade.
[364] Demóstenes, *Philip.* 3. Veja também *Ésquines contra Ctsifonte.*

informou os gregos do plano persa. Com isso, decidiu-se que, à meia-noite, os gregos avançariam contra aquela parte da frota que havia sido enviada para contornar a Eubeia. Mas, ao crepúsculo, deram a entender uma mudança ou adiamento de planos, avançando logo em direção ao corpo principal da frota, talvez menos com a intenção de travar uma verdadeira batalha que de provocar aquelas escaramuças isoladas, como que para testar sua audácia e habilidade. Os persas, impressionados com a loucura de seus oponentes, colocaram sua frota em formação e conseguiram cercar os navios gregos.

A noite, porém, dividiu as forças hostis, mas não antes de os gregos capturarem trinta das embarcações bárbaras. O primeiro navio foi tomado por um ateniense. Contudo, apesar dessa vantagem, a vitória ainda não estava decidida quando os gregos retornaram para Artemísio, e os persas, para Áfetas.

III. Durante a noite, uma daquelas tempestades repentinas e furiosas, comuns nos verões da Grécia, irrompeu sobre o mar. Os persas em Áfetas ouviam, com um pânico cheio de apreensão, as contínuas trovoadas que estrondavam acima do pico do Monte Pelião; e os corpos dos mortos e os destroços de navios, flutuando em volta das proas, atravancavam o movimento dos remos no meio de um mar tempestuoso e pesado. Todavia, a destruição que os persas em Áfetas previam para si, acometeu, na verdade, aquela porção da tropa bárbara que contornara a Eubeia. Longe da terra firme, expostos a toda a fúria da tempestade, ignorando o curso que seguiam na escuridão da noite, os navios foram atirados contra aquelas assustadoras rochas chamadas *The Hollows* [As Cavidades] e feitos em pedaços, e nenhuma galé escapou da destruição total.

Desse modo, a frota dos bárbaros agora tinha um número mais aproximado da frota dos gregos. Reforçada, no dia seguinte, com cinquenta e três navios vindos de Atenas, os gregos avançaram, ao cair da tarde, contra aquela parte da marinha inimiga de posse dos cilícios e, vencendo-os de forma arrasadora, voltaram jubilosos para Artemísio.

Até então, tais escaramuças, ocorridas nas noites de verão provavelmente para aproveitar a escuridão noturna, encerrando-se antes de qualquer perda irremediável, parecem ter acontecido como exercícios de guerra – incursões cavalheirescas, por assim dizer – do que verdadeiras batalhas deliberadas. Contudo, no terceiro dia, os persas, desejosos de conquista, avançaram sobre Artemísio. Esses confrontos marítimos se deram precisamente nos mesmos dias dos conflitos em Termópilas. O objetivo de cada um deles era o mesmo: de um, a conquista do desfiladeiro marinho; do outro, da entrada terrestre para a Grécia. O Euripo foram as Termópilas do oceano.

IV. Os gregos permaneceram em suas posições e aí sofreram o impacto. A batalha foi dura e igual. Os persas lutaram com muita coragem e firmeza e, conquanto as perdas de seu lado tenham sido as maiores, muitas das embarcações gregas também pereceram. Elas se apartaram como que por mútuo consentimento, sem que nenhuma das forças tivesse saído vitoriosa. Na frota persa, os egípcios foram os que mais se destacaram; na frota grega foram os atenienses e, dentre estes, ninguém se igualou, em bravura, a Clínias: seu navio foi tripulado às suas próprias expensas. Ele era pai daquele Alcibíades que, mais tarde, ficou tão famoso.

Enquanto estavam em Artemísio, contando o número de seus mortos, em meio aos destroços de seus navios, os gregos souberam da morte de Leônidas.[365] Isso os levou a antecipar suas deliberações sobre a tática de retirada, de modo que os gregos abandonaram o Euripo de forma organizada e sistemática: primeiro os coríntios, os atenienses compondo a retaguarda. Assim, os persas ficaram de posse do mar e da entrada terrestre para a Grécia.

Todavia, mesmo na retirada, o espírito dinâmico de Temístocles dedicava-se inteiramente a expedientes. Havia uma forte desconfiança de que uma parcela considerável dos jônios agora a serviço de Xerxes estava, em segredo, a favor dos gregos. Portanto, na mais rápida das embarcações atenienses, Temístocles seguiu para uma lagoa na costa e, sobre as rochas, gravou as seguintes palavras, que foram lidas pelos jônios no dia seguinte:

"Homens da Jônia, ao lutar contra vossos ancestrais e ajudar a escravizar a Grécia, vós agis indignamente. Uni-vos a nós, ou, se não for possível, ao menos retirai-vos da disputa, e convencei os cários a fazer o mesmo. Se, todavia, não for viável a separação nem a revolta, ao menos,

[365] Já comentei que é de questionar se a morte de Leônidas foi mais útil à Grécia do que sua vida teria sido. As consequências imediatas dela, porém, foram certamente desalentadoras. Se sua bravura era um exemplo, sua derrota era uma advertência.

quando entrarmos em ação, não vos esforceis contra nós. Lembrai-vos de que descendemos de uma mesma raça, e que foi por vós que incorremos no ódio dos persas."

Havia, porém, por trás de tal exortação, uma intenção mais sutil do que aquela mais óbvia. Pois, se não lograsse persuadir os jônios, poderia levar Xerxes a perder a confiança em sua lealdade.

Quando os persas descobriram que os gregos haviam abandonado sua posição, a frota inteira apossou-se da passagem, da vizinha cidade de Istieia e, invadindo uma parte da Ilha de Eubeia, os habitantes submeteram-se a eles.

Xerxes agora recorria a um artifício um tanto canhestro, mas largamente praticado. Vinte mil de seus homens haviam morrido em Termópilas. Destes, ele enterrou dezenove mil e, deixando os demais insepultos, convidou todos os que o desejassem, por proclamação pública, a examinar o cenário da batalha. Como um número considerável de hilotas se havia reunido a seus senhores espartanos e perecido com eles, os corpos dos mortos eram quatro mil, ao passo que os dos persas eram apenas mil. Foi um comunicado despótico prático.

V. De todo o distrito adjacente, apenas os fócios permaneceram fiéis à causa grega, mas seu território era agora invadido pelos persas, por insistência de seus tradicionais inimigos, os tessálios. Os invasores destruíram a cidade e o templo, perpetrando todos os horrores de violência e rapina no caminho. Chegando a Panopeia, a maior parte do exército bárbaro atravessou a Beócia em marcha rumo a Atenas, o grande objeto de sua vingança, enquanto um destacamento foi enviado para Delfos, com o intuito de saquear as prodigiosas riquezas acumuladas naquele templo célebre, das quais afirma-se que Xerxes tinha mais conhecimento que dos tesouros que havia deixado em seu próprio palácio, o que talvez não seja algo inusitado.

No entanto, o sacerdócio sagaz e ardiloso de Delfos estava demasiado habituado a enganar com sucesso os homens para perder a esperança ou o autocontrole, mesmo com a aproximação de um inimigo tão terrível. Quando os desalentados cidadãos de Delfos correram ao oráculo, pedindo aconselhamento e com ânsias de saber o que deveria ser feito com os tesouros sagrados, a sacerdotisa respondeu, em tom grave, que "o deus podia cuidar de suas próprias posses, e que o único cuidado dos cidadãos era sustentar a si mesmos". Uma resposta sacerdotal, indicando que o deu considerava suas posses, e não o rebanho, como seu tesouro. O primeiro certamente seria defendido pela divindade; o outro devia cuidar de si próprio.

Os cidadãos não demoraram a acatar o conselho. As esposas e filhos foram imediatamente enviados para a Acaia. Os homens adultos fugiram: alguns para Anfisa; outros, para os recônditos escarpados do Monte Parnaso, ou para aquela ampla e espaçosa caverna no sopé do Monte Córico, dedicado às Musas, conferindo àquelas adoráveis deidades o epíteto poético de Corícides. Apenas sessenta homens, com o sumo sacerdote, ficaram para proteger a cidade sagrada.

VI. Mas a superstição pode dispensar números em sua atuação. Tão logo os bárbaros avistaram o templo, o vidente viu os exércitos sagrados (até então preservados invioláveis no santuário) avançar para a frente do templo. E esse prodígio fez apenas anunciar outros mais vibrantes. À medida que o inimigo avançava, agora, na imobilidade da cidade abandonada, sem dúvida impressionado por sua própria reverência (pois, para um exército persa, não teria parecido que não houvesse veneração por um Templo do Sol!), logo ao lado do santuário de Minerva Pronaia, construído defronte ao grande templo, um ribombar de trovões fez-se ouvir de repente sobre suas cabeças, e dois enormes fragmentos de rocha (retirados das alturas daquele Parnaso, em meio a cujos recessos ocultavam-se mortais e deuses) desceram rolando a encosta da montanha com estrondo, e destruíram muitos da multidão persa. Ao mesmo tempo, do templo da belicosa deusa irrompeu um alto grito marcial, como que chamando às armas. Confusos, apavorados, em pânico, aturdidos por esses prodígios sobrenaturais, os bárbaros deram meia-volta para fugir. Os habitantes de Delfos, já preparados e armados, saíram correndo das cavernas e montanhas e, atacando os invasores, dispersou-os, matando muitos deles. Aqueles que conseguiram escapar fugiram para o exército na Beócia. Assim é que os tesouros de Delfos foram milagrosamente preservados, não só da pilhagem dos persas, mas também das garras dos próprios cidadãos délficos, que se haviam mostrados um tanto ávidos, de início, de ter permissão para depositar os tesouros em um lugar seguro. Ninguém sabia melhor que os sacerdotes que tesouros sempre diminuem quando passados de uma mão a outra.

VII. A frota grega ancorou em Salamina a pedido dos atenienses, que eram os mais interessados em deliberar logo sobre o estado de coisas, uma vez que o exército persa agora se aproximava de suas fronteiras, e eles souberam que os egocêntricos guerreiros do Peloponeso, de acordo com sua conduta costumeira, em vez de auxiliar os atenienses e a Grécia em geral, marchando rumo à Beócia, ocupavam-se tão somente de fortificar o istmo ou garantir sua própria segurança.

Sem conseguir convencer os confederados a ajudá-los a proteger a Ática, os atenienses rogaram que ao menos o restante dos aliados marítimos permanecesse em Salamina enquanto eles voltavam às pressas para Atenas.

De regresso à pátria, viram-se em uma situação que sua coragem generosa não merecia. Embora tivessem enviado a Artemísio a principal defesa da causa comum, agora, quando a tempestade avançava em sua direção, não apareceu ninguém em seu socorro. Eles ficaram indignados e, ao mesmo tempo, desalentados com aquela deserção universal.[366] Como poderiam, sozinhos e sem auxílio, resistir à numerosíssima força persa? Seria plausível esperar que a sorte de Maratona se renovasse perpetuamente? Permanecer em Atenas seria a destruição; deixá-la parecia-lhes uma espécie de impiedade. Também não podiam ter uma esperança confiante na vitória abandonando os monumentos de seus ancestrais e os templos de seus deuses.[367]

Temístocles foi o único capaz de definir a conduta de seus compatriotas nesse dilema. Inesgotáveis eram os recursos de um espírito que ia da mais elevada intrepidez à mais complexa argúcia. Percebendo que a única chance de segurança era desertar da cidade e que o maior obstáculo a tal alterativa era o apego supersticioso ao LAR, sentimento que sempre fora tão intenso nos antigos, ele recorreu, diante do fracasso da razão, a uma contrassuperstição. No templo da cidadela havia uma serpente dedicada a Minerva e considerada o defensor tutelar do lugar. De repente, constatou-se que o alimento da serpente não havia sido consumido, e que o próprio animal havia desaparecido. Então, por sugestão de Temístocles, os sacerdotes proclamaram que a deusa havia abandonado a cidade e se oferecido para conduzir o povo ao mar. Em meio à agitação geral, Temístocles reiterou sua versão do oráculo de Delfos. Os

[366] Plutarco, em *Vit. Them.*
[367] *Ibid.*

navios foram reinterpretados como os muros de madeira, e Salamina foi mais uma vez proclamada "a Divina". Reacendeu-se o ardor do povo, as convicções de Temístocles prevaleceram, e até mesmo as mulheres declararam com veemência sua disposição de abandonar Atenas pelo bem dos atenienses. Assim, decretou-se formalmente que a cidade deveria ser deixada aos cuidados e proteção de Minerva, e os cidadãos deveriam salvar-se a si, a suas mulheres, seus filhos e escravos, como cada um assim julgasse. A maioria dos atenienses refugiou-se em Trezena, onde foram generosamente sustentados com recursos públicos; alguns foram para Egina; outros seguiram para Salamina.

O embarque dos atenienses para a Ilha de Salamina foi um espetáculo comovente e triste. Separados dos filhos, das esposas (que foram enviadas para locais mais remotos, por segurança), abandonando seus lares e altares, a cidadela de Minerva e os monumentos de Maratona, eles partiram para um cenário de batalha (480 a.C.), perigoso e incerto, e que já não ficava em sua amada pátria-mãe. Seu pesar foi intensificado pela necessidade de deixar para trás muitos cuja idade avançada tornava ainda mais veneráveis, mas impossibilitava sua remoção. Mesmo os animais irracionais despertavam todo tipo de carinhosas associações domésticas, correndo para a praia e expressando com berros seu lamento pelas mãos que os alimentavam: afirma-se que um deles, um cão, que pertencia a Xantipo, pai de Péricles, seguiu os navios e nadou até Salamina, morrendo, esgotado pelo cansaço, sobre as areias.

VIII. A frota estava agora reunida em Salamina. Os espartanos contribuíram com apenas dezesseis embarcações; o povo de Egina, com trinta galés rápidas e bem equipadas; os atenienses, com cento e oitenta. De acordo com Heródoto, a marinha inteira era composta de trezentos e setenta e oito[368] navios, mais um número insignificante de embarcações de cinquenta remos.

Euribíades ainda detinha o comando. Reuniu-se um conselho de guerra. Dentre os aliados mais influentes, os peloponésios estavam em maior número e, com o apoio do chefe espartano, propôs-se que a frota deixasse Salamina e fixasse sua posição no istmo, perto das forças terrestres do Peloponeso. Isso estava em absoluta consonância com os

[368] Há relatos de números diferentes: Ésquilo e Nepos informam que eram trezentas; Tucídides, quatrocentas.

interesses dos estados peloponésios, e sobretudo com os de Esparta. Já consideravam a Ática perdida e, portanto, não se mostravam inclinados a pensar em seu destino. Enquanto o debate ainda estava pendente, chegou um mensageiro de Atenas com a informação de que os bárbaros, tendo reduzido a cinzas as cidades aliadas de Téspias e Plateias, na Beócia, haviam entrado na Ática. Pouco tempo depois, souberam que (apesar da resistência desesperada dos poucos atenienses que, alguns por pobreza, outros por um preconceito supersticioso em favor dos muros de madeira da cidadela, haviam mantido por muito tempo sua posição defensiva, conquanto literalmente cercados pelo fogo do incêndio de suas barricadas) a cidadela fora tomada, saqueada e incendiada, e o restante de seus defensores, mortos ao fio da espada.

IX. O conselho foi tomado de horror: muitos dos líderes partiram às pressas, embarcando nos navios e içando velas, preparando-se para fugir. Aqueles que permaneceram no conselho decidiram que só se poderia arriscar um confronto por mar perto do istmo. Com essa resolução, os líderes retornaram, à noite, para seus navios.

É notável a frequência com que, nos acontecimentos mais memoráveis, o destino e a glória das nações sejam decididos pela alma de um único homem. Após retirar-se para seu navio, Temístocles foi procurado por Mnesífilo, do qual se afirma que exerceu, desde cedo, uma profunda influência sobre a mente de Temístocles, e foi um daqueles estadistas pragmáticos, ainda que reflexivos, chamados à existência pela lúcida filosofia de Sólon,[369] cujos ensinamentos acerca da ciência do governo constituíram-se em uma base para as corrupções retóricas dos posteriores sofistas. Ao descobrir qual havia sido a decisão do conselho, Mnesífilo viu-se forçado a descrever suas consequências. Ele disse: "Se os aliados vierem a abandonar Salamina, tu perderás para sempre a oportunidade de lutar por teu país. A frota certamente se separará, os diversos confederados voltarão para sua pátria, e a Grécia perecerá. Portanto, apressa-te, se ainda não é tarde demais, e tenta persuadir Euribíades a mudar sua decisão e ficar."

Esse conselho, de todo consonante com as opiniões de Temístocles, instigou o chefe a novos esforços. Ele foi imediatamente ter com Euribíades e, em virtude daquele

[369] Plutarco, em *Vit. Them.*

extraordinário domínio que exercia sobre a mente de outras pessoas, ele enfim convenceu o espartano e, apesar do adiantado da hora, persuadiu-o a reunir novamente os vários líderes.

X. Nesse conselho noturno, os debates foram veementes e acalorados. Depois que Euribíades explicou sua mudança de opinião e seus motivos para reunir os chefes, Temístocles falou-lhes por certo tempo e com grande entusiasmo. Era tão evidente o interesse dos coríntios de levar o cenário de defesa para as cercanias de Corinto que não causa surpresa ver o líder coríntio, Adimanto, ansioso para interromper o ateniense. Disse ele: "Temístocles, aqueles que, nos jogos públicos, erguem-se antes do tempo são derrotados".

"É verdade", respondeu Temístocles, com admirável gentileza e autocontrole. "Mas aqueles que são deixados para trás nunca são coroados."

Aproveitando a vantagem que o uso habilidoso de uma interrupção sempre proporciona a um orador, o ateniense voltou-se para Euribíades. Ocultando habilmente seu motivo secreto – o receio da dispersão dos aliados, que ele, com razão, concluiu que ofenderia os presentes, sem convencê-los – ele recorreu a argumentos mais populares, dizendo: "Luta no istmo, e combaterás em mar aberto, onde, por causa de nossas embarcações mais pesadas e de nosso número inferior, lutarás com toda a desvantagem. Ainda que tenhas êxito, perderás, contudo, por tua retirada, Salamina, Mégara e Egina. Preservarias o Peloponeso, mas, lembra-te de que, atraindo a guerra para lá, atrairás não só as forças navais do inimigo, mas também suas forças terrestres. Luta aqui, e teremos a vantagem inestimável de um ar estreito. Preservaremos Salamina, o refúgio de nossas esposas e filhos, e protegeremos o Peloponeso com o mesmo sucesso que teríamos seguindo para o istmo e atraindo os bárbaros para lá. Se alcançarmos a vitória, o inimigo não avançará até o istmo nem penetrará para além da Ática. Seu recuo é certo".

O orador foi interrompido mais uma vez por Adimanto, e com igual descortesia. E Temístocles, que bem sabia alternar força e moderação, e ameaçar de forma persuasiva, retorquiu com igual aspereza, mas com singular dignidade e desenvoltura.

Disse Adimanto, com desdém, referindo-se à tomada

de Atenas: "A ti cabe silenciar, e não nos aconselhar a desertar nosso país, tu, que já não tens um país a defender! Euribíades poderá ser influenciado por Temístocles somente quanto Temístocles tiver novamente uma cidade para representar".

"Verme!", respondeu Temístocles, com dureza. "De fato, deixamos nossos muros e nossas casas: preferimos a liberdade àqueles bens inanimados. Mas fica sabendo que os atenienses ainda possuem um país e uma cidade, maiores e mais formidáveis que os teus, bem guarnecidos com mantimentos e homens, aos quais nenhum dos gregos será capaz de resistir: nossos navios são nosso país e nossa cidade."

E acrescentou, dirigindo-se uma vez mais ao chefe espartano: "Se continuardes aqui, tereis nossa eterna gratidão. Se fugirdes, sereis os destruidores da Grécia. Nesta guerra, o último e único recurso dos atenienses é sua frota. Rejeitai meus protestos e deixo-vos um aviso: embarcaremos imediatamente nossas famílias e partiremos para aquela Siris, na costa italiana, que há muito se diz que nos pertenceu, e na qual, se o oráculo é digno de confiança, haveremos de fundar uma cidade. Sem nós, recordareis minhas palavras".

XI. A ameaça de Temístocles, o receio de uma raça tão poderosa, sem lar, exasperada, em busca de uma nova colônia para se estabelecer, e o pavor ainda mais imediato da deserção da fina flor da marinha finalmente prevaleceram. Euribíades anunciou sua concordância com o posicionamento de Temístocles, e os confederados, fartos daquelas altercações, consentiram em arriscar o desenrolar dos acontecimentos em Salamina.

XII. De posse de Atenas, o rei persa também reuniu seu conselho de guerra. Sua frota, tendo subido pelo Estreito de Euripo, estava ancorada na baía ática de Falero; seu exército estava acampado ao longo das planícies no entorno, ou dentro dos muros de Atenas. As perdas sofridas por suas tropas já haviam sido sanadas com novos reforços de malíacos, dórios, lócrios, bactrianos, habitantes de Caristo, de Andrios, de Tênedos, e do povo das diversas ilhas. Diz Heródoto que: "Quanto mais os persas penetravam na Grécia, maiores os números daqueles que os seguiam". Pode-se supor, porém, que os acréscimos heterogêneos de uma multidão indolente e gananciosa, ou de gregos compelidos, não pelo afeto, mas pelo medo, não compensavam os devotados milhares – muitos dos quais eram seus próprios corajosos persas – que tombaram em Termópilas ou pereceram nos mares da Eubeia.

XIII. Mardônio e os líderes em geral eram favoráveis à batalha imediata. Apenas a heroína Artemísia deu um conselho mais prudente. Ela explicou que, se adiassem um confronto naval ou navegassem para o Peloponeso,[370] os gregos, vendo-se com provisões insuficientes e deixando-se dominar por seus temores, certamente se dispersariam, retirando-se para suas pátrias e, assim apartados, seriam presas fáceis para os exércitos persas.

Embora, na contramão das expectativas, tenha recebido a opinião contrária da princesa cária com elogios e louvores, Xerxes adotou o conselho da maioria e, atribuindo o fracasso em Artemísio a sua ausência, decidiu testemunhar, em pessoa, o triunfo de suas tropas em Salamina.

A marinha seguiu, em formação, para aquela ilha. Na mesma noite, as forças terrestres avançaram rumo ao Peloponeso, onde, sob o comando de Cleômbroto, irmão de Leônidas, já estava reunida toda a força dos confederados peloponésios. Eles haviam fortificado a passagem de Esquirão, semelhante às Termópilas em suas características locais, e protegido o istmo com um muro, que o exército inteiro trabalhou dia e noite para erguer. Não se desprezou nenhum material que fosse adequado ao objeto de defesa: madeira, pedras, tijolos e areia, tudo foi empregado. Acampados ali, eles nada esperavam de Salamina; antes, acreditavam ser a última esperança da Grécia.[371]

XIV. Mais uma vez, a agitação, o medo e a discórdia irromperam em meio à marinha grega. Todos os que tinham interesse na segurança do Peloponeso voltaram a queixar-se da decisão de Euribíades, exortando acerca do disparate que era permanecer em Salamina para lutar por um território já conquistado, de modo que os líderes de Egina, Mégara e Atenas tornaram-se minoria no conselho.

Assim derrotado pelos aliados peloponésios, Temístocles teria pensado em um estratagema compatível com seu caráter ardiloso e maquinador. Retirando-se discretamente

[370] Aqui vemos mais um motivo para admirar a sagacidade de Temístocles.

[371] Heródoto, livro VIII, cap. 74.

do debate, que ainda não havia chegado ao fim, e convocando o mensageiro de sua máxima confiança,[372] enviou-o em segredo à frota inimiga com a seguinte mensagem: "O líder ateniense, com sua grande estima pelo rei, e desejoso de ver os gregos subjugados a seu poder, envia-me secretamente a vós. O desalento tomou conta da marinha grega. Eles se preparam para fugir. Não percais a oportunidade de uma esplêndida vitória. Divididos entre si, os gregos são incapazes de resistir a vós, e vereis, ao atacá-los, aqueles que vos são favoráveis e aqueles que vos fariam oposição hostilizar-se entre si".

O almirante persa tinha experiência suficiente da perfídia e da deslealdade de muitos gregos para confiar na mensagem que lhe era assim transmitida, mas não precisou desse conhecimento para aferrar-se ainda mais a uma decisão que já havia sido tomada. À meia-noite, os bárbaros passaram por um grande destacamento rumo à pequena ilha de Psitaleia, entre Salamina e o continente, e, ocupando toda a estreita faixa de mar até o porto de Muniquia, na Ática, dispuseram seus navios, sob o manto da escuridão noturna, de modo a cercar os gregos e impedir qualquer possibilidade de retirada.

XV. Ignorando as movimentações do inimigo, ainda reinavam, em Salamina, as disputas entre os chefes quando Temístocles foi chamado, à noite, a retirar-se do conselho, ao qual havia retornado depois de despachar seu mensageiro para ter com os bárbaros. A pessoa que o chamava era Aristides. Aquele era o terceiro ano de seu exílio, cuja sentença, obviamente, ainda não havia sido revogada – do contrário, o eminente Aristides, de berço nobre, não se teria reunido a seus compatriotas daquela maneira, à noite, como um ladrão. Ele viera de Egina em um barco aberto e, sob a escuridão da noite, passara pelo meio dos navios persas e chegara a Salamina para informar aos gregos que eles já estavam cercados.

Disse Aristides: "Em algum momento, seria adequado que esquecêssemos nossas discordâncias particulares, e sobretudo neste momento, deveríamos discutir somente quem deve servir com mais afinco a sua nação. Seria inútil que os peloponésios aconselhassem uma retirada agora: estamos cercados, e recuar é impossível".

[372] O tutor de seus filhos, Sicino, que tinha experiência dos costumes orientais e falava a língua persa.

Temístocles recebeu o recém-chegado com alegria e persuadiu-o a participar do conselho e informar aos líderes o que sabia. Suas informações, recebidas com desconfiança, foram logo confirmadas por uma trirreme com habitantes de Tinos, que desertaram os persas para unir-se aos gregos, que agora ponderavam seriamente o inevitável recurso à batalha.

XVI. Ao amanhecer, tudo estava preparado. Reunidos na praia, Temístocles discursou para as tropas. Terminado o discurso, deram-se ordens para embarcar.

Foi no outono de 480 a.C., dois mil, trezentos e dezesseis anos atrás, que a batalha de Salamina foi travada.

Em um trono de metais preciosos instalado sobre uma das elevações do Monte Egaleu, sentava-se o régio Xerxes, para assistir à luta. O sol nascente contemplou o litoral do golfo eleusino tomado por suas tropas, ali dispostas para interceptar os fugitivos, e por uma variegada multidão que parecia antes de expectadores que de participantes do conflito.[373]

No entanto, o aspecto do inimigo não era o que os líderes persas esperavam: os gregos não davam mostras da confusão nem do terror que lhes fora atribuído pelo emissário de Temístocles. Quando a luz do dia os fez visíveis aos persas, começaram a entoar o alto coro marcial do peã: "as rochas de Salamina ecoavam o brado" e, para usar as palavras de um soldado da época,[374] "o clarim inflamava-os com seu clangor".

As embarcações bárbaras avançaram depressa assim que os gregos começaram a movimentar-se. Porém, Temístocles deteve o entusiasmo dos gregos até o momento em que um vento frio e cortante costumava levantar-se no

---

[373] O número de galés persas era, no mínimo, mil (Nepos, Heródoto e Isócrates calculam o total em mil e duzentos; a estimativa de mil é tirada de uma passagem questionável e controversa de Ésquilo, que pode ser interpretada de modo a significar mil, incluindo duzentas e sete embarcações, ou além de duzentas e sete embarcações, ou seja, mil, duzentas e sete ao todo, que é o número exato dado por Heródoto. Ctésias diz que havia mais de mil.); o das galés dos gregos, como já vimos, trezentos e oitenta. Mas as dos persas estavam tinham tripulação infinitamente mais numerosa: a bordo de cada embarcação havia trinta homens armados, além do número normal de duzentos. Plutarco parece afirmar que o número total em cada embarcação ateniense era de quatorze homens fortemente armados e quatro arqueiros. Contudo, isso apontaria para um total de apenas três mil, duzentos e quarenta homens compondo a força ateniense, incluídos os arqueiros, que provavelmente não eram cidadãos atenienses. Portanto, deve-se supor, com o Sr. Thirlwall, que os dezoito homens assim especificados eram um acréscimo à tripulação comum.

[374] Ésquilo. *Os Persas*. 397.

mar, provocando uma forte cheia no canal, o que era particularmente ruim para os grandes e pesados navios dos persas, mas nem tanto para as embarcações leves, baixas e compactas dos gregos. O método de ataque das marinhas antigas era fazer com que a proa da embarcação, reforçada com longas protuberâncias pontiagudas de latão, batesse nas laterais de seu adversário, e isso era algo que os ágeis navios dos gregos conseguiam realizar muito bem, sobretudo porque o aumento do volume do mar levava as galés persas a guinar de cá para lá desajeitadamente.

Quando se levantou o vento esperado, a batalha começou. O almirante persa[375] direcionou suas manobras principalmente contra Temístocles, pois os olhos do inimigo estavam voltados para ele, que era o mais experiente e célebre dentre dos líderes gregos. De seu navio (que era atipicamente pomposo), como de um castelo,[376] ele disparava dardos e flechas, até que uma das trirremes atenienses, comandada por Ameinias, separou-se das demais e atacou-o com a proa. As embarcações colidiram e, presas uma na outra por causa das protuberâncias pontiagudas de latão, que serviam como ganchos fixantes, Ariabignes dirigiu-se bravamente ao navio grego e foi logo morto pelos piques inimigos e atirado ao mar.[377] O primeiro a tomar um navio foi um ateniense chamado Licomedes. Como os gregos se mantivessem no estreito, os persas não conseguiam empregar toda a sua força militar ao mesmo tempo, e podiam adentrar na passagem apertada apenas por destacamentos. A violência do mar e o tamanho avantajado de suas altas embarcações acabavam por causar mais dificuldades para si próprios que para os adversários: arrastando e atirando umas contra os outros. Os atenienses posicionados no flanco direito foram atacados pelos fenícios; os espartanos da esquerda, pelos jônios. Os primeiros receberam o valoroso apoio dos eginetas, que, peritos, desde longa data, nos combates marítimos, superaram até mesmo seus novos rivais, os atenienses. A linha fenícia foi destruída. Os gregos alcançaram sua vitória, preservando ainda a mais rígida disciplina e a mais perfeita ordem. O mar ficou coberto dos destroços das embarcações e dos

[375] Ctésias diz que o almirante persa em Salamina era *Onaphas*, sogro de Xerxes. De acordo com Heródoto, tratava-se de Ariabignes, irmão do rei, que parece ser o mesmo Artabazanes, com quem Xerxes disputara o trono. *Comp. Herod.*, livro VII, cap. 2, e livro VIII, cap. 89.

[376] Plutarco em *Vit. Them.*

[377] Plutarco em *Vit. Them.* O Ariamenes de Plutarco é o Ariabignes de Heródoto.

corpos dos mortos. Enquanto isso, à esquerda, os jônios sucumbiam ante aquela parte da força aliada comandada pelos espartanos, alguns lutando com grande bravura, outros favorecendo os confederados gregos. Nesse ínterim, à medida que os persas batiam em retirada e o mar acalmava, Aristides, que até então havia permanecido na costa, desembarcou uma tropa de atenienses na Ilha de Psitaleia, matando à espada a guarda persa posicionada ali.

Xerxes da montanha, e seus milhares sem conta, do litoral, contemplavam, ao longe e impotentes, a confusão, a carnificina, a derrota de suas forças no mar. Agora desejosos somente de bater em retirada, os bárbaros recuaram para Falero e, aí, interceptados pelos eginetas, foram atacados por eles pela retaguarda, e pelos atenienses, liderados por Temístocles, pela frente. Dessa vez, a heroína Artemísia, perseguida por aquele Ameinias cuja embarcação fora a primeira a abalroar os persas, e que, de todos os capitães atenienses, foi, naquele dia, o mais destacado e eminente, viu-se em extremo perigo. Os esforços dos atenienses dirigiam-se especialmente contra aquela mulher notável: considerando uma infâmia ter uma mulher por inimigo, eles haviam estabelecido solenemente uma recompensa de grande valor por sua captura. Assim perseguida, Artemísia recorreu a um súbito e extraordinário artifício. Deparando com uma embarcação dos persas, comandada por um príncipe de Calinda, com quem tivera um desentendimento, ela arremeteu contra o navio e o afundou – um estratagema verdadeiramente feminino – enganando um inimigo público e satisfazendo um ódio particular no mesmo ato. O ateniense, vendo a embarcação que estava perseguindo atacar assim um navio bárbaro, julgou que havia confundido uma embarcação aliada, provavelmente desertora dos persas, com um inimigo, e buscou logo novos alvos de ataque. Xerxes contemplou, cheio de admiração, a proeza de Artemísia, supondo, na confusão, que ela havia afundado uma embarcação adversária.[378]

[378] O Sr. Mitford, deixando de observar esse erro de Xerxes, observado principalmente por Heródoto, comenta apenas que: "De acordo com Heródoto, conquanto, neste caso, tenhamos talvez dificuldade em lhe dar pleno crédito, Xerxes, da costa em que estava sentado, viu, admirado, e aplaudiu o feito". A partir dessa passagem, haver-se-ia de supor que Xerxes sabia que o navio atacado era um aliado e, nesse caso, de fato, não poderíamos crer no relato. Mas, se ele e os que estavam à sua volta pensaram, como afirma Heródoto, que se tratava de um inimigo, o que há de incrível? Esse é um exemplo dentre dez mil mais importantes do hábito do Sr. Mitford de argumentar a respeito de uma sentença omitindo aquelas que a antecedem e sucedem.

XVII. A batalha durou até o entardecer, quando, por fim, o que restava da frota bárbara alcançou o porto de Falero, e os gregos já não viam, ao longo do Estreito de Salamina, nenhum vestígio do inimigo, exceto os destroços e cadáveres, que eram o sinal de sua derrota.

XVIII. Chegada a manhã, os gregos aguardavam a retomada da batalha, pois a frota persa ainda era numerosa, o exército persa ainda cobria as costas adjacentes e, mediante um logro para ocultar seu real propósito, Xerxes ordenara que os transportes fenícios se reunissem, como que para ligar Salamina ao continente. No entanto, já havia sido emitido um comando para a imediata partida da marinha rumo ao Helesponto e, alguns dias depois, o próprio exército recuou para a Beócia.

A vitória de Salamina foi celebrada com festividades solenes, nas quais, notável sobretudo pela beleza de sua pessoa e por seus talentos na lira e na dança, destacou-se um jovem chamado Sófocles, que estava destinado a partilhar, posteriormente, da glória de Ésquilo, que, não menos guerreiro que poeta, distinguiu-se na batalha e deixou-nos o relato mais detalhado e vívido que temos dos acontecimentos que nela se desenrolaram.

Os vencedores gregos viram a retirada do inimigo com indignação, pois não queriam que ninguém daquele exército que incendiara seus lares e altares escapasse de sua vingança. Eles perseguiram os navios gregos até Andros, onde, não os tendo alcançado, ancoraram e reuniram-se em conselho. Conta-se que Temístocles propôs, conquanto não sinceramente, que seguissem logo até o Helesponto e destruíssem a ponte de barcos. Essa proposta foi rejeitada, e decidiu-se não reduzir tão terrível inimigo ao desespero. "Em vez disso," disse um dos chefes (Aristides ou Euribíades, de acordo com fontes diferentes), "construamos outra ponte, para que Xerxes possa deixar a Europa o quanto antes."

Temístocles fingiu convencer-se a adotar um plano que ele desejava tão somente uma desculpa para implementar e, a fim de concretizar a sugestão que já lhe fora feita, afirma-se que ele enviou, em segredo, um mensageiro a Xerxes, informando-o de que os aliados tinham a intenção de navegar até o Helesponto e destruir a ponte, de modo que, se o rei levasse em conta sua própria segurança, deveria retornar imediatamente para a Ásia, enquanto Temístocles encontrava pretextos para atrasar a ação dos confederados.

Esse artifício parece inerente ao caráter maquinador de Temístocles e, a partir de testemunhos da época,[379] parece-me indubitável que Temístocles mantinha uma correspondência secreta com Xerxes, e chegou mesmo a persuadir o monarca de que estava disposto a ajudá-lo. No entanto, como Heródoto, é impossível crer que ele tivesse, à época, algum desejo real de ganhar a confiança do persa, prevendo que talvez precisasse, mais tarde, de um refúgio na corte oriental. A um homem que estava, então, no auge de sua popularidade, não é comum um tão forte pressentimento. Ele era uma daquelas pessoas para as quais o espírito de intriga é um prazer por si mesmo e, neste caso, ele foi exercido pela causa comum dos atenienses, que, apesar de todas as suas faltas, Temístocles nunca negligenciou, mas, antes, agregou às suas próprias.

XIX. Dissuadidos da ideia de perseguir os persas, os aliados gregos, extasiados com a vitória, ansiavam ainda por aventura. As ilhas que se haviam aliado à Média eram muito vulneráveis à ação dos confederados, e propôs-se que se cobrasse delas uma multa para compensar as despesas da guerra. A ilha de Andros foi sitiada, e seus habitantes foram os primeiros a resistir à exigência. Foi então que deram aquela resposta memorável, que pode servir de advertência aos fortes, em qualquer época, quando fazem pressão sobre os desesperados.

Disse Temístocles: "Trago comigo duas poderosas divindades: a Persuasão e a Força".

Responderam os habitantes de Andros: "E nós temos dois deuses igualmente poderosos do nosso lado: a Pobreza e o Desespero".

As deidades de Andros acabaram triunfando, e o cerco foi erguido sem resultados. Contudo, dos parianos e carístios, bem como dos habitantes de algumas outras ilhas, Temístocles conseguiu enormes montantes de dinheiro sem o conhecimento de seus colegas, as quais, conquanto tenham sido extorquidas injustamente, parecem não ter sido aplicadas, em sua maior parte, para seu proveito pessoal, mas, o que é mais provável, na reconstrução de Atenas. Talvez ele julgasse, não sem razão, que, como os atenienses tinham sido os principais prejudicados na guerra, e os que mais haviam contribuído com seus recursos,

[379] Diodoro, livro XI, cap. 5. Heródoto, livro VIII, cap. 110. Nepos, e Plutarco em *Vit. Them*.

quaisquer multas que fossem cobradas dos dissidentes eram devidas não aos confederados em geral, mas tão somente aos atenienses. A conduta anterior dos aliados, que com muito custo foram impedidos de desertar Atenas, não merecia nenhuma generosidade em particular, e talvez até justificasse a retaliação de uma política egoísta. Todavia, o pagamento da multa não impediu que Caristo fosse atacada. Após devastar suas terras, os gregos retornaram a Salamina e dividiram os despojos persas. Os primeiros frutos foram dedicados aos deuses, e a melhor parte do espólio foi enviada para Delfos. Podemos mencionar aqui um fato curioso sobre Temístocles que comprova que, por maior que fosse, por vezes e em grandes crises, a inescrupulosidade gananciosa de sua mente, ao menos, ele não era eivado de uma avareza mesquinha e vulgar. Vendo muitos braceletes e correntes de ouro nos corpos dos mortos, ele os ignorou e, voltando-se para um de seus amigos, disse: "Toma-os para ti, pois tu não és Temístocles".[380]

De fato, mesquinhez e avareza não faziam parte do caráter de Temístocles, conquanto ele tenha sido acusado de tais vícios por ser, por vezes, culpado de extorsão. Ele era mais pródigo, ostentoso e opulento que seus contemporâneos, e para além de seus recursos. Seus próprios vícios eram clamorosos e de grandes proporções e, se tinha algo de pirata em sua natureza, nada tinha de avarento. Quando precisou escolher entre dois pretendentes para sua filha, preferiu o candidato virtuoso ao abastado, pois queria que ela se casasse antes com um homem sem dinheiro que com dinheiro sem um homem.[381]

XX. Divididos os despojos, os aliados seguiram para o istmo, de acordo com aquele belo costume antigo de distribuir recompensas àqueles que mais se haviam destacado. Os líderes reuniram-se no templo de Netuno. O direito de voto restringia-se tão somente aos diversos chefes, que deveriam declarar quem julgavam ser o primeiro e o segundo em merecimento. Cada líder escreveu o próprio nome como candidato ao primeiro lugar, mas a grande maioria dos sufrágios concedeu o segundo a Temístocles. Assim, enquanto cada chefe teve apenas um voto pelo primeiro lugar, o segundo foi inequivocamente conferido ao ateniense.

[380] Plutarco em *Vit. Them.*
[381] *Ibid.* Esses fatos curiosos têm o selo da autenticidade.

XXI. No entanto, nem mesmo a vitória foi suficiente para eliminar as desconfianças e inveja dos líderes confederados: eles evitaram decidir uma questão que não podia deixar de ser propícia aos atenienses e voltaram para sua pátria natal sem definir aquilo que os havia reunido no istmo. Mas Temístocles não era dotado de um temperamento que tolerasse uma tal fraude com relação a suas honras. Longe de partilhar das invejas mesquinhas e desprezíveis de seus líderes, os gregos mostraram-se, de um modo geral, veementes no louvor da sensatez e dos serviços de Temístocles, que, aproveitando-se do entusiasmo do povo, seguiu para Esparta, confiando que a generosidade da principal rival compensaria a injustiça de muitos. Suas expectativas não eram infundadas: os costumes de Esparta admitiam descortesias a um espartano, de modo que concederam o prêmio de coragem a seu próprio Euribíades, conferindo o de sabedoria ou ciência a Temístocles. Cada um deles foi igualmente homenageado com uma coroa de ramos de oliveira. Esquecida de todos os seus preconceitos, inveja, e do tratamento pouco hospitaleiro que dispensava aos estrangeiros, a nação de guerreiros estava deslumbrada com o herói cuja coragem se comparava à sua própria. Presentearam-no com a carruagem mais majestosa de Esparta, e conduziram-no solenemente rumo a sua cidade natal, até Tégea, com uma escolta de trezentos espartanos seletos, chamada "Os Cavaleiros": o único caso em que os espartanos conduziram um homem de sua cidade. Afirma-se que, por ocasião de seu retorno a Atenas, Temístocles foi repreendido por Timodemo de Afidnas, originário de Belbina[382] e implacável inimigo público, juntamente com sua visita a Esparta: "As honras concedidas a ti", disse Timodeu, "são dadas em respeito, não a ti, mas a Atenas".

Ao que respondeu o espirituoso líder: "Meu amigo, a questão é a seguinte. Se eu fosse nativo de Belbina, não teria sido tão celebrado em Esparta, nem tu, ainda que tivesses nascido ateniense!"

Enquanto os gregos ocupavam-se de tais coisas, o exército persa recuara, com Mardônio, para a Tessália. Ali, aquele general escolheu e reuniu as forças com que pre-

[382] Heródoto, livro VIII, cap. 125. Veja a obra *Comment on Timodemus* [Comentário sobre Timodemo], de Wesseling. Plutarco conta esse mesmo fato curioso, mas apresenta o repreendedor de Temístocles como cidadão de Sephirus, uma ilha na qual, de acordo com Eliano, as rãs nunca coaxavam: os homens parecem haver compensado o silêncio das rãs!

tendia retomar a guerra, mantendo a seu serviço os famosos Imortais. Heródoto estima seu número total, incluída a cavalaria, em trezentos mil homens.

Assim ocupados, e antes de Xerxes deixar a Tessália, os espartanos, instigados por um oráculo, enviaram um mensageiro a Xerxes exigindo reparação pela morte de Leônidas, ao que, rindo, o rei respondeu: "Certamente. Este homem" (apontando para Mardônio) "haverá de dar-vos a retribuição adequada".

Deixando Mardônio na Tessália, onde se propôs a passar o inverno, Xerxes apressou sua marcha de volta a seu país. Sessenta mil persas sob o comando de Artabazo acompanharam o rei apenas até a passagem para a Ásia, e foi com um exército irrisório, que, premido pela fome, arrasou a vegetação mesma no caminho, e que uma praga e a disenteria diminuiu ao longo da viagem, que o grande rei cruzou o Helesponto, onde a ponte de barcos já se havia rompido por ventos e tempestades. Um suprimento de provisões mais fartas do que já haviam recebido tentou o exército a excessos, dos quais muitos caíram vítima. O restante chegou a Sardes com Xerxes, que, daí, regressou posteriormente para sua capital mais distante.

XXIII. Os habitantes de Potideia, no Istmo de Pallene, e de Olinto, povoada pelos botieus, uma raça mestiça e suspeita que se vangloriava de descender daqueles atenienses que, nas épocas tradicionais, foram enviados como prisioneiros tributários para a Minos cretense, tão logo souberam que a frota havia partido de Salamina e que o rei persa havia recuado, rebelaram-se abertamente contra os bárbaros. Regressando do Helesponto, Artabazo sitiou Olinto, massacrou seus habitantes e colonizou a cidadezinha com calcidenses. Em seguida, ele cercou Potideia. Contudo, uma terrível inundação do mar, somada às arremetidas dos sitiados, destruiu a maior parte dos pobres invasores. O remanescente foi conduzido por Artabazo para a Tessália, a fim de reunir-se ao exército de Mardônio. A frota persa, retirando-se de Salamina, após levar o rei e seus exércitos do Quersoneso para Abidos, passou o inverno em Cumas e, no início da primavera, reuniu-se em Samos.

Nesse ínterim, os atenienses retornaram para sua cidade desmantelada e voltaram sua atenção para sua reconstrução. Foi então também que, provavelmente, o povo se apressou em recompensar, com uma revogação formal e solene da sentença de ostracismo, os serviços de Aristides e devolver a cidadania ao mais ilibado de seus cidadãos.[383]

[383] Veja *Fasti Hellenici*, vol. II, p. 26.

Capítulo VIII

A Embaixada de Alexandre da Macedônia para Atenas. O resultado de suas propostas. Os atenienses retiram-se para Salamina. Mardônio ocupa Atenas. Os atenienses enviam emissários a Esparta. Pausânias sucede Cleômbroto como Regente de Esparta. Batalha de Plateias. Tebas é sitiada pelos atenienses. A Batalha de Mícale. Cerco a Sesto. Término da Guerra Médica.

I. A chegada da primavera e a alarmante aparição de Mardônio, que, com suas forças persas, reduzidas, é verdade, mas ainda poderosas, espreitava, ameaçador, suas fronteiras, despertaram os gregos para a realidade do perigo que corriam. Seu exército ainda não estava reunido, mas sua frota, composta por cento e dez embarcações sob o comando de Leotíquides, rei de Esparta, e Xantipo de Atenas, encontrava-se em mar, em Egina. Aí ancorada, foram ao encontro de seus comandantes certos quios que, tendo sido descobertos em uma conspiração contra a vida de Strattis, um tirano imposto a Quios pelos persas, fugiram para Egina. Eles declararam que toda a Jônia estava pronta para uma revolta, e seus argumentos levaram os gregos a avançar até a sagrada ilha de Delos.

Como desconhecessem tanto os arredores daquela terra como as forças do inimigo, eles não ousaram ir além. Samos parecia-lhes tão remota quanto os Pilares de Hércules e, assim, um medo recíproco manteve o espaço entre as frotas persa e grega livre do avanço de qualquer delas. Mas Mardônio começou a despertar lentamente de sua letargia invernal. Talvez sob demasiada influência de um oráculo tebano, pensavam os gregos, o general persa despachou para Atenas, como embaixador, ninguém menos que Alexandre, rei da Macedônia. Esse príncipe, aliado dos persas (pois sua irmã se casara com o persa Bubares, filho de Megábazos), era visto como um emissário enviado para apaziguar os atenienses enquanto servia ao inimigo destes. E, agora, o objetivo de Mardônio era aplacar o adversário que não conseguira vencer. Ciente da bravura ateniense, Mardônio supunha que, se pudesse separar aquele estado da confederação e persuadir os atenienses a unir seus exércitos às forças persas, seria fácil conquistar o restante da Grécia. Por terra, ele já considerava certo seu êxito. Por mar, como a marinha grega, privada da fina flor de suas forças, poderia resistir-lhe?

II. O Rei da Macedônia chegou a Atenas. Todavia, conscientes da desconfiança e da apreensão que a notícia de uma embaixada da Pérsia causaria entre os confederados, os atenienses adiaram a concessão da audiência solicitada, de modo que tivessem tempo para comunicar o fato a Esparta e conseguir que representantes daquela nação comparecessem à assembleia.

Então, Alexandre da Macedônia assim se dirigiu aos atenienses:

"Homens de Atenas!", disse ele. "Mardônio informa-vos, por meu intermédio, da seguinte ordem do rei: 'Quaisquer ofensas que os atenienses tenham feito a mim, eu as perdoo. Devolvei-lhes seu país, deixai-os até mesmo anexar a ele quaisquer outros territórios que cobicem, permiti que gozem livremente de suas leis. Se quiserem aliar-se a mim, reconstruí os templos que incendiei.'"

Em seguida, Alexandre passou a discorrer sobre os resultados daquela missão favorável, a descrever o poder dos persas e a defender a necessidade de uma aliança. "Que minhas ofertas vos convençam," concluiu ele, "pois, somente a vós, dentre todos os gregos, é que o rei estende seu perdão, desejando vossa aliança."

Quando Alexandre terminou seu discurso, os emissários espartanos assim falaram por meio de seu líder, que se dirigiu, não ao macedônio, mas aos atenienses: "Fomos designados pelos espartanos para rogar-vos que não empreendais medidas prejudiciais à Grécia nem aceiteis condições dos bárbaros. Isso, por si só da máxima iniquidade, seria, acima de tudo, indigno de vós, e uma descortesia. Em vós está a origem da guerra que agora envolve toda a Grécia. De fato, seria inaceitável que os atenienses, que já promoveram a liberdade de tantos, agora fossem os responsáveis pela servidão da Grécia. Compadecemo-nos de vossa triste condição: ficastes privados, por dois anos, dos frutos de vosso solo; vossas casas foram destruídas e vossas fortunas, arruinadas. Nós, os espartanos, e os demais aliados, receberemos vossas esposas e todos os que se mostrarem indefesos enquanto durar a guerra. Não deixeis que o macedônio, abrandando as mensagens de Mardônio, vos comova. Isso lhe é bem apropriado: sendo ele mesmo um tirano, auxiliaria a obra de um tirano. Mas não lhe dareis atenção se fordes sensatos, sabendo que não há lealdade nem verdade nos bárbaros".

III. A resposta que os atenienses deram aos espartanos e aos persas, cuja essência, sem dúvida, foi fielmente preservada por Heródoto, pode ser incluída entre os registros mais perenes daquele povo nobre e generoso.

Eis a resposta, ditada e provavelmente proferida por Aristides:[384] "Não ignoramos que o poder dos medos é muitas vezes superior ao nosso. Não precisamos dessa pomposa advertência. Não obstante, pela preservação da liberdade, resistiremos a tal poder o quanto pudermos. Cessai de persuadir-nos a fazer aliança com os bárbaros. Levai de volta a Mardônio esta resposta dos atenienses: Enquanto aquele sol acolá", e o orador apontou para o orbe [solar],[385] "mantiver os cursos que agora mantém, nós repudiaremos quaisquer relações de amizade com Xerxes e, confiando no auxílio de nossos deuses e heróis, cujos santuários e altares ele incendiou, lutaremos contra ele em batalha e por vingança. E tu, cuidado ao tornares a apresentar tais propostas aos atenienses, e não nos exortes à desonra, sob o pretexto de termos benefícios com isso, pois não desejaríamos, ingratos para contigo, nosso hóspede e nosso amigo, que nenhum mal recaísse sobre ti por causa da fúria dos atenienses".

"Quanto a vós, espartanos! Pode ser conforme à natureza humana que vós temais nossa aliança com os bárbaros. Não obstante, é vergonhoso que o temais, conhecendo o espírito de que somos animados e que nos leva a agir. Não há quantidade de ouro, nem territórios na terra, nem beleza alguma que possa tentar os atenienses a aceitar condições dos medos para a servidão da Grécia. Se estivéssemos inclinados a isso, muitas e fortes são as razões

[384] Plutarco em *Vit.Arist.*
[385] *Ibid.*

que nos impedem, sendo a primeira e a principal nossos templos incendiados e destruídos, que nos incitam não à aliança, mas à vingança. Além disso, toda a raça da Grécia partilha de uma única consanguinidade e de uma única língua, e comuns são seus costumes, seus altares, e seus deuses – ignominioso seria, de fato, se os atenienses fossem disso os traidores. Por fim, sabei, agora, se não sabíeis antes, que, enquanto sobreviver um único ateniense, Atenas não se aliará a Xerxes."

"Agradecemos vossa solicitude para conosco, vossas ofertas de proteger nossas famílias, atribulados e empobrecidos como estamos. No entanto, suportaremos nossos infortúnios como pudermos, sem nos tornarmos um fardo para vós. Cuidai de enviar vossas forças ao campo de batalha. Que não haja demora. O bárbaro haverá de atacar-nos quando souber que rejeitamos suas propostas. Antes que ele avance para a Ática, encontremo-lo na Beócia."

IV. Ao receber tal resposta dos atenienses, os embaixadores espartanos voltaram para sua pátria. Pouco tempo depois, Mardônio, com marchas rápidas, conduziu seu exército rumo à Ática. Por onde passava, suas forças eram robustecidas pelo recrutamento de novas tropas. Os príncipes tessálios, longe de arrepender-se de sua aliança com Mardônio, incentivavam seu furor.

Chegando à Beócia, os tebanos tentaram persuadir o general persa a acampar naquele território e não arriscar uma batalha, mas, em vez disso, buscar, subornando os homens mais poderosos de cada cidade, desvincular os confederados da aliança existente. O orgulho, a ambição e o desejo de novamente vingar Xerxes em Atenas impediram Mardônio de acolher tal conselho. Ele seguiu em marcha para a Ática e, ali, encontrou o território completamente desolado. O general foi informado de que os habitantes [locais] estavam ou em Salamina ou na frota. Seguindo para Atenas (497 a.C.), ele também a encontrou deserta e, dez meses depois de ser capturada pela primeira vez por Xerxes, a cidade foi ocupada pelos medos uma segunda vez.

De Atenas, Mardônio despachou um mensageiro grego a Salamina, a fim de repetir as propostas de Alexandre. Ao ouvir tais propostas em conselho, os atenienses foram tomados de uma espécie de fúria. Um conselheiro chamado Lícidas expressou-se em favor dos termos propostos e foi imediatamente apedrejado até a morte. As mulheres atenienses, tomadas de uma indignação semelhante à dos homens, infligiram o mesmo destino a sua esposa e filhos: um daqueles excessos de virtude que se transformam em crimes, mas pelo qual a emergência não constitui justificativa repreensível.[386] O embaixador regressou incólume.

V. A fuga dos atenienses para Salamina não havia sido um expediente adotado de boa vontade. Aquele povo valoroso permanecera na Ática durante todo o tempo em que pôde alimentar alguma expectativa de receber assistência do Peloponeso. Somente por ocasião da chegada dos persas à Beócia, compelidos pelo desespero diante da inércia de seus aliados, é que buscaram refúgio em Salamina.

A postura de individualidade e isolamento de Esparta, que impediu e inviabilizou, por sua preocupação exclusiva com os espartanos, todos os princípios mais generosos e ousados de ação, talvez nunca se tenha evidenciado de forma mais odiosa do que naquela indiferença por um aliado que preferira, com tão grande nobreza, as liberdades gregas à sua própria segurança. O Peloponeso inteiro viu com apatia a ocupação da Ática, e os espartanos dedicaram-se à conclusão das fortificações do istmo.

Os atenienses, bem como Mégara e Plateias, enviaram mensageiros a Esparta, e tais embaixadores adotaram um tom grave e reprovador de queixa.

Eles descreveram a conduta dos atenienses ao rejeitar as propostas dos bárbaros, censuraram os espartanos, acusando-os de perfídia por descumprir o acordo de enfrentar o inimigo na Beócia, anunciaram a indignação dos atenienses diante da violação daquele pacto, exigiram suprimentos imediatos, e apontaram as planícies perto de Tria, um vilarejo na Ática, como campo de batalha adequado.

Os éforos ouviram as queixas, mas adiaram, dia após dia, sua resposta. De acordo com Heródoto, os espartanos estavam ocupados com a celebração das solenidades em honra de Jacinto e Apolo, cerimonial esse que teria sido motivo suficiente para a procrastinação, segundo todos os usos e formalidades dos costumes espartanos. Mas talvez houvesse outro motivo, e mais grave, para o atraso na decisão dos éforos.

Quando as fortificações do istmo foram concluídas, a

[386] O apedrejamento era um costume comum na antiguidade, gozando, ademais, de certa aprovação em determinadas ofensas; e, para um povo valente e inflamado, não podia haver crime pior que o de dar conselhos contrários a sua honra e suas liberdades.

superstição do regente Cleômbroto, que supervisionara sua construção, assustou-se com um eclipse, de modo que ele levou de volta a Esparta o destacamento que comandara naquela região. Todavia, ele regressou apenas para morrer, e seu filho, Pausânias, sucedeu-o na regência enquanto perdurou a menoridade de Plistarco, o jovem herdeiro de Leônidas.[387] Se as solenidades funerárias pela morte de um regente eram semelhantes àquelas realizadas em honra de um rei morto, podemos logo justificar a demora dos éforos, pois os dez dias que se passaram sem resposta aos embaixadores correspondem exatamente, em número, aos dez dias dedicados ao luto público.[388] No entanto, qualquer que tenha sido a causa do atraso espartano (e a rigorosa confidencialidade daquele governo oligárquico manteve, em questões mais importantes, seus motivos e planos em segredo tanto às nações da época como aos estudiosos modernos) a demora enfureceu sobremaneira os enviados atenienses, que chegaram a ameaçar negociar com Mardônio e abandonar Esparta à própria sorte, estabelecendo, por fim, o dia de sua partida. Os éforos moveram-se. Dentre os representantes dos diversos estados, estava, então, em Esparta aquele Quileu de Tégea, que fora tão útil quanto Temístocles no trato dos interesses da Grécia no congresso ístmico. Esse hábil e eminente arcádico descreveu vividamente aos éforos o perigo de perder a aliança ateniense e a insuficiente resistência contra os persas que as fortificações do istmo poderiam opor. Os éforos ouviram e agiram de imediato, com o sigilo e a vigilância características das oligarquias. Naquela mesma noite, eles despacharam uma tropa de cinco mil espartanos e trinta e cinco mil hilotas (sete para cada espartano), sob o comando de Pausânias.

Na manhã seguinte, os éforos responderam serenamente às ameaças exasperadas dos atenienses, declarando que suas tropas já estavam em marcha e que, àquela altura, encontravam-se em *Oresteum*, uma cidadezinha na Arcádia, distante cerca de trinta quilômetros de Esparta. Estarrecidos, os representantes[389] apressaram-se, no intuito de alcançar a força espartana, e os éforos, como que para expiar inteiramente sua procrastinação anterior, de-

[387] Veja Heródoto, livro IX, cap. 10. Veja também Sr. Clinton sobre os Reis de Esparta. *Fasti Hellenici*, vol. II, p. 187.

[388] Veja Heródoto, livro VI, cap. 58. Após o sepultamento de um rei espartano, dez dias eram dedicados ao luto, e não se tratava de nenhum interesse público nesse intervalo.

[389] "De acordo com o decreto de Aristides," diz Plutarco, "os enviados atenienses eram Aristides, Xantipo, Mirônides e Címon."

ram-lhes a escolta e um reforço adicional de cinco mil lacônios e periecos bem armados.

VI. Mardônio logo soube, pelos argivos (que, não contentes em recusar-se a integrar a legião grega, vinham mantendo comunicações secretas com os persas), da partida das tropas espartanas. Até então, ele se abstivera de quaisquer atrocidades no território e na cidade atenienses, na esperança de que Atenas ainda pudesse se reconciliar consigo. Mas, dessa vez, incendiou Atenas, demoliu a parte principal do que ainda restou de seus muros e templos[390] e, considerando o solo da Ática inadequado à sua cavalaria, bem como, pela estreiteza de suas saídas, inconveniente na eventualidade de uma retirada, após uma rápida incursão em Mégara, recuou para Tebas e levantou suas tendas nas margens do Asopo, que se estendia de Éritras até Plateias. Aí, seus exércitos aumentaram, recebendo os gregos que eram favoráveis à sua causa.

VII. Nesse ínterim, aos espartanos que estavam no istmo uniram-se os demais aliados peloponésios. Ordenou-se a realização de sacrifícios solenes e, sendo favoráveis os augúrios obtidos por meio das vítimas, o exército grego avançou. Reunindo-se aos atenienses em Elêusis, a força militar marchou até o sopé do Citerão e acampou defronte aos persas, os exércitos separados pelo rio Asopo. Aristides comandava os atenienses, liderando oito mil soldados de infantaria e, estando os exércitos nessa posição, um hábil general detectou e suprimiu uma perigosa conspiração.

Os desastres da guerra – a devastação das terras, o incêndio das casas – reduziram a fortuna de muitos dos nobres atenienses. Com a diminuição de sua propriedade, diminuiu sua influência. A pobreza, o descontentamento e a desconfiança de novas famílias que ganhavam destaque[391] induziram esses homens arruinados em seus bens a conspirar pela abolição do governo popular de Atenas e, fracassada a tentativa, a trair a causa, favorecendo o inimigo.

Esse plano disseminou-se em segredo pelo acampamento, e corrompeu inúmeros homens, de modo que o perigo se fez iminente. Por um lado, não se podia negligenciar a conspiração; por outro, naquele momento de crise, talvez

[390] Heródoto refere-se à devastação e à ruína como completas. Contudo, quantas foram as gerações ao longo das quais os monumentos de Pisístrato sobreviveram à depredação da espada persa!

[391] Plutarco em *Vit.Arist.*

fosse arriscado sondar meticulosamente um intento que envolvia homens importantes e de elevada posição social. Aristides agiu com prudência excepcional. Ele prendeu oito dos líderes. Deles, processou apenas dois (que fugiram durante os procedimentos) e, liberando os demais, apelou à batâlha iminente como o grande tribunal que os absolveria da acusação e provaria sua lealdade ao estado.[392]

VIII. Tão logo essa conspiração foi debelada, a cavalaria dos persas iniciou suas operações. No comando daquela habilidosa e valente cavalaria, pela qual as nações orientais ainda são célebres, cavalgava seu chefe, Masístio, vestindo uma armadura completa de ouro, latão e ferro, e famoso pela força de sua pessoa e pelo esplendor de seus ornatos. Posicionados sobre os declives acidentados do Citerão, os gregos estavam razoavelmente protegidos do ataque da cavalaria persa, salvo apenas pelos mégaros, que, chegando ao número de três mil, foram distribuídos ao longo da planície e atacados, por todos os lados, por aquela ágil e rápida cavalaria. Assim pressionados, os mégaros pediram socorro a Pausânias. O espartano contemplou o ar escurecido pelas lanças e flechas, e logo percebeu que seus guerreiros, que portavam armas pesadas, estavam mal equipados para lutar contra a cavalaria. Ele tentou, em vão, instigar os homens que o cercavam fazendo apelos a sua honra (todos se recusaram a socorrer os mégaros), quando Aristides saiu em sua defesa, o ateniense ofuscando, assim, a galhardia do espartano. Com uma infantaria de trezentos homens mais arqueiros, Olimpiodoro, um dos mais talentosos oficiais atenienses, avançou com fúria sobre os bárbaros.

O próprio Masístio, no comando de suas tropas, esporeou seu cavalo *Nisaean* a avançar contra o novo inimigo. Seguiu-se um combate violento e ferrenho. O cavalo do general persa foi ferido e derrubou seu cavaleiro, que não conseguiu se colocar de pé por causa do peso de sua armadura. Ali, caído no chão, as escamas fechadas de sua malha protegeram-no das armas do enxame de inimigos à sua volta até que, por fim, uma lança perfurou seu cérebro por uma abertura na viseira. Após uma disputa aferrada

[392] Esse, dentre muitos outros fatos curiosos, demonstra quão salutar e inevitável era a desconfiança popular diante da aristocracia. Quando lemos acerca do processo de subornar os homens mais importantes, e sobre a conspiração tramada por outros, devemos desprezar aquelas acusações de desconfiança do povo grego para com seus superiores que constituem os principais discursos inflamados dos historiadores medíocres.

por seu cadáver, os persas foram repelidos de volta para seu acampamento, onde a morte de alguém cuja autoridade e reputação era inferior apenas à de Mardônio foi causa de lamento e desânimo geral.

O corpo de Masístio, que, por seu grande tamanho e pela beleza de suas proporções, despertou a admiração dos vencedores, foi considerado o troféu dos gregos, que, colocando-o sobre um suporte funerário, carregaram-no triunfalmente pelas fileiras.

IX. Depois dessa vitória, Pausânias conduziu suas tropas, pela base do Citerão, até os arredores de Plateias, que ele considerava um lugar mais adequado para a disposição de seu exército e o suprimento de água. Ali, perto da fonte de Gargáfia,[393] uma das nascentes do Asopo (que se divide em muitos riachos, que recebem o mesmo nome) e célebre na poesia pela morte do fabuloso Acteão, não muito distante do santuário de um antigo herói de Plateias (Androcrates), os gregos foram organizados em divisões regulares, e as diversas nações, algumas em um suave aclive, outras ao longo da planície.

Na atribuição dos vários postos, surgiu um conflito entre os atenienses e os tegeatas. Estes últimos reivindicaram, com base em uma antiga prescrição tradicional, o flanco esquerdo (tendo sido o direito concedido, por unanimidade, aos espartanos), adotando, no curso de sua argumentação, um ar de insolente superioridade com relação aos atenienses.

"Viemos aqui para lutar, não para brigar", responderam os atenienses (ou Aristides, em nome deles[394]). "Mas, como os tegeatas proclamam seus feitos, os antigos como os recentes, a nós, é adequado conservar nossa precedência com relação aos arcádios."

Fazendo essa breve menção aos tempos antigos evocados pelos tegeatas e citando seus feitos do passado, os atenienses insistiam, sobretudo, em Maratona. "Não obstante," prosseguiram seus oradores, ou seu orador, concluindo, "embora conservemos nosso direito ao posto disputado, não é apropriado que nós, neste momento de crise, briguemos sobre as posições da batalha. Posicionai-nos, ó espartanos, onde vos parecer melhor. Qualquer que seja nosso posto e posição, defenderemos nossa honra e vossa

[393] Gargáfia fica a quase dois quilômetros e meio da cidadezinha de Plateias. *Itinerary*, de Gell, 112.

[394] Plutarco em *Vit.Arist.*

causa. Assim, comandai: nós obedecemos."

Ao ouvir essa resposta generosa, os comandantes espartanos foram unânimes em mostrar-se favorável aos atenienses, que, por conseguinte, ocuparam o flanco esquerdo.

X. Esta foi a disposição do exército confederado, que consistiu na maior força militar a oferecer resistência aos persas até então, constituída de toda a força e virilidade dos estados livres gregos: à direita, dez mil lacedemônios, metade dos quais, como já vimos, eram periecos, e a outra metade, composta da pura raça espartana. Para cada guerreiro desta segunda metade, foram concedidos sete hilotas armados, e a cada um dos periecos, fortemente armados, um servo. Portanto, a força lacedemônia perfazia um total de nada menos que cinquenta mil homens. Ao lado dos espartanos (em uma espécie de concessão no tocante a sua reivindicação) estavam os mil e quinhentos tegeatas. Depois deles, cinco mil coríntios e, ao lado destes, trezentos potideios de Pallene, salvos dos exércitos persas graças à inundação de seus mares. Em seguida, Orcômeno alinhava seus seiscentos arcádios. Sicião enviou três mil guerreiros; Epidauro, oitocentos; e Trezena, mil guerreiros. Ao lado destes últimos estavam duzentos lepreatas e, a seguir, quatrocentos micênicos e tiríntios.[395] Posicionados ao lado dos tiríntios vinham, em ordem sucessiva, mil fliásios, trezentos hermionianos, seiscentos erétrios e habitantes de Estira, quatrocentos calcidenses, quinhentos ambracienses, oitocentos habitantes de Lêucade e Anactória, duzentos habitantes do vilarejo de Palea em Cefalênia, e quinhentos somente da ilha de Egina. Três mil mégaros e seiscentos nativos de Plateias foram posicionados em fila ao lado dos atenienses, cuja força de oito mil homens, sob o comando de Aristides, fechava o flanco esquerdo.

Desse modo, o total da infantaria pesadamente armada era de trinta e oito mil e setecentos homens. A esses somava-se a força de armamentos leves de trinta e cinco mil hilotas e trinta e quatro mil e quinhentos auxiliares dos lacônios e de outros gregos, totalizando cento e oito mil e duzentos homens, além de mil e oitocentos téspios, que, talvez pela destruição de sua cidade pelo exército persa, não estavam incluídos nos exércitos fortemente armados de seus confederados.

[395] É um estranho declínio do antigo esplendor de Micenas fornecer somente quatrocentos homens, juntamente com Tirinte, para a causa da Grécia!

Esse era o exército – nada pequeno em número, mas ainda mais forte no coração, na união e na lembrança de vitórias passadas, bem como no medo de cadeias futuras, que ergueram seu acampamento ao longo das margens dos riachos que confundem suas águas e nome com o Asopo.

XI. Enquanto isso, Mardônio havia saído de sua posição anterior e erguido seu acampamento naquela parte do Asopo mais próxima de Plateias. Seus bravos persas posicionaram-se defronte aos lacedemônios e tegeatas e, em ordem sucessiva, distribuíam-se os medos e bactrianos, os indianos e os sacas, os beócios, lócrios, malíacos, tessálios, macedônios e o auxílio relutante de mil fócios. No entanto, muitos dessa última tribo, nas proximidades dos recessos do Monte Parnaso, agindo abertamente ao lado dos gregos, acossavam as tropas bárbaras mais externas. Heródoto calcula que a força inimiga era de trezentos e cinquenta mil homens, dos quais cinquenta mil eram macedônios e gregos. E, conquanto o historiador não tenha deduzido desse total a perda sofrida por Artabazo em Potideia, o mais provável é, ainda assim, que o exército bárbaro fosse quase três vezes mais numeroso que o grego: uma superioridade numérica menos assustadora do que em situações que os gregos já haviam enfrentado e vencido.

XII. Assim posicionados e distribuídos os exércitos, ofereceram-se sacrifícios de ambos os lados. Aconteceu que, por uma estranha coincidência, havia um vidente eleu para cada exército. O aspecto das entranhas proibia tanto o exército persa como o grego de cruzar o Asopo, e ordenava que cada qual agisse na defensiva.

Que o chefe persa obedecesse aos ditames de um vidente grego é algo bastante provável, em parte porque um povo supersticioso raramente despreza as superstições de outra fé, mas sobretudo porque uma parte considerável do exército invasor, e talvez a mais valente e habilidosa, era constituída de nativos gregos, cujas convicções preconcebidas era prudente encorajar e perigoso afrontar.

Passados oitos dias em inatividade, os exércitos confrontando-se sem qualquer movimentação, Mardônio, a fim de interceptar as novas forças que, todos os dias, recorriam ao acampamento grego, despachou um corpo de cavalaria para tomar a passagem do Citerão. Reunindo-se a um comboio de quinhentos animais de carga que transportavam provisões vindas do Peloponeso, os bárbaros, com uma desumanidade que, talvez, demonstrasse que o destacamento não era formado por persas – na realidade, um povo clemente, conquanto valoroso – massacraram homens e animais. As provisões foram levadas para o acampamento persa.

XIII. Nos dois dias que se seguiram, Mardônio avançou, aproximando-se do Asopo, e sua cavalaria (auxiliada pelos tebanos, que eram o braço direito do exército bárbaro), com repetidos combates, muito afligiu os gregos, com muita bravura, mas causando pouco dano.

Por fim, Mardônio, farto daquela inatividade ou talvez incapaz de conter o espírito de um exército mais numeroso, e não estando acostumado a sofrer o ataque, decidiu não mais obedecer aos oráculos do vidente eleu e, na manhã seguinte, enfrentar os gregos. Todavia, ao agir contra uma superstição, ele tentou, com sagacidade, evocar outra em seu socorro e, da decisão de um mortal, apelou aos ambíguos oráculos do deus délfico, que sempre tinham uma interpretação para a empreitada e outra para o sucesso.

XIV. "As vigílias da noite haviam sido estabelecidas," diz Heródoto, em seu estilo dinâmico e vívido, "e a noite em si já ia avançada – uma imobilidade geral e absoluta pairava sobre o exército, mergulhado no repouso – quando Alexandre, o príncipe macedônio, saiu ocultamente do acampamento, a cavalo, e, chegando aos postos avançados dos atenienses, cuja linha ficava imediatamente defronte à sua própria, solicitou uma audiência com os comandantes. Concedida a audiência, o macedônio dirigiu-se a eles nestes termos: 'Venho informar-vos de um segredo que deve ser comunicado somente a Pausânias. Desde remota antiguidade, sou de linhagem grega. Sou tomado de zelo pela segurança da Grécia. Há muito Mardônio teria atacado, não fossem os augúrios. Já não lhes dando atenção, ele vos atacará ao raiar do dia. Preparai-vos. Se ele mudar sua decisão, permanecei onde estais, pois ele tem provisões apenas para mais alguns dias. Caso o resultado da guerra se mostre favorável, vós julgareis adequado fazer algo pela independência de alguém que se expõe a um tão grande perigo com o propósito de instruir-vos acerca das intenções do inimigo. Eu sou Alexandre da Macedônia'."

"Dizendo isso, o cavaleiro retornou ao acampamento persa."

"Os líderes atenienses foram depressa a Pausânias e informaram-no do que haviam ouvido."

De acordo com a enfática descrição[396] de Heródoto, o espartano parece não haver recebido a notícia com a coragem habitual de sua raça. Ele temia os persas, não conhecida seu modo de guerrear e, por isso, propôs que os atenienses trocassem de posição com os lacedemônios. "Pois vós já lutaram com os medos," disse ele, "e vossa experiência de sua forma de guerrear, vós a tivestes em Maratona. Nós, por outro lado, lutamos contra os beócios e tessálios [que estavam defronte ao flanco esquerdo]. Portanto, troquemos nossa posição."

Inicialmente, os oficiais atenienses aborreceram-se com a proposta, não por medo, mas por orgulho, parecendo-lhes que estavam sendo trocados de posição em posição, como hilotas, ao bel-prazer do espartano. Aristides, porém, cujo poder de persuasão residia sobretudo em seus apelos não às paixões inferiores, mas às mais sublimes, e que, exercendo o comando, exaltava seus compatriotas, explicou-lhes que o flanco direito, que o espartano desejava ceder, era, na realidade, a posição de comando.

"E não vos agrada a honra que recebeis, nem percebeis a vantagem de lutar não contra os filhos da Grécia, mas contra o invasor bárbaro?", disse ele.[397]

Essas palavras animaram aqueles a quem o ateniense se dirigia, de modo que eles concordaram imediatamente em trocar de posição com os espartanos e "lutar pelos troféus de Maratona e Salamina".[398]

X. Na calada da noite, enquanto os atenienses marchavam para seu novo posto, eles se exortavam entre si a ter coragem e recordar vitórias passadas. Mardônio, porém, descobrindo, por meio de desertores, a alteração do posicionamento das tropas, moveu seus persas, colocando-os defronte aos espartanos. E como Pausânias retornasse novamente ao flanco direito, Mardônio realizou manobra semelhante, e assim se passou o dia, sem qualquer ação. Tendo as tropas reassumido suas posições anteriores, Mardônio enviou um mensageiro aos espartanos, censurando-

[396] Heródoto, livro IX, cap. 45.

[397] Plutarco em *Vit.Arist.*

[398] Esse relato de Heródoto do contraste entre o líder espartano e o ateniense, o qual é amplamente corroborado em outras fontes, constitui, como já sugeri, prova do pouco efeito que o martírio de Leônidas surtiu sobre a emulação espartana. Sem dúvida, os espartanos estavam mais aterrorizados com o massacre de Termópilas do que inflamados pelo desejo de vingança.

-os por sua covardia e propondo que determinado número [de persas] enfrentasse o mesmo número de espartanos em batalha, e aqueles que vencessem seriam considerados vitoriosos sobre todo o exército adversário.

O desafio não recebeu resposta dos espartanos, e Mardônio, interpretando o silêncio como demonstração de medo, já esperava a vitória. Sua cavalaria, avançando sobre os gregos, atacava-os de longe e em segurança com suas lanças e flechas. Eles conseguiram tomar a fonte de Gargáfia, que fornecia água ao exército grego, e obstruíram o fluxo d'água. Assim privados de água e, ao mesmo tempo, cada vez mais afligidos pela escassez de provisões, cujo comboio fora interceptado pela cavalaria persa, os chefes gregos decidiram sair dali para outro lugar e ocupar um espaço que, sendo cercado por riachos, recebera o nome de Ilha de *Oeroe*[399] e oferecia um farto suprimento de água. Essa ilha ficava por volta de um quilômetro e meio de onde estavam acampados. A partir daí, propuseram destacar metade de seu exército para livrar um comboio de provisões cercado nas montanhas.

Cerca de quatro horas depois do pôr do sol, o exército iniciou sua marcha. Contudo, quando Pausânias deu a ordem a seus espartanos, um oficial chamado Amonfareto recusou-se terminantemente a mover-se. Ele alegou os costumes e juramentos de Esparta, declarando que não fugiria de um inimigo bárbaro nem seria conivente com a desonra de Esparta.

XVI. Pausânias, embora furioso com a obstinação do oficial, relutava em deixá-lo ali, com sua tropa, onde todos morreriam. E, enquanto o conflito seguia sem solução, os atenienses, desconfiando de seus aliados, "pois bem sabiam que era um costume espartano dizer uma coisa e pensar outra",[400] enviaram um cavaleiro a Pausânias para descobrir a causa do atraso. O mensageiro encontrou os soldados em suas fileiras, e os líderes em uma discussão acalorada. Pausânias discutia com Amonfareto quando este, à aproximação do ateniense, pegou uma enorme pedra com as mãos e, atirando-a aos pés de Pausânias, exclamou com veemência: "Com este cálculo apresento meu voto contra fugir do estrangeiro". Pausânias, tomado de perplexidade, mandou que o ateniense informasse a cau-

[399] "Ali parece haver várias ilhas, formadas por um lento córrego em uma campina plana. (*Oeroe*?) devia ser assim descrita." *Itinerary*, de Gell, 109.
[400] Heródoto, livro IX, cap. 54.

sa do atraso e implorou que seus compatriotas fizessem uma breve pausa para que pudessem agir em conjunto. Por fim, quase ao amanhecer, Pausânias decidiu dar início à marcha sem Amonfareto. Todas as suas tropas avançaram, passando pelos desfiladeiros íngremes do sopé do Citerão, por medo da cavalaria persa. Os atenienses, mais intrépidos, seguiram pela planície. Amonfareto, após inúteis tentativas de deter seus homens, foi obrigado, com relutância, a segui-los.

XVII. Mardônio, vendo que o campo aberto à sua frente já não pululava com as fileiras gregas, expressou sem qualquer reserva seu desprezo pela covardia dos fugitivos e fez com que seu exército impaciente atravessasse logo o Asopo no encalço do inimigo. Àquela altura, os atenienses, que já haviam atravessado a planície, estavam escondidos junto às colinas, de modo que os tegeatas e os lacedemônios foram o único objeto do ataque.

As tropas de Mardônio investiram, mas, o restante do exército persa, julgando que sua tarefa, naquele momento, não era lugar, mas perseguir, ergueram seus estandartes e avançaram em tumulto, sem disciplina nem ordem alguma.

Pausânias, pressionado pela linha persa e, ainda que não timorato, era, no mínimo, de temperamento indeciso, não perdeu tempo em enviar mensageiros para pedir socorro aos atenienses. Mas, quando estes últimos já se encontravam em marcha para prestar o auxílio solicitado, foram interceptados pelos mercenários gregos a serviço dos persas e impedidos de resgatar os espartanos.

Vendo-se assim privados de auxílio, os espartanos ficaram muito alarmados. Todavia, sua força era de cinquenta e três mil homens, incluídos os tegeatas e os hilotas. Confiando-se aos deuses, Pausânias ordenou que se fizesse um sacrifício solene, cujo resultado foi aguardado por seu exército inteiro enquanto saraivadas de setas dos arqueiros persas desabavam sobre eles, cada vez mais próximas e rápidas. As entranhas das vítimas, porém, apresentaram presságios desalentadores, e o sacrifício foi repetido. Nesse ínterim, os espartanos demonstraram a fortaleza e a disciplina que lhes eram características: nenhum homem se moveu em sua fileira até que os presságios se mostrassem mais favoráveis. Todos eram atormentados pelas flechas persas, alguns foram feridos; não obstante, buscando proteção somente debaixo de seus amplos broquéis, eles aguardaram, com firme paciência, o tempo de seu líder e do Céu. Então, tombou Calícrates, o soldado mais forte e majestoso de todo o exército, lamentando, não a morte, mas que sua espada ainda não tivesse sido desembainhada contra o invasor.

XVIII. Sacrifício após sacrifício parecia ainda proibir a batalha quando Pausânias, erguendo os olhos, dos quais desciam copiosas lágrimas, e mirando o templo de Juno que a tudo testemunhava, suplicou à deusa tutelar do Citerão que, se as moiras proibiam os gregos de vencer, que eles pudessem, ao menos, morrer como guerreiros.[401] E, enquanto fazia essa oração, os sinais esperados tornaram-se subitamente visíveis nas vítimas, e os presságios anunciaram a promessa da vitória iminente.

Com isso, a ordem de batalha soou instantaneamente por todo o exército e, para usar a poética comparação de Plutarco, a falange espartana como que despertou, de súbito, em toda a sua força, como um animal feroz eriçando, os pelos e preparando sua vingança contra o inimigo. Como o terreno irregular, repleto de altas cristas íngremes e cortado pelo Asopo, cujas águas lentas[402] serpeiam sobre um largo leito coberto de juncos, era desfavorável aos movimentos de cavalaria, a infantaria persa avançou sobre os gregos.

Reunidos em uma numerosíssima falange, os lacedemônios mostraram-se um corpo militar quase impenetrável, avançando devagar, compacto e fechado, enquanto a valentia impetuosa e indisciplinada dos persas, mais feliz nas escaramuças que na batalha, quebrou-se em mil ondas sobre aquela rocha que se movia. Atacando em pequenos grupos por vez, eles tombavam depressa em redor do avanço dos gregos, pois suas armaduras eram leves contra os fortes piques de Esparta, sua coragem era destituída da habilidade e seus números, desprovidos de disciplina. Não obstante, os persas lutaram com bravura, mesmo já caídos ao chão, agarrando os piques com as mãos nuas e, com a magnífica agilidade que ainda caracteriza o espadachim oriental, levantando-se de um salto e retomando as armas quando aparentemente vencidos, despojando os inimigos de seus escudos e lutando mano a mano com eles, com movimentos desesperados.

[401] Plutarco em *Vit.Arist.*
[402] Sir W. Gell, *Itinerary of Greece*.

XIX. À frente de um grupo de mil seletos persas, destacando-se por causa de seu cavalo branco, e mais ainda por sua audácia e valentia, cavalgava Mardônio, comandando o ataque: o mais feroz onde quer que sua armadura refulgisse. Inspirados por sua presença, os persas lutaram à altura de sua fama marcial e, mesmo ao tombar, faziam diminuir as fileiras espartanas. Por fim, o chefe impetuoso, mas valente, dos exércitos asiáticos recebeu um ferimento mortal: seu crânio foi esmagado por uma pedra atirada por um espartano.[403] Seu seleto grupo, o orgulho do exército, morreu lutando em torno dele, mas sua morte foi o sinal geral da derrota e da fuga. Estorvados por suas longas túnicas e pressionados pelos vencedores implacáveis, os persas fugiram em desordem, voltando para seu acampamento, que era protegido por trincheiras de madeira, por portões, torres e muros. Ali, fortificando-se da melhor forma possível, eles lutaram com êxito e vantagem contra os lacedemônios, que não eram muito hábeis em ataques e cercos a fortalezas.

Enquanto isso, os atenienses conseguiram a vitória, nas planícies, sobre os gregos de Mardônio – encontrando seu inimigo mais obstinado nos tebanos (que perderam trezentos de seus principais guerreiros no campo de batalha) – e, agora, uniam-se aos espartanos no campo persa. Afirma-se que os atenienses eram mais versados na arte do cerco que os espartanos. Todavia, naquele momento, sua experiência não poderia ser maior. Os atenienses, porém, sempre foram de temperamento mais impetuoso, e os homens que haviam "corrido para a batalha" em Maratona não seriam frustrados pelo desesperado remanescente de seu antigo inimigo. Eles escalaram os muros, fizeram uma abertura pela qual os tegeatas foram os primeiros a passar e, assim, os gregos invadiram, com rapidez e ferocidade, o campo inimigo. Apavorados, desalentados, perplexos com a repentinidade e as proporções de sua perda, os persas já não conseguiram sustentar sua fama: eles debandaram em todas as direções, tombando, durante a fuga, em um prodigioso massacre, tão grande que, do poderoso exército, apenas uns três mil puderam escapar. Devemos desconsiderar, porém, o cauteloso e desconfiado Artabazo, que, aos primeiros sinais de derrota, já havia fugido com os quarenta mil partas e corásmios que ele liderou rumo à Fócida, com a intenção de alcançar o Helesponto. Os nativos

[403] Heródoto, livro IX, cap. 62.

de Mantineia chegaram após a captura do acampamento, tarde demais para partilhar daquela glória. Eles tentaram compensar essa perda perseguindo Artabazo, o que, no entanto, foi inútil. Os eleus chegaram depois dos nativos de Mantineia. Os líderes desses dois povos foram posteriormente banidos.

XX. Um egineta propôs a Pausânias que infligisse ao cadáver de Mardônio o mesmo insulto que Xerxes infligira ao corpo de Leônidas.

Indignado, o espartano recusou-se a fazê-lo, dizendo: "Depois de elevar meu país à fama, quereis que eu o precipite na infâmia por vingança sobre o corpo do morto? Leônidas e Termópilas já estão suficientemente vingados por esta tremenda derrota dos vivos".

O corpo do bravo e malfadado general, o principal articulador da guerra, foi recolhido no dia seguinte, conquanto não se saiba pela piedade de quem nem para qual sepulcro. O túmulo de sua ambígua fama jaz sozinho, eternamente visível nas planícies de Plateias, e do alto da fronte cinzenta do imperecível Citerão!

XXI. Conquistada a vitória (setembro de 479 a.C.), os vencedores ficaram deslumbrados com os magníficos despojos que restaram: tendas e divãs decorados com metais preciosos; taças e recipientes, e sacos de ouro; e os próprios mortos mostraram-se um prêmio, pelos caros ornamentos de suas correntes e braceletes, e cimitarras de um esplendor vaidoso; cavalos e camelos, e mulheres persas, bem como toda a parafernália e utensílios pelos quais o despotismo fazia da guerra um luxo.

Pausânias proibiu que os despojos fossem tocados[404] e mandou que os hilotas reunissem aquele tesouro em um único lugar. Contudo, aqueles escravos hábeis esconderam muitos objetos de valor, que foram comprados por vários eginetas (cuja avareza havia sido aguçada por uma vida de comércio), que enriqueceram ao adquirir ouro ao preço de bronze.

A piedade dedicou aos deuses a décima parte dos despojos: dentre eles, o santuário de Delfos foi presenteado com uma trípode de ouro que repousava sobre uma cobra de três cabeças, de bronze; o Netuno coríntio, com uma

[404] Os tegeatas já haviam tomado a tenda de Mardônio, apossando-se sobretudo de um curioso cocho de bronze, usado para alimentar o cavalo do persa e, mais tarde, dedicado à Minerva Aleia.

estátua de bronze da deidade, de sete cúbitos de altura; e o Júpiter de Olímpia, com uma estátua de dez cúbitos. Pausânias também recebeu um décimo do produto de cada tipo de despojo – cavalos e camelos, mulheres e ouro – prêmio que ficou arruinado ao lhe ser dado em recompensa. O restante foi divido entre os soldados, de acordo com seu mérito.

Todavia, restaram tantos objetos inapropriados naquele descuido da saciedade que, em tempos posteriores, o campo de batalha ainda pôde oferecer aos nativos de Plateias, em suas buscas, baús de prata e ouro, bem como outros tesouros.

XXII. Ao apossar-se da tenda de Mardônio, que havia sido anteriormente a de Xerxes, Pausânias ordenou aos escravos orientais que haviam escapado ao massacre que preparassem um banquete à moda dos persas e que o servissem como se a Mardônio. Além desse suntuoso banquete, o espartano mandou que sua refeição habitual fosse preparada. Em seguida, voltando-se aos diversos chefes, exclamou: "Veja a loucura do persa, que renunciou a todo este luxo para saquear tamanha pobreza".

Esse relato traz em si algo de sublime. O austero espartano, porém, foi logo corrompido pelos luxos que fingia desprezar. É muito comum que desprezemos hoje aquilo a que nos será difícil resistir amanhã.

XXIII. Finalizada a tarefa de recompensar os vivos, os gregos passaram à de homenagear os mortos. Os lacedemônios foram enterrados em três valas: uma delas recebeu aqueles que pertenciam a uma classe em Esparta chamada os Cavaleiros,[405] dos quais duzentos haviam sido conduzidos por Temístocles a Tégea (dentre estes estava o obstinado Amonfareto); a segunda, os demais espartanos; a terceira, os hilotas. Os atenienses, tegeatas, mégaros e os fliásios tinham, cada qual, seus lugares de sepultura específicos e separados e, sobre todos eles, erguiam-se outeiros de terra. Em seguida, tribos e estados que haviam efetivamente participado da batalha final ou das escaramuças anteriores, mas sem a glória de perder vidas, erigiram cenotáfios para mortos fictícios naquele ilustre campo fune-

[405] Adoto a interpretação de Valcknaer, *tous hippeas*. Os cavaleiros espartanos, em número de trezentos, nada tinham que ver com a cavalaria, mas lutavam a pé ou a cavalo, conforme a necessidade. (Dionísio de Halicarnasso, XI, 13). Eles formavam a guarda real.

rário. Dentre esses monumentos espúrios havia um dedicado aos eginetas. Aristodemo, o espartano que retornara a salvo de Termópilas, foi morto em Plateias, o mais intrépido dos gregos naquele dia, redimindo voluntariamente uma vida de desonra por uma morte gloriosa. No entanto, dos mortos espartanos, somente aos seus manes não se concederam honras.

XXIV. Plutarco conta que houve uma perigosa disputa entre os espartanos e os atenienses quanto a seu respectivo direito à *Aristeia*, ou primeiras honras militares. O conflito foi solucionado com sua concessão aos nativos de Plateias, um estado que não era objeto de desconfiança nem ciúme. Por motivos semelhantes, é com frequência que se veem homens comuns de posse das honras devidas aos mais notáveis.

Mais importantes que a *Aristeia*, caso seu espírito tivesse sido adequadamente conservado, eram certos privilégios conferidos a Plateias na época. Em uma assembleia subsequente dos aliados, Aristides propôs que representantes dos estados da Grécia fossem enviados a Plateias todos os anos a fim de sacrificar a Júpiter, o Libertador, e discutir sobre a política geral da Grécia. Ali, a cada cinco anos, celebrar-se-iam jogos em honra à Liberdade, enquanto os nativos de Plateias, dispensados do serviço militar, deviam ser considerados, desde que cumprissem a tarefa que lhes era assim imposta, um povo sagrado e inviolável. Desse modo, Plateias tornou-se nominalmente a segunda Élida, e seu campo de batalha, outro *Altis*. Ao mesmo tempo, Aristides procurou implementar a ampla e inteligente política iniciada por Temístocles. Ele tentou reunir os desconfiados estados da Grécia em uma liga comum e perpétua, mantida contra todos os invasores por uma força permanente composta por uma cavalaria de mil homens, cem navios, e uma infantaria de dez mil homens fortemente armados.

XXV. Realizou-se, então, um conselho muito sério e meticuloso, no qual se decidiu enviar o exército vitorioso contra Tebas para requisitar a pessoa daqueles que se haviam aliado aos medos. Como a oposição daquele estado às liberdades helênicas fora ferrenha, seu pecado era antes da oligarquia, não do povo. Os mais eminentes dentre esses traidores da Grécia eram Timagênidas e Atagino, e os aliados decidiram destruir a cidade a menos que tais chefes fossem entregues à justiça.

No décimo primeiro dia após a batalha, o exército posicionou-se à frente de Tebas e, diante da recusa dos habitantes de entregar os chefes tão justamente censuráveis, devastou as terras tebanas.

Qualquer que seja nossa opinião a respeito da conduta de Timagênidas ao esposar a causa dos invasores da Grécia, devemos render-lhe o elogio de uma bravura desinteressada, que recordará o leitor do cerco de Calais, empreendido por Eduardo III, e a generosidade de Eustáquio de São Pedro. Ele voluntariamente se propôs a entregar-se aos sitiadores.

A oferta foi aceita: Timagênidas e vários outros foram entregues a Pausânias, levados a Corinto e, aí, executados: um exemplo drástico, mas salutar. Atagino salvou-se fugindo. Seus filhos, entregues a Pausânias, foram prontamente libertados. "É impossível que crianças tenham conspirado com os medos contra nós", disse o espartano.

Enquanto Tebas se salvava da destruição, Artabazo conseguiu empreender seu retorno à Ásia, embora suas tropas tenham sofrido grandes perdas pelos ataques dos trácios, pela fome e pelo cansaço.

XXVI. No mesmo dia em que a batalha de Plateias esmagou as forças terrestres da Pérsia, ocorreu uma vitória não menos importante contra sua frota em Mícale, na Jônia.

O leitor haverá de recordar que Leotíquides, o rei espartano, e o ateniense Xantipo, haviam conduzido a marinha grega para Delos. Ancorados aí, eles receberam uma delegação de Samos, dentre cujos membros estava Hegesístrato, filho de Aristágoras. Esses embaixadores declararam que todos os jônios aguardavam apenas o momento [ideal] para rebelar-se contra o jugo persa e que tal sinal seria encontrado nas primeiras medidas ativas dos confederados gregos. Leotíquides, induzido por essas alegações, acolheu os sâmios na liga geral e navegou para Samos. Aí, organizados em linha de batalha, perto do templo de Juno, eles se prepararam para arriscar um confronto.

Todavia, os persas, vendo sua aproximação, recuaram para o continente, a fim de fortalecer-se com suas tropas terrestres, que, em número de sessenta mil, e sob o comando do persa Tigranes, Xerxes havia posicionado em Mícale para proteger a Jônia.

Chegando a Mícale, eles levaram seus navios para a praia, protegeram-nos com fortes trincheiras e barricadas e, em seguida, aguardaram confiantes o resultado.

Após uma breve conferência, os gregos decidiram pela iniciativa no confronto. Aproximando-se do local em que estava posicionado o inimigo, eles contemplaram o mar deserto, as embarcações protegidas por trincheiras e as longas fileiras de infantaria organizadas ao longo da costa. Leotíquides, por um mensageiro, exortou os jônios a serviço dos persas a recordar suas liberdades comuns, e informou que, no dia da batalha, seu grito de guerra seria "Hebe".

Os persas, suspeitando de tais mensagens, conquanto transmitidas em uma língua que não compreendiam, e suspeitando igualmente dos sâmios, tiraram as armas destes últimos e, desejosos de afastar os milésios, confiaram-lhes a guarda dos caminhos que levavam às terras altas de Mícale. Tomando tais precauções contra a deserção de seus aliados, os persas prepararam-se para a batalha.

Os gregos estavam apreensivos e receosos, não tanto por si mesmos como por seus compatriotas na Beócia, defronte à poderosa tropa de Mardônio. No entanto, espalhando-se por todo o acampamento a notícia de que se alcançara uma vitória total naquele território (provavelmente um artifício de Leotíquides), os guerreiros tiveram sua coragem instigada e suas esperanças fortalecidas.

Os atenienses, que, com as tropas de Corinto, Sicião e Trezena, compunham metade do exército, avançaram pela costa e ao longo da planície; os lacedemônios, pelas trilhas mais íngremes e arborizadas. Enquanto estes últimos ainda estavam em marcha, os atenienses já lutavam nas trincheiras (Batalha de Mícale, setembro de 479 a.C.).

Inspirados não tanto pela inimizade como pela emulação, os atenienses exortavam-se entre si a proezas desesperadas para que eles – e não os espartanos – tivessem as honras do dia. Eles investiram com ferocidade e, após uma luta igual e obstinada, forçaram os adversários a recuar para as barricadas que cercavam seus navios, atacaram as trincheiras, sustentaram a muralha e, reunindo-se com seus aliados, fizeram com que os bárbaros fugissem às pressas e em desordem. Somente os nativos persas, embora em pequeno número, mantiveram sua posição e, mesmo quando o próprio Tigranes foi morto, seguiram lutando resolutamente, até que os lacedemônios adentraram nas trincheiras, e todos os que haviam sobrevivido à espada ateniense, sucumbiram pela espada espartana.

Tão logo o desfecho da batalha ficou evidente, os sâmios desarmados deram toda a assistência que podiam aos gregos. Os demais jônios aproveitaram essa mesma oportunidade para rebelar-se e voltar suas armas contra seus aliados. Nos desfiladeiros da montanha, os milésios interceptaram seus próprios aliados em fuga, entregando-os à espada grega, e mostrando-se mais ativos que o demais em seu massacre. São assim implacáveis e desleais os homens reduzidos à servidão quando a ocasião os chama à liberdade.

XXVII. A essa batalha, na qual os atenienses se distinguiram sobremaneira, seguiu-se o incêndio dos navios persas e o recolhimento dos despojos. Depois disso, os gregos partiram para Samos. Deliberando ali, os líderes peloponésios propuseram que a Jônia, por ser um lugar demasiado perigoso e remoto para proteger, deveria, a partir de então, sem abandonada aos bárbaros e que, como recompensa, os jônios ficassem de posse das costas marítimas daqueles estados gregos que se haviam aliado aos medos. Os atenienses opuseram-se a essa proposta tão extrema, negando aos peloponésios o poder de dispor de colônias atenienses. Os peloponésios desistiram da sugestão. Decidiu-se que os jônios do continente impusessem suas próprias condições aos bárbaros, mas os habitantes das ilhas que ajudaram contra os medos foram acolhidos na confederação geral, comprometendo-se, por um juramento solene, a jamais desertá-la. Então, a frota navegou para o Helesponto, com o intuito de destruir a ponte que eles acreditavam ainda existir. Todavia, encontrando-a já destruída, Leotíquides e os peloponésios retornaram para a Grécia. Os atenienses decidiram tentar retomar a colônia de Milcíades no Quersoneso. Os persas reuniram toda a sua força militar remanescente na melhor fortaleza daquela península. Os atenienses fizeram-lhe um cerco (que começou no outono de 479 a.C. e terminou na primavera de 478 a.C.) e, depois de resistirem a uma fome tão duradoura que o cordame, ou antes, tiras da forragem de seus leitos foram consumidas como alimento, os persas evacuaram a cidade, que os habitantes então entregaram com alegria.

Assim concluídas suas vitórias, os atenienses regressaram para a Grécia, levando consigo um enorme tesouro e, como relíquias não menos preciosas, os fragmentos e cabos da ponte do Helesponto, para que fossem suspensos em seus templos.

XXVIII. Permanecendo em Sardes, Xerxes viu o minguado e exausto contingente que restou de sua poderosa força militar, os fugitivos dos dias fatais de Mícale e Plateias. O exército sobre o qual o monarca chorara no auge de seu poder cumprira a previsão de suas lágrimas, e o poder armado da Média e do Egito, da Lídia e da Assíria, agora já não existia!

Assim terminou a grande invasão persa, a guerra mais memorável da história da humanidade, quer pela grandiosidade de seus planos, quer por seu fracasso. Agora, saímos da poesia que pertence à Grécia primitiva, através de cujas brumas as formas dos homens assumem proporções tão gigantescas quanto vagas. O encantador Heródoto abandona-nos, e ainda não desenvolvemos permanentemente, em lugar de sua romântica e impetuosa fidelidade, a meticulosa e sóbria habilidade política do sereno Tucídides. Doravante, vemos mais do belo e do sábio, menos do maravilhoso e monumental. O que a idade heroica é para a tradição, a invasão persa o é para a história.

Atenas: Ascensão e Queda

Livro IV
Do fim da invasão persa à morte de Címon, 479 a.C. – 449 a.C.

Capítulo I

Comentários sobre os efeitos da guerra. A situação de Atenas. A interferência de Esparta no tocante às fortificações de Atenas. A conduta habilidosa de Temístocles. O novo porto de Pireu. A proposta dos espartanos no Conselho Anfictiônico é derrotada por Temístocles. A frota aliada no Chipre e em Bizâncio. Pausânias. A modificação de seu caráter. Suas visões ambiciosas e sua traição. Os jônios revoltam-se contra o comando espartano. Pausânias é convocado de volta a Esparta. É substituído por Dorcis. Os atenienses ascendem à liderança da Liga Jônica. Delos torna-se o Senado e a Sede do Tesouro dos aliados. A administração hábil e prudente de Aristides. Címon recebe o comando da frota. O caráter de Címon. Eion é sitiada. Esquiro é colonizada pelos áticos. A suposta descoberta dos ossos de Teseu. O declínio do poder de Temístocles. A mudança democrática na Constituição. O ostracismo de Temístocles. A morte de Aristides.

I. É para a honra imperecível dos filósofos franceses do século passado que, mais que todos os antigos mestres da humanidade, defendessem aqueles interesses profundos e imorredouros da raça humana, inseparavelmente ligados ao amor pela PAZ; que tenham despojado a imagem da GUERRA da glória ilusória que recebeu, nos primórdios da sociedade, das paixões dos homens brutais e do entusiasmo dos poetas, e desviado nosso olhar da fama do herói individual para os crimes dos milhares massacrados. Contudo, seu zelo por essa HUMANIDADE, que tais livres e ousados pensadores foram os primeiros a transformar no princípio vital de uma escola filosófica, levou-os a opiniões parciais e precipitadas, abraçadas de forma demasiado indiscriminada por seus discípulos. E, ao condenar os males da guerra, esqueceram-se de suas vantagens. Os infortúnios de uma geração tendem a ser necessários para a prosperidade de outra. A torrente de sangue fertiliza a terra sobre a qual corre, e a guerra tem sido, ao mesmo tempo, o flagelo e o civilizador do mundo, ora iluminando o invasor, ora o invadido, e obrigando a uma atuação súbita e brilhante as artes e as virtudes instigadas pela criação da necessidade, e amadurecidas pela energia do sofrimento. O que a adversidade é para os indivíduos, a guerra muitas vezes o é para as nações: incerta em suas consequências, é verdade que, a alguns, ela subjuga e esmaga, mas, a outros, ela fortalece e exalta. Tampouco os maiores e mais ilustres elementos do caráter dos homens ou dos estados são suscitados de forma tão patente sem algo daquela experiência amarga e pungente que robustece as propriedades mais vigorosas da mente e refina as mais sutis e argutas. Mesmo quando tais guerras – as revoluções armadas do mundo – são aterradoras em seus resultados, destruindo a grandeza e as liberdades de um povo, elas servem, mais cedo ou mais tarde, para produzir, em contrapartida, ascensão e progresso na sorte de outro (como o mar, que avança aqui, e recua ali, engolindo as abundâncias desta costa para aumentar os territórios daquela), assim cumprindo, com sua ação terrível e horrenda, aquele decreto dos destinos humanos que ordena que todas as coisas se transformem e nada seja destruído. Sem a invasão da Pérsia, a Grécia talvez não tivesse deixado anais, e o mundo moderno buscaria, em vão, inspirações no antigo.

II. Quando o dilúvio dos exércitos persas recuou de volta a seu leito no Oriente e o mundo estava mais uma vez em relativa tranquilidade, o continente da Grécia elevou-se, de forma visível e majestosa, acima do restante do mundo civilizado. Longe dali, nas planícies do Lácio, o infante estado de Roma fortalecia-se, em silêncio e às escondidas, em sua luta contra os pequeninos estados vizinhos em que se desmantelava rapidamente a antiga civilização etrusca. O espírito da Gália e da Germânia, ainda não resgatado do barbarismo, era pouco conhecido, exceto nos lugares colonizados pelos gregos, na obscuridade de seus bosques e ermos. O orgulho de Cartago fora esmagado por uma fragorosa derrota na Sicília, e Gelon, o hábil e astuto tirano de Siracusa, conservava, em uma colônia grega, o esplendor do nome grego.

A ambição da Pérsia, que ainda era a maior monarquia do mundo, fora freada e inviabilizada de uma vez por todas. A força de gerações havia sido desperdiçada, e a imensa extensão do império servia apenas para conservar ainda mais a paz geral, diante do esgotamento de suas forças. A derrota de Xerxes paralisou o Oriente.

Assim, a Grécia viu-se segura e livre para desfrutar da tranquilidade que conquistara, e direcionar às artes da paz as novas e impressionantes energias que haviam sido despertadas pelos perigos da guerra, e exaltadas por suas vitórias.

III. Os atenienses, agora de volta à sua cidade, viram diante de si a árdua tarefa de reconstruir suas ruínas e restaurar suas terras devastadas. As vicissitudes da guerra haviam produzido inúmeras mudanças silenciosas, tanto internas como externas. Muitas grandes fortunas haviam sido arruinadas, e o antigo espírito da aristocracia sofrera um golpe considerável ante o poder de novas famílias. A fama do democrático Temístocles, de berço humilde, e as vitórias das quais o povo inteiro havia participado destruíram grande parte da tradicional e venerável sacralidade associada a nomes ancestrais e a determinadas famílias. Isso foi salutar para o espírito empreendedor em todas as classes. A ambição dos grandes viu-se estimulada a restabelecer, por meios ativos, sua fortuna perdida e sua influência decadente. A energia das classes mais humildes, já despertada por sua nova importância, foi instigada a mantê-la e aumentá-la. Era exatamente o tipo de crise em que se poderia dar uma nova direção aos hábitos e ao caráter de todo um povo. E, a fim de aproveitar todas as vantagens dessa crise, o destino, em Temístocles, designara para Atenas um homem cujas qualidades eram não só excelentíssimas em si mesmas, mas singularmente adequadas às circunstâncias da época. E, como já comentei, é, de fato, da natureza dos estados livres, e prerrogativa sua, concentrar a vontade popular em algo da unidade do despotismo, produzindo, um após o outro, uma sucessão de representantes das necessidades e exigências do momento, cada qual guiando sua geração (mas somente enquanto estiver de acordo com a vontade desta), e, quer frustrando seus rivais, quer sendo sucedido por eles, não na medida em que os supera ou é superado em talento, mas ao conceder ou deixar de conceder à esfera do poder legislativo, mais ampla por natureza, a força mais concentrada do executivo, unindo, dessa forma, os desejos da maioria sob o exercício do menor controle possível: a constituição popular, o governo absoluto, porém, responsável.

IV. Nos grandiosos eventos da última campanha, perdemos de vista o herói de Salamina.[406] Todavia, mal terminada a guerra persa, já encontramos Temístocles no *status* de cidadão mais proeminente de Atenas, prova suficiente de que sua popularidade ainda não havia diminuído, e que sua ausência em Plateias não se deu por nenhum capricho popular ou triunfo partidário.

V. Na vingança arrasadora de Mardônio, foram destruídas até mesmo casas particulares, à exceção daquelas que serviram de alojamento para os nobres persas.[407] Pouco foi poupado do interior da cidade, e menos ainda de seus muros externos. Tão logo os bárbaros deixaram o território, os cidadãos voltaram, com seus escravos e família, dos vários locais de refúgio, e a primeira preocupação foi a reconstrução da cidade. Estavam já empenhados nessa tarefa inevitável quando chegaram embaixadores de Esparta, cujo governo vigilante, sempre desconfiado de algum rival, contemplava com apreensão plausível a marinha cada vez mais numerosa e a fama crescente de um povo até então inegavelmente inferior ao poder da Lacedemônia. E o temor secreto acalentado por aquela imperiosa nação era nutrido com apreensão ainda maior pelos aliados subordinados.[408] Movidos por seus próprios receios e pelos temores gerais, os espartanos agora pediam aos atenienses que desistissem da construção de suas muralhas. E foi com certa boa vontade, e uma desculpa plausível, que o governo de uma cidade sem muros criticou a política de muralhas para Atenas. Os embaixadores espartanos afirmavam que cidades fortifica-

[406] O Sr. Mitford atribui sua ausência a alguma inveja das honras que recebera em Esparta, e à glória tola com que as assumiu. Todavia, as vagas observações dos autores a que ele se refere não confirmam, em absoluto, essa conjectura, nem parece provável que a desconfiança fosse geral ou intensa o suficiente para provocar uma tão severa perda para a causa pública. Ameaçados por perigos graves e iminentes, enquanto ainda estavam no acampamento, os atenienses não teriam concebido todas as desconfianças mesquinhas do foro. As desconfianças despertadas por Temístocles eram muito posteriores. É provável que, nesse período, a ele tivesse sido confiado o importantíssimo encargo de zelar e manter unida aquela parte considerável, porém dispersa, da população ateniense que não participara de Mícale nem de Plateias.

[407] Tucídides, livro I, cap. 89.

[408] *Ibid.*, livro I, cap. 90.

das se tornariam redutos para os bárbaros, caso eles as invadissem novamente. E as muralhas de Atenas não seriam menos úteis ao inimigo do que lhe haviam sido as muralhas de Tebas. O Peloponeso, asseveravam eles, era o refúgio legítimo e o recurso certo para todos e, não querendo dar a impressão de que desconfiavam somente de Atenas, pediram aos atenienses que não só parassem de erigir suas próprias fortificações, mas que se unissem a eles na demolição de todas as fortificações fora dos limites do Peloponeso.

Não era preciso uma inteligência tão penetrante como a de Temístocles para adivinhar logo o motivo do pedido e o perigo de uma recusa peremptória. Ele persuadiu os atenienses a responder que enviariam embaixadores para debater o caso, e despediu os espartanos sem mais explicações. Em seguida, Temístocles recomendou ao senado[409] que ele mesmo fosse um dos embaixadores enviados a Esparta, e que seus companheiros na missão (pois não era costume, na Grécia, confiar missões diplomáticas a um único indivíduo) fossem mantidos em Atenas até que as muralhas tivessem atingido altura suficiente ao menos para a defesa ordinária. Ele exortou seus compatriotas a suspender, em prol dessa grande tarefa, a conclusão de todo e qualquer edifício privado – mais que isso, a não poupar construção alguma, particular ou pública, da qual se pudessem selecionar materiais adequados. Toda a população, escravos, mulheres e crianças deveriam ajudar no trabalho.

VI. Acatado esse conselho, Temístocles fez um esboço da conduta que ele mesmo pretendia seguir, e partiu para Esparta. Seus colegas, figuras importantes como Aristides e Abrônico, um oficial que se destacou no final da guerra, haveriam de segui-lo no momento acordado.

Chegando à capital lacedemônia, Temístocles não requisitou nenhuma audiência pública, evitou toda e qualquer ocasião de levantar as questões em discussão, e adotou a política do adiamento mediante a desculpa de que seus colegas ainda não haviam chegado, que ele não tinha competência para negociar sem seus conselhos e concordância, e que, sem dúvida, eles logo estariam em Esparta.

Quando levamos em conta a pequena distância entre os estados, os comunicados que os espartanos deviam receber dos vizinhos eginetas, mais desconfiados do que eles mesmos, e a astuta e proverbial sagacidade do conse-

[409] Diodoro Sículo, livro XI; Tucídides, livro I, cap. 90.

lho espartano, é impossível acreditar que, durante todo o longo período que, com a máxima pressa, era preciso entre a partida de Temístocles até o necessário progresso nas fortificações, os éforos tivessem ignorado os preparativos em Atenas ou os planos de Temístocles. Portanto, receio sermos obrigados a crer, como Teopompo,[410] que Temístocles, o maior perito em subornos de seu tempo, elevou aquela estima que Tucídides nos assegura que os espartanos tinham por ele mediante negociações pecuniárias privadas com os éforos. Não obstante, acabou chegando a Esparta uma informação tão indubitável e inequívoca do progresso das muralhas que os éforos já não podiam ter ou fingir incredulidade.

Temístocles enfrentou os protestos dos espartanos com um semblante de candura misturada com desdém. Disse ele: "Por que dar crédito a esses boatos infundados? Enviai a Atenas alguns mensageiros vossos, nos quais podeis confiar. Deixai que averiguem a questão com seus próprios olhos e vos informem a esse respeito".

Os éforos (não sem relutância, se se pode acreditar na afirmação de Teopompo) cederam a essa sugestão tão plausível, e, nesse ínterim, o ardiloso ateniense despachou um mensageiro secreto para Atenas, exortando o governo a deter os embaixadores espartanos com a máxima discrição possível no tocante ao plano, e de forma alguma permitir que partissem até o retorno seguro de sua própria missão a Esparta. Pois não era nada improvável que, sem tais reféns, nem mesmo os éforos, por poderosos que fossem e influenciados que estivessem, conseguissem impedir a prisão dos delegados atenienses quando os espartanos como um todo descobrissem o embuste em que haviam caído.[411]

Por fim, os muros, cuja construção seguiu dia e noite com incrível zelo e esforço, foram concluídos a contento, e o disfarce, já impossível, tornou-se inútil. Temístocles requisitou a audiência que adiara até então e declarou, cheio de audácia, que Atenas estava agora fortificada o suficiente para proteger seus cidadãos. E, com altivez, acrescentou: "No futuro, quando Esparta ou nossos demais confederados enviarem embaixadores a Atenas, que se dirijam a nós como a um povo bem ciente de nossos próprios interesses e dos

[410] *Apud* Plutarco, em *Vit. Them.*

[411] Diodoro (livro XI) conta que os embaixadores espartanos, utilizando-se de expressões ameaçadoras e violentas ao perceber as muralhas em estado tão avançado, foram presos pelos atenienses, que declararam que os libertariam apenas ao receber, ilesos e em segurança, seus próprios embaixadores.

interesses de nossa Grécia comum. Quando abandonamos Atenas e nos refugiamos em nossos navios, não solicitamos nem recebemos socorro lacedemônio para apoiar nossa coragem inata. Em todos os expedientes subsequentes, a quem nós nos mostramos inferiores, quer no conselho, quer no campo de batalha? Neste momento, julgamos conveniente fortificar nossa cidade, tornando-a, assim, mais segura para nós mesmos e para nossos aliados. De outra forma, não seria possível, com força inferior à de qualquer potência rival, preservar adequadamente e ajustar com igualdade o equilíbrio das liberdades da Grécia".[412]

Na defesa dessa igualdade, ele argumentou que, ou se despojavam todas as cidades da liga lacedemônia de suas fortalezas, ou se reconhecia que, ao erigir fortalezas para si, Atenas agira corretamente.

VII. A política arguta e neutra de Esparta proibia qualquer sinal exterior de ressentimento inútil e excessivo. Desse modo, os espartanos responderam, em tom cortês, que, "em sua embaixada, eles não tentaram ditar, mas aconselhar; que seu objetivo era o bem comum", e fizeram, ao lado de suas justificativas, declarações de amizade por Atenas e panegíricos à bravura ateniense na guerra recente. Mas a fúria que se abstinham de demonstrar se inflamava ainda mais em seu íntimo.[413]

Os embaixadores de ambos os estados regressaram, cada qual, para seu país. E, assim, a firmeza e habilidade de Temístocles, tão adequadas diante do povo com o qual ele teve de lidar, preservaram sua pátria da desconfiança de um inimigo ainda mais mortal e implacável que o rei persa, e lançaram as bases daquela reivindicação de igualdade com o estado mais eminente da Grécia, reivindicação que ele tinha pressa de fortalecer e ampliar.

O fervor dos atenienses em sua obra de fortificação não poupou nenhum material que fosse recomendado por sua força. Em toda a sua extensão, as muralhas apresentavam (e, por muito tempo, continuaram a ostentar) os indícios da pressa com que foram construídas. Talhadas de forma grosseira e heterogênea, e empilhadas desajeitadamente, elas recordaram ao viajante, geração após geração, o nome do estadista mais hábil de Atenas e os dias mais heroicos da cidade. Ali, a intervalos frequentes, o viajante

[412] Tucídides, livro I, cap. 91.
[413] *Ibid.*, livro I, cap. 92.

veria pedras trabalhadas à moda tosca de outrora, ornamentos emprestados dos edifícios antigos demolidos pelos medos, bem como frisos e colunas arrancados de sepulcros desmantelados, de modo que até os mortos contribuíram, com partes de seus túmulos, para a defesa de Atenas.

VIII. Encorajado pela nova popularidade e pelas honras que se seguiram ao sucesso de sua missão, Temístocles começava agora a implementar os grandiosos planos que havia concebido, não apenas para o engrandecimento de seu país, mas para a mudança nos costumes dos cidadãos. Tudo o que nos chegou deste homem estupendo prova que, se superado por outros em austera virtude ou em feitos excepcionais, ele é incomparável no tocante à natureza profunda e previdente de sua política. Ao contrário da maioria de seus brilhantes compatriotas, Temístocles parece ter sido pouco influenciado pelas irrupções do impulso ou pelos miseráveis expedientes do partidarismo. Seus planos denotam uma mente que age de acordo com sistemas gigantescos, e é impressionante observar com que motivos virtuosos e com que arte profética ele lidou com meios mesquinhos e desonestos (se considerados individualmente) para atingir resultados magníficos e permanentes. Temístocles destaca-se ante o olhar do tempo como modelo do que um grande e bem-sucedido estadista deve ser, uma vez que a humanidade tem paixões perniciosas e virtudes elevadas, e o estado que ele busca servir se vê cercado de inimigos poderosos e sempre ativos, aos quais é necessário sobrepujar onde é perigoso ofender.

No ano que antecedeu a guerra persa, Temístocles ocupara o cargo de arconte,[414] e já naquele ano planejava

[414] *Escólios sobre Tucídides.*, livro I, cap. 93. Veja Clinton, *Fasti Hellenici*, vol. I., Introdução, p. 13 e 14. Sr. Thirlwall, vol. II., p. 401, contesta a data do arcontado de Temístocles indicada pelo Sr. Clinton e confirmada pelo escoliasta em Tucídides. Ele adota (página 366) a data que M. Boeckh encontra Filocoro, qual seja, 493 a.C. Mas o Temístocles que foi arconte naquele ano é obviamente diferente do Temístocles de Salamina, pois, em 493 a.C., aquele herói tinha por volta de 21 anos, idade em que o bastardo de Neocles estaria conduzindo cortesãs em uma carruagem (como está registrado em Ateneu), mas, por certo, não era arconte de Atenas. Quanto à alteração proposta por M. Boeckh, citada com tanto respeito pelo Sr. Thirlwall, e pela qual deveríamos ler "*Hybrilidon*"em lugar de "*Kebridos*", é uma suposição tão fantasiosa que não requer nenhum argumento para recusar sua crença. A data do Sr. Clinton para o arcontado do grande Temístocles é a mais corroborada por indícios internos: em primeiro lugar, pelas lacunas dos anos 481-482 na lista de arcontes; em segundo lugar, pela idade, posição e reputação de Temístocles em 481 a.C., dois anos após o ostracismo de seu rival Aristides. Se a questão fosse reduzida a uma mera disputa de probabilidades entre o Sr. Clinton, de um lado, e o Sr. Boeckh e o Sr. Thirlwall, do outro, o que seria mais provável: que Temístocles tivesse sido o principal arconte de Atenas

a construção de um porto no antigo demo de Pireu,[415] para atender à frota que Atenas havia criado. Acontecimentos posteriores haviam frustrado a continuidade da obra, e Temístocles decidiu, então, retomá-la e concluí-la, provavelmente em uma escala maior e mais elaborada.

O porto de Falero fora, até então, o principal porto de Atenas, um porto totalmente inadequado à nova marinha que a cidade havia formado. Outra enseada, Muniquia, era ainda mais inconveniente. No entanto, igualmente próximo ficava o amplo, porém negligenciado porto de Pireu, formado pela natureza de modo a permitir uma fortificação perfeita contra uma frota hostil. Em Pireu, portanto, Temístocles agora planejava construir o maior porto e o mais vantajoso de toda a Grécia. E ele via essa tarefa como a base de seu projeto mais caro e ambicioso, a saber, assegurar a soberania do mar para Atenas.[416]

A conclusão do porto, o aumento da marinha que a construção do novo porto estimularia, bem como a fama já conquistada por Atenas nas guerras marítimas, o que incentivava a atenção à disciplina e à tática navais, propiciaram uma esplêndida abertura à ambição de um povo ao mesmo tempo empreendedor e mercante. Temístocles esperava que os resultados de sua política permitissem que os atenienses reconquistassem sua própria prole, as colônias jônicas, e, por seu intermédio, libertar do jugo persa e anexar permanentemente ao interesse ateniense todos os gregos asiáticos. Ampliando sua visão, ele contemplava os vários estados insulares unidos a Atenas por um vasto poderio marítimo separando-se da Lacedemônia e seguindo a liderança da república ática. Ele via sua cidade natal suplantando, por uma força naval, a preeminência e supremacia férreas há muito conquistadas por Esparta em terra, e, assim, estendendo seu próprio império, enquanto ela minava secreta e judiciosamente a autoridade da mais formidável de suas rivais.

IX. Porém, para a realização desses grandiosos desígnios, Temístocles não podia senão prever dificuldades

aos vinte e um anos ou aos trinta e três, antes da batalha de Maratona ou depois de seu triunfo sobre Aristides? Na verdade, um estudante sabe que, aos 21 anos (e Temístocles certamente não era mais velho que isso em 493), nenhum ateniense poderia ter sido arconte. Com toda a probabilidade, ***Kebridos*** é a leitura correta em Filocoro, e nos dá o nome do arconte em 487 ou 486 a.C., anos que, até agora, foram lacunas cronológicas no que diz respeito aos arcontes atenienses.

[415] Pausânias., livro I, cap. 1.

[416] Diodoro, livro XI.

consideráveis: primeiro, na desconfiança dos espartanos; e, segundo, nos arraigados preconceitos populares dos próprios atenienses. Até então, eles haviam desestimulado interesses marítimos, e seus líderes mais populares haviam voltado a atenção para atividades agrícolas. Poderíamos supor também que os montanheses, ou o partido agrícola, não menos poderoso, resistiriam a tão grandes vantagens para a facção dos litorâneos, se tivessem ciência de todos os resultados que a nova política produziria. E não poderia um tão experiente líder da humanidade desconhecer as consequências muitas vezes favoráveis de um estado livre nos humores inconstantes de uma grande democracia – sua impaciência com demandas pecuniárias, sua apreensão rápida e, por vezes, impiedosa dos motivos de seus conselheiros. Portanto, em todos os aspectos, era necessário agir com tanta cautela quanto a tarefa o permitisse, de modo a não tornar o desígnio odioso às suspeitas estrangeiras, nem às locais. Temístocles parecia haver desviado seu curso de todas as dificuldades com seu discurso usual. Despindo o relato de Diodoro[417] de seus detalhes improváveis, parece crível ao menos que Temístocles tenha assegurado, no primeiro caso, a cooperação de Xantipo e Aristides, chefes dos grandes partidos geralmente opostos às suas medidas, e que convenceu a democracia a consentir que as linhas gerais de seus esquemas não fossem submetidas à assembleia popular, mas ao Conselho dos Quinhentos. No entanto, resta absolutamente claro que, tão logo o plano foi posto em prática, os atenienses não poderiam, como Diodoro nos levaria a supor, ter continuado na ignorância de sua natureza; e tudo o que podemos crer do relato de Diodoro é que o povo permitiu que os Quinhentos examinassem o projeto, e a assembleia popular ratificou a aprovação por aquele senado sem indagar as razões em que se fundamentava.

X. O cuidado seguinte de Temístocles foi prever a desconfiança de Esparta e evitar sua interferência. Assim, segundo Diodoro, ele enviou embaixadores para a Lacedemônia, a fim de apresentar as vantagens da criação de um porto que pudesse ser o refúgio comum da Grécia caso o bárbaro retomasse suas incursões. Contudo, é tão evidente que Temístocles não poderia revelar a Esparta o projeto que ele, de início, ocultara aos atenienses que, conquanto possamos admitir o fato de Temístocles haver tratado com os

[417] Diodoro, livro XI

espartanos, devemos dar-lhe o crédito, ao menos, de uma diplomacia mais astuta do que aquela que lhe foi atribuída por Diodoro[418]. Todavia, quaisquer que tenham sido os pretextos com os quais ele tentou iludir ou enganar o governo espartano, eles parecem ter sido, no mínimo, bem-sucedidos. E a habitual indiferença dos espartanos no tocante a assuntos marítimos intensificou-se nessa época em particular por causa das preocupantes incertezas com relação à conduta de Pausânias. Assim, livre de obstáculos estrangeiros e internos, Temístocles prosseguiu com vigor a execução de seus planos. O Pireu foi fortificado com muros de espessura espantosa, de modo a medir o mesmo que duas carroças lado a lado. Em seu interior, toda a estrutura consistia em alvenaria maciça, talhada de forma quadrada, para que cada pedra se encaixasse perfeitamente, sendo ainda reforçada exteriormente por grampos de ferro. As muralhas nunca chegaram a ter mais da metade da altura proposta no início. Não obstante, o todo foi arranjado de modo a ser uma fortaleza à prova de qualquer ataque, considerada absolutamente impenetrável, e adequadamente mantida pelo menor número possível de cidadãos, de modo que a força principal pudesse, em tempos de perigo, ser poupada para a frota.

Assim, Temístocles criou uma fortaleza marítima mais importante do que a própria cidade, de acordo com o conselho que costumava dar aos atenienses: que, se sofressem fortes pressões em terra, se retirassem para aquele arsenal, e confiassem, contra todas as hostilidades, em sua força naval.[419]

O novo porto, que logo recebeu o ambicioso título de Cidade Baixa, foi colocado sob a supervisão de Hipódamo, um milanês que, segundo Aristóteles,[420] foi o primeiro autor que, sem nenhum conhecimento de assuntos práticos, escreveu sobre a teoria do governo. Templos,[421] um mer-

[418] Diodoro, livro XI. O leitor perceberá que não concordo com o Sr. Thirlwall, e com alguns outros estudiosos, por cuja opinião geral tenho o máximo respeito, em rejeitar, de todo e com desprezo, o relato de Diodoro quanto às precauções de Temístocles. Parece-me bastante provável que os principais aspectos da história nos são apresentados com fidelidade: primeiro, que não se julgou oportuno detalhar à assembleia popular todos os objetos e motivos da proposta de construção do novo porto; e, segundo, que Temístocles não deixou de enviar embaixadores a Esparta, embora, por certo, não com a intenção de tratar com os espartanos de forma mais franca do que o fizera com os atenienses.

[419] Tucídides, livro I.

[420] Aristóteles, Política, Livro II. Aristóteles considera as especulações do arquiteto filosófico dignas de uma severa e cuidadosa crítica.

[421] De todos os templos, os de Minerva e Júpiter eram os mais notáveis na época de Pausânias. Havia, à época, dois mercados. Veja Pausânias, livro I, cap. I.

cado, e até mesmo teatro, distinguia e enriquecia a nova cidade. E a população que ali habitava não demorou para adotar e consolidar para si um caráter diferente, em muitos traços e atributos, dos cidadãos da antiga Atenas: mais ousado, imprevisível, inovador e tumultuoso.

Contudo, se Esparta julgou prudente, naquele momento, evitar arrogar-se uma influência direta sobre Atenas, seus conselhos maquinadores não estavam menos inclinados, embora por meios indiretos e plausíveis, à ampliação de seu próprio poder. Para usar o símile aplicado a um de seus próprios chefes, onde faltou a pele do leão, ele tentou aumentá-la com a da raposa.

Na assembleia dos anfictiões, os representantes lacedemônios propuseram que todos os estados que não haviam aderido à confederação antipersa deveriam ser expulsos do conselho. Por trás dessa patriótica proposição popular escondia-se astutamente o aumento da autoridade espartana. Pois, se os tessálios, os argivos e os tebanos (vozes sempre contrárias aos lacedemônios) tivessem sido expulsos da assembleia, o partido lacedemônio teria assegurado a preponderância dos votos e o comando absoluto daquele antigo conselho.[422]

Não obstante, Temístocles, que parecia dotado de uma sagacidade espartana para frustrar os interesses espartanos, resistiu à proposição com argumentos não menos populares. Ele declarou aos representantes que era injusto punir os estados pelos erros de seus líderes, que apenas trinta e uma cidades haviam contribuído para os ônus da guerra, e muitas delas de forma insignificante, e 1ue era igualmente perigoso e absurdo excluir dos conselhos gerais gregos uma grande parcela dos estados gregos.

Os argumentos de Temístocles prevaleceram, mas seu êxito instigou ainda mais o rancor dos lacedemônios contra ele. Incapazes de resistir-lhe no exterior, eles então decidiram minar sua autoridade no âmbito nacional.

XI. Enquanto, ainda invisível esse perigo, Temístocles aumentava, com seu próprio poder, o poder o Estado, os aliados empenhavam-se em novos empreendimentos e em retribuição contínua. Era chegada a hora de tirar da Pérsia, agora humilhada e exausta, as cidades gregas, quer na Eu-

[422] Ainda assim, nessa época, o Conselho Anfictiônico era tão fraco que, se os espartanos tivessem tido sucesso, teriam conquistado uma autoridade vazia. A menos que, de fato, com o projeto de obter a maioria dos votos, eles reunissem outra maioria para reformar ou revigorar a instituição.

ropa, quer na Ásia, sobre as quais ela ainda se arrogava o domínio. Desse modo, decidiu-se preparar uma frota, para a qual o Peloponeso contribuiu com vinte embarcações, e Atenas, com trinta. Aristides comandava estes últimos. Pausânias era o comandante-chefe. Muitos outros aliados uniram-se à expedição. Navegando para Chipre, eles subjugaram com facilidade a maioria das cidades daquela ilha. Dali seguindo para Bizâncio, a principal fortaleza e cidadela da Pérsia naquelas costas, e o elo entre seus domínios europeus e asiáticos, eles sitiaram a cidade e finalmente a capturaram.

Todavia, esses eventos externos, conquanto importantes em si mesmo, foram insignificantes se comparados com a revolução que os acompanhou e que, ao elevar Atenas subitamente ao comando supremo da Grécia aliada, pode ser considerada a causa imediata da grandeza vindoura, e dos subsequentes reveses, daquela república.

XII. Os hábitos de Esparta – austeros, rigorosos e antissociais – tornavam-na cada vez mais eficiente em intimidar inimigos do que em conciliar aliados, e os modos da soldadesca nessa época não eram, em absoluto, redimidos ou compensados pelos do chefe. Desde a batalha de Plateias, uma mudança notável ficou evidente em Pausânias. A glória tornara-o arrogante, e o luxo repentino, fizera-o ostentoso. Ele gravou no tripé dourado, oferecido pelos confederados ao deus délfico, uma inscrição reivindicando exclusivamente para si, como general do exército grego, a conquista sobre os bárbaros: um egocentrismo não menos contrário ao orgulho sóbrio de Esparta do que ofensivo à justa vaidade dos aliados. A inscrição foi posteriormente apagada pelo governo espartano e substituída por outra, que citava apenas os nomes das cidades confederadas, sem mencionar o nome Pausânias.

XIII. Para um homem de tamanha arrogância, de uma ambição cobiçosa e já bem-sucedida, as circunstâncias representavam agora uma grande e irresistível tentação. Embora líder dos exércitos gregos, ele era apenas tio e procurador do jovem rei espartano. Chegaria o tempo em que sua autoridade cessaria, e aquele que derrotou o magnífico Mardônio mergulharia na estreita e austera condição de simples cidadão espartano. Dotado de grandes talentos e muitas qualidades eminentes, eles serviam apenas para aumentar sua insatisfação diante dos limites de sua esfera legítima de atuação e da esterilidade da vida espartana. E essa insatisfação, atuando sobre um temperamento naturalmente altivo, manifestou-se de uma maneira rude, autoritária e imperiosa, que o espírito de seus confederados não estava preparado para tolerar nem perdoar.

No entanto, não podemos concordar com os historiadores antigos em atribuir a ascendência dos atenienses apenas, ou mesmo principalmente, à conduta de Pausânias. A atual expedição era naval, e a maior parte dos confederados em Bizâncio era de potências marítimas. A superioridade da frota e as glórias navais recentes dos atenienses não podiam deixar de dar-lhes, nesta conjuntura, uma preeminência moral sobre os demais aliados, e veremos que os jônios, e aqueles que haviam recuperado recentemente liberdade do jugo persa,[423] estavam especialmente desejosos de trocar o comando espartano pelo ateniense. Ligadas aos atenienses por sua origem, pelos hábitos marítimos, pela mesma suavidade e graça de temperamento, pelo zelo constante dos atenienses por suas liberdades (que foi, de fato, a primeira causa da guerra persa), era natural que os gregos jônicos preferissem o estandarte de Atenas ao de um estado dórico, e a proposta dos espartanos (frustrado pelos conselhos atenienses) de ceder as colônias jônicas aos bárbaros não podia senão deixar um ressentimento duradouro naquelas colônias orgulhosas e refinadas.

XIV. Ciente da ofensa que havia cometido, e desgostoso de seus aliados e de seu país, o chefe espartano foi levado, por sua natureza e pela necessidade, a uma situação dramática, que um futuro Schiller talvez pudesse tornar ainda mais interessante do que a traição do esplêndido Wallenstein, com cujo caráter o de Pausânias foi indiretamente comparado.[424] A captura de Bizâncio colocou o regente espartano em contato com muitos persas, capturados e nobres,[425] entre os quais alguns parentes do próprio Xerxes. Com tais conversações, abriram-se novas e deslumbrantes perspectivas à sua ambição. Ele não podia deixar de recordar o exemplo de Demarato, a quem o exílio das dignidades áridas de Esparta garantira os luxos e o esplendor da pompa oriental, com a autoridade que lhe foi delegada sobre três das mais belas cidades da Eólia. Maior que Demarato em renome, ele era necessariamente mais ambicioso

[423] Tucídides, livro I, cap. 96.
[424] Heeren, *A Sketch of the Political History of Ancient Greece.*
[425] Cornélio Nepos em *Vit. Pausanias.*

em seus objetivos. Assim sendo, ele libertou em segredo seus prisioneiros mais ilustres, fingindo que haviam fugido, e explicou enfim todas as mensagens que, por intermédio deles, enviara a Xerxes em uma carta ao rei, confiada a um eretriense chamado Gongilo, que era versado na língua e nos costumes da Pérsia, e a quem ele já havia delegado o governo de Bizâncio. Nessa carta, Pausânias ofereceu-se para ajudar o rei a reduzir Esparta e o resto da Grécia ao jugo persa, exigindo como recompensa a mão da filha do rei, com um dote adequado de posses e poder.

XV. Já havia passado o tempo em que um monarca persa podia zombar da altivez das pretensões de um espartano: Xerxes recebeu as mensagens com prazer, e despachou Artabazo para suceder Megabates na Frígia e pactuar com o espartano os meios para executar seu projeto conjunto.[426] Todavia, embora Pausânias estivesse no auge de suas ambiciosas e deslumbradas esperanças, sua queda se aproximava. Ocupado com seus novos projetos, sua arrogância natural aumentava a cada dia. Ele nunca abordava os oficiais dos aliados de outra maneira senão com uma insolência ríspida e autoritária; insultava o orgulho militar ao condenar muitos dos soldados a castigos corporais ou a passar o dia todo de pé, com uma âncora de ferro aos ombros.[427] Não permitia que ninguém buscasse água, forragem ou palha até que os espartanos estivessem abastecidos, e aqueles que o tentavam eram expulsos com varas. Até mesmo Aristides, tentando protestar, foi repelido rudemente. "Não estou desocupado", disse o espartano, franzindo o cenho.[428]

Reclamações com relação a esse tratamento foram enviadas a Esparta e, nesse ínterim, os confederados, sobretudo os oficiais de Quios, Samos e Lesbos, pressionaram Aristides a assumir o comando geral e protegê-los da insolência do espartano. O ateniense replicou com astúcia que via a necessidade da proposição, mas que ela deveria ser autorizada primeiro por alguma ação que tornasse impossível retroceder do novo arranjo, uma vez implementado.

A sugestão foi acatada com entusiasmo, e um oficial de Quios e outro de Samos, decidindo levar as coisas ao extremo, atacaram aberta e corajosamente a galé do próprio Pausânias, à frente da frota. Ignorando suas ameaças

[426] Tucídides, livro I, cap. 129.
[427] Plutarco em *Vit.Arist*.
[428] *Ibid.*

furiosas, agora impotentes, esse ataque foi imediatamente seguido de uma mudança pública de apoio, e os agressores, abandonando o espartano, alinharam-se sob os estandartes atenienses. Quaisquer que pudessem ter sido as consequências dessa insurreição, elas foram evitadas pela repentina convocação de Pausânias. As acusações contra ele haviam recebido pronta oitiva em Esparta, e aquele governo vigilante já havia recebido a notícia de suas intrigas com os medos. Ao chegar a Esparta, Pausânias foi imediatamente levado a julgamento, condenado a pagar multa por contravenções individuais e privadas, mas absolvido da principal acusação de traição com os persas, não tanto pela deficiência, mas pela abundância de provas;[429] e é provável que fosse prudente evitar, se possível, o escândalo que a condenação do general poderia fazer recair sobre a nação.

Os espartanos enviaram Dorcis com alguns companheiros para substituir Pausânias no comando, mas os aliados já estavam por demais indignados com o jugo daquela nação para aceitar isso. E a superioridade ateniense era confirmada a cada instante pelos talentos, pela conduta e pelos modos afáveis e benevolentes de Aristides. A ele uniu-se um amigo de linhagem nobre e grandes aptidões naturais, cujo caráter será logo necessário apresentar em detalhes ao leitor. Este amigo era ninguém menos que Címon, filho do grande Milcíades.

XVI. Dorcis, vendo suas pretensões totalmente repelidas, voltou para sua terra, e os espartanos, nunca inclinados a empreendimentos externos, ávidos por pretextos para se desobrigar de prosseguir com a guerra persa e temerosos de que novas contendas tornassem ainda mais impopular a reputação espartana, não enviaram novos aspirantes ao comando. Eles fingiram ceder essa honra, com muita satisfação, aos atenienses. Assim se fez, sem um único golpe e com a concordância de seu mais temido rival, aquela momentosa revolução que subitamente elevou Atenas, um estado tão secundário antes da guerra persa, à supremacia sobre a Grécia. Quando nações têm a mesma glória, uma pode ser levada a superar a outra (477 a.C.) pela maior sabedoria dos indivíduos. A vitória de Plateias foi conquistada sobretudo por Esparta, até então no comando da Grécia. E o general que subjugou os persas entregou os resultados de sua vitória ao próprio aliado do qual a desconfiança pers-

[429] Tucídides, livro I.

picaz de seus compatriotas havia tentado tirar, com toda a diligência, até mesmo as precauções de defesa!

XVII. Aristides, agora investido do comando de todos os aliados, exceto daqueles peloponésios que haviam regressado para sua pátria, fortaleceu o poder ateniense mediante o verniz da moderação.

A essa altura, os confederados gregos haviam enviado seus representantes ao Peloponeso. Aristides, em vez de nomear Atenas, o que poderia ter suscitado novas desconfianças, sugeriu a sagrada Ilha de Delos, um local bastante apropriado, uma vez que fora o centro do comércio jônico, como o local de reunião e tesouro comum. O templo deveria ser a casa do senado. Ordenou-se uma nova distribuição dos impostos cobrados de cada estado para a manutenção da liga, cujos objetivos eram defensivos e ofensivos: primeiro, proteger as costas do mar Egeu e as ilhas gregas, e, segundo, tomar medidas para enfraquecer ainda mais o poderio persa. Aristides foi eleito árbitro das proporções relativas da tributação geral. Nessa função, que colocava à sua disposição os tesouros da Grécia, ele atuou com uma virtude tão desinteressada que sequer despertou suspeitas de haver enriquecido, e com uma sorte tão rara que contentava a todos os aliados. O total levantado anualmente e com a mais estrita imparcialidade era de quatrocentos e sessenta talentos (calculados em cerca de cento e quinze mil libras).

A Grécia retumbava com os louvores a Aristides. Mais tarde., foi igualmente veemente na reprovação da avareza dos atenienses. Pois, com a nomeação de Aristides, surgiu a instituição de oficiais denominados *hellenotamiae*, ou tesoureiros da Grécia. Eles se tornaram uma magistratura permanente que estava sob o controle dos atenienses, de modo que tais pessoas se tornaram, ao mesmo tempo, os generais e os tesoureiros da Grécia. Contudo, estando os atenienses ainda inconscientes do poder que haviam alcançado (e seus aliados, ainda mais cegos a isso), parecia agora que, quanto mais os últimos devessem confiar, tanto mais os primeiros deveriam omitir. É assim que os resultados mais importantes emergem de causas não contempladas pela previdência dos estadistas e, desse modo, aprendemos a verdade que nunca deve ser esquecida: que é sempre mais seguro, em termos de duração e amplitude, o poder cujo início é popularizado pela moderação.

XVIII. Dessa forma, com a decadência do Congresso Ístmico, surgiu a grande Liga Jônica, e abriu-se à ambição de Atenas o esplêndido destino do império dos mares gregos. A preeminência de Esparta desapareceu, conquanto desapercebidamente e sem conflitos, e, fechando-se em si mesma, é provável que não tenha percebido o declínio de sua autoridade; vendo ainda seus aliados peloponésios reunidos à sua volta, subordinados e submissos, e recusando ajuda, recusou também uma aliança com nova rainha da liga Jônica. Cumprida a tarefa, é provável que Aristides tenha retornado a Atenas, e foi a partir de então que sua política passou a ser apoiar o poder de Címon contra a autoridade de Temístocles.[430] Àquele eupátrida, que antes se aliara a ele, confiava-se agora o comando da frota grega.

Às grandes habilidades naturais, Címon somava todas as vantagens de berço e circunstância. A mãe era filha de Olorus, um príncipe trácio, e o pai, o grande Milcíades. Por ocasião da morte deste último, acredita-se, e há registros disso, que Címon, sem conseguir pagar a multa a que Milcíades fora condenado, permaneceu sob custódia até que a irmã Elpinice, a quem ele era muito ligado, e de forma inapropriada, segundo antiga maledicência, fez um rico casamento, que o tirou do confinamento, mediante o pagamento da dívida pelo cunhado. Nepos diz que "foi assim severa e dura sua entrada na vida adulta".[431] Mas é muito controverso que Címon tenha sido preso por causa da dívida estatal contraída pelo pai, e parece que sua riqueza já era considerável antes mesmo de recuperar seu patrimônio em Quersoneso, ou enriquecer-se com os despojos persas.[432]

No início da juventude, como Temístocles, sua conduta fora desregrada e dissoluta[433] e, com o pai, desde a infância, ganhara, com a experiência, algo da liberdade excessiva dos acampamentos militares. Também como Temístocles, ele tinha pouca habilidade nas graciosas atividades de seus compatriotas: não cultivava a arte da música nem o brilhantismo da conversação da Ática. No entanto, o poder e a fortuna, que sempre abrandam a natureza, mais tarde intelectualizaram seus hábitos e refinaram

[430] Plutarco em *Vit. Címon*. Antes desse período, Címon, conquanto se tenha tornado célebre, dificilmente poderia ser um rival adequado para Temístocles.

[431] Cornélio Nepos em *Vit. Címon*.

[432] De acordo com Diodoro, Címon contraiu cedo um casamento muito rico. Temístocles recomendou-o a um sogro rico, em um gracejo que, com uma ligeira variação, Plutarco também registrou, embora não dê o crédito a Címon.

[433] Cornélio Nepos em *Vit. Pausanias*.

seus gostos. Ele não tinha a afabilidade suave e astuta de Temístocles, mas, a certa aspereza de modos agregava-se aquela franqueza exuberante e ingênua que sempre aplaca os homens, sobretudo nos estados livres, e que é ainda mais popular quando unida a uma posição privilegiada. Ele se distinguira por sua dedicação na invasão dos medos e na deserção de Atenas rumo a Salamina, e sua bravura na batalha marítima confirmara a promessa de seu entusiasmo anterior. A natureza dotara-o de um belo semblante e de estatura majestosa, características recomendadas em todos os estados, mas principalmente nos estados populares, e o filho de Milcíades foi bem recebido, não menos pelo povo que pelos nobres, quando se candidatou a uma participação na administração do estado. Associado a Aristides, primeiro na embaixada de Esparta e depois nas expedições a Chipre e Bizâncio, ele lucrou com a amizade e com as lições daquele grande homem, a cujo partido pertencia, e que via em Címon um adversário menos odioso que ele próprio da política ou da ambição de Temístocles.

Seguindo o conselho de Aristides, Címon logo buscou todos os meios para conciliar os aliados e pavimentar o caminho para o comando indiviso que mais tarde alcançou. E não é improvável que Temístocles lhe tenha cedido de bom grado a liderança de uma expedição estrangeira, que retirou da cidade um oponente tão emergente e ativo. A nomeação de Címon prometia satisfazer os espartanos, que sempre tiveram certa participação na aristocracia de Atenas, que exerciam uma influência peculiar sobre Címon, e cujo caráter rigoroso e política oligárquica o espírito franco e os preconceitos hereditários daquele jovem nobre estavam preparados para admirar e imitar. Címon era, em suma, exatamente o homem desejado como antagonista de Temístocles por três partidos: os espartanos, os nobres, e Aristides, ele mesmo uma multidão. Tudo conspirava para que o filho de Milcíades fosse elevado a uma eminência para além de sua idade, mas não de suas capacidades.

XIX. Sob a autoridade de Címon, os atenienses inauguraram seu domínio[434] marchando contra uma cidade trácia chamada Eion, situada nas margens do rio Estrimão, e agora guarnecida por um nobre persa. A cidade foi sitiada (476 a.C.), e os habitantes eram castigados pela fome quando o comandante persa ateou fogo a uma pilha de madeira

[434] Tucídides, livro I.

sobre a qual colocara seus tesouros, escravos, mulheres e filhos.[435] Após esse suicídio, que aparentemente não era incomum no Oriente, a guarnição rendeu-se, e seus defensores, como de costume naquele tipo de guerra, foram vendidos como escravos.

De Eion, os confederados vitoriosos avançaram para Esquiro, uma pequena ilha no Egeu, habitada pelos dolopianos, uma tribo que praticava a pirataria e era abominável, com razão, aos comerciantes do Egeu, e que já havia despertado a indignação e a vingança da assembleia Anfictiônica. Ocupada a ilha ocupada e expulsos os piratas, o território foi colonizado por uma população ática.

Como já vimos, uma antiga tradição atribuía ao solo de Esquiro a honra da posse dos ossos do ateniense Teseu. Alguns anos após a conquista da ilha, no arcontado de Afepsião,[436] ou Apsefion, um oráculo ordenou aos atenienses que procurassem os restos mortais de seu herói nacional. O esqueleto de um homem de grande estatura, tendo a seu lado uma lança de bronze e uma espada, foi descoberto e logo tido por Teseu. Os ossos foram colocados com grande cerimônia na galé de Címon, que provavelmente estava em uma visita de inspeção à nova colônia, e transportados para Atenas. Em homenagem a esse evento, instituíram-se jogos nos quais se realizavam os concursos dos poetas trágicos. E afirma-se que, no primeiro deles, Sófocles fez sua estreia, ganhando o prêmio de Ésquilo (469 a.C.).

XXI. É por volta da época da conquista de Eion e Esquiro por Címon (476 a.C.) que devemos datar o declínio do poder de Temístocles. Aquele homem notável já havia acumulado às inimizades domésticas e espartanas o desagrado geral dos aliados. Depois de frustrar a proposta dos espartanos de banir da assembleia Anfictiônica os estados que não haviam aderido à confederação antipersa, ele navegou pelas ilhas e extorquiu dinheiro daqueles que haviam sido culpados de apoio aos medos: o pretexto poderia ser justo, mas as extorsões impostas eram muito impopulares. E não é improvável que as acusações de enriquecimento de seus próprios cofres e do erário público que pesavam contra ele tivessem algum fundamento. Como tivesse profundo desprezo pelo dinheiro, exceto como meio para alcançar um fim, ele tinha poucos escrúpulos quanto às fontes que

[435] *Ibid.*, livro I. Plutarco em *Vit. Címon*. Diodoro Sículo, livro XI.
[436] Ver Clinton, *Fasti Hellenici*, vol. II, p. 34, no comentário sobre Bentley.

usava para sustentar um poder que, não obstante, ele aplicava conscienciosamente a propósitos patrióticos. Servindo primeiro ao seu país, ele também servia a si próprio e, conquanto honesto em princípios grandiosos e sistemáticos, ele era costumava ser desonesto nos detalhes.

Seu temperamento natural também era ostentoso. Como muitos que vieram de uma origem relativamente humilde, tinha a vaidade de procurar ofuscar aqueles que lhe eram superiores no berço, não mais pelo esplendor do talento que pela magnificência da ostentação. Nos jogos olímpicos, o filho de Néocles, de berço humilde, superou a pompa do rico e ilustre Címon. Sua mesa era hospitaleira, e sua vida mesma era suave e opulenta.[437] Sua comitiva era mais numerosa que a de seus contemporâneos, e ele adotava os modos dos nobres na exata proporção em que cortejava o favor do populacho. Essa ostentação habitual não podia deixar de se misturar com as hostilidades políticas da aristocracia, os ressentimentos desdenhosos do orgulho ofendido. Pois é sempre a fraqueza do bem-nascido perdoar com menos facilidade o ser sobrepujado em talento do que o ser ofuscado em *status* por aqueles de origem inferior. A mesma arrogância que indignava os nobres também começou a desagradar ao povo. A suma consciência de seus próprios méritos feria a vaidade de uma nação que não permitia que seus maiores homens compartilhassem da reputação que se arrogava a si própria. As frequentes calúnias proferidas contra Temístocles obrigavam-no a mencionar as ações que havia realizado, e o que outrora fora ilustre executar tornou-se repulsivo repetir. Dizia o grande homem, com amargura: "Estais cansados de receber benefícios sempre da mesma mão?"[438] Ele ofendeu ainda mais a vaidade nacional ao construir, nos arredores de sua residência, um templo para Diana, sob o nome de Aristóbule, ou "Diana do melhor conselho", aparentando assim reivindicar para si o mérito de dar os melhores conselhos.

É provável, porém, que Temístocles tivesse vencido toda a oposição partidária, e que suas qualidades superiores tivessem mais que compensado seus defeitos aos olhos do povo, se tivesse continuado a conduzir a onda popular. Mas havia chegado o momento de o demagogo ser sobrepujado por um aristocrata: quando o movimento que

[437] Ateneu, livro XII
[438] Plutarco em *Vit. Them.*

ele não mais liderava o deixou para trás, e o talento de um indivíduo já não podia acompanhar os passos gigantescos de um povo que avançava.

XXII. A vitória em Salamina foi seguida por um resultado democrático. Essa vitória fora obtida pelos marinheiros, que eram, em sua maioria, do nível mais baixo da população. Portanto, o nível mais baixo da população passou a reivindicar, em igualdade política, a recompensa do serviço militar. E Aristóteles, cujo intelecto penetrante não pôde deixar de notar as mudanças que um evento tão glorioso para a Grécia produziu em Atenas, aduziu um exemplo semelhante de mudança em Siracusa, quando os marinheiros daquele estado, tendo conquistado os atenienses em um período posterior, converteram uma república mista em uma democracia pura. A destruição de casas e propriedades por Mardônio, a saída temporária dos atenienses de sua terra natal, o perigo comum e a glória comum haviam eliminado muitas das antigas distinções, e o espírito da nação já era muito mais democrático do que sua estrutura política. Até então, exigiam-se qualificações relativas à detenção de propriedade para o exercício de cargos públicos. Contudo, depois da batalha de Plateias, Aristides, o líder do partido aristocrático, propôs e levou a cabo a abolição de tais qualificações, permitindo a todos os cidadãos, com ou sem propriedade, uma participação no governo, e ordenando que os arcontes fossem escolhidos dentre toda a população. A forma de investigação quanto ao caráter moral ainda era indispensável. Essa mudança assim tão grande parece ter sido, como todas as reformas aristocráticas, um acordo[439] entre concessão e necessidade. E o prudente Aristides cedeu o que era inevitável, a fim de impedir o perigo maior de resistência. E pode-se sempre observar que o povo valoriza mais uma concessão do partido aristocrático do que uma dádiva de seus próprios líderes populares. O último nunca pode igualar, e o primeiro pode facilmente exceder, a expectativa do povo.

XXIII. Esse decreto, unindo o partido aristocrático ao mais democrático, deu a Aristides e seus amigos uma ascendência inequívoca sobre Temístocles, que, no entanto, durante a ausência de Aristides e Címon e a agitação envolvente dos acontecimentos no exterior, não teve visibili-

[439] Plutarco *in vit.* Aristides

dade por alguns anos. E, conquanto, em seu retorno a Atenas, o próprio Aristides se tenha prudentemente abstido de desempenhar um papel ativo contra seu antigo rival, ele emprestou toda a influência de seu nome e amizade a Címon, agora poderoso e popular. As vitórias, os modos, a riqueza, o berço do filho de Milcíades foram sustentados por seus talentos e sua ambição. Era óbvio, para ele mesmo e para seu partido, que, se Temístocles fosse tirado do caminho, Címon se tornaria o primeiro cidadão de Atenas.

XXIV. Tais foram as causas que, ao longo de muito tempo, minaram de forma velada e, por fim, assaltaram abertamente a autoridade do herói de Salamina. E nessa conjuntura, podemos concluir que os vícios de seu caráter se vingaram das virtudes. Sua duplicidade e espírito de intriga, aplicados, pode-se supor, em favor de seu país, seriam, a partir de então, instigados contra ele. E o orgulho, a ambição, a habilidade que salvara o povo poderia agora servir para criar um déspota.

Temístocles foi convocado para o ordálio do ostracismo e condenado pela maioria dos sufrágios (471 a.C.). Assim, como Aristides, não foi punido por delitos, mas pagava a pena honrosa de ascender, por seu talento, àquela condição de eminência que ameaça a igualdade das repúblicas.

Ele deixou Atenas e, como lugar de refúgio, escolheu Argos, cujo ódio por Esparta, seu inimigo mais mortal, prometia-lhe a mais segura proteção.

XXV. A morte logo afastou Aristides de toda e qualquer competição com Címon. De acordo com os relatos mais prováveis, ele morreu em Atenas e, na época de Plutarco, seu monumento ainda podia ser visto em Falero. Seus compatriotas, que, apesar de todas as acusações plausíveis, nunca foram ingratos, exceto naquilo em que suas liberdades pareciam ameaçadas (se com ou sem fundamento, nossos documentos não o podem provar), ergueram seu monumento às expensas públicas, deram dotes a suas três filhas e uma concessão de cem minas[440] de prata a seu filho Lisímaco, mais uma plantação de cem pletros[441] de terra e uma pensão de quatro dracmas por dia (o dobro da gratificação de um embaixador ateniense).

[440] Antiga moeda grega. (N. do T.)

[441] Cerca de 90.000 metros quadrados. Esta não era, de forma alguma, uma propriedade desprezível em solo ático.

Capítulo II

A popularidade e a política de Címon. Naxos revolta-se e deixa a Liga Jônica. Címon sitia Naxos. A conspiração e o destino de Pausânias. A fuga e as aventuras de Temístocles. Sua morte.

I. As habilidades militares e hábitos da juventude de Címon conspiraram naturalmente com seus êxitos passados para direcionar sua ambição antes para a guerra que para as honras civis. No entanto, ele não negligenciava as artes que eram necessárias em um estado democrático para assegurar e confirmar seu poder. Sucedendo a alguém como Temístocles, que fora tão amado e era sempre tão afável, ele procurou evitar, com todo o cuidado, qualquer contraste desvantajoso. A partir dos despojos de Bizâncio e Sesto, ele fez um grande acréscimo a sua fortuna hereditária. E mediante a distribuição de seus tesouros, ele evitou toda a inveja de seu montante. Ele abriu seus jardins ao público, fossem estrangeiros ou cidadãos, e mantinha uma mesa que homens de todas as classes poderiam frequentar à vontade, embora provavelmente o fizessem apenas aqueles de sua própria tribo.[442] Era atendido por um numeroso séquito, que tinha ordens de dar mantos a qualquer cidadão idoso e malvestido que encontrasse, e de aliviar os necessitados por esmolas oferecidas com toda delicadeza e em segredo. Mediante tais artifícios engenhosos, ele se tornou amado, e escondia a odiosidade de sua política sob a máscara de suas ações de caridade. Pois, conquanto desejasse seu favor, não apoiava os anseios do povo. Ele era aliado do partido aristocrático e não escondia sua devoção à oligarquia de Esparta. Procurava deixar o povo satisfeito consigo, a fim de melhor prevenir qualquer insatisfação com a posição que o povo ocupava. Mas seria de indagar se

[442] Aristoteles *apud* Plutarco *Vit. Cimon*.

Címon não intensificou, muito mais que qualquer de seus antecessores, os perigos de uma democracia pela vulgarização de seu espírito. O sistema de esmolas gerais e mesas abertas teve o efeito que os abusos das Leis dos Pobres[443] surtem em nossa sociedade atual: acostumou os nativos pobres aos hábitos de mendigos indolentes, e o que era inicialmente caridade logo assumiu o aspecto de direito. Daí derivou muito da turbulência preguiçosa e daquele espírito desregrado de extorsão dos ricos que caracterizou as turbas de Atenas em uma época subsequente. Da mesma forma, aquela generosidade servil, comum a um partido antipopular, quando finge gentileza a fim de impedir concessões, acaba operando contra seus próprios esquemas secretos. E é muito menos perigoso exaltar, por decretos constitucionais, a autoridade de um povo, que mimar, por adulações eleitoreiras de uma ambição egoísta, os preconceitos que assim se transformam em vícios, ou as exigências momentâneas assim eternizadas em permanentes exigências.

II. Enquanto as habilidades ou modos de Címon ganharam o favor do povo, sua integridade conquistou-lhe a estima. Em Aristides ele encontrou o exemplo, não tanto de sua política aristocrática como da nobreza de sua honra. Um desertor da Pérsia, tendo chegado a Atenas com um grande tesouro e sendo assediado por informantes, buscou a proteção de Címon com ofertas de dinheiro.

"Pretendes ter-me como teu mercenário ou amigo?", indagou o ateniense, sorrindo.

"Meu amigo!", respondeu o bárbaro.

"Então, toma de volta tuas ofertas."[444]

III. Nesse ínterim, a nova ascendência de Atenas já estava em perigo. Os habitantes de Caristo, na vizinha ilha de Eubeia, desafiaram abertamente a frota ateniense, e muitos dos estados confederados, vendo-se livres do pavor imediato de outra invasão dos medos, começaram a parar de contribuir tanto para a marinha ateniense quanto para o tesouro comum. Diante de um perigo não iminente, o serviço tornou-se oneroso, e a tributação, odiosa. E uma desconfiança bem fundada da ambição de Atenas já intensificava a relutância em aumentar seu poder. Naxos foi a primeira

[443] Produzido igualmente pelo partido antipopular sob pretextos populares. Foi sob a sanção do Sr. Pitt que a prostituição de caridade para os saudáveis foi efetuada na Inglaterra.

[444] Plutarco *in vit.* Címon.

ilha a se rebelar contra as condições da liga, e Címon, tendo já subjugado Caristo, liderou rumo a Naxos uma frota numerosa e bem equipada.

Quaisquer que fossem as intenções secretas de Címon para o engrandecimento de seu país, ele não podia deixar de sentir-se impelido por seu próprio gênio e pela expectativa popular a não renunciar facilmente a esse império do mar, conferido a Atenas pela arguta política de Temístocles e pela afortunada prudência de Aristides. E todos os motivos de política, quer grega, quer ateniense, justificavam a subjugação dos revoltosos: uma verdade evidente na ciência da política estatal, mas que foi perdida de vista um tanto afoitamente por aqueles historiadores que, nos resultados subsequentes e inesperados, esqueceram a necessidade das empreitadas anteriores. De bom grado, a Grécia confiara o comando marítimo dos estados confederados a Atenas. Portanto, para a cidade-estado, a Grécia não deveria buscar reduzir os recursos nacionais confiados ao seu encargo: a ela, para que as condições da liga fossem cumpridas, e a segurança comum da Grécia, assegurada. Estando no comando das forças, ela era responsável pelos desertores. E, conquanto a Pérsia permanecesse tranquila e inerte por ora, não se podia julgar os confederados a salvo de sua vingança. Não se celebrara nenhum pacto de paz. As mais que suspeitadas intrigas de Xerxes com Pausânias eram prova suficiente de que o grande rei ainda não desistira da conquista da Grécia. E o perigo anteriormente incorrido pela desunião entre os vários estados era uma séria advertência para que não se perdessem as vantagens daquela liga, consolidada tão tardia e laboriosamente. Não sem grande desonra nem grande imprudência Atenas poderia renunciar ao controle de que fora investida. Se a ela cabia fornecer os meios, a ela cabia punir os infratores. E assim, seu dever para com a Grécia sustentava, com decoro e justiça, sua ambição para si mesma.

IV. E agora é necessário voltarmo-nos ao destino de Pausânias, cuja derrocada teve ligação com a ruína de um homem de virtudes muito mais elevadas e renome mais inequívoco. A convocação de Pausânias, a multa que lhe foi aplicada, sua quase condenação a uma sentença mais dura não foram suficientes para afastá-lo, inebriado que estava com seus anseios e paixões, de suas ousadas e perigosas intrigas. Não é improvável que sua mente já estivesse contaminada de certa insanidade[445]. E é um curioso fato fisiológico que as restrições artificiais de Esparta, ao agir sobre paixões intensas e imaginações fervorosas, parecem, com frequência, ter produzido uma espécie de loucura. Há registros de um relato[446] que, embora romântico, talvez não seja de todo fabuloso, e que reveste de um interesse ainda mais dramático o destino do vencedor da Plateias.

De acordo com esse relato, em Bizâncio, Pausânias apaixonou-se perdidamente por uma jovem virgem chamada Cleonice. Temerosos de seu poder e severidade, os pais entregaram-na à vontade de Pausânias. A modéstia da donzela fez com que ela insistisse que o quarto estivesse em absoluta escuridão escuro quando se esgueirasse para junto dele. Infelizmente, porém, ao entrar, ela tropeçou na lâmpada, e o espartano, que dormia, imaginou, na confusão de seu súbito despertar, que o ruído havia sido provocado por um de seus numerosos inimigos, que reviravam seu aposento com o intuito de assassiná-lo. Agarrando a cimitarra persa[447] que estava ao seu lado, ele a enterrou no peito da intrusa, e o objeto de sua paixão caiu morto a seus pés. "A partir daquele momento," diz o biógrafo, "ele nunca mais teve descanso!" Um espectro assombrava suas noites, a voz da jovem assassinada anunciava desgraça em seus ouvidos. Afirma-se ainda (e, se formos mais longe em nossa credulidade, devemos atribuir a aparição à habilidade dos sacerdotes), que, torturado pelo fantasma de Cleonice, ele recorreu àqueles célebres necromantes que, em Heracleia,[448] conjuravam, com feitiços sombrios, os espíritos dos mortos, e, com seu auxílio, invocou o espírito que buscava apaziguar. A sombra de Cleonice apareceu e disse-lhe "que logo após seu retorno a Esparta, ele seria libertado de todos os seus problemas".[449]

Essa lenda foi repetida por muitos historiadores, como nos revela Plutarco. É provável que o fato tenha ocorrido, e a consciência, mesmo sem necromancia, poderia ter fornecido o espectro.

V. Esteja essa história fundada ou não na realidade, a conduta de Pausânias parece ao menos ter participado daquela imprudência impensada que, na antiga superstição,

[445] O irmão de seu pai, Cleômenes, morreu delirante, como já vimos. Portanto, havia loucura na família.
[446] Plutarco *in vit.* Címon. Pausânias, livro III, cap. 17.
[447] Pausânias, livro III, cap. 17.
[448] Figália, de acordo com Pausânias.
[449] Plutarco *in vit.* Címon.

precedia a vingança dos deuses. Depois de seu julgamento, ele voltou a Bizâncio, sem o consentimento do governo espartano. Levado a sair daí pela indignação dos atenienses[450], ele se dirigiu não para Esparta, mas para Colonas, na Ásia Menor, e nos arredores da antiga Tróia, e aí retomou suas negociações com o rei persa. Conhecendo seus planos, os vigilantes éforos despacharam-lhe um arauto com a famosa cítala. Esse era um instrumento peculiar dos espartanos. Confiava-se a cada general ou almirante um longo bastão negro, e os magistrados mantinham outro exatamente igual. Quando tinham alguma comunicação a fazer, escreviam a mensagem em um rolo de pergaminho, aplicavam-no a seu próprio bastão, dobra sobre dobra, e então, cortando-o, mandavam-no ao chefe. Os caracteres eram escritos de tal forma que ficavam confusos e ininteligíveis até que fossem atados ao bastão e, portanto, só podiam ser decifrados pela pessoa a quem se destinavam e a cujo cuidado o bastão era confiado.

A comunicação que Pausânias agora recebia era, de fato, áspera e lacônica. Ela dizia: "Permanece atrás do arauto, e os espartanos proclamam guerra contra ti".

Ao receber essa ordem solene, até mesmo o espírito arrogante de Pausânias não se atreveu a desobedecer. Como Veneza, a cuja política dura e complexa, mas enérgica, sua oligarquia em tantos aspectos se assemelhava, Esparta detinha um poder moral e misterioso sobre o mais feroz de seus filhos. O destino de Pausânias mantinha-o sob o controle de Esparta e, confiante da absolvição, em vez de fugir para a Pérsia, o regente seguiu às pressas para sua ruína, seguro de que, com a ajuda do ouro, frustraria qualquer acusação. Suas expectativas eram tão bem fundadas que, embora os éforos o tenham lançado na prisão, apesar de sua posição de regente do reino e guardião do rei, ele conseguiu, mediante suas intrigas e influência, ser posto em liberdade e, desafiando corajosamente seus acusadores, concordou em submeter-se a julgamento.

O governo, porém, demorou a agir. A orgulhosa cautela dos espartanos sempre relutava em provocar escândalos internos por meio de procedimentos públicos contra qualquer cidadão nascido livre, quanto mais contra o tio de seu monarca e o herói de seus exércitos! O poder de Pausânias, seus talentos e seu caráter arrogante inspiravam reverência tanto a seus inimigos particulares como à desconfiança pú-

[450] Tucídides, livro I.

blica. No entanto, seu desdém altivo pelas rígidas leis espartanas, bem como sua contínua afetação da pompa bárbara, fazia com que o governo ficasse atento e, conquanto liberto da prisão, os rigorosos éforos eram suas sentinelas. A mente inquieta e insatisfeita do expectante genro de Xerxes não podia desistir de seus planos ousados, e o regente de Esparta uniu-se a uma conspiração, sobre a qual seria muito desejável que nossas informações fossem mais prolixas.

VI. Talvez nenhuma classe de homens dos tempos antigos despertasse um interesse mais doloroso e profundo que a os hilotas de Esparta. Embora, como já vimos, devamos rejeitar todos os exageros retóricos sobre a crueldade selvagem a que eram submetidos, sabemos, ao menos, que sua servidão era a mais severa que qualquer dos estados gregos impunha a seus escravos,[451] e que os férreos soldados de Esparta estavam expostos ao perigo constante e iminente de suas revoltas, prova de que a maldição de sua servidão havia ultrapassado o grau que subjuga o espírito àquilo que desperta aquela lei da natureza que, quando uma injúria ultrapassa os limites, conquanto raramente visíveis, converte o sofrimento em resistência, lei essa que nem o hábito de anos, nem as espadas dos guerreiros mais ferozes, nem os espiões do governo mais astuto da Grécia tinham sido capazes de extirpar por completo do coração humano.

Dispersos aos montes pelos territórios acidentados da Lacedemônia, separados da presença, mas não da vigília, de seu senhor, esses servos singulares nunca abandonaram a esperança de liberdade. Sempre obrigados a participar das batalhas para ajudar seus senhores, ganharam coragem de lhes opor resistência. Ferozes, taciturnos e vingativos, eles eram como rebanhos de gado selvagem, deixados à solta para vaguear, até que fossem necessários para o trabalho ou para o abate. Não eram difíceis de abater, mas impossíveis de domar.

Vimos que um número considerável desses hilotas lutou como tropas de armas leves em Plateias, e o perigo e a glória comuns uniram os escravos do exército com o grupo superior. Partilhando, em certa medida, da ambição desesperada e vingativa que, sob uma estrutura semelhante, animava Marino Faliero, Pausânias tentou, por meio da multidão escravizada, libertar-se da servidão imposta pela oligarquia que sujeitava tanto o príncipe como o escravo

[451] Platão, leg. vi.

escravo. Ele negociou com os hilotas, prometendo-lhes, em segredo, os direitos e liberdades de cidadãos de Esparta, caso cooperassem com seus projetos e se revoltassem sob seu comando.

Os escravos nunca estão livres de traidores, de modo que os éforos souberam da revolução premeditada pela boca dos próprios hilotas. Mesmo assim, devagar e com cautela, aqueles magistrados sutis e arrogantes impediram o golpe. E como não seria sem uma prova cabal que um espartano da realeza haveria de ser condenado pela palavra de hilotas, eles continuaram vigilantes, até que obtiveram a prova que precisavam.

VII. A Argílio, um espartano com quem Pausânias havia estabelecido aquela ligação viciosa comum às tribos dóricas, e que era de sua total confiança, o regente confiou cartas a Artabazo. Argílio recordou que ninguém encarregado de missão semelhante jamais havia retornado. Ele rompeu os selos e leu o que seus temores pressagiam, que, ao chegar à corte do sátrapa, o silêncio do mensageiro seria comprado com sua morte. O homem levou o pacote de cartas aos éforos. Aquele conselho sinistro e conspirador decidiu, com ainda mais firmeza, enredar sua vítima culpada e, de sua própria boca, extrair seu segredo. Assim, ordenaram que Argílio se refugiasse como suplicante no santuário do templo de Netuno, no Monte *Taenarus*. Dentro dos recintos sagrados construiu-se uma cela que, por uma divisória dupla, podia abrigar alguns dos éforos. Estes, escondidos ali, poderiam testemunhar tudo o que se passasse.

Pausânias logo recebeu a notícia de que, em vez de ir a Artabazo, seu confidente se refugiara como suplicante no templo de Netuno. Alarmado e ansioso, o regente seguiu às pressas para o santuário. Argílio contou-lhe que havia lido as cartas, e censurou-o duramente por sua traição. Pausânias, confuso e oprimido pelos perigos que o cercavam, confessou sua culpa, falou sem reservas do conteúdo da carta, implorou o perdão de Argílio, e prometeu-lhe segurança e riqueza caso deixasse o santuário e prosseguisse com a missão.

De seu esconderijo, os éforos ouviram tudo.

Quando Pausânias saiu do santuário, sua condenação foi fixada. Porém, entre as causas mais públicas do anterior atraso da justiça, devemos incluir a amizade de alguns dos éforos, que Pausânias havia conquistado ou comprado.

Aquele era o momento designado para sua prisão. Pausânias estava na rua, sozinho e a pé. Ele viu os éforos que se aproximavam dele. Um sinal de uma pessoa advertiu-o do perigo. Ele deu meia-volta e fugiu. O templo de Minerva Calquioicos, ali perto, ofereceu-lhe refúgio e santuário. Chegando aos recintos sagrados, ele entrou em uma pequena casa perto do templo. Os éferos, os oficiais e a multidão estavam em seu encalço. Eles cercaram o refúgio, do qual era impiedade retirar o criminoso. Decididos a matá-lo, eles retiraram o telhado, bloquearam as entradas (e, se podemos acreditar nos relatos de que violar a natureza humana era uma característica do caráter espartano, a mãe de Pausânias, uma idosa de muita idade[452], sugeriu o meio de punição do filho, colocando, com a própria mão, uma pedra na soleira) e, colocando uma guarda ao redor da casa, deixaram o conquistador de Mardónio para morrer de fome. Já em seus últimos momentos, não querendo profanar o santuário com a morte de Pausânias, eles o levaram para o ar livre, onde apenas respirou e expirou.[453] Seu cadáver, que alguns dos espartanos mais hostis pretendiam atirar no local de sepultura para malfeitores, foi posteriormente enterrado nas proximidades do templo. E assim terminou a glória e os crimes, a ambição gananciosa e a ostentação luxuosa, do bravo espartano que primeiro desprezou e depois imitou as efeminações do persa que ele mesmo subjugou.

VIII. Em meio aos documentos de que os éforos se apossaram após a morte de Pausânias, havia correspondências com Temístocles, que residia, à época, no estado rival e hostil de Argos. Ainda desejoso de vingar-se daquele herói, o governo espartano enviou embaixadores para Atenas, acusando-o de participar da conspiração de Pausânias com os medos. Parece que Temístocles não negou a troca de correspondências com Pausânias, nem fingiu ignorar totalmente seus planos, mas negou com firmeza, por carta (seu único meio de defesa), qualquer aprovação e participação naqueles planos. E não há quaisquer provas nem fundamento justo para se suspeitar que ele tivesse participado da traição à Grécia. De fato, era compatível com a astúcia de seu caráter o tramar, manobrar e intrigar, mas para fins gran-

[452] Nepos em *Vit. Pausanias.*

[453] Pausânias observa que seu célebre homônimo foi o único suplicante que se refugiou no santuário de Minerva e não obteve a proteção divina. Isso porque nunca pôde se purificar do assassinato de Cleonice.

diosos, não desprezíveis. Ao apossar-se do segredo, ele se apoderou do poder de Pausânias, e essa informação talvez lhe tivesse permitido frustrar o plano de traição do espartano na hora do perigo real para a Grécia. É possível que, no que diz respeito tão somente a Esparta, o ateniense tivesse pouca aversão de qualquer revolução ou perigo que se restringisse a um estado cujos conselhos fora o objetivo de sua vida frustrar, e cujo poder sua cidade natal tinha o manifesto interesse de enfraquecer. Temístocles talvez olhasse com complacência para as intrigas que o regente articulava contra o governo espartano, e que ameaçavam abalar aquela constituição dórica até o seu âmago. Mas não há nada, nem no testemunho da história, nem no caráter ou na conduta de um homem profundamente patriótico, nem mesmo em seus vícios, que favoreça a ideia de que ele fosse conivente com os esquemas que comprometiam o bem-estar ateniense juntamente com o bem-estar grego. É provável que Pausânias, muito menos capaz, tenha sido seu instrumento. Compreendendo seus projetos, Temístocles teria planejado a restauração de seu próprio poder. Enfraquecer a influência espartana era enfraquecer seus próprios inimigos em Atenas. Destruir a estrutura social espartana era deixar Atenas sem rival. E se, a partir da revolta dos hilotas, Pausânias passasse a uma aliança ativa com os persas, Temístocles conhecia o suficiente de Atenas e da Grécia para prever que todos os olhos se voltariam para o vencedor de Salamina e o fundador da marinha grega. Esses parecem ser mais provavelmente os prospectos que se abriram ao exilado com as cartas de Pausânias. Nesse caso, eles eram, sem dúvida, demasiado sutis para a multidão penetrar ou compreender. Os atenienses ouviram somente as acusações dos espartanos, viram apenas a traição de Pausânias, e souberam apenas que Temístocles trocava correspondências com o traidor. Já desconfiados de um gênio cujas artimanhas inteligentes e complexas eles quase nunca eram capazes de compreender, e ainda abalados diante do suposto perigo de que haviam escapado, era bastante natural que os atenienses cedessem às exigências dos embaixadores. Um ateniense, em conjunto com uma tropa lacedemônia, recebeu ordens de capturar Temístocles onde quer que fosse encontrado. Informado do perigo que corria, ele saiu às pressas do Peloponeso e se refugiou em Córcira. O medo da vingança imediata de Atenas e Esparta induziu os habitantes a negar a proteção que ele procurava, mas eles o transportaram com dignidade para o continente oposto. Sua rota foi descoberta e seus perseguidores se aproximavam. Ele adentrara no país de Admeto, rei dos molossos, cuja animosidade ele tinha todos os motivos para temer. Pois ele havia persuadido os atenienses a rejeitar a aliança proposta por aquele monarca no passado, e Admeto jurara vingança.

Vendo-se nessa situação, o fugitivo tomou uma decisão que somente um grande intelecto poderia ter concebido, e que nos apresenta uma das imagens mais comoventes da história antiga. Ele se dirigiu ao palácio do próprio Admeto, mas o príncipe não se encontrava ali. Dirigindo-se à consorte de Admeto, Temístocles, aconselhado por ela, tomou o filho pequeno do casal real pela mão e sentou-se perto da lareira: "TEMÍSTOCLES, O SUPLICANTE!"[454] Quando o príncipe voltou, ele disse seu nome e pediu-lhe que não se vingasse de um exilado, dizendo: "Condenar-me agora seria aproveitar-se de uma tribulação. A honra determina que haja vingança apenas entre iguais e em igualdade de condições. É verdade que, certa vez, fiz oposição a ti, mas não em uma questão de vida, mas de negócios ou de interesse. Se me entregas agora a meus perseguidores, privas-me do último refúgio para minha própria vida."

IX. Admeto, muito comovido, pediu que ele se levantasse e assegurou-lhe proteção. Os perseguidores chegaram, mas, fiel ao hóspede que buscara sua lareira, de uma forma que era especialmente solene entre os molossos, Admeto recusou-se a entregá-lo, e enviou-o, na companhia de guardas, para a cidade costeira de Pidna, por uma árdua e difícil estrada montanhesa. Chegando à cidade litorânea, ele embarcou, disfarçado e desconhecido de todos os passageiros, em um navio mercante com destino à Jônia. Veio uma tempestade. O navio foi desviado de seu curso e impelido diretamente na direção da frota ateniense (então sob o comando de Címon, seu pior inimigo) que estava diante da Ilha de Naxos (466 a.C.).

Rápido e ousado em seus expedientes, Temístocles chamou de lado o capitão do navio, revelou sua identidade e ameaçou denunciar o capitão como alguém subornado para favorecer sua fuga caso fosse traído. Mas prometeu gratidão eterna se fosse poupado, o que era possível, afirmou ele, se, durante a viagem, ninguém tivesse permissão, sob qualquer pretexto, de deixar o navio.

[454] Tucídides, livro I, 136.

O capitão do navio aquiesceu: manteve-se no mar um dia e uma noite a barlavento da frota, e Temístocles desembarcou em segurança na cidade de Éfeso.

Nesse ínterim, os amigos de Temístocles agiam em Atenas. Com a suposta descoberta de sua traição, os bens que pudessem cair nas mãos do governo foram, como de costume em tais crimes, confiscados para uso público. Estima-se seu montante em algo entre oitenta e cem talentos.[455] No entanto, a maior porção de sua riqueza – mantida parte em Atenas e parte em Argos – foi levada até ele secretamente, em Éfeso.[456] Um amigo fiel providenciou-lhe a fuga da esposa e filhos de Atenas para a corte de Admeto, e por esse crime de amizade, um único historiador, Estesimbroto (cujo relato até mesmo o crédulo Plutarco questiona e prova estar em contradição com outra afirmação do mesmo autor), registrou que foi condenado à morte por Címon. Não é com base em tais crônicas duvidosas que podemos permitir uma tão grande mácula ao caráter de um homem singularmente humano[457].

X. Como agora perdemos Temístocles de vista, de uma vez por todas, no palco da política ateniense, esta é a oportunidade mais adequada para concluirmos a história de sua carreira desregrada e aventureira.

Perseguido pelos espartanos, abandonado por seus compatriotas, excluído de toda a Grécia, nenhum refúgio restava ao homem que esmagara o poder da Pérsia, exceto a corte persa. A política generosa e exuberante que caracterizava o despotismo oriental no tocante a seus inimigos ofereceu-lhe um asilo não apenas seguro, mas magnífico. Os monarcas persas estavam sempre dispostos a dar boas-vindas aos exilados da Grécia e apaziguar aqueles que não haviam conseguido conquistar. O destino de Temístocles foi ser salvo pelos inimigos de seu país. Ele não teve alternativa. A própria acusação de conivência com os medos atirou-o em seus braços.

Por orientação de um persa, Temístocles atravessou o continente asiático e, antes de chegar a Susa, planejou uma maneira de fazer com que fosse entregue à corte per-

[455] Plutarco em *Vit. Them*.

[456] Tucídides, livro I, 137

[457] O Sr. Mitford, embora duvide do fato, tenta, com sua usual dissimulação, e a partir do próprio fato de que ele duvida, fazer críticas aos horrores do despotismo democrático. Uma prática estranha para um historiador: admitir que as premissas são falsas e, então, argumentar sobre elas como verdadeiras!

sa uma carta que poderia preparar seu caminho. A carta dizia mais ou menos o seguinte, se pudermos supor que Tucídides preservou sua mensagem, embora tenha, sem dúvida, adaptado o estilo[458].

"Eu, Temístocles, que, dentre todos os gregos, infligi as mais duras chagas à vossa raça, uma vez que fui chamado pelo destino a resistir à invasão dos persas, agora venho a vós." (Em seguida, porém, chamava a atenção aos serviços que prestara a Xerxes em suas mensagens depois de Salamina, com relação à destruição das pontes, arrogando-se um crédito ao qual não tinha direito algum, e insistia que sua generosidade merecia ser retribuída.) "Apto a prestar grandes serviços," (prossegue ele), "perseguido pelos gregos por causa de minha amizade convosco, estou muito próximo. Concedei-me somente um ano de trégua, para que eu possa, então, informar-vos pessoalmente o objetivo de minha jornada até aqui."

O tom destemido e confiante de Temístocles impressionou a imaginação do jovem rei (Artaxerxes), que lhe enviou uma resposta favorável. Temístocles dedicou o ano à perfeita aquisição da língua, dos costumes e modos do país. Então, pediu e obteve uma audiência.[459]

Capaz de conversar com fluência e sem a ajuda de um intérprete, suas habilidades naturais revelaram-se em seu melhor desempenho, e ele tornou-se logo objeto de estima. Nunca dantes um estranho fora tão respeitado. Ganhou fácil acesso à pessoa do rei, foi instruído no conhecimento dos *Magi* e, quando deixou a corte, foi para assumir o governo de três cidades: *Myus*, célebre por suas provisões; Lâmpsaco, por seus vinhedos; e Magnésia, pela riqueza do solo; de modo que, de acordo com o espírito e fraseologia da tributação oriental, dizia-se, não sem razão, que elas lhe foram concedidas para fornecer-lhe carne, vinho e pão.

XI. Assim rico e honrado, Temístocles passou o restante de seus dias em Magnésia. Não se sabe ao certo quando e como se deu sua morte; quer por doença natural, quer,

[458] A sucinta carta a Artaxerxes, apresentada por Tucídides (livro I., 137), é tão evidentemente da pena do próprio Tucídides quanto o é a célebre oração que ele atribui a Péricles. Cada uma possui o estilo rigoroso tão peculiar do historiador, ao qual nenhum outro escritor grego se assemelha. Mas o assunto é mais genuíno que o estilo.

[459] Na época de sua chegada à Ásia, parece que Xerxes ainda estava vivo. No entanto, ele esteve em Susa durante o breve intervalo entre a morte de Xerxes e a ascensão formal de seu filho, quando, por uma revolução sanguinária que ainda será narrada, Artabano foi elevado à supremacia do império persa: antes de findo o ano, Artaxerxes estava no trono.

como se conta,[460] por um destino que nem mesmo a ficção poderia ter inventado mais adequado para a consumação de sua grandiosa e pitoresca carreira. Afirma-se que, quando, mais tarde, o Egito rebelou-se, e essa revolta teve o auxílio dos atenienses; quando a marinha grega navegou até a Cilícia e a ilha de Chipre, e Címon conservou, sem rival, a nova soberania dos mares; quando Artaxerxes decidiu opor-se ao poder crescente de um estado que, do poder defensiva, elevara-se a uma potência ofensiva; Temístocles recebeu ordens de cumprir as vagas promessas que fizera e dar início a suas operações contra a Grécia (449 a.C.). Então (se, com Plutarco, aceitarmos esta versão de seu destino), nem a indignação contra o povo que ele considerava ingrato, nem sua pompa atual, nem mesmo o receio de perder a vida puderam induzir o senhor de Magnésia a desonrar seus feitos passados[461] e demolir seus troféus imortais. Desejoso apenas de morrer dignamente (pois viver como lhe convinha já não era possível), ele ofereceu um sacrifício solene aos deuses, despediu-se dos amigos, e deu cabo da própria vida com veneno.

Seu túmulo existiu, por longo tempo, no fórum de Magnésia, mas afirma-se que seus ossos foram, por seu próprio desejo, levados de volta para Ática em segredo, e descansam na amada terra que o exilou de seu seio. E este seu último pedido parece ser uma prova tocante de sua lealdade a Atenas, e proclamar seu perdão pela perseguição que sofreu. É certo, ao menos, que, por honrado que tenha sido na Pérsia, ele nunca perpetrou um único ato contra a Grécia, e que, se sua fama foi maculada pela desconfiança de outros, ele mesmo não a maculou. De acordo com Plutarco, Temístocles morreu aos sessenta e cinco anos de idade, deixando muitos filhos e transmitindo seu nome a

---

[460] Apresento este último relato da morte de Temístocles não apenas porque Tucídides (embora preferisse o primeiro) não desdenha citá-lo, mas também porque resta evidente, a partir da fala de Nícias, em *Os Cavaleiros de Aristófanes*, i. 83, 84, que, no tempo de Péricles, era os atenienses acreditavam que Temístocles morrera envenenado, e por motivos que tornavam a alusão à sua morte uma bobagem popular. Também não há dúvidas de que a morte de Temístocles logo o teria reconciliado com os atenienses. As desconfianças anteriores com relação a sua fidelidade à Grécia não parecem ter permanecido vivas, mesmo com o rancor do partido, e é natural supor que deve ter sido algum ato próprio, real ou imaginário, que tendeu a refutar as acusações plausíveis contra ele e a reavivar o entusiasmo geral em seu favor. O que poderia ter sido esse ato senão o último de sua vida, que, nos já referidos versos de Aristófanes, é citado como o ideal de uma morte gloriosa! Porém, se ele morreu envenenado, a bebida não era sangue de boi, cuja natureza mortal era uma das fábulas vulgares dos antigos. Em algumas partes do continente, é, nos dias de hoje, até usado como remédio.

[461] Plutarco em *Vit. Them*.

uma longa posteridade, que recebeu de sua memória as honras que não poderiam ter conquistado por si mesmos.

XII. O caráter de Temístocles já se deu a conhecer nestas páginas: profundo, conquanto tortuoso na política; vasto na concepção; sutil, paciente, porém pronto para a ação; afável nas maneiras, mas jactancioso, ostentoso e desdenhoso demais para ocultar a consciência de seus méritos; não magnífico em sofisticação, mas mestre tanto das artimanhas gregas como da sagacidade ática; suficientemente eloquente, mas maior em atos que palavras, e capaz de penetrar, quase que por uma compreensão preternatural, o caráter dos homens e as sequências dos acontecimentos. Para além de qualquer comparação, foi o maior de sua época, e certamente não é superado por nenhum daqueles que vieram depois. Pisístrato, Címon, Péricles, o próprio Aristides, eram de berço nobre e privilegiado. Temístocles foi o primeiro e, à exceção de Demóstenes, o maior dentre aqueles que emergiram das fileiras do povo, elevando-o consigo. Sua celebridade foi fruto de seu talento apenas. Parafraseando a eloquência incomum de Diodoro: "Que outro homem poderia, ao mesmo tempo, ter colocado a Grécia à frente das nações, Atenas à frente da Grécia, e a si próprio à frente de Atenas? Na época mais ilustre, o homem mais ilustre. Levando à guerra os cidadãos de um estado em ruínas, ele derrotou todas as armas da Ásia. Somente ele tinha o poder de unir os recursos mais discordantes, e tornar o perigo salutar para seus desígnios. Tão notável na guerra como na paz: em uma, ele salvou as liberdades da Grécia; na outra ele criou a eminência de Atenas".

Depois dele, a luz da era heroica parece bruxulear até desaparecer, e o próprio Péricles mostra-se ananicado e artificial ao lado daquele intelecto masculino e colossal que estilhaçou o poderio da Pérsia, e frustrou, com muita facilidade, a sagacidade pessimista de Esparta. A estátua de Temístocles, que existiu por seiscentos anos após sua morte, ostentava a seus compatriotas um aspecto tão heroico quanto seus feitos[462].

Retornemos a Címon.

[462] Plutarco em *Vit. Them.*

Capítulo III

Naxos é derrotada. Ações fora de Chipre. Os modos de Címon. Melhorias em Atenas. Colônia em *Ennea Hodoi* [Nove Caminhos]. O Cerco de Tassos. O terremoto em Esparta. A revolta dos hilotas, a ocupação do Monte Itome e a Terceira Guerra Messênia. A ascensão e o caráter de Péricles. Címon é acusado e absolvido. Os atenienses auxiliam os espartanos em Itome. A rendição de Tassos. Ruptura entre atenienses e espartanos. Inovações constitucionais em Atenas. O ostracismo de Címon.

I. Na época em que Naxos recusou-se a pagar os subsídios estipulados e, por isso, foi sitiada por Címon, aquela ilha era um dos mais ricos e populosos dos estados confederados. Por algum tempo, a população de Naxos resistiu bravamente ao certo, mas, enfim vencidos, foram submetidos a condições mais duras do que as que lhes haviam sido impostas anteriormente. Nenhum conquistador se satisfaz ao alcançar os objetivos, às vezes frívolos e, em regra, justos, que buscava ao dar início às hostilidades. A guerra inflama as paixões, e o bom êxito, a ambição. Címon, a princípio ávido por assegurar o poder da Grécia, era agora levado a desejar o aumento do poder de Atenas. A frota ateniense subjugara Naxos, que agora se sujeitava a Atenas. Esse foi o primeiro dos estados livres que a república florescente submeteu a seu jugo.[463] Uma vez estabelecido o precedente, e como a ocasião convidasse, os demais partilharam de destino semelhante.

II. A conquista de Naxos foi apenas o começo das vitórias de Címon. Na Ásia Menor, havia muitas cidades gregas nas quais a dominação persa nunca havia sido subvertida. Ao longo da costa de Cária, Címon conduzia seu

[463] Tucídides, livro I.

exército, e o terror que inspirava era suficiente para levar todas as cidades originalmente gregas a revoltar-se contra a Pérsia e libertar-se; as cidades guarnecidas por persas eram sitiadas e conquistadas. Vitorioso na Cária, ele passou com igual sucesso à Lícia,[464] aumentando sua frota e seus exércitos à medida que avançava. Todavia, os persas, que não permaneceram inativos, haviam reunido um exército considerável na Panfília, e estavam acampados nas margens do Eurimedonte (466 a.C.), cujas águas, em um leito largo o suficiente, receberam sua frota. O esperado reforço de oitenta embarcações fenícias de Chipre fez com que os persas adiassem[465] as hostilidades. Címon, porém, decidido a impedir a união prevista, navegou rio acima e logo obrigou a frota bárbara, já muito mais numerosa que a sua, a um confronto. Os persas pouco conseguiram resistir ao ataque. Levados rio acima, as tripulações abandonaram os navios e correram para unir-se ao exército organizado ao longo da costa. Dentre os navios assim abandonados, alguns foram destruídos, e duzentas trirremes, tomadas por Címon, aumentaram ainda mais seu poderio militar. No entanto, os persas, que haviam avançado até a orla da costa, dispunham-se em uma longa formação ameaçadora. Com certa apreensão, Címon percebeu o perigo em que se colocara ao desembarcar tropas já muito exauridas pela última ação, enquanto uma parcela considerável das forças inimigas, muito mais numerosas, estavam descansadas. O espírito dos homens e sua euforia por causa da última vitória venceram os temores do general. Ainda no calor da ação recente, ele desembarcou sua infantaria de armamentos pesados e, com altos brados, os atenienses atacaram o inimigo. A luta foi feroz; o massacre, grande. Muitos dos mais nobres atenienses tombaram no embate. A vitória finalmente se declarou favorável a Címon. Os persas fugiram, e os gregos saíram vitoriosos da batalha e senhores do espólio (este último, considerável). Desse modo, no mesmo dia, os atenienses venceram em ambos os elementos [água e terra], uma glória sem precedentes, que levou o retórico Plutarco a declarar que Plateias e Salamina haviam sido ofuscadas. A posteridade, mais judiciosa, estima a glória não só pela grandiosidade da vitória, mas pela justiça da causa. E mesmo uma escaramuça vencida por homens que lutam pela liberdade em suas próprias praias

[464] Diodoro, livro XI
[465] Plutarco em *Vit. Cimon*.

é mais honrada que a batalha mais majestosa na qual os vencedores são movidos pelo desejo de vingança ou pela ânsia de aventura.

III. Aos troféus dessa dupla vitória foram logo acrescidos os de uma terceira, obtida sobre as oitenta embarcações dos fenícios na costa de Chipre. Essas vitórias emblemáticas espalharam o terror do exército ateniense tanto no interior como no litoral grego. Sem levarmos em conta os relatos exagerados de autores incautos quanto ao número de navios e prisioneiros,[466] parece certo, ao menos, que o montante do espólio foi suficiente para, em certa medida, desencadear uma revolução moral em Atenas, aumentando muito a fortuna das pessoas e intensificando o gosto geral por pompa, luxo e esplendor, o que, em pouco tempo, transformou Atenas o mais magnífico dos estados gregos.

Com a marinha da Pérsia assim enfraquecida, seus exércitos derrotados, e o cenário de ação transferido para seus próprios domínios, todos os planos contra a Grécia foram deixados de lado. Recuando, por assim dizer, mais para o centro de seus vastos territórios, ela abandonou as fronteiras asiáticas à solidão mais da exaustão que da paz. Gabavam-se os retóricos posteriores: "Nenhuma tropa a cavalo se aproximava, à distância de um dia de viagem, dos mares gregos". Desde as ilhas caledonianas, na costa da Panfília, até aquelas rochas gêmeas na entrada do Euxino, entre as quais o mar, exasperado por sua base acidentada, ruge inexoravelmente por entre suas brumas de espuma, nenhuma galé persa era avistada.[467] Se isso foi resultado da derrota ou do reconhecimento de cláusulas de paz é objeto de controvérsia. Contudo, como veremos logo mais, não há evidências históricas da última hipótese.

Em uma expedição subsequente, Címon, zarpando de Atenas com uma pequena frota militar, arrebatou o Quersoneso trácio aos persas, uma proeza que lhe devolveu seu próprio patrimônio.

IV. Címon estava agora no auge de sua fama e popularidade. Sua parte nos despojos e a recuperação do Quersoneso tornaram-no, de longe, o cidadão mais abastado de Atenas, e ele continuou a usar sua riqueza para consolidar seu poder. Seu relacionamento com outras nações e sua fa-

[466] Diodoro (livro XI) calcula o número de prisioneiros em vinte mil! Esses exageros mergulham a glória no burlesco.

[467] A cidade de *Cyaneae*. Plínio VI, cap. 12. Heródoto IV, cap 85, etc. etc.

miliaridade com o refinamento e a magnificência orientais serviram para elevar suas maneiras de sua rudeza juvenil e dar esplendor a seus gostos. Se ele passou a juventude entre os soldados violentos de Milcíades, o lazer de seus anos de maturidade era cultivado por relações com sábios e poetas. A paixão pelas mulheres, que, mesmo em seus excessos, tende a refinar e suavizar, foi seu único vício. Ele era amigo de todos os dons e todas as artes, e, sendo a ligação entre a ostentação pródiga de Temístocles e a graça intelectual de Péricles, ele conduziu, por assim dizer, a transição insensível da era da glória bélica para a da preeminência civil. Pode-se dizer que ele contribuiu enormemente para a difusão daquela atmosfera de poesia e prazer que, mais tarde, até mesmo o mais medíocre dos atenienses livres se deleitava em respirar. Tirou os cidadãos cada vez mais dos recônditos da vida privada, e executou aquela política social iniciada por Pisístrato, de acordo com a qual todos os hábitos individuais se fundiam em um único hábito público vigoroso, complexo e vibrante. Desse modo, sendo ele próprio alegre e sociável, habituado a companhia, vinho e mulheres, encorajou apresentações e espetáculos, revestindo-os de nova magnificência. Embelezou a cidade com prédios públicos, e foi o primeiro a erigir em Atenas aquelas longas colunatas, sob cuja sombra, protegido dos sóis ocidentais, aquele povo gracioso estava acostumado a reunir-se e conversar. A Ágora, aquela casa universal dos cidadãos, fundada por ele juntamente com a plantação dos plátanos orientais, e os bosques de Academia, o lugar imortal frequentado por Platão, foram obras suas. Aquele célebre jardim, associado às gratas lembranças resplendentes de tudo o que a poesia pode emprestar à sabedoria, era, antes da época de Címon, um local ermo e não cultivado. Foi sua mão que a entrecortou com passeios e vielas, e canalizou por seus recessos verdejantes as águas ornamentais tão refrescantes naqueles climas, e nada comuns no seco solo ático, as quais ora serpeavam em riachos gorgolejantes, ora cintilavam em fontes. Além dessas obras para embelezar a cidade, ele realizou outras para fortificá-la. Concluiu a cidadela, até então desprotegida no lado sul, e foi com os despojos bárbaros depositados no tesouro que as despesas do início da construção das Longas Muralhas, concluídas em época posterior, foram custeadas.

V. Em sua conduta para com os aliados, a urbanidade natural de Címon servia para ocultar uma política bem planejada e cobiçosa. Os outros generais atenienses eram rígidos e meticulosos em suas exigências aos confederados. Exigiam o número designado de homens e, na falta do suprimento, aumentavam o rigor de suas exações. Címon não era assim. Daqueles aos quais as ocupações normais de uma vida pacífica tornavam avessos ao serviço ativo, ele aceitava de bom grado um substituto pecuniário, equivalente ao valor dos navios ou soldados que deveriam ter fornecido. Esses montantes, destinados, na verdade, ao serviço geral, eram, não obstante, reservados aos usos da marinha ateniense. Assim, os estados, até então belicosos, foram habilmente levados a dedicar-se a atividades pacíficas e suntuosas, e, sob os pretextos mais lenientes, os confederados logo se enfraqueceram e empobreceram pelos meios mesmos que fortaleciam o espírito marcial e aumentavam os recursos fiscais dos atenienses. Os tributários descobriram tarde demais, quando arriscaram uma revolta, que haviam abandonado qualquer capacidade de resistência.

Nesse ínterim, o objetivo de Címon era manter o entusiasmo e a disciplina navais dos atenienses. Enquanto o remo e a espada caíam em desuso entre os confederados, ele mantinha a maior parte dos cidadãos em rotatividade constante nas atividades e exercícios marítimos, até que a experiência e o aumento do poder de um, a indolência e a gradativa submissão do outro, destruindo a antiga igualdade militar, fez os atenienses senhores, e seus confederados, súditos.[468]

VI. De acordo com a prudente política dos antigos, os atenienses nunca negligenciavam uma oportunidade adequada de colonizar, estendendo assim seus domínios enquanto escoavam o excesso de sua população, bem como os espíritos mais empreendedores que a aventura tentava ou a pobreza despertava. A conquista de Eion abrira aos atenienses uma nova perspectiva de engrandecimento, da qual eles agora estavam preparados para aproveitar as vantagens. Não muito longe de Eion, às margens do Rio Estrimão, havia um lugar chamado Nove Caminhos, mais tarde chamado Anfípolis, e que, por sua localização e conveniências marítimas, parecia especialmente apropriado

[468] Plutarco em *Vit. Cimon*.

para a fundação de uma nova cidade. Para lá foram enviadas dez mil pessoas, dentre confederados e atenienses, a fim de estabelecer uma colônia. Nessa empreitada, porém, as ideias dos atenienses não se limitavam a suas meras vantagens legítimas. Por volta dessa época, eles estavam em uma disputa com a ilha de Tasos no tocante a certas minas e locais de comércio nas costas da Trácia defronte. Essa disputa era de considerável sutileza. Os atenienses, tendo conquistado Eion e o território adjacente, reivindicavam a posse por direito de conquista. Os habitantes de Tasos, por outro lado, detinham, em tempos antigos, algumas das minas e o monopólio do comércio. Eles haviam ingressado na confederação e, alegando que a conquista se dera, ainda que por armas atenienses, pelo bem federal, exigiam que os antigos privilégios lhes fossem revertidos. O governo ateniense não estava disposto a renunciar a um direito que oferecia à avareza a tentação de minas de ouro. Os habitantes de Tasos deixaram a confederação e, assim, deram aos atenienses exatamente o pretexto para hostilidades que o estado mais fraco jamais deveria proporcionar ao mais forte. Enquanto os colonizadores seguiam para seu destino, parte da frota ateniense, sob o comando de Címon, navegou para Tasos, alcançou a vitória por mar, desembarcou na ilha e sitiou a cidade.

Nesse ínterim, os novos colonizadores assenhorearam-se dos Nove Caminhos, expulsando os trácios edonianos, seus habitantes anteriores. No entanto, batalha após batalha, os colonos acabaram derrotados e isolados em uma batalha encarniçada em *Drabescus* (465 a.C.), na Edônia, pelas forças unidas de todos os trácios vizinhos.

VII. O cerco de Tasos continuava, e os sitiados tomaram a precaução de enviar um pedido de ajuda a Esparta. Havia já muito tempo que esse estado taciturno via com indignação o poder de Atenas. Seus guerreiros mais jovens clamavam contra a indiferença inerte com a qual se tolerava que uma cidade tão inferior a Esparta por tantas gerações ganhasse a supremacia da Grécia. Temístocles havia sido afastado em vão: o espírito incansável do povo criara um segundo Temístocles na figura de Címon. Os lacedemônios, contentes de ter um pretexto para brigar, receberam os embaixadores de Tasos com grande cortesia, e prometeram distrair as forças atenienses mediante uma irrupção na Ática. Eles trabalhavam nos preparativos dessa invasão quando adversidades repentinas e complicadas, que descreveremos agora, os obrigaram a abandonar seus desígnios e limitar sua atenção a si próprios.

VIII. Ocorreu em Esparta um terremoto sem precedentes em sua violência. Em muitos lugares da Lacedemônia, o solo rochoso abriu-se em rachaduras e fendas. Do monte Taigeto, que se elevava acima da cidade e no qual as mulheres lacedemônias costumavam realizar suas orgias bacanais, enormes fragmentos rolaram sobre os subúrbios. A maior parte da cidade foi destruída por completo, e afirma-se, provavelmente com exagero, que apenas cinco casas escaparam intactas do abalo. Essa calamidade terrível não cessou de súbito, como veio. Os tremores repetiram-se, enterrando homens e tesouros. Se pudermos crer em Diodoro, nada menos que vinte mil pessoas pereceram no desastre. Assim despovoada, empobrecida e aflita, os inimigos que a crueldade de Esparta trazia em seu seio decidiram aproveitar o momento para empreender sua vingança e consumar a destruição daquela cidade. Vimos que, no governo de Pausânias, os hilotas já estavam prontos para uma revolta. A morte daquele conspirador feroz interrompeu, mas não destruiu, seus planos de liberdade. Agora que Esparta estava em ruínas, era chegado o momento de realizar seus sonhos. De campo em campo, de vilarejo em vilarejo, a notícia do terremoto tornou-se a palavra de ordem da revolta. Os hilotas insurgiram-se (464 a.C.), armando-se e espalhando-se, uma multidão selvagem, crescente e implacável, decidida a matar, pela ira do homem, todos aqueles que a natureza havia poupado. O terremoto que arrasou Esparta quebrou-lhe as correntes. Nem mesmo o terremoto criou um abismo tão grande e sombrio como aquele entre o senhor e o escravo.

Este é um dos espetáculos mais sublimes e terríveis da história: aquela cidade em ruínas, a terra ainda tremendo, os soldados implacáveis e destemidos reunidos em meio a pilhas de morte e ruínas; e, em tal conjuntura, nesse cenário, a multidão consciente, não do perigo, mas da injustiça, erguendo-se não para socorrer, mas para vingar-se: tudo o que teria atenuado uma inimizade mais tênue, inflamava-a ainda mais; a aterradora calamidade, sua bênção; o desalento, sua esperança. Era como se a própria Grande Mãe convocasse seus filhos para defender a herança inalienável e há muito vilipendiada que ela lhes dera. E a comoção dos elementos furiosos não era senão o anúncio de uma união solene e armada entre a natureza e os oprimidos.

IX. Para sorte de Esparta, o perigo não foi totalmente imprevisto. Depois da confusão e do horror do terremoto, e enquanto o povo, disperso, procurava salvar seus pertences, Arquidamo, que, quatro anos antes, ascendera ao trono da Lacedemônia, ordenou que soassem as trombetas como que em um chamado para as armas. Aquela maravilhosa superioridade do homem sobre a matéria, que pode ser alcançada pelo hábito e a disciplina e que sempre foi tão visível entre os espartanos, constituiu sua segurança naquela hora. Abandonando o cuidado de suas propriedades, os espartanos pegaram suas armas, reuniram-se em torno de seu rei e se posicionaram em ordem disciplinada. Em sua maior crise, Esparta foi salva. Os hilotas aproximaram-se, selvagens, em desordem e de forma tumultuosa, com a intenção apenas de saquear e matar, esperando encontrar inimigos dispersos e amedrontados. No entanto, eles encontraram um exército formidável. Seus tiranos ainda eram seus senhores. Eles os viram, estacaram e fugiram, espalhando-se pelo país, instigando todos os que encontravam à rebelião e, em pouco tempo, unindo-se aos messênios, ligados a eles por consanguinidade e antigas reminiscências de batalhas heroicas, tomaram o mesmo monte Itome que seu antepassado Aristodemo ocupara anteriormente com uma coragem inesquecível. Eles fortificaram o lugar e, ocupando também as terras adjacentes, declararam guerra aberta contra seus senhores. Como os messênios eram os inimigos mais respeitáveis, a insurreição como um todo é conhecida pelo nome de Terceira Guerra Messênia.

X. Enquanto se davam esses acontecimentos em Esparta, Címon, confiando a outros a continuidade do cerco de Tasos, regressou a Atenas,[469] e aí descobriu sua popularidade já estava abalada, e seu poder em perigo. O partido democrático havia recuperado recentemente a influência que perdera por ocasião do exílio de Temístocles. Péricles, filho de Xantipo (o acusador de Milcíades), elevara-se imperceptivelmente a uma posição de destaque ao longo dos seis anos anteriores. A casa de Milcíades estava

[469] Como o cerco de Tasos durou três anos, encontramos Címon, no segundo ano, marchando para libertar os dos espartanos. Na verdade, o cerco de Tasos não foi de importância suficiente para justificar que Címon se ausentasse de Atenas por muito tempo.

fadada a curvar-se à raça de Xantipo, e a disputa hereditária terminou nos antigos resultados hereditários. Nascido em uma das famílias mais nobres de Atenas, notável pela fama e fortuna do pai, que estivera ligado a Aristides no comando da frota ateniense e em cujo nome se alcançara a vitória de Mícale, o jovem Péricles logo encontrou abertura fácil para seu grande talento e ambição. Ele não tinha nada contra o que lutar, exceto suas próprias vantagens. A beleza de seu semblante, a doçura de sua voz e a suavidade de seu discurso faziam os cidadãos mais antigos recordar Pisístrato, e essa semelhança teria despertado contra ele uma desconfiança popular que lhe foi difícil superar. Passou a juventude alternadamente nos acampamentos militares e nas escolas. Ele é o primeiro dos grandes estadistas de seu país que parece ter-se preparado para a ação pelo estudo. Anaxágoras, Pitóclides e Damão foram seus tutores, e ele cedo se destacou em todas as habilidades das letras de seu tempo. Aos poucos, acostumando o povo a sua presença na vida pública, tornou-se notável por uma eloquência elaborada e fervorosa, até então desconhecida. Com seu temperamento intelectual e meditativo, tudo era ciência. Seu ardor em ação era regido por longas cogitações prévias, e suas palavras, por uma deliberada preparação. Até sua época, a oratória, em seu sentido próprio de estudo e arte, não era cultivada em Atenas. Afirma-se que Pisístrato era naturalmente eloquente, e que a mente vigorosa de Temístocles transmitia, ao mesmo tempo, persuasão e força a seus conselhos. Péricles, porém, ciente de todas as vantagens que se podem conquistar pelas palavras, embelezava-as com todos os artifícios que sua imaginação podia sugerir. Seus discursos costumavam ser composições escritas, e o novo fascínio de sua dicção, bem como aquela lógica consecutiva que só a preparação pode conferir à linguagem, tornaram-se irresistíveis para um povo que se tornara um Péricles. A civilização e poesia universais tornaram o público suscetível e exigente, capaz de apreciar os discursos pomposos, ornamentadas e filosóficos de Péricles, e, sendo o primeiro a refletir os avanços intelectuais que haviam feito, o primeiro a representar a graça e o esclarecimento, como Temístocles fora o primeiro a representar a ousadia e a iniciativa de seu tempo, o filho de Xantipo já começava a eclipsar aquele mesmo Címon cujas qualidades lhe prepararam o caminho.

XI. Não devemos supor que, nas disputas entre os partidos aristocrático e popular, a aristocracia estivesse sempre do mesmo lado. Tal divisão nunca será vista em constituições livres. Há sempre um número suficiente de nobres que a convicção, a ambição ou as predileções de linhagem colocarão na liderança do movimento popular, e são membros da própria ordem privilegiada que a enfraquecem. Nesse aspecto, portanto, Atenas assemelhava-se à Inglaterra e, como hoje, neste último estado, também na Atenas da época, era geralmente o aristocrata mais orgulhoso, mais abastado, de berço mais nobre que dava dignidade e garantia êxito ao progresso das opiniões democráticas. Ali também a impetuosidade dos partidos costumava fazer da política uma relíquia de família. Casamentos entre famílias distintas mantinham unidos homens de facções semelhantes, e a memória daqueles que foram os mártires ou heróis de uma causa mesclava-se com o credo de seus descendentes. Desse modo, que alguém da raça daquele Clístenes que expulsara os pisistrátidas e popularizara a constituição se filiasse ao lado mais liberal era tão natural quanto um Russell implementar, em dada época, os princípios pelos quais seu ancestral perecera em outra. Assim também nossos antepassados se tornaram nossos patronos. A mãe de Péricles era descendente de Clístenes e, conquanto o próprio Xantipo fosse do mesmo partido de Aristides, podemos duvidar, de seu processo contra Milcíades, bem como de sua ligação com os alcmeônidas, que ele tivesse cooperado cordialmente, em algum momento, com as ideias e a ambição de Címon. Seja como for, seu filho brilhante atirou-se logo nos braços da facção mais popular, fazendo oposição, com toda a sua energia, às predileções aristocráticas de Címon. Contudo, não podendo ainda assumir a liderança a que aspirava (pois, agora, ascender era uma questão de tempo e intelecto), ele se colocou junto de Efialtes, personagem da qual a história nos dá pouquíssimos detalhes, conquanto tenha exercido influência considerável, aumentada por sua declarada desconfiança dos espartanos e sua própria integridade inquestionável.

XII. É de notar que os homens que se tornam líderes do povo menos pelo estímulo da paixão que pelo estudo prévio e pelo talento consciente, homens que o pensamento e as letras preparam para a iniciativa, raramente anseiam por promover-se cedo demais. Fazendo da política uma ciência, eles estão meticulosamente conscientes até mesmo às qualidades e à experiência exigidas para grandes êxitos. Sua própria autoestima os torna aparentemente modestos. Confiam no tempo e na ocasião e, impulsionados mais pelas circunstâncias que por seus esforços, é preciso bastante tempo para que se desenvolvam por completo suas ambições e seus recursos. Apesar de todas as suas vantagens, a ascensão de Péricles foi gradual.

Por ocasião do regresso de Címon, o partido popular julgou-se suficientemente forte para manifestar sua oposição. A expedição a Tasos não tivera resultados tão gloriosos ao ponto de satisfazer um povo mimado por uma série de triunfos. Címon era considerado culpado de não se haver aproveitado do acesso à Macedônia e agregado aquele país ao império ateniense. Sobre ele, recaíram suspeitas e até mesmo acusações de receber suborno de Alexandre, o rei da Macedônia. Afirma-se que, de início, Péricles[470] teve um papel ativo nessas denúncias, mas, com o desenrolar da causa, quer movido pelos apelos da irmã de Címon, quer por perceber a injustiça da acusação, passou a agir em favor do acusado. O próprio Címon tratou as acusações com sereno desdém, e o resultado foi digno de Atenas e dele mesmo. Címon foi absolvido com honra.

XIII. Mal terminado esse processo, chegou um embaixador espartano a Atenas implorando sua ajuda contra os hilotas. O pedido gerou uma discussão acalorada.

Efialtes mostrou-se claramente contrário à proposta de ajudar uma cidade, por vezes abertamente, sempre vigorosamente inimiga de Atenas. Argumentou ele: "Muito melhor permitir que seu orgulho seja humilhado, e sua capacidade de prejudicar seja enfraquecida". Em contrapartida, sempre apoiando o partido lacedemônio e recebendo seu apoio, em Atenas ou no exterior, Címon sustentava a necessidade de marchar em socorro de Esparta. "Não tolereis que a Grécia seja mutilada, nem priveis Atenas de sua companheira!", disse ele, de modo quase enlevado – e afirma-se que suas palavras muito impressionaram aquela assembleia susceptível.

A recomendação mais generosa e magnânima prevaleceu em meio a um povo generoso e magnânimo. Címon foi enviado à frente de uma força adequada para socorrer Esparta. Pode-se observar, como sinal da moralidade política da época, que os erros dos hilotas parecem ter sido

[470] Plutarco em *Vit. Cimon*.

esquecidos. Mas essa é a maldição da escravidão: ela desqualifica suas vítimas para a liberdade, exceto por meio de preparações e etapas. E a civilização, a humanidade e a ordem social costumam alistar-se no lado errado, em favor dos opressores, por causa da indisciplina e da barbárie características das vitórias dos oprimidos. Um conflito entre os negros e os fazendeiros nos tempos modernos talvez não seja diferente do conflito entre hilotas e espartanos. E, muitas vezes, é fatalmente necessário eliminar os próprios homens que enlouquecemos, por nossas próprias crueldades, até a selvageria dos animais.

Parece que, durante a revolta dos hilotas e messênios, que durou dez anos, os atenienses marcharam duas vezes, [471] sob o comando de Címon, em auxílio dos espartanos. Na primeira (464 a.C.), eles provavelmente conduziram os insurgentes dispersos para a cidade de Itome. Na segunda (461 a.C.), eles sitiaram a cidade. Naquele intervalo, Tasos rendeu-se (463 a.C.), e seus habitantes foram obrigados a demolir seus muros, entregar suas embarcações, pagar o tributo em atraso, fazer esse pagamento pontualmente no futuro, e renunciar a toda e qualquer reivindicação sobre o continente e as minas.

XIV. Foi assim que os atenienses estabeleceram suas bases no continente trácio, e conseguiram a posse das minas de ouro, que eles confundiram com riquezas. Na segunda expedição dos atenienses, já não se podia ocultar a antiga desconfiança entre eles mesmos e os espartanos. Os primeiros foram requisitados principalmente por causa de sua habilidade em cercos, e sua ciência mesma talvez exasperasse o orgulho dos belicosos espartanos. Nesse meio-tempo, como a verdadeira arte da guerra ainda era tão pouco compreendida que até mesmo os atenienses se mostraram incapazes de tomar a cidade de assalto, sendo obrigados a submeter-se às tediosas operações de bloqueio, houve muito tempo livre para aquelas rixas que os hábitos incompatíveis e a longa rivalidade entre as nações necessariamente produziram. Orgulhosos de seu nome dórico, os espartanos viam a raça jônica de Atenas como estrangeiros. Rígidos em sua disciplina oligárquica, eles consideravam inovadores os demos atenienses e, na bravura mesma de seus aliados, eles detectavam uma energia ousada e inquieta que, conquanto útil agora, poderia

[471] Plutarco em *Vit. Cimon*.

facilmente se tornar perigosa no futuro. Eles chegaram a desconfiar que os atenienses estivessem influenciando os hilotas, levados, talvez, a essa desconfiança pelo contraste, que provavelmente interpretariam mal, entre seu próprio rigor e a brandura ateniense para com a parte servil de suas diversas populações, bem como pela existência de um partido poderoso em Atenas que se opusera à ajuda que Címon oferecia. Com sua habitual política de estabilidade e cautela, o governo espartano tentou esconder seus verdadeiros temores e, alegando apenas que não precisava mais de seu auxílio, dispensou os atenienses. Todavia, esse povo, irascível por natureza, percebendo que, apesar daquele falso pretexto, os demais aliados, dentre os quais os odiosos eginetas, foram conservados ali, recebeu sua dispensa como um insulto. Julgando, com razão, que mereciam maior confiança por parte dos espartanos, eles cederam ao seu antigo ressentimento e, desconsiderando a liga que ainda existia entre eles e Esparta contra os medos – cuja forma sobrevivera ao espírito – celebraram uma aliança com os argivos, inimigos hereditários de Esparta, e, nessa aliança, foram incluídos os Aleuadas da Tessália.

XV. A obtenção desses decretos pelo partido popular foi o prelúdio da queda de Címon. Os talentos daquele grande homem eram muito mais eminentes na guerra que na paz e, apesar de sua real ou afetada liberalidade de conduta, ele carecia das aptidões adequadas à época ou da arte para ocultar suas deficiências. Elevado ao prestígio pelo apoio espartano, ele sempre esposara a causa espartana de forma demasiado audaciosa e imprudente. De início, quando os atenienses conquistaram sua ascendência naval, e foi necessário apaziguar Esparta, o favoritismo com que Címon era visto por aquele estado foi sua recomendação; mas, porém, que já não devia ser apaziguada, mas temida e combatida, aquele favoritismo tornou-se sua ruína. Por muito tempo, fora seu costume elogiar os espartanos em detrimento dos atenienses, e apresentar suas maneiras como um exemplo a ser admirado por seus compatriotas. "Os espartanos não teriam feito isso" era sua reprimenda favorita. Contra ele, lembraram-se até de que havia dado ao filho o nome de Lacedemônio. Nos últimos tempos, essas predileções vinham aborrecendo o povo, e agora que a tropa ateniense fora dispensada de forma afrontosa, era impossível esquecer que Címon havia conseguido que se decretasse o auxílio a Esparta, e que a mortificação resultante foi consequência de seus conselhos.

O espírito popular enfureceu-se contra os espartanos e, no comando da facção espartana em Atenas, estava Címon.

XVI. No entanto, nessa época, outros acontecimentos ainda mais intrinsecamente associados à política ateniense conspiraram para enfraquecer a autoridade desse hábil general. Aquelas reformas constitucionais que, na realidade, são revoluções com um nome mais brando estavam agora varrendo os últimos destroços do que ainda restava do antigo sistema aristocrático na república ateniense.

Vimos que o partido democrático crescera em poder graças ao decreto de Aristides, que abria todos os cargos a todas as classes. Até então, isso surtia mais efeitos morais que reais. As opiniões liberais de parte da aristocracia, bem como a legítima influência que, em todos os países, é exercida pela propriedade e pelo berço nobre (maior, aliás, nos países mais livres), asseguravam, via de regra, as principais posições estatais para o *status* social e a riqueza. Contudo, o efeito moral do decreto foi elevar as classes inferiores mediante um discernimento de seu próprio poder e dignidade, e cada vitória alcançada sobre um inimigo estrangeiro dava nova autoridade ao povo cuja voz elegia o líder, cujos braços direitos venciam a batalha.

A constituição anterior a Sólon era uma oligarquia de linhagem. Sólon a transformou-a em uma aristocracia de propriedade. Clístenes ampliou sua base da propriedade para a população. Como já vimos, provavelmente foi também Clístenes quem enfraqueceu as influências mais ilícitas e opressivas da riqueza, estabelecendo eleições ou o sufrágio secreto em lugar da votação aberta, que era comum na época de Sólon. É da estrutura inescapável da sociedade que, quando uma classe ascende ao poder, os antigos freios a esse poder precisam ser remodelados. O Areópago foi criado por Sólon como o contrapeso aristocrático à assembleia popular. Não obstante, em todos os estados em que o povo e a aristocracia têm representatividade, o grande golpe no senado aristocrático é dado menos pela alteração de sua própria estrutura do que pela introdução de novos elementos de democracia na assembleia popular. As velhas fronteiras desaparecem, não pelo nivelamento da margem, mas pelo aumento da torrente. Os freios à democracia devem ser ocultados até o ponto em que sejam colocados na representação da própria democracia, pois freios externos a seu progresso são como fortalezas que devem ser tomadas, e aquilo que, quando latente, era a influência de um amigo, quando aparente, torna-se a resistência de um inimigo.

O Areópago, baluarte constitucional do partido aristocrático de Atenas, tornava-se cada vez mais odioso ao povo. E agora, ao resistir a toda e qualquer inovação naquela assembleia, Címon apenas assegurava sua própria destruição, ao mesmo tempo em que agilizava a política que denunciava. Efialtes dirigiu toda a força da opinião popular contra aquele venerável senado e, por fim, embora não abertamente assistido por Péricles[472] (que não tomou parte proeminente na controvérsia), esse influente estadista conseguiu reduzir suas funções e limitar sua autoridade.

XVII. Não pretendo mergulhar o leitor na volumosa e improdutiva controvérsia acerca da natureza exata das inovações de Efialtes, tema que tem agitado os estudantes da Alemanha. Parece-me mais provável que o Areópago tenha conservado o direito de julgar casos de homicídio,[473] e pouco além de sua antiga autoridade constitucional; que tenha perdido inteiramente seu poder mais perigoso: o policiamento ilimitado que exercia, no passado, sobre os hábitos e a moralidade do povo; que todo o controle sobre as finanças tenha sido prudentemente transferido para o senado popular;[474] que sua irresponsabilidade tenha sido abolida e que,

[472] Os historiadores que creem nas sentenças descuidadas de Plutarco, que Péricles fez de Efialtes "um instrumento" nos ataques ao Areópago, parecem estranhamente confundir tanto o caráter de Péricles, que era ditatorial, não astuto, como a posição de Efialtes, que, naquela época, era o líder de seu partido, e muito mais influente que o próprio Péricles. Platão (*apud* Plutarco em *Vit. Pericles*) tem razão ao considerar Efialtes o verdadeiro autor do golpe contra o Areópago e, conquanto Péricles o tenha ajudado (Aristóteles., livro II, cap. 9), foi contra Efialtes enquanto chefe, não " instrumento", que se dirigiu a ira da aristocracia.

[473] Veja *Demostenes adversus Aristocrates*, p. 642, ed. Reisk. Herman *apud* Heidelberg Jahrbuch, 1830, n. 44. Forckhammer *de Areopago*, etc. contra Boeckh. Não posso concordar com aqueles que atribuem tanta importância a Ésquilo, na tragédia das "Fúrias", como autoridade favorável à opinião de que as inovações de Efialtes privaram o Areópago da jurisdição em casos de homicídio. É verdade que a peça gira em torno da origem do tribunal; é verdade que celebra seu direito imemorial de julgamento de homicídios, e que Minerva declara que esse tribunal permanecerá para sempre. Mas, estaria essa profecia em risco no momento em que aquela corte estava prestes a ser abolida? Na mesma fala de Minerva, faz-se uma alusão muito mais direta ao policiamento do tribunal quanto ao temor e à reverência que lhe são devidos, e seguem-se veementes exortações, no sentido de que não se venere a anarquia ou a tirania, nem de que seja banido "todo o medo da cidade", as quais se aplicam muito mais forçosamente ao conselho que à corte do Areópago.

[474] Que o Areópago tinha, antes do decreto de Efialtes, poder sobre as fi-

a partir de então, tenha sido obrigado a prestar contas ao povo. Tais alterações não foram feitas sem despertar a mais profunda indignação da facção aristocrática.

Em toda reforma estatal, um intelecto grandioso e abrangente não considera tanto se cada reforma é justa, mas qual será a máxima ascendência dada a princípios particulares. Dentre todas as estruturas estatais, Címon preferia uma aristocracia limitada, e sua experiência prática julgava toda e qualquer medida em sua tendência geral a favor ou contra o sistema que ele honestamente defendia.

XVIII. O conflito entre os partidos e princípios rivais começara antes da expedição de Címon a Itome. A mortificação ligada a esse acontecimento, ao enfraquecer Címon, enfraqueceu a própria aristocracia. No entanto, sua queda não foi imediata[475], nem ocorreu como um acontecimento único e isolado, mas como uma das consequências necessárias da grande mudança política empreendida por Efialtes. Todas as circunstâncias, porém, conspiravam para colocar o filho de Milcíades em uma posição que justificava a suspeita e desconfiança dos atenienses. De todos os inimigos que Atenas poderia provocar, por poderosos que fossem, nenhum era tão perigoso quanto a Lacedemônia.

Ameaçadora, ardilosa e implacável, a austera rainha do Peloponeso não educava sua juventude em outras habilidades que as do estratagema e da matança. Sua inimizade contra Atenas já não era disfarçada. Atenas tinha tudo a temer, não menos de sua influência que de seus exércitos. Na verdade, não era tanto da espada desembainhada, mas dos conselhos secretos de Esparta que se devia esperar o perigo. Nunca é demais recordar que o governo espartano mantinha uma considerável e solícita inteligência em meio a uma grande parte da aristocracia ateniense. Esse governo sempre buscou adaptar e moldar todas as constituições populares ao seu próprio modelo oligárquico e quando não podia tomar abertamente, procurava minar às escondidas as liberdades de seus vizinhos. Assim, além de todo o temor de um inimigo no campo de batalha, a democracia ateniense era sempre instigada a suspeitar de um espião dentro da cidade. Em luta constante com um

nanças fica evidente a partir de uma passagem de Aristóteles (*apud* Plutarco em *Vit. Them.*), na qual se afirma que, na expedição a Salamina, o Areópago concedeu oito dracmas para cada homem.

[475] Plutarco atribui seu ostracismo ao ressentimento dos atenienses em seu retorno de Itome, mas isso está errado. Ele não foi condenado ao ostracismo até dois anos após seu retorno.

partido aristocrático, que visava recuperar o poder que havia perdido, existiam motivos justos para temer que tal partido se aproveitasse de qualquer ocasião para violar as instituições populares. Consequentemente, cada rixa com Esparta parecia, ao povo ateniense, e não sem motivo, sujeitar sua liberdade civil à intriga e à conspiração. E (como sempre acontece com a ingerência estrangeira, latente ou declarada) inflamava todas as desconfianças já existentes contra aqueles em favor de cujos interesses políticos a interferência era exercida. Tendo isso em mente, veremos que não há por que nos surpreendermos com a veemente oposição que Címon enfrentava agora. Por falta de detalhes históricos claros e precisos, somos forçados a investigar em profundidade as causas que levaram à sua acusação em juízo, bem como à de outros homens eminentes de Atenas. Plutarco, a quem, neste caso, somos obrigados a recorrer como fonte principal, é uma autoridade demasiado ambígua. Como a maioria dos biógrafos, seu cuidado é exaltar seu herói, ainda que em detrimento dos compatriotas desse herói e, conquanto seja um escritor agradável, não desprovido de algumas opiniões quase filosóficas no tocante à moral, sua mente era peculiarmente deficiente em apreensão e compreensão. Ele nunca consegue penetrar nas causas sutis dos efeitos; estuda o passado, por vezes como erudito, outras vezes como contador de histórias, outras ainda, até mesmo como poeta, mas nunca como estadista. Desse modo, com ele pouco descobrimos das verdadeiras razões do ostracismo, seja de Aristides, de Temístocles ou de Címon, pontos agora obscuros, mas que, à época, ai de mim!, poderiam ser talvez facilmente esclarecidos por um investigador profundo, para a absolvição de tais figuras e de seus juízes. Às deficiências naturais de Plutarco, devemos acrescentar suas predileções partidárias. Ele era contrário a opiniões democráticas, e essa objeção, pequena em si mesma, e que poderia ser feita em desfavor de muitos dos melhores historiadores e dos mais sóbrios pensadores, torna-se importante porque o faz incapaz de perceber que, em todas as estruturas políticas humanas, a perfeição é impossível, que devemos considerar o mal acompanhado do bem, e que aquilo que ele imputa a uma forma de governo pode ser igualmente atribuída a outra. Pois em que monarquia, em que oligarquia, grandes homens não foram mal compreendidos, e grandes méritos expostos à inveja?

Assim, na biografia de Címon, Plutarco diz que foi "por um frágil pretexto"[476] que aquele líder do partido espartano em Atenas foi submetido ao ostracismo. Vimos o suficiente para nos convencer de que, qualquer que tenha sido o pretexto, as razões, ao menos, eram graves e sólidas; que eram nada menos que a invariável devoção de Címon aos princípios e ao governo daquele estado tão hostil a Atenas, e sua constante ligação com eles, e cuja política suspeita era (em todos os tempos, mas sobretudo naquela época) repleta de perigo para seu poder, sua paz e suas instituições. Se pudéssemos mergulhar ainda mais fundo na política do período, talvez conseguíssemos justificar ainda mais os atenienses. Sem questionar a integridade e o patriotismo de Címon nem supor que ele tivesse participado de qualquer intriga contra a independência ateniense de potências estrangeiras – suposição que sua conduta subsequente refuta por completo – ele, enquanto partidário sincero e caloroso dos nobres e obstinado opositor do partido popular, talvez estivesse tentando restaurar em Atenas o equilíbrio aristocrático de poder, por todos os meios que sua elevada posição, sua grande influência e suas relações com o partido lacedemônio lhe pudessem proporcionar. Ao menos, o que nos chega é que, além de fazer oposição a todos os avanços do partido mais liberal, além de defender resolutamente os interesses e dignidades do Areópago, que já não se harmonizava com as instituições mais modernas, ele tentou, de forma ostensiva, restaurar certas prerrogativas que aquela assembleia havia perdido formalmente durante suas expedições ao exterior, e se esforçou para trazer de volta toda a estrutura do governo mais aristocrático estabelecido por Clístenes. Uma coisa é preservar, outra é restaurar. Um povo pode ser iludido, sob pretextos populares, e levado a desistir de direitos recém-adquiridos, mas nunca se submete a ser flagrantemente despojado deles. Também não podemos chamar de ingratidão aquilo que não é senão a recusa de entregar as conquistas de uma nação aos méritos de um indivíduo.

Assim, levando-se em conta todos esses pontos, se, em algum momento, o ostracismo foi justificável, creio que o foi no caso de Címon – mais que isso, foi talvez absolutamente fundamental para a preservação da estrutura política. A própria honestidade de Címon fazia-o resoluto em seus atentados contra aquela estrutura. Seus talentos, sua

[476] *Mikaeas epilabomenoi prophaseos*. Plutarco em *Vit. Cimon*. 17.

posição, sua fama, seus serviços só tornavam essas tentativas mais perigosas.

XIX. Se o leitor pudesse ser levado a ver o ostracismo de Aristides e o de Temístocles com um exame igualmente imparcial, talvez enxergasse causas as mesmas causas que os justificassem, tanto nos motivos quanto nos resultados. O primeiro foi absolutamente necessário para a derrota do partido aristocrático e a eliminação dos entraves às energias que logo encontravam os mais gloriosos meios de ação. O segundo justificou-se por uma necessidade semelhante, que produziu efeitos semelhantes. Para olhos imparciais, um povo pode ser defendido sem que sejam difamados aqueles a quem esse povo é levado a se opor. Em tais julgamentos majestosos e complexos, tanto o acusador e como o réu podem ser inocentes.

Capítulo IV

A guerra entre Mégara e Corinto. Mégara e Pegas tornam-se postos militares dos atenienses. Análise da situação na corte persa. A acessão de Artaxerxes. A Revolta do Egito no governo de Inaro. Expedição ateniense em auxílio de Inaro. Egina é sitiada. Os coríntios são derrotados. A conspiração espartana com a oligarquia ateniense. A Batalha de Tanagra. A campanha e as vitórias de Mirônides. A trama da oligarquia contra a república. A convocação de Címon. As Longas Muralhas são concluídas. Egina é subjugada. A expedição conduzida por Tolmides. A rendição de Itome. Os insurgentes são instalados eu Naupacto. O fim desastroso da expedição egípcia. Os atenienses marcham para a Tessália a fim de restabelecer Orestes como *Tagus*. A campanha liderada por Péricles. A trégua de cinco anos com os peloponésios. Címon navega rumo a Chipre. Tratado de paz fictício com a Pérsia. A morte de Címon.

I. Címon, chamado ao ostracismo, foi condenado à pena de exílio de dez anos. Com sua destituição, a situação de Péricles tornou-se logo mais evidente e notável, e ele se envolveu com maior confiança e ousadia nos negócios públicos. O vigor da nova administração logo se fez manifesto. Até então, Mégara fora fiel à aliança lacedemônia, mas uma disputa quanto ao estabelecimento de fronteiras eclodiu entre esse estado e Corinto. Embora o governo de Corinto, liberal e esclarecido, muitas vezes se opusesse à oligarquia espartana, ainda era crucial aos interesses desses dois estados peloponésios conservar uma aliança geral sólida e manter a confederação do Peloponeso como um contrapeso à ambição incansável do novo líder da Liga Jônica. Desse modo, Esparta não poderia ter demorado a preferir a aliança de Corinto à de Mégara. Por outro lado, Mégara, agora dotada de uma constituição democrática, havia muito abandonara a natureza e os hábitos dóricos. A situação de seus territórios e o caráter de suas instituições apontavam para Atenas como seu legítimo aliado. Assim, quando eclodiu a guerra entre Mégara e Corinto, ao lado deste último surgiu Esparta, enquanto Mégara buscou naturalmente o auxílio de Atenas. O governo ateniense aproveitou-se logo da ocasião para aumentar o poder que Atenas agora estendia depressa sobre a Grécia. Se corrermos os olhos sobre o mapa da Grécia, perceberemos que a ocupação de Mégara oferecia vantagens peculiares. Ela se tornou logo uma poderosa e formidável fortaleza contra quaisquer incursões do Peloponeso, enquanto seus portos de *Nisaea* e *Pegae* abriam novos campos de ambição e de comércio nos Golfos Sarônico e de Corinto. Os atenienses aceitaram de bom grado a aliança que lhes era proposta, e os megarenses tiveram a fraqueza de ceder tanto Mégara como *Pegae* às guarnições de Atenas, enquanto os atenienses fortificavam sua posição com longas muralhas que uniam Mégara a seu porto em *Nisaea*.

II. Um empreendimento novo e maior contribuiu para a estabilidade do governo, consumindo seus espíritos mais ousados e desviando a atenção popular dos assuntos internos para os externos.

É necessário revisar sucintamente as vicissitudes da corte persa. Na Grécia republicana, a história do povo caminha lado a lado com a biografia de grandes homens. Na despótica Pérsia, toda a história morre nos recessos sombrios e nas matanças sanguinárias de um palácio governado por eunucos e defendido apenas por escravos.

No ano de 465 a.C., o reinado do infortunado Xerxes chegou ao fim. Ao regressar a Susa, após os resultados desastrosos da invasão persa, ele se entregou ao luxo indolente de um palácio. Um traidor hábil e ousado chamado Artabano,[477] mas que parece ter sido uma personagem diferente daquele Artabano cuja sagacidade tentara em vão resgatar os exércitos de Xerxes da expedição à Grécia, tomou parte em uma conspiração contra o lânguido monarca. Com a conivência de um eunuco, ele adentrou, à noite, nos aposentos do rei, e o funesto destino de Xerxes foi consu-

[477] Nem Aristóteles (*Política*., Livro V, cap. 10), nem Justino, nem Ctesias, nem os modernos falam do assassino como parente de Xerxes. Em Plutarco (*Vit. Them.*), ele é Artabano, o Quiliarca.

mado por assassinato. Artabano tentou colocar a culpa em Dario, o filho mais velho do rei assassinado, e Artaxerxes, o irmão mais novo, parece ter sido conivente com uma acusação que poderia torná-lo o legítimo herdeiro do trono. Em consequência, Dario pereceu pela mesma sina do pai. A pouca idade de Artaxerxes induzira Artabano a crer que, agora, apenas uma vida delicada e frágil se interpunha entre ele e o trono, mas o jovem príncipe já era mestre na régia arte da dissimulação: ele aguardou a oportunidade e, por ocasião de uma contrarrevolução, Artabano foi sacrificado aos manes de suas vítimas.[478]

Assim Artaxerxes alcançou a posse imperturbada do trono persa (464 a.C.). O novo monarca parece ter sido dotado pela natureza de um intelecto superior ao do pai. Todavia, os abusos, que crescem tão rápido nos despotismos orientais e que agora devoravam a força da monarquia persa, já estivessem, talvez, para além da possibilidade de reforma. A enorme extensão do império mal administrado tentava a ambição de líderes que poderiam ter a esperança plausível de que, tendo os senhores persas degenerado na efeminação dos assírios que haviam suplantado, a iniciativa de que um segundo Ciro poderia ser coroada com sucesso semelhante.

O Egito havia sido mais arrasado que subjugado por Xerxes, e o espírito de seu antigo povo estava tão somente à espera da oportunidade de rebelar-se. Um príncipe líbio, de nome Inaro, cujos territórios faziam fronteira com o Egito, entrou naquele país (460 a.C.) e foi saudado pela maior parte da população como um libertador. O assassinato recente de Xerxes, a fraqueza de um novo reinado, iniciado de maneira tão sanguinária, parecia favorecer o desejo de independência do povo, e o aventureiro africano viu-se no comando de um exército considerável. Tendo já assegurado subordinados estrangeiros, Inaro tinha ainda maior desejo de fortalecer-se no exterior, e mais de um embaixador foi enviado a Atenas para solicitar seu auxílio e oferecer, em troca, uma parte no governo para cujo estabelecimento suas tropas fossem solicitadas: uma fatalidade singular, que a pequenina colônia que, se acreditarmos na tradição, fora estabelecida tantos séculos antes nas então obscuras regiões da Ática fosse agora escolhida como principal auxi-

[478] Ctesias, 30; Diodoro, 11; Justino, livro III., cap. 1. De acordo com Aristóteles, Artabano, como capitão da guarda do rei, recebeu ordens de fugir com Dario, mas negligenciou-as e assassinou Xerxes, temendo por sua própria segurança.

liar do estado-mãe em suas lutas vitais pela independência nacional.

III. Ao concordar com as propostas de Inaro, Péricles cedeu a considerações totalmente contrárias a sua política posterior, cujo principal objetivo era conter as energias de Atenas dentro dos limites da Grécia. É provável que esse estadista arguto e metódico (se, de fato, já tivesse alcançado uma posição que lhe permitisse seguir suas próprias concepções) entendesse que todo novo governo devia causar admiração mediante grandes empreitadas no exterior ou grandes mudanças internas, e preferia a primeira opção. São poucos os sacrifícios que um cauteloso ministro recém-estabelecido, com relação ao qual se alimentam grandes esperanças e que pode justificar a destruição de um partido rival tão somente pelo esplendor de seu sucessor, não arriscará em lugar de incorrer no desprezo que se segue à decepção. Ele fará algo perigoso em vez de não fazer algo brilhante.

Nem o ódio pela Pérsia nem o medo dela haviam acabado em Atenas, de modo que levar a guerra ao coração de seu império foi uma proposta aclamada com entusiasmo. A porção mais democrática e turbulenta da população, a saber, os marinheiros, já havia sido organizada em uma expedição de duzentas trirremes contra Chipre. Contudo, a distante e magnífica empreitada no Egito, a esperança de um novo império e a sede de tesouros não descobertos mostraram-se mais atraentes que a conquista de Chipre. A ilha foi abandonada, e a frota, composta por navios atenienses e confederados, navegou Nilo acima. Senhores daquele rio, os atenienses avançaram para Mênfis, capital do Baixo Egito. Eles atacaram e tomaram duas das divisões daquela cidade; a terceira, chamada Castelo Branco (ocupada pelos medos, pelos persas e outros egípcios que não haviam aderido à revolta), resistiu ao ataque.

IV. Enquanto assim ocupados no Egito, os exércitos atenienses também estavam ativos na Grécia. Todas as forças da república eram necessárias, pois havia guerra por todos os lados. A aliança com Mégara não só transformou Corinto em um inimigo, mas fez com que a confederação peloponésia se imiscuísse na Ática: a própria Lacedemônia, ainda inerte, mas ameaçadora, enquanto a vizinha Egina, atenta e desconfiada, preparava-se para a breve eclosão de hostilidades.

Os atenienses anteciparam o ataque: fizeram uma súbita investida contra *Haliae*, na Argólida, onde enfrentaram com os coríntios e os epidáuricos, e o resultado da batalha foi a vitória destes últimos. Dessa derrota os atenienses se recuperaram rapidamente no mar. Ao largo de *Cecryphalea*, no golfo Sarônico, eles atacaram e derrotaram por completo a frota peloponésia. A essa altura, Egina declarou guerra abertamente e uniu-se à liga inimiga. Essas duas potências marítimas travaram uma batalha importante, tendo os confederados de ambos os lados. Os atenienses saíram vitoriosos, levaram setenta navios e, aproveitando a vantagem que haviam conseguido, desembarcaram em Egina e sitiaram sua cidade. Trezentos peloponésios com armamento pesado foram enviados em socorro de Egina. Nesse ínterim. os coríntios invadiram o território megarense, tomaram as passagens de Gerânia e seguiram para Mégara com seus aliados. Nunca houve ocasião tão propícia. Com um exército tão grande no Egito, um exército tão grande em Egina, como era possível que os atenienses marchassem em auxílio de Mégara? Pareciam adstritos à escolha de abandonar Mégara ou levantar o cerco de Egina. No entanto, a vantagem de estruturas políticas amplamente populares é que todos os integrantes da comunidade se tornam soldados em tempos de necessidade. Mirônides, um ateniense de grande talento militar, não sem a ajuda de Péricles, cujas esplêndidas qualidades se desenvolviam a cada dia, tinha plenas condições de direcionar o entusiasmo do povo. Não se chamou de volta nenhum homem que estava em Egina. Com todas as tropas regulares em outras missões, restavam ainda em Atenas aqueles que tinham idade demais ou muito pouca idade para o serviço militar comum. Sob o comando de Mirônides, garotos e anciãos marcharam de pronto em socorro de seu aliado megarense. Seguiu-se uma batalha, mas como ambos os lados recuassem, nenhum deles se deu por derrotado. Recuando os coríntios para Corinto, os atenienses erigiram um troféu no campo de batalha. O governo coríntio recebeu suas tropas com censuras e, após um intervalo de doze dias, elas voltaram ao cenário da disputa e, reivindicando a vitória, erigiram seu próprio troféu. Durante a execução da obra, os atenienses zarparam de Mégara, onde se haviam escondido, atacaram os coríntios e obrigaram-nos a fugir. Nessa fuga, uma porção considerável das tropas inimiga entrou em terrenos de propriedade particular, e aí viu-se presa em um grande fosso ou vala, do qual havia apenas uma saída, qual seja: aquela pela qual haviam entrado. Nessa passagem, os atenienses posicionaram suas tropas de armas pesadas, enquanto os soldados de armas leves cercaram a vala e, atirando dardos e pedras, mataram os inimigos. O restante (sendo a maior parte) das forças coríntias conseguiu empreender uma retirada segura, mas desonrosa.

V. Com essa vitória e assegurada a conquista de Mégara, conquanto Egina ainda resistisse ao cerco, e o destino da expedição egípcia fosse desconhecido, a maravilhosa atividade do governo iniciou o que, mesmo em tempos de paz, teria sido um feito árduo e grandioso. A fim de unir sua cidade a seus portos marítimos, eles começaram a trabalhar na construção das longas muralhas, que se estendiam de Atenas até Falero e Pireu. No goerno de Címon, já se haviam feito preparativos para a empreitada, e os espólios da Pérsia agora forneciam os meios para a defesa de Atenas.

Enquanto isso, os espartanos davam continuidade ao cerco de Itome. Não devemos imaginar que todos os hilotas tivessem aderido à revolta. Isso, de fato, seria quase supor a total desorganização do estado espartano. Nem os mais luxuosos súditos de um despotismo jamais foram tão incapazes de obter para si o necessário para a vida que os resistentes e abstêmios homens livres da Esparta dórica. Era uma desonra para um espartano cultivar a terra ou exercer um comércio. Ele tinha todos os preconceitos contra qualquer vocação, exceto a das armas, que caracterizava o nobre da Idade Média.

Como sempre acontece nas rebeliões de escravos, o levante não foi universal. Um número suficiente desses miseráveis dependentes permaneceu passivo e inerte, disponível para satisfazer as necessidades comuns de seus senhores e ajudar na reconstrução da cidade. Ainda assim, os espartanos ficaram muito enfraquecidos, tolhidos e envergonhados diante da perda dos demais, de modo que o cerco de Itome bastou para absorver sua atenção e fazê-los contemplar sem hostilidades abertas, embora com inimizade secreta, as operações dos atenienses. Conquanto formalmente dissolvida a aliança espartana: Mégara, com seu comando do Peloponeso, tomada; a cidade dórica de Corinto humilhada e derrotada; Egina sob cerco; todas essas ações atenienses, os espartanos as suportaram sem qualquer declaração formal de guerra.

VI. E agora, no oitavo ano da Guerra Messênia, a piedade se impôs naquilo em que o orgulho e a vingança haviam falhado, e os espartanos permitiram que outros objetivos dividissem sua atenção com o cerco de Itome. A veneração dos tempos antigos era uma das características mais sublimes desse povo singular. Pelo pequeno território rochoso e obscuro da Dórida, onde, segundo a tradição, tiveram sua origem, eles sentiam o afeto e a reverência de filhos. Como surgisse um conflito entre o povo desse estado e os vizinhos fócios os últimos invadiram a Dórida e tomaram uma de suas três cidades.[479] Os lacedemônios marcharam imediatamente em socorro de sua suposta pátria natal, com um exército de não menos de mil e quinhentos espartanos portando armas pesadas, e dez mil de seus aliados peloponésios,[480] sob o comando de Nicomedes, filho de Cleômbroto e guardião do rei espartano Plistóanex, ainda menor de idade. Eles forçaram os fócios a abandonar a cidade que haviam tomado e, garantindo a segurança da Dórida mediante um tratado de paz entre as duas nações, preparavam-se para regressar para Esparta. Algo, porém, deixou-os muito perplexos: a passagem de Gerânia estava então ocupada pelos atenienses; também Mégara, e *Pegae* estavam em suas mãos. Se passassem por mar, pelo Golfo de Crissa, encontrariam um esquadrão ateniense ocupando aquela passagem. Eles estavam interceptados pelas duas vias.[481] Diante daquelas circunstâncias, eles decidiram permanecer por um tempo na Beócia e aguardar uma oportunidade para empreender seu retorno. Todavia, ao lado desses motivos ostensivos para aquela estadia determinada por Tucídides, havia outro motivo mais profundo e latente. Tivemos várias oportunidades de observar que era uma política singularmente espartana conspirar contra a estrutura política de estados livres, e que a desconfiança ateniense com relação à secreta interferência da Veneza grega tinha sólidos fundamentos.

Estacionado agora na Beócia, Nicomedes estabeleceu

[479] Tucídides, livro I, 107. As três cidades da Dórida eram, de acordo com Tucídides, *Baeum*, *Cytenium* e *Erineus*. O escoliasta de Píndaro menciona seis cidades.

[480] Tucídides, livro I.

[481] Tucídides, ao mencionar essas operações dos atenienses e os consequentes temores dos espartanos, comprova quanto tempo haviam durado as hostilidades, conquanto a guerra não fosse declarada abertamente.

uma comunicação clandestina com certos membros do partido oligárquico em Atenas, e o objetivo dessa comunicação era a derrubada da constituição popular existente. A esse objetivo estava, sem dúvida, ligada a convocação de Címon de volta a Atenas, embora não haja razões para crer que aquele grande general tenha participado da traição. Tal conspiração foi um dos principais motivos para a estadia na Beócia. Outro foi provavelmente a concepção de um grande plano político, apenas vislumbrado pelos historiadores, mas que, se bem-sucedido, teria sido classificado entre as obras-primas da habilidade política espartana. O plano era fazer surgir um novo rival para Atenas na figura da Tebas beócia, enquanto Atenas era enfraquecida por divisões internas, e seu espírito nacional era refreado mediante a criação de uma oligarquia, instrumento de Esparta. É verdade que, de acordo com Diodoro, esse projeto não ficou patente antes da batalha de Tanagra. No entanto, tal esquema exigia preparação, e a estadia de Nicomedes na Beócia deu-lhe a oportunidade de prever sua possibilidade e preparar seus planos. Desde a invasão persa, Tebas havia perdido sua importância, não apenas em toda a Grécia, mas também por toda a Beócia, seu território dependente. Muitos dos estados se recusavam a considerá-la sua capital, e o governo tebano desejava reconquistar seu poder. As promessas de guerra contra Atenas fizeram com que a potência tebana auxiliasse Esparta: quanto mais Tebas fosse fortalecida, tanto mais Atenas estaria em perigo. E Esparta, relutante em abandonar o Peloponeso, ergueria, assim, uma barreira às armas atenienses nas próprias fronteiras da Ática.

VII. Enquanto tais eram os desígnios e esquemas de Nicomedes, a conspiração do partido aristocrático em Atenas não pôde ser mantida em segredo, de modo que começaram a circular boatos e suspeitas a seu respeito. O povo ficou alarmado e enfurecido, e decidiu antecipar a guerra. Julgando que Nicomedes estivesse impossibilitado de bater em retirada e enfrentasse dificuldades, confinado em sua posição, os atenienses marcharam contra ele com mil argivos, um bando de cavalaria tessália e algumas outras tropas aliadas, trazidas principalmente da Jônia. Tais tropas, unidas a toda a força da população armada dentro de suas muralhas, somava, ao todo, quatorze mil homens.

VIII. Plutarco registra que, durante a marcha, apareceu Címon, que pediu permissão para unir-se ao exército. O pedido foi negado pelo Conselho dos Quinhentos, ao qual foi dirigido, não por alguma suspeita injuriosa com relação a Címon, mas por um receio natural de que sua presença, em vez de inspirar confiança, gerasse confusão, e pudesse indicar que ele pretendia menos resistir aos espartanos que os introduzir em Atenas, prova da forte impressão negativa que se tinha dele, e da extensão das intrigas espartanas. Címon retirou-se, e implorou aos amigos que se defendessem das injustas acusações lançadas contra eles. Colocando as insígnias de Címon em suas fileiras – uma espécie de estandarte sagrado – cem dos mais fervorosos apoiadores de seu grupo avançaram para a batalha, conscientes do que havia sido confiado a seu encargo.

IX. No território de Tanagra, ocorreu um duro confronto. Nesse dia, o próprio Péricles lutou no ápice da batalha (457 a.C.), expondo-se a todos os perigos, como que preocupado que ninguém desse pela falta de Címon. A batalha foi demorada, obstinada e uniforme, até que, no meio dela, a cavalaria tessália desertou de súbito, unindo-se aos espartanos. Apesar dessa traição, os atenienses, bem amparados pelos argivos, mantiveram sua posição por muito tempo, com vantagem. No entanto, quando a noite separou os exércitos,[482] a vitória ficou com os espartanos e seus aliados.[483]

Os atenienses, porém, não ficaram muito desalentados com a derrota, nem os espartanos lucraram com sua vantagem. Com a única preocupação de evitar uma derrota, Nicomedes conduziu suas tropas de volta a Esparta. Passou por Mégara, destruindo as árvores frutíferas em sua marcha, e, alcançando à passagem de Gerânia, que os atenienses haviam abandonado para unir-se à batalha em Tanagra, chegou à Lacedemônia.

Enquanto isso, os tebanos aproveitaram a vitória para impor sua autoridade, de acordo com o projeto concebido com Esparta. Tebas agora tentava subjugar todas as cidades da Beócia. Algumas se renderam, outras resistiram.

X. Ciente da necessidade de medidas imediatas contra um vizinho valente, perseverante e ambicioso, o governo

[482] Diodoro Sículo, livro XI.
[483] Tucídides, livro I.

ateniense não perdeu tempo em recrutar suas forças fragmentadas. Sob o comando de Mirônides, convocou-se um exército, formado pelos aliados e estados dependentes, para que se reunisse em um dia determinado. Muitos não conseguiram chegar em tempo, e o general foi exortado a adiar sua marcha até sua chegada, ao que Mirônides respondeu, com severidade: "Não cabe a um general esperar a boa-vontade de seus soldados! Nesse atraso, vejo um presságio do desejo dos procrastinadores de evitar o inimigo. Melhor contar com uns poucos fiéis que com muitos desleais".

Com uma tropa relativamente pequena, Mirônides iniciou sua marcha, entrou na Beócia apenas sessenta e dois dias após a batalha de Tanagra e, enfrentando os beócios em Enófita, alcançou uma vitória esplêndida e absoluta (456 a.C.). Essa batalha, conquanto Diodoro não tenha conseguido encontrar detalhes da ação, era considerada por Atenas uma das mais gloriosas que já obtivera, sendo preferida pela vaidade dos gregos até mesmo às batalhas de Maratona e Plateias, visto que se tratava de gregos contra gregos, não contra bárbaros. Aqueles que tombaram no lado ateniense foram primeiro homenageados com um sepultamento público em Cerâmico, "como homens que lutaram contra os gregos pelas liberdades da Grécia", nas palavras de Platão. Depois dessa vitória, Mirônides derrubou as muralhas de Tanagra. Toda a Beócia, à exceção da própria Tebas, foi inserida na aliança ateniense, à medida que as democracias das diferentes cidades, substituindo os governos oligárquicos, desferiam o golpe moral na ascendência espartana. Assim, na realidade, as consequências da batalha quase mereceram os louvores concedidos à vitória. Tais consequências revolucionariam praticamente todos os estados da Beócia e, ao instalar uma democracia em cada estado, Atenas logo transformou inimigos em aliados.

Da Beócia, Mirônides marchou para a Fócida e, empreendendo a mesma política, erradicou as oligarquias e estabeleceu governos populares. Os lócrios de Opus entregaram cem de seus cidadãos mais abastados como reféns. De volta a Atenas, Mirônides foi recebido com clamor público,[484] e assim encerrou uma campanha curta, mas brilhante, que não apenas derrotara inimigos, mas estabelecera guarnições de amigos por toda parte.

[484] Diodoro Sículo, livro XI

XI. Conquanto o banimento de Címon parecesse concluir o triunfo do partido popular em Atenas, suas opiniões não foram banidas com ele. Atenas, como todo estado livre, era sempre agitada pela rivalidade dos partidos: ao mesmo tempo sua fraqueza e sua força. Em Atenas, porém, os partidos eram totalmente diferentes de muitos daqueles que arrendam a paz das repúblicas italianas; tampouco são compreendidos corretamente nas vagas declamações de Barthelemi ou Mitford. Eles não eram apenas partidos de nomes e homens, eram também partidos de princípios, os partidos de restrição e de avanço. E, desse modo, o triunfo de qualquer um deles era invariavelmente seguido do triunfo do princípio que esposava. Mais nobres que as disputas sangrentas de mera dissensão interna, não vemos em Atenas as longas e abrangentes proscrições, os atrozes massacres que acompanhavam os conflitos partidários da Roma antiga ou da Itália moderna. O ostracismo ou a punição pecuniária de alguns eminentes militantes deploráveis costumava satisfazer a ira dos políticos vitoriosos. E, na defesa de uma causa, o povo encontrava a principal válvula de escape para suas paixões. Não obstante, confio que não serei acusado de preconceito quando afirmo como fato que o partido popular de Atenas parece ter sido muito mais moderado e menos inescrupuloso, mesmo em seus excessos, que seus antagonistas. Nós nunca o vemos, como os pisistrátidas, aliado aos persas, tampouco a Iságoras, entregando Atenas aos espartanos. O que a facção oligárquica fez quando triunfou é o que vemos doravante, na instituição dos Trinta Tiranos. E, se comparado com seus delitos, o ostracismo de Aristides ou a multa e banimento de Címon perdem todos os seus traços de injustiça.

XII. Os insatisfeitos defensores de uma oligarquia, que haviam conspirado com Nicomedes, foram frustrados em seu objetivo, em parte pela conduta de Címon, ao rejeitar qualquer ligação com eles, em parte pela retirada do próprio Nicomedes. Apesar disso, seu espírito era demasiado impetuoso para permitir que abandonassem seus esquemas sem lutar, de modo que, depois da batalha de Tanagra, eles logo começaram a preparar uma conspiração aberta contra a república.

Os detalhes dessa traição estão perdidos para nós, mas ela é uma das passagens mais sombrias da história ateniense. De referências esparsas e solitárias, porém, podemos perceber que, por um tempo, ela ameaçou arruinar a democracia.[485]

A vitória dos espartanos em Tanagra não só fortaleceu seu partido em Atenas, como também inspirou temor em muitas pessoas. Era evidentemente desejável celebrar a paz com Esparta do que arriscar uma guerra. Quem melhor para obter esse tratado de paz que o banido Címon? Agora era o momento de fazer pressão para que fosse chamado de volta. Nessa época, ou pouco depois, Efialtes, seu mais ardoroso inimigo, foi assassinado barbaramente, vítima do ódio dos nobres, de acordo com Aristóteles.

XIII. Péricles sempre conduziu sua oposição a Címon com grande destreza e argúcia. De fato, os líderes aristocráticos de partidos rivais raramente são tão hostis uns com os outros como supõem seus seguidores subordinados. Nesta disputa pela convocação de seu rival, em meio a todas as intrigas e conspirações, à violência aberta e às maquinações secretas, que ameaçavam não apenas a continuidade do governo, mas a própria existência da república, Péricles enfrentou o perigo propondo, ele mesmo, a revogação da sentença de Címon.

Plutarco, com um sentimentalismo pueril que lhe é comum quando pretende ser singularmente persuasivo, irrompe em uma exclamação sobre a generosidade desse passo e a pureza e moderação daqueles tempos, quando os ressentimentos podiam ser deixados de lado com facilidade. Contudo, a mente penetrante e impassível de Péricles estava acima de toda a fraqueza de uma generosidade melodramática. E não se pode duvidar de que essa medida tenha sido um acordo entre o governo e os mais moderados e virtuosos membros do partido aristocrático. E talvez tenha sido o acordo mais vantajoso que Péricles conseguiu rea-

[485] Certos historiadores alemães, Mueller, dentre outros, tiraram conclusões tremendas com base em poucos dados ao supor que Címon estivesse envolvido nessa conspiração. Meirs (*Historia Juris de bonis Damnatis*, p. 4, nota 11) é singularmente malsucedido em associar a suposta multa de cinquenta talentos, incorrida por Címon, com as comoções civis desse período. Na verdade, é muito improvável que Címon tenha sido multado em algum momento. Tal suposição se apoia em terreno bastante equívoco: se adotada, é mais provável, talvez, que a multa tenha sido aplicada após seu retorno de Tasos, quando foi acusado de negligenciar a honra das armas atenienses e ser seduzido pelo ouro macedônico (a um encargo precisamente de natureza que implicaria multa). No entanto, toda a história dessa multa fantasiosa, baseada em uma sentença de Demóstenes, que, como muitos oradores, não era minuciosa nem acurada no tocante aos fatos históricos, sendo, possivelmente, nada mais que uma confusa repetição da velha história da multa de cinquenta talentos (a mesma quantia) imposta a Milcíades e, na realidade, paga por Címon.

lizar, pois, em regra, concessões com relação a indivíduos podem evitar concessões com relação a coisas. Pode ser que a reconvocação[486] do grande líder da facção antipopular tenha sido tida por equivalente à renúncia a muitos direitos populares. E, se tivéssemos uma compreensão mais profunda das intrigas daquela época e dos detalhes da conspiração oligárquica, suspeito que descobriríamos que, ao convocar Címon de volta, Péricles poupou a estrutura política.[487]

XIV. O primeiro benefício, e o mais popular, que foi previsto para reconvocação do filho de Milcíades em uma reconciliação entre Esparta e Atenas não se concretizou, de pronto, em nada além de um armistício de quatro meses.[488]

Por volta dessa época, as longas muralhas de Pireu foram concluídas (455 a.C.) e, logo depois, Egina rendeu-se às armas atenienses (455 a.C.), sob condições que sujeitavam os cidadãos daquela ilha valente e audaciosa (cujos feitos e comércio parecem não menos miraculosos que a grandeza de Atenas quando examinamos os limites de seu estreito território rochoso) ao rival que haviam enfrentado, por tanto tempo, sem medo nem em vão. Os eginetas entregaram suas embarcações, demoliram suas muralhas e consentiram no pagamento de um tributo anual. E assim foi cumprida a ordem proverbial de Péricles, de que Egina não deveria continuar sendo a fealdade de Atenas.

XV. Com a conquista de Egina, a frota ateniense de cinquenta galeras, tripulada por quatro mil homens[489] sob

[486] Se podemos atribuir algum crédito ao Discurso sobre a Paz atribuído a Andócides, Címon estava residindo em suas propriedades no Quersoneso à época de seu retorno. Como Atenas conservasse seu direito à soberania dessa colônia, e como se tratasse da posição mais importante em relação às recentes conquistas atenienses no governo do próprio Címon, a afirmação, se verdadeira, mostrará que o ostracismo de Címon não foi acompanhado de perseguição indevida. Se o governo tivesse sérias suspeitas de qualquer conivência culposa, da parte dele, com os conspiradores oligárquicos, dificilmente teria permitido que Címon permanecesse em uma colônia, cuja localização era bastante favorável a quaisquer desígnios de traição que ele pudesse acalentar.

[487] De acordo com Plutarco, alguns historiadores afirmam que, na reconvocação de Címon, ambas as partes concordaram que a administração do estado seria dividida: Címon deveria ser investido no comando estrangeiro de Chipre, e Péricles permaneceria como chefe do governo local. Todavia, foi apenas no sexto ano após sua reconvocação (isto é, no arcontado de Eutidemo, *vide* Diodoro XII) que Címon foi para Chipre. Antes desse acontecimento, o próprio Péricles ausentou-se em expedições estrangeiras.

[488] Plutarco, por uma confusão de datas, une esse breve armistício à trégua de cinco anos concluída algum tempo depois. Mitford e outros acompanharam-no em seu erro. Que a reconvocação de Címon não foi seguida de um tratado de paz, não só com os espartanos, mas com os peloponésios de modo geral, fica evidente pelas incursões de Tolmides que serão relatadas.

[489] Diodoro Sículo, livro XI

o comando de Tolmides, circum-navegou o Peloponeso (o armistício de quatro meses havia expirado) e, desembarcando na Lacônia, incendiou Giteio, uma doca dos lacedemônios; tomou Cálcis, uma cidade que pertencia a Corinto; e, desembarcando em Sicião, enfrentou e derrotou os habitantes locais. Dali, seguindo para a ilha de Cefalônia, subjugou suas cidades e, atacando Naupacto, no golfo de Corinto, tomou-a dos lócrios ozólios.

No mesmo ano dessa expedição, e décimo ano do cerco a Itome (455 a.C.), a cidade rendeu-se à Lacedemônia. A longa e corajosa resistência daquela cidade, cuja localização escarpada a própria natureza havia fortificado, é um dos acontecimentos mais memoráveis e gloriosos da história grega, e não podemos deixar de lamentar que a moralidade imperfeita daqueles dias, que via glória na bravura dos homens livres, rebelião apenas na dos escravos, nos tenha deixado apenas relatos escassos e indiferentes de um cerco tão obstinado. Para a posteridade, nem a causa nem as conquistas de Maratona ou Plateias parecem, respectivamente, mais sagrada e mais heroica que essa longa resistência dos messênios e hilotas contra o poderio de Esparta e o auxílio de seus aliados. O leitor ficará feliz em saber que não foi em condições desonrosas que a cidade enfim se rendeu. Aos sitiados foi assegurada sua vida, e tiveram permissão para partir, o que ficou registrado em um pilar erguido nas margens do Alfeu.[490] No entanto, os hilotas que haviam sido capturados em batalha ou no território vizinho foram novamente reduzidos à escravidão, e apenas os líderes assim apreendidos foram executados.[491]

Convencionando-se que os bravos defensores de Itome abandonassem o Peloponeso para sempre, Tolmides concedeu-lhes a posse de sua nova conquista, Naupacto. Aí, sob um governo democrático, protegidos pelo poder de Atenas, eles recuperaram sua antiga liberdade, e preservaram seu nome hereditário de messênios, há muito distinto de seus vizinhos por seu dialeto peculiar.

XVI. Conquanto, nas proximidades de sua pátria, os atenienses tivessem ampliado suas conquistas e consolidado seu poder, os intrépidos que haviam sido enviados ao Nilo mantinham seu assentamento estrangeiro com mais obstinação que sucesso. A princípio, como vimos, os ate-

[490] *Vide "Dorians"*, de Mueller, e as autoridades que ele cita. Vol. I.
[491] Assim interpreto Diodoro.

nienses e seu aliado, o líbio Inaro, obtiveram vantagens consideráveis.

Desejoso de afastar os atenienses da revolta egípcia, Artaxerxes enviou um embaixador a Esparta, a fim de convencer aquele estado a fazer uma incursão na Ática e, assim, obrigar os atenienses a retirar suas tropas do Egito. A susceptibilidade do governo espartano à tentação da corrupção não era desconhecida a uma corte que havia recebido os fugitivos espartanos, de modo que o embaixador levou consigo grandes tesouros para subornar aqueles que ele não conseguisse persuadir. Apesar disso, a negociação fracassou. O governo não pôde ser induzido a fazer uma aliança com o rei persa. Havia, de fato, um espírito de honra inerente àquela nação altiva que, se não era incompatível com a astúcia e a intriga, via ao menos com profundo desdém uma aliança com o bárbaro, para quaisquer fins. Na realidade, porém, os espartanos estavam, na época, inteiramente absortos na conquista de Itome e na guerra na Arcádia. Ademais, teria sido o cúmulo da imprudência daquele estado, se estivesse maquinando quaisquer planos contra Atenas, ajudar a trazer de volta um exército que era de seu próprio interesse manter ocupado em expedições distantes e perigosas.

O embaixador teve, é verdade, a satisfação de gastar parte de seu dinheiro, mas em vão, de modo que voltou sem sucesso para a Ásia. Artaxerxes viu, então, a necessidade de despertar para aqueles esforços ativos que a debilidade de um despotismo esgotado tornava o recurso final, não o primeiro. Reuniu-se um enorme exército sob o comando de Megabizo. Atravessando a Síria e a Fenícia, chegaram ao Egito, enfrentaram as tropas egípcias em uma batalha encarniçada e alcançaram uma vitória total. Daí, marchando para Mênfis, forçaram os gregos a abandonar seu cerco ao Castelo Branco, que estava em curso, e aprisionou-os em Prosopitis, uma ilha no Nilo, ao redor da qual seus navios estavam ancorados. Megabizo ordenou que o canal fosse drenado por diques, e as embarcações, a principal força dos atenienses, ficaram encalhadas. Aterrorizados por essa manobra hábil, bem como pelo sucesso dos persas, os egípcios deixaram de opor resistência, ficando os atenienses privados, ao mesmo tempo, de seus navios e de seus aliados.[492]

[492] Diodoro Sículo, livro XI

XVII. Nada amedrontados, e inspirados não menos por seu desdém que por sua bravura, os atenienses foram ainda para o bárbaro o que os cavaleiros normandos se fizeram, mais tarde, para os gregos. Incendiaram seus navios, para que fossem tão inúteis para o inimigo como o eram para si próprios, e, exortando-se mutuamente a não obscurecer a glória de suas façanhas anteriores, ainda presos na pequena cidade de Biblos, situada na ilha de Prosopitis, decidiram defender-se até o fim.

O bloqueio durou um ano e meio, tamanha era a ignorância da arte do cerco naquela época. Por fim, quando o canal foi drenado, como relatei, os persas marcharam pelo leito seco e dominaram o local mediante um ataque por terra. Assim terminou essa fantástica expedição impetuosa. A maior parte dos atenienses pereceu; alguns, no entanto, conseguiram salvar-se pelas armas, ou (como conta Diodoro, e é mais provável) tiveram permissão, por tratado, de refugiar-se, mas fora território egípcio. Seguindo a rota da Líbia, eles chegaram a Cirene e, por fim, alcançaram Atenas.

Inaro, o autor da revolta, foi traído e pereceu na cruz, e todo o Egito sucumbiu mais uma vez ao jugo persa, à exceção do local chamado partes pantanosas ou alagadiças (sob o domínio de um príncipe de nome Amirteu), protegido pelo tipo de solo e pela proverbial bravura dos habitantes. Enquanto isso, um esquadrão de cinquenta navios, despachado por Atenas em socorro de seus compatriotas, adentrou na foz do Nilo em Mendes, mas já era tarde demais para impedir a tomada de Biblos. Aí, eles foram surpreendidos e derrotados pelas tropas persas e uma frota fenícia (455 a.C.), e poucos sobreviveram a um massacre que selou os resultados desastrosos da expedição egípcia.

Em solo pátrio, porém, os atenienses prosseguiam com suas operações militares. A Tessália, como o restante da Grécia, abandonara as formas monárquicas de governo havia já muito tempo, mas o espírito de monarquia ainda sobrevivia em um país onde uma minoria era opulenta e a maioria, escravizada. As repúblicas tessálias, unidas por uma assembleia de representantes das diversas cidades, elegiam como chefe uma espécie de protetor, que parece ter sido dotado de muitas das características do *podestà* dos estados italianos. Seu posto nominal era o de comando militar, posto que, em todas as estruturas políticas, salvo nas mais perfeitas, compreende também a autoridade civil. A esse chefe perigoso dava-se o título de *Tagus*, e seu poder e atributos eram tão semelhantes aos de um monarca que até mesmo Tucídides confere ao *Tagus* o título de rei. Orestes, um desses príncipes, fora expulso de seu país por uma revolução civil. Ele fugiu para Atenas e clamou seu auxílio para ser restabelecido no poder. Que os atenienses se dessem ao trabalho de ajudar um homem cuja posição se assemelhava tanto à odiosa dignidade de um monarca parece já algo extraordinário. No entanto, como o *Tagus* costumava ser o preferido do povo e inimigo do partido aristocrático, é possível que, no restabelecimento de Orestes, os atenienses vissem uma nova oportunidade para promover a política adotada com tão grande êxito na Beócia e na Fócida: repelir uma oligarquia hostil e estabelecer uma democracia aliada.[493] Quaisquer que fossem suas intenções, eles decidiram conceder ao exilado a ajuda que ele pedia, e, no ano seguinte, sob o comando de Mirônides, um exército acompanhou Orestes à Tessália. Os atenienses receberam a ajuda dos beócios e dos fócios. Mirônides marchou até Farsala, uma cidade tessália, e conquistou os campos adjacentes, mas, como a resistência obstinada da cidade prometesse um bloqueio mais demorado do que se considerava aconselhável esperar, os atenienses levantaram o cerco sem realizar o objetivo da expedição.

XVIII. O domínio sobre *Pegae* e sobre a nova colônia de Naupacto[494] despertou o desejo de estender as conquistas atenienses sobre as costas vizinhas, e o governo estava naturalmente ávido por reparar as honras militares de Atenas, que haviam diminuído no Egito e, sem dúvida, não aumentaram na Tessália. Com mil soldados atenienses, o próprio Péricles partiu para *Pegae*. De *Pegae*, a frota (que se encontrava aí) desceu para Sicião. Péricles derrotou os habitantes do lugar em uma batalha encarniçada e sitiou a cidade. Contudo, depois de alguns ataques infrutíferos, sabendo que os espartanos estavam vindo em socorro dos sitiados, ele deixou a cidade e, com o reforço de alguns aqueus, navegou para o outro lado do continente, cruzou a baía de Corinto, sitiou a cidade de *Oeniadae* na Acarnânia (454 a.C.) (cujos habitantes Pausânias[495] designa como inimigos hereditários dos atenienses), devastou o país vizinho e levou consigo despojo consideráveis. Embora não

[493] Houve um partido democrático na Tessália sempre favorável a Atenas. *Vide* Tucídides., IV, cap. 88

[494] Agora Lepanto.

[495] Pausânias, livro II, cap. 25

tivesse tomado nenhuma cidade, os sucessos de Péricles bastaram para que a campanha se mostrasse vitoriosa,[496] e satisfizeram o orgulho e o ressentimento nacionais ao insultar as cidades e devastar as terras do Peloponeso.

Esses sucessos foram suficientes para tornar um acordo de paz aconselhável também a Esparta e seus aliados, já não estavam convencidos o bastante a tentar os atenienses a prolongar hostilidades irregulares e infrutíferas. Passaram-se três anos sem novas agressões de nenhum dos lados, e provavelmente em negociações de paz. Ao final desse período, a influência e a intervenção de Címon obtiveram uma trégua de cinco anos entre os atenienses e os peloponésios.

XIX. A trégua com o Peloponeso (450 a.C.) eliminou o principal obstáculo àquelas perspectivas mais favoráveis e amplas de iniciativa e ambição que a derrota dos persas havia possibilitado aos atenienses. Nesse ímpeto incansável e ininterrupto, típico das repúblicas intelectuais, parece haver, por assim dizer, uma espécie de destino: um poder impossível de resistir impele o estado de ação em ação, de avanço em avanço, com uma rapidez perigosa que estonteia, assemelhando-se, nisso, à carreira de indivíduos impelidos adiante, primeiro para conquistar, depois para preservar o poder, indivíduos que não conseguem lutar contra a sina que os impele a alçar voo até que, pela gravitação moral das coisas humanas, o ponto culminante seja alcançado, e o esforço subsequente de ascensão é apenas o prelúdio de sua queda. Em tais estados, o Tempo realmente dá passos gigantescos: anos concentram o que seriam épocas de séculos [de duração] na marcha de instituições menos populares. O planeta de suas venturas gira com igual velocidade pelo ciclo da civilização interna e da glória internacional. A condição de sua vida magnífica é a ausência de repouso. A circulação acelerada do sangue embeleza, mas consome, e a própria ação, exaurindo as reservas da juventude por seu vigor, torna-se uma doença mortal, mas divina.

XX. Quando ascendeu à supremacia da Grécia, a fim de preservar aquela súbita e esplêndida dignidade, Atenas precisou sustentar a celebridade naval que a levou a conquistá-la. Há uma única maneira de conservar a reputação,

[496] Plutarco em *Vit. Pericles*.

a saber, aumentá-la, e a memória de glórias passadas enfraquece se não for constantemente renovada por novas glórias. Também é preciso ter em mente que os hábitos marítimos do povo haviam dado origem a uma nova classe nos conselhos de estado. Os marinheiros (a parcela mais democrática da população) agora deviam ser apaziguados e consultados: era indispensável mantê-los em ação, pois eram turbulentos; e no emprego, pois eram pobres. Assim, a política interna e os interesses externos de Atenas exigiam, ambos, que a cidade se dedicasse a empreitadas marítimas.

XXI. Como já não fosse atormentada nem frustrada pelo receio de um inimigo no Peloponeso, a viva imaginação do povo logo se voltou a guerras mais gloriosas e lucrativas. No passado, a Ilha de Chipre já atraía (como vimos) a ambição da senhora do Egeu. Sua conquista era muitíssimo vantajosa, tanto para projetos militares como comerciais, e, uma vez subjugada, a frota dos atenienses poderia facilmente conservar seu domínio. Dividida em nove pequeninos estados, governados não por instituições republicanas, mas monárquicas, as forças da ilha ficavam distraídas, o que tornava a conquista do todo fácil e esplêndida. O ataque assumiu a forma plausível de libertação, uma vez que a Pérsia, apesar dos sucessos anteriores de Címon, ainda se arrogava a supremacia sobre a ilha, e a guerra foi, na realidade, menos contra Chipre do que contra a Pérsia. Címon, que sempre realizava empreitadas grandiosas e magnífica, e cuja principal política era manter os atenienses longe das perigosas fronteiras do Peloponeso, apressou-se em consolidar a trégua que fizera com os estados daquele distrito direcionando o espírito de iniciativa para a conquista de Chipre.

Investido no comando de duzentas galeras, ele zarpou para aquela ilha (450 a.C.).[497] Todavia, desígnios maiores estavam associados a essa empreitada. Os objetivos da recente expedição egípcia ainda eram tentadores, e sessenta embarcações da frota foram enviados ao Egito para prestar auxílio a Amirteu, que, ainda não subjugado sustentava a revolta contra o rei persa nas regiões pantanosas.

Artabazo comandava as forças persas e, com uma frota de trezentas embarcações, colocou-se à vista de Chipre. Címon, porém, desembarcando na ilha, conseguiu capturar

[497] Tucídides, livro I, 112.

muitas de suas principais cidades. Humilhada e derrotada, não era política da Pérsia insistir nas hostilidades contra um inimigo do qual tinha tanto a temer e tão pouco a ganhar. Desse modo, não é de todo improvável o relato das autoridades posteriores, de que embaixadores com propostas de paz foram formalmente enviados a Atenas. Não obstante, devemos rejeitar como pura fábula as afirmações de que enfim se selou um tratado, pelo qual se decretou, de um lado, que se deveria reconhecer a independência das cidades gregas asiáticas, e que os generais persas não deveriam avançar para além da distância de três dias de marcha dos mares gregos, nem deveriam embarcações persas navegar dentro dos limites de Fáselis e das Simplégades; e, de outro, que os atenienses estavam proibidos de entrar nos territórios de Artaxerxes.[498] Nenhum arranjo desse tipo era do conhecimento de Tucídides, e nunca se fez referência alguma a tal tratado em transações posteriores com a Pérsia. Por muito tempo, existiu um documento que professava ser uma cópia desse tratado, mas era, sem dúvida, fruto de uma fraca credulidade ou de uma invenção engenhosa. Contudo, enquanto as negociações (se é que realmente começaram) ainda estavam pendentes, Címon ocupava-se do cerco de Cítio, onde a fome conspirou com a obstinação dos sitiados para prolongar o sucesso de suas armas. As lendas populares da época registram que Címon[499] enviou uma missão secreta ao oráculo de Júpiter-Amon. "Retornai", foi a resposta aos mensageiros; "Címon está comigo!" Os mensageiros voltaram e descobriram que o filho de Milcíades estava morto. Ele expirou durante o cerco de Cítio (449 a.C.). Por ordens suas , sua morte foi ocultada, o cerco levantado e, ainda sob o fascínio do nome de Címon, os atenienses, enfrentando os fenícios e os cilícios ao largo da Salamina de Chipre, obtiveram vitórias notáveis tanto por terra como por mar. Daí, unindo-se a eles a esquadra enviada ao Egito (a qual, se não partilhou dos infortúnios da expedição anterior, não os remediou), voltaram todos para sua pátria.

Os restos mortais de Címon foram enterrados em Atenas e o esplêndido monumento dedicado ao seu nome ainda podia ser visto na época de Plutarco.

---

[498] Diodoro Sículo, livro XI. Plutarco em *Vit. Cimon*. Heeren, *Manual de História Antiga*; mas o Sr. Mitford e o Sr. Thirlwall rejeitam apropriadamente esse tratado espúrio.

[499] Plutarco em *Címon*.

Capítulo V

A mudança nos costumes de Atenas. Seu início nas tiranias dos "pisistrátidas". Consequências da Guerra Médica e a estreita ligação com a Jônia. As heteras. A eminência política recém-conquistada por Atenas. A transferência do Tesouro de Delos para Atenas. Perigos e males latentes. Primeiro, a grandeza artificial de Atenas, que não se sustentava na força natural. Segundo, sua perniciosa dependência de tributos. Terceiro, a degeneração do espírito nacional, iniciada por Címon com a prática de subornos e das mesas públicas. Quarto, as deficiências das cortes judiciais populares. O progresso da educação geral. A História. Sua origem jônica. Os primeiros historiadores. Acusilau. Cadmo [de Mileto]. Eugaion [de Samos]. Helânico [de Lesbos]. Ferécides [de Siro]. Xanto [da Lídia]. Estudo da vida e dos escritos de Heródoto. O progresso da filosofia a partir de Tales [de Mileto]. Os filósofos das escolas jônica e eleática. Pitágoras. Seus princípios filosóficos e sua influência política. A influência de tais filósofos sobre Atenas. A escola de filosofia política em Atenas, desde o tempo de Sólon. Anaxágoras. Arquelau [de Atenas]. A filosofia como componente da vida cotidiana dos atenienses.

I. Antes de passarmos à administração de Péricles (um período sublime não só na história de Atenas, mas também na história da arte), talvez não seja inoportuno fazer uma análise sucinta do progresso que os atenienses já haviam feito em civilização e poder (449 a.C.).

Quando, em um período posterior, retratavam ousadamente para a democracia, em um misto de sátira e verdade, os traços mais desagradáveis do caráter popular, os comediantes e retóricos adoravam apresentar um contraste entre os novos tempos e os antigos. A geração de homens que Maratona e Salamina haviam imortalizado era, de acordo com esses louvares do passado, de modos mais nobres e virtudes mais majestosas que seus descendentes degenerados. "Naquela época," exclamava Isócrates, "nossos rapazes não desperdiçavam seus dias na casa de apostas, nem com moças musicistas, tampouco nas assembleias, nas quais dias inteiros são agora consumidos. Naquele tempo, eles evitavam a Ágora, ou, se passavam por seus lugares apinhados, era com um comedimento modesto e tímido. Então, contradizer um ancião era uma ofensa maior do que o é, hoje em dia, ofender um genitor. Naquela época, nem mesmo um servo de reputação honesta seria visto comendo ou bebendo em uma taverna!" "Nos bons tempos do passado", diz o cidadão de Aristófanes,[500] "nossos jovens enfrentavam a neve sem manto; sua música era masculina e marcial; seus exercícios de ginástica, decorosos e castos. Assim foram treinados os heróis de Maratona!"

Nesses dias tão felizes, dizem-nos que a mendicância e mesmo a necessidade eram desconhecidas.[501]

Não é preciso observar que devemos aceitar essas comparações entre uma época e outra com bastante cautela e reserva. Estamos demasiado acostumados a tais declamações em nossos dias, e por isso podemos não reconhecer um truque comum dos satiristas e declamadores. Enquanto um povo suporta ouvir, com paciência, seus próprios erros e loucuras proclamados com escárnio, ele ainda não se degenerou nem corrompeu por completo. Não obstante, levando-se em conta todo e qualquer exagero retórico ou poético, é tão evidente quanto natural que o luxo da civilização e o fervor da competição desenfreada, no prazer e na labuta, foram acompanhados de muitas mudanças de costumes e vida favoráveis à arte e ao intelecto, mas hostis à bravura austera de uma época anterior.

II. A mudança, porém, teve início não em uma democracia, mas em uma tirania, e foi consumada não pelos vícios, mas pelas virtudes da nação. Ela começou com os pisistrátidas,[502] os primeiros a introduzir em Atenas o desejo de prazer e os hábitos de ostentação, que refinam antes de enfraquecer. E aquele luxo que, como se diz muito bem e com profundidade em Ateneu, costuma acompanhar a

[500] *As Nuvens*.
[501] Isócrates, *Areopagitikos*, 38.
[502] Idomen. *apud Athen.*, livro XII.

liberdade, "tal como sofás macios receberam o nome de Hércules", avançou depressa com os resultados da guerra persa. A pilhagem de Plateias e os luxos de Bizâncio não se limitaram, em seus efeitos, ao desregrado Pausânias. A decadência de antigas famílias e o surgimento de novas estimulavam a emulação da riqueza, uma vez que é pela riqueza que as novas famílias buscam eclipsar as antigas. E até mesmo a destruição de casas particulares (durante os saques de Mardônio) serviu para acelerar o progresso da arte. Ao reconstruir suas mansões, os nobres naturalmente se aproveitaram dos tesouros e utensílios do magnífico inimigo que haviam vencido e despojado. Foram poucos os que reconstruíram suas casas com a mesma simplicidade das antigas. Na cidade em si, as residências dos grandes permaneceram simples e sem adornos. Em sua maioria, eram feitas de gesso e tijolos não cozidos, e afirma-se que as casas de Címon e Péricles não se distinguiam daquelas dos outros cidadãos. No entanto, em suas grandes casas de veraneio na Ática, pelas quais os atenienses tinham verdadeira paixão, eles exibiam seu bom gosto e mostravam sua riqueza.[503] E as lucrativas vitórias de Címon, atestadas pornseu próprio exemplo de ostentação, deram a um número enorme de famílias, até então desconhecidas, a possibilidade de entregar-se ao luxo e o desejo de desfilar requinte. Nem mesmo o exemplo oriental foi capaz de estimular mais emulação que o jônio. A guerra persa e a liga que se formou em seguida levaram Atenas ao mais íntimo relacionamento com suas graciosas, mas voluptuosas colônias. Mileto caiu, mas os costumes de Mileto sobreviveram a suas liberdades. Essa cidade era célebre pela peculiar graciosidade e pela influência intelectual de suas mulheres, e é evidente que deve ter havido uma mudança gradual dos hábitos domésticos, bem como a formação de uma nova classe de sociedade feminina em Atenas antes que Aspásia pudesse reunir à sua volta o poder, a sabedoria e a espirituosidade de Atenas; antes que se pudesse sequer suspeitar que uma amante talentosa estivesse incitando o político Péricles à guerra; e, acima de tudo, antes que um público ateniense pudesse aceitar, de bom grado, aquela tremenda inovação em seu drama masculino, que pode ser vista nas heroínas apaixonadas e no *pathos* sentimental de Eurípides.

Todavia, é provável que não se tenha visto essa mu-

[503] Tucídides, livro II, 16. Isócrates, *Areopagitikos*, e. XX, pág. 234.

dança nas matronas atenienses, que permaneceram, em sua maioria, na antiga reclusão. E, como se mostrará doravante, penso eu, que os escritores modernos muito exageraram a deficiência de cultura e o grau de confinamento doméstico a que as mulheres atenienses[504] eram submetidas, é certo, porém, ao menos que elas não partilhavam da liberdade social nem participavam das realizações intelectuais de seus senhores. Era a nova classe de "Amigas" ou "Heteras", um termo mal traduzido como "cortesãs" (das quais eram sem dúvida distintas, conquanto não muito claramente em nossas concepções), que ostentava a mais rara união de lisonja feminina e cultura masculina. "A esposa para nossa casa e honra," sugere Demóstenes, "a hetera para nosso consolo e deleite." Essas mulheres extraordinárias, todas estrangeiras, e sobretudo jônias, foram o principal fenômeno da sociedade ateniense. Elas eram as únicas mulheres com as quais um grego esclarecido podia conversar, de igual para igual, em termos de educação. Embora a lei lhes negasse os direitos civis, o uso lhes prodigalizava admiração e respeito. Como que furtivamente, e desafiando a legislação, elas introduziram nos ambiciosos e agitados círculos de Atenas muitos dos efeitos, perniciosos ou benéficos, da influência de mulheres educadas sobre os costumes e atividades dos homens.[505]

III. Essa transformação dos hábitos sociais não foi repentina e chocante (nunca é assim no tocante ao progresso de costumes nacionais), mas, começando com as complacências de uma tirania sofisticada, amadureceu com os resultados de vitórias gloriosas, porém, demasiado lucrativas. Talvez o momento em que o estado de transição tenha mostrado sua faceta mais favorável foi pouco antes da morte de Címon. Ele não consistia tanto no refinamento exagerado de uma nova geração mais frágil, mas na so-

[504] Se acreditarmos, como Plutarco, que as esposas acompanhavam os maridos à casa de Aspásia (e foi, por certo, uma acusação popularizada contra Péricles que Aspásia atuasse de modo a corromper as matronas atenienses), elas não podiam ter sido tão ardilosamente confinadas, como os escritos desejam que imaginemos, a julgar pelas passagens em que descrevem não o que as mulheres eram, mas o que deveriam ser. E pode-se observar, também, que as anedotas populares representam Elpinice como uma mulher intrigante, que se ocupava da política e agia como mediadora entre Címon e Péricles. Tais anedotas, sejam estritamente fiéis ou não, ao menos ilustram o estado da sociedade.

[505] Como pretendo, em uma parte subsequente desta obra, tratar com detalhes da vida social e dos hábitos dos atenienses, terei oportunidade de fazer um relato mais minucioso dessas heroínas singulares de Alcifrão e dos comediantes posteriores.

fisticação e elegância que a riqueza, a arte e a emulação haviam necessariamente conferido aos mesmos bravos guerreiros que trocaram de posições com os espartanos na batalha em Plateias e enviaram os filhos e anciãos para lutar e conquistar ao lado de Mirônides.

IV. Um rápido relance sobre os acontecimentos dos poucos anos comemorados no livro final desta história será suficiente para mostrar a eminência que Atenas alcançara sobre os outros estados da Grécia. Ela era a liderança da Liga Jônica, a senhora dos mares gregos. Com Esparta, o único rival que podia enfrentar seus exércitos e deter sua ambição, obtivera um acordo de paz. Corinto estava humilhada; Egina, arruinada; Mégara, diminuída à dependência de Atenas, tornando-se sua guarnição. Os estados da Beócia haviam recebido sua própria constituição das mãos de um general ateniense. As democracias implantadas por Atenas serviam para tornar a própria liberdade subserviente à sua vontade, e viam-se envolvidas em sua segurança. Ela remediara a esterilidade de seu próprio solo protegendo as ricas pastagens da vizinha Eubeia; agregara o ouro de Tasos à prata de Laurion, e estabelecera uma base na Tessália, que era, ao mesmo tempo, uma fortaleza contra as tropas asiáticas e um centro comercial para o comércio asiático. As mais belas terras da costa oposta, as ilhas mais poderosas dos mares gregos, contribuíam para seu tesouro ou eram quase legalmente sujeitas à sua vingança. Sua marinha crescia rapidamente em habilidade, número e renome. Em solo pátrio, o regresso de Címon apaziguara contendas domésticas, e sua morte desencorajara, por um tempo, os inimigos da estrutura política estabelecida. Em toda a Grécia, Mirônides era talvez o general mais talentoso; e Péricles (que agora ascendia depressa à administração exclusiva dos negócios)[506] era, sem dúvida, o estadista mais instruído, cauteloso e autoritário.

Contudo, um único ato bem-sucedido de ousadia contribuíra, mais que tudo, para o poder ateniense. Ainda durante a vida de Aristides, propusera-se a transferência do tesouro comum de Delos para Atenas.[507] A moção fracassou, talvez por causa da oposição virtuosa do próprio Aristides. Porém, quando, no cerco de Itome, eclodiu a

[506] Foi por volta de cinco anos após a morte de Címon que Péricles alcançou tal poder supremo, que mais parecia uma tirania, mas era apenas a expressão e concentração da vontade democrática.
[507] Teofrasto *apud* Plutarco em *Vit. Pericles*.

rivalidade entre atenienses e espartanos, o motivo mais justo e a ocasião mais favorável conspiraram em favor de uma medida tão sedutora à ambição daquela nação. Sob o pretexto de resguardar o tesouro do risco de cair presa da cupidez ou da necessidade espartana, ele foi logo transferido para Atenas (461 ou 460 a.C.),[508] e, conquanto o poderio enfraquecido de Esparta, totalmente ocupado na guerra messênia, impedisse qualquer resistência à transferência [do tesouro] daquele local formidável, as conquistas de Naxos e a derrota recente de Tasos parecem ter intimidado o espírito, e, por um tempo, até silenciado as acusações dos próprios estados tributários. Assim, de posse do tributo de seus aliados, Atenas incorporou um novo direito à sua coleção e gestão, e, enquanto empregava alguns dos tesouros para a manutenção de sua força, ela cedo começou a afirmar a prerrogativa de apropriar-se de uma parte dele para o aumento de seu esplendor.[509]

Como essa medida tão importante se deu na mesma época em que o poder de Címon declinou por conta das humilhantes circunstâncias que cercaram sua expedição a Itome, bem como pelas vigorosas medidas populares da oposição, parece que não faltam motivos para crer que ela tenha sido aconselhada e implementada sobretudo por Péricles, que aparece pouco depois presidindo a administração das finanças.[510]

Embora tivesse aumentado muito, o comércio atenien-

[508] Justino, livro III, cap. 6.

[509] Para a transferência em si, havia pretextos ainda mais plausíveis que aquele apontado por Justino. Primeiro, no ano seguinte à ruptura entre espartanos e atenienses (460 a.C.), provavelmente no mesmo ano em que se deu a transferência, os atenienses estavam mais uma vez em guerra com o grande rei do Egito. Havia, portanto, uma aparência de justiça no argumento, notada por Boeckh (conquanto, na fonte de que o extrai, o argumento se aplica ao período anterior, de Aristides), de que a transferência proporcionava um lugar mais seguro contra os bárbaros. Em segundo lugar, a própria Delos estava havia já muito tempo sob a influência ateniense. Pisístrato fizera uma purificação da ilha [Heródoto, livro I, cap. 64], os adivinhos dali haviam previsto a soberania de Atenas sobre os mares [Semius Delius, *apud Athen.*, VIII], e os atenienses parecem ter-se arrogado um direito de interferir no templo. Portanto, é provável que a transferência tenha sido, ao que parece, pouco mais que uma transferência de um local sob o poder de Atenas para a própria Atenas. Em terceiro lugar, parece que, quando a questão foi discutida pela primeira vez, durante a vida de Aristides, ela era desejo de um dos próprios aliados (os sâmios). [Plutarco em *Vit. Aristid.* Boeckh (vol. I., 135, tradução) não tem motivos para supor que Péricles tivesse influenciado os sâmios na manifestação desse desejo, porque Plutarco atribui a história à época de Aristides e, durante a vida deste, Péricles não teve influência sobre os negócios públicos].

[510] A afirmação de Diodoro (livro XII, 38) de que a superintendência e administração do tesouro foram confiadas a Péricles é corroborada pelos relatos de Plutarco e em outras fontes, que apresentam Péricles como o principal administrador dos fundos.

se ainda se restringia principalmente às costas da Trácia e ao Mar Negro. Ainda não se satisfazia em excesso o desejo de novos empreendimentos, intenso demais para um estado cujo poder podia ser destruído de súbito por quaisquer reveses. Tampouco os espíritos turbulentos do Pireu haviam ainda ultrapassado as várias barreiras do estado social e da estrutura política, da temeridade dos marinheiros e da avareza dos mercadores. A agricultura, da qual dependiam todas as classes em Atenas, mostrou-se um contrapeso saudável ao ímpeto dado ao comércio. E foi somente alguns anos mais tarde, quando Péricles reuniu todos os cidadãos na cidade, sem deixar nenhuma válvula de escape para a efervescência e os vícios da Ágora, que a aristocracia ateniense perdeu, aos poucos, todo o patriotismo e a virilidade, e uma democracia dinâmica corrompeu-se em uma turba violenta, conquanto sofisticada. O espírito de dissensão fervilhava, é verdade, mas um terceiro partido, liderado por Mirônides e Tolmides, controlava os excessos de ambos os extremos.

V. Assim, em solo pátrio e no exterior, o tempo e a sorte, a cooperação de acontecimentos e o acaso feliz da existência de grandes homens não só sustentavam a atual eminência de Atenas, mas prometiam, à previdência comum, uma longa duração de sua glória e poder. A observadores mais atentos, a imagem talvez apresentasse sombras vagas, mas proféticas. Era evidente que o domínio alcançado por Atenas era totalmente desproporcional a seus recursos naturais, que sua grandeza era totalmente artificial e baseava-se, em parte, em causas antes morais que físicas e, em parte, nos temores e na fraqueza de seus vizinhos. Um solo estéril, um território limitado, uma população escassa – tudo isso (as inconveniências e desvantagens da natureza) pode ser ocultado, na prosperidade, pela energia maravilhosa e a ousadia confiante de um estado livre. No entanto, a primeira calamidade não poderia deixar de expor tais coisas a olhares invejosos e hostis. Os atenienses naturalmente desejavam conservar e aumentar o império que lhes fora delegado, e havia todos os motivos para prever que sua ambição logo excederia sua capacidade de sustentá-lo. À medida que o estado se acostumava com seu poder, passou a abusar dele. A expansão da civilização, do luxo e das artes trazia consigo novas despesas, e Atenas já havia recebido permissão de saciar impunemente a perigosa paixão de exigir tributos de seus vizinhos. A dependência de outros recursos que não os da população nativa sempre foi uma das principais causas da destruição dos despotismos e, mais cedo ou mais tarde, não pode deixar de ser igualmente perniciosa às repúblicas que se confiam a ela. Os recursos da tributação, adstrita a homens livres e nativos, são quase incalculáveis; os recursos de tributos arrancados de estrangeiros e dependentes são limitadíssimos e muito precários. Eles corrompem o verdadeiro espírito de indústria no povo que exige o imposto, e implantam um ódio inextirpável nos estados que o pagam.

VI. Duas outras causas de grande deterioração do espírito nacional também atuavam em Atenas. Uma delas, como já sugeri, era a política iniciada por Címon de seduzir o populacho com subornos e ostentações de riqueza individual. O prudente Pisístrato criara penalidades para a ociosidade; Címon incentivava-a. Uma vez que os pobres se acostumam a crer que têm direito à generosidade dos ricos, acontece o primeiro ataque fatal contra as energias de independência e a santidade da propriedade. Um mal ainda mais pernicioso no estado social ateniense era inerente a sua estrutura política: suas cortes de justiça. Procedendo de acordo com uma teoria que devia parecer atraente e plausível para a inexperiência de uma república incipiente, Sólon estabelecera como princípio em seu código que, como todos os homens tinham interesse na preservação da lei, todos poderiam exercitar o privilégio de pleiteante e acusador. Quando a sociedade se tornou mais complexa, abriu-se a porta para toda sorte de acusações vexatórias e litígios frívolos. O informante comum tornou-se uma personagem intimidadora e poderosa, e fazia parte de uma profissão lucrativa e popularíssima. E, na capital mesma da liberdade, havia a pior espécie de espionagem. Todavia, isso não facilitava a justiça. O informante era objeto de ódio e desprezo universais, e é fácil perceber, a partir dos escritos do grande poeta cômico, que as simpatias do público ateniense eram como aquelas do público inglês de hoje em dia: voltavam-se contra o homem que trazia a investigação da lei ao lar de seu vizinho.

VII. Sólon cometeu um erro ainda mais desastroso e irremediável ao levar o princípio democrático às cortes judiciais. Obviamente, ele julgava que a própria força e vida de sua constituição repousava na Helieia, um tribunal cuja formação e natureza já foram descritas. Pode ser que, em uma época em que a velha oligarquia ainda era tão poderosa, talvez fosse difícil assegurar a justiça para as classes mais pobres, sendo os juízes selecionados dentre os mais abastados. Contudo, a garantia de justiça para todas as classes tornou-se uma incerteza ainda mais arbitrária quando um tribunal se assemelhava a um palanque popular.[511]

Se confiamos um amplo sufrágio político ao povo, este, ao menos, não se responsabiliza por outros que não eles mesmos e de sua posteridade. Eles não são responsáveis perante o público, pois são o próprio público. No direito, porém, em que há duas partes envolvidas, o autor e o réu, o juiz deve ser não apenas incorruptível, mas estritamente responsável. Em Atenas, o povo tornou-se o juiz e, nas infrações puníveis com multa, ele era a própria parte interessada na condenação. Os números do júri impediam qualquer responsabilidade, justificavam todos os abusos e os inclinavam aos mesmos excessos flagrantes que caracterizam as corporações que elegem a si próprias, às quais qualquer apelo é inútil, e sobre as quais a opinião pública não exerce controle algum. Essas assembleias numerosas, ignorantes e passionais estavam sempre sujeitas aos ardores partidários, à eloquência de indivíduos, aos impulsos e caprichos, aos preconceitos, à impaciência e à turbulência que são necessariamente típicas de uma multidão endereçada oralmente. Também era evidente que, do serviço em tal corte, os ricos, os eminentes e os eruditos logo buscavam ausentar-se por força de outras ocupações ou diversões. E o golpe final na integridade e respeitabilidade da judicatura popular foi dado posteriormente por Péricles, ao instituir um salário, suficiente para tentar os pobres e ser desdenhado pelos abastados, para cada dicasta ou jurado dos dez tribunais ordinários.[512] A ciência jurídica tornou-se

[511] A natureza política e o preconceito da Helieia ficam evidenciados em seu próprio juramento, preservado em Demóstenes *con. Tim.*, p. 746, ed. Reiske. Nele, o heliasta jurava nunca votar pelo estabelecimento de tirania ou oligarquia em Atenas, e nunca ouvir qualquer proposta que tendesse a destruir a constituição democrática. Ou seja, um homem ingressava em um tribunal judicial fazendo um juramento político!

[512] Esses tribunais já foram comparados aos júris modernos, mas estavam pouco adstritos às formas e precedentes que acorrentam os últimos. Que tipo de júri seria, mesmo hoje, formado por apenas doze pessoas, se fosse deixado inteiramente ao impulso e ao sentimento partidário, qualquer advogado logo conceberá. Quão mais imprevisível, instável e preconceituoso devia ser um júri de quinhentos e, em alguns casos, de mil ou mil e quinhentos! [Pela junção de duas ou mais divisões, como nos casos de Eisangelia. *Poll.* VIII, 53 e 123; também Tittman].

não a profissão de eruditos e da minoria industriosa, mas o meio de vida da multidão ignorante e ociosa. A campanha eleitoreira, a bajulação, o suborno (frutos dessa que foi a instituição mais imoral da democracia ateniense) são apenas sinais óbvios e infelizes da imperfeição do bom senso humana. Vida, propriedade e caráter estavam expostos ao risco de uma eleição popular. Esses males já deviam estar em curso havia muito tempo, mas ficaram evidentes até a inovação fatal de Péricles, e os excessos flagrantes que se seguiram possibilitaram que o próprio povo ouvisse a marcante e terrível sátira sobre a judicatura popular, que ainda nos é preservada na comédia de Aristófanes.

Ao mesmo tempo, certos críticos e historiadores enganaram-se de forma cabal e grosseira ao supor que tais tribunais da "maioria soberana" eram parciais em favor dos pobres e hostis aos ricos. Todos os testemunhos provam lamentavelmente o contrário. O réu costumava contratar pessoas de posição ou influência que ele pudesse considerar seus amigos para comparecer ao tribunal em sem favor. E a propriedade era usada para obter, na corte de justiça, os sufrágios que pudesse comprar em uma eleição política. A pior imoralidade da Helieia democrática era que, com uma multa, os ricos compravam o perdão, e com jogos de interesses, os grandes abrandavam a lei. As chances, porém, estavam sempre contra o pobre. Para ele, o litígio era de fato barato, mas a justiça, muito cara. A desigualdade de condições que ele padecia para brigar, em um processo, com um poderoso antagonista era a mesma que teria ao disputar com ele por um cargo na administração. Em todos os julgamentos alicerçados na voz das assembleias populares, perceber-se-á que, *ceteris paribus,*[513] o aristocrata sempre derrotou e sempre derrotará o plebeu.

VIII. Nesse ínterim, o progresso da educação geral fora grande e notável. Desde o princípio, a música[514] era parte essencial da instrução e, agora, tornara-se uma habilidade tão comum que Aristóteles[515] observa que, no final da guerra persa, não havia um único ateniense nascido livre

[513] *Ceteris paribus*, também grafado como *coeteris paribus*, é uma expressão do latim que significa "nas mesmas condições". (N. do T.)

[514] "Projetado por nossos ancestrais", diz Aristóteles (*Politica*, livro VIII, cap 3), não, como muitos agora julgam, meramente por prazer, mas por disciplina, para que se possa ensinar a mente não só a honrar os negócios, mas que é digno desfrutar do lazer; pois tal prazer é, afinal, o fim dos negócios e o limite da vida ativa.

[515] Veja Aristóteles. (Política, livro VIII, cap. 6).

que não tivesse familiaridade com a flauta. O uso desse instrumento foi posteriormente descontinuado e, na realidade, proibido na educação dos homens livres, pois se pensava que não era um instrumento apto a produzir música elevada e intelectual o suficiente.[516] No entanto, foi sucedido apenas por melodias mais efeminadas e luxuosas. E Aristófanes elenca a mudança das antigas árias e métricas nacionais entre os piores sintomas da degeneração ateniense. Além do músico, o tutor do ginásio e o gramático ainda constituíam o limite nominal da instrução escolar.[517] Mas a própria vida tornara-se uma escola. A paixão pelas relações e debates públicos – que os jardins e a Ágora, os acontecimentos instigantes e as instituições livres, a ascensão da filosofia e um clima tranquilo e agradável, tornaram a característica predominante do ateniense maduro – começou a despertar nos jovens. E, nesse meio-tempo, a invenção tardia da literatura em prosa operou sua revolução natural nas atividades intelectuais.

IX. Já se observou que, tanto na Grécia como em outros lugares, o primeiro sucessor do poeta foi o filósofo, e que o palestrante precedeu o escritor de prosa. Com a prosa escrita, nasceu a HISTÓRIA. Tendo encontrado uma forma de transmitir aquela sorte de conhecimento que não poderia, como contos ritmados ou problemas sentenciosos, ser preservado com precisão apenas pela memória, era natural que uma época atual desejasse registrar e transmitir o passado *chtaema es aei* – uma herança eterna para o futuro.

Para uma nação semibárbara, a história é pouco mais que poesia. Os temas aos quais seria naturalmente dedicada são as lendas da religião, os feitos de semideuses ancestrais, os triunfos de guerras bem-sucedidas. Ao registrar esses temas de interesse nacional, o poeta é o primeiro historiador. À medida que a filosofia, ou, antes, o espírito de conjectura, que é o sopro criativo primitivo da filosofia, torna-se predominante, a antiga credulidade dirige as novas pesquisas à investigação de assuntos que os poetas não explicaram suficientemente, mas que, por sua antiguidade remota e religiosa, exercem uma misteriosa atração sobre uma população reverente e curiosa, para a qual uma longa linhagem é ainda a prova mais lisonjeira de superio-

[516] Uma anedota em Gélio, livro XV, cap. 17, remonta a data do desuso desse instrumento ao tempo de Péricles, durante a infância de Alcibíades.

[517] O desenho foi posteriormente estudado como um ramo da educação essencial para muitas das ocupações comuns da vida.

ridade. Assim, genealogias e relatos da origem de estados e deidades constituíram as primeiras temáticas da história, inspirando Acusilau de Argo[518] e, até onde nos é plausível conjecturar, Cadmo de Mileto.

X. Os dórios, um povo que nunca desejou perturbar a tradição, que relutava em investigar o passado justamente porque o venerava até à superstição, que pouco indagava dos costumes ou das crônicas de tribos estrangeiras, que em uma palavra, vivia satisfeito consigo mesmo e não tinha curiosidade com relação a outros [povos], não eram uma raça para a qual a história se tornasse uma necessidade. A Jônia, a ama sutil, inovadora, apreensiva e inquieta das artes, estado que a pátria mãe acabou educando, vangloria-se de Cadmo de Mileto, o primeiro escritor de história e prosa.[519] Samos, cidade natal de Pitágoras, produziu Eugaion, colocado por Dionísio na vanguarda dos primeiros historiadores. E Mitilene reivindicava Helânico, que parece ter elaborado um projeto mais ambicioso que seus antecessores. Ele escreveu a história dos antigos reis do mundo, e um relato dos fundadores das cidades mais célebres de cada reino.[520] Durante as primeiras tentativas imperfeitas desses e de outros escritores, drásticos acontecimentos contribuíram para cultivar, a partir de pesquisas tediosas e conjecturas infrutíferas, o verdadeiro espírito da história, pois é somente quando começa a lutar por direitos, a entender relações políticas, a disputar com vizinhos no exterior e a combater instituições deploráveis em solo pátrio, que um povo deseja obter a sanção da antiguidade, traçar a possível origem ilustre dos direitos que exige, e incentivar esforços contínuos por uma referência à fama passada. Então, mitologias e genealogias, definições geográficas e as tradições que dizem respeito a reis e heróis, amadurecem e transformam-se em crônicas que celebram os abalos e progressos de uma nação.

No período tempestuoso que testemunhou a invasão de Xerxes (480 a.C.), quando tudo o que podia dar brilho ao passado incitava a lutas presentes, floresceu Ferécides. Ele é, por vezes, chamado Ferécides de Leros, que parece ter sido sua terra natal, por vezes Ferécides de Atenas, onde viveu por trinta anos. É a Atenas que sua história se

[518] *Sudas*.

[519] Hecataeu também era de Mileto.

[520] Pausânias, II, cap. 3. Cícero, *De Oratore*, II, cap. 53. Aulo Gélio, XV, cap. 23.

refere. Embora fosse sobretudo mitológica, sua obra abriu caminho para uma sólida composição histórica, na medida em que incluía referências a épocas posteriores, a conflitos atuais, à descendência de Milcíades, à expedição cita de Dario. Mais tarde, Xanto, que era lídio, escreveu uma obra sobre seu próprio país (463 a.C.), da qual alguns trechos sobreviveram, e Heródoto não desdenhou utilizar.

XI. Foi quase um século depois da invenção da prosa e da composição histórica, e com os modelos e exemplos de muitos escritores célebres em sua própria época, antes e emulados por ele, que Heródoto mostrou, pela primeira vez, ao público grego, e provavelmente durante os Jogos Olímpicos, uma parte daquela obra que arrancou lágrimas a Tucídides e constitui o modelo imperecível de narrativa pitoresca e fiel. Isso se deu em um período magnífico da história ateniense. Foi no mesmo ano da batalha de Enófita, quando Atenas deu leis e constituições à Beócia, e a reconvocação de Címon estabeleceu, para ela mesma, liberdade e ordem. A juventude de Heródoto passou enquanto a glória da guerra persa ainda perdurava em toda a Grécia e, com a ascendência de Atenas, iniciava-se uma nova era de civilização. O talento de Heródoto derivava seu hálito vital de uma atmosfera de poesia. Existia ainda o desejo de aventuras fantásticas, e a arriscada expedição dos atenienses ao Egito servira para fortalecer a ligação entre os gregos e aquela terra imponente e interessante. É provável que o surgimento do drama grego com Ésquilo tenha contribuído para dar efeito, cor e vigor ao estilo de Heródoto. E algo semelhante à arte do contemporâneo Sófocles pode ser percebido na proficiência fácil de suas narrativas e na energia mágica, ainda que tranquila, de suas descrições.

XII. Embora dórico de uma linhagem antiga, foi em Halicarnasso, na Cária, uma cidade da Ásia Menor, que Heródoto nasceu. Seu estilo e suas opiniões em nada indicam que ele tivesse herdado da origem de sua família qualquer das peculiaridades dóricas. Os pais eminentes por berço e fortuna. Ainda na tenra infância, aquelas comoções internas a que todas as cidades gregas estavam sujeitas, e que, por algum tempo, esmagaram as liberdades de sua cidade natal, afastaram-no de Halicarnasso e, sofrendo os males da tirania, inspirou-se naquele entusiasmo pela liberdade que incendeia toda a sua obra imortal. Durante seu exílio, ele viajou pela Grécia, pela Trácia e Macedônia, pela Cítia, pela Ásia e pelo Egito. Assim, ele reuniu o material de sua obra, que é, na realidade, um livro de viagens narrado historicamente. Se não rejeitarmos a história de que ele leu uma parte de sua obra nos Jogos Olímpicos, quando Tucídides, um de seus ouvintes, ainda era menino, e se supormos que este último tivesse cerca de quinze anos, podemos calcular que essa anedota[521] remonte à data da 81ª Olimpíada, em 456 a.C., quando Heródoto tinha vinte e oito anos.

Heródoto viveu a maior parte do tempo em Samos, até que estourou uma revolução em Halicarnasso. O povo decidira conspirar contra seu tirano, Lygdamis. Heródoto regressou para sua cidade natal, teve uma participação proeminente na conspiração e, por fim, conseguiu restaurar o governo popular. No entanto, ele não teve muito tempo para desfrutar das liberdades que ajudara a conquistar para os seus concidadãos: uma intriga do partido contrário levou-o uma segunda vez ao exílio. Partindo para Atenas, ele leu a continuação de sua história no festival da Panateneias (446 a.C.), que foi recebida com aplausos enlevados, e afirma-se que o povo conferiu solenemente ao homem que imortalizou seus feitos contra os medos o regalo de dez talentos. O temperamento desse homem notável, como o de todos os viajantes, inclinava-se à iniciativa e à aventura. Suas primeiras andanças e suas vicissitudes posteriores parecem confirmar uma índole originalmente inquieta e curiosa. Assim, aos quarenta e um anos de idade, ele se uniu aos emigrantes atenienses que estabeleceram uma colônia em Túrio, no sul da Itália (443 a.C.).

VIII. Em Túrio, Heródoto parece ter passado o resto de sua vida, conquanto seja objeto de controvérsia se sua tumba foi construída lá ou em Atenas. Essas particularidades de sua vida, muito interessantes em si mesmas, ilustram muito da natureza de seus escritos, cujo fascínio consiste na seriedade de um homem que descreve países como uma testemunha ocular, e acontecimentos como alguém acostumado a participar deles. A vida, o ardor, o vigor do aventureiro e do andarilho resplandecem em cada página. Ele não tem nenhum dos discursos refinados que nascem de estudos de gabinete. Heródoto pinta a história em vez de discorrer sobre ela, lança os coloridos de um intelecto inconscientemente poético sobre tudo o que descreve. Ora

[521] *Fasti Hellenici*, vol. 1.

soldado, ora sacerdote, ora patriota, ele é sempre poeta, ainda que raramente filósofo. Ele narra como uma testemunha, ao contrário de Tucídides, que sintetiza como um juiz. Nenhum escritor jamais fez uma aplicação tão bela de superstições a verdades. Sua própria credulidade tem uma filosofia toda sua, e os historiadores modernos agem com imprudência ao desdenhar a repetição ocasional até mesmo de suas fábulas. Pois, se suas verdades registram os acontecimentos, suas fábulas retratam os costumes e as opiniões da época, e estes últimos preenchem a história, da qual os acontecimentos são apenas o esqueleto.

Para explicar seu uso frequente de diálogos e seus efeitos dramáticos de narrativa, devemos recordar o tribunal a que a obra de Heródoto estava submetida. Todo escritor, mesmo sem perceber, leva em consideração os gostos daqueles a quem ele se dirige. Não eram pequenos círculos seletos de estudiosos nem inquiridores escrupulosos e críticos que constituíam o ordálio enfrentado por Heródoto. Suas crônicas não eram dissertações que seriam ponderadas friamente e examinadas com ceticismo. Elas eram lidas em voz alta nos festivais solenes, para milhares de ouvintes, e deviam atrair a curiosidade, entreter a impaciência, despertar o assombro de uma multidão agitada e heterogênea. Assim, o historiador absorvia naturalmente o espírito do contador de estórias. E ele foi impulsionado a embelezar sua história com as lendas fantásticas, a superstição aterradora e as fofocas que ainda caracterizam as histórias do ficcionista popular oral nos bazares muçulmanos ou nas areias dos litorais da Sicília. Não obstante, afirma-se, e com razão, que um leitor criterioso não é facilmente enganado por Heródoto em detalhes importantes. Suas descrições de localidades, modos e costumes são corretíssimas, e o viajante moderno ainda consegue constatar os vestígios de sua fidelidade. Portanto, como o historiador era, em certa medida, um orador, sua habilidade deveria evidenciar-se nas artes que mantêm viva a atenção do público. Dessa forma, Heródoto visa constantemente o pitoresco: ele nos dá as palavras mesmas de seus atores, e narra os segredos de palácios impenetráveis com tanta simplicidade e seriedade como se tivesse estado por trás do arrás.[522]

[522] Um brilhante escritor da ***Edinburgh Review*** (Sr. Macauley) explicaria o uso de diálogos em Heródoto como prova da simplicidade pueril comum a uma época primitiva e ignorante, já que o homem rústico sempre recorre inconscientemente à forma dramática de narrativa e conta sua história mediante uma sequência de "ele disse" e "eu disse". Todavia, o Sr. Macauley, e muitos outros, não insiste demais na ignorância da época e na simplicidade

Que era impossível ao halicarnassense errante saber o que Giges disse a Candaules, ou Artabano a Xerxes, é uma afirmação que talvez se faça com demasiada confiança. Heeren recorda que, em escritores judeus e gregos, há menções frequentes aos escribas ou secretários que acompanhavam constantemente pessoa do monarca persa por ocasião de festivais,[523] de inspeções militares públicas,[524] e até mesmo no tumulto de batalha, e que, com o respeito idólatra com que o despotismo era visto, anotavam as palavras que saíam dos lábios reais. O brilhante alemão passa então a mostrar que esse costume era comum a todas as nações asiáticas. Assim nasceram as crônicas ou arquivos dos persas; e, mediante referências a esses documentos minuciosos e detalhados, Heródoto conseguiu registrar conversas e anedotas, bem como preservar as memórias de uma corte. E, conquanto essa conjectura deva ser recebida com cautela, e não possa ser aplicada a muitas passagens não relacionadas com a Pérsia ou o Oriente, é bastante plausível, em algumas partes muito importantes da história, que não seja de todo desdenhada.

Todavia, é por outra razão que, vez por outra, reconheço os diálogos de Heródoto, bem como as anedotas supersticiosas vigentes à época. A verdade da história consiste não só na correlação dos acontecimentos, mas em preservar o caráter do povo e retratar os costumes da época. Os fatos, se contados de forma demasiado crua, podem ser muito diferentes da verdade, no tocante às impressões que transmitem, e o espírito da história grega perde-se se não sentimos os próprios gregos constantemente diante de nós. Desse modo, quando, como em Heródoto, os agentes dos acontecimentos conversam, cada palavra apresentada talvez não tenha sido dita, mas, o que perdemos em precisão de detalhes, nós mais que ganhamos em fidelidade quanto ao todo. Chega-nos uma impressão vívida e exata do caráter geral, dos pensamentos e costumes dos homens daquela época e terra. O mesmo se dá com as lendas, usadas moderadamen-

---

natural do escritor? Conquanto a história ainda fosse jovem, a arte já estava em seu apogeu. Aquela foi a época de Sófocles, Fídias e Péricles. Foi dos atenienses, em seu período mais sofisticado, que Heródoto recebeu os aplausos mais arrebatados. Os relatos de Heródoto, enquanto escritor, não nos garantem que ele passou a maior parte de uma longa vida compondo, refinando e aperfeiçoando sua história? E não está mais em conformidade com o espírito típico da época, e com os efeitos magistrais que Heródoto produz, concluir que aquilo que supomos ser a ignorância era, na realidade, a elaboração premeditada da arte?

[523] Ester 3:12; 8:9. Esdras 6:1.

[524] Heródoto, VII, 100.

te, e cuja natureza se distingue dos fatos já ao relance mais superficial. Temos uma percepção mais concreta de que foram os gregos que lutaram em Maratona quando lemos sobre o sonho de Hípias ou a aparição de Teseu. Por fim, um historiador da Grécia transmitirá ao leitor, quase que sem esforço, uma noção da tremenda transição de uma era de heróis poéticos para uma era de estadistas práticos se aceitarmos que Heródoto seja seu modelo na narrativa da guerra persa, e que o mais profundo e menos imaginativo Tucídides dê o colorido aos quadros do Peloponeso.

XIV. O período que agora se inicia também é notável pelo rápido e frutuoso desenvolvimento de um ramo da atividade intelectual em que os gregos foram particularmente célebres. Em história, Roma era rival da Grécia. Em filosofia, Roma nunca foi mais que seu crédulo e reverente pupilo.

Vimos o alvorecer da filosofia com Tales. Mileto, sua cidade natal, gerou seus sucessores imediatos. Afirma-se que Anaximandro, seu contemporâneo mais jovem,[525] ao lado de Ferécides, foi o primeiro filósofo que fez uso da invenção da escrita. Seus serviços não receberam apreço suficiente, como os da maioria dos homens que constroem os primeiros degraus no progresso entre o criador e o aperfeiçoador. Ele parece discordar corajosamente de seu mestre, Tales, no que tange à raiz mesma de seu sistema. Anaximandro rejeitava o elemento original água ou umidade, e acreditava que a grande essência primária, a origem da criação estivesse naquele TUDO ou NADA a que ele chamava INFINITO, e que podemos talvez traduzir como "O Caos",[526] e que, desse imenso elemento, as partes são trocadas: o todo é imutável, e todas as coisas surgem daquela fonte universal e retornam a ela.[527] Ele fazia pesquisas no campo da física e tentou explicar os trovões, os relâmpagos e os ventos. Suas conjecturas costumam ser sagazes e profundas e, por vezes, como em sua afirmação de "que a lua brilhava com luz emprestada do sol", é merecedor de louvores mais elevados. Anaximandro e Ferécides concordavam nos princípios de suas doutrinas, mas o último parece ter afirmado mais claramente a imortalidade da alma.[528]

Anaxímenes, também de Mileto, era amigo e discípulo

[525] Cerca de vinte e nove anos mais jovem, *Fasti Hellenici*, Volume 2, p. 7
[526] *Cic.Acad. Quaest.*, 4, Abbe de Canaye, *Mem. De l'Acad.* d'l* *crip., tomo X, etc. (*letras ilegíveis)
[527] Diógenes Laércio, cap. 6. *Cic.Acad. Quaest.* 4, etc.
[528] Aristóteles, *Metafísica*. Diógenes Laércio. *Cic. Quaest.* 4, etc.

de Anaximandro (548 a.C.). Contudo, ele parece ter abandonado os dogmas filosóficos abstratos de seu tutor e retomado o sistema analógico iniciado por Tales. Como este, Anaxímenes fundamentava axiomas em observações ousadas e perspicazes, mas parciais e abreviadas. Ele afirmava que o ar era o elemento primitivo e, nessa teoria, unia o Zeus, ou éter, de Ferécides, e o Infinito de Anaximandro, pois considerava o ar como sendo Deus em si mesmo, e infinito em sua natureza.

XV. Enquanto esses especuladores extravagantes, mas brilhantes, conduziam o curso daquela filosofia chamada jônica até aquela época do espiritualismo sereno e sublime de Anaxágoras, surgiram duas novas escolas, ambas fundadas por jônios, mas identificadas por nomes diversos: a eleática e a itálica. A primeira foi fundada por Xenófanes de Cólofon, em Eleia, uma cidade no oeste da Itália. Ao migrar para uma costa estrangeira, a colonização parece ter produzido, na filosofia, os mesmos resultados que produziu na política: emancipou a razão de todos os preconceitos e grilhões prescritivos anteriores. Xenófanes foi o primeiro pensador a atacar abertamente a fé popular (538 a.C.). Ele despojava a Grande Deidade dos atributos humanos que a vaidade humana, assimilando Deus ao homem, lhe conferia. A divindade de Xenófanes é a da filosofia moderna: eterna, imutável e solitária: imagens esculpidas não podem representar sua forma. Seus atributos são TODO AUDIÇÃO, TODO VISÃO e TODO PENSAMENTO.

À escola eleática, fundada por Xenófanes, pertencem Parmênides, Melisso de Samos, Zenão [de Eleia] e Heráclito de Éfeso. Todos esses foram pensadores notáveis pela coragem e discernimento. As principais doutrinas metafísicas dessa escola assemelham-se, em muitos aspectos, àquelas que são familiares aos especuladores modernos. Seus antecessores argumentavam a partir da experiência do mundo exterior e da evidência dos sentidos, e essa era a base de seu sistema. A escola eleática, ao contrário, alicerçava seu sistema na realidade das ideias e, a partir disso, argumentava sobre a realidade dos objetos externos. Para eles, a experiência era não passava de um espetáculo, uma aparência. O conhecimento não estava nas coisas de fora, mas na mente. Eles foram os fundadores do idealismo. No que diz respeito à Divindade, eles imaginavam que o universo inteiro estava repleto dela: Deus era TUDO

EM TUDO. Tais eram os principais dogmas metafísicos da escola eleática, conquanto cada filósofo apresentasse detalhes diferentes desse sistema. Seus mestres eram pensadores muito inquietos, abstrusos e religiosos, mas suas doutrinas baseavam-se em uma teoria que levava necessariamente ao paradoxo e ao misticismo, e acabou por contribuir para o surgimento da mais perigosa de todas as seitas antigas: a dos sofistas.

Aqui, podemos observar que, por muito tempo, o espírito da poesia continuou a inspirar os tipos de filosofia. Até mesmo Anaximandro e seus seguidores imediatos da escola jônica, embora escrevessem em prosa, parecem, a partir de alguns fragmentos que chegaram até nós, ter recorrido muitas vezes à expressão poética, e, em regra, transmitem dogmas por meio de imagens, ao passo que, na escola eleática, Xenófanes e Parmênides adotavam a própria forma de verso como meio para comunicar suas teorias, e Zenão, talvez a partir do novo exemplo do teatro, foi o primeiro a introduzir, na disputa filosófica, aquela forma de diálogo que, mais tarde, deu aos raciocínios mais rígidos e elevados a animação e a vida das cenas dramáticas.

XVI. Todavia, antes mesmo do surgimento da escola eleática, o mais notável e ambicioso de todos os pensadores anteriores, o arquiunificador da política prática, o herói de mil lendas, um semideus em seus objetivos, Pitágoras de Samos, concebeu e executou, em parte, o ambicioso plano de estabelecer um conhecimento especulativo e uma religião ocultista como pedra angular das instituições políticas.

Tudo o que se refere a Pitágoras é tão misterioso, tão entremeado com as mais óbvias fábulas e as superstições mais extravagantes, que ele nem sequer parece pertencer à era histórica, ou à sofisticada e prática Jônia. Sua data de nascimento e sua própria linhagem são questões controversas e objeto de dúvida. Relatos concordam em indicar que seu pai não era natural de Samos e parece ser provável a suposição de que ele fosse de origem lêmnia ou pelásgica. Pitágoras viajou cedo para o Egito e o Oriente, e o sistema que lhe é atribuído com muita plausibilidade deixa entrever algo do mistério e das práticas sacerdotais orientais em suas doutrinas peculiares, e mais ainda desses elementos estrangeiros em seu espírito geral onipresente. A ideia de unir estado e religião é particularmente oriental e anti-helênica em sua essência. De regresso a Samos, afirma-se que ele encontrou o talentoso Polícrates na tirania do governo e, desgostoso, deixou a cidade natal. Se, à época, ele já tivesse concebido seus desígnios políticos, é evidente que eles nunca poderiam ter sido executados durante o governo de um tirano desconfiado e perspicaz, pois, em primeiro lugar, inovações radicais nunca sofrem uma oposição tão eficaz como em governos concentrados nas mãos de um único homem, e, em segundo lugar, o próprio cerne do sistema de Pitágoras consistia na criação de uma aristocracia oligárquica: uma estrutura política muitíssimo odiada e perseguida pelos tiranos gregos. O filósofo migrou para a Itália. É bastante provável que ele já se tivesse feito célebre na Grécia, pois, à época, era uma distinção ter viajado para o Egito, a sede de conhecimentos misteriosos e venerados, e a filosofia, como outras novidades, parece ter virado moda mesmo junto à multidão. Não só todas as tradições a respeito desse homem extraordinário, mas a realidade do poderoso efeito que, em sua pessoa apenas, ele provocou mais tarde na Itália provam que Pitágoras também era dotado daquela arte sem nome de deixar sua marca pessoal na humanidade e criar aquele entusiasmo individual necessário àqueles que obtêm uma autoridade moral e fundam seitas e instituições. É tão compatível com os costumes da época e os objetivos de Pitágoras crer que ele tivesse explorado diligentemente as religiões antigas e os sistemas políticos da Grécia, aos quais fora um estranho por muito tempo, que não podemos rejeitar as tradições (por desfiguradas que tenham sido pelas fábulas) de que ele visitou Delfos.

Em Olímpia, onde certamente seria recebido com curiosidade e honras, o futuro legislador teria assumido o título de filósofo, o primeiro a reivindicá-lo. Quanto ao mais, devemos render nossa fé a todos os relatos prováveis, tanto de seus zelosos preparativos para seu projeto, como da celebridade que alcançou na Grécia, que possam diminuir o caráter milagroso do sucesso que o aguardava nas cidades do Ocidente.

XVII. Pitágoras (540-510 a.C.) chegou à Itália durante o reinado de Tarquínio, o Soberbo, de acordo com os testemunhos de Cícero e Aulo Gélio,[529] e fixou residência em Crotona, cidade da Baía de Tarento, colonizada por gregos

[529] Tito Lívio data sua chegada no reinado de Sérvio Túlio.

da tribo aqueia.[530] Parece que ele entra em cena como professor de jovens[531] e, como não era incomum naquela época, logo passou de preceptor a legislador. As dissensões na cidade favoreciam seus objetivos. O senado (constituído de mil membros, sem dúvida de uma raça diferente da massa do povo: os primeiros, a posteridade dos colonizadores; os últimos, a população nativa) tirou proveito da chegada e influência de um eloquente e renomado filósofo. Ele colaborou com a consolidação de aristocracias, e era contrário à democracia e à tirania. Contudo, sua política não era de ambição vulgar. Ele recusou, ao menos por algum tempo, poder e cargos ostensivos, e contentou-se em instituir uma sociedade organizada e formidável, não de todo diferente daquela poderosa ordem fundada por Loyola em tempos relativamente recentes. Os discípulos admitidos nessa sociedade eram submetidos a exames e período de experiência. Era de grau em grau que passavam às honras superiores e eram admitidos em seus segredos mais profundos. A religião constituía a base da fraternidade, mas a religião associada a fins humanos de progresso e poder. Ele selecionou os trezentos (que, em Crotona, formavam sua ordem) dentre as famílias mais nobres, e estes foram supostamente educados para se conhecer a si próprios, para que, assim, estivessem aptos a comandar o mundo. Parece que não demorou muito para que essa sociedade, da qual Pitágoras era o chefe, suplantasse o antigo Senado e ficasse com a administração legislativa. Nessa instituição, Pitágoras destaca-se como único: nenhum outro fundador da filosofia grega se assemelha a ele. Ao que tudo indica, ele também se distinguia dos outros sábios de seu tempo em sua opinião sobre a importância das mulheres. Afirma-se que ele palestrava para elas e as ensinava. Sua esposa era, ela mesma, filósofa, e quinze discípulas figuram entre as joias proeminentes de sua escola. A influência de Pitágoras era ilimitada em Crotona, estendia-se a outras cidades italianas e alterava ou revogava estruturas políticas. E se Pitágoras tivesse uma ambição menos sofisticada e mais pessoal, talvez tivesse fundado uma poderosa dinastia e enriquecido nossos anais sociais com os resultados de um novo experimento. Mas sua ambição não era a de um herói, mas a de um sábio. Ele desejava antes estabelecer um sistema que exaltar a si próprio. Seus discípulos imediatos

[530] Estrabão.
[531] Jâmblico, cap. VIII, IX. *Vide* também *A República*, Platão, livro X.

não viam todas as consequências que poderiam advir da fraternidade fundada por ele.

XVIII. Quando esse poder, tão místico e tão revolucionário, conseguiu estabelecer-se, por meio de sociedades filiais, em uma parte considerável da Itália, eclodiu um sentimento geral de apreensão e suspeita contra o sábio e seus sectários. De acordo com Porfírio, os levantes antipitagóricos foram suficientemente numerosos e ativos para ficar na memória de muitas gerações subsequentes. Afirma-se que muitos dos amigos do sábio morreram, e não se sabe se o próprio Pitágoras morreu vítima da fúria de seus inimigos, ou fugitivo entre seus discípulos em Metaponto. E só quando quase toda a Baixa Itália se via arrasada por violentas agitações, e a própria Grécia se envolveu na disputa, como estado pacificador e árbitro, é que a situação se acalmou: as instituições pitagóricas foram abolidas, e as democracias timocráticas[532] do aqueus ergueram-se sobre as ruínas daquelas oligarquias intelectuais, mas desfavoráveis.

XIX. Pitágoras cometeu um erro fatal ao recorrer a aristocracias como seus agentes na tentativa de revolucionar a sociedade. Revoluções, sobretudo aquelas influenciadas pela religião, nunca se realizam a contento, a não ser pelas emoções populares. Foi esse erro de julgamento que colocou o povo contra Pitágoras, pois, pelo relato de Neantes, registrado por Porfírio[533] e, de fato, a partir de todos os demais testemunhos, é de todo evidente que sua queda deve ser atribuída não à comoção partidária, mas à popular. Também não há dúvidas de que, após sua morte, embora sua seita filosófica tenha permanecido, seu código político desmoronou. As únicas sementes que, plantadas por filósofos, florescem e se transformam em grandes estados são aquelas que, para o bem ou para o mal, são semeadas no coração da maioria.

XX. Os acréscimos puramente intelectuais de Pitágo-

[532] Que os governos aqueus fossem democracias parece óbvio o bastante, e está em total acordo com a observação de Xenofonte, de que as timocracias eram "compatíveis com as leis dos aqueus", já que elas eram apenas democracias modificadas.

[533] Os pitagóricos se reuniram na casa de Milo, o lutador, que era um general eminente, e o mais ilustre dos discípulos foi apedrejado até a morte, e a casa, incendiada. O apedrejamento era basicamente a pena capital para as turbas, o modo de infligir a morte que sempre marca o ofensor como um inimigo da população.

ras à sabedoria humana parecem ter sido amplos e permanentes. De acordo com testemunhos prováveis, ele fez uma enorme contribuição para a ciência matemática, e suas descobertas em aritmética, astronomia, música e geometria constituem uma era da história do intelecto. Suas especulações metafísicas e morais não devem ser separadas dos acréscimos ou distorções de seus discípulos. No entanto, devemos ao menos supor que Pitágoras tenha estabelecido a principal proposição das propriedades ocultas dos NÚMEROS, que eram tidos como os princípios de todas as coisas. De acordo com essa teoria, a unidade é o princípio abstrato de toda a perfeição, e os dez números elementares contêm os elementos do sistema perfeito da natureza. A origem e a substância de todas as coisas poderiam ser explicadas por números.[534] Eles constituem o mistério da terra e do céu – dos próprios deuses. Os pitagóricos supunham que o sol, ou fogo central, era o trono de Júpiter e o princípio da vida. As estrelas eram divinas. Eles acreditavam que os homens, e mesmo os animais, tinham dentro de si uma porção da natureza celestial. A alma, que emana do fogo celestial,[535] pode combinar-se com qualquer forma de matéria, e é obrigada a passar por vários corpos. Adotando a doutrina egípcia da transmigração, os pitagóricos uniam-na à ideia de punição ou recompensa futura.

Muito da moralidade doutrinária de Pitágoras é admirável: humanidade para com todas as coisas, gentileza, amizade, amor e, acima de tudo, AUTODOMÍNIO, são as principais recomendações de sua ética branda e patriarcal. Mas, talvez por seu desejo de estabelecer uma fraternidade política, talvez por sua dúvida quanto à capacidade do homem de abraçar a Verdade sem adornos, enamorado apenas de sua própria beleza, tais doutrinas uniam-se a um ascetismo austero e frívolo. E a virtude só poderia ser alcançada pela graduação nas rígidas cerimônias secretas. Olhando para o homem em si – suas descobertas, seus planos, seu talento, seus feitos maravilhosos – não podemos senão considerá-lo uma das pessoas mais impressionantes que o mundo já produziu.

XXI. Sobre os atenienses, o efeito desses diversos filósofos já era marcado e forte. Desde o tempo de Sólon, existia em Atenas uma espécie de escola de filosofia política.[536] Contudo, não era uma escola de dogmas de pu-

[534] *Metafísica* de Aristóteles, livro I, 3.
[535] Diógenes Laércio, VIII, 28.
[536] Plutarco em *Vit. Them*. Os sofistas não foram, portanto, como comu-

rificação ou ética sistemática. Estava muito ligada à vida cotidiana e prática para fomentar, em grande medida, as contemplações abstratas e as teorias recônditas das descobertas metafísicas. Mnesífilo, o mais eminente dos sucessores imediatos de Sólon, foi instrutor de Temístocles, o antípoda mesmo dos retóricos e purificadores. Agora, porém, aproximava-se uma nova era da filosofia. Os sábios eleáticos Zenão e Parmênides já haviam viajado para Atenas e aí proclamado suas doutrinas, e dentre os ouvintes e discípulos de Zenão encontrava-se o jovem Péricles. Todavia, Anaxágoras, da escola jônica, exerceu uma influência muito mais perceptível. Por trinta anos, a saber, de 480 a.C. a 450 a.C., durante aquele período agitado e turbulento entre a batalha das Termópilas e o início da trégua de cinco anos com Esparta, seguido da morte de Címon (449 a.C.), esse eminente e talentoso pensador residiu em Atenas.[537] Suas doutrinas eram as mais acalentadas por Péricles, que tinha o filósofo entre seus amigos íntimos. Ausente por alguns anos, ele retorna a Atenas e, então, encontramo-lo sujeito a um processo em que o preconceito religioso foi estimulado por rixas partidárias. Dedicando-se mais às pesquisas físicas que metafísicas, ele chocou a superstição nacional ao explicar com princípios físicos até mesmo a formação dos corpos celestes. Segundo ele, o próprio sol, aquele centro de perfeição divina para os pitagóricos, fora ejetado da Terra e aquecido até incendiar-se pela velocidade do movimento. Afirmava que o estudo adequado ao homem era a contemplação da natureza e dos céus,[538] e aperfeiçoou a noção que se tinha do Autor do universo, transformando-o em um princípio intelectual (*Nous*) que ia à raiz das causas materiais geralmente favorecidas por seus antecessores e contemporâneos. Ele admitia a existência da matéria, mas a INTELIGÊNCIA era o princípio animador e predominante, que criava simetria a partir do caos, impunha limites e leis a todas as coisas, e inspirava vida, sensação e percepção. Seus antecessores da escola jônica, que deixavam o universo repleto de deuses, não haviam feito ataques abertos à mitologia popular. No entanto, a afirmação da [existência de uma] Inteligência Única, e a redução de tudo o mais a causas materiais e físicas, não poderia senão instilar um espírito totalmente hostil às nu-

---

mente se afirma, os primeiros a aplicar filosofia à política.

[537] Veja, para evidências dos grandes dons e da filosofia real de Anaxágoras, Brucker *De Sect. Ion.* XIX.

[538] Aristóteles, A Ética a Nicômaco, I, 5.

merosas e dinâmicas divindades do culto helênico. O sentimento político contra seu amigo e patrono Péricles acabou por fazer convergir a desconfiança geral sobre ele, e Anaxágoras foi obrigado a deixar Atenas, passando o restante de seus dias em Lâmpsaco. Mas sua influência sobreviveu ao exílio. Seu pupilo Arquelau foi o primeiro ateniense nativo a ensinar filosofia em Atenas (450 a.C.), e a partir dele é que datamos a criação daquelas escolas brilhantes e imperecíveis que asseguraram a Atenas um império intelectual por muito tempo depois do desaparecimento de sua independência política.[539] O próprio Arquelau (como era o costume dos sábios anteriores) afastou-se muito da doutrina de seu mestre. Ele acreditava que, por sua operação, dois princípios discordantes, fogo e água, haviam levado todas as coisas do caos à ordem, e sua metafísica era a do materialismo puro. Também nesse período, ou um pouco mais tarde, começou a surgir lentamente, em Atenas, a seita dos sofistas, sobre a qual tanto se escreveu e tão pouco se sabe. Contudo, como os efeitos de seus ensinamentos não foram tão evidentes por algum tempo, será mais apropriado para esta história adiar o exame das doutrinas daquela escola corrompida, mas não de todo perniciosa, para um período posterior.

XXII. Já se disse o suficiente para transmitir ao leitor uma noção geral do prodigioso progresso que, no mais sereno dos departamentos intelectuais, ocorrera na Grécia desde o aparecimento de Sólon até as palestras de Arquelau, que foi o mestre de Sócrates. Para os atenienses, a filosofia não era algo apartado das ocupações da vida e dos acontecimentos da história; não era monopólio de algumas mentes estudiosas, mas algo cultivado como moda pela juventude e pela nobreza, pelo estadista, pelo poeta, pelo homem prazenteiro, pelo adepto da ambição.[540] Ela estava inseparavelmente entremeada com seus costumes, suas atividades, sua glória e sua decadência. A história de Atenas traz em si a história da mente humana. Ciência e arte, erudição e talento, tudo conspirou, não menos que os troféus de Milcíades, a ambição de Alcibíades, a desconfiança de Esparta, para as causas da ascensão e queda de Atenas. E mesmo aquela sátira de si mesma, à qual, nas paródias imortais de Aristófanes, a população ateniense

[539] Arquelau começou a ensinar durante o intervalo entre a primeira e a segunda visita de Anaxágoras. *Vide Fasti Hellenici*, Vol. II, 450 a.C.

[540] Veja a evidência disso em *As Nuvens*, de Aristófanes.

ouvia, apresenta um povo que, quaisquer que sejam seus erros, o mundo nunca tornará a ver: um povo para o qual a filosofia era um passatempo e a própria Ágora era uma academia, um povo cujas exibições mais grosseiras de bufonaria e caricatura fervilham com uma inteligência ou se expandem em uma poesia que atestam tanto a cultura do público como o talento do autor. Em suma, um povo que o Estagirita individualizou inconscientemente ao estabelecer uma proposição geral que, em nenhum outro lugar, pode ser aceita como um truísmo: que as pessoas comuns são os melhores juízes de tudo o que, na arte, é gracioso, harmonioso ou sublime.

Atenas: Ascensão e Queda

Livro V
Da morte de Címon, em 449 a.C., à morte de Péricles, no terceiro ano da guerra do Peloponeso, 429 a.C.

Capítulo I

Tucídides é escolhido pelo Partido Aristocrático para fazer oposição a Péricles. Sua política. A liberalidade de Péricles. A Guerra Sacra. A Batalha de Coroneia. A Revolta de Eubeia e Mégara. A invasão e a retirada dos peloponésios. A derrota de Eubeia. A punição da cidade de Istiaia. Uma trégua de trinta anos é selada com os peloponésios. O Ostracismo de Tucídides.

I. Quando Címon morreu (449 A.C.), o partido aristocrático em Atenas julgou que a posição de seus adversários e o espírito daquele período exigiam um líder com aptidões totalmente distintas daquelas que caracterizavam o filho de Milcíades. Em vez de um general hábil e intrépido, geralmente ausente da cidade em expedições fascinantes, porém a longas distâncias, era necessário que emergisse um chefe capaz de lutar por seus enfraquecidos e disputados privilégios no âmbito interno, e que estivesse à altura do formidável Péricles, com as mesmas vantagens da experiência civil e do talento para a oratória, quer nas listas da assembleia popular, quer nos estratagemas da intriga política. Por isso, sua escolha não recaiu nem sobre Mirônides, tampouco sobre Tolmides, mas sobre alguém que, conquanto não fosse muito célebre por façanhas militares, era considerado superior a Címon, fosse como estadista experiente, fosse como orador popular. Tucídides, sua nova aposta, somava aos dons naturais qualquer vantagem que pudesse derivar da memória de Címon, e sua ligação com esse ilustre guerreiro, de quem era cunhado, serviu para manter reunidos os diversos partidários da facção, bem como preservar para os eupátridas um pouco do respeito e do entusiasmo que os serviços de Címon não poderiam deixar de merecer, mesmo em uma democracia.

A política adotada por Tucídides era, talvez, a melhor que o estado de coisas permitia; mas era muito perigosa. Até então, os eupátridas e o povo, embora sempre em desacordo, não estavam totalmente desunidos; como os esforços de ambas as facções fossem conduzidos por nobres, não se permitia à democracia a arriscada vantagem do brado, do povo de um lado e os nobres do outro. Mas Tucídides, na tentativa de tornar seu partido tão forte, compacto e unido quanto possível, persuadiu a maioria dos eupátridas a agir em conjunto. O relato acerca dos meios pelos quais ele perseguiu e alcançou tal objetivo não é muito claro; mas isso provavelmente se deu mediante a formação de um clube político: uma espécie de combinação social, que, mais tarde, tornou-se muito comum em todas as classes de Atenas. O primeiro resultado dessa política favoreceu a aristocracia, e a energia e união que demonstraram restaurou, por algum tempo, o equilíbrio dos partidos. No entanto, a influência aristocrática, assim evidente e desimpedida, colocando-se em uma posição de hostilidade declarada diante da causa popular, dividiu a cidade em duas, e a comunidade foi abertamente instigada a considerar os nobres como seus inimigos[541]. Desse modo, Péricles, cada vez mais envolvido com a democracia, passou a ser identificado com os interesses do povo, e buscou, não menos por gosto que por política, provar ao populacho que eles se tinham transformado em uma abastada e esplêndida nação que podia dispensar a liberalidade, os espetáculos e as exibições de indivíduos da nobreza. Péricles esbanjou os tesouros sobressalentes do estado com festivais públicos, desfiles imponentes e cortejos teatrais. Como que desejoso de elevar o povo à classe aristocrática, tudo o que usava para apelar à aprovação popular serviu para refinar seu gosto e inspirar no mais pobre dos atenienses a noção da grandiosidade de Atenas. Seus inimigos diziam, e essa antiga narrativa foi repetida com muita credulidade, que, como a própria fortuna particular de Péricles não lhe permitisse rivalizar com os abastados nobres aos quais se opunha, ele direcionava parte da riqueza nacional para o fomento das artes nacionais e a exibição da magnificência ateniense a fim de suprir a insuficiência de confiança pública de que gozava. Todavia, é muito provável que tenha sido mais por princípio que por ambição pessoal que Péricles desejasse enxovalhar e eclipsar os subornos interesseiros à aprova-

[541] Plutarco em *Vit. Per.*

ção pública com os quais Címon e outros haviam tentado corromper o populacho. Péricles também não era desprovido dos meios nem da disposição de empregar sua fortuna particular em objetivos realmente generosos. "Foram sua riqueza e sua cautela," diz Plutarco, ao responsabilizar a imprevidência de Anaxágoras, "que lhe permitiram socorrer os necessitados." O que ele gastava em caridade, poderia, talvez, ter gastado mais proveitosamente em ostentação, se não julgasse que a caridade era da competência do cidadão, e a magnificência, privilégio do estado. Estava em perfeita harmonia com a filosofia que então começava a se disseminar por toda a Grécia, e que imbuía tão profundamente a mente desse grande artista político, crer que as Graças enobreciam a cidade que adornavam, e que a glória de um estado estava intimamente relacionada ao refinamento do povo.

II. Enquanto, internamente, as divisões do estado avançavam para aquele ponto em que o conflito entre os líderes opositores deve terminar, enfim, no suplício do ostracismo, no exterior, irromperam novas causas de hostilidade entre os atenienses e os espartanos. A cidade sagrada de Delfos constituía uma parte da região da Fócida; mas, desde tempos antigos, seus cidadãos parecem ter exercido o direito de administrar com autonomia os negócios do templo[542], e escolhido seus próprios superintendentes do oráculo e dos tesouros. Em Delfos, existiam ainda vestígios das instituições dóricas e do sangue dórico, mas a bravura primitiva e as virtudes valorosas da tribo ancestral haviam de muito se esvaído. As relações indiscriminadas com estrangeiros, a influência perniciosa da constante impostura e maquinações sacerdotais, e sobretudo a prosperidade da cidade, da qual os nativos tiravam sua subsistência, e até luxo, sem trabalho[543] contribuíram para enfraquecer e corromper o caráter nacional. Incapazes de defender-se, com seus próprios esforços, de qualquer inimigo, os délficos dependiam da proteção passiva conferida pela supersticiosa reverência de seus vizinhos, ou da sólida aliança existente entre eles e os grandes representantes espartanos de sua

[542] Veja Tucídides., livro V, cap. 18, em que as condições para a paz estabelecem que o templo e santuário de Delfos deveria ser independente, e que os cidadãos fixariam seus próprios tributos, receberiam suas próprias receitas, e administrariam seus próprios negócios como uma nação soberana (*autoteleis kai autodikois* [a respeito dessa expressão, consulte *Tucídides*, de Arnold, vol. II, p. 256, nota 4]), de acordo com as antigas leis do país.
[543] *Dóricos*, de Mueller, vol. II., p. 422. *Athen.*, IV.

raça dórica comum. Diante disso, o governo ateniense julgava aconselhável retirar dos délficos a responsabilidade pelo oráculo e pelo templo, uma vez que tal responsabilidade poderia, a qualquer momento, tornar-se útil à causa espartana; e, assim, parece que conspiraram com um ousado ataque dos fócios, que eram, agora, seus aliados. Esses vizinhos mais destemidos da cidade sagrada reivindicaram e tomaram à força o direito à superintendência do templo. Os espartanos, alarmados e inquietos, despacharam uma força armada para Delfos e restabeleceram os antigos privilégios dos cidadãos. A esse ataque, deram o piedoso nome de Guerra Sacra. Delfos repudiou formalmente a liga fócia, declarou-se um estado independente e chegou mesmo a definir as fronteiras entre seus próprios domínios e os domínios da Fócida. Por sua ajuda, Esparta foi recompensada com o privilégio da precedência nas consultas ao oráculo, e os espartanos gravaram esse decreto em um lobo de bronze na cidade sagrada. Agora, os atenienses já não agiriam por intermédio de outros: percebiam toda a vantagem de garantir a seus aliados, e tomar de seus inimigos, o controle de um oráculo de cuja voz dependia a sorte na guerra e a prosperidade na paz. Tão logo os espartanos se retiraram, uma força ateniense liderada por Péricles, a quem Anaxágoras teria libertado de preconceitos supersticiosos, entrou na cidade e devolveu o templo ao controle dos fócios. A mesma imagem que registrara o privilégio dos espartanos agora ostentava uma inscrição que conferia o direito de precedência aos atenienses. O êxito dessa expedição foi logo revertido.

III. Quando, após a batalha de Enófita, os atenienses estabeleceram formas democráticas de governo nas cidades da Beócia, os principais membros da oligarquia derrotada foram, por escolha ou por coação, para o exílio. Esses descontentes, sem dúvida com o auxílio de partidários que não partilhavam de seu banimento, agora voltavam sua atenção para Queroneia, Orcômeno e algumas outras cidadezinhas beócias. Os atenienses, que se gloriavam de haver restaurado a liberdade à Beócia e, pela primeira vez desde a Guerra Médica, honraram com sepultamento a expensas públicas aqueles que haviam tombado sob Mirônides, não podiam ver essa tentativa de contrarrevolução com indiferença. A política socorreu seu amor pela liberdade, pois não se deve jamais esquecer que a mudança do governo democrático para o governo oligárquico nos estados gregos foi a troca formal da aliança ateniense pela espartana. Não obstante, Péricles, que sempre recorria à guerra com relutância, e cujo atributo mais notável de caráter era uma profunda e cuidadosa cautela, opôs-se à proposta de enviar uma força armada à Beócia. Ele tinha duas objeções: considerava o momento inoportuno, e não estava disposto a pôr em perigo, em uma questão que não tinha importância imediata para Atenas, a flor de seus hoplitas, ou soldados fortemente armados, dos quais mil já haviam oferecido seus serviços à empreitada. Todavia, o conselho de Tolmides, que estava ávido pela guerra e inebriado com sucessos do passado, prevaleceu. "Se não levais em conta minha experiência, aguardai, ao menos, o conselho do TEMPO, que é o melhor dos conselheiros", disse Péricles. O dito foi esquecido no entusiasmo popular a que se opunha, mas, posteriormente, angariou a veneração de uma profecia.[544]

IV. Com o auxílio de algumas tropas aliadas e, especialmente, de seus mil voluntários, Tolmides arremeteu para a Beócia, onde subjugou a Queroneia, guarneceu a cidade capturada e voltava para Atenas quando, no território da Coroneia, deparou, de repente, com uma emboscada inimiga,[545] formada pelos bandos exilados de Orcômeno, de lócrios opúntios, e dos partidários das oligarquias da Eubeia. Deu-se uma batalha. Os atenienses sofreram uma derrota memorável e notória (447 a.C.). Muitos foram feitos prisioneiros; muitos foram mortos: o orgulho e a juventude dos hoplitas atenienses foram deixados no campo de batalha; o bravo e abastado Clínias (pai do ainda mais célebre Alcibíades) e o próprio Tolmides foram mortos. Mas o desastre da derrota não foi nada em comparação com suas consequências. A fim de reaver seus prisioneiros, o governo de Atenas foi obrigado a celebrar um tratado com as oligarquias inimigas e retirar suas tropas da Beócia. Com sua saída, as velhas oligarquias substituíram, por toda parte, as democracias aliadas, e os vizinhos mais próximos de Atenas tornaram-se, mais uma vez, seus inimigos. Essa mudança, porém, não se restringiu à Beócia. Na Lócrida

[544] Talvez uma breve mudança na administração tenha acompanhado a derrota de Péricles no debate sobre a expedição à Beócia. Obviamente, Péricles estava no poder, visto que administrou os fundos públicos durante a oposição de Tucídides. No entanto, quando derrotado, como diríamos, "na questão beócia", o partido vitorioso provavelmente assumiu o controle.
[545] Uma emboscada, de acordo com Diodoro, livro XII.

e na Fócida, o partido popular caiu com as reviravoltas de Coroneia: as oligarquias exiladas foram restabelecidas e, quando lemos sobre tais estados logo após o ocorrido, eles já são aliados de Esparta. Em Atenas, as consequências do episódio de Coroneia foram ainda mais importantes. Com o massacre de tantos dos hoplitas, o partido aristocrático em Atenas ficou muito enfraquecido, ao passo que as objeções e temores ignorados de Péricles, agora lembrados, asseguraram-lhe um respeito e uma confiança que logo serviriam para pender a balança contra seu rival Tucídides.

V. A primeira derrota da orgulhosa senhora do mar grego foi uma ocasião para a revolta dos subordinados insatisfeitos. A Ilha de Eubeia, cujas pastagens agora se faziam necessárias aos atenienses, encorajada pelo êxito que acompanhara os exércitos dos exilados eubeus em Coroneia, libertou-se do jugo ateniense (445 a.C.). No mesmo ano, terminou a trégua de cinco anos com Esparta, e este estado passou logo a preparar-se para vingar sua humilhação em Delfos. Péricles parece ter sido chamado mais uma vez ao poder oficial e, agora, não se mostrou passivo no combate. Liderando uma tropa satisfatória, cruzou o canal e desembarcou na Eubeia. Mal chegara à ilha, soube que Mégara se havia rebelado: que os megarenses, unidos aos partidários de Sicião, Epidauro e Corinto, haviam passado ao fio da espada a guarnição ateniense, à exceção de uns poucos que se haviam se escondido em *Nisaea*, e que um exército de confederados peloponésios se preparava para marchar até a Ática. Ao receber tais notícias, Péricles reembarcou suas forças e voltou Atenas. Logo apareceram as forças peloponésias, comandadas pelo jovem Plistóanex, rei de Esparta, que, sendo ainda menor de idade, foi colocado sob a tutela de Cleandridas. As terras junto à fronteira ocidental da Ática, algumas das mais férteis daquele território, foram devastadas, e o inimigo chegou até Elêusis e Tria. Mas nenhum dano foi perpetrado: eles apenas lançaram o ataque e partiram. No retorno a Esparta, Plistóanex e Cleandridas foram acusados de ter recebido suborno para trair a honra ou abandonar a vingança de Esparta. Cleandridas fugiu do processo e foi condenado à morte no exílio. Plistóanex também deixou o país e procurou refúgio na Arcádia, no santuário do santuário do Monte Liceu. As suspeitas dos espartanos pareciam muito bem fundamentadas, e afirma-se que Péricles, ao aprovar suas contas naquele ano, anotou que dez talentos[546] foram direcionados a determinado uso, um item com o qual a assembleia concordou com um silêncio consciente e perspicaz. Afastado esse terrível inimigo, Péricles invadiu mais uma vez a Eubeia e subjugou a ilha (445 a.C.). Em Cálcis, Plutarco diz que Péricles baniu os ricos proprietários de terras, que, sem dúvida, eram os comandantes oligárquicos da revolta, e colonizou a Istiaia com os atenienses, expulsando, pelo menos, a maior parte da população nativa[547]. Para esta última violência, apresentou-se uma das mais veementes justificativas que a inflexível justiça de guerra pode alegar em suas sentenças mais severas: os habitantes de Istiaia haviam capturado uma embarcação ateniense e matado a tripulação. O restante da ilha foi admitido com condições, pelas quais o valor do tributo sofreu um aumento um tanto opressivo.[548]

VI. O resultado inglório da expedição peloponésia à Ática naturalmente tendia a fazer com que os espartanos desejassem uma paz com condições honrosas, ao passo que a lembrança dos perigos, antes evitados que eliminados, não podia senão inclinar o governo ateniense a aplacar um inimigo do qual muito se podia temer e pouco obter. Iniciaram-se e concluíram-se negociações (445 a.C.). Os atenienses entregaram alguns dos mais valiosos frutos de suas vitórias em seus domínios no Peloponeso. Abdicaram de seu direito sobre Nisea e *Pegae*, renunciaram à posição que haviam estabelecido em Trezena, abandonaram a aliança ou intervenção na Acaia, sobre a qual a sua influência se estendera em um grau que poderia, com justiça, alarmar os espartanos, visto que eles haviam conquistado o direito de formar tropas nessa província, e as tropas aqueias haviam servido sob o comando de Péricles no cerco de Halíades.[549] Tais foram as condições em que se baseou uma trégua de trinta anos.[550] As cláusulas eram ostensivamente desfavoráveis a Atenas. A Beócia retirou-se: a Lócrida e a Fócida haviam sido excluídas da aliança por uma revolução interna (o resultado da Coroneia). Os cidadãos de Delfos devem

[546] Vinte talentos, de acordo com o escoliasta de Aristófanes. A *Suda* aponta um montante que varia entre quinze e cinquenta.

[547] Que fugiu para a Macedônia. Teopompo *apud* Estrabão. O número de colonos atenienses era mil, de acordo com Diodoro; dois mil, de acordo com Teopompo.

[548] *Nubes*, de Aristófanes, 213.

[549] Tucídides., I, 111.

[550] *Ibid.*, I, 115.

ter recuperado o domínio de seu oráculo, uma vez que, daí em diante, sua voz sagrada mostrou-se favorável aos espartanos. Mégara foi perdida e, agora, todos os domínios no Peloponeso haviam sido entregues. Esses reveses, rápidos e marcantes, devem ter ensinado aos atenienses quão precária sempre é a superioridade militar de pequenos estados. Mas o tratado com Esparta, ainda que desfavorável, não era desonroso. Ele se fundamentava em um princípio geral, sem o qual, de fato, qualquer paz teria sido uma zombaria, qual seja, que os atenienses não deveriam interferir nos assuntos do Peloponeso. Reconhecido esse princípio, a renúncia a vantagens ou conquistas que lhe fossem incompatíveis não passava de um detalhe necessário. Como, nessa ocasião, Péricles estivesse no poder,[551] e já tendo lutado contra uma intervenção armada nas cidades beócias, é provável que tenha dado seguimento a sua própria política ao abdicar de todo e qualquer direito de intervenção nos estados peloponésios. Somente por meio da paz com Esparta é que ele poderia realizar seus prodigiosos planos para a grandeza de Atenas, planos que não dependiam de suas forças terrestres, mas da confirmação e consolidação do seu domínio do mar. E logo descobriremos, ao examinarmos suas receitas, outros motivos a aprovação de uma paz essencial à sua estabilidade.

VII. Tão logo foi selada a trégua, o conflito entre Tucídides e Péricles chegou a seu ápice. Os amigos do primeiro nunca perdiam uma oportunidade de acusar Péricles de haver dissipado, com demasiada prodigalidade, os recursos públicos com as novas construções que adornavam a cidade. Essa acusação de extravagância, o tipo de acusação que sempre será recebida com atenção por uma assembleia popular, causou uma impressão considerável. Disse Péricles ao grande tribunal perante o qual apresentou sua defesa: "Se pensais que gastei muito, colocai os montantes em minha conta, não na vossa, mas com a seguinte condição: que nas edificações seja inscrito o meu nome, não o do povo ateniense." Essa defesa, conquanto talvez uma simples hipérbole oratória[552], transmitia uma

[551] Como resta claro, ao lado de outras provas, da história já narrada da aprovação de suas junto aos atenienses com o item de dez talentos empregado como dinheiro de serviços sigilosos.

[552] O Propileu (ainda não construído à época), sozinho, custou dois mil e doze talentos (Harpocraciāo em *propylaia tauta*), e alguns templos custaram mil talentos cada. [Plutarco em *Vit. Per.*] Se o discurso de Péricles se referia a obras como essas, a proposta de arcar com aquela conta foi, na verdade,

reprimenda à qual os atenienses podiam responder de uma única maneira: eles rejeitaram a acusação e aplaudiram a extravagância.

VIII. Acusações contra homens públicos, quando malsucedidas, são os melhores trampolins para sua carreira. Tucídides fracassou contra Péricles. A morte de Tolmides, a derrota de Coroneia e o massacre dos hoplitas enfraqueceram o partido aristocrático. A democracia e a administração democrática aproveitaram a oportunidade para um esforço decisivo. Tucídides foi chamado ao ostracismo, e seu banimento livrou Péricles de seu único rival para o supremo governo do império ateniense.

---

uma figura de retórica. É possível, porém, que a acusação a que ele desejasse responder com essa oferta se referisse tão somente a algum prédio específico ou a algumas das obras menores, cujo custo sua fortuna poderia ter custeado. Não podemos realmente supor que, se a fingida generosidade não passasse de um floreio bombástico, ela teria incitado outro sentimento além do riso em uma audiência tão perspicaz.

Capítulo II

As causas do poder de Péricles. As cortes judiciais dos aliados dependentes são transferidas para Atenas. Um esboço das receitas atenienses. Os prédios públicos: obra do povo, não de Péricles. Os vícios e a grandiosidade de Atenas tinham as mesmas origens. O princípio do pagamento é a característica das políticas do período. Essa é a política da civilização. Colonização, clerúquia.

I. Na época de Péricles (444 a.C.), existia aquilo que parece despertar, a fim de desapontar, a curiosidade. Ficamos muito impressionados com a magnífica variedade de seus dons, com a influência que exerceu em sua época. Ele figura entre os grandes nomes imortais, no crepúsculo de uma era heroica e, não obstante, no súbito apogeu de uma era civilizada. E mal ele se afasta de nosso olhar, todos os males que somente sua habilidade poderia manter afastados, congregam-se e cercam a cidade que era o propósito de sua vida não menos adornar como que para festivais quanto coroar para a supremacia. É quase como se, com Péricles, a própria juventude de Atenas tivesse partido. Ainda assim, tão escassas são nossas informações e materiais históricos que a vida desse homem surpreendente é antes ilustrada pela luz geral dos tempos do que pelo fulgor seu próprio talento. Seus feitos militares não são gloriosos. Salvo algumas declarações ousadas, não restou nenhuma relíquia da eloquência que impressionava ou aplacava, instigava ou controlava o público mais difícil do mundo. É somente analisando, em parte, as obras de seus contemporâneos, em parte observando a ascensão do povo e, em parte, reunindo e moldando em um todo os fragmentos dispersos de sua política ambiciosa e cuidadosa que conseguimos avaliar e mensurar as proporções do espírito que reinava à época. A era de Péricles é o único historiador de Péricles.

Esse estadista encontrava-se agora naquele período da vida em que os homens públicos costumam ser mais estimados: quando, ainda no vigor da masculinidade, alcançaram a dignidade e a experiência dos anos, sobreviveram aos preconceitos e desconfianças que despertaram no início de sua carreira, e veem-se cercados por uma nova geração em meio à qual os adversários são menos comuns que os discípulos e admiradores. Passo a passo, mediante uma longa e sólida carreira, Péricles ascendera à atual proeminência, de modo que sua ascensão não causava o espanto da repentinidade. Não obstante, seu berço, seus serviços e talento constituíam uma combinação de pretensões ao poder que seus inimigos não poderiam menosprezar, e justificava o entusiasmo dos seus amigos. Seu caráter público era imaculado. Existem provas incontestáveis da confiança geral em sua integridade,[553] e mesmo algumas calúnias que foram posteriormente suscitadas contra ele – como aquela segundo a qual ele teria entrado em uma guerra para atender ao ressentimento de Aspásia, e em outra para desviar a atenção de suas finanças, são acusações tão carentes de confirmação por parte de qualquer autoridade confiável, e tão absurdas em si mesmas, que não passam de uma prova de como eram poucos os pontos em que poderia ser atacado por calúnias.

II. A forma mais óbvia de explicar o poder moral de um homem em qualquer época específica é analisar seu caráter e determinar em que medida ele é adequado para exercer autoridade sobre a época em que viveu e o povo que governou. Talvez nenhum ateniense jamais tenha sido dotado de mais qualidades do que Péricles para alcançar uma influência abrangente e duradoura sobre as diversas classes de seus compatriotas. Pela atenção dada às questões marítimas, Péricles conquistou os marinheiros, então a parcela mais difícil da população de satisfazer ou controlar. Seu incentivo ao comércio assegurou a simpatia dos negociantes e aplacou os colonos estrangeiros; ao passo

[553] O testemunho de Tucídides (livro II, cap. 5) por si só é suficiente para destruir todas as acusações absurdas que foram feitas contra a honestidade de Péricles pela maldade dos seus contemporâneos e que ainda se perpetuam apenas em escritores que não conseguem avaliar autoridades. Tucídides não só o chama íntegro, mas "clara ou notoriamente honesto". [*Chraematon te diaphanos adorotatos.*] Plutarco e Isócrates podem corroborar esse testemunho.

que as maravilhosas obras de arte, retomadas em toda parte, angariaram necessariamente as boas graças dos poderosos grupos de artífices e mecânicos que elas ajudavam a empregar. E seu caráter conseguia conquistar apoio não só para interesses práticos, mas também para todos os tipos de afinidades mais refinadas, ainda que menos influentes. A filosofia tornava-se um desejo e uma paixão em todos os grupos e facções. Péricles era mais propriamente o amigo que o patrono dos filósofos. A crescente sofisticação dos atenienses e o enorme influxo de riquezas que afluía ao tesouro a partir dos espólios da Pérsia e dos tributos das cidades subordinadas despertaram o desejo pela arte, e o culto intelecto de Péricles logo atendeu e orientou aquele desejo, promovendo cada gênero artístico à sua perfeição. A liberdade da democracia, a evolução do teatro (que é a oratória da poesia) e a ascensão da literatura em prosa deram origem à necessidade da retórica popular e, com Péricles, nasceu a retórica ateniense. Assim, seu poder emanava de uma centena de fontes: dos interesses mais vulgares, das afinidades mentais, da vaidade, da ambição, da razão ou da imaginação do povo. E, ao examinarmos o caráter de Péricles e observarmos sua harmonia com a sua época, a admiração que lhe temos devia ser partilhada por seus compatriotas. Péricles alcançou uma influência maior que a de Pisístrato, mas tal influência se baseava exclusivamente no livre-arbítrio dos atenienses: não tinha o suporte das armas, estava sujeita às leis, poderia desaparecer a qualquer momento. Em estados livres, uma influência desse tipo só é obtida por homens que são, de si mesmos, a imagem e o retrato da esmagadora maioria na democracia que governam. Até mesmo o partido aristocrático, que, por muito tempo, se opusera a Péricles, parece, com a queda de Tucídides, haver mitigado suas hostilidades. De fato, o partido tinha menos objeções a Péricles do que a qualquer dos governantes anteriores da democracia. Ele não era, como Temístocles, um arrivista atrevido que disputava com as pretensões do partido, ofuscando-as. Péricles pertencia à sua própria classe. Seu nome não se lhes tornou odioso por proscrições partidárias nem pela recordação de reais sofrimentos. Ele próprio havia evocado Címon, o ídolo do partido. E, nas providências que haviam rebaixado o Areópago, ele desempenhara seu papel com tanta discrição, ou subordinara sua cooperação de forma tão providencial, que a fúria dos aristocratas recaíra apenas sobre

Efialtes. Após o ostracismo de Tucídides, diz Plutarco[554], "ele se tornou um novo homem – já não tão subserviente às massas – e o governo assumiu uma forma aristocrática, ou antes, monárquica". Mas essas declarações de Plutarco não devem ser aceitas literalmente. As leis permaneceram igualmente democráticas, a ágora continuava forte, e Péricles seguia, da mesma forma, sujeito ao controle popular. No entanto, tendo agora conquistado a confiança do povo, tinha condições de governá-lo mais facilmente, ou, como observa Tucídides, com brilhantismo: "Não tendo obtido sua autoridade de forma indigna, ele não estava obrigado a agradar nem a acalmar os humores do povo, mas, quando a ocasião exigia, podia até mesmo se arriscar a contrariá-los com veemência".[555] A causa que o historiador atribui ao efeito merece ser observada com atenção por estadistas ambiciosos: como a autoridade de Péricles foi conquistada por mérito, o povo geralmente tolerava que fosse exercida até mesmo de modo impopular. Por outro lado, esse estadista sagaz e prudente estava, sem dúvida, bem ciente dos perigos aos quais a república estaria exposta, caso os insatisfeitos da grande facção aristocrática não fossem, em alguma medida, apaziguados, para induzir seu sóbrio e sensato patriotismo, se não para, de fato, buscar o apoio de seus oponentes, ao menos para evitar, por cautela, qualquer tentativa inútil de vingar hostilidades passadas ou alimentar as fontes de futuros aborrecimentos. Ele devia muito à singular moderação e serenidade de seu temperamento; e a sua dívida para com Anaxágoras devia ser deveras grande, se as lições desse pregador a respeito das virtudes cardeais do intelecto, a serenidade e a ordem, tiverem ajudado a forjar a mais rara de todas as uniões: um talento ardentíssimo com paixões muito bem controladas.

III. É bastante provável que tenha sido também por volta desse período que Péricles conseguiu implementar a política que sempre adotara com relação aos aliados tributários. Vimos que o tesouro havia sido transferido de Delos para Atenas. Agora, decidiu-se que Atenas também passaria a ser a sede e o centro da autoridade judicial. Os aliados subjugados foram compelidos a recorrer aos tribunais atenienses, se não nos casos secundários, ao menos em todos os casos importantes, a fim de pleitear justiça.[556] E, desse

[554] Plutarco em *Vit. Per.*

[555] Tucídides, livro II, cap. 65.

[556] "O modelo dessa regra, com a qual Atenas alcançou a mais ampla in-

modo, Atenas tornou-se, por assim dizer, a metrópole dos aliados. Era impossível que a inteligência concebesse um método mais completo e sagaz de estabelecer rapidamente o império ateniense. Todavia, como se baseava em uma opressão que devia ser sentida diariamente e de forma intolerável, que exigia, a cada acontecimento da vida, uma ação exasperante, com o estabelecimento do império foi plantada, ao mesmo tempo, uma inevitável causa de sua decadência. Pois, conquanto o poder seja raramente obtido sem injustiça, a injustiça, se contínua, é o princípio infalível de sua corrupção. E, a fim de perdurar, a autoridade deve apressar-se a despir todos os atributos mais odiosos da sujeição.

IV. Como estadista pragmático, um ponto de vista fundamental a partir do qual devemos observar Péricles é sua habilidade de financista. Segundo historiadores ingleses, sua política e pretensões nesse âmbito não foram estudadas adequadamente. Ainda assim, sem dúvida, elas foram uma das mais destacadas características de seu caráter público aos olhos de seus compatriotas. Ele foi o primeiro líder político de Atenas que empreendeu uma administração científica das receitas nacionais e, graças, em parte a sua integridade consciencioso, em parte a sua cautelosa sensatez e, em parte, a uma feliz confluência de circunstâncias, as receitas atenienses, mesmo por ocasião da duplicação do tributo, nunca foram administradas de forma tão próspera. A primeira grande fonte da receita eram os tributos das cidades confederadas.[557] Essas receitas, calculadas em qua-

fluência e um domínio quase absoluto dos aliados, era possivelmente encontrado em outros estados gregos que tinham confederados subordinados, tais como Tebas, Élida e Argos. Contudo, por causa da distância de muitos territórios, é impossível que toda e qualquer trivialidade pudesse ser levada ao tribunal em Atenas. Portanto, devemos supor que cada estado subordinado tivesse uma jurisdição inferior própria, e que somente a jurisdição suprema pertencesse a Atenas. De fato, pode-se imaginar que pessoas teriam viajado de Rodes ou Bizâncio por causa de uma ação judicial de cinquenta ou cem dracmas? Provavelmente se estabelecia um montante em dinheiro em processos de caráter privado, acima da qual o tribunal inferior dos aliados não tinha jurisdição, ao passo que os casos referentes a montantes maiores eram encaminhados a Atenas. Não há dúvidas de que causas públicas e penais eram, na sua maioria, decididas em Atenas, e as poucas alegações específicas que chegaram até nós se referem a processos dessa natureza." Boeckh, *Pol. Econ. of Athens*, vol. II, p. 142, 143, tradução.

[557] Ao calcular o montante do tesouro quando de sua transferência para Atenas, Boeckh (*Pol. Econ. of Athens*, vol. I, p. 193, tradução) é fortemente induzido ao erro por causa de um equívoco de datas. Ele pressupõe que o fundo existisse havia apenas dez anos quando foi levado para Atenas, ao passo que ele existia havia aproximadamente dezessete anos, isto é, de 477 a 461 a.C., ou antes, 460 a.C. E isso daria por volta do montante afirmado por Diodoro, XII, p. 38 (ou seja, quase 8000 talentos), conquanto ele, mais tarde, aumente

trocentos e sessenta talentos à época de Aristides, haviam aumentado para seiscentos à época de Péricles, mas não há indícios que provem que o montante aumentado tenha sido obtido de forma desonesta, nem que se tenham exigido novos encargos, salvo em casos raros,[558] dos participantes originais da liga. O aumento de cento e quarenta talentos pode ser explicado, em parte, pela quota de diferentes confederações conquistadas desde os tempos de Aristides, e em parte pela isenção do serviço militar ou marítimo, voluntariamente comprada, ainda que de modo imprudente, pelos próprios estados durante a administração de Címon. Como o tributo era um sinal de dependência e inferioridade, o encargo era uma opressão; mas os responsáveis por isso eram antes os que o pagavam que aqueles que o recebiam. Seu ônus prático para cada estado, nesse período, parece, na maioria dos casos, ter sido levíssimo, e qualquer pesquisa muito superficial provará como foram absurdamente exageradas as invectivas de homens ignorantes ou precipitados, seja na antiguidade ou nos tempos modernos, acerca das extorsões dos atenienses e do empobrecimento dos seus aliados. Aristófanes[559] atribui mil cidades tributárias ao império de Atenas. O número é, sem dúvida, uma licença poética. Não obstante, quando recordamos a extensão do território que a liga abrangia e a quantidade de cidades que apinhavam as costas e ilhas da Grécia, é provável que não cheguemos ao número real de cidades tributárias se as estimarmos em seiscentas, de modo que, na época de Péricles, o tributo não perfaria, em média, mais que um talento, ou 241 libras, 13 xelins e 4 *pence*,[560] em moeda inglesa, para cada cidade! Mesmo quando, em uma época de urgente demanda de recursos do estado[561], Citera foi tomada pelos atenienses[562], o tributo dessa ilha foi avaliado em apenas quatro talentos. E, em inscrições que sobreviveram e chegaram até nós, descobrimos que, em alguns lugares, o tributo foi avaliado em apenas em dois mil, e mesmo em mil dracmas.[563]

Por fim, se a estimativa feita por Aristides, de quatro-

o montante para 10.000. No entanto, uma grande parcela desse valor foi certamente consumida em guerras antes da transferência. Ainda assim, Boeckh avalia a quantia transferida em um total muito baixo quando diz que ela não poderia exceder 1800 talentos. É muito provável que esse montante fosse o dobro.

[558] Tal como a Eubeia, veja p. 212.

[559] Aristófanes, *As Vespas*, p. 795.

[560] *Prolegomena to Homer*, de Knight; veja também Boeckh (tradução), vol. I, p. 25.

[561] A saber, 424 a.C.; Ol. 89.

[562] Tucídides, IV, 57.

[563] Veja a Inscrição de Chandler.

centos e sessenta talentos, era tal que gerava a uma satisfação universal por sua equidade e moderação, os cento e quarenta talentos adicionais na época de Péricles não poderiam ser um aumento excessivo, quando levamos em conta o quanto a liga havia expandido, quantos estados haviam trocado os serviços pelo tributo, e o quão considerável era a ampla difusão de riqueza pela maior parte da Grécia, o influxo contínuo de ouro,[564] e a consequente queda do valor dos metais preciosos.

V. Portanto, não era o montante do tributo que o tornava opressivo, tampouco se pode culpar o governo ateniense por ter dado continuidade a um direito que lhe foi concedido voluntariamente. O objetivo original do tributo era a manutenção de uma liga contra os bárbaros: os atenienses foram nomeados líderes da liga e guardiães do tributo. Alguns estados recusaram o serviço e ofereceram dinheiro, e essa oferta, feita por eles mesmos, foi aceita. Outros estados recusaram ambas as coisas, e era não apenas interesse, mas dever de Atenas manter, ainda que pelas armas, a situação da liga. Até aí, seu plano de ação é justificável. Contudo, ela errou ao rebaixou os aliados à condição de subordinados; errou ao transferiu o tesouro da Delos central para seu próprio estado; e errou mais ainda ao se apropriar de uma parcela de tais tesouros para seus próprios intentos. No entanto, esses vícios de Atenas são os vícios de todos os estados eminentes, monárquicos ou republicanos, pois são os vícios dos poderosos. Dizem os

[564] Na época de Alcibíades, o tributo foi aumentado para um mil e trezentos talentos, e mesmo esse montante deve ter sido calculado de forma muitíssimo inadequada, caso constituísse, de fato, o fardo monetário que os aliados insistiam em afirmar e do qual se queixavam. No entanto, a resistência a impostos que incidem sobre questões de opinião ou princípios em nosso próprio país, como, nos dias atuais, é o caso das taxas para a manutenção das igrejas, talvez revele a real natureza da indignação. Não era o montante pago, mas, em parte, a humilhação de pagá-lo e, em parte, talvez, o ressentimento, em muitos lugares, por alguma tributação injusta. O descontentamento exagera todo e qualquer fardo, e uma pena é pesada como uma montanha quando colocada sobre ombros relutantes. Andócides afirma que, quando a nova condição foi imposta por Alcibíades ou pelos demagogos posteriores, alguns dos aliados deixaram seus países de origem e emigraram para Túrio. Mas, quantos ingleses emigraram para os Estados Unidos por fazerem objeção a determinada lei ou imposto que a política estatal ainda justifica, ou a necessidade do estado ainda mantém! O camponês católico da Irlanda, na verdade, talvez não estivesse em melhor situação, do ponto de vista monetário, se os dízimos fossem transferidos para os aluguéis do proprietário das terras; não obstante, os católicos irlandeses emigraram às centenas, fugindo da opressão, real ou imaginária, dos titulares de dízimos protestantes. Em tempos antigos ou modernos, não é o montante da tributação que causa indignação. As pessoas pagarão uma libra pelo que gostam, e darão de má vontade uma ninharia pelo que detestam. Eu mesmo conheço homens que deixaram a Inglaterra por causa do imposto sobre o selo dos jornais!

embaixadores atenienses, em Tucídides, com honesta ingenuidade e profunda sinceridade, "era da própria natureza das coisas que fôssemos primeiro compelidos a elevar nosso império ao que ele é – sobretudo pelo medo – depois, por honra e, por fim, por interesse. Então, pareceu que já não era seguro arriscarmo-nos a abandonar as rédeas do governo, pois os revoltosos teriam passado para o vosso lado" (isto é, para o lado dos espartanos).[565] Logo, a lição universal que a história nos ensina é que a tendência do poder, sejam quais forem as mãos em que se coloca, é de ampliar os seus limites e aumentar seu vigor na medida em que a força contrária renuncia à segurança de sua administração ou aos meios de sanar seus abusos.

VI. A partir da data de transferência do tesouro para Atenas, Péricles não hesitou em empregar uma parcela considerável do tributo geral nos prédios públicos e nas exibições sacras, finalidades puramente atenienses. Todavia, ele o fez abertamente, sem procurar esquivar-se nem disfarçar, declarando, diante da Grécia, que os atenienses não tinham de responder aos aliados por tais contribuições; que os atenienses haviam resistido e promovido a defesa contra os bárbaros, enquanto muitos estados confederados não haviam fornecido navios nem soldados; que Atenas estava, agora, no comando de uma liga poderosa, e que aumentar sua glória e consolidar seu poder era um dever que ela tinha não menos para com os aliados que para com consigo. A esses argumentos, somente exércitos, e não os oradores, tinham condições de contestar.[566]

Quanto às demais fontes primárias da receita ateniense, seria conveniente expô-las aqui, de forma tão resumida e clara quanto a natureza do assunto o permita. Para aqueles que desejam aprofundar-se em sua pesquisa, a longa e elaborada estatística de Boeckh deve ser examinada com

[565] Tucídides, livro I, cap. 75. Tradução para a língua inglesa por Bloomfield.

[566] Opinião que os embaixadores atenienses insinuaram nos seguintes termos: "Não fomos nós que inauguramos o costume que sempre existiu, de que os mais fracos devem ficar subjugados aos mais fortes." No entanto, os atenienses tinham uma desculpa mais convincente do que a do antigo Rob Roys. Era opinião geral na época que a revolta de aliados subordinados poderia ser punida com justiça por quem pudesse puni-los (assim cuidam os coríntios de observar). E não parece que o império ateniense da época fosse mais severo do que os outros estados o eram para com seus subordinados. Os embaixadores atenienses (Tucídides, livro I, p. 78) não apenas citam as opressões muito mais humilhantes a que os jônios e as ilhas foram submetidos pelos medos, mas insinuam que os espartanos se haviam mostrado senhores muito mais rigorosos que os atenienses.

minúcia. Aquelas fontes de receita eram:

1ª. Arrendamentos de propriedades imóveis coletivas, como pastagens, florestas, rios, salinas, casas, teatros, etc., e minas, arrendados por períodos de anos ou em arrendamentos hereditários.

2ª. Pedágios, impostos de exportação e importação, pagos provavelmente apenas por estrangeiros e correspondentes a dois por cento, um imposto de mercado e a vigésima parte de todas as exportações e importações tributadas nas cidades aliadas subordinadas, este último, um encargo considerável.

3ª. Dízimos, cobrados somente sobre terras mantidas em usufruto, como propriedades pertencentes a templos.

4ª. Um imposto de proteção,[567] pago pelos colonos, ou *metoeci*, comum na maioria dos estados gregos, mas particularmente lucrativo em Atenas por causa do número de estrangeiros que seu comércio, seus festivais e seu renome atraíam. A política de Péricles não poderia deixar de aumentar essa fonte de receita.

5ª. Um imposto sobre a propriedade de escravos de três óbolos por cabeça.[568]

A arrecadação da maioria desses impostos parece ter sido delegada.

6ª. Honorários e multas judiciais. Como vimos que, na maior parte dos processos importantes, os aliados eram compelidos a procurar pela justiça em Atenas, isso, na época de Péricles, constituiu uma fonte lucrativa de renda, mas cuja extensão dependia necessariamente da paz.

As multas eram de muitos tipos, mas, pelo menos nesse período, não eram de muito valor para o estado. Por vezes (como em todas as acusações de caráter particular), a multa cabia ao autor da ação, às vezes, uma parcela considerável enriquecia o tesouro da deusa tutelar. A tarefa de calcular as multas era detestável, e as autoridades a desempenhavam com negligência, ao passo que era fácil para as partes interessadas apresentar falsas declarações de seus bens.

Último. O estado recebia o auxílio de contribuições anuais, ou daquilo a que chamavam liturgias, de pessoas pela prestação de serviços particulares.

As liturgias ordinárias eram:

1ª. A coregia, ou dever de fornecer o coro para as pe-

[567] Apenas doze dracmas anuais por colono. Portanto, pelo inestimável estudo de Boeckh, o total calculado não excedia a vinte e um talentos.

[568] Total estimado em trinta e três talentos.

ças trágicas, cômicas e satíricas, de remunerar o líder dos cantores e músicos, de sustentar estes últimos enquanto ensaiavam, de prover os vestuários, as coroas douradas e as máscaras e, na verdade, a decoração e os equipamentos gerais do teatro. Aquele que recebia essa onerosa honra era chamado corego. Seu nome e o de sua tribo eram registrados na trípode que comemorava a vitória do poeta vencedor, cujas apresentações eram exibidas.[569]

2ª. A ginasiarquia, ou encargo de arcar com as despesas da corrida da tocha, celebrada em honra aos deuses do fogo, e outros jogos sagrados. Em períodos posteriores, a ginasiarquia passou a abranger a superintendência das escolas de treinamento e os custos de ornamentação da arena.

3ª. A arquiteoria, ou incumbência de manter a embaixada para os jogos e festivais sagrados.

E, 4ª, a hestíase, ou banquete das tribos, uma obrigação dispendiosa assumida por um membro abastado de cada tribo de entreter a tribo inteira em banquetes públicos, porém não muito suntuosos. Essa última despesa não ocorria com frequência. A hestíase visava a propósitos sagrados, relacionados com os rituais de hospitalidade, e servia para confirmar as relações amigáveis entre os membros da tribo.

Essas três liturgias ordinárias tinham um caráter religioso, eram compulsórias àqueles que possuíam propriedades em valor não inferior a três talentos atendidas sucessivamente pelas tribos, exceto quando cumpridas de forma voluntária por particulares.

VII. As despesas incorridas na defesa ou nas necessidades do estado não eram liturgias regulares, mas extraordinárias, tal como a TRIERARQUIA, ou equipagem de navios, que implicava também a obrigação de serviço pessoal àqueles que equipavam as trirremes. O serviço pessoal era, de fato, a principal característica de todas as liturgias, salvo apenas por um imposto sobre a propriedade, que ainda não fora inventado; e este último, conquanto tivesse esse nome, não apresenta as características de uma liturgia. Dentre as liturgias extraordinárias, a trierarquia era a mais importante. Sua origem era muito antiga. Boeckh

[569] O próprio estado fazia grandes contribuições para as peças, e o locatário do teatro também era obrigado a arcar com diversas despesas. Em contrapartida, ele recebia o dinheiro dos ingressos.

observa[570] que ela era mencionada na época de Hípias. No período de que estamos tratando, cada embarcação tinha um trierarca. A embarcação era entregue ao trierarca, às vezes já equipada. Ele também recebia dinheiro público para certas despesas, devendo arcar com outras.[571] Vez por outra, mas raramente, um trierarca ambicioso ou patriótico pagava todas as despesas, mas, de toda forma, prestava contas exatas das despesas incorridas. O custo de toda a trierarquia não era menor que quarenta minas, nem maior que um talento.

VIII. Não se podiam exigir duas liturgias simultâneas de um mesmo indivíduo, tampouco ficava ele responsável por qualquer uma com frequência maior que a cada dois anos. Aquele que prestava as trierarquias ficava isento de todas as demais contribuições. Os órfãos eram isentos até o ano que se seguia à sua maioridade, e uma isenção semelhante era, em alguns poucos casos, a recompensa por notáveis serviços públicos. Os nove arcontes também eram isentos das trierarquias.

IX. As falhas morais das liturgias eram as falhas de uma teoria nobre, que quase sempre termina em abusos práticos. Elas tinham por base tornar uma honra o ato de contribuir para o esplendor público ou para as necessidades nacionais. Por isso, em seus primórdios, os ricos competiam entre si para alcançar favores mediante uma ostentação liberal, conquanto, em regra, egoísta e interesseira. Assim, entre os pobres, motivados por igual ambição, criou-se uma tão grande necessidade de riquezas como meio de angariar poder[572] que, muitas vezes, o modo pelo qual tais riquezas seriam obtidas não era levado em conta. O que a teoria concebia como a liberalidade do patriotismo tornou-se, na prática, um pomposo instrumento de corrupção: os homens disputavam entre si na coregia ou na trierarquia, não tanto por causa do serviço prestado

[570] Sob a autoridade de Pseudo Arist. *Oecon.*, 2-4.

[571] Na expedição contra a Sicília, o estado forneceu a embarcação e pagou a tripulação. Os trierarcas equiparam a embarcação e, além disso, deram contribuições voluntárias. Tucídides, livro VI, p. 31.

[572] As liturgias, ao lado da maioria das leis atenienses que pareciam afligir especialmente os ricos, aumentavam o prestígio de sua posição e autoridade em termos políticos. É evidente que, onde quer que a riqueza seja colocada à disposição do estado de forma mais ostensiva, aí será ela mais largamente respeitada. É sempre assim em países mercantilistas: na antiga Cartago, onde, de acordo com Aristóteles, a riqueza era considerada uma virtude, e na Inglaterra atual, onde a riqueza, se não uma virtude, certamente significa respeitabilidade.

ao estado, mas na esperança de conseguir influência sobre o povo. Eu observaria, ainda, que, de um ponto de vista meramente fiscal, o princípio das liturgias estava radicalmente errado: o princípio levava à tributação da minoria em vez da maioria e, portanto, sua aplicação era tão desigual em sua incidência quanto infrutífera para o estado, se comparada com seu ônus sobre os particulares.

X. Os vários tributos eram tinham sua arrecadação delegada, um péssimo plano financeiro comum à maioria dos estados gregos. Os arrecadadores davam garantias, e exigia-se deles rigorosa pontualidade, sob pena de detenção, duplicação da dívida, confisco de propriedades e retenção obrigatória de suas garantias.

XI. Tais eram as principais fontes da receita ateniense. Teremos oportunidade de completar esse breve resumo e ampliar cada detalhe. O esboço ora apresentado ao leitor contém as informações necessárias para ele tenha uma clara compreensão da política de Péricles. Um rápido relance sobre as páginas anteriores será suficiente para mostrar que a receita de Atenas estava alicerçada em uma rigorosa política de evitar guerras desnecessárias, sobretudo empreitadas distantes e perigosas. Os impostos comerciais, a tributação que incidia sobre os colonos, o produto dos emolumentos judiciais obtidos dos aliados subordinados, os lucros fundamentais das minas – tudo dependia da manutenção da paz: até mesmo o tributo estrangeiro, o mais prolífico dentre os recursos atenienses, poderia logo se fazer insuficiente caso as tropas atenienses sofressem um único revés, como de fato sofreram após a batalha fatal de Egospótamo.[573] Isso pode ter mostrado ao grande ministro das finanças que, fosse qual fosse o custo da paz com o Peloponeso, ele não seria excessivo.[574] A renúncia a algumas

[573] E os estadistas gregos estavam tão conscientes da incerteza e da artificialidade do poder ateniense que encontramos esses pontos entre os argumentos usados pelos coríntios, algum tempo mais tarde, para apoiar a Guerra do Peloponeso: "que, se perdessem uma única batalha naval, os atenienses seriam totalmente subjugados". Tampouco se poderiam incitar os fulgores de uma guerra, mesmo sem tal infortúnio, pois o recurso óbvio [Tucídides, livro I, cap. 121. Como os coríntios de fato sugeriram – Tucídides, livro I, cap. 122] do inimigo seria instigar os aliados atenienses à rebelião, e a interrupção ou diminuição do tributo seria a inevitável consequência.

[574] Se os tribunais existentes entre os aliados não tivessem sido transferidos para Atenas e permanecido aí até após a trégua com o Peloponeso e, na verdade, até depois do ostracismo de Tucídides, o rival de Péricles, o valor dos emolumentos judiciais obviamente não constituiria um dos motivos para a paz; mas, nesse caso, haveria o motivo mais forte da finalidade dessa transferência, que somente a paz poderia realizar.

cidadezinhas e fortalezas não era nada em comparação com a suspensão e paralisação de todas as fontes da sua riqueza, que seria o resultado inevitável de uma longa guerra em seu próprio solo. Por essa razão, Péricles suprimia energicamente todos os planos insensatos dos atenienses no sentido de expandir o império. Ainda deslumbrados com as glórias de Címon, alguns alimentavam a esperança de retomar o Egito; outros discutiam a invasão dos litorais persas; a bela e mortal Sicília já despertava a cobiça e a ambição de outros ainda; e os tolos entusiastas da Ágora até sonhavam em fazer daquela ilha a base e o centro de um novo e vasto domínio, incluindo Cartago, de um lado, e a Etrúria, do outro.[575] O grande intento de Péricles era fazer oposição a tais planos. Sua ambição pela grandeza de Atenas não era menor que a dos mais intrépidos desses visionários, mas compreendia melhor sobre que alicerce ela deveria ser construída. Seus objetivos eram fortalecer os domínios já conquistados, concentrar as energias atenienses dentro das fronteiras da Grécia, e conter as forças peloponésias em seus próprios limites rochosos, o que poderia ser obtido com mais sucesso pela paz que pela guerra. Os meios pelos quais Péricles buscava alcançar tais objetivos eram, primeiro, com uma força marítima; segundo, mediante aquele poder inerte e silencioso que emerge como que da dignidade e renome morais de uma nação: o que quer que, neste último aspecto, pôde tornar Atenas ilustre, tornou-a formidável.

XII. Então, avançavam depressa aquelas magníficas construções que pareciam, como expressa Plutarco de forma graciosa, dotadas do vigor de uma eterna juventude. As casas dos cidadãos particulares continuaram simples e sem adornos, as ruas ainda eram estreitas e irregulares e, mesmo séculos mais tarde, um estrangeiro que adentrasse em Atenas não teria reconhecido, a princípio, os títulos da senhora das artes gregas. Porém, à simplicidade das vias públicas comuns e das mansões particulares, o esplendor dos prédios públicos fazia, agora, um contraste deslumbrante. A Acrópole, que se elevava acima dos lares e das vias públicas dos homens – um lugar demasiado sagrado para moradia humana, tornou-se, para usarmos uma conhecida expressão, "a cidade dos deuses". Em toda parte, o cidadão devia ser lembrado da majestade do ESTADO;

[575] Plutarco em *Vit. Per.*

seu patriotismo devia aumentar pelo orgulho da beleza da beleza da cidade; seu bom gosto, refinado pelo espetáculo de sua magnificência. Assim, de toda a Grécia, acorriam a Atenas aqueles que eram célebres nas artes. Escultores e arquitetos disputavam entre si para adornar a jovem imperatriz dos mares;[576] nessa época surgiram as obras-primas de Fídias, de Calícrates, de Mnésicles,[577] as quais, mesmo em seus restos danificados, ou nas cópias medíocres de imitadores menos inspirados, ainda inspiram tão grande fascínio e servem de modelos tão imortais. E se, por assim dizer, seus ossos e relíquias despertam nossa reverência e inveja, como testemunho de uma raça mais adorável e grandiosa, que o dilúvio do tempo fez desaparecer, qual deve ter sido, naquela época, seu efeito glorioso – quando suas belas proporções ainda não estavam mutiladas, mas eram vívidas em todos os seus contornos e cores? Pois sua beleza não se limitava à simetria de arcos e colunas, nem seus materiais estavam restritos aos mármores do Monte Pentélico e de Paros. Até mesmo a parte externa dos templos cintilava com a mais rica harmonia de cores, e era decorada com o mais puro ouro; uma atmosfera particularmente favorável à exposição e à preservação da arte permitia que os frontões triangulares e frisos externos ostentassem toda a meticulosidade da ornamentação, todo o brilho das cores, tais como ainda se podem ver, no interior das igrejas italianas, maculados, nestas últimas, por um gosto espalhafatoso e grosseiro. Os atenienses não poupavam despesas com as obras que seriam, como os túmulos e trípodes de seus heróis, os monumentos de uma nação para eras distantes, de modo a constituir a mais incontestável prova "de que o poder da Grécia antiga não era uma lenda infundada".[578] Toda a democracia estava animada da paixão de Péricles, e, quando Fídias recomendou o mármore como material mais barato que o marfim para a grande estátua de Minerva, isso foi motivo para que o marfim fosse o material escolhido pela voz unânime da assembleia. Desse modo, se foi extravagância ou magnificência, a culpa, no primeiro um caso, a admiração, no segundo, é não mais do ministro que do populacho. Na verdade, a grande característica dessas obras é que elas foram, em

[576] "Como uma mulher vaidosa adornada com joias", foi a reprimenda sarcástica dos aliados. Plutarco em *Vit. Per.*

[577] O Propileu foi construído sob as instruções de Mnésicles. A construção teve início em 437 a.C., quando Eutímenes era arconte, três anos após a guerra sâmia, e foi concluída em cinco anos. Harpocracião em *propylaia tauta*.

[578] Plutarco em *Vit. Per.*

sua inteireza, criações do povo: sem o povo, Péricles não teria construído um templo nem contratado um escultor. Os milagres daquele período foram resultado do entusiasmo de uma população ainda jovem, repleta do primeiro ardor pela beleza, a qual dedicava ao estado, como a uma amante, os troféus conquistados de maneira honrosa ou os tesouros arrebatados à força, e unia os recursos de uma nação com a energia de um indivíduo, porque o trabalho e os custos eram assumidos por aqueles herdavam o gozo [de tais feitos] e arrogavam-se a glória.

XIII. Os principais vícios políticos de Atenas tinham duas fontes: 1ª- Seu império sobre os mares e sua tributação dos aliados; 2ª- Uma ação democrática descontrolada e irrestrita, destituída das duas vozes conhecidas em todas as repúblicas modernas: a imprensa e uma assembleia representativa em vez de popular. Contudo, dessas fontes é que Atenas também derivava agora sua grandeza moral e intelectual. Antes da guerra persa, e mesmo pouco antes da época de Címon, não se pode dizer que Atenas ofuscasse seus vizinhos nas artes e ciências. Ela se tornou o centro e a capital das comunidades mais refinadas da Grécia, e passou a concentrar toda a intelectualidade grega. De seus subordinados, tirava a riqueza para administrar as artes que a amplitude de seu comércio e intercâmbios ensinou-lhe a apreciar, e, assim, surgiram o Odeon, o Partenon e o Propileu! Durante o mesmo governo, as fortificações foram concluídas, e uma terceira muralha, paralela[579] e próxima daquela que unia Pireu a Atenas, encerrou as obras de Temístocles e Címon, preservando a comunicação entre a cidade dupla, ainda que os muros externos caíssem nas mãos de um inimigo.

Todavia, honra e prosperidade apenas não teriam sido suficientes para a emulação universal, para a devoção universal a tudo que podia adornar ou engrandecer a nação. Eram as inovações de Aristides e Efialtes que insuflavam naquela formalidade abstrata e fria, O ESTADO, o fôlego e o vigor de um povo onipresente, e faziam com que o cidadão mais mesquinho lutasse por Atenas com o fervor com que um estadista ambicioso luta por si próprio.[580] Essas duas

[579] Veja *Tucídides* de Arnold, II., 13, nota 12.

[580] "Seus corpos serviam também ao estado, como se pertencessem a qualquer outra pessoa, menos a eles mesmos. No entanto, com a mente, que era inteiramente deles mesmos, estavam sempre prontos para prestar seus serviços." Tucídides, I., 70, tradução para a língua inglesa por Bloomfield.

causas juntas revelam o verdadeiro segredo de Atenas para alcançar uma primazia, em termos de grandiosidade intelectual, sobre o restante da Grécia. Se Corinto tivesse conquistado o domínio dos mares e o tesouro de Delos; se Corinto tivesse estabelecido, no exterior, um poder igualmente arbitrário e abrangente, e, em solo pátrio, uma democracia igualmente ampla e genuína, Corinto poderia ter tido seus próprios Péricles e Demóstenes, seu Fídias, seu Sófocles, seu Aristófanes, seu Platão, e a posteridade talvez não tivesse admitido a reivindicação de Atenas de ser a *Hellas Hellados*, "a Grécia da Grécia".

XIV. No entanto, o aumento da riqueza não restringiu seus efeitos a essas magníficas obras de arte: eles invadiram e permearam toda a política interna de Atenas. Devemos recordar que, como a grandeza do estado era a grandeza da democracia, então, seus tesouros eram propriedade da população livre. O povo é que era rico e, de acordo com todas as noções de economia política daquela época, o povo queria desfrutar, na prática, de sua opulência. Assim foi introduzido o princípio do pagamento por serviços, e assim foi sancionado e legalizado o direito de admissão geral aos espetáculos, cujas despesas principais eram custeadas dos bens comuns. Que tais inovações fossem a consequência necessária e inevitável de um tesouro superabundante em um estado assim democrático é tão óbvio que nada pode ser mais absurdo que atribuir a culpa dessa mudança a Péricles. Ele apenas cedeu à torrente irresistível da vontade geral, e a regulou. E podemos observar ainda que a maioria dessas inovações, que foram, em última análise, prejudiciais a Atenas, baseava-se nas reconhecidas máximas da civilização moderna; algumas eram equivocadas antes nos detalhes que nos princípios; outras, pela falta de harmonia entre os novos princípios e a velha constituição a qual eram agora aplicados. Cada um desses elementos podia ser salutar, mas, combinados, foram um veneno.

XV. Por exemplo, na política moderna, é norma que juízes devam receber salário.[581] Na administração de Pé-

[581] Entre nós, jurados e juízes são remunerados e, nos casos comuns, com um valor tão baixo quanto o que era pago aos jurados atenienses (considerando-se a diferença de moeda), isto é, os jurados comuns recebiam um xelim por julgamento e, no tribunal de primeira instância, quatro centavos. O que foi tão nocivo em Atenas é absolutamente inofensivo na Inglaterra. Era o grande número de jurados que causava prejuízo, não o sistema de pagamen-

ricles, esse princípio se aplicava aos dicastes dos tribunais populares. Parece provável que o grande crescimento da profissão jurídica que se seguiu à transferência das cortes judiciais dos estados aliados para o tribunal ateniense tenha dado origem a essa lei. Os processos judiciais tornaram-se tão comuns que era impossível que, sem remuneração, os cidadãos abandonassem seus próprios negócios pelos dos outros. Portanto, o pagamento era justo e inevitável, e, sem dúvida, devia parecer aos atenienses, como a nós, hoje em dia, não só a melhor forma de assegurar a atenção, mas de fortalecer a integridade dos juízes ou dos jurados. Logo, o princípio da remuneração era correto, mas seus resultados foram nocivos quando aplicado à estrutura característica dos tribunais. O salário era baixo, os juízes eram muitos e, em sua maioria, da classe mais humilde, e as consequências, eu já as mostrei.[582] Se os salários fossem altos e o número dos juízes, menor, os objetivos de uma boa judicatura teriam sido alcançados. Todavia, à época, de acordo com as noções, não só dos atenienses, mas de todas as democracias helênicas, a própria democracia, da qual as cortes populares eram consideradas o baluarte constitucional e a essência vital, teria chegado ao fim. Portanto, desse erro, por fatal que pudesse ser, nem Péricles nem os atenienses, mas as teorias da época são culpadas.[583] É também uma máxima adotada outrora na Inglaterra, à qual agora tendem muitos filósofos políticos, e que ainda é adotada na prática por uma grande parcela esclarecida do mundo, que os membros da assembleia legislativa devem receber salários. Esse princípio era agora aplicado em Atenas.[584] Porém, em Atenas o próprio povo era a assembleia legislativa e, assim, um princípio, talvez sensato em si mesmo, tenha sido corrompido pelo absurdo do povo, na qualidade de soberano, pagar ao povo, na qualidade de legislativo. Ainda assim, até isso pode ter sido necessário para a manutenção da constituição, já que as assembleias ficaram numerosas e o negócio, complicado;

to em si, conforme escritores insensatos afirmaram tantas vezes.

[582] Veja Livro IV., Capítulo V. VII. deste volume.

[583] A princípio, o pagamento dos jurados era um óbolo. (Aristófanes, *As Nuvens*, 861.) Mais tarde, na época de Cléon, parece que o valor do salário subiu para três óbolos; não se sabe ao certo se, entre um e outro, houve pagamento de dois óbolos. Cometem-se erros constantes entre o pagamento dos eclesiásticos e dos jurados e até mesmo na constituição. Todavia, o leitor deve recordar que os eclesiásticos eram os legisladores populares e os jurados eram juízes ou jurados populares, e suas funções eram uma mistura de ambos.

[584] *Misthos ekklaesiastikos*: o pagamento dos eclesiásticos ou assembleia popular.

pois, se o povo não tivesse sido persuadido e até mesmo impelido a se reunir em grandes multidões, os negócios do estado teriam sido preteridos por minorias ativas, e a existência de uma democracia estaria perdida.[585] De início, o pagamento era um óbolo; mais tarde, aumentou para três. Não devemos supor, como afirma estranhamente a ignorância ou a presunção de certos historiadores modernos, que, no novo sistema de pagamentos, o povo fosse generoso apenas consigo mesmo. O senado era remunerado; os defensores públicos e oradores eram remunerados; também os embaixadores, os inspetores dos jovens nas escolas mercantis; os *nomothetae* ou comissários da lei, os médicos, os cantores, até mesmo os poetas: todos os funcionários dos diferentes departamentos recebiam salários. E agora, como é a consequência inevitável daquela civilização em uma sociedade comercial que multiplica e demarca fortemente as divisões de trabalho, a segurança do estado já não se baseava tão somente nas armas e coração gratuitos de seus cidadãos (mas não eram só os atenienses que serviam como soldados assalariados; mercenários estrangeiros também eram contratados, uma medida que estava em conformidade com a típica política de Péricles, que era especialmente frugal quando se tratava de lançar mão da vida dos cidadãos). Todavia, típica dos atenienses de todos os estados gregos era a bela e humanitária assistência aos pobres, iniciada no governo Sólon ou Pisístrato. Nesse período feliz e glorioso, poucos eram os necessitados dela: a guerra e os desastres, embora aumentassem o número dos destituídos, ampliavam a caridade do estado.

XVI. Desse modo, à época, o sistema geral de pagamento que cresceu no governo de Péricles e deu margem a muitos abusos nos governos que se seguiram, foi, apesar de tudo, resultado inevitável da maior civilização e opulência do período. E não nos podemos admirar de que os mais humildes ou as classes médias, que, de seu patrimônio comum, prodigalizavam generosidade sobre o talento[586] e,

[585] Não sabemos até que ponto o pagamento dos eclesiásticos era tarefa de Péricles: se era, deve ter sido na época em que estamos entrando agora, ou depois, já que, de acordo com Aristófanes (*Ecclesiazusae [Conselho de Mulheres]*, 302), o povo não recebia remuneração durante o governo de Mirônides, que ascendeu e deve ter caído com Tucídides, o rival derrotado de Péricles.

[586] Os atenienses podiam estender sua generosidade até mesmo aos estrangeiros, como no caso do esplêndido presente que teria sido dado a Heródoto, e o montante de dez mil dracmas, que Isócrates declara ter sido concedido a Píndaro por eles. [Isócrates, *de Antidosis*]

sozinhos, dentre todos os estados contemporâneos, assistiam os necessitados, sustentavam os filhos de todos os que morriam na guerra, que remuneravam cada serviço, não considerassem uma cobrança cobiçosa exigir, por sua presença nos cargos que lhes eram impostos pela estrutura política, uma compensação por abandonar seus negócios particulares, compensação essa que pouco excedia o que era dado aos indigentes do estado.[587]

XVII. No entanto, havia outro abuso derivado da prosperidade do povo, e que o amor dos espetáculos e exibições, natural à vívida imaginação jônica, e que não poderia deixar de crescer na medida em que o lazer e sofisticação se tornavam benefícios estendidos à maior parte da população; um abuso insignificante em si mesmo, mas fatal no precedente que estabeleceu. Embora o teatro fosse de madeira, percebeu-se que as entradas gratuitas atraíam multidões numerosas demais para a estabilidade da construção; e, certa vez, os assentos de fato cederam. Portanto, muito antes da época atual, julgou-se aconselhável limitar o número de pessoas na plateia mediante um pequeno pagamento de dois óbolos por assento, e isso continuou depois que um imponente edifício de pedra substituiu o templo de madeira da dramaturgia antiga.

Contudo, à medida que as riquezas afluíam para o tesouro e o teatro tornava-se o mais esplêndido e popular dos espetáculos nacionais, parecia justo retomar o antigo costume das entradas gratuitas. Todavia, julgou-se conveniente, em parte talvez para maior ordem e melhor distribuição dos assentos, em parte também para o pagamento das várias despesas que recaíram não sobre o estado, mas sobre as pessoas, e, em parte, sem dúvida, para preservar as distinções entre os cidadãos e os estrangeiros, manter os preços, porém, permitir àqueles cujos nomes estivessem inscritos no livro dos cidadãos que o dinheiro da entrada viesse do tesouro público. Esse fundo foi chamado *THEORICON*. No entanto, uma vez estabelecido o exemplo, os *Theorica* foram estendidos a outros festivais além dos festivais de teatro,[588] e, por fim, sob o pretexto plausível e popular de admitir as classes mais pobres aos festivais

[587] A remuneração dos dicastes e dos eclesiásticos era, como acabamos de ver, primeiro um, depois três óbolos; e o dinheiro pago aos enfermos nunca era menos que um óbolo, nem mais que dois óbolos por dia. Os marinheiros comuns, em tempos de paz, recebiam quatro óbolos por dia. Portanto, nem os eclesiásticos nem os dicastes recebiam tanto quanto um marinheiro comum.
[588] Tais como as Panateneias e as *Hieromeniae*.

nacionais ou religiosos, dos quais era contrário à teoria da constituição excluí-las, por constituírem a maior parte da nação, abriram o caminho para pródigas distribuições do dinheiro público, o que logo começou a consumir a riqueza do estado e tornar efeminado e frívolo o espírito do povo. Esses abusos, porém, ainda não eram visíveis: pelo contrário, no governo de Péricles, os resultados do *Theoricon* foram muito favoráveis aos costumes e ao espírito do povo. Desse modo, à arte conferiu-se o direito universal e, com a difusão do refinamento dos gostos, o patriotismo dos cidadãos aumentava graças à percepção de que eles eram os árbitros comuns e legítimos de tudo que aumentasse o esplendor e o renome de Atenas.

Assim, na realidade, os males posteriores que resultaram da parte mais popular da política interna de Péricles eram impossíveis de prever, pois tiveram origem não em uma única lei, mas na natureza mesma da civilização. E, tal como nos despotismos, em que uma suntuosidade vulgar e sensual, uma vez estabelecida, deteriora a vitalidade e virilidade de um povo conquistador, do mesmo modo, nessa república intelectual, foi a suntuosidade do intelecto que enfraqueceu, aos poucos, o grande espírito da raça vencedora de Maratona e Salamina, e, da época anterior de cidadãos ativos, aventureiros dinâmicos e guerreiros intrépidos, convocou gerações de eloquentes oradores e sonhadores filosóficos. O espírito de poesia, ou a complacência excessiva para com certas aptidões em detrimento de outras, fez a uma população inteira o que nunca deixa de fazer ao indivíduo: incapacitou-a, exatamente quando alcançava uma virilidade exposta a conflitos mais extremos do que aqueles enfrentados em sua juventude, para as duras exigências práticas da vida; e permitiu que o amor do belo subjugasse ou extinguisse o conhecimento comum do que é útil. O próprio talento tornou-se uma doença, e a poesia auxiliou a eutanásia dos atenienses.

XVIII. Como todas as medidas de Péricles estavam voltadas à consolidação do império ateniense, em sua administração, o recurso político da colonização não foi negligenciado. Nos últimos anos, com estados fortalecidos e tribos estabelecidas, as migrações gregas eram bem menos frequentes que no passado, e uma das principais causas de colonização, na violenta disputa entre partidos, e expulsão de um número considerável de cidadãos emergia dos infortúnios de comunidades incipientes, e já não se verificava sob o governo livre e forte de Atenas. Como, com as liberdades, diminuiu o comércio de Mileto e da Jônia, assim também outra importante causa de colonização no passado tornou-se relativamente lânguida e inerte. No entanto, agora, sob o nome de clerucos,[589] surgia um novo tipo de colono - colonos por intermédio dos quais a pátria-mãe não só deslocava um excedente populacional ou se livrava de aventureiros tumultuosos, mas também deitava as raízes de seu império nos vários lugares que passavam ao seu domínio. Tanto na era clássica como na feudal, a conquista dava direito às terras do país conquistado. Assim surgira, e assim ainda existia, sobre as terras saqueadas da Lacônia, a república de Esparta; assim eram mantidos os abastados e suntuosos nobres da Tessália; e assim, em suma, foram criadas todas as antigas oligarquias dóricas. Após o retorno dos heraclidas, esse tipo de conquista total caiu em desuso, não por alguma convicção moral de sua injustiça, mas porque as guerras entre os diversos estados raras vezes terminavam em vitórias tão absolutas ao ponto de permitir o confisco da terra e a sujeição dos habitantes. E é preciso sempre recordar que as antigas tribos gregas guerreavam em busca de um lugar para se estabelecer, não para aumentar seus domínios. A escassez da sua população tornava a vida humana demasiado preciosa para que se arriscasse seu desperdício nas expedições típicas da ambição dos líderes das hordas orientais. Não obstante, antes das guerras persas, os campos férteis da Eubeia apresentavam-se aos atenienses como uma tentação a que não se poderia esperar que os vizinhos vitoriosos tivessem a temperança de renunciar; e vimos que eles concederam as terras dos *hippobotae* a colonizadores atenienses. Esses colonos desocuparam seus domínios durante a guerra persa. Os *hippobotae* retornaram, e parece que mantiveram uma posse pacífica, mas provavelmente tributária, de suas antigas propriedades, até após a última retirada dos peloponésios. Péricles derrotou-os e expulsou-os, as terras ficaram mais uma vez com os colonos atenienses, e o norte da Eubeia foi protegido e guarnecido pela fundação de Oreu, uma nova cidade que suplantou a antiga Istiaia. Territórios em Esquiro, Lemnos e Imbros também haviam sido concedidos a colonizadores atenienses por ocasião

[589] De *klaeroi*, lotes. Os bens e assentamentos de uma clerúquia eram divididos entre um determinado número de cidadãos por lote.

dos primeiros êxitos dos exércitos de Atenas. E, estabelecido o precedente, exemplos tornaram-se cada vez mais numerosos na vigência da política sagaz e sistemática de Péricles. Esse método de colonização, além das vantagens comuns a toda atividade de colonização, oferecia duas que lhe eram peculiares. Em primeiro lugar, supria a carência de terras, que era uma das principais inconveniências da Ática, e recompensava os cidadãos merecedores, ou apaziguava os cobiçosos, com propriedades cuja concessão não empobreciam a pátria-mãe. Segundo, assegurava as conquistas do estado mediante a instalação de guarnições que custavam pouco para manter.[590] Assim, Péricles enviou mil homens para os valiosos domínios no Quersoneso, duzentos e cinquenta para Andros, quinhentos para Naxos e mil para a Trácia. Em outro período, cuja data é incerta, mas é provável que tenha sido logo após a trégua com os peloponésios, uma grande frota, comandada por Péricles, fez uma rápida excursão pelo Euxino, a fim de aterrorizar e impressionar os diversos estados e nações ao longo das costas adjacentes, gregas ou bárbaras, com a exibição do poderio ateniense. A cidade de Sinope, estando, nessa época, dividida por conflitos entre aqueles que eram favoráveis e contrários a seu tirano Timesilau, solicitou, por seu partido republicano, o auxílio do líder das democracias gregas. A Lâmaco, um guerreiro a cujo majestoso nome (que se tornou célebre, mais tarde, na Guerra do Peloponeso) Aristófanes conferiu a igual honra de seu escárnio e seu elogio, confiaram-se treze galés e uma força militar apta a expulsar o tirano e seus partidários. Alcançado o objetivo, o novo governo de Sinope recompensou seiscentos atenienses com a liberdade da cidade e as propriedades da fação derrotada.

Enquanto Atenas assim se estabelecia em terras mais remotas, seu domínio aos poucos estendeu-se sobre os territórios mais próximos e necessários da Eubeia, até que as terras de mais de dois terços daquela ilha estivessem sob a posse dos atenienses.[591] Em um período posterior, novas oportunidades deram origem a novas clerúquias.[592]

[590] O estado fornecia apenas armas aos colonizadores e pagava as despesas de viagem. Veja Boeckh, *Pol. Econ. of Athens*, vol. II., p. 170 (tradução).

[591] *Andoc. Orat. de Pace.*

[592] Essas instituições eram diferentes, portanto, das colônias, sobretudo neste caso: a pátria mantinha um intenso controle dos clerucos – podia convocá-los de volta ou reivindicar seus bens como punição por revolta. Os clerucos conservavam todos os direitos e estavam sujeitos à maioria das condições dos cidadãos. [Exceto, por exemplo, as liturgias.] As terras eram concedidas sem a necessidade de deixar Atenas, de modo que a partida, portanto, era

XIX. Além dessas clerúquias, no segundo ano do incomparável governo de Péricles, fundou-se uma colônia propriamente dita na parte ocidental da Itália. Essa colônia é interessante por vários motivos: os grandes nomes de seus primeiros aventureiros, a beleza de sua localização e o fato de ser, ao lado da colônia de Anfípolis, a única colônia pura e legítima,[593] em contraposição às clerúquias, fundadas por Atenas desde suas antigas migrações para a Jônia e as Cíclades. Dois séculos antes, alguns aqueus, juntamente com habitantes de Trezena, haviam fundado, no fértil jardim da Magna Grécia, o estado de Síbaris. Situada entre dois rios, o Crati e o Síbaris, e dotada de vantagens extraordinárias de localização e clima, essa famosa colônia ascendeu, com rapidez em igual, à grandiosidade na guerra e à magnificência na paz. Tamanha era sua população e tão profusos seus recursos que Diodoro conta que, em dada ocasião, levou trezentos mil homens para o campo de batalha – um exército que era o dobro daquele que a Grécia inteira poderia reunir em Plateias! O exagero é evidente, mas atesta que essa ideia de uma população numerosa e grande poder não devia fundamentar-se em uma fábula. O estado de Síbaris havia prosperado por algum tempo graças à adoção de um princípio que é sempre capaz de forçar a civilização a um desenvolvimento prematuro, e não raro a enveredar para a destruição da personalidade nacional e da estabilidade interna: Síbaris abriu os braços para estrangeiros de toda tribo e classe. Apinhada de aventureiros mercantis, seu comércio, como o de Agrigento, sem dúvida tinha como fontes o azeite e o vinho que chegavam em torrentes aos portos da África e da Gália. Como acontece aos indivíduos, também acontece aos estados: riqueza obtida com facilidade é gasta com prodigalidade, e a

---

voluntária, conquanto fosse a escolha comum. Porém, quer permanecessem em Atenas, quer partissem para seus assentamentos, os clerucos permaneciam igualmente vinculados aos interesses atenienses. Por causa de seu pequeno número e do caráter impopular da imposição de seu direito de posse, sua propriedade, ao contrário da propriedade dos colonos comuns, dependia do poder e da segurança do estado-mãe: eles não eram exatamente brotos transplantados, mas ramos estendidos de uma árvore, sorvendo sua vida do mesmo tronco. Nos tempos modernos, a Irlanda sugere um paralelo com as antigas clerúquias: na doação de terras aos aventureiros ingleses; na ligação íntima e duradoura que subsistiu entre os costumes, os hábitos e o sentimento político dos colonizadores ingleses e do estado-mãe; na separação entre os colonizadores e os nativos; e no poder temporário e subsequente fraqueza do governo nacional por causa da adoção de um sistema que guarnecia a terra, mas aborrecia os habitantes.

[593] Essas colônias não eram constituídas apenas por atenienses, mas por uma mistura de várias raças. A colônia de Anfípolis (465 a.C.) é a primeira colônia ateniense de que se tem registro após as grandes migrações jônicas.

voluptuosa ostentação efeminada de Síbaris tornou-se um provérbio mais duradouro que sua prosperidade. Sua grandeza, alcançada por uma democracia moderada e dinâmica, recebeu um golpe mortal com a usurpação de um tirano chamado Telis, que, em 510 a.C., expulsou quinhentos dos seus principais cidadãos. Crotona acolheu os exilados. A guerra começou e, no mesmo ano, ou pouco depois, os habitantes de Crotona, sob o comando de Mílon, derrotaram os sibaritas em uma carnificina monstruosa. A cidade foi abandonada à pilhagem, e ficou deserta e em ruínas. Os sobreviventes fugiram para Laos e Escidro. Cinquenta e oito anos mais tarde, com a ajuda de alguns tessálios, os sibaritas exilados tentaram retomar novamente a posse da sua antiga colônia, mas foram logo expulsos pelos crotoniatas. Foi então que recorreram ao auxílio de Esparta e Atenas. Esparta não tinha população de que pudesse dispor, nem comércio para fortalecer, tampouco ambição para satisfazer, e recusou as propostas dos enviados sibaritas. Porém, um resultado diferente aguardava os exilados em Atenas. Sua proposta, feita em um momento em que era satisfatória à política ateniense (443 a.C.), foi imposta por Péricles. Aventureiros de todas as partes da Grécia, mas sobretudo do Peloponeso, engrossaram o grupo variado: destacavam-se dos demais Lísias, mais tarde também célebre na qualidade de retórico,[594] e Heródoto, o historiador.

Como, no código político da Grécia, o caráter religioso do povo constituía um princípio geral, também na colonização, a divindade do estado-mãe transferia seu culto com seus devotos, e a relação entre o novo país e o antigo expressava-se e era perpetuada pelo simbolismo comovente de levar fogo do pritaneu da cidade nativa. Um adivinho renomado, chamado Lampon,[595] cujas pretensões sagradas não o pouparam da zombaria dos poetas cômicos,[596] acompanhou os emigrantes (440 a.C.), e um oráculo decretou que o local da nova colônia fosse perto da cidade antiga, junto à fonte de Túrio. Os sibaritas, com a vaidade comum de homens cujos antepassados foram maiores que eles mesmos, aumentavam suas pretensões na proporção de sua perda de poder. Eles simulavam superioridade com relação a seus companheiros, por cujas espadas apenas

[594] No ano em que a colônia de Túrio ou *Thurii* foi fundada, Lísias tinha quinze anos, e Heródoto, quarenta e um.

[595] Plutarco em *Vit. Per.*, *Schol.* Aristófanes Av., 521.

[596] A saber, Cálias, Lísipo e Crátinos. Veja *Ateneu*, livro VIII., p. 344. O homem digno parece ter tido as fraquezas afáveis de um *bon vivant*.

voltaram a existir como povo; reivindicavam o monopólio exclusivo dos principais cargos do governo e a primeira escolha de terras, e acabaram sendo afastados e isolados pelos próprios aliados cujo auxílio haviam procurado, e cujo ressentimento agora despertavam. Novos aventureiros da Grécia substituíram os sibaritas, e os colonos de Túrio, divididos em dez tribos (quatro representavam a união de jônios, eubeus, ilhéus e atenienses; três, os peloponésios; e três, os colonizadores da região norte da Grécia), conservaram a posse pacífica de seu fascinante território, e conciliaram suas multidões heterogêneas mediante a adoção das leis sofisticadas e das instituições pacíficas de Carondas. Esse foi o lar de Heródoto, o historiador.

Capítulo III

Revisão do Censo. A Revolta de Samos. Esboço da ascensão e do progresso da comédia ateniense até a época de Aristófanes.

I. Na medida em que se tornara questão de ilustre orgulho e vantagem lucrativa ser cidadão de Atenas, era natural que as leis que definiam e limitavam a liberdade da cidade endurecessem. Mesmo antes da época de Temístocles, eram considerados legítimos[597] somente aqueles que, de ambos os lados, descendiam de cidadãos atenienses. Não obstante, mesmo os ilegítimos não estavam, por esse motivo, privados dos direitos de cidadania, e a mácula com relação a seu nascimento não foi um obstáculo sério à carreira do próprio Temístocles. No governo de Péricles, a lei tornou-se mais severa, e foi aprovado um decreto (ao que parece, no período inicial de seu poder crescente) que excluía da liberdade da cidade aqueles cujos pais não fossem ambos atenienses. No ano em que Péricles chegou à administração suprema dos assuntos de estado, deu-se a ocasião para fazer cumprir a lei: Psamético, o pretendente ao trono egípcio, enviou grãos como presente ao povo ateniense (444 a.C.). Os que solicitavam uma parte do presente foram submetidos ao tormento de um exame minucioso de seus direitos de cidadania, e nada menos que cinco mil pessoas foram condenadas por arrogar-se, de forma fraudulenta e sub-reptícia, direitos que, agora, equivaliam a propriedade. Tais pessoas foram privadas dos direitos de cidadania,[598] e a lista completa dos cidadãos livres foi re-

[597] Plutarco em *Vit. Them.*

[598] Os historiadores, seguindo o texto aceito em Plutarco, recontam a incrível história de que os reclamantes que tiveram a cidadania rejeitada foram vendidos como escravos; porém, quando consideramos a agitação extraordinária que teria causado a execução de tal sentença contra tantas pessoas, que somavam uma quarta parte da população livre; quando recordamos as numerosas relações (estendendo-se por ao menos quarto vezes o seu próprio

duzida a pouco mais de quatorze mil.[599]

II. Enquanto esteve sob esse governo brilhante e dinâmico, Atenas concentrava cada vez mais sobre si mesma a admiração relutante e os temores crescentes da Grécia, e sua política com relação aos aliados subordinados envolveu-a em uma guerra que, por fim, deu-lhe um direito, se não legítimo, ao menos reconhecido às pretensões que assumiu. Hostilidades entre a nova população de Mileto e o governo oligárquico de Samos persistiam havia já algum tempo. O objeto da contenda era a cidade de Priene, além de, ao que parece, reivindicações concorrentes sobre Anaia, uma cidade na costa oposta a Samos. Os milésios, malsucedidos na guerra, pediram ajuda a Atenas. Como os sâmios estavam entre os aliados subordinados, Péricles, em nome do povo ateniense, ordenou que eles submetessem a Atenas a decisão da contenda. Diante de sua recusa, uma expedição de quarenta galés foi liderada contra eles pelo próprio Péricles em pessoa. Deu-se a essa intervenção um pretexto ainda mais plausível que o do direito de decidir, pois a súplica dos milésios era apoiada e aprovada por muitos dos próprios sâmios, oprimidos pelo governo oligárquico a que estavam submetidos. Os difamadores do drama cômico e os inimigos de Péricles fizeram uma declaração absurda de que a guerra fora empreendida por incitação de Aspásia, com quem o ministro teria uma ligação das mais próximas. Contudo, a expedição foi o resultado necessário e inevitável da política dupla pela qual o governo ateniense invariavelmente conduzia suas ações: 1°) implementar o direito de domínio sobre os aliados; 2°) substituir instituições oligárquicas por instituições demo-

---

número) que cinco mil pessoas, vivendo havia já muito tempo tranquilas e insuspeitas como cidadãos livres, deviam ter cultivado, é impossível conceber que tal rigor possa ter sido sequer tentado sem provocar uma revolução, sedição ou grande resistência. No entanto, essa medida, importantíssima se acompanhada de tais resultados (e um milagre, se não acompanhada deles), é totalmente omitida por Tucídides e todas as demais autoridade qualificada. Uma brilhante correção feita pelo Sr. Clinton (*Fasti Hellenicci*, vol. II., segunda edição, p. 52 e 390, nota p) restaura o significado apropriado. Em vez de *heprataesan*, ele propõe *apaelathaesan*: as autoridades de Lísias citadas pelo Sr. Clinton (p. 390) parecem decidir a questão. "Esses cinco mil cidadãos privados dos direitos de cidadania em 544 a.C., em parte abasteceram a colônia de Túrio no ano seguinte e, em parte, contribuíram para o aumento do número dos *metoeci* [estrangeiros residentes]."

[599] Quatorze mil, duzentos e quarenta, de acordo com Filocoro. Por "cidadãos livres" devem-se entender aqueles homens atenienses com mais de vinte anos, isto é, aqueles com direito de voto na assembleia pública. De acordo com os cálculos do Sr. Clinton, somando-se as mulheres e crianças, os quatorze mil, duzentos e quarenta corresponderão a algo em torno de cinquenta e oito mil, seiscentos e quarenta como o total da população livre.

cráticas. Na ocasião, Atenas não poderia ter permanecido neutra ou indiferente sem enfraquecer materialmente sua influência sobre todos os estados que ela desejava, ao mesmo tempo, democratizar e governar.

III. A frota chegou a Samos. O governo oligárquico foi deposto, uma centena de reféns (cinquenta homens e cinquenta rapazes) dentre seus partidários foram enviados para Lemnos, e uma guarnição foi deixada ali para assegurar garantir a nova estrutura política da ilha. Alguns partidários da facção derrotada refugiaram-se no continente asiático e tramaram uma intriga com o persa Pisutnes, sátrapa de Sárdis. Garantindo, por contínua correspondência com os amigos em Samos, a conivência com sua tentativa, aportaram à noite em Samos com uma força contratada de setecentos soldados, conseguiram dominar a guarnição ateniense e prenderam a maior parte dos chefes da nova administração ao mesmo tempo em que, mediante um plano secreto e bem elaborado, recuperaram os reféns deixados em Lemnos. Então, proclamaram abertamente sua independência, restauraram a oligarquia e, como prova explícita de oposição, entregaram a Pisutnes os atenienses que haviam capturado. Bizâncio apressou-se a unir-se à revolta. Sua aliança com Pisutnes propiciava aos sâmios a promessa de auxílio de uma frota fenícia, de modo que agora eles se julgavam fortes o suficiente para retomar suas hostilidades contra Mileto. Seus planos foram muito bem preparados, e sua coragem causou grande impressão nos estados inimigos de Atenas. Dentre os aliados peloponésios debateu-se se, apesar do tratado, deveriam ajudar os sâmios: as opiniões divergiam, mas Corinto[600] talvez tenha sido decisiva ao insistir no direito de todo estado de lidar com seus subordinados. A própria Corinto tinha colônias sobre as quais desejava manter um controle ditatorial, e estava inclinada a considerar a revolução sâmia menos como a bravura de homens livres do que a iniciativa de rebeldes. Talvez tenha sido igualmente favorável a Atenas que os sâmios insurgentes se tivessem aliado ao sátrapa persa, e não seria decoroso da parte dos estados peloponésios auxiliar, à época, os persas contra os exércitos atenienses. Todavia, era pouco o tempo para deliberação deixado por um governo que buscava para os atenienses a característica de não ser mais rápidos em planejar que em

[600] Tucídides, I., cap. 40.

executar, de ser o único povo capaz de, ao mesmo tempo, arquitetar e conquistar, e que até considerava um festival um dia no qual se poderiam cuidar de negócios indispensáveis.[601] Com uma frota de sessenta embarcações, Péricles partiu para Samos. Algumas das embarcações foram posicionadas na costa da Cária para vigiar os movimentos do esperado reforço fenício; outras foram enviadas para obter ajuda de Quios e Lesbos. Enquanto isso, embora com a frota assim reduzida a quarenta e quatro navios, perto de uma pequena ilha chamada *Tragia*, Péricles atacou a frota sâmia que voltava de Mileto (e contava com setenta embarcações) e saiu vitorioso. Então, com o reforço de quarenta galés de Atenas e vinte e cinco de Lesbos e Quios, ele desembarcou na ilha, derrotou os sâmios em uma batalha encarniçada, forçou-os a entrar em sua cidade, cercou-a com uma linha tripla de barricadas e, ao mesmo tempo, bloqueou a cidade por mar. Contudo, os sitiados não ficaram demasiado desencorajados para investir de inopino, e, sob o comando de Melisso, que era filósofo e herói, chegaram mesmo a obter vantagem em uma batalha naval. Todavia, tais esforços foram banais o suficiente para permitir que Péricles retirasse sessenta das suas embarcações e navegasse ao longo da costa da Cária para encontrar a esperada frota dos fenícios. Os sitiados não desperdiçaram a oportunidade que lhes foi assim proporcionada para escapar: eles surpreenderam a força naval de bloqueio, destruíram os navios de guarda e, unindo-se ao restante da frota em batalha, alcançaram uma vitória decisiva (440 a.C.), que, por quatorze dias, deixou-lhes o domínio do mar aberto, permitindo a introduzir de suprimentos.

IV. Enquanto aguardava a esquadra fenícia, que, no entanto, não apareceu, Péricles recebeu a notícia da vitória sâmia. Ele voltou às pressas e refez o bloqueio; foram enviadas mais tropas em seu auxílio: de Atenas, quarenta e oito navios, sob o comando de três generais, Tucídides,[602]

[601] Veja o discurso dos coríntios em Tucídides, livro I., 70.

[602] Quem era esse Tucídides? O rival de Péricles fora exilado menos de dez anos antes [na realidade, cerca de quatro anos antes, isto é, em 444 a.C.], e é difícil supor que ele tivesse sido chamado de volta antes do término da sentença e nomeado comandante, no período mesmo em que o poder e a influência de Péricles estavam no auge. Tucídides, o historiador, tinha por volta de trinta e um anos, idade em que um comando tão importante não teria sido concedido, àquela época, a nenhum cidadão, mesmo em Atenas, onde os homens se envolviam nos assuntos públicos mais cedo que em outros estados helênicos [o próprio Tucídides (livro V, 43) refere-se a Alcibíades como apenas um jovem (ao menos, alguém que teria sido assim considerado em qualquer outro estado), em uma época em que ele não poderia ter muito

Hágnon e Fórmion, seguidos por outros vinte sob o comando de Tlepôlemos e de Ânticles, enquanto Quios e Lesbos forneceram uma esquadra suplementar de trinta navios. Ainda assim, os sitiados não se abateram: arriscaram outra batalha, que foi uma luta inútil e, então, encerrados na própria cidade, resistiram a um cerco de nove meses.

Em todos os pequenos estados gregos, a política necessariamente adotada sempre foi evitar até mesmo vitórias acompanhadas de grandes perdas. Essa política foi aperfeiçoada por Péricles, que a transformou em uma prática sistematizada. Neste caso, ele evitou todas as investidas que pudessem enfraquecer suas forças, preferindo a perda de tempo à perda de vidas. A tediosa prorrogação do bloqueio gerou rumores entre as tropas vigorosas e impacientes que Péricles comandava, mas afirma-se que ele ocupava esse tempo com expedientes de dias sagrados, que, na Idade Média, tanto dignificou e mitigou os aspectos mais rigorosos da guerra. O exército era dividido em oito partes e, por sorteio, decidia-se qual das oito divisões deveria, naquele momento, enfrentar as fadigas do conflito em si. As outras sete divisões passavam o dia em esportes e banquetes.[603] Parece que muitas mulheres encontravam o caminho até o acampamento,[604] e um escritor sâmio atribui a sua piedade ou gratidão a posterior construção de um templo a Vênus. O cerco também deu a Péricles a oportunidade de fazer experimentos com instrumentos militares que, se tivessem sido inventados antes, provavelmente receberam aperfeiçoamento mecânico na ocasião. Ainda que, no início do conflito, as hostilidades mútuas tivessem sido tão acirradas que os prisioneiros de ambos os

menos de trinta anos, e provavelmente tinha mais que isso]. Ademais, se Tucídides estivesse presente, não teria deixado mais detalhes de um acontecimento tão importante? Havia muitos homens com esse nome. O escoliasta de Aristófanes (*Os Acarnânios*, V, 703) diz que existiam quatro deles, que ele distingue assim: 1°) o historiador; 2°) o habitante de Gargeto; 3°) o tessálio; 4°) o filho de Melesias. O escoliasta de *As Vespas* (V, 991) enumera os mesmos, e refere-se a todos como atenienses. Em regra, supunha-se que o filho de Melesias fosse o antagonista de Péricles, e ele é assim referido por Androção. Teopompo, porém, diz que se tratava do filho de Pantano. Marcelino (em *Vit. Tucidides*, p. XI.) fala de muitos homens com esse nome, fazendo menção especial também a quatro: 1°) o historiador; 2°) o filho de Melesias; 3°) um farsaliano; 4°) um poeta da guarda de *Acherdus*, mencionado por Androção, e chamado filho de Aríston. Dois desses, o historiador e o filho de Melesias, nós os conhecemos bem. Contudo, pelos motivos que mencionei, é mais provável que um dos outros tenha sido general na guerra sâmia. Um terceiro Tucídides (o tessálio ou o farsaliano) é mencionado pelo próprio historiador (VIII, 92). Julgo que o habitante de Gargeto (talvez o filho de Pantano, citado por Teopompo) tenha sido o comandante da expedição.

[603] Plutarco em *Vit. Per.*

[604] Alexis *apud* Ateneu, livro XIII.

lados eram marcados de forma ultrajante,[605] foi talvez esse modo festivo e leve com que o cerco foi posteriormente mantido que, atenuando a dureza das hostilidades prolongadas, serviu para, por fim, assegurar aos sâmios termos de rendição mais maleáveis que os de costume. Eles aceitaram as condições para demolir suas fortalezas, entregar seus navios e pagar, em prestações, uma parte do custo do cerco.[606] Bizâncio, que, controlando a entrada do Euxino, era o território mais importante para os atenienses,[607] que por ambição, quer por comércio, também aceitou, sem resistência, os termos a ela oferecidos, e ficou mais uma vez sujeita ao império ateniense.

V. Por ocasião de seu regresso, Péricles foi recebido com um entusiasmo que atestava o a ideia que se tinha do valor de sua conquista. Sobre os que haviam morrido na guerra, ele recitou uma oração fúnebre.[608] Quando desceu da tribuna, mulheres apinharam-se à sua volta, jogando fitas e grinaldas sobre o eloquente vencedor. Somente Elpinice, irmã de Címon, não compartilhava do entusiasmo geral. Disse ela a Péricles: "Esses feitos são dignos de grinaldas e guirlandas? Feitos que custaram a perda de tantos cidadãos valentes, não contra os fenícios e os medos, como os de Címon, mas mediante a ruína de uma cidade

[605] Nesse período, os atenienses faziam guerra com uma indulgência que não era comum em épocas posteriores. Quando Timóteo sitiou Samos, manteve seu equipamento bélico apenas no país inimigo, ao mesmo tempo em que um cerco de nove meses custava à Atenas um montante muito considerável.

[606] Plutarco em *Vit. Per.*

A contribuição exigida dos sâmios foi de duzentos talentos, proporcional, de acordo com Diodoro, ao custo total da expedição. Porém, como Boeckh (*Pol. Econ. of Athens*, vol. I, p. 386, tradução) bem observa: "Esse cálculo foi muito leniente. Um cerco de nove meses por terra e mar, no qual foram empregadas cento e noventa e nove trirremes [Boeckh especifica o número de trirremes em cento e noventa e nove, mas, na verdade, foram empregadas duzentas e quinze embarcações, pois não devemos excluir as dezesseis embarcações estacionadas na costa da Cária, ou enviadas para Lesbos e Quios em busca de suprimentos], ou, de qualquer forma, grande parte desse número, por um tempo considerável, sem dúvida gerou uma despesa maior. Portanto, a afirmação de Isócrates e Nepos de que foram gastos mil e duzentos talentos no certo, parece não ser, de forma alguma, exagerada".

[607] Foi em Bizâncio que eles dependiam do milho que importavam das costas do Euxino.

[608] A prática de orações fúnebres era provavelmente de origem muito antiga entre os gregos, mas a lei que as instituía em Atenas é atribuída, pelo escoliasta de Tucídides (livro II., 35), a Sólon, ao passo que Diodoro, por outro lado, informa-nos que ela não foi aprovada antes da batalha de Plateias. Parece muito provável que esse fosse um costume dos tempos heroicos, que se tornou obsoleto enquanto as pequenas rixas entre os estados gregos mantiveram-se triviais e sem importância. Todavia, após a invasão persa, ele foi solenemente restaurado, a partir da magnitude das guerras em que a Grécia se envolveu, e a dignidade e santidade da causa em que os defensores do país haviam morrido.

unida a nós por amizade e origem". O hábil ministro respondeu à invectiva de Elpinice com um verso de Arquíloco, que, aludindo à idade e ao coquetismo da dama, provavelmente respondeu ao propósito oratório de assegurar o riso em seu favor.[609]

Conquanto esses acontecimentos confirmassem a autoridade de Atenas e do governo ateniense, crescera na cidade um poder que assumiu um direito cuja perigosa afirmação fora de suas muralhas teria sido profundamente sentida e causado amarga indignação; um poder que fazia um julgamento severo e jocoso da própria Atenas, de suas leis, suas regalias, seus generais poderosos, seus versados estadistas, seus poetas, seus sábios e sua arrogante democracia; um poder que foi legado a nações estrangeiras e eras distantes munido de armas irresistíveis, e que agora tem permissão de dar testemunho, não contra indivíduos, mas contra as próprias nações, mas que, naquela época, não era mais eficaz em seus resultados práticos do que é, hoje, uma caricatura na Rua St. James ou um conto satírico em um jornal semanal; um poder que expunha a um implacável ridículo, perante o mais influenciável e numeroso dos tribunais, os nomes de mais elevada posição social, conhecimento e talento, e que não teria privado um pobre de seu óbolo, nem um varredor de ruas de seu ofício: O PODER DA MUSA CÔMICA.

VI. Vimos que, nos antigos festivais dos vilarejos, onde surgiu a tragédia de Frínico e Ésquilo, havia, além do ditirambo e dos sátiros, as procissões fálicas, que diversificavam a cerimônia com os mais baixos gracejos misturados com a sátira mais extravagante. Assim como sua tragédia teve origem no ditirambo e suas peças satíricas após a peça principal evoluíram a partir das bufonarias satíricas, das procissões fálicas nasceu a comédia grega (562 a.C.).[610] Alguns afirmam que Susarion era de origem megarense e, enquanto vigorava ainda a democracia em Mégara, ele parece ter dado à tumultuosa diversão da procis-

---

[609] *Ouk an muraisi graus eous aegeitheo.*
Essa parece ser a única interpretação lógica do verso, do qual, por não trazer consigo um contexto, perdemos qualquer espirituosidade que possa ter tido, e devemos supor que fosse espirituoso, pois Plutarco claramente o considera uma piada ótima. Para corroborar essa interpretação de uma alusão que tem causado certa perplexidade aos comentadores, podemos observar que, dez anos antes, Péricles julgara o sarcasmo com a idade de Elpinice a melhor maneira de silenciar suas importunações. A anedota é contada duas vezes por Plutarco, em *Vit. Cim.*, c. 14, e em *Vit. Per.*, c. 10.
[610] Aristóteles, *Poet.* IV.

são um formato aproximado de uma pantomima grosseira, intercalada com antigas canções de coro. A íntima ligação entre Mégara e Atenas logo serviu para transmitir à última os aperfeiçoamentos de Susarion, e tais aperfeiçoamentos deram ao megarense o título de inventor da comédia, com mais ou menos a mesma justiça com que um grau semelhante de arte conferiu, mais tarde, a Téspis a honra da origem da tragédia. O estudo os épicos de Homero sugeria que sua verdadeira esfera era a da tragédia; o estudo do *Margites*, também atribuído a Homero, parece ter definido e ampliado o domínio da comédia. Onze anos após o surgimento de Frínico, e pouco antes da primeira criação de Ésquilo (500 a.C.), Epicarmo, que aparentemente era natural de Cos,[611] apresentou, em Siracusa, a primeira forma simétrica e sistemática de diálogo cômico e fábula. Todos os relatos comprovam que ele era um homem de talento extraordinário e intelecto reflexivo e sofisticado. Talvez a perda das suas obras não seja a menor a lamentarmos dentre aqueles tesouros inestimáveis que o tempo destruiu. Afinal, tão incerto é o grande tribunal da posteridade, que nele se deve confiar tão pouco como na efemeridade do dia que passa! Temos a desprezível Electra de Eurípides, mas perdemos tudo, exceto os títulos e uns poucos fragmentos sentenciosos de trinta e cinco comédias de Epicarmo! No entanto, se é correta a informação de Horácio, de que o poeta de Siracusa foi o modelo de Plauto, talvez possamos encontrar no Anfitrião a veia e o talento do pai da verdadeira comédia; e pode ser que os pensamentos e o enredo perdidos de Epicarmo ainda existam, mutilados e disfarçados, no humor do maior poeta cômico[612] da Europa moderna.

VII. Era sobretudo do rico repositório da mitologia que Epicarmo tirava suas fábulas, mas, o que era sublime para o poeta trágico, era burlesco para o cômico. Ele parodiava as personagens régias e as veneráveis aventuras dos deuses do panteão grego. Por uma coincidência singular, assim como seu contemporâneo Ésquilo,[613] ele era pitagórico, e

[611] "Já que ele se mudou de Cos na infância, o nome do seu país de adoção prevaleceu sobre o nome do país de nascimento, e Epicarmo é designado de Siracusa, conquanto nascido em Cos, assim como Apolônio é denominado o Ródio, apesar de ter nascido em Alexandria." - *Fasti Hellenici*, vol. II., introdução.

[612] Molière

[613] Laércio, VIII. Pois é evidente que Epicarmo, o filósofo, era não outro senão Epicarmo, o poeta filosófico, deleite de Platão, que era, ele mesmo, meio pitagórico. Veja Bentley, *Diss. Phal.*, p. 201; Laércio, VIII, 78; Fynes Clinton, *Fasti Hellenici*, vol. II, introdução, p. 36 (nota g).

é maravilhoso observar com que rapidez e intensidade a influência do misterioso sâmio operava nos intelectos mais originais da época. O caráter familiar da religião helênica tolerava, mesmo na era não filosófica de Homero, um tratamento das pessoas celestiais que, para nossas noções modernas, indicaria, à primeira vista, um desrespeito pela própria religião. Todavia, onde quer que se permitam homenagens aos "mortos", perceberemos, mesmo em nossos tempos, que as lendas mais jocosas estão associadas aos nomes mais reverenciados. E aquele que já tiver ouvido as histórias que um católico irlandês ou italiano conhece de algum santo de sua devoção terá uma ideia adequada de como um grego piedoso poderia zombar de Baco hoje e sacrificar a Baco no dia seguinte. Ao que tudo indica, com suas distorções mitológicas o pitagórico mesclava muitas máximas sinceras de moralidade[614] e, conquanto não estivesse livre, na opinião de Aristóteles, de um vício de estilo comum apenas em épocas mais sofisticadas[615]; ele era, não obstante, proverbial, mesmo no período mais requintado das letras gregas, pela graciosidade de sua dicção e a escolha feliz de suas expressões.

Formis, contemporâneo de Epicarmo, também floresceu em Siracusa e, apesar de ser, por vezes, colocado na mesma categoria de Epicarmo e de selecionar seus materiais a partir da mesma fonte, seus títulos ao renome são muito mais questionáveis. Dinoloco deu continuidade à escola siciliana e foi contemporâneo do primeiro escritor cômico ateniense.

VIII. Portanto, ver-se-á que a origem da comédia não se deu com os atenienses; que Mégara, caso seja o local de nascimento de Susarion, pode reivindicar, com justiça, qualquer mérito atinente ao primeiro aperfeiçoamento grosseiro; e que Siracusa tem direito à máxima distinção de elevar o humor à dignidade de arte. Até então, a comédia é produto dos dóricos: não dos dóricos de uma oligarquia taciturna, para os quais modificar uma ária musical era um crime; não dos dóricos da Lacedemônia, mas de Mégara e Siracusa; de uma democracia dinâmica, conquanto irregular; de uma monarquia magnífica, ainda que ilegítima.[616]

[614] Algumas de suas peças aparentemente não eram mitológicas, mas eram apenas exceções à regra geral, e talvez tenham sido escritas depois das comédias menos refinadas de Magnes, em Atenas.

[615] Um amor de falsa antítese.

[616] Em Siracusa, porém, existia a república quando Epicarmo apresentou suas comédias pela primeira vez. Portanto, seu talento foi moldado por uma

No entanto, a comédia de Epicarmo não era, em absoluto, a velha comédia de Atenas. Esta última, como nos foi deixada por Aristófanes, tem características que guardam pouca semelhança de família com as paródias filosóficas do poeta pitagórico. Não se limita a temas mitológicos; evita o estilo sentencioso; não prega, antes ridiculariza a filosofia; mergulha nos grandes assuntos práticos dos homens; recende à Ágora e ao Pireu; não é um sábio risonho, mas um demagogo ousado, barulhento, gigantesco, sempre na mais densa turba de interesses humanos, manejando todos os diversos humores de uma democracia com uma audácia brilhante, e aquela desenvoltura imprudente que é a prova de seu poder extraordinário.

IX. Quionides foi o primeiro escritor cômico ateniense. Nós o encontramos diante do público três anos depois da batalha de Maratona (487 a.C.), quando a derrota final de Hípias confirmou a estabilidade da república, e os aperfeiçoamentos de Ésquilo na tragédia serviram para partilhar novos atrativos com o palco cômico. Magnes, um escritor de grande inteligência e popularidade duradoura, veio logo em seguida, e os títulos de algumas das peças desses escritores confirmam a crença de que a comédia ática, desde o início, ocupou um espaço diferente daquele ocupado pelas paródias mitológicas de Epicarmo. Tão grande foi o impulso dado à nova arte que surgiram simultaneamente inúmeros escritores, cujos nomes é cansativo mencionar. Dentre esses, os mais eminentes foram Crátinos e Crates. A peça mais antiga de Crátinos de que se tem registro, conquanto ele deva ter apresentado muitas outras antes,[617] apareceu no ano anterior à morte de Címon (o *Archilochi*, 448 a.C.). Plutarco cita alguns versos desse autor, os quais fazem alusão à liberalidade de Címon com algo daquele espírito de mecenato que era mais típico de um poeta romano que de um ateniense. Embora fosse sabidamente, apesar da idade, de hábitos não muito abstêmios ou decorosos, Crátinos era pródigo em seus ataques a outros e, onde quer que encontrasse um vício ou suspeitasse de sua existência, via

---

república, ainda que, mais tarde, tenha sido fomentado por uma tirania.

[617] Pois Crates atuou nas peças de Crátinos antes de se tornar autor. (Veja acima.) Agora, a primeira peça de Crates data de dois anos antes da primeira peça registrada (o *Archilochi*) de Crátinos; por conseguinte, Crátinos deve ter sido proclamado muito antes da apresentação de *Archilochi* – na verdade, suas peças anteriores parecem, de acordo com Aristófanes, ter sido as mais bem sucedidas, até que o velho senhor, com um último e vigoroso esforço, vence a peça favorita de próprio Aristófanes.

um tema digno de seu talento. Ele foi admirado por muitas gerações posteriores, bem como por críticos romanos, pela graça e mesmo pela grandiosidade de seus versos vigorosos; e Quintiliano coloca-o ao lado de Eupólide e Aristófanes como modelos para a formação de oradores. Crates apareceu (451 a.C.) dois anos antes da primeira peça de Crátinos de que se tem registro. Antes disso, Crates fora ator e representara as principais personagens nas peças de Crátinos. Aristófanes conferiu-lhe a rara distinção de seu louvor, conquanto faça a audiência ateniense recordar, em tom de sarcasmo, a pouca aceitação que um poeta tão habilidoso geralmente experimentava nas mãos daquele público. Não obstante, apesar da excelência dos primeiros escritores cômicos, eles tinham, até então, adotado com muita parcimônia as graças artísticas de Epicarmo. Aristóteles diz que Crates, que só começou a escrever depois da trégua de cinco anos com Esparta, não só foi o primeiro a abandonar a forma jâmbica de comédia, como também foi o primeiro ateniense a inventar a fábula ou enredo sistemático, um forte argumento para mostrar quão pouco o ateniense emprestou da comédia siciliana, uma vez que, se a última tivesse sido sua fonte de inspiração, as histórias inventadas por Epicarmo (que precedeu Crates em meio século) teriam sido naturalmente o avanço mais notável a ser imitado. A comédia ateniense não recebeu a mesma proeminência conferida à tragédia. Tão obscura foi a ascensão da comédia até sua fama tardia que nem mesmo Aristóteles pôde determinar quando ou por quem foram feitos os vários melhoramentos progressivos; e, vista com olhos invejosos ou indiferentes pela magistratura como um espetáculo dado por competidores privados, e sem apelar para a proteção do estado, que ela sempre desafiava, demorou bastante para que seu coro fosse custeado com o dinheiro público.

No entanto, com Crátinos e Crates,[618] no ano da guerra sâmia, o drama cômico assumiu um caráter tão pessoalmente difamatória ou tão politicamente perigosa que se aprovou um decreto proibindo suas representações (440

[618] O fato de a comédia não ter sido inicialmente autorizada pela magistratura parece ser uma prova de que ela não era vista, tal como a tragédia, como dotada de cunho religioso. E, realmente, conquanto os críticos modernos sempre nos imponham a ligação da comédia com a religião, duvido que, em qualquer tempo, a população pensasse mais em seus atributos e associações mais sagrados do que os napolitanos de hoje se impressionam com a santidade do carnaval quando estão jogando doces uns nos outros.

a.C.). A lei foi revogada três anos depois (437 a.C.).[619] Analisando sua vigência temporária e a data de sua aprovação, parece bastante provável que os acontecimentos críticos da expedição sâmia tenham sido a causa do decreto. Nessa época, a oposição dos escritores cômicos talvez tenha sido considerada perigosa. Com a maior estabilidade do estado, a lei talvez tenha sido considerada desnecessária. E do recomeço do drama cômico é que podemos provavelmente datar os aperfeiçoamentos de Crates e a proteção especial do estado, pois, quando, pela primeira vez, a comédia recebeu autorização formal da lei, era natural que a lei reconhecesse os privilégios que ela reivindicava em comum com a irmã, a tragédia. Não há razões para supor que Péricles, cujo temperamento tranquilo e o longo noviciado na tempestuosa carreira da vida pública parecem tê-lo tornado insensível aos abusos públicos, tenha sido o autor desse decreto. Na realidade, é muito provável que ele estivesse ausente do cerco de Samos[620] quando o decreto foi aprovado. Mas ele foi objeto de ataques tão virulentos da parte dos poetas cômicos que poderíamos pensar que fossem motivados por algum sentimento pessoal de vingança e raiva, caso não fosse evidente que Crátinos ao menos (e provavelmente Crates, seu discípulo) estivesse apegado à memória de Címon, e não poderia senão se mostrar hostil aos princípios e ao governo do sucessor de Címon. Até esse período, a comédia havia progredido. No entanto, nos bastidores, desconhecido e sequer sonhado, estava alguém, ainda na infância, destinado a elevar a comédia ao *status* de musa trágica; alguém que, talvez desde a tenra idade, fosse instigado pela ruidosa fama de seus antecessores e pelo desejo daquele poder glorioso, mas geralmente deturpado, tão palpável e tão exultante, que se aproveita da tumultuosa onda da aclamação popular.[621]

---

[619] No intervalo, porém, parece que os poetas tentaram esquivar-se da lei, uma vez que há registros do nome de duas peças (*Satyroi* e *Koleophoroi*) nesse período, peças que provavelmente se aproximavam da comédia sem corresponder a sua definição legal. Pode ser que a dificuldade de imposição rigorosa da lei, que contrariava o espírito da época e a inclinação do povo, tenha sido uma das causas que levaram à anulação da proibição.

[620] Já que o cerco durou nove meses do ano no qual o decreto foi aprovado.

[621] Aristófanes faz a seguinte descrição veemente dos aplausos que acompanharam as primeiras produções de Crátinos. Cito a partir da tradução magistral do Sr. Mitchell.

"Quem pode esquecer Crátinos, ou a tempestade de humor e espirituosidade,
Que abalava os teatros sob sua direção;
Quando a canção panegírica vertia sua torrente de louvores,
Quem, senão ele, estava na crista da onda?"

****

"Seu passo era como o caminhar de uma enchente que deixa o leito,

Cerca de treze anos após a breve proibição da comédia, surgiu aquele gênio admirável, de cujas obras será uma tarefa agradável, porém árdua, analisar e definir, no momento oportuno, os elementos e atributos. Incomparável em delicadeza e força; o mais gigantesco em aptidões; o mais ousado em propósito; com a inventividade de Shakspeare, a galhofa de Rabelais, a malícia de Swift... Preciso acrescentar o nome de Aristófanes?

X. Todavia, embora a comédia tivesse assim progredido à sua primeira dignidade invejável, a da proibição, muito diversa era a recompensa que aguardava o atual representante e mestre da escola trágica. No ano em que a musa de Crátinos foi silenciada, Sófocles foi nomeado um dos companheiros de Péricles na guerra sâmia.

E sua marcha era vigorosa desolação ", etc.
Mitchell, tradução de Aristófanes, *Os Cavaleiros*, p. 204.
O homem que assim escreveu deve ter logo percebido (quando, ainda menino, ouviu pela primeira vez o trovejar da plateia) o que significa reger os humores de dezoito mil espectadores!

Capítulo IV

As Tragédias de Sófocles.

I. Era da natureza mesma do drama ateniense que, uma vez instituído, ele concentrasse e absorvesse quase qualquer sorte de talento poético. A antiga poesia lírica, que nunca foi muito cultivada em Atenas, cessou, em grande medida, quando surgiu a tragédia, ou, antes, a tragédia foi o desenvolvimento completo, uma nova consumação aperfeiçoada da ode ditirâmbica. A poesia lírica transmigrou para a canção de coro à medida que o épico se fundia ao diálogo e enredo do teatro. Assim, quando falamos de poesia ateniense, falamos da poesia dramática: elas eram a mesma coisa. Como mostra Helvétius com tanta clareza,[622] o talento sempre se volta àquele quadrante em que a fama é mais resplendente, e, por isso, em todas as épocas, haverá uma ligação de afinidade entre o gosto do público e a direção do talento.

Agora, em Atenas, onde as plateias eram abundantes e os leitores, poucos, todo homem que sentisse dentro de si a inspiração do poeta desejaria necessariamente ver sua poesia posta em ação, acompanhada de toda a pompa do espetáculo e da música, consagrada pela solenidade de um festival religioso e vivificada por artistas cuidadosamente treinados para intensificar a eloquência das palavras aos ouvidos reverentes da Grécia reunida.

Daí o grande número de poetas dramáticos; daí a tremenda fecundidade de cada um deles; daí a vida e a atividade desse tipo de poesia, e o relativo torpor e a esterilidade de todos os outros. Para aumentar o prestígio da arte, os aplausos da maioria eram sancionados pelos cânones críticos da minoria. O teatro era não só a forma mais atraente que o Espírito Divino poderia assumir, mas

[622] *De l'esprit, passim.*

era também considerada a mais sublime e a mais pura; e quando Aristóteles classificou[623] a tragédia como superior até mesmo à musa épica, é provável que ele estivesse apenas explicando os motivos de uma preferência com a qual a maioria dos críticos estava disposta a concordar.[624]

II. A carreira do mais magnífico dos poetas gregos foi muito afortunada. Ele nasceu em berço nobre e sua fortuna era copiosa; seus dons naturais foram os mais raros que a natureza concede ao homem: talento e beleza. Todo o cuidado que a época permitia foi prodigalizado em sua educação. Para seus pés, até os obstáculos habituais no caminho da fama foram removidos. Ele ingressou na vida sob os auspícios mais propícios e poéticos. Aos dezesseis anos, liderou os jovens que cantaram o triunfante hino acerca do troféu de Salamina. Aos vinte e cinco, quando os ossos de Teseu foram levados de volta à Atenas na galé do vitorioso Címon, ele apresentou sua primeira peça, e ganhou o prêmio de Ésquilo. Logo após, esse gênio arrogante, estando furioso com o sucesso de um rival mais jovem, ou com um julgamento por impiedade no Areópago, ao qual (embora tenha sido absolvido) foi submetido, ou com a rápida ascendência de um partido popular que ele parecia desprezar com o desdém de um eupátrida e de um pitagórico, retirou-se de Atenas e foi para a corte de Siracusa; e, conquanto daí tenha enviado alguns de seus dramas para os palcos atenienses,[625] o veterano ausente não poderia senão despertar menos entusiasmo que o jovem aspirante, cujo talento habilidoso e refinado era mais compatível com o gosto reinante que a grandiosidade rústica de Ésquilo, que, talvez pela impossibilidade de dar forma palpável e visível a seus Titãs imateriais e à sublimidade obscura de estilo, parece não ter conseguido uma popularidade no palco igual à sua fama como poeta.[626] Por sessenta e três anos,

[623] *De Poet.*, c. 26.

[624] O oráculo que concedeu a Sócrates o grau superlativo de sabedoria, deu a Sófocles o grau positivo e a Eurípides, o grau comparativo:
Sophos Sophoclaes; sophoteros d'Euripoeaes;
'Andron de panton Sokrataes sophotatos.
Sófocles é sábio – Eurípides, mais sábio – mas o mais sábio de todos os homens é Sócrates.

[625] *A Oresteia*.

[626] Pois, das setenta peças escritas por Ésquilo, apenas treze foram bem-sucedidas. Ele apresentara suas peças por quinze anos antes de obter seu primeiro prêmio, e a própria lei aprovada em sua memória, de que se autorizasse um coro a qualquer poeta que escolhesse reapresentar seus dramas, parece indicar que era necessário um pouco de incentivo para essas apresentações. Isso é ainda mais evidente se supormos, como Quintiliano, que os poetas que se apresentavam tinham a oportunidade de corrigir e aperfeiçoar

Sófocles continuou com a apresentar suas peças; ganhou por vinte vezes o primeiro prêmio, e afirma-se que jamais rebaixado ao terceiro lugar. As perseguições comuns da inveja parecem ter poupado esse afortunado poeta. Conquanto seu caráter moral não fosse nada puro,[627] e mesmo que em idade muito avançada procurasse os prazeres de sua juventude,[628] ainda assim, seus excessos parecem ter encontrado uma indulgência notável de seus contemporâneos. Ele não conheceu nem os tormentos de Ésquilo, nem a zombaria implacável que se abateu sobre Eurípides. Ao seu respeitável nome, nem o terrível Aristófanes atribui qualquer desonra.[629] O encanto de seu espírito estendia-se, de fato, a seu temperamento, e a popularidade pessoal acompanhava seus êxitos públicos. Sófocles parece não ter compartilhado com entusiasmo das hostilidades partidárias do seu tempo. Sua serenidade, como a de Goethe, tem algo de uma indiferença antes invejável que honrosa. Devia sua primeira celebridade a Címon. Mais tarde, serviu no governo de Péricles. No início de sua vida pública, liderou os jovens que circundavam o prêmio da liberdade grega, e, à beira da morte, passaremos a vê-lo concordar tranquilamente com a renúncia às liberdades atenienses. Em suma, Aristófanes tenha colocado mais verdade que o habitual em sua espirituosidade quando, mesmo nas insinuações abaixo, ele diz de Sófocles: "Ele estava contente aqui; está contente lá». Um temperamento assim sereno, unido a um talento admirável, não raro fará milagres e conciliará prosperidade e fama.[630]

Aos cinquenta e sete anos, Sófocles foi nomeado, como eu disse antes,[631] para um comando, como um dos dez

os dramas, satisfazer a predileção moderna e fazer o papel de Cibber para o Shakespeare ateniense.

[627] Ateneu, livro XIII., p. 603, 604.

[628] De fato, há relatos de que ele teria dito que se alegrava com a velhice, que o libertou de um capataz severo e importuno. Ateneu, livro 12, p. 510. O poeta, não obstante, parece ter mantido suas propensões amorosas, pelo menos, até o fim. Veja Ateneu, livro 13, p. 523.

[629] De fato, ele acusa Sófocles de mesquinhez, porém, repara esse ato de maneira muito elegante em *As Rãs*.

[630] M. Schlegel tem o prazer de permitir-se uma de suas mais pomposas rapsódias sobre a vida, "tão dileta aos deuses", desse "piedoso e santo poeta". Mas Sófocles, na vida privada, era um libertino e, na vida pública, um jogador e alguém que mudava de opinião por conveniência, se não um completo traidor. Foi, talvez, a própria frouxidão de seus princípios que fez com que fosse considerado alguém tão agradável. Ao menos, isso não é uma causa incomum de popularidade pessoal hoje em dia. As pessoas perdem muito de sua raiva e inveja diante do talento quando este lhes oferece um ou dois punhados de defeitos humanos por meio dos quais podem ascender ao seu nível.

[631] Afirma-se, de fato, que a nomeação foi a recompensa de uma tragédia de sucesso, mas é mais provável que tenha sido devido a seu berço, fortuna

generais na guerra sâmia. No entanto, a história silencia quanto ao seu talento militar.[632] Já na velhice, teremos nova oportunidade de recorrermos a ele, condenado como foi a ilustrar (depois de uma carreira de brilhantismo sem precedentes, nunca submetida ao capricho do público comum) a moral melancólica inculcada por ele mesmo,[633] e tantas vezes imposta a nós pelos dramaturgos de seu país, "a nunca considerar um homem feliz até que a própria morte negue o risco de reveses." Dos muitos dramas de Sófocles, cujo número não se conhece com exatidão, restaram sete.

III. Cometem um grande erro aqueles que classificam Ésquilo e Sófocles como pertencentes à mesma época, situando os dois na época de Péricles, pelo fato de ambos estarem vivos enquanto Péricles esteve no poder. Também nós podemos classificar o Dr. Johnson e Lorde Byron na mesma época porque ambos viveram no reinado de Jorge III. Os rivais atenienses foram moldados sob as influências de gerações muito diferentes, e se Ésquilo viveu durante ao longo de uma porção considerável da carreira do jovem Sófocles, a casualidade da longevidade nos permite, em absoluto, considerá-los filhos da mesma era, frutos das mesmas influências. Ésquilo pertencia à estirpe e ao período dos quais surgiram Temístocles e Aristides; Sófocles, àqueles que produziram Fídias e Péricles. Sófocles, de fato, pela serenidade de seu temperamento e pela simetria e imponência do seu talento, pode ser quase intitulado o Péricles da poesia. E, tal como o estadista era chamado o Olimpiano, não pela veemência impetuosa, mas pela serena majestade de sua força, também de Sófocles se pode dizer que seu poder é visível no repouso, e seus trovões ribombam das profundezas de um céu claro.

IV. A era de Péricles é a era das artes.[634] Sófocles não foi o único artista daquele tempo: foi apenas um de muitos que, em todas as áreas de interesse, buscavam, no estudo e na ciência, os segredos da sabedoria ou da beleza. Péricles e Fídias foram, em seus caminhos diferentes de fama, o que Sófocles foi no dele. Todavia, não se tratava da arte

---

e popularidade pessoal.

[632] Contudo, parece que Péricles tinha uma péssima opinião sobre suas capacidades militares. Veja Ateneu, livro 13, p. 604.

[633] Édipo Rei, 1429, etc.

[634] Quando Sófocles (Ateneu, I., p. 22) disse que Ésquilo compunha de forma adequada, mas sem o saber, revela o estudo que suas composições lhe haviam custado.

de um período emasculado ou efeminado, mas de uma arte que se originou do exemplo de uma geração anterior de homens grandiosíssimos. Era uma arte ainda recém-saída das nascentes da natureza. Arte com um vasto campo ainda inexplorado e em todo o seu vigor juvenil e entusiasmo virginal. Houve, é verdade, em um período imediatamente posterior àquele no qual o talento de Sófocles surgiu, uma classe de estudantes em meio aos quais já se podia ver um falso gosto e um refinamento espúrio: a classe dos retóricos e especuladores filosóficos. Pois, de fato, a arte que pertence à imaginação tende a ser mais pura em seus primórdios, mas aquela que pertence à razão e ao intelecto demora a atingir a força madura e o julgamento robusto. Dentre esses estudantes foi cedo treinada e instruída a mente reflexiva de Eurípides. Assim, aquela arte que, em Sófocles, era aprendida em círculos mais variados e ativos, e moldada por uma imaginação mais vigorosa, em Eurípides, costuma repugnar-nos com os truques de um advogado, as ninharias de um acadêmico, ou a monotonia de um palestrante moralizador. No entanto, como, nos atributos peculiares e no caráter de seus escritos, Eurípides, de algum modo, esteve à frente de seu tempo; como seu exemplo teve uma influência muito importante sobre seus sucessores; como ele não apresentou suas obras ao público antes que a fama de Sófocles estivesse consolidada; e como seu nome está intimamente associado à época posterior de Aristófanes e Sócrates, talvez seja mais adequado limitar nossa atual análise crítica às tragédias de Sófocles.

Conquanto as três peças – Édipo Rei, Édipo em Colono e *Antígona* – tenham sido escritas e encenadas a intervalos muito grandes de tempo, ainda assim, pela ligação que existe entre elas, quase se pode dizer que formam um único poema. *Antígona*, que conclui a história, foi a primeira a ser escrita; e há passagens nas duas peças Édipo que parecem ter sido escritas para levar, por assim dizer, à catástrofe de *Antígona*, criando uma ligação harmoniosa entre os diversos dramas. Essas três peças constituem, em conjunto, a melhor peça de Sófocles, ainda que, em partes separadas, elas sejam igualadas por passagens de em Ájax e *Filoctetes*.

V. Édipo Rei começa assim: uma terrível peste devasta Tebas. Édipo, o rei, nos é apresentado, poderoso e amado; àquele cuja sabedoria colocara no trono, o sacerdote e os suplicantes recorreram em busca de uma solução mesmo em meio aos horrores da peste. Édipo informa-lhes que enviou Creonte (irmão de sua esposa Jocasta) ao deus pítico para saber por meio de qual ato expiatório a cidade poderia ser libertada daquela maldição. Mal conclui o que estava dizendo quando o próprio Creonte entra e anuncia "boas notícias" na resposta explícita do oráculo. O deus declarara que uma impureza crescera na terra, e que devia ser expulsa da cidade; que Laio, o rei anterior, fora assassinado, e seu sangue precisava ser vingado. Laio havia deixado a cidade para nunca mais voltar; de sua comitiva, apenas um homem havia escapado para anunciar sua morte pelas mãos de assassinos. Édipo decide então investigar o assassinato, e ordena que o povo seja convocado. Os suplicantes levantam-se junto ao altar, e um coro solene dos senadores de Tebas (em um dos mais esplêndidos versos de Sófocles) entoa os terrores da peste ("esse Marte sem armas") e implora a proteção das divindades que afastam a destruição. Édipo, então, dirigindo-se ao coro, exige seu auxílio para descobrir o assassino, a quem ele solenemente excomunga e condena a exaurir aos poucos, privado de qualquer ajuda e comunicação, uma existência miserável. Mais ainda, se o assassino tiver procurado refúgio nos corredores reais, lá também a vingança será infligida, e a maldição se abaterá.

> "Pois eu", continua Édipo,
> "Eu, que empunho o cetro que ele empunhava;
> Eu, que subi ao seu leito nupcial;
> Eu, em cujos filhos (ele tinha herdeiros conhecidos)
> Os dele teriam merecido uma irmandade comum;
> Agora que a má sina recaiu sobre ele,
> Eu sou o herdeiro da vingança desse rei morto,
> Não menos do que se estes lábios o tivessem saudado 'pai'!"

Mais algumas frases levam-nos a conhecer o velho adivinho Tirésias, a quem, instigado por Creonte, Édipo mandara buscar. O vidente responde ao apelo do rei com uma exclamação arrepiante e sinistra:

> "Ai, ai! Quão pavoroso é o dom da sabedoria,
> Quando, ao sábio, não traz benesse alguma! Ai!"

O espírito altivo de Édipo vocifera diante das advertências desalentadoras e obscuras do profeta. Seus protestos transformam-se em ameaças. Em sua cegueira, ele chega a acusar o próprio Tirésias do assassinato de Laio, ao que responde o terrível adivinho:

"Ora! É mesmo! Curva-te, pois, à tua maldição
E decreto solene: nunca, a partir hoje,
Entretém conversas íntimas com esses homens ou comigo;
Vê, onde estás de pé: vê, o profanador da terra!"

Segue-se um diálogo de grande poder dramático. Édipo acusa Tirésias de instigar seu parente, Creonte, por quem fora persuadido a mandar buscar o adivinho, a uma conspiração contra seu trono. E o vidente, que nada explica e ameaça todas as coisas, sai com uma profecia sombria e pavorosa.

Após uma canção do coro, na qual se expressam a dúvida, a inquietação, o terror que a plateia pode começar a sentir (e, aqui, pode-se observar que, em Sófocles, o coro sempre conduz, não o progresso físico, mas o progresso moral do drama),[635] Creonte entra, informado da suspeita que Édipo expressara. Édipo, com o espírito perturbado pelas estranhas e sinistras ameaças de Tirésias, repete a acusação, mas de forma descontrolada e débil. Seu vão conhecimento do mundo sugere-lhe que Creonte pediria para consultar Tirésias, nem Tirésias se arriscaria com acusações tão espantosas, se os dois não conspirassem contra ele. Não obstante, ele é invadido por um pavor misterioso. Édipo faz inúmeras perguntas a Creonte sobre o assassinato de Laio, e parece mais ávido por absolver-se que acusar outra pessoa.

Enquanto os príncipes discutem, a rainha Jocasta entra. Ela censura a discussão, é informada por Édipo de que Tirésias o acusara do assassinato do falecido rei e, para convencê-lo da falácia da tradição profética, revela que, muito tempo atrás, previu-se que Laio seria assassinado por seu filho com Jocasta. No entanto, a fim de malograr a profecia, o único filho de Laio fora abandonado para morrer em montanhas solitárias e inexploradas, ao passo que, anos depois, Laio morrera, em um local onde três estradas se encontravam, pelas mãos de um estranho, de modo que a profecia não se cumprira.

Diante dessa revelação, o terror apodera-se de Édipo. Ele questiona Jocasta com sofreguidão e pressa: o local onde o assassinato ocorreu, a época em que aconteceu, a

[635] "O coro deve ser considerado uma das pessoas no drama, deve ser uma parte do todo e um participante da ação, não como em Eurípides, mas como em Sófocles." Aristóteles *de Poet.*, tradução para a língua inglesa por Twining. Contudo, mesmo em Sófocles, ao menos naquelas peças que chegaram a nós, o coro raramente participa (se é que o fez alguma vez) da ação visível e positiva da peça. Em vez disso, o coro conduz e expressa o avanço das emoções que emergem da ação.

idade e a aparência de Laio. Quando descobre tudo, sua arrogante convicção de inocência abandona-o e, ao soltar uma horrenda exclamação, Jocasta fixa os olhos nele e "estremece enquanto o observa".[636] Édipo pergunta sobre o séquito que acompanhava Laio, e descobre que havia cinco pessoas e que apenas um sobreviveu; que, ao retornar a Tebas, vendo Édipo no trono, o sobrevivente implorara o benefício de retirar-se da cidade. Édipo ordena que busquem essa testemunha do assassinato e, então, passa a contar sua história. Fizeram-no acreditar que Políbio de Corinto e Mérope da Dórida eram seus pais. No entanto, certa vez, em um banquete, ele foi acusado de ser um filho ilegítimo. O insulto irritou-o, e ele foi a Delfos para consultar o oráculo. Previu-se que ele cometeria incesto com a mãe, e que o pai morreria por suas mãos. Chocado e tomado de horror, ele decide fugir do possível cumprimento da profecia, e não retorna para Corinto. Em sua fuga pela estrada tripla descrita por Jocasta, ele encontra um velho em uma carruagem, com um guia ou mensageiro e outros criados. Eles tentam empurrá-lo para fora da estrada. Segue-se uma luta, e ele mata o velho e seu séquito. Poderia ter sido Laio? Será possível que tenha ascendido ao leito nupcial do homem que ele matou? Não, seus temores são muito ingênuos! Ele se agarra a uma ilusão. O pastor que escapara ao massacre de Laio e seus criados pode provar que *não* foi o rei que ele encontrou. Jocasta sustenta essa esperança: ela não pode acreditar em uma profecia, pois a previsão era que Laio morreria pelas mãos de seu filho, e esse filho morrera nas montanhas havia muito tempo. A rainha e Édipo retiram-se para o interior do palácio. O coro recomeça seu canto. Em seguida, Jocasta reaparece, a caminho do templo de Apolo, para oferecer sacrifício e oração. Nesse momento, chega um mensageiro para anunciar a Édipo a morte de Políbio e o desejo dos coríntios de eleger Édipo ao trono! Jocasta enche-se de alegria com essas notícias.

> "Previsões dos deuses, onde estais agora?
> Temendo que, pela mão infortunada do filho, o pai caísse,
> O filho tornou-se um andarilho sobre a terra,
> Vede, não o filho, mas a Natureza dá o golpe!"

Édipo, chamado a ter com o mensageiro, recebe a notícia da morte do suposto pai! É um pensamento pavoroso e trágico, mas o pio Édipo fica feliz que o pai tenha morrido,

[636] --*akno toi pros s'aposkopois' anax. Édipo Rei*, 711. Essa fala mostra quanta emoção o ator pode expressar, apesar da máscara.

pois, assim, ele é poupado do parricídio. Contudo, a outra parte da previsão assombra-o. A mãe! Ela ainda vive. Ele revela ao mensageiro a profecia e seu pavor. Para animá-lo, o mensageiro agora informa que Édipo não é filho de Mérope e Políbio. Um bebê fora encontrado nos vales das florestas emaranhadas de Citéron por um pastor escravo de Laio que entregou o menino a outro: esse outro, o mensageiro que agora conta a história. Entregue aos cuidados de Políbio e Mérope, o bebê tornou-se um filho para eles, pois não tinham filhos. Jocasta ouve, atordoada e atônita, até que Édipo, ainda inconsciente dos horrores que estavam por vir, volta-se para perguntar-lhe se ela conhecia o pastor que encontrara a criança. Arfando, descontrolada, ela diz:

> "De quem ele fala? Cala-te, não dês atenção...
> Tira isso da tua memória! É horrendo!
> Édipo: Não pode ser. O fio está aqui; e eu
> o seguirei por aquele labirinto – meu berço.
> Jocasta: Por todos os deuses, eu te aviso. Por amor
> de tua própria vida, cuidado. Já ouvi o suficiente
> para enlouquecer!"

Édipo (suspeitando apenas que o orgulho de sua rainha repugna a ideia de que o berço do marido se prove humilde e servil) replica:

> "Não, não, alegra-te!
> Fosse eu, por três linhagens, três vezes escravo,
> minha vergonha não te tocaria.
> Jocasta: Imploro-te,
> apenas desta vez, obedece-me, apenas desta vez.
> Édipo: Não o farei!
> Tatearei o caminho até a verdade.
> Jocasta: E, não obstante, que amor
> fala em minha voz! Tua ignorância é tua bênção.
> Édipo: Uma bênção que tortura!
> Jocasta: Infeliz!
> Oh, se nunca pudesses descobrir que coisa és!
> Édipo: Ninguém apressará os passos lentos deste pastor?
> Que esta orgulhosa rainha possua
> O direito inato inquestionável de um nome régio!
> Jocasta: Ai! Ai! Desventurado!
> Ai! Minha última palavra! As palavras já não são para
> mim!"

Com isso, Jocasta sai depressa de cena. Édipo continua a interpretar mal o aviso de Jocasta, atribuindo seus temores à majestade de seu espírito. Para ele, a Fortuna era sua mãe, e o havia abençoado. O acaso do berço não poderia destruir sua herança da natureza. O coro entrega-se às esperanças que alimenta! Seu sábio e glorioso Édipo poderia ter nascido em Tebas! Entra o pastor: como Tirésias, ele reluta em falar. O rei impetuoso arranca seu segredo. Édipo é o filho de Laio e Jocasta. Por ocasião de seu nascimento, as terríveis profecias da pítia persuadiram a própria mãe a abandoná-lo nas montanhas. A compaixão do pastor salvou-o, salvou-o para que se tornasse o noivo de sua mãe e o assassino de seu pai. A espantosa arte com que o público e a vítima são levados, passo a passo, ao ápice da descoberta gera um interesse de *páthos* e de terror que não é igualado sequer pelas maiores obras-primas do teatro moderno,[637] e é dotada daquela perturbação angustiante que não tem paralelo algum na antiguidade. A descoberta é uma verdadeira catástrofe: o desfecho físico não passa de um complemento do desfecho moral. Jocasta, ao sair da cena, fora diretamente aos aposentos nupciais, e aí, ao lado do leito do qual nascera uma descendência dupla e amaldiçoada, sucumbiu por suas próprias mãos. Enquanto isso, o predestinado parricida, irrompendo no quarto, vê, como o último objeto na terra, o cadáver de sua esposa e mãe! Uma vez mais, Édipo aparece, privado para sempre da luz do dia. Na fúria de seu remorso, ele "havia golpeado os próprios olhos," e o sábio enganador da esfinge, Édipo, o altivo, o insolente, o ilustre, torna-se um pária desconsolado e sem esperança. Contudo, em meio a todo o horror da cena final, irrompe uma luz bela e suave. Cego, impotente, excomungado, Creonte, que Édipo acusara de assassinato, torna-se agora seu juiz e mestre. O grande espírito, esmagado sob suas desgraças intoleráveis, é humilhado até ao pó; e o "mais sábio dos homens" implora apenas dois favores: ser banido do país, como exilado e, abraçar os filhos mais uma vez. Mesmo na tradução, a delicada ternura desta passagem não deixa de produzir seu efeito.

> "Quanto a minha sina, deixa-a acontecer! Meus filhos, Creonte!
> Meus meninos... não, a eles, as necessidades amargas de vida
> Haverão de dominar... eles já são HOMENS? Minhas meninas... meus amores...
> Ora, nunca me sentei à mesa de minha casa

[637] "De todas as descobertas, a melhor é a que emerge da própria ação, e na qual prováveis incidentes produzem um efeito notável. É assim no Édipo de Sófocles." Aristóteles *de Poet.*, tradução para a língua inglesa por Twining.

Sem seus olhares abençoados... Nosso pão,
Nós partíamos juntos; serás gentil com elas
Por mim, Creonte... e (oh, última súplica!)
Deixa-me apenas tocá-las... senti-las com estas mãos,
E derramar a tristeza que o adeus pode dizer
Sobre males que serão delas! Por tua linhagem pura –
Pois a tua é pura – faz isso, gentil príncipe. Penso
Que não sentirei a falta destes olhos, se pudesse ao menos tocá-las.
Que direi para comover-te?
Soluços! E eu,
Oh, ouço minhas amadas? Mandaste buscá-las,
Por misericórdia, mandaste trazer minhas filhas para meus braços?
Fala... fala... não estou sonhando!

Creonte: São as tuas filhas;
Eu não te privaria do precioso deleite
Que, no passado, te deram.

Édipo: Abençoado sejas
Por este único ato de misericórdia, que tu encontres, nos céus,
Um Deus mais bondoso do que eu encontrei. Vós... onde estais?
Minhas filhas... vinde! Aproximai-vos, aproximai-vos mais", etc.

O *páthos* dessa cena continua até o fim; e as últimas palavras ditas por Édipo enquanto as filhas se agarram a ele, imploram que elas, ao menos, não sejam apartadas.

É nessa cena final que a arte da peça se consuma. Os horrores da catástrofe, que, se fossem a última impressão, deixariam atrás de si um sentimento demasiado doloroso e desolador, são atenuados por esse belo recurso às fontes mais ternas e sagradas da emoção. E o *páthos* torna-se duplamente efetivo, não só pelo contraste imediato do terror que o precedeu, mas pela habilidade magistral com que toda a demonstração dos aspectos mais afetuosos do caráter de Édipo é deixada para o final. No colapso do intelecto forte e do espírito ousado, quando império, honra, nome são todos aniquilados, o coração é visto como que sobrevivendo aos escombros à sua volta, e agarrando-se no amparo dos afetos.

VII. Em Édipo em Colono, o rei cego é apresentado, após um intervalo de anos, como um andarilho sobre a terra, que se refugia, sem o saber, no bosque das Fúrias:[638]

[638] No entanto, o local consagrado a essas divindades que os homens "te-

"as terríveis deusas, filhas da Terra e da Escuridão". Sua jovem filha, Antígona, uma das mais adoráveis criações da poesia, é sua companheira e guia. Mais tarde, ele passa a ser acompanhado por sua outra filha, Ismênia, cujo caráter fraco e egoísta é esboçado em forte contraste com o heroísmo e a devoção de Antígona. As antigas profecias que previram seus infortúnios também haviam previsto sua libertação. Seu último refúgio e morada seria obtido junto das pavorosas deidades, e um sinal de trovão, ou terremoto, ou relâmpago anunciaria a hora da sua partida. Descobrindo qual era o local para onde seus passos tinham sido guiados, Édipo tem o grave sentimento que se aproxima seu destino fatal. Assim, logo no início do poema, ele se nos apresenta à beira de uma misteriosa sepultura.

Os sofrimentos que submeteram o parricida a uma velhice prematura[639] não destruíram seu espírito. A brandura e a humilhação de si próprio que foram os primeiros resultados da sua terrível angústia desapareceram. Ele voltou a ser impetuoso e apaixonado, mas por um senso

---

mem dizer o nome" apresenta todas as características de encanto exterior que contrastam e refinam, por assim dizer, o terror metafísico das associações. E a bela descrição da própria Colono, que é a passagem que se diz que Sófocles leu para seus juízes, perante os quais fora acusado de senilidade, parece retratar um lar mais adequado às Graças que às Fúrias. O coro informa ao estrangeiro que ele chegou à "Colono branca;"

"Onde, para todo o sempre, pelo vale mais verdejante
Jorram as notas chorosas do rouxinol
De sua casa, onde a hera de cor escura tece
Com o bosque do deus uma noite de folhas;
E as vinhas florescem na clareira solitária,
E os sóis de verão são pálidos à sombra,
E as tempestades do inverno nunca têm uma brisa,
Que possa fazer tremular uma folha das árvores encantadas;
Pois lá, oh, sempre lá,
Com aquela bela multidão nas montanhas,
Que foram suas doces amas, [as ninfas de Nisa]
O Baco selvagem mantém sua corte, a floresta consciente entre eles!
Delicadamente, sempre lá,
Coroa das poderosas deusas da antiguidade,
Buquês de narcisos, com suas nuanças gloriosas
Brotam de seu banho do delicioso orvalho do céu,
E o alegre açafrão derrama seus raios de ouro.
E vagueando aí para sempre,
Brincam as fontes,
E Cefiso alimenta seu rio
De suas doces urnas, dia após dia.
O rio não conhece escassez;
Vale abaixo, as águas vazantes deslizam,
E a chuva pura daquela maré translúcida
Anuncia a copiosa beleza do coração da terra.
Enquanto, junto às margens, o séquito do coral das musas
É ouvido no tempo previsto; e aí, o Amor faz cessar sua rédea de ouro."

[639] *Geronta dorthoun, phlauron, os neos pesae.* – Édipo em Colono, 396. Assim, embora a filha tivesse apenas passado da infância ao início da idade adulta, Édipo passa da juventude à velhice desde a data de Édipo Rei.

de injustiça. O remorso ainda o visita, mas alterna com o sentimento ainda mais humano do ressentimento diante da severidade injusta de sua ruína.[640] Os filhos homens, que, "com uma palavra", poderiam tê-lo salvado do exílio, da miséria e das andanças pelas quais passou, haviam abandonado sua causa, olhado com indiferença para seus terríveis infortúnios; unindo-se a Creonte para expulsá-lo das terras tebanas. Eles são a Goneril e a Regan do clássico Rei Lear, assim como Antígona é a Cordélia, em quem ele se apoia: uma Cordélia que ele nunca afastou de si. "Quando," diz Édipo, com uma cruel amargura na alma,

> "Quando minha alma fervilhava dentro de mim; quando 'morrer'
> Era tudo o que eu suplicava, e a morte era uma doçura, sim,
> Se me tivessem apedrejado como a um cachorro, eu os teria abençoado;
> Então, nenhum homem se levantou contra mim; mas quando o tempo
> Trouxe seu lento consolo, quando minhas feridas cicatrizaram,
> Todos os meus pesares abrandaram, e o próprio remorso
> Julgou minha autopunição maior que meus pecados,
> Tebas arrancou-me de seu seio, e eles, meus filhos,
> Meu sangue, minha descendência, deram as costas ao pai.
> Uma palavra deles ter-me-ia salvado, uma pequena palavra,
> Eles não a disseram. E eis o mendigo errante!"

Nesse ínterim, durante o exílio de Édipo, surgira um conflito entre os irmãos: Etéocles, aqui representado como o irmão mais jovem, enxotou Polinices e tomou o trono. Polinices refugia-se em Argos, onde prepara uma guerra contra o usurpador. Um oráculo declara que o êxito estará com aquele a quem Édipo se unir, e uma bênção misteriosa é proferida sobre a terra que contém seus ossos. Assim, a posse desse extravagante instrumento do destino (elevado, na velhice, a uma pavorosa e horrenda importância) torna-se o argumento da peça, pois sua morte passará a ser a catástrofe final. É a ardilosa vingança feroz de Édipo que constitui a emoção do todo. De acordo com uma concepção sublime, vemos à nossa frente o Édipo material, na mais profunda destituição e miséria: maltrapilho, cego, mendigo, em uma impotência total e abjeta. Mas, no espírito, Édipo é a absoluta majestade de um poder ainda régio. O oráculo investiu alguém tão arruinado e infeliz em

[640] Veja sua autojustificativa, 960-1000.

si mesmo com o poder de um deus: o poder de dar a vitória à causa que abraçar, prosperidade para a terra que se tornar seu túmulo. Com todo o desejo de vingança da velhice, toda a enorme perversidade do ódio, ele se agarra a essa sombra e relíquia de um cetro. Creonte, ciente do oráculo, vem chamá-lo de volta a Tebas. O parente traiçoeiro humilha-se diante de sua vítima: ele é aquele que suplica ao mendigo, que, por sua vez, o desafia e rejeita. Creonte vinga-se arrebatando Antígona e Ismênia. Nada pode ter um efeito mais dramático que a cena em que esses últimos esteios de sua velhice são arrancados ao desolado ancião. Por fim, elas lhe são devolvidas por Teseu, cujo caráter cordial e nobre é retratado com todo o brilho do favoritismo que um poeta ateniense naturalmente esbanjaria sobre o Alfred ateniense. Em seguida, somos apresentados a Polinices. Tal como Creonte, ele procura Édipo com a motivação egoísta de reaver seu trono por meio de um aliado a quem o oráculo promete vitória. No entanto, há em Polinices a aparência de um verdadeiro arrependimento e uma mescla de bondade e majestade em sua atitude que despertam nossa curiosidade com relação a seu destino, apesar de suas culpas, e é possível que Sófocles pretendesse, com isso, dar novo interesse à trama de *Antígona*, escrita e apresentada muito tempo antes. A benevolência de Teseu e a doce intercessão de Antígona persuadem Édipo a aceitar o filho. Após um canto do coro sobre os males da velhice,[641] Polinices entra. Ele fica impressionado com a aparência debilitada e miserável do velho, e repreende amargamente seu próprio abandono.

"Todavia," diz ele, com um sentimento quase cristão:
"Como, sobre cada ação, no trono olimpiano,
A Misericórdia preside junto com o grande Júpiter,
Deixa-a, oh pai, também tomar assento
Em da tua alma, e julgar-me! Os pecados do passado
Ainda têm cura. Ah, se pudessem ser anulados!
Por que estás calado? Fala comigo, meu pai?
Não vás embora... não me responderás? "etc.

Édipo se mantém em silêncio, apesar das súplicas de sua amada Antígona, e Polinices passa a narrar as injustiças que sofreu de Etéocles, e, tomado do ardor de um jovem guerreiro, descreve tudo o que reuniu em seu favor,

[641] Como cada poeta tinha apenas três atores à sua disposição, é provável que a canção do coro desse tempo ao intérprete de Teseu para trocar os trajes e reaparecer como Polinices.

promete restabelecer Édipo em seu palácio e, fazendo alusão ao oráculo, confia-se ao perdão do pai.

Então, enfim fala Édipo, e de censuras irrompe em maldições.

"E, agora, tu choras; não choraste por estas desgraças
Até que choras pelas tuas próprias. Mas eu, eu não choro.
Estas coisas não são para lágrimas, mas para resistência.
Meu filho é como o pai: um parricida!
Labuta, exílio, mendicância: o pão de cada dia recebido
De mãos desconhecidas: esses são seus presentes, meu filho!
Minhas enfermeiras, minhas guardiãs: aquelas que partilham da necessidade,
Ou ganham o pão, são filhas; não as chameis
Mulheres, pois, para mim, são homens. Vai!
Tu não és meu: eu repudio tal rebento.
Vê! Os olhos do Deus vingador
Estão sobre ti! Mas sua luz agourenta demora
Ainda a esmagar-te. Continua tua marcha para Tebas!
Não, não para ti, a cidade e o trono;
A terra deverá primeiro ficar vermelha com o teu sangue –
O teu sangue e o dele, teu inimigo: teu irmão! Maldições!
Não pela primeira vez invocadas para meus crimes:
Maldições! Eu vos chamo de volta, e vos faço agora
Aliadas deste velho!

******

Sim, maldições apoderar-se-ão de teu lugar e trono,
Se a antiga Justiça sobre as leis da terra
Reina com o deus do trovão. Marcha para a ruína!
Rejeitado e repudiado, o mais abjeto dos abjetos,
E contigo carrega este fardo: sobre a tua cabeça
Derramo a condenação de um profeta; nem trono nem lar
Esperam no gume da lança apontada:
Tua própria terra de refúgio não te dá boas-vindas;
Teus olhos contemplaram pela última vez a Argos vazia.
A morte pelas mãos de um irmão, fratricídio cruel,
Matando tu mesmo um irmão, será teu quinhão.
Sim, enquanto te amaldiçoo, nas profundezas sombrias
Do inferno primevo, eu clamo: Prepara
Para esses homens seu lar, pavoroso Tártaro! Deusas,
Cujos santuários estão à minha volta; vós, Fúrias vingadoras!
E tu, ó Senhor da Batalha, que despertastes
O ódio na alma de irmãos, ouvi-me! Ouvi-me!

E agora, é passado! Basta! Ide e dizei
Ao povo tebano, e a teus caros aliados,
Com que bênçãos, de seu refúgio com as Fúrias,
O velho Édipo cego recompensa seus filhos!"[642]

Como é habitual em Sófocles, a força aterradora dessas maldições é imediatamente seguida de uma cena suave e tocante entre Antígona e o irmão. Conquanto inicialmente arrasado pela maldição paterna, o espírito de Polinices recobra de tal modo sua bravura natural que não dá ouvidos à súplica da irmã para que desista da expedição a Tebas e volte com seus exércitos para Argos. "O quê?", diz ele:

"Conduzir de volta um exército que poderia julgar que estremeci!"

Não obstante, ele sente a lúgubre convicção de que sua morte está decretada. E, assim, podemos captar um vislumbre da trama de *Antígona* em sua súplica à irmã, de que, se ele sucumbir, devem sepultá-lo com as devidas honras. A incomparável amabilidade do caráter de Antígona comove até mesmo Polinices, que parte, dizendo:

"Com os deuses está a balança de nosso destino;
Mas sobre ti, ao menos... Ah, nunca, sobre ti,
Recaia mal algum! Tu és bondosa demais para sofrer!"

O coro retoma seu canto, quando, de repente, ouve-se um trovão, e Édipo saúda o sinal que o anuncia às sombras. Nada se pode conceber mais apavorante que esse presságio. É como se Édipo tivesse sido poupado apenas para amaldiçoar os filhos e morrer. Ele chama Teseu, informa que sua morte se aproxima e que, sem guia nenhum, ele mesmo indicará o local onde descansará. Que esse local nunca seja revelado; que a sepultura secreta e solene seja o encanto da terra e uma defesa contra seus inimigos. Édipo, então, dá meia-volta, e o instinto interior passa a guiá-lo ao partir, às apalpadelas. As filhas e Teseu seguem o cego, pasmos e amedrontados. "Aqui," diz ele:

"Aqui, por este caminho vem, por este caminho leva
O condutor invisível dos mortos,[643] e ela,
A quem as sombras chamam sua rainha![644] Oh luz, doce luz,
Escuridão para mim; já foste minha, e mesmo agora
Sinto-te palpável, em torno desta forma carcomida,

[642] A imagem nos dois últimos versos foi acrescentada a partir do original a fim de trazer ao leitor o que a representação teria trazido ao espectador.
[643] Mercúrio.
[644] Proserpina.

Agarrando-se ao último abraço. Vou para a mortalha
Da vida que desce ao eterno Hades!

Assim o palco é deixado ao coro, e o misterioso destino de Édipo é recitado pelo Mensageiro, em versos que Longinus não exaltou o suficiente. Édipo seguira o caminho até uma caverna bem conhecida nas tradições lendárias como o local em que Pirítoo e Teseu haviam jurado sua fé, junto aos degraus de bronze que constituem uma das entradas aos reinos infernais:

"Entre esse lugar e a pedra de Tóricos,
O espinheiro oco e a pilha sepulcral,
Ele se sentou."

E, após fazer libações da água do riacho, banhar-se e vestir-se com as vestes funerais, Júpiter trovejou debaixo da terra, e as filhas do velho homem, aterrorizadas, caíram sobre os joelhos do pai, com soluços e gemidos.

"Então, enquanto choravam, ele as enlaçou com as mãos,
E 'Ah, minhas filhas,' disse ele, 'a partir de hoje
Já não tendes pai; todo o meu ser
Definha e morre; o fardo e a labuta
De milha velhice nunca mais recairão sobre vós.
Triste tribulação suportastes por mim, e, não obstante,
Deixai que um pensamento derrame um bálsamo quando eu me for:
O pensamento de que ninguém neste mundo desolado
Vos amou como eu amei; e, na morte, deixo-vos
Uma vida mais feliz!'
Dessa forma comovente,
Com abraços apertados e soluços emocionados, os três
Choravam alto, até que a tristeza se transformou
Em um silêncio mortal: nem choro, nem lamentação
Quebra o silêncio pavoroso da solidão.
Então, de repente, ouve-se uma voz incorpórea
E o medo abateu-se, gélido, sobre todos. Estremeceram de pavor,
E o horror, como um vento, arrepiou-lhes os cabelos.
Mais uma vez, a voz; mais uma vez: 'Ah! Édipo. Por que nos demoramos tanto?
Vem, mais perto, vem.'"

Édipo, então, confia as filhas solenemente a Teseu, despede-as, e apenas Teseu é deixado com o velho.

"Assim, gemendo, partimos. E, quando, uma vez mais,
Voltamos os olhos para contemplar, vede! O lugar
Já não conhecia o homem! Apenas o rei estava lá,

As mãos espalmadas sobre a fronte que desviara,
Como que para afastar do olhar amedrontado
O aspecto medonho de alguma coisa aterradora
Que a natureza não ousava encarar. Então, nos detivemos
Até que o rei despertasse do terror,
E à mãe Terra e ao alto Olimpo,
Morada dos deuses, murmurasse uma prece admirada.
Porém, como o velho pereceu, exceto o rei,
Mortal algum jamais poderá adivinhar; pois nem raio, nem clarão,
Nem tempestade destruidora trazida do oceano
Se fizeram ouvir ou vez; mas ou foi ele arrebatado
Aos céus por asas divinas, ou, então, as sombras,
Cuja escuridão nunca contemplou o sol,
Bocejou em horrenda misericórdia, e o abismo escancarado
Tragou o andarilho do mundo dos vivos."

Assim sublime em sua intensidade impressionante, em seu mistério aterrador, em seu sombrio terror religioso é a catástrofe de Édipo em Colono. Os versos que se seguem são dedicados às lamentações das filhas, e parecem de todo desnecessários, a menos que possamos concluir que Sófocles desejasse mostrar a ligação de Édipo com *Antígona*, informando-nos de que as filhas de Édipo serão enviadas a Tebas a pedido da própria Antígona, que tem esperança, na terna coragem da sua essência, de poder talvez impedir o vaticinado massacre dos irmãos.

VII. Passando agora à tragédia de *Antígona*, vemos que a profecia de Édipo se cumpriu: os irmãos pereceram um pelas mãos do outro, o exército argivo foi derrotado, Creonte conquista a tirania e proíbe, sob pena de morte, o sepultamento de Polinices, cujo cadáver permanece vigiado e sem as devidas honras. Antígona, em atenção ao pedido que o irmão lhe fizera em seu último encontro, decide enfrentar a ordem, e realiza os ritos tão essenciais e sagrados aos olhos de um grego. Ela comunica sua decisão à irmã Ismênia, cujo caráter, ainda fraco e medíocre, faz um eterno contraste com o heroísmo de Antígona. Agindo de acordo com suas decisões, ela confunde os vigias e enterra o corpo. Creonte, ao saber que seu decreto fora desobedecido em segredo, ordena que os restos mortais sejam desenterrados e, em uma segunda tentativa, Antígona é descoberta, levada perante o tirano e condenada à morte. Hêmon, filho de Creonte, era noivo de Antígona. Diante da notícia da sentença da noiva, ele procura Creonte e, após uma violenta cena entre os dois, que não tem nem o poder nem a dignidade que são típicas de Sófocles, sai fazendo ameaças vagas. Segue uma breve mas belíssima invocação ao amor por parte do coro e, pode-se observar que, nela, o coro expressa muito do que não foi representado na ação, o que serve para incutir no espectador todos os efeitos irresistíveis da emoção que o artista moderno tentaria representar em alguma cena tocante entre Antígona e Hêmon. A heroína atravessa, então, o palco, a caminho de seu pavoroso destino, que é ser enterrada viva "na caverna escavada em uma rocha". Ela assim se dirige ao coro:

> "Vós, da terra em que meus ancestrais habitaram,
> Vede-me rumo a meu último destino!
> O tempo não tem amanhã para estes olhos. O negro Orco,
> Cuja corte tem lugar para todos, guia meus passos solitários,
> Mesmo enquanto vivo, para as sombras. Não haverá para mim
> A bênção nupcial nem o hino de casamento:
> Aqueronte, recebe tua noiva!
> (Coro:) Honrada e chorada
> Poupada de doença lenta e de mão violenta,
> Teus passos deslizam para o túmulo! Por tua vontade, como a Liberdade,[645]
> Tu, dotada acima dos mortais, descerás
> Em plena vida para as sombras.
> Antígona: Penso ter ouvido,
> Assim dizem as lendas, como a frígia Níobe,
> (Pobre estrangeira) no alto do Monte Sípilo,
> Morreu em prantos. A dura rocha, como as gavinhas
> Da hera, agarraram-se e recobriram seu coração.
> Ela, nunca mais se dissolvendo em torrentes,
> Deserto de neve lívida. E de seus olhos pesarosos,
> Como de fontes incansáveis que descem pelos rochedos,
> Caem os orvalhos perpétuos. Como ela, o deus
> Embala-me para dormir, e no seio da pedra!"

Em seguida, acrescenta a seu belo lamento, "que ela tem um consolo: que irá para o túmulo precioso aos pais e ao irmão".

O pesar de Antígona está em perfeita harmonia com seu caráter: não trai nenhum arrependimento, nenhuma fraqueza; é tão somente a tristeza natural da juventude e da feminilidade que desce àquele túmulo que tinha tão

[645] Autônomos. - Antígona, 821.

pouca esperança na antiga religião grega. Em uma Antígona de nosso palco, talvez tivéssemos exigido alguma referência a seu amado, mas a heroína grega não o menciona, e faz antes alusão à perda do destino feminino do casamento que à perda do noivo em si. No entanto, não é por esse motivo que devemos concluir, como M. Schlegel e outros, que as gregas não conheciam o sentimento do amor. Mais adiante, mostrarei que essa opinião, que se transformou em uma crença inexplicável, está em divergência com toda a poesia dos gregos, com seu teatro em si, com seu estilo de vida e com os próprios elementos daquela natureza humana, que é a mesma em todo lugar. Todavia, Sófocles, na personagem de Antígona, personifica o dever, não a paixão. É a isso, sua individualidade superior, que qualquer coisa que possa enfraquecer o efeito puro e estático da criação é sacrificada. Tal como ela foi para o pai, assim foi para o irmão. As tristezas e catástrofes de sua família tornaram-nos tão caros ao seu coração que ela tinha pouco espaço para algo mais. Como ela diz de forma belíssima sobre si mesma, "feita para amar, não para odiar",[646] Antígona vive apenas para devotar os sentimentos mais sagrados às tarefas tristes e piedosas e, cumprida a última, já não tem o que fazer no mundo.

Quando Antígona é levada embora, uma personagem ilustre nos é apresentada, e seu próprio nome é, para nós, que normalmente lemos *Édipo Rei* antes de *Antígona*, o vaticinador de augúrios e desgraças. Como em *Édipo Rei*, Tirésias, o adivinho, aparece para anunciar todos os terrores que se seguem, de modo que, agora, na desolação culminante daquela casa condenada, ele, o solene e misterioso sobrevivente de tais tragédias sinistras, é mais uma vez trazido ao palco. Os presságios foram funestos: pássaros brigam uns com os outros em pleno voo, a chama não se eleva da vítima sacrificial, e os altares e lareiras estão cheios de pássaros e cães, juntando-se para se banquetear com o cadáver de Polinices. O adivinho exorta Creonte a não guerrear contra os mortos e consentir com os ritos de sepultamento do corpo do príncipe. Diante da recusa obstinada de Creonte, Tirésias anuncia maldições proféticas e parte dali. Creonte, cuja impetuosidade de índole combina-se com um caráter fraco, fazendo grande contraste com o forte espírito de Édipo, arrepende-se e é persuadido pelo coro a libertar Antígona da sua prisão em vida, bem como a

[646] *Ou toi synechthein, alla symphilein ephun*. *Antígona*, 523.

revogar o decreto que nega sepultura a Polinices. Ele deixa o palco com esse propósito, e o coro irrompe em uma de suas odes mais pitorescas, uma Invocação a Baco, assim inadequadamente apresentada ao leitor inglês:

"Oh tu, a quem a terra, por muitos títulos, saúda
Filho do deus-trovão, e deleite apaixonado
Da indômita donzela tebana!
Obedecido quer nas longínquas praias da Itália,
Ou onde Elêusis se une teus ritos solenes
Com os da grande mãe,[647] em vales misteriosos:
Baco, na Tebas báquica, onde é mais conhecido,
Tua Tebas, que reivindica as Tíades como filhas;
Rápido pelos campos, com guerreiros semeados pelo dragão,
E onde o Ismeno faz rolar suas ligeiras águas.
Ela te viu, a fumaça,
No cume cornudo.[648]
Ele te viu, e irrompeu
Com um salto para a luz.
Onde ninfas coricias vagueiam pela gloriosa montanha,
E, melodiosa, flui a antiga Fonte de Castália,
Eloquente com ecos de uma alegria desenfreada,
Os declives de Nisa cobertos de hera,
E margens com vinhedos verdejantes em flor,
Proclamando, de declive a margem,
Que Baco, para sempre,
É o guardião da raça,
Onde mantém sua morada
Com ela,[649] sob o hálito
Da morte reluzente do trovão,
Consumindo-se no resplendor de sua glória.

Oh, agora com passos de cura ao longo da encosta
Do amado Parnaso, ou deslizando
Sobre o profundo e retumbante oceano eubeu
Vem! pois perecemos... Vem! Nosso Senhor e esperança!
Líder do coro imponente
Das grandiosas estrelas, cujo próprio hálito é luz,
Que com hinos inspira
Vozes, ó tão jovem deus, que se fazem ouvir à noite;
Vem, com tua multidão de Ménades,
Vem com as donzelas de tua ilha de Naxos,
Que cantam seu Senhor Baco, enquanto
Enlouquecem, com danças místicas, por toda a calada da noite!"

---

[647] Ceres.
[648] *Hyper dilophon petras* – a saber, Parnaso. A luz báquica no duplo cume do Parnaso, que anunciou o deus, é uma das alusões preferidas dos poetas gregos.
[649] Sua mãe, Sêmele.

Terminada a canção do coro, o Mensageiro entra para anunciar a catástrofe, e Eurídice, esposa de Creonte, perturbada por rumores em seu palácio, torna-se uma ouvinte da narrativa. Depois de enterrarem Polinices, Creonte e seu séquito dirigem-se à gruta em que Antígona fora emparedada. Eles ouvem altos lamentos dentro "daquela câmara não consagrada": é a voz de Hêmon. Creonte recua, mas os criados entram. No interior da caverna, eles contemplam Antígona, que, no horror daquela solidão mortal, estrangulara-se com a faixa de sua túnica. E ali estava o amante, deitado ao seu lado, os braços agarrados a cintura da jovem. Creonte enfim avança, reconhece o filho e chama-o para fora.

> "Então, fitando o pai com olhos furiosos,
> O filho permaneceu calado, e cuspiu em seu rosto,
> E sacou a espada brutal. O pai esquivou-se,
> E, cheio de cólera, como que com o braço que falhou ao golpear o pai,
> O infeliz cravou no próprio peito
> O aço abominável. E, enquanto os sentidos turvados
> Lutavam no íntimo da alma que expirava depressa,
> Embora cada vez mais fracos, seus braços, que já enrijeciam,
> Agarraram-se àquela forma virginal: e cada arquejar
> De seu último suspiro tingia, com gotas sangrentas,
> A fria face branca que era seu travesseiro. Assim
> Jaz morte abraçando morte!"[650]

No meio dessa descrição, em uma delicada inspiração artística, Eurídice, mãe de Hêmon, deixa o palco de súbito e em silêncio.[651] Quando voltamos a ter notícias suas, descobrimos que ela tirou a própria vida, amaldiçoando o marido, em seu último suspiro, como assassino do filho. O final da peça tem Creonte como o único sobrevivente. Ele mesmo não morre, pois nunca despertou nossa piedade.[652]

---

[650] Aristóteles critica o incidente do filho que tenta golpear o pai, julgando-o chocante, mas não trágico: ou seja, a ação violenta é episódica, uma vez que não é levada a efeito. No entanto, se ligássemos o enredo de *Antígona* com as duas peças anteriores de Édipo, há algo de retribuição na tentativa de parricídio quando recordamos a severidade hipócrita e cruel de Creonte diante do parricídio involuntário de Édipo. Toda a descrição do filho naquela verdadeira tumba, fitando o pai com ódio, a espada desembainhada na mão, o corpo morto da noiva, com a cena subsequente dos amantes unidos na morte, constitui uma das combinações mais magistrais de *páthos* e terror na poesia antiga e moderna.

[651] Essa não é a única passagem em que Sófocles expressa o pesar feminino mediante o silêncio. Em *As Traquínias*, Dejanira desvanece na mesma brusquidão muda quando ouve do filho o efeito do presente do centauro sobre o marido.

[652] De acordo com aquela profundíssima máxima de Aristóteles, de que,

Creonte é punido através do filho e da esposa: mortos estes, desaparece nosso interesse em Creonte, e acrescentar sua morte à deles e à de Antígona seria um anticlímax.

VIII. Na tragédia *Electra*, o caráter da heroína sobressai-se pelo flagrante contraste com a criação de *Antígona*. Ambas são dotadas de excepcional majestade e força de caráter, são mais nobres que as filhas dos homens, e seus encantos são de uma época em que os deuses não eram antepassados distantes dos reis; quando, como nos primeiros escultores de Palas, ou mesmo de Afrodite, considerava-se necessário algo de severidade e rigor para a materialização do divino; e o belo não havia perdido as proporções colossais do sublime. Contudo, a força e o heroísmo de Antígona derivam do amor: um amor sóbrio, sereno, nobre, mas, ainda assim, amor. Electra, ao contrário, é sustentada e exaltada acima das outras mulheres pela força de seu ódio. O pai, "o rei dos homens," assassinado de modo vil em seu palácio; ela, forçada a conviver com os assassinos do pai, e a receber de suas mãos tanto caridade como insulto; o assassino adúltero no trono do pai, e feito senhor do leito nupcial do rei assassinado;[653] o irmão, andarilho e pária. Tais são os pensamentos que se lhe apresentam incessantemente! Por anos, seu coração e sua alma alimentaram-se da amargura de um ressentimento, ao mesmo tempo impotente e intenso, que a própria natureza transformou em rancor. Electra não vê Clitemnestra como mãe, mas como a assassina de um pai. A dúvida e o remorso do Hamlet moderno são desconhecidos a seu espírito mais masculino. Ela vive apenas da expectativa do retorno do irmão e de vingança. A peça começa com o aparecimento de Orestes, Pílades e um criado idoso, que chegam ao raiar do dia à residência dos pelópidas – "que recendia a sangue" – a mansão de Agamêmnon. Orestes, que, na infância, fora salvo pela irmã dos planos de Clitemnestra e Egisto, voltava agora, já adulto. Eles acordam que, para afastar quaisquer desconfianças dos adúlteros régios, apresentar-se-á a Clitemnestra um relato falso da morte de Orestes em um acidente nos jogos píticos; e os próprios Orestes e Pílades serão, mais tarde, apresentados como se fossem fócios que levavam as cinzas do suposto morto. Nesse ínterim, os dois amigos seguem para o sepulcro de Agamêmnon a fim de

na tragédia, um homem muito perverso nunca deve ser escolhido como objeto de castigo, visto que seu destino não pretende despertar nossa comiseração.

[653] *Electra*, I. 250-300.

oferecer libações, etc. Surge, então, Electra, que se entrega aos lamentos indignados por sua sina, e consola-se com a esperança do rápido regresso do irmão.

Une-se a ela a irmã Crisótemis, que está levando oferendas fúnebres ao túmulo de Agamêmnon. E nesse diálogo, Sófocles, com extraordinária habilidade e um profundo conhecimento da natureza humana, consegue despertar nossa admiração e ternura pela intensa Electra ao contrastá-la com a fraca e egoísta Crisótemis. Sua amargura contra a mãe ganha a aparência de um dever solene para com o pai. Suas qualidades pouco femininas emergem como coragem e magnanimidade, e ela se gloria da crueldade e perseguição que sofre da parte de Clitemnestra e Egisto: são as provas de sua reverência pelo morto. Conquanto seja mulher, ainda é a filha de um rei e não pode submeter-se a um usurpador. "Ela não ajuntará covardia à tristeza." Crisótemis conta a Electra que, por ocasião do regresso de Egisto, está decidido que ela será aprisionada em uma cripta, "onde poderá cantar seus infortúnios sem ser ouvida". Impávida, Electra toma conhecimento da sentença planejada. Ela não mitigará sua indesejável desgraça, "não trairá aqueles que ama". No entanto, um sonho apavora Clitemnestra: Agamêmnon aparece-lhe como que vivo. Na visão, pareceu-lhe que Agamêmnon fincava o cetro no solo, onde floresceu como uma árvore fazia sombra sobre toda a terra. Inquieta e cheia de remorso, Clitemnestra envia Crisótemis com libações para apaziguar o espírito do morto. Electra implora a Crisótemis que não apresente tais expiações, mas que as atire aos ventos ou ao pó; que não deixe que se aproximem do sepulcro do rei assassinado. Crisótemis promete obedecer à advertência e parte. Segue-se uma cena violenta e intensa entre Clitemnestra e Electra, momento em que o criado entra (conforme combinado) para anunciar a morte de Orestes. Nessa narrativa, ele descreve a cerimônia das corridas píticas em versos merecidamente aclamados, como um retrato vívido e fidedigno de uma competição tão renomada, que o leitor terá prazer em ver, mesmo em uma tradução débil e fria. Orestes alcançara cinco vitórias no primeiro dia. No segundo, ele começa com nove competidores na corrida de bigas: um aqueu; um espartano; dois líbios; ele próprio, com corcéis tessálios; um sexto, da Etólia; um magnesiano; um eniane; um ateniense; e um beócio que completa o número.

"Eles ocuparam a posição que os juízes indicados
Haviam sorteado, e alinharam as bigas rivais.
Soa a trombeta de bronze! Eles arremetem,
Incitam os fogosos corcéis e agitam as rédeas frouxas
Como que com um corpo, o grande espaço é preenchido
Com o enorme clangor das bigas ruidosas:
As nuvens de poeira rodopiam no ar. Misturados,
Cada qual pressiona os outros. E o chicote estala, e alto
Resfolegam os corcéis selvagens, e de sua respiração ardente,
Ao longo de suas crinas e descendo pelas rodas,
Espalha-se a espuma em flocos. Orestes, porém,
Ai, ao contornar impetuosamente o perigoso pilar,
O último do percurso, girando no eixo impetuoso,
A rédea esquerda puxada, a da mão direita,
Solta. E assim, aprumadas, as bigas seguiam!
De repente, os corcéis fogosos e impetuosos do eniane
Soltaram o freio de boca, e, agora que, pela sétima vez,
O percurso era circundado, com a biga líbia
Chocaram-se a fronte desenfreada: então, a ordem tornou-se ruína:
Biga colidiu contra biga. A vasta planície de *Crissa*
Ficou como um mar, coberta de destroços: o ateniense viu,
Reduziu a velocidade e, circundando o perímetro,
Ileso e com habilidade, no espaço mais central,
Deixou o tumulto caótico daquela tempestade turbulenta.
Atrás, Orestes, até então o último,
Controlara ainda seus corcéis para o final;
Agora, restava um único competidor. Ele disparava adiante,
E o som agudo do açoite que impelia
Ressoou nos ouvidos aguçados dos velozes corcéis.
Ele se aproxima, alcança o outro; estão lado a lado.
Ora um, o outro, por um corpo, o vencedor.
Todos os corcéis ficam para trás, as rodas eretas.
Tudo seguro, até que, ao circundar o pilar fatal,
Os velozes corcéis colidiram, o pobre rapaz
Soltou a rédea esquerda; no canto da coluna
Estilhaçou o eixo frágil; de cabeça, da biga,
Preso e todo enredado nas rédeas, ele caiu;
E, sem o cavaleiro, os corcéis desgovernados seguiram adiante!

Daquela enorme multidão elevou-se, alto,
Um berro, um grito! Apenas ontem, tais façanhas,
Hoje, essa desgraça! Ora arremessado sobre a terra,
Ora os membros atirados ao ar, eles o arrastaram – aqueles

Cavalos selvagens – até que, todo ensanguentado, das rodas
Desenredado. E homem nenhum, nem mesmo seus amigos mais próximos,
Poderia, naquele cadáver desfigurado, ter reconhecido Orestes.
Eles colocaram o corpo na pira funerária,
E, enquanto falamos, os desconhecidos fócios trazem,
Em uma pequena e triste urna de bronze,
Aquele punhado de cinzas frias a que toda
A grandiosidade do belo se reduziu.
Para cá o trazem, para a terra de seu pai,
A fim de encontrar aquela herança: um túmulo!"

É muito de lamentar que essa passagem, tão esplêndida no original, esteja sujeita a uma única grande objeção: ela não interessa no que diz respeito à peça, porque a plateia sabe que Orestes não está morto. E, conquanto a descrição da corrida preserve seu entusiasmo, o relato da catástrofe perde o terror da realidade, e parece apenas uma ficção muito colorida e elaborada.

O leitor haverá de imaginar os lamentos de Electra e a tremenda alegria de Clitemnestra diante uma narrativa em que uma parece perder um irmão e amigo, a outra, um filho e inimigo vingativo.

Crisótemis retorna alegre para anunciar que, junto ao túmulo de Agamêmnon, encontrou uma madeixa de cabelos, que libações ainda umedecem a terra no alto do túmulo, e flores de todos os matizes estão espalhadas sobre a sepultura. "Estes", pensa ela, "são sinais de que Orestes está de volta." Mas Electra, dando-lhe a trágica notícia, propõe que elas, mulheres que são, devem tentar realizar a terrível vingança que o irmão já não pode executar. Quando Crisótemis recua e se recusa a fazê-lo, Electra ainda acalenta o plano cruel. Mais de uma vez, e agora novamente, com discernimento, o poeta chama nossa atenção à idade madura de Electra:[654] ela não é uma jovem passional, hesitante e inexperiente, mas a primogênita da casa, a guardiã

[654] Quando (verso 614) Clitemnestra repreende Electra por usar epítetos insultuosos para com uma mãe, e "Electra, também, a essa altura da vida", fico surpreso que alguns críticos tenham dúvidas se Clitemnestra pretendia referir-se a Electra como alguém muito jovem ou muito madura para tal impetuosidade imprópria a uma filha. Não apenas a idade de Orestes, muito mais jovem que Electra, prova que esta última indicação é incontestável, mas as palavras da própria Electra para a irmã mais nova, Crisótemis, quando diz que está "envelhecendo, solteira."
Estos'onde tou chronou
alektra gaearskousan anumegaia te.
Brunck faz um comentário criterioso sobre a idade de Electra, verso 614.

da infância do herdeiro varão, solteira e fria, nem os cuidados da matrona gentil nem as afeições da meiga donzela abrandaram a tenacidade de sua alma inflexível, ardente e focada. O passar dos anos fez apenas aguçar seu ódio e sua repugnância do presente, arraigá-la a uma memória sangrenta do passado, amargurar e paralisar os delicados pensamentos da feminilidade, dessexuá-la:

> "E preenchê-la, da cabeça aos pés, inteiramente
> Da mais terrível crueldade, espessar seu sangue
> Obstruir o acesso e a passagem ao remorso,"[655]

e prepará-la para um único feito culminante, o único motivo para que a filha do rei dos homens continue vivendo.

Enfim, entram os falsos fócios, trazendo as supostas cinzas de Orestes. O líder do séquito dirige-se a Electra, e essa é a cena mais dramática e comovente de toda a tragédia. Quando a urna contendo (como ela crê) as cinzas do irmão é colocada nas mãos de Electra, podemos bem dar um salto no tempo e espaço e ver, à nossa frente, o grande ator que trouxe as relíquias do próprio filho para o palco, e demonstrou pesares verdadeiros;[656] podemos muito bem imaginar as emoções que perpassavam a enorme plateia, a compaixão mesclada ao conhecimento de que apenas a plateia participava: que o lamento logo será substituído pela alegria, e que o próprio Orestes está diante da irmã. É com uma arte sutilíssima e delicada que Sófocles permite esse embate entre a dor presente e a alegria esperada, e leva as emoções dos espectadores a esperar ansiosamente o momento em que Orestes será descoberto. Agora percebemos por que o poeta, logo na abertura da peça, anunciou a existência e o retorno de Orestes; por que ele desdenhou a fonte comum de interesse, o absoluto suspense que teríamos sentido caso compartilhássemos da ignorância de Electra e não nos tivesse sido revelado o segredo que, com impaciência, esperamos que lhe seja comunicado. Nessa cena, nossa superioridade com relação a Electra, pelo conhecimento que possuímos, refina e suaviza nossa compaixão, misturando-a com esperança. E é com ainda mais primor que, aqui, Sófocles afasta de nós o pensamento de ódio opressivo que, até aqui, anima a enlutada: o espírito forte e altivo desvanece; aparecem apenas a mulher e a irmã. Ele, a quem ela amara mais ternamente que uma

[655] *Macbeth*, ato I, cena 5.
[656] Veja Nota [667].

mãe, de quem ela cuidara, a quem salvara e por quem rezara, é "um nada" em suas mãos; e os últimos ritos, que não pudera prestar. Ele fora "honrado por estrangeiros e pranteado por estrangeiros".

Tudo havia desaparecido com ele, "desaparecido em um dia", "desaparecido como por um furacão": ela é deixada sozinha com seus inimigos. "Aceita-me" (clama ela) "em teu refúgio, dá-me um lugar em tua casa".

Nesses lamentos, o frio drama clássico ganhar vida real. A arte, primorosa porque invisível, une-nos, ao mesmo tempo, à natureza imortal: já não nos deleitamos com a Poesia; estamos chorando com a Verdade.

Por fim, Orestes revela-se, e o enredo chega à sua catástrofe. Clitemnestra está sozinha em casa, preparando um caldeirão para o sepultamento. Electra e o coro estão no palco. O filho, o vingador, está dentro da casa. De repente, ouvem-se os gritos de Clitemnestra. Mais uma vez, e mais outra! Orestes reaparece, agora um parricida![657] Ele se retira quando vê Egisto se aproximando; e o usurpador adúltero é agora apresentado pela primeira e última vez: a vítima suprema do sacrifício. Ele chega transbordante de alegria e triunfo. Soube que o temido Orestes já não existe. Electra distrai-o por alguns instantes, com palavras obscuras e de uma ambiguidade exultante. Ele ordena que as portas sejam abertas para que toda a Argos e Micenas possam ver os restos mortais de seu único rival pelo trono. O cenário abre-se. Na entrada (onde, entre os gregos, o cadáver do morto costumava ser exposto) jaz um corpo coberto por um véu ou mortalha. Orestes (o suposto fócio) está de pé, ao lado do corpo.

> "Egisto: Grande Júpiter! Um grato espetáculo! Se assim
> Se pode dizer sem pecar. Contudo, se ela,
> A terrível Nêmesis, estiver por perto e ouvir,
> Eu me recordo da sentença! Levanta a mortalha.
> O defunto era de minha parentela, e deve conhecer
> O pesar de um parente.
> Orestes: Levanta tu mesmo a mortalha;
> Não é minha, mas tua, a função de examinar
> Aquele que jaz mudo debaixo dela, e saudar,
> O defunto com amorosa tristeza.
> Egisto: Que seja assim.
> Disseste bem. Vai chamar a rainha:
> Ela está em casa?

[657] Sófocles habilmente evita pisar o solo consagrado a Ésquilo. Ele não nos apresenta o assassinato com os conflitos e a determinação de Orestes.

Orestes: Não procures por ela,
Ela está ao teu lado!"

Egisto levanta a mortalha e vê o corpo de Clitemnestra! Ele logo compreende seu destino. Sabe que Orestes está à sua frente. Ele tenta falar, mas a feroz Electra o interrompe, e Orestes, com rigorosa solenidade, conduz Egisto do palco até o local onde matara Agamêmnon, de modo que o assassino morresse pelas mãos do filho no lugar onde o pai havia tombado. De forma assim artística, a catástrofe não é diminuída em seu efeito, mas intensificada, ao retirar de cena a consumação da morte. A justiça poética, na escolha calma e premeditada do local do assassinato, eleva o que, nos palcos modernos, seria tão somente um espetáculo de horror físico no terror mais profundo e na tristeza mais sublime de um espanto moral. E o assassinato motivado pela vingança, ao perder sua exposição, é idealizado e consagrado em sacrifício religioso.

IX. Das sete peças que chegaram até nós, *As Traquínias* costuma ser considerada a menos imbuída do talento de Sófocles, e Schlegel arrisca até mesmo a conjectura, especialmente desprovida de testemunho plausível, de que o Sófocles pode não ser seu autor. O enredo é logo revelado. A peça começa com Dejanira, esposa de Hércules, absorta em reflexões melancólicas sobre os infortúnios de sua juventude e a prolongada ausência do marido, de quem não tem notícias há meses. Pouco depois, ela descobre pelo filho, Hilo, que há rumores de que Hércules está liderando uma expedição à Eubeia, e a resposta de Dejanira logo desperta nosso interesse, ao revelar que oráculos haviam predito que essa seria o ponto crítico[658] da vida de Hércules: que ele agora descansaria de seus trabalhos, fosse em um lar tranquilo, fosse no túmulo; e envia Hilo para reunir-se ao pai e partilhar de sua aventura e destino. O coro descreve de forma comovente o amor solícito de Dejanira nos seguintes versos:

"Tu, a quem a Noite estrelada embalou
No sono do qual, sua jornada concluída,

[658] Isso é bem típico de Sófocles: ele aprecia muito empregar o que se pode chamar de "um ponto crítico da vida" como fonte de interesse imediato para o público. Também em Édipo em Colono, tão logo percebe que está no bosque das Fúrias, Édipo sabe que sua hora está chegando. Assim também em Ájax, o Mensageiro anuncia, da parte do adivinho, que, se Ájax sobreviver ao dia que constitui o ponto crítico de sua vida, a ira da deusa acabará. Essa característica do estilo peculiar de Sófocles pode ser tida como uma das provas (se faltasse alguma) da autenticidade de *As Traquínias*.

Os passos de despedida te despertam; bela
Fonte de chamas, oh Sol!
Dize, em que praia tangida pelo mar, ou margem interior
(Pois a terra se desnuda ao teu olhar solene),
Na Ásia Oriental, ou onde raios mais suaves
Tremulam nas águas ocidentais, vagueia aquele
A quem a radiante Alcmena deu à luz?
Ah! Como um pássaro em um ninho solitário,
A desolada esposa afasta o sono com lágrimas;
E males estão sempre a
Assombrar a ausência com hostes sombrias de temores,
Caras formas ilusórias de vazio, sinistros profetas do coração."

Em sua resposta ao coro virginal, Dejanira tece uma bela imagem da juventude donzela em contraste com os cuidados e inquietações da vida matrimonial:

"A juventude delicia-se em um vale todo seu;
O sol abrasador, as chuvas e ventos do Céu,
Não maculam a calma, ainda virgem de todo cuidado;
Mas sempre com doces alegrias, ela constrói
Os salões fantasiosos da vida."

Mais tarde, Dejanira recebe novas notícias de Hércules, e demonstra sua alegria. Licas, o arauto, entra e confia a seu encargo algumas donzelas que o herói havia capturado. Dejanira é tomada de compaixão pela sorte daquelas mulheres, e de admiração pelo porte nobre de uma delas, Íole. Prestes a preparar-lhes acomodações confortáveis, ela descobre que Íole é sua rival, a adorada amante de Hércules. O ciúme demonstrado por Dejanira é primorosamente brando e feminino.[659] Mesmo ao proferir uma censura contra Hércules, ela diz que não pode encolerizar-se com ele. Não obstante, como poderá residir na mesma casa que uma rival mais jovem e mais bela;

"Ela, em cuja idade a flor que fenece na minha
Abre as folhas da beleza."

Sua afeição, seu desejo de conservar o amor do herói, traz-lhe a recordação de um presente que recebera, certa vez, de um centauro que morrera pela lança de Hércules. O centauro garantira-lhe que o sangue de seu ferimento, se preservado, surtiria o efeito mágico de um filtro sobre o coração de Hércules, que sempre se lembraria dela e de-

[659] M. Schlegel, com injustiça, acusa Dejanira de "leviandade"; pelo contrário: todos os seus motivos são puros e elevados, ainda que ternos e afetuosos.

positaria nela seu amor. Dejanira havia preservado o suposto amuleto. Ela ensopa com o sangue uma túnica que pretende enviar para Hércules como presente. No entanto, nessa decisão fatal, Dejanira demonstra toda a timidez e doçura de sua natureza, e chega até a questionar se seria crime reconquistar o coração do marido. Ela consulta o coro, que aconselha a tentativa (e, aqui, é preciso dizer que isso é feito com muita habilidade, pois revela o pretexto de Dejanira, pois o coro representa, por assim dizer, o público). Diante disso, Dejanira envia a veste por intermédio de Licas. Saindo o arauto, Dejanira assusta-se com um estranho fenômeno: parte da lã com a qual o suposto filtro fora aplicado à veste foi atirada ao sol, onde murchou, "desintegrando-se como serragem", enquanto, no lugar onde caíra, surge uma espécie de espuma venenosa. Enquanto narra esse fenômeno ao coro, o filho Hilo retorna[660] e conta as agonias do pai ao usar a veste envenenada: ele vestira a túnica por ocasião de um sacrifício solene, e todos regozijavam, quando,

> "Como que a partir da oferenda sagrada e da pira
> Irrompeu a chama,"

o veneno começou a fazer efeito, a túnica agarra-se aos membros do herói, grudada como que pelo artífice, e, em sua agonia e loucura, Hércules atira Licas (que lhe levara o presente fatal) rochedo abaixo, e está, agora, a caminho de casa. Ao ouvir essas notícias e as reprimendas do filho, Dejanira sai discretamente, e tira a própria vida sobre o leito nupcial. O restante da peça é bastante medíocre. Hércules é representado em sua agonia, que é tão somente o desvario da dor física, e, depois de ordenar que o filho se casasse com Íole (a inocente causa de seus próprios sofrimentos) e o colocasse ainda vivo na pira funerária, a peça termina.

A beleza de *As Traquínias* está em passagens isoladas, em alguns magníficos rompantes do coro, e no caráter de Dejanira, cujo estratagema para recuperar o amor do cônjuge, conquanto tenha um fim infeliz, é redimido por

[660] Observe o leitor a violação da unidade que Sófocles, o mais artístico de todos os trágicos gregos, não hesita em cometer sempre que a julga necessária. Hilo, no início da peça, foi para o Monte Lichada. Ele foi até lá e voltou, a saber, a distância do Monte Eta a um promontório na Eubeia, no intervalo da recitação de cerca de setecentos e trinta versos! E isso não é tudo: pouco antes do último coro, somente uns cem versos antes, Licas partiu para o Monte Lichada, e, não obstante, supõe-se que transcorreu tempo suficiente para que ele lá chegasse, estivesse presente a um sacrifício, fosse morto por Hércules e, depois disso tudo, para Hilo, que conta a história, ter feito a viagem de volta para Traquínia.

um temperamento submisso, uma delicadeza de sentimento e uma devoção ardente, séria e irrepreensível ao amor conjugal, o que, por si só, bastaria para mostrar o despropósito de discursos modernos sobre o aviltamento das mulheres e a ausência de amor puro e verdadeiro na terra de que Sófocles derivou sua experiência.

X. Ájax é muito superior às *Traquínias*. O tema é uma matéria em que apenas um poeta grego poderia ter pensado, ou uma plateia grega teria apreciado. A paixão principal de um grego era a competição, e o tema de Ájax é a rivalidade derrotada. Ájax perde para Ulisses o prêmio das armas de Aquiles, e a vergonha de ter sido vencido priva-o do juízo.

Na fúria da loucura, ele arremete de sua tenda à noite, mata os rebanhos, nos quais sua insanidade vê os gregos, cujo prêmio o afligiu e humilhou, e acredita ter matado os filhos de Atreu e capturado Ulisses. É nessa peça que, em certa medida, Sófocles tentou realizar a mais impressionante de todas as combinações nas mãos de um mestre: a combinação do burlesco e do terrível[661] (como sugere o coro, "é para rir e chorar"). Todavia, quando a cena de abertura mostra Ájax sentado entre as vítimas trucidadas; quando esse herói altivo desperta de seu delírio e percebe que se expôs à zombaria e ao escárnio de seus inimigos, o efeito é quase doloroso demais até mesmo para uma tragédia. Em contraste com Ájax está a suave e terna Tecmessa. As mulheres de Sófocles são, de fato, dotadas de uma incrível mistura de majestade e doçura. Após uma despedida muito emocionante do seu jovem filho, Ájax finge aceitar sua sina, disfarça a decisão que tomou e, mediante uma daquelas hábeis transições da emoção que alteram e intensificam o interesse no palco, o coro, antes de lamentar, irrompe em um canto de felicitação e alegria. A grande angústia acabou: Ájax está restabelecido. O Mensageiro chega do acampamento. Calcas, o adivinho, implora a Teucro, irmão do herói, que não permita que Ájax deixe a tenda naquele dia, pois, naquele dia apenas, Minerva o importuna, e se ele sobreviver, poderá ainda ser preservado e prosperar. Mas Ájax já saiu dali, ninguém sabe para onde. Tecmessa apressa-se em procurá-lo e, por um raríssimo desvio com relação aos costumes do teatro grego, o coro segue.

[661] Até mesmo Ulisses, o oponente bem-sucedido de Ájax, demonstra relutância em enfrentar o louco, o que não se dá sem humor.

Ájax reaparece. Suas paixões estão agora tranquilas e centradas, mas continuam a levá-lo para a morte. Ele foi envergonhado, desonrado, transformou-se em motivo de escárnio para os inimigos. Viver com nobreza ou morrer com nobreza é a única escolha de um homem corajoso. É típico do temperamento grego que as personagens da poesia grega sempre deem ao sol um último adeus demorado e meio relutante. Há uma magnífica plenitude de vida naqueles filhos do belo Ocidente. Para eles, o sol é como um amigo íntimo: o tormento ou o terror do Hades está em pensar que seus campos não recebem a luz do sol. O orbe que animava seu céu ameno, que preparava seu solo fértil, no qual viam um tipo da juventude eterna, da máxima beleza, da poesia encarnada, humano em suas associações e, não obstante, divino em sua natureza, é igualmente amado e haverá de ser igualmente pranteado pela ternura virginal de Antígona ou pela majestade taciturna de Ájax. Em um poema caldeu, o herói ter-se-ia despedido das estrelas!

É assim que Ájax conclui seu célebre monólogo:

> "E tu, que fazes do alto céu a rota de tua carruagem,
> Oh, sol. Ao contemplar minha terra natal,
> Puxa tua rédea dourada e conta minhas desventuras
> Ao ancião, meu pai, e àquela
> Que me amamentou em seu seio, minha pobre mãe!
> Ouvir-se-ão lamentos através das paredes ecoantes
> Quando – mas basta de pensamentos como estes! – a hora
> Suscita a ação que amadurece. Morte, morte, olha para mim!
> Eu disse morte? Foi um desperdício de palavras;
> Seremos amigos doravante.
> Hoje é o DIA,
> Presente e respirando à minha volta, e o carro
> Do doce sol, que nunca mais
> Receberá minha saudação! Doravante, o tempo não terá sol,
> E já não haverá dia! Magnífica luz,
> Minha Salamina, meu país, e o piso
> De minha querida lareira doméstica, e tu, radiante Atenas,
> Tu, pois teus filhos e eu fomos meninos juntos,
> Fontes e rios, e vós, planícies troianas,
> Eu vos amei como meus pais adotivos, adeus!
> Sorvei essas palavras, as últimas que a terra ouve de Ájax.
> Tudo o que não foi dito, em uma terra espectral
> Sussurrarei aos mortos!"

Ájax sucumbe pela própria espada, mas o interesse da peça sobrevive a ele. Pois, para os gregos, o sepultamento, mais que a morte, era o grande encerramento da vida. Somos apresentados a Teucro. O protetor dos restos mortais do herói e de seu caráter, ao mesmo tempo violento e gentil, é um esboço de poder extraordinário. Agamêmnon (que também só nos é apresentado depois da morte de Ájax), ao contrário, não passa de um tirano ruidoso.[662] Por fim, pela generosa intercessão de Ulisses, que resgata seu caráter da concepção desfavorável que formamos dele no início da peça, os ritos fúnebres são acordados, e uma moral didática e solene do coro conclui a peça.

XI. A *Filoctetes* sempre foi classificada pelos críticos como uma das mais esmeradas e requintadas tragédias de Sófocles. Em alguns aspectos, ela merece os elogios que lhe são feitos. No entanto, creio que uma grande falha na concepção ficará evidente na simples descrição do enredo.

Filoctetes, amigo e escudeiro de Hércules, bem como herdeiro das flechas certeiras e do arco do herói, fora picado no pé por uma serpente enquanto a frota grega esteve ancorada em Crisa (uma pequena ilha no Mar Egeu). A dor da ferida era insuportável: os gritos e gemidos de Filoctetes perturbavam as libações e sacrifícios dos gregos. E, quando a frota partiu, Ulisses e Diomedes deixaram-no para trás, enquanto dormia, na solidão desolada e rochosa de Lemnos. Aí, até o décimo ano do cerco troiano, ele suportou uma vida de agonia. Então, o adivinho Heleno declarou que Tróia não cairia até que Filoctetes aparecesse no acampamento grego com o arco e as flechas de Hércules. Ulisses compromete-se a alcançar tal objetivo e, com Neoptólemo (filho de Aquiles), parte para Lemnos. Aqui começa a peça. Uma praia deserta e desolada, uma caverna com duas entradas (de modo que, no inverno, possa haver dois lugares para tomar sol e, no verão, uma entrada dupla para a brisa), e uma pequena fonte de água pura indicam a morada de Filoctetes.

[662] Potter diz, juntamente com algumas outras autoridades, que "podemos estar seguros de que a inimizade política dos atenienses com relação aos espartanos e aos argivos foi a causa dessa representação odiosa de Menelau e Agamêmnon". Contudo, àquela época, os atenienses não tinham inimizade política com os argivos, que tinham notória desconfiança dos espartanos. Quanto aos espartanos, Agamêmnon e Menelau não eram seus heróis nem compatriotas. Ao contrário, foram os tronos de Menelau e Agamêmnon que os espartanos tomaram. É provável que os irmãos régios tenham sido sacrificados pelo poeta, não pelo patriota. Os efeitos dramáticos exigiam que eles fossem a antítese do fervor viril de Teucro e da magnanimidade serena de Ulisses.

Em conformidade com seu caráter, é com engodo e impostura que Ulisses alcançará seu objetivo. Neoptólemo deverá enganar aquele a quem nunca viu mediante declarações de amizade e ofertas de favores e surrupiar as armas consagradas. Neoptólemo, cujo caráter é um esboço a que somente Shakespeare poderia dar corpo, tem todo o generoso fervor e honestidade da juventude, mas também sua indecisão tímida, sua dócil submissão aos grandes, seu receio da censura do mundo. Ele rechaça a tarefa ignóbil que lhe é proposta; preferiria a violência à fraude; mas teme que, tendo assumido a missão, sua recusa em agir seja vista como uma traição por seu coadjutor. É com uma sensatez profunda, porém melancólica, que Ulisses, que parece contemplar os conflitos do jovem com uma superioridade compassiva e não insatisfeita, tenta apaziguar o rapaz nestes termos:

> "Filho de um nobre pai! Também eu, na juventude,
> Tinha a teu discurso sincero e teu braço impaciente:
> Mas o tempo é um teste rigoroso! Vivi para ver
> Que, entre os homens, os instrumentos de poder e império
> São palavras sutis, não ações."

Neoptólemo cede. Ulisses retira-se, e Filoctetes aparece. A satisfação do infeliz abandonado ao ouvir sua língua nativa, ao ver o filho de Aquiles; a descrição que faz de seus sentimentos ao perceber que havia sido abandonado no ermo, sua narrativa dos sofrimentos que passou desde então são muito comoventes. Ele implora que Neoptólemo o leve ali e, quando o rapaz concorda, Filoctetes irrompe em uma exclamação de júbilo que, para a plateia, no segredo da perfídia que será praticada contra ele, deve ter despertado as mais intensas emoções. A excelência característica de Sófocles é que, em suas criações mais majestosas, ele sempre consegue inserir os toques mais doces de humanidade. Filoctetes nem sequer abandonará seu deserto miserável enquanto não voltar a sua caverna para despedir-se dela, para beijar o único abrigo que não negou refúgio a suas desgraças. Na alegria de seu coração, pensa ele, pobre ingênuo, que encontrou fé no homem, na juventude. Ele confia as flechas e o arco às mãos de Neoptólemo. Então, ao tentar arrastar-se dali, a dor intensa de seu ferimento vence-o. Em vão ele se esforça para abafar os gemidos, mas o corpo domina a mente. Isso me parece ser, como observarei novamente neste ponto, a mácula da peça: é tão somente a exibição de dor física. A tortura esgota-o, até que lhe sobrevém a inconsciência ou o sono. Ele se deita para descansar, e o jovem vela por ele. A cena é impressionante. Neoptólemo, em conflito consigo mesmo, não aproveita a ocasião. Filoctetes acorda. Ele está pronto para embarcar, implora e insiste na partida imediata. Neoptólemo estremece, despertando as suspeitas de Filoctetes. Ele crê que também esse estranho o abandonará. Por fim, o rapaz, em um grande esforço, declara abruptamente, "Deves navegar para Tróia, para os gregos, os filhos de Atreu".

"Os gregos, os Filhos de Atreu!" Os traidores de Filoctetes, os imperdoáveis, aqueles que, por dez anos, ele perseguiu com as maldições de um espírito injustiçado, abandonado e solitário. "Devolve-me o arco e as flechas", grita ele. E, quando Neoptólemo se recusa, Filoctetes desata em uma torrente de reprimendas. O filho do sincero Aquiles já não pode resistir. Ele está prestes a devolver as armas quando Ulisses arremete ao palco e o impede.

Por fim, o sofredor será deixado, mais uma vez, sozinho no ermo. Ele não pode acompanhar seus traidores, não pode dar a glória da conquista a seus cruéis inimigos. Na fúria de seu coração indignado, até mesmo o ermo é mais doce que o acampamento grego. E como ele se sustentará sem suas flechas? A fome acrescenta um novo horror à sua triste solidão, e os animais selvagens agora podem penetrar em sua caverna; mas sua crueldade seria misericórdia! As emoções contraditórias e tempestuosas de Filoctetes enquanto os marinheiros que compõem o coro estão prestes a partir são assim narradas:

O coro implora que ele os acompanhe.

Filoctetes: Ide!
Coro: É uma ordem favorável, obedecemos.
Vinde, vamos embora. Para o navio, meus companheiros.
Filoctetes: Não!
Não, não vades. Pelo grande Júpiter, que ouve
As maldições dos homens, não vades!
Coro: Acalma-te.
Filoctetes: Gentis estranhos!
Por misericórdia, não me deixeis.

* * * * * *

Coro: Mas agora tu nos ordenaste!
Filoctetes: Oh! Encontrais motivos para ralhar,
Que um infeliz desesperado, enlouquecido de dor,

Fale como os loucos!
Coro: Vinde, então, conosco.
Filoctetes. Nunca! Oh! Nunca! Ouvi-me, nem se todos
Os raios do deus do trovão se tornassem
Vossos aliados para despedaçar-me! Pereça Tróia,
E todos que estiverem sitiados em redor de seus muros.
Sim, todos
Que tiveram a coragem de desprezar um miserável ferido.
Mas, mas... Não... Sim... Uma súplica, concedei-me uma dádiva.
Coro: Que queres?
Filoctetes: Uma espada, um machado, algo;
Algo que possa golpear, não importa!
Coro: Não! Para quê?
Filoctetes: Ora! Para que esta mão me corte esta cabeça,
Estes membros! À morte, à solene morte, finalmente
Meu espírito me chama.
Coro: Por quê?
Filoctetes: Para procurar meu pai.
Coro: Na terra?
Filoctetes: No Hades.

Levando-nos assim ao extremo da comiseração para com o abandonado Filoctetes, o poeta agora lança, aos poucos, uma luz mais amena e sagrada sobre a intensa tristeza a que fôramos conduzidos. Neoptólemo, tocado por um remorso generoso, rouba de volta as armas do guerreiro traído para as devolver, mas é visto pelo vigilante Ulisses. Começa uma furiosa discussão entre eles. Ulisses, percebendo que não pode intimidar Neoptólemo, tem a prudência de evitar um confronto pessoal com o filho de Aquiles, e parte para avisar o anfitrião da reincidência de seu companheiro. Segue-se uma belíssima cena, na qual Neoptólemo devolve as armas a Filoctetes, uma cena que deve ter recebido as lágrimas mais sensíveis e os aplausos mais arrebatados da plateia. E, finalmente, o deus tão útil aos poetas antigos conduz tudo, contrariando a regra geral de Aristóteles,[663] a um final feliz. Hércules aparece e convence o antigo amigo a acompanhar Neoptólemo ao acampamento grego, onde seu ferimento será curado. O adeus de Filoctetes a sua caverna; às ninfas dos prados; ao bramir do oceano, cujos borrifos o vento sul fazia atravessar sua tosca morada; ao rio lício e à planície de Lemnos, de-

[663] Que a catástrofe deve ser infeliz! Aristóteles, *de Poet.*, XIII.
No mesmo capítulo, Aristóteles coloca adequadamente no segundo escalão da fábula aquelas tragédias que buscam a moral banal e pueril de punir os maus e recompensar os bons.

mora-se no ouvido como um hino solene, no qual o pouco que é triste faz apenas intensificar a majestosa suavidade de tudo que é musical. Sófocles jamais sobrepujou, nem sequer igualou, a arte dramática das várias cenas desta peça. O contraste de caráter entre Ulisses e Neoptólemo traz em si uma realidade, uma força e verdade humanas que são mais comuns ao teatro moderno que ao antigo. Não obstante, a falha da trama é, em parte, que o enredo se constrói sobre uma fraude vil e desprezível, e, sobretudo, que nossa compaixão é despertada pela piedade inferior pela dor física: os farrapos que cobriam os ferimentos, a putrefação infectada das úlceras impactam não tanto a mente como os nervos, e, quando o herói é representado contraindo-se pela agonia física, o sangue vertendo do pé, o suor lívido escorrendo pela fronte, ficamos enjoados e desviamos os olhos do espetáculo. Já não temos aquela satisfação em nossa própria dor, que deveria ser a característica da verdadeira tragédia. É inútil justificar esse erro alegando qualquer diferença entre a arte dramática antiga e a moderna. Como a natureza, também a arte tem sempre algumas leis universais e permanentes. Longinus tem razão ao considerar o sofrimento um aspecto do sublime, pois a compaixão deve elevar-nos. No entanto, não há nada que nos eleve nos ferimentos fétidos, mesmo de um herói mítico. Nossa natureza humana acaba por voltar-se demais sobre si mesma, e uma prova de que, nisso, a arte antiga não diferia da moderna é raridade com que a dor física é usada como instrumento de compaixão pelos trágicos gregas. As peças *Filoctetes* e *Hércules* estão entre as exceções que provam a regra.[664]

XII. Outro motivo que prejudica nossa admiração de *Filoctetes* está na comparação que ela busca involuntariamente com o *Prometeu* de Ésquilo. As duas peças são exemplos de fortaleza diante do sofrimento, do conflito da mente com seu destino. Em ambas, o cenário é um ermo pavoroso, uma solidão inclemente. Contudo, a absoluta sublimidade de *Prometeu* reduz à pequenez qualquer imagem de herói ou semideus com que a compararmos. O que são o coro dos marinheiros, o astuto Ulisses e a generosi-

[664] Quando Aristófanes (na personagem de Ésquilo) zomba de Eurípides pela vulgaridade de evocar *páthos* dos andrajos, etc., de seus heróis, não deveria ter omitido as críticas aos andrajos e às chagas do herói favorito de Sófocles. E, se o Télefo do primeiro é representado como um mendigo, também o é o Édipo em Colono do último. Eurípides tem grandes defeitos, mas foi tratado com injustiça pelo hipercriticismo antigo e moderno.

dade juvenil de Neoptólemo; o que é a caverna solitária nas praias de Lemnos; o que é o velho guerreiro valente, com seu ferimento torturante e seu arco sagrado; o que é tudo isso para o gigantesco Titã que os demônios acorrentam à rocha sob a qual correm os rios do inferno; a quem as filhas do Oceano servem; ante cujo berço primitivo os deuses do Olimpo são arrivistas de um dia; cuja alma guarda um segredo que ameaça o reino dos céus, e por cuja ruína inimaginável a terra estremece até sua base, todo o poder da divindade é exercido, e o próprio Hades treme ao receber convidado tão indômito e terrível! Todavia, como anunciei anteriormente, foi a própria grandiosidade de Ésquilo que deve ter feito seus poemas menos atraentes no palco que os do benevolente e maleável Sófocles. Nenhuma representação visível pode dar corpo a seus pensamentos: eles subjugam a imaginação, mas não são compreendidos por nossos sentimentos domésticos e familiares. No cotejo de *Filoctetes* com *Prometeu* sintetiza-se o contraste entre Ésquilo e Sófocles. Ambos são poetas da mais elevada estirpe concebível. No entanto, um parece estar quase além do apelo às nossas emoções: a violência de seu pesar apavora a imaginação, o vívido resplendor de seus pensamentos penetra o mais recôndito do intelecto, mas é apenas por acidente que ele atinge o coração. O outro, em seus voos mais altos, recorda que seu público é constituído de homens, e parece julgar que a arte perde seu sopro de vida ao aspirar o que está além da atmosfera do intelecto e das paixões humanas. A diferença entre as criações de Ésquilo e de Sófocles é como a diferença entre o *Satã* de Milton e o *Macbeth* de Shakespeare. Ésquilo tem a mesma habilidade de Sófocles: é a crítica da ignorância que diz o contrário. Mas existe esta enorme diferença: Ésquilo é hábil como um dramaturgo que se lê; Sófocles, como um dramaturgo para o palco. Se nos desvencilharmos de atores, palco e público, Ésquilo haverá de entusiasmar-nos e comover-nos tanto quanto Sófocles, por um meio mais intelectual, ainda que menos apaixonado. Um poema pode ser dramático sem ser teatral; pode ter todos os efeitos do teatro quando lido, mas, por não empregar adequadamente toda a técnica do ator – mais que isso, por elevar-se além do máximo alcance das capacidades de atuação dramática, pode perder aqueles efeitos ao ser representado. A tempestade em *Lear* é um instrumento muitíssimo dramático quando nossa imaginação está livre para evocar os elementos furiosos:

"Ordenai que os ventos soprem a terra para o mar,
Ou subam as águas agitadas."

Uma tempestade no palco, porém, em vez de suplantar, imita tão mal a realidade que nunca poderá produzir o efeito que o poeta pretende, e que impressiona o leitor. O mesmo se dá com criações de caráter sobrenatural e fantasioso, sobretudo as mais delicadas e sutis. A Ariel de *A Tempestade*, as fadas de *Sonhos de uma Noite de Verão* e as Oceânides de *Prometeu* não serão representadas por formas humanas. Não podemos dizer que não são dramáticas, mas tais personagens não são teatrais. Conseguimos ter empatia pelo poeta, mas não pelo ator. Pela mesma razão, em grau menor, todas as criações, mesmo de caráter humano, que exigem demais da imaginação, que tiram o leitor por completo da experiência real, elevando-o acima da terra comum, são relativamente débeis quando reduzidas a formas visíveis. As peças mais metafísicas de Shakespeare são as menos populares no palco. Do mesmo modo, a própria genialidade de Ésquilo, que nos incendeia no gabinete de estudos, deve ter, em regra, militado contra ele nos palcos. Em Sófocles, porém, tudo – até mesmo as divindades – tem um toque de humanidade: nada é demasiado sutil ou imponente para ser submetido ao olhar mortal. Logo percebemos que, no palco, Sófocles deveria ter ganhado o prêmio de Ésquilo; e, como prova disso, se analisarmos as peças de cada um, veremos que nenhuma das grandes personagens de Ésquilo poderia ser adequadamente representada pelas habilidades de um ator. Todo alívio, atividade e mobilidade de que um ator precisa são negados a Prometeu em seu rochedo, onde não muda sequer de posição, e nunca se ausenta de cena. Seu representante terreno poderia ser tão somente um grande recitador. Em *Os Persas*, falta não só o efeito teatral, como também o dramático: trata-se de esplêndida poesia colocada em várias bocas, mas não há choque de paixões, nenhuma surpresa, nem incidente, nem enredo, tampouco diálogo rápido no qual as palavras sejam apenas a representação de emoções. Em *As Suplicantes*, Garrick não consegue entender nada de Pelasgo. Em *Os Sete contra Tebas*, não há mais que vinte ou trinta versos no papel de Etéocles nos quais a arte do ator pudesse ser de grande ajuda ao talento do poeta. Na trilogia *Agamêmnon*, *Coéforas* e *Orestes*, escrita muito mais tarde, podemos identificar a contagiosa inovação de

Sófocles. Contudo, mesmo nessas tragédias, não há nenhum papel que possa ser representado com tanta perfeição como aqueles propiciados pelas grandes personagens de Sófocles. Na primeira peça, é verdade que a hipocrisia e o poder de Clitemnestra teriam exigido e trazido à tona, em parte, os talentos do ator. Mas, o próprio Agamêmnon não passa de uma extravagância, e os rompantes magníficos de Cassandra poderiam ter sido muito bem proferidos por um artista cênico muito inferior. Na segunda peça, na cena entre Orestes e a mãe, e na fúria crescente de Orestes, a arte do poeta exigiria, sem dúvida, o máximo da habilidade do ator. Todavia, na última peça (*As Fúrias*), talvez o poema mais sublime dos três, que começa de forma tão grandiosa com o parricida no santuário, e as Fúrias dormindo à sua volta, não há uma única cena, do início ao fim, na qual um ator eminente pudesse mostrar o seu talento.

Mas, quando chegamos às peças de Sófocles, percebemos que nasce uma nova era do teatro; percebemos que o poeta genial dá plena existência ao ator genial. Seus efeitos teatrais[665] são tangíveis, reais: poderia ser representado amanhã mesmo em Paris, em Londres, em qualquer lugar. Descobrimos, portanto, que, com Sófocles, passou à posteridade o nome do grande ator[666] nas suas principais peças. E creio que o leitor inglês, mesmo na análise geral e nas traduções ocasionais com que me aventurei a

[665] Os efeitos individualizados, não os enredos.

[666] "Pólo," diz Gellius, "célebre em toda a Grécia, um ator metódico das mais nobres tragédias." Gellius conta que, quando representava a Electra de Sófocles, na cena em que ela é apresentada com a urna que supostamente continha os restos mortais do irmão, Pólo levava para o palco a urna e as relíquias do próprio filho, de modo que seus lamentos fossem os da emoção real. Pólo fez o papel do herói nas peças Édipo Rei e Édipo em Colono. Arrianus *apud* Stob., XCVII, 28. Os atores não eram personagens menos importantes na antiguidade do que o são no teatro moderno. Aristóteles lamenta que bons poetas fossem levados a criar episódios ou papéis desnecessariamente prolongados e adornados que eram indesejados no enredo, apenas para agradar os atores rivais. Aristóteles, *de Poetica*, IX. Exatamente a mesma queixa dos dias atuais. Os atores áticos eram os melhores da Grécia, e todos os outros estados ansiavam por contratá-los, mas tais atores estavam sujeitos a severas penalidades se estivessem ausentes por ocasião dos festivais de Atenas. (Plutarco em *Alexandre*.) Eles eram muito bem remunerados. Pólo podia ganhar nada menos que um talento em dois dias (Plutarco em *Rhet. vit.*), um montante muito maior (considerando os respectivos valores monetários) do que qualquer ator inglês poderia ganhar hoje por um período proporcional de trabalho. Embora, na época de Aristóteles, os atores enquanto classe não fossem muito respeitáveis, não havia nada de muito depreciativo na profissão em si. O berço nobre de Sófocles e Ésquilo não os impediu de atuar nas próprias peças. Os atores costumavam ter uma participação importante nos assuntos públicos, e Aristodemo, o ator, foi enviado como embaixador ao Rei Felipe. De fato, tão grande era a importância dada a esse ator que o estado assumiu o encargo de enviar embaixadores em seu nome a todas as cidades em que ele tivesse compromissos. *Ésquines de Fals. Legat.*, p. 30-203, ed. Reiske.

preencher tantas páginas, perceberá que todos os esforços da faculdade sutil, delicado e apaixonada, mesmo de um ator moderno, seriam absolutamente necessários para fazer justiça às personagens de Édipo em Colono, *Antígona*, *Electra* e *Filoctetes*.

Assim, essa era a diferença entre Ésquilo e Sófocles: os dois eram artistas, como os gênios sempre devem ser, mas a arte de Sófocles se adapta melhor à encenação. E essa diferença na arte não foi resultado apenas da precedência no tempo. Se Ésquilo tivesse vindo depois de Sófocles, ela teria existido da mesma forma. Essa diferença foi consequência natural das diferenças de seu talento: um, mais sublime; o outro, mais apaixonado; um exaltava a imaginação; o outro apelava ao coração. Ésquilo é o Michelangelo do teatro; Sófocles, o Rafael.

XIII. Assim apresentei ao público leitor o esboço de todas as tragédias de Sófocles. Na grande extensão em que adentrei nessa (não menos difícil) parte da minha empreitada geral, inovei bastante no projeto seguido pelos autores de história grega. Por essa inovação, não peço desculpas. É sua poesia no período que ora examinamos, como sua filosofia em uma época posterior, que constitui a individualidade de Atenas. Em Sófocles, contemplamos a era de Péricles. As guerras daqueles dias magníficos eram como passatempos se comparadas à tremenda carnificina das batalhas orientais ou setentrionais. A tomada de uma única cidade, que, na nossa época, que não tem um Sófocles e nem um Péricles, um capitão de artilharia destruiria em uma semana, era a proeza mais admirável do olimpiano da Ágora. Um breve espaço de tempo, e uma derrota arrebata o diadema dos mares da fronte da "Rainha Violeta". Escassas são, de fato, as ruínas que atestam as glórias do "Propileu, do Partenon, dos Pórticos e das Docas," aos quais o orador eloquente recorria como os "bens indestrutíveis" de Atenas. Ao longo do lugar desolado onde outrora ficava a tumultuada Ágora, o camponês conduz seus bois. A divindade defensora[667] de Fídias, cuja aparição espectral intimidou o bárbaro Alaric,[668] e cuja lança, ao cintilar, alegrou o marinheiro no sopé do alto Sunião, desapareceu da Acrópole. Mas, felizmente, a era de Péricles tem seu selo e efígie em uma arte mais imperecível que a da guerra, em

[667] *A Minerva Promacos. Hae megalae Athaena.*
[668] *Zosimus*, V., p. 294.

materiais mais duráveis que aqueles de bronze e mármore, de marfim e ouro. Na harmonia majestosa e na beleza simétrica de Sófocles, contemplamos o verdadeiro retrato do espírito da época, e o velho de Colono ainda louva o nome de Atenas em uma canção mais doce que a do rouxinol[669] e as melodias que sobreviveram às musas de Cefiso.[670] Sófocles foi alegoricamente o profeta quando declarou que, no túmulo de Édipo, encontrar-se-ia o guardião sagrado e a defesa eterna da cidade de Teseu.

[669] Édipo em Colono, 671, etc.
[670] Édipo em Colono, 691.